STUDIA
HUMANITATIS
문명텍스트

STUDIA HUMANITATIS
문명텍스트
34

식민지 지식인의 근대 초극론

〈식민지/근대 초극〉 연구회 기획 | 홍종욱 엮음

서울대학교출판문화원

STUDIA HUMANITATIS
문명텍스트
34

식민지 지식인의 근대 초극론

초판 1쇄 인쇄 2017년 12월 25일
초판 1쇄 발행 2017년 12월 30일

엮은이 홍종욱
펴낸이 성낙인
펴낸곳 서울대학교출판문화원

출판등록 제15-3호

주소 08826 서울 관악구 관악로 1
대표전화 02-880-5252 | 팩스 02-888-4148
홍보마케팅팀(주문 상담) 02-889-4424, 02-880-7995
이메일 snubook@snu.ac.kr
홈페이지 www.snupress.com

ISBN 978-89-521-1981-0 94910
978-89-521-1574-4 세트

이 저서는 2007년 정부(교육과학기술부)의 재원으로
한국연구재단의 지원을 받아 수행된 연구임(NRF-2007-361-AL0016).

✿ 머리말

이 책은 중일전쟁기 조선 지식인이 남긴 전시변혁을 둘러싼 글을 모아 해제를 붙인 자료집이다. 이 책은 동아협동체론, 내선일체론, 통제경제론, '세계사의 철학' 등 네 개 장으로 구성되는데, 2002년에 시작되어 계속해서 토의를 이어 온 〈식민지/근대 초극〉 연구회의 공동연구 성과이다.

〈식민지/근대 초극〉 연구회는 김명식(金明植), 박치우(朴致祐), 서인식(徐寅植), 인정식(印貞植) 등의 동아협동체론을 미키 기요시(三木清), 오자키 호쓰미(尾崎秀實), 로야마 마사미치(蠟山政道) 등 일본 지식인의 동아협동체론과 나란히 놓고 동시대의 연관된 담론으로서 독해할 목적으로 발족되었다.

동아협동체론은 일본의 침략과 중국의 항일 게릴라 전쟁이 대치하면서 중일전쟁이 해결되지 않은 채 장기화하던 1938년 가을에 고노에 후미마로(近衛文麿) 수상의 '동아신질서' 성명에 호응하는 형태로 등장하였다. 동아협동체론은 중국과 일본 양측의 내셔널리즘을 넘어 트랜스내셔널한 사회변혁과 동아시아 재편을 지향하는 전시변혁 담론으로서 일본 자본주의·제국주의에 대한 일정한 비판을 담고 있었다. 일본의 일방적인 침략·팽창을 억제하고 동아시아의 다문화적인 공생을 이야기하는 제국주의 비판과 신식민주의가 혼재된 양가적인 담론이었다.

이러한 일본 지식인의 전시변혁론에 대하여 동시대 조선 지식인들은 거의 시차 없이 민감하게 반응하였다. 당시 『삼천리(三千里)』, 『인문평론(人文評論)』, 『조광(朝光)』, 『문장(文章)』 등 종합잡지·문예지와 『조선일보(朝鮮日報)』 학예란 등에는 동아협동체론을 비판적으로 수용하여 독자적인 전개를 보인 담론이 게재되었다.

그러한 담론은 전시하에 강화된 '내선일체' 정책에 따른 황민화·동화의 압력에 저항하면서 다문화적인 동아협동체를 향한 변혁·재편 속에서 조선의 자립성·독자성을 지키고 일본의 파시즘·전체주의를 비판·견제하려는 시도와 연동되었다. 일본 제국주의에서 해방을 지향하는 민족주의·공산주의 운동이 가혹한 탄압으로 좌절된 가운데 '전향' 담론의 형태를 띠면서 사회변혁의 가능성을 모색한 위험한 전략이기도 하였다. '대일협력'과 비판·저항의 틈새에서 활로를 열고자 하는 아슬아슬한 노선으로서 '친일' 문제와 얽혀 있기 때문에, 이러한 담론과 마주하기 위해서는 몇 겹으로 착종된 담론을 헤쳐 들어가는 독해가 필요하다. 이 책에서는 각 텍스트에 주석을 달고 주제별로 집필한 해제를 붙여 새로운 독해를 시도하였다.

이 책은 전시하 담론 가운데 아시아·태평양전쟁기가 아니라 특히 중일전쟁기의 담론에 주목하였다. 중일전쟁기는 바로 1930년대 위기 속에서 동아시아의 동시대적인 마찰·갈등이 담론에 강하게 각인된 특별한 시기였기 때문이다.

지금까지 아시아·태평양전쟁기 일본의 사상으로서 '근대 초극'

론과 '세계사의 철학'이 거듭 주목을 받았다. 이들 사조는 저항하는 중국과 마주하는 가운데 동아시아가 긴장에 처한 중일전쟁기에 원류를 가진다. 1938년 미키 기요시는 「지나사변(支那事變)의 세계사적 의의」를 주창하며 동아협동체론을 제기하였는데, 이는 중국의 항일전쟁과 대치하는 가운데 자본주의 체제의 변혁을 통하여 중국과 일본이 공존할 수 있도록 동아시아를 재편하자는 내용이었다. 그리고 미키는 유럽을 중심으로 하는 '세계사'의 통일적 이념이 상실되고 자유주의, 공산주의, 파시즘이 서로 항쟁하는 상황에서 새로운 '세계사'라는 이상을 가진 '세계사의 철학'을 탐구하였다. 이렇게 자본주의 비판과 아시아 재편이 동시에 문제화된 상황에 동시대 조선 지식인들은 민감하게 반응하면서 일본의 담론을 비판적으로 수용하여 독자적인 논의를 전개한 것이다.

그러나 아시아·태평양전쟁기에는 언론 상황이 크게 바뀐다. 기획원 사건, 오자키·조르게 사건, 만철조사부 사건 등을 통하여 자본주의를 비판하고 사회변혁을 지향하는 혁신 좌파의 논의는 탄압을 받아 막혀 버렸다. 또한 중일전쟁이 해결되지 않은 채 영국·미국·네덜란드와 전쟁이 확대됨에 따라 구미 제국주의에서 아시아를 해방하기 위한 전쟁이라는 공허한 이념이 퍼져 나갔다. 아시아 해방을 주도하는 일본의 사명이 자기만족적으로 이야기되면서 동아시아의 마찰·갈등에 대한 감각은 뒷전으로 밀려났다. 『문학계(文學界)』 좌담회 「근대 초극」이나 『중앙공론(中央公論)』의 일련의 좌담회 「세계사적 입장과 일본」은 이와 같은 시기에 나타난 담론이다.

이에 반하여 이 책에서 주목하는 중일전쟁기의 언론 상황에는 어떻든 동아시아의 마찰·갈등이 각인되어 있었다. 여기에서는 식민지 조선과 제국 일본이 연관되는 동시대 문맥으로 들어가 이와 같은 중일전쟁기의 담론에 초점을 맞추어 재검토하고자 한다.

이 책에서 다룰 조선 좌파 지식인의 전시하 사상은 해방 후 냉전과 분단 속에서 반공독재체제가 성립된 한국에서도, 숙청과 개인숭배가 강화된 조선민주주의인민공화국에서도 역사에서 지워진 채 오랫동안 묵살되었다. 그리고 전시하 일본의 사상이 주목될 때에도 동시대적으로 연관된 문맥을 형성한 조선의 사상이 관심을 끌지는 못했다. 이번 자료 소개를 통해 이러한 역사의 봉인이 풀려, 당시 조선인의 사상을 식민지조선/제국일본의 동시대적 연관 속에서 새롭게 독해하고 재검토하기 위한 기반이 만들어지기를 바란다.

여기서 〈식민지/근대 초극〉 연구회가 시작된 경위에 대하여 간단하게 언급하고자 한다. 요네타니는 1990년대 후반 이후 중일전쟁기 동아협동체론을 다시 읽는 시도를 해 왔지만, 동시대 조선에서 동아협동체론이 비판적으로 수용되어 독자적인 논의가 전개된 사실은 과문하여 알지 못했다. 전시하 중국·조선의 동아연맹운동에 대한 연구는 이미 나와 있었지만, 조선의 동아협동체론을 둘러싼 연구는 당시 거의 없었다.

조선 지식인의 동아협동체론을 접하게 된 계기는 2001년 12월에 히토쓰바시(一橋)대학에서 열린 백영서(白永瑞) 씨의 강연이었다. '동아시아'론을 전개하던 백영서 씨는 과거의 '동아시아' 담론을 되돌아보면서 박치우의 「동아협동체론의 일성찰」(『人文評論』, 1940. 7)에 대해 언급하였는데 매우 흥미로운 텍스트였다.

그 뒤 이 텍스트를 함께 독해할 연구회를 만들고자 최진석(崔真碩), 조관자(趙寬子) 씨에게 말을 건넨 것이 2002년 2월이었다. 우리는 당시 도쿄외국어대학을 거점으로 나카노 도시오(中野敏男), 이와사키 미노루(岩崎稔) 씨가 중심이 되어 진행하던 동아시아 총력전체제와 포스트콜로니얼 상황을 둘러싼 공동연구에 참여 중이었고, 임지현(林志弦), 윤해동(尹海東), 김철(金哲), 문부식(文富軾) 씨 등 잡지 『당대비평』 그룹과도 교류하고 있었다.

최진석, 조관자 씨와 논의를 거쳐 〈식민지/근대 초극〉 연구회를 준비하기 위해 신주쿠(新宿)의 커피숍에서 첫 모임을 한 것은 2002년 3월 3일이다. 이 준비 모임에 참석한 이는 최진석, 조관자, 홍종욱(洪宗郁), 조경희(趙慶喜), 홍귀의(洪貴義), 최덕효(崔德孝), 스나가 요코(須永陽子) 씨와 요네타니 등 여덟 명이었다.

그 직후인 3월 19일부터 도쿄외국어대학에서 연구회를 시작하여, 박치우, 인정식, 김명식, 서인식 등의 동아협동체론과 내선일체론을 미키 기요시, 오자키 호쓰미, 로야마 마사미치 등의 동아협동체론과 대위법적으로 교차하여 읽는 형식으로 거의 한 달에 한 번 꼴로 연구회를 진행하였다. 텍스트를 사전에 공유한 뒤 최진석, 조경희 씨 등이 한국어 텍스트를 매번 정력적으로 일본어로 번역하면 참가자는 그것을 미리 읽고 모여 토론하였다. 얼마 후 도베 히데아키(戸邉秀明), 가라시마 마사토(辛島理人), 나카노 도시오, 이와사키 미노루, 와타나베 사리나(渡辺さりな), 최태원(崔泰源), 배주영 씨 등도 연구회에 참가하였다.

한국어 텍스트는 도쿄외국어대학 부속도서관에 『삼천리』, 『인문평론』, 『조광』, 『문장』, 『조선일보』 등 해방 전 한국어 잡지·신문 복각판이 풍부하게 소장되어 있었기 때문에 어렵지 않게 입수할 수 있었다. 『삼천리』 특집 「동아협동체와 조선」(1939. 1)이나 『인문평론』 창간호(1939. 10) 등의 지면을 손에 잡았을 때 느꼈던 시공의 왜곡을 넘어 텍스트를 접한다는 감각은 지금도 잊히지 않는다.

연구회를 시작한 후 약 1년간 집중적으로 열띤 토론을 거듭하자 논의의 틀이 어느 정도 눈에 들어왔다. 2003년 이후 최진석의 박치우론, 조관자의 서인식론, 홍종욱의 김명식론 등의 연구 성과가 각각 발표되면서 연구회 구성원 사이에서도 서로 긴장을 품은 담론 공간이 형성되기 시작하였다.

그리하여 도쿄외국어대학 해외사정연구소가 발행하는 잡지인 *Quadrante*(『四分儀』)에 2004년 봄 이후 자료 소개를 차례로 발표하게 되었다. 그때까지 역사의 틈새에 묻혀 있던 텍스트 군을 현재에 되살려 새로운 논의의 토대를 만들고자 하는 강한 사명감 아래 일본어 번역문을 한 문장씩 토의하면서 다듬고 주석을 붙이는 고단한 공동작업을 쌓아갔다. 그 작업팀은 최진석, 홍종욱, 도베 히데아키, 다카하시 아즈사(高橋梓) 씨와 요네타니 등 다섯 명이었다.

이와 병행하여 〈식민지/근대 초극〉 연구회는 동아협동체론에 한정하지 않고 당시의 조선/일본의 사상·문학·역사 전반을 논의하는 모임으로서 주제를 넓혀 가면서 많은 참가자와 함께 하였다. 연구회에서 발표·토론 등을 행한 이는 위에 언급한 구성원 외에, 기모토 다케시(樹本健), 미하라 요시아키(三原芳秋), 애론 무어(Aaron Moore), 마크 드리스콜(Mark Driscoll), 차승기(車承棋), 윤대석(尹大石), 서재길(徐在吉), 윤여일(尹汝一), 이석원(李錫遠), 신지영(申知瑛), 이혜진(李慧真), 김재현(金載賢), 고영란(高榮蘭), 김계원(金桂園), 서영인(徐榮裀), 무라이 나오토(村井直人), 오쿠보 유리(大久保由理), 와타나베 에리(渡邊英理), 가베 사토시(我部聖), 오사와 사토시(大澤聡), 김귀분(金貴粉), 고

겐라이(高賢来), 조기은(趙基銀), 조은미(曺恩美), 강원봉(姜元鳳), 마키노 나미(牧野波), 시미즈 미사토(清水美里) 등이다.

또한 이 연구회는 〈제국과 사상〉 연구회, 다케우치 요시미(竹内好) 연구회 등과도 연계하여 많은 논의의 장을 함께 만들어 내었다. 〈제국과 사상〉 연구회와 공동으로 기획한 자리에는 농업경제사 분야에서 식민지 근대성론을 전개한 마쓰모토 다케노리(松本武祝, 2002. 9)와 한국 민중사의 시좌에서 식민지 근대성론을 강하게 비판한 조경달(趙景達, 2007. 8) 씨를 초청하여 깊은 토론을 나눌 수 있었다.

나아가 연구공간 수유+너머[류준필(柳浚弼), 이정훈(李政勳), 이진경(李珍景), 정선태(鄭善太), 고병권(高秉權) 씨 등, 2004. 5], 코넬대학[마이클 신(Michael Shin), 사카이 나오키(酒井直樹), 빅터 코슈만(Victor Koschmann) 씨, 2005. 5], 세이케이(成蹊)대학[이정화(李静和) 씨, 2006. 1] 등 각지의 연구기관·운동체와 농밀한 워크숍을 함께 개최하였다.

그 후 주요 구성원이 각지의 대학에 취직하여 흩어졌고, 요네타니의 건강이 좋지 않아지는 등 여러 사정이 겹쳐 연구회 개최 빈도는 점차 낮아져 2010년대 들어서는 실질적으로 휴면 상태에 빠져들었다.

그러나 서울대학교 인문학연구원으로 옮긴 홍종욱 씨가 2016년 9월 서울대학교에서 국제연구집회를 개최하고 출판기획을 정력적으로 추진함으로써 이 책의 출판이 실현되었다. 이 책에는 국제연구집회에 모인 토론문도 수록하여 논의의 확산을 보이는 동시에 논점을 입체적으로 파악할 수 있도록 배려하였다. 또한 편집과 관련하여 장문석(張紋碩) 씨는 해제의 번역과 텍스트 원문 입력·교정 등에서 많은 도움을 주었다.

도베 히데아키(제1장), 최진석(제2장), 홍종욱(제3장)의 해제는

Quadrante(6, 7, 11호)에 이미 게재되었지만, 요네타니의 해제(제4장)는 서울대학교 국제연구집회에서 발표한 내용을 바탕으로 토론을 거쳐 문장화한 것이다. 그 원형은 리츠메이칸(立命館)대학을 거점으로 하는 동아시아사학사상사(史學思想史) 연구회[가쓰라지마 노부히로(桂島宣弘), 심희찬(沈熙燦) 씨 등]에서 2016년 5월에 발표한 바 있다.

이상 연구회의 출발에서 이 책의 출판에 이르는 경위는 새로운 논의를 함께 생산해 온 발걸음을 기록으로 남기기 위해 시대의 증언으로서 적어 두고자 한다. 이 책의 출판은 현대의 동시대적 위기 속에 긴장을 품으면서 농밀한 토의를 쌓아온 열정 넘치는 작은 연구회의 성과이다. 이번 자료 소개를 계기로 앞으로 각지에서 논의의 장이 더욱 활발히 열릴 것을 기대한다.

2017년 12월

요네타니 마사후미(米谷匡史)

✿ 엮은이 머리말

이 책에서는 중일전쟁기(1937~1941) 조선 지식인의 사상과 현실 인식을 보여주는 언설을 엄선하여 수록한 뒤 주제별로 해제를 부쳤다. 식민지의 사상이란 말은 어쩌면 그 자체로 형용모순일지 모른다. 체계적이고 논리 정연한 언설이 존재할 수 있는 곳은 이미 식민지가 아닐 터이다. 하물며 총동원이 부르짖어지던 전시하의 엄혹한 상황이었다면 어떠하랴. 그럼에도 이 책을 엮어 내놓는 데 망설이지 않은 이유는, 벼랑 끝에 내몰린 피식민자가 내뱉은 언설의 파편에서 인간과 세계의 속살을 비추는 일종의 보편성을 엿본 탓이다. 전시기라는 식민지의 임계 상황에서 조선 지식인이 보여준 번뜩임을 20세기 세계사의 모순이 응축된 한국 근현대사를 이해하는 사상적 자원으로 길어 올리고자 함이다.

보호국이라는 실험을 거쳐 1910년 일본은 '한국병합'을 단행한다. 이로써 대한제국은 대일본제국 판도 아래 식민지 조선으로 전락한다. 물론 일본은 '식민지' 대신 '외지'라는 수사(修辭)를 동원하였다. 불과 몇 년 지나지 않아 발발한 제1차 세계대전의 결과 국제적으로 식민지 획득을 정당화하는 논리가 부인된 것을 생각하면, 한국은 대항해 시대 이래 세계적인 식민지화 흐름에 버티고 버티다 아쉽게도 그 끝자락에 말려 들어간 셈이다. 그러므로 식민지 조선이 미국 대통령 윌슨이 제창한 민족자결주의, 러시아 혁명 후 레닌이 표방한 약소민족 해방에 누구보다 민감하게 반응한 것은 결코 우연이 아니다. 3·1운동은 민족의 이름으로 식민 지배를 거부한 획기적인 사건이었다. 이에 놀란 총독부는 그때까지의 '무단통치'를 반성하고 '문화정치'를 도입함으로써 종래의 식민 지배의 지속불가능성을 스스로 인정하였다.

1920~1930년대 식민지 조선을 지배한 것은 개발, 즉 교육 보급과 산업 발전에 대한 열망이었다. 식민지는 농촌/농업, 제국 본국은 도시/공업이라는 도식에 금이 가기 시작하면서 식민지제국의 재편성이 운위되었다. 한편 개발과 자본 침투의 결과 구래의 사회관계가 변형되면서 식민지 민중이 역사의 전면에 등장하였다. 계속되는 동원과 이산은 식민지 민중을 정치적 주체로 각성시켰고, 이는 민족운동, 사회운동의 고양을 낳았다. 전자, 즉 개발의 열매를 누리고자 하는 정치적 표현이 참정권 획득을 통한 동화라는 방향으로 드러났다면, 후자, 즉 개발이 촉발시킨 저항은 민중운동을 바탕으로 한 독립이라는 방향을 뒷받침하였다. '식민지 근대'라는 개념은 개발은 물론 그에 대한 저항까지를 포함하여 더욱 풍부해질 필요가 있다.

흔히 전간기(戰間期)로 불리는 1920~1930년대는 제국주의의 한계가 드러나고 민족주의가 고양되면서 세계적으로 제국 질서의 변용이 모색되던 시기였다. 나아가 1929년 대공황과 그에 대한 각국의 대응이 보여주듯이 자본주의 자체를 수정 혹은 극복하고자 하는 방향성도 뚜렷하였다. 식민지 조선의 일련의 움직임은 제1차 세계대전 이후 뚜렷해진 세계적인 비식민지화(decolonization) 흐름과 공명하는 것이었다. 독립과 동화는 구래의 식민지를 부정한다는 의미에서 모두 비식민지화의 정치적 표현이었다. 이에 더해 개발과 오족협화(五族協和)를 내건 만주국의 성립은 식민지 조선 사회를 들썩이게 했다. '식민지 없는 제국주의'(피터 듀스 Peter Duus)라는 시대정신이 응축된 이웃의 등장은 독립과 동화가 아닌 제3의 길에 대한 상상력을 자극했지만, 아직 이를 조선 자신의 이야기로 받아들이는 데까지 나아가지는 못했다.

그렇다면 이 책에서 다루는 중일전쟁기는 어떤 시대였나. 1937년 7월 중일전쟁이 발발한 뒤 서전(緒戰)에서 일본이 거둔 혁혁한 성과는 조선인의 독립에 대한 희망을 꺾을 만하였다. 하지만 전쟁이 장기화하면서 군사력의 한계를 절감한 일본은 1938년 11월 중국과의 화해를 모색하는 내용을 담은 동아신질서 성명을 발표하기에 이른다. 이후 동아협동체론, 동아연맹론 등이 쏟아져 나오는데, 반제국주의, 반자본주의라는 전간기의 세계사적 과제를 받아 안아 식민지제국의 재편을 꾀하고자 한 기획이라고 평가할 수 있다. 총력전체제는 동원의 극대화를 가져왔지만 동시에 '강제적 균질화'라는 계급화해적 측면을 띠고 있었다. 이런 분위기 속에 적지 않은 일본 지식인들이 '전시변혁'(요네타니 마사후미 米谷匡史), 즉 전쟁 수행이 사회의 합리화를 낳을 것이라는 기대 속에 정권에 참여하였다.

중일전쟁기 식민지 조선을 상징하는 슬로건은 '내선일체'였다. 내선일체는 민족 말살의 위협이었지만, 동시에 '강제적 균질화'의 식민지 버전이라는 성격도 띠고 있어 적지 않은 조선인에게 '차별로부터의 탈출'(미야타 세쓰코 宮田節子)에 대한 기대를 불러일으켰다. 나아가 조선의 지식인들은 동아협동체론에 담긴 협동체의 논리를 영유(appropriation)하여 총독부가 내건 내선일체와 결합시킴으로써 '협화적 내선일체론'(홍종욱 洪宗郁)이라고 부를 법한 주장을 편다. '협화'와 '일체'라는 형용모순을 저지름으로써 독립과 동화 사이에서 떠돌던 '종속발전'의 현실을 논리화한 것이다. '협화적 내선일체론'은 차별 철폐와 독자성 보장이라는 두 마리 토끼를 좇은 일종의 전시변혁의 시도였다. 이 책에서는 당시 조선 지식인의 언설을 동아협동체론, 내선일체론, 통제경제론, '세계사의 철학' 등 네 주제로 분류하여 검토하였다. 중일전쟁기 조선 지식인의 언설은 〈식민지=근대〉의 임계에서 배어 나온 비식민지화, '근대 초극'의 기투였다.

1943년 일본에서는 『근대 초극(近代の超克)』이라는 도전적인 제목의 책이 출간되었다. 문예지 『문학계(文學界)』 1942년 9월호와 10월호에 나눠 실린 좌담회 기록을 모은 내용이었다. 좌파에서 전향한 문학계 동인, 낭만파 지식인, 교토학파 철학자 등 세 그룹의 합작으로 이루어진 이 좌담회는, 아시아·태평양전쟁 수행을 이론적으로 뒷받침하기 위해 기획된 것으로 폄하되지만, '지적협력회의(知的協力會議)'라는 이름에서 엿보이듯 1930년대 중반 유럽에서의 움직임, 예컨대 1935년 폴 발레리(Paul Valery)가 주도한 '지적협력 국제회의' 등을 강하게 의식하면서, 근대 문명에 대한 총괄과 비판을 꾀한 지적 영위로서의 측면을 띠고 있었다.

다케우치 요시미(竹內好)는 「근대 초극」(1959)에서 '근대 초극' 기획을 '복고와 유신, 존왕과 양이, 쇄국과 개국, 국수와 문명개화, 동양과 서양'이라는 '일본 근대사 아포리아의 응결'로서 주목하였다. 다만 "모처럼의 아포리아가 안개처럼 사라져 〈근대 초극〉은 공식 전쟁 사상의 해설판에 그치고 말았다. 그리고 아포리아의 해소는 허탈감과 더불어 일본이 식민지가 되는 사상적 지반을 마련했다"고 안타까워했다. 그리고 전후 일본의 지식계를 비판하며 "만약 사상에서 창조성을 회복하려면 이 동결을 풀고 다시 한번 아포리아를 과제로 설정하지 않으면 안 된다"고 주장하였다. '근대 초극' 기획을 메이지유신 이래 쌓여온 일본의 고뇌가 응축된 것으로 평가하면서도, 그것이 고작 동양적, 일본적 원리에 의해 서구적 근대를 초극할 수 있다는 너무나 밋밋한 결말로 이어진 것을 개탄한 셈이다.

'근대 초극', 즉 반제국주의, 반자본주의 개혁을 위한 일본의 핵심 과제는 조선에 대한 식민 지배 그리고 중국과의 전쟁을 어떻게 처리할 것인가에 있었다. '근대 초극' 기획은 동양적 원리를 입에 담으면서도 중국 문제, 조선 문제의 해결을 외면하였다는 점에서 근원적인 한계를 안고 있었다. 다케우치 요시미는 유명한 「일본의 아시아주의」(1963)라는 글에서 "역사로부터 무언가를 배웠다면 '만주국' 건국은 조선의 독립과 맞물려야 했다"는 말로 조선 문제의 의미를 환기한 바 있다. 동아협동체론, 동아연맹론이 제국 질서의 변용에 대한 기대를 남기고 있던 중일전쟁기에 식민지 조선에서 발신된 언설은 자본주의와 제국주의의 모순을 날카롭게 지적함으로써 이후 일본에서의 논의와 다른 절실함과 급진성을 띠었다. 일본에서 제기된 '근대 초극'론은 이러한 조선의 논의를 단순히 무시하는 차원을 넘어 물리적으로 틀어막은 후에 비로소 등장하였다. 그리고 이렇다 할 긴장감을 띠지 못한 채 대동아공영권을 뒷받침하는 관념적인 이데올로기로 남는다.

이 책의 성과는 2002년 일본 도쿄에서 결성된 〈식민지/근대 초극〉 연구회에서 논의한 내용을 바탕으로 하고 있다. 동 연구회는 중일전쟁기 조선 지식인의 언설을 한국 근현대 사상사 속에 어떻게 자리매김할 것인가라는 한국 측 연구자의 고민, 그리고 같은 언설을 접한 뒤 충격을 받아 일본 사상사를 다시 쓰겠다고 나선 일본 측 연구자의 결의가 어우러진 장이었다. 연구 모임은 당대 일본과 조선의 언설을 교차하여 읽어 내는 방식으로 진행되었다. '근대 초극'의 시점을 넣어 식민지 사상사를 다시 읽고자 하는, 그리고 식민지에서 발신되는 목소리에 귀 기울여 '근대 초극'론을 재구성하고자 하는 시도는 2000년대 들어 본격화된 제국사 연구의 문제의식과 통하는 것이었다.

요네타니 님이 머리말에 쓴 바와 같이 〈식민지/근대 초극〉 연구회의 작업에 많은 이들이 관심을 보이고 연구회의 문제의식이 확산되면서, 한국과 일본의 주요한 연구자로부터 비판적인 반응도 나타났다. 고(故) 방기중(方基中) 님은 총력전체제론이 "다양한 저항과 투쟁의 역사상은 일거에 화석화"하였고, '식민지·동아시아 역사상'에서도 "'주변'의 역사상을 '제국' 지배 질서라는 체제 내의 공간으로 가둠으로써 '제국주의와 식민지' 관계의 본질과 모순 구조를 희석"시켰다고 비판하였다.[1] 방기중 님은 전시기 조선을 파악하는 틀로서 새로이 '식민지 파시즘'을 제안하였는데, '식민지 파시즘' 공동연구에 참여한 이준식(李俊植) 님은 〈식민지/근대 초극〉 연구회를 직접 거론하여 "일본 제국주의의 침략 전쟁에서 침략이라는 측면을 빼버린 채 일

1 방기중·전상숙, 「일본파시즘 인식의 혼돈과 재인식의 방향」, 방기중 편, 『식민지 파시즘의 유산과 극복의 과제』, 혜안, 2006, 57·62쪽.

본의 발전만을 보려는 것"이라는 우려를 드러내기도 하였다.[2] 일본의 민중사 연구자 조경달은 이 책 제1장 해제의 바탕이 된 도베 히데아키의 글과 필자의 김명식론에 대해, '조공 체제적 일본 제국관'에 사로잡혀 있던 지식인의 논리에서 '반자본주의와 탈식민지화'의 기도를 찾으려는 것은 잘못이라고 비판하였다.[3]

〈식민지/근대 초극〉 연구회의 문제의식은 '친일'과 '전향'에 대한 지나친 윤리적 접근에서 벗어나 전시기 조선의 언설 상황의 실상과 맥락을 복원하는 데 있다. 구부러진 막대를 펴려다 보니 당시 지식인이 남긴 언설을 다소 긍정적으로 평가하는 듯한 인상을 줄 수도 있지만, 그것을 의도한 것은 결코 아니다. 연구의 결과물을 자료집이라는 형태로 내놓는 것도 저항인가 굴종인가라는 이분법에 가려 망각되어 온 당시의 언설을 원래의 맥락 속에서 음미하는 일이 무엇보다 중요하다고 생각했기 때문이다. 당시 지식인들의 판단은 옳았을 수도 그릇된 것이었을 수도 있다. 다만 중일전쟁기 식민지 조선이라는 위기의 시공간 속에서 여기서 소개하는 언설 상황이 전개되었음은 부인할 수 없는 사실이다. 더욱이 당시 지식인들을 괴롭혔던 문제틀, 즉 식민주의, 자본주의, 근대성 등은 여전히 후식민지(postcolonial) 한반도의 오늘을 규정하고 있다. 식민지 지식인의 '근대 초극'론의 가능성과 한계를 음미하는 것은 우리에게 남겨진 몫이다.

이 책은 본래 중일전쟁기 일본에 전해지지 않은 채 묵살된 조선

---

2 이준식, 「파시즘기 국제 정세의 변화와 전쟁 인식」, 방기중 편, 『일제하 지식인의 파시즘체제 인식과 대응』, 혜안, 2005, 99쪽.

3 趙景達, 『植民地期朝鮮の知識人と民衆: 植民地近代性論批判』, 有志舍, 2008, 182·185쪽.

지식인의 논의를 오늘의 일본 사회에 늦게나마 소개하려는 목적에서 시작된 작업이었지만, 일본에서 논의가 무르익어감에 따라 이를 다시 한국 사회에 되돌려 주고 싶다는 욕구가 생겨났다. 〈식민지/근대 초극〉 연구회의 한국 측 구성원 일부가 귀국한 것을 계기로 2015년 가을부터는 서울대학교 인문학연구원 HK문명연구사업단 산하 국제공동연구 형태로 연구를 계속하였다. 그 성과는 2016년 9월 서울대학교에서 열린 심포지엄을 통해 발표되었고 여기에 일본에서 이미 발표된 성과까지를 포함하여 이렇게 책으로 엮게 되었다. 서울대학교 심포지엄에 토론자로 참가한 전문가 여덟 명의 의견을 해제에 대한 보론으로 포함시킬 수 있었던 것을 기쁘게 생각한다. 또한 이번 한국어판에는 당시 조선에서 활동하던 일본인이 남긴 동아협동체론·내선일체론 세 편을 번역하여 부록으로 수록하였다. 이른바 내지(內地) 일본인이 조선 문제에 둔감했던 것에 반해 재조(在朝) 일본인은 조선 지식인의 언설에 민감하게 반응하였다. 당시의 언론 공간을 입체적으로 이해하는 데 도움이 되리라 믿는다.

일본에서 작업할 때 우리말로 된 글을 일본어로 번역하는 데 많은 공을 들였다면, 한국어판은 원문을 당시 표기법 그대로 입력하고 교열하는 데 힘을 기울였다. 원문 그대로 입력하는 방식은 필자가 오래전 참여한 바 있는 『이정 박헌영 전집』 제작 방식에서 시사를 받았다. 이른바 가독성보다는 글이 가지는 시대성을 살리는 쪽을 택한 셈인데, 특히 식민지라는 이중 언어 상황에 놓인 지식인의 발화를 가능한 한 있는 그대로 전하고 싶었기 때문이다. 원문은 서울대 대학원 윤현상 님이 입력을 맡았고, 성균관대 대학원 박형진 님이 꼼꼼히 교열해 주었다. 원문이 일본어인 제3장의 인정식 글과 부록의 재조 일본인 글 번역은 서울대 대학원 조은진 님이 도와주었다. 원문에 붙인 주석은 요네타니, 최진석, 도베, 다카하시, 홍종욱이 공동으로 작업한 결과이다. 원문 중 제2장 좌담회 기사와 제4장 김기림 글 입력, 전반적인 원문 및 주석의 교열과 검토는 서울대 대학원 장문석 님이 맡아 주었다. 각 장 해제 저자는 차례 등에 밝힌 바와 같다. 해제 번역은 제1장, 제2장, 제3장은 서울대 대학원 김선영 님이, 제4장은 장문석 님이 맡아 주었다. 물론 편자인 필자가 전체적인 검토를 마쳤으며 오류에 대한 책임은 편자에게 있다.

끝으로 도쿄와 서울을 오가며 우정을 나눈 많은 이에게 고마움을 전한다.

2017년 12월

홍종욱

❁ 차례

❁ 일러두기

1. 글자와 띄어쓰기

1) 글자

① 자음 모음 표기, 방점, 줄표 등을 포함하여 원문 그대로 입력한다.

끈치지 아니하야, 네가틔-쁘

② 오식도 그대로 입력하나, 뜻이 통하지 않는 곳은 '원문 그대로' 혹은 '○○의 잘못으로 보임' 등 주를 붙인다.

第一을階段있(원문 그대로), 東亞協同亞('東亞協同體'의 잘못으로 보임)

2) 띄어쓰기

① 현행 맞춤법에 따른다.

② 단, 한자의 경우 부자연스럽지 않은 범위 내에서 붙여 쓴다.

新東亞建設問題, 文化諸形式, 全支那, 主導下, 宇垣總督, 徐寅植氏, 蔣政權

2. 부호

1) 줄표

① 원문에서 사용한 여러 가지 줄표는, 장음 혹은 개념 쌍을 표시하는 경우 짧은 줄표 -로 통일한다.

모-든, 「이니시아틔-쁘」, 動-反動

② 부연 설명을 표시하는 경우는 긴 줄표 —로 통일하여 앞뒤 단어 및 문장과 띄어 쓰는 것을 원칙으로 한다.

思想 — 더구나 社會思想, 宗教思想과 같은 者에 이르러서는 (하략)

2) 낫표

① 따옴표를 사용하지 않은 당대 표기 방식을 존중하여 문장 인용, 개념어 강조 등은 홑낫표를 사용한다.

「中原에 覇를 制하는 者, 全中華를 거둘 수 있다」, 「뵈이지 안는 손」

② 원문에서 외래어를 표시하기 위하여 홑낫표를 사용한 경우 그대로 옮긴다.

「아미-바」, 「마드-리드」

③ 글 이름 등에는 홑낫표를, 책이나 매체 이름에는 겹낫표를 사용한다. 원문에서 매체 이름 등에 낫표를 사용하지 않은 경우 따로 삽입하지 않는다.

「中國國民에 告하는 書」(改造 十二月號), 『麥과 兵隊』

④ 원문에서 낫표 한 쌍 가운데 한쪽이 빠져 있는 경우 나머지 한쪽을 삽입한다. 」 」처럼 원문에 잘못이 있는 경우 「 」로 바로잡는다.

3) 마침표

① 문장 하나가 끝나면 마침표를 찍는다.

② 원문에서 문장이 끝났는데 마침표가 없는 경우 삽입한다.

4) 쉼표

① 가독성을 고려하여 위치를 조정하거나 새로 삽입한다.

② 명사 혹은 관형사를 두 개 이상 나열할 때는 원칙적으로 쉼표를 넣는다.

5) 줄임표

① ... 등으로 표현된 것은 …로 모양을 통일한다.

② 길이는 원문 표기에 비추어 … 혹은 ……로 표시한다.

3. 장, 절, 문단

1) 장과 절

① 장, 절 구분은 원문을 따른다.

② 원문에서 장, 절에 제목 혹은 一, 二 등 번호를 붙인 경우 그대로 옮긴다.

2) 문단

① 줄갈음은 원문을 따른다.

② 원문에 줄갈음 여백이 있으면 이를 살리되 여백은 한 줄로 통일한다. 원문에 × 등으로 줄갈음이 되어 있으면 이를 살린다.

※ 해제와 각주 등 원문 입력이 아닌 곳에서는 다음 원칙을 따른다.

1. 한글 전용을 원칙으로 하고 한자는 필요에 따라 괄호 안에 병기한다. 다만 본문의 따옴표 안과 각주에서는 한자를 그대로 쓴다.
2. 외국어 고유명사 표기는 현지음을 따르나, 중국어 인명과 만주(滿洲), 북지(北支) 등 역사적 지명은 한국어 한자음을 적는다.

제1장

중일전쟁기 조선 지식인의 동아협동체론

■ 해제

도베 히데아키(戸邊秀明)

1. 들어가며

중일전쟁기 일본 좌파 지식인이 제창한 동아협동체론(東亞協同體論)은 중국의 저항에 직면하여 중일 제휴의 가능성을 모색함으로써 동아시아 국제 질서 재편과 일본 국내 사회변혁을 동시에 지향한 구상이다. 따라서 기본적으로는 항일 중국과 대치한 상황에서 나타난 구상이었지만, 주창자들의 의도를 넘어 타자에 의해 실시간으로 읽히고 또 밀도 있게 논의되었다. 여기에 소개하는 조선 지식인이 남긴 다섯 편의 논설은 동아협동체론에 독자적인 의미를 부여함으로써 자기 입론의 전략적 밑천으로 삼으려고 한 흔적이다.

① 金明植, 「建設意識과 大陸進出」, 『三千里』 11-1, 1939. 1(특집 「東亞協同體와 朝鮮」).
② 印貞植, 「東亞의 再編成과 朝鮮人」, 『三千里』 11-1, 1939. 1.
③ 車載貞, 「東亞新秩序와 革新」, 『三千里』 11-1, 1939. 1.
④ 徐寅植, 「文化에 있어서의 全體와 個人」, 『人文評論』 창간호,

1939. 10.

⑤ 朴致祐, 「東亞協同體論의 一省察」, 『人文評論』 2-7, 1940. 7.

해방/패전 후 한일 양국의 지(知)의 틀에서 방치되고 배제된 이들 작품을 동시대 문맥으로 되돌려 새롭게 읽을 가능성을 모색하려는 의도에서, 우리는 수년 전 작은 연구회를 만들어 전시기(戰時期) 조선/일본의 언론을 대조하며 독해해 왔다. 그 결과 한국사/일본사라는 전통적인 일국사적 틀에 기초한 연구에 대해서는 물론이고, 최근 급속하게 진전되고 있는 제국 일본의 지배 구조에 관한 연구 조류에도 공헌할 만한 문제 제기가 가능하고 또 필요하다고 생각했다.[1] 이에 전시기 조선인의 동아협동체론의 폭과 깊이를 보여주는 핵심적인 문헌 다섯 편을 골라 소개하고자 한다.

이들 작품에 주목한 계기는 〈식민지/근대 초극〉 연구회 성원의 관심에서 볼 때 크게 다음 두 가지다. 하나는 '친일파'를 둘러싼 논의로 대표되듯이, 해방 후 한국 민족주의에 따라 이항대립적으로 재단됨으로써 배제되어 버린 식민지 조선에서 벌어진 다양한 실천의 역사를 복원하려는 관심이다. 민주화 이후 한국에서는 식민지기 '친일파'가 미군 점령과 대한민국 건국 과정에서 지위를 보전하여 오늘날까지 지배층으로 군림하고 있다는 인식이 확산되었다. 하지만 한국

1 정치·경제·사상 등 여러 영역에서 일본 식민지 연구의 최근 연구 동향에 대해서는, 이를 식민지에서 '살아온(生きられた) 근대'에 대한 접근으로서 개괄한 戸邊秀明, 「〈研究動向〉ポストコロニアリズムのインパクトと可能性: 日本植民地研究とのかかわりで」, 『日本植民地研究』 15, 2003. 6(도베 히데아키, 「포스트식민주의와 제국사 연구」, 서정완 외 편, 『제국일본의 문화권력』, 小花, 2011) 참조.

현대사에 대한 이러한 비판적 조명은, 현실의 정치적 대립 그리고 민주화운동 내부에 존재하는 민족주의 조류의 영향으로, 단순한 규탄이나 이항대립 강화로 이어질 우려가 있다. 그러다 보니 조선 지식인에게 중일전쟁기가 가지는 독특한 의미나 식민지에서 전개된 나름의 근대화가 오늘날 한국 사회를 깊은 곳에서 규정한다는 통찰은 쉽게 일축되고 만다. 이러한 상황에 대하여 최근 '대일협력', '식민지 공공성', '식민지 근대성(colonial modernity)' 등의 개념을 구사하여 한국 근대사를 재검토하는 움직임이 있었다.[2] 여기서는 이러한 연구 동향에서 자극을 받으면서도, 한 걸음 더 나아가 '식민지 근대성'론으로는 제대로 포착되지 않는 '근대 초극'을 지향하는 전시기 조선 지식인의 사상적 영위를 동아협동체론과 연관 지어 탐구하고자 한다.[3]

다른 하나는 전시기 일본 사상에 관한 연구가 가진 문제점, 즉 당시 대치한 아시아의 여러 타자와 상호 작용에 의해 '일본' 사상이 창출된 경위를 무시하는 경향을 배제하고, 동아협동체론, '세계사의 철

---

2 松本武祝, 「"朝鮮における「植民地的近代」"に関する近年の研究動向: 論点の整理と再構成の試み」, 『アジア経済』 43-9, 2002. 9; 並木直人, 「植民地期朝鮮政治·社会史研究に関する試論」, 『朝鮮文化研究』 6, 1999; 同, 「朝鮮における「植民地近代性」·「植民地公共性」·対日協力: 植民地政治史·社会史研究のための予備的考察」, 『国際交流研究』 5, フェリス女学院大学国際交流学部, 2003 등은 복잡하고 오해도 적지 않은(예컨대 '식민지 근대성'론과 '식민지 근대화'론의 혼동) 최근 연구 동향을 상세히 분석하고 금후의 가능성과 과제를 제시하였다. 이 글에서 '친일' 대신에 사용하는 '대일협력' 개념에 대해서는 특히 나미키(並木)의 논문을 따랐다. 또한 '식민지 공공성'론의 구체적 전개에 대해서는 윤해동, 『식민지의 회색지대: 한국의 근대성과 식민주의 비판』, 역사비평사, 2003 참조.

3 '식민지 근대성'론은 '식민지의 근대'뿐만 아니라 그것을 포섭함으로써 비로소 성립하는 '제국의 근대' 자체에 대한 재고를 요구한다는 점에서, '일본' 근대사 연구를 자임하는 사람도 소홀히 할 수 없는 문제이다.

학', '근대 초극'론 등을 타자와 긴장된 관계성 속에서 비판적으로 다시 읽어내려는 관심이다. 관계성의 시각은 제국의 지배 사상을 연구하면 저절로 얻을 수 있는 것이 아니다. 그것은 제국 중심에서 발신된 언설의 폭력을 불가피하게 마주하는 다양한 타자의 영위를 재구성하지 않으면 얻어지지 않는다. 게다가 동아협동체론에서 현저하게 드러나듯 하나의 타자만 주시하면 다른 타자의 목소리를 배제할 가능성이 있다. 조선 지식인의 동아협동체론을 분석하는 작업은, 이러한 타자에 대한 감수성을 당시의 중층적인 관계성 가운데서 되새기는 동시에, '일본 사상사'라는 언설의 총체적 변혁을 요청하는 계기가 될 것이다.

두 가지 관심은 서로 다른 방향에서 출발했지만 탈냉전, 탈식민화/탈제국화를 모색하며 요동치는 동아시아에서 어떻게 새로운 관계성을 만들어 낼 수 있을 것이냐는 절실한 물음을 공유한다. 전시기 사상을 비판적으로 재조명하는 작업은 물음에 답하기 위한 출발점이 될 것이다.

다음에서는 이러한 관심을 염두에 두고 전시기 조선 지식인의 작품을 해독할 때 꼭 필요하다고 생각되는 지점들을 언급함으로써 해제에 갈음하고자 한다.[4]

---

4 해제 집필에는 연구회 성원인 최진석, 홍종욱, 요네타니 마사후미, 조관자의 선행 연구를 전면적으로 참조하였다.

2. 중일전쟁의 충격과 조선 사회주의자의 '전향'

여기서 소개할 논설을 집필한 다섯 명은 어떠한 형태로든 사회주의 실천에 연대해 온 1930년대 조선의 저명한 사회주의자=좌파지식인이다. 게다가 나이가 가장 적은 박치우를 제외한 전원이, 도일 유학 → 사회주의 운동 참가 → 투옥이라는 공통된 경험을 가진다. 이러한 그들에게 중일전쟁이란 자신의 자세 전환을 강요하는 거대한 충격이었다.

이들을 포함하여 많은 조선 사회주의자가 중일전쟁을 계기로 총독부의 전향정책에 응하여 주체적으로 대일협력을 벌였다. 물론 협력 정도는 같지 않으나, 1933년경 대량 전향이 일어난 일본과 달리 1930년대 중반에 이르러서도 조선 민족의 독립을 위해 쉽게 전향에 응하지 않았던 그들이, 당시 왜 대량으로 전향했을까. 이 점에 대한 주목은 전시기 그들이 남긴 문장을 독해하는 데 결정적으로 중요하다. 여기에 '중일전쟁기' 조선의 언론 상황에 주목하는 독자적인 이유가 있다.[5]

개전 후 일본군이 보인 압도적인 우세는 조선 사회주의자의 예상을 배반하는 사태였다. 게다가 1938년 여름 장고봉(張鼓峰)에서 벌어

---

5 洪宗郁, 『戦時期朝鮮の転向者たち: 帝国/植民地の統合と亀裂』, 有志舎, 2011, 제1장 참조. 홍종욱은 조선 사회주의자 대량 전향의 계기로서 중일전쟁이 가지는 획기성에 주목하여, 전향의 추이와 동아협동체론 도입으로 전향 논리가 전환되어 가는 과정을 성실히 살핌으로써, '친일'로서 일괄됐던 언동 속에 전향 좌파 지식인에 의한 굴절된 조선 자치론이 담겨 있었음을 보였다. '전향'이라는 용어는 '친일파'라는 용어와 마찬가지로 재검토가 필요하겠지만, 여기서는 대일협력으로는 일괄할 수 없는 사회주의의 역사적 경험을 중시하는 의미에서 사용하겠다.

진 소련과 일본의 군사 충돌이 소련의 중일전쟁 참전으로 이어지길 기대한 그들에게, 전쟁 확대를 피한 양국의 타협은 절망적인 현상의 고정화로 비쳐졌다. 또한 유럽 정세도 스페인 내전이나 뮌헨 협정으로 추축국 측이 주장하는 국제 질서가 용인되는 듯한 모양이었다. 중국의 전황과 국제 환경의 격변은 조선 사회주의자의 고립감을 한층 심화시켰다.

한편 전쟁의 장기화는 제국 내부에서 조선의 위치를 크게 변모시켰다. 조선은 대륙에 직결된 지정학적 위치 탓에 '병참기지'로 상정되었고 총력전에 즉각 대응하기 위한 사회 재편이 강행되었다. 병참기지화정책은 공업화와 도시화를 촉진하였고, 현상적으로는 조선 사회의 (파행적) 근대화·발전의 양상을 낳았다.[6] 동시에 물적 동원과 짝을 이루어 '인적 자원'의 효율적인 활용이 총독부·조선군에 의해 의도되었고, 징병제 도입도 본격적으로 검토되기 시작한다. 이를 위해 식민 권력이 제창한 것이 '내선일체(內鮮一體)'였고 또한 조선인의 철저한 동화를 목표로 하는 '황민화(皇民化)'정책이었다.[7] 이는 기본적으로 관제운동이었으므로 '창씨개명(創氏改名)'에서 볼 수 있듯이 당연히 조선인의 여러 저항에 직면하였다. 그러나 여기서 특징적인 것은 권력 측의 내선일체론에 호응하여 조선인이 차별을 극복할 방도로써

6 중일전쟁기를 포함한 1930~1940년대 조선의 공업화와 사회 변용에 대해서는 カーター·J·エッカート(橋谷弘 訳), 「植民地末期朝鮮の総力戦·工業化·社会変容」, 『思想』 841, 1994. 7 참조. 중국 점령지에 진출한 조선인 동향에 대해서는 木村健二·申奎燮·幸野保典·宮本正明, 「戦時下における朝鮮人の中国関内進出について」, 『青丘学術論集』 23, 2003. 10 참조.

7 '황민화'정책의 의도나 민중의 반응에 대해서는 宮田節子, 『朝鮮民衆と「皇民化」政策』, 未来社, 1985(宮田節子 저, 李熒娘 역, 『朝鮮民衆과 '皇民化' 政策』, 一潮閣, 1997) 참조.

이를 적극 추진하는 움직임이 생겨난 점이다. 거기에서 보인 자발성은 역사적인 조선 민족성 일체를 부정하고 개개인의 마음조차 완전히 일본과 일체화함으로써 차별을 없애자는 철저한 동화론('철저일체론'[8])을 낳기에 이르렀다.

중일전쟁기 조선 안팎 상황이 좌파 지식인의 독립에 대한 희망을 꺾고 전시 동원에 의한 조선 사회 근대화에 기대를 걸도록 유도하는 효과를 낳았을 것은 어느 정도 짐작이 된다. 그러나 이것만으로는 그때까지 지녔던 이념을 버릴 계기는 되어도 적극적인 대일협력으로 돌아서기 위한 이유로서는 불충분했다. 지식인에게 대일협력이란 결국 언론이나 기타 계몽 활동을 통해 조선 민중을 동원하는 역할인 이상, 사람들을 이해시키고 자기를 추동시킬 무언가 긍정적인 논리가 필요하였다. 민족성 유지를 아슬아슬한 저항선으로 삼았던 이들에게 철저일체론자가 이야기하는 조선 민족성 방기는 도저히 받아들여질 수 없었다고 했을 때, 내선일체론에 규정된 언설 공간 속에서 자기 나름의 논리를 찾는 것은 어려웠다. 이러한 난제를 해결하고 내선일체론 속에서야말로 자신들의 주체적 논의와 민족성 확보가 가능해지는 열쇠를 그들은 중일전쟁하에서 발견하였다. 이것이 대량 전향의

---

8 현영섭을 중심으로 하는 철저일체론자의 동화의 논리에 대해서는 李昇燁, 「朝鮮人内鮮一体論者の転向と同化の論理: 緑旗連盟の朝鮮イデオローグを中心に」, 『二十世紀研究』 2, 2001. 12(이승엽, 「조선인 내선일체론자의 전향과 동화의 논리」, 윤해동 외 편, 『근대를 다시 읽는다 1』, 역사비평사, 2006) 참조. '내선일체'를 둘러싼 조선인의 논의에서 철저일체론자는 오히려 소수였고 동화의 추세 속에서도 조선 민족성의 유지를 모색하는 '협화적 내선일체론'이 대세였다. 이승엽 논문은 양자의 각축과 갈등에 대해서도 상술하고 있다. 여기서 소개할 다섯 사람은 다수의 전향 사회주의자와 마찬가지로 후자로 위치 지어진다.

지점이 되는데, 이는 바로 제국 일본이 내놓은 '동아신질서' 구상 그중에서도 특히 동아협동체론이었다.

3. 전략적 밑천으로서 '동아협동체'

서전(緖戰)에서 승리했지만 중국의 완강한 저항으로 전선이 교착 상태에 빠지자, 일본 정부는 이를 타개하고자 1938년 11월 3일 고노에 후미마로(近衛文麿) 수상 성명을 통해 '동아신질서' 건설을 새로운 전쟁 목적으로 내세웠다. 지극히 독선적으로 일본의 이익을 주장하면서도, 중일 제휴에 의한 동아시아의 새로운 질서를 제안하고 또 서양 제국주의를 비판하였다는 점에서, 이 성명은 이미 그동안의 침략 방책이 무효함을 스스로 드러내었다. 한편 성명은 중국을 향했을 뿐만 아니라, 신질서 형성을 짊어질 주체 형성을 위해 일본제국을 재편성하려는 지향도 담았다.

'신질서'의 내실을 둘러싸고 다양한 구상이 나타났는데 그중에서도 좌파 지식인과 사회운동가를 자극한 것이 동아협동체론이다. 전시기 다양한 언설이 착종되는 가운데 동아협동체론 또한 전체주의나 자본주의 평가 등에서 서로 모순되는 논의를 품고 있었지만, '동아'의 혁신을 통해 광범한 사회변혁을 실현하고자 하는 지향만큼은 뚜렷하였다. 침략과 동원의 추진력을 전제로 한 위험한 논의였지만, 종래의 제국주의 논리를 넘어서는 '동아' 국제 질서 수립을 위해 자본주의 문제를 초극할 수 있는 '국내' 사회변혁이 필요하다는 논리는, 오자키 호쓰미(尾崎秀實)나 미키 기요시(三木清)의 논설로 대표되듯이, 사회주의적 변혁 논리가 전시하에서 계속되는 측면을 가졌다. 더욱이 이러한 논의는 항일 중국과 응답하는 관계 속에서 편성되었고, 전시 동원을 위한 제국 질서 재편과도 연동되었기 때문에, 제국 중심에 간히지 않고 늘 일종의 월경적(越境的) 언설 공간을 유발했다.[9] 나아가 '신질서'를 둘러싼 논의는 이른바 공공재로서 열려 있었기 때문에, 이러한 언설 공간은 단지 중국과 일본 사이에 머무르지 않고 누구라도 사회 변혁의 기대를 걸 수 있는 장이 되었다. 그리고 이에 신속히 반응한 것이 사회주의 실천 경험을 가진 조선 지식인이었다. 1939년 초부터 1941년 전반에 걸쳐 이번에 소개할 『삼천리(三千里)』, 『인문평론(人文評論)』을 포함하여, 『조광(朝光)』, 『문장(文章)』 등 잡지 그리고 『조선일보(朝鮮日報)』, 『동아일보(東亞日報)』 등 신문 학예란에 관련 논설이 다수 발표되었다.[10]

조선의 좌파 지식인은 동아협동체론에서 어떠한 가능성을 읽어냈고, 또 어떻게 이를 자신들의 논의를 전개하기 위한 전략적인 밑천으로서 영유(appropriate)했을까. 그 내실을 살피고자 할 때 잡지 『삼천리』 1939년 1월호 소특집 「동아협동체와 조선」은 중요한 위치를 점한다. 1929년에 창간된 『삼천리』는 당시 대표적인 종합잡지로 지식인을 비롯하여 광범위한 독자층을 가졌다. 『삼천리』가 '동아신질서'

9 '동아신질서' 성명으로 이어지는 제국 내 정세 그리고 동아협동체론이 내포하는 다양한 구상에 대해서는 米谷匡史, 「戦時期日本の社会思想: 現代化と戦時変革」, 『思想』 882, 1997. 12; 同, 「日中戦争期の天皇制: 「東亜新秩序」論·新体制運動と天皇制」, 酒井直樹 外 編, 『岩波講座·近代日本の文化史 7: 総力戦下の知と制度』, 岩波書店, 2002 참조.

10 각 잡지의 성격과 중일전쟁기 논조 차이에 대해서는 임종국 저, 이건제 교주, 『친일문학론』, 민족문제연구소, 2013(초판 1966) 참조. 다만 각 논설에 대한 분석을 바탕으로 잡지 성격 규정도 재검토되어야 할 것이다.

구상의 발표, 동아협동체론의 대두와 때를 같이하여 특집으로 엮은 세 편의 논문에는 조선 좌파 지식인이 동아협동체론을 주체적으로 영유하는 의도와 개개인의 구상 차이가 잘 드러나 있다.

우선 특집 저자 세 명의 경력을 간단히 확인하자. 김명식은 이번에 소개하는 다섯 사람 중 유일하게 세대가 다른 고참 사회주의자이다. 1891년 제주도 조천(朝天)의 명가에서 태어난 김명식은 일본으로 건너가 와세다(早稲田)대학 전문부 정치경제과에서 공부하면서 (1915~1918) 재도쿄(東京) 조선유학생학우회 회장을 지냈다. 1920년 동아일보사 설립과 동시에 입사하여 주필로서 활약하는 한편, 좌익 청년 단체인 서울청년회 결성에 참가했고, 조선노동공제회 발기인·평의원 등을 맡아 운동의 조직화에 힘썼다. 그러던 중 1922년 좌파 잡지 『신생활(新生活)』을 통해 사회주의 사상을 선전했다는 이유로 검거된다. 이듬해 열린 조선 최초의 사회주의자에 대한 재판에서 징역 2년을 선고받지만 병보석으로 같은 해 7월 출옥한다. 감옥에서 얻은 병으로 다리에 장애를 입고 청력도 잃었다. 이후 평론가로서 활동하나 병 치료를 위해 도일(1928~1936)한 오사카(大阪)에서 다시 투옥되었다. 이러한 파란만장한 경력으로, 오늘날에도 김명식은 한국 사회주의 운동의 (비주류파이지만) 선구자 중 한 사람으로 손꼽힌다. 그러나 1936년에 조선으로 돌아온 김명식은 중일전쟁기 내내 '내선일체' 아래 조선의 발전을 모색하는 논고를 다수 발표한다.[11]

게재 순서와 다르지만 생년은 차재정이 인정식보다 이르다. 차

---

11 김명식의 사상과 실천에 대해서는 洪宗郁, 『戦時期朝鮮の転向者たち: 帝国/植民地の統合と亀裂』, 有志舎, 2011, 제2장 참조.

재정은 1902년 충청남도 논산(論山)에서 태어나 1917년 인천상업학교를 졸업하였다. 1922년에 도일하여 도쿄 세이소쿠(正則) 영어학교에서 배운 후 1923년 메이지(明治)대학 법과에 입학하지만 간토(關東)대지진 탓에 학업을 접고 1924년 귀국했다. 1925년 6월 서울청년회에 가입하고 1927년에는 신간회 경성(京城)지회 간사로 활동하였다. 1929년 광주학생운동 당시 치안유지법 위반 혐의로 체포되어 1932년 10월에 석방되었다. 다시금 비합법 공산주의 운동에 가담하나, 1936년 이후 전향자 단체인 백악회(白岳會), 대동민우회(大東民友會) 등의 간부로 이름을 올린다. 중일전쟁기에는 총독부 전향정책에 협력하여 이전 '동지'에게 전향과 대일협력을 추동하는 역할을 하였다.[12] 경력에서 드러나듯 사상가라기보다 활동가의 측면이 강하다.

세 명 중 월등히 긴 논설을 실은 이는 인정식이다. 1907년 태어난 인정식은 1925년에 도일하여 호세이(法政)대학 예과에 입학했다. 재학 중에 조선공산당 일본총국에 가입하여 고려공산청년회 일본부 책임비서를 지내나 치안유지법 위반으로 검거되어 투옥되었다(1929~1934). 출옥 후에는 『조선중앙일보(朝鮮中央日報)』 기자로 있으면서 재야 농업경제학자로서 강좌파 마르크스주의적인 시각에서 조선 농업사회의 모순을 탐구하여, 1937년에는 대표작 『조선의 농업

12 차재정의 경력은 친일인명사전편찬위원회, 『친일인명사전』, 민족문제연구소, 2009 참조. 차재정은 중일전쟁 이전에 명확히 전향을 표명했다는 점에서 함께 소개하는 네 사람과는 차이가 있다. 실제로 차재정이 가진 '혁신' 이미지는 1936년 국가주의에 경도된 일본군 청년 장교가 일으킨 쿠데타인 2·26사건에서 발원하여 점차 대아시아주의적인 국가사회주의로 접근하였다. 전향 이후 역할이나 사상은 일본공산당 지도자로서 1933년 일본 사회주의자들의 대량 전향을 이끈 사노 마나부(佐野學)와 유사하다.

기구분석(朝鮮の農業機構分析)』(白揚社)을 저술한다. 하지만 1938년 다시 체포되자 전향을 성명하고 출옥한다. 중일전쟁기에는 농업경제론을 비롯한 다수의 논설을 발표하여 대일협력의 이데올로그적 존재가 된다.[13] 동시에 '내선일체'를 내세우는 일본어 잡지 『동양지광(東洋之光)』 편집위원과 총독부 조선국토계획위원도 맡아 실제 활동에서도 식민 권력에 협력하는 태도를 보였다.[14]

세 사람은 경력이나 활동을 달리하면서도 1939년 초두에 발표한 논설에서는 흥미로운 일치를 보였다. 그것은 이하 세 가지로 요약할 수 있다. 먼저 일본군의 중국 침공 때문에 폭력적으로 구상된 '신지나(新支那) 건설'을 '동아신질서' 실현의 기초로서 적극 긍정하였다. 다만 현실 추인(追認)의 이면에서 '제민족 공존공영에 의한 공동질서' 원리인 동아협동체론을 자주 언급하며, "동아신질서 내에 포괄되는 제민족 사회는 그 자주적 이익이 존중되고 개성, 전통, 문화가 한가지 존중되어야 할 것"(차재정)이라고 강조한다. 명언하고 있지는 않지만, 동아협동체론을 조선에 적용한다면 조선의 민족성 또한 보전되어야 한다는 의도가 엿보인다. 내선일체론이 차별 해소를 거론하고, '동아신질서'가 제국주의적 야심을 비판하는 이상, 조선은 일본과 〈제국-식민지〉 관계를 넘어 '협동체'의 구성 요소가 될 수 있다고 생

---

13 인정식의 조선 농업사회 분석 시각과 대일협력 논리 사이에 보이는 연속성에 대해서는 松本武祝, 「植民地下の朝鮮人はいかに統治されたか: 日本「帝国」の意図せざる統合原理」, 『情況』 8-10, 1997. 12; 同, 「戦時体制下の朝鮮農民: 「農村再編成」の文脈」, 『歴史学研究』 729, 1999. 10 참조. 해방 후 저작을 포함한 인정식의 논고 대부분은 『印貞植全集』 1~5, 한울, 1992에 수록되어 있다.

14 인정식의 사상과 실천에 대해서는 洪宗郁, 『戦時期朝鮮の転向者たち: 帝国/植民地の統合と亀裂』, 有志舎, 2011, 제3장 참조.

각되었다.[15]

둘째, 이러한 전망을 가능하게 하는 근거로서 국내 혁신에 대한 강한 기대가 선명하게 나타났다. 차재정이 집요하게 반복했듯이, 반자본주의적·반제국주의적인 '일본의 국내 혁신'이 '신동아질서의 내면적 요소'로서 불가결하다고 파악한 일본 좌파 지식인의 인식은 조선에서도 예민하게 받아들여졌다. 더욱이 그러한 기대가 식민지를 포함한 제국 차원에서 사회변혁의 전망으로 이어진 사실은, 반복해서 나타나는 '국내에 있어서의 신질서'라고 할 때 '국내'가 조선도 포함하는 점에서 명백하다. 그들은 '국가 권력에 있어서의 혁신 세력의 증장의 필연성'(인정식)에 자신감을 얻어 총독부가 들이댄 '내선일체' 논리를 조선을 전시 혁신에 포함시키는 회로로서 적극적으로 바꿔 읽은 것이다.[16]

---

15 일본과 관계를 둘러싸고 세 사람의 입장은 서로 다르다. 차재정은 조선의 자립성 유지에 그다지 관심이 없고 오히려 皇道主義를 고취하였다. 그러나 차재정조차 "今日의 日本精神, 또는 日本主義는 좀더 近代化한 普遍的 體系를 具有하지 않으면 아니된다"고 주문을 해야 할 만큼, 황도주의 이데올로기란 편협한 것이었다. 반면 언뜻 황도주의에 귀의한 것처럼 보이는 인정식은 '皇室'을 언급할 때도 그것을 "皇室과 人民의 間에서만 差別을 是認"하는, 즉 '內鮮'의 완전한 평등을 주장하기 위한 무기로 이용하였다.

16 이러한 의도는 같은 『三千里』 1939년 신년호에 게재된 좌담회 「時局有志圓卓會議」에서 인정식이 행한 발언에서 더 명확히 드러난다. 다소 길지만 민족성 유지를 명확히 지향하고 있는 점 등에서 인정식의 논문을 읽을 때 중요한 참조가 될 것이다. "革新勢力은 反資本的이고 또 反搾取的이기 때문에 이 革新勢力의 擡頭의 必然性에 있어서 內鮮一體의 必然性을 보는 것입니다. 웨 그러냐하면 殖民地로서의 朝鮮을 完全히 止揚하고 朝鮮民族과 大和民族을 合하야 한 개의 보담 高級의 概念을 가진 新日本民族에로 統一할 수가 있기 때문입니다. / 여기에 注意할 것은 新日本民族에로 統一된다는 것은 決코 朝鮮人이 그의 民族的인 固有性全般을 喪失하야 한다는 것은 絶對로 안입니다. 朝鮮民族의 固有한 言語 文化傳統 民族精神等 이러한 것은 새

셋째, 이러한 전략을 취하는 근거로서 조선의 급격한 사회 변용을 긍정하고 민중의 전쟁 지지를 상정하였다. 인정식의 논문은 그러한 변화에 대해 사례를 들어 체계적으로 논증한다. 조선 농업의 봉건적 요소 불식과 근대화를 열렬히 희구하는 인정식에게 전시 공업화와 급격한 인구 이동은 농업 재편성을 향한 구체적 서광으로 비쳤다. 동시에 통제경제 진전은 조선의 근대화가 자본주의적 발전이 아닌 집산주의(collectivism)적 조직이나 대규모 반자본주의적 사회공학(계획화) 도입을 추동함으로써 조선 내부의 사회 문제가 일거에 해결되지 않을까라는 기대를 낳았다.[17] 그리고 제국의 군사적 침공에서 얻은 이익에 의해 조선 민중은 국민적 자각을 촉구받았고 나아가 제국의 주체 지위를 요구할 수 있을 정도가 되었다 — 이것이 그들의 기본적 관측이었다. 그렇다면 "우리는 신동아협동체의 건설에 대하여 특별한 관심과 열의를 가지고 그에 적극적으로 참가하여 신운명의 제일보를 개척치 않으면 아니 될 것이다."(김명식)

세 가지 지향이 가리키는 궁극적인 의도는 무엇인가. 이 점에서도 인정식의 논문은 주도면밀하고 대담하다. 제국 내에서 조선의 자립성에 대한 승인을 요구하고 전시 동원을 발판으로 한 조선의 발전

로히 形成되는 新日本民族의 生活의 一部面으로서 끝까지 保存되고 또 發達되야 할 것임니다."

17 사회주의 또한 개발주의적 지향을 강렬히 내포한다. 그러나 식민지 지식인이 사회주의를 추구한 것은 단순히 사회주의에서 종주국이 부여하지 않는 개발의 기술적 지식을 얻고자 한 것이 아니라, 자신을 억압하는 제국주의와 자본주의를 기조로 하는 근대 그 자체를 뛰어넘어 새로운 문명의 주체가 될 수 있다는 방향성을 사회주의에서 봤기 때문이다. 이것은 조선의 전향 사회주의자가 '근대 초극'='혁신'에 절실한 관심을 기울인 근거이기도 하다.

을 기대할 뿐 아니라, 나아가 '내선일체'가 추구하는 '국민적 의무'를 다함으로써 '내지 민족과 동등한' 정치적 권리를 획득할 수 있다는 전망이다. 제국의 주체(그것은 물론 폭력의 주체이기도 하다)가 됨으로써 조선 민족의 '운명'은 '생존과 번영과 행복'을 약속받는다는 기획이었다.

이러한 전략성은 사회주의자 경력을 가지기 때문에 설정 가능했다는 점에 유의해야 한다. 동아협동체론은 그들이 사회주의자 시절 이래 과제로 삼은 조선의 민족 문제와 계급 문제를 해결하는 방도로서, 즉 전시변혁의 추진력으로서 이중으로 긍정되었다. 그러한 상황은 인정식의 논문 말미에 놓인 '라 마르세예즈(La Marseillaise)' 한 구절이 상징한다. 이 구절은 그들이 사회주의자 시절에 품은 바람이 이 시점에서도 문자 그대로 노래의 조(調)를 바꾸어(changing song) 계속된 것을 시사한다. 아마 사회주의자 시절 혁명가의 하나로서 암송했을 가사를 조선 민중에게 제국에 대한 충성을 촉구하는 구호로 끌어온 데서 복잡하게 굴절된 전향의 양상을 엿볼 수 있다. 동시에 문맥은 바뀌었지만 같은 노래를 부르고 여전히 변혁을 호소할 수 있다는 인정식의 자부심이 아무렇지 않게 드러난 셈이다. 인정식의 전향은 권력에 대한 굴종이라는 단순한 상으로는 포착하기 어려운 쉽게 굴하지 않는 전략적 발상에 의해 뒷받침되었다.

물론 연속성은 한편에서 부정적인 측면도 드러낸다. 결연하게 방침을 제시하고 상황에 주체적으로 관여하라고 조선 민중에게 제창하는 스타일은, 그들이 이전에 종사한 운동의 실천 양식과 명확한 연속성을 보임과 동시에 민중의 지도를 당연하게 여기는 지도자관을 여실히 나타낸다. 조선 민중의 다양한 바람을 근거로 삼아, 오히려 민중을 전쟁에 동원하고 피식민자의 자발성을 조달하기 위한 논리를 제공하였다고 말할 수 있다. 게다가 자기와 조선인 전체를 제국의 능동적 주체로서 제시함으로써 전망되는 조선 발전의 청사진은 특히 만주국이나 중국과 관계에서는 복잡한 위상을 가질 수밖에 없다. 인정식이 제시한 제국의 주체로서 중국에 대한 우월감은 물론, 김명식이 기대한 중일 양국 사이의 '박쥐'적 존재에서 조정자로의 전환에도 일본인 이상으로 굴절된 대중국 감정이 담겨 있다. 따라서 인정식 등의 작품을 읽을 때는 전향에서 저항으로 평가를 반전시키는 것이 아니라 자립·발전의 모색 자체가 띠는 폭력성까지를 비판의 사정에 두는 사려 깊음이 우선 요구된다.

이상에서 '동아'의 혁신을 통해 조선 사회의 자립성을 유지하고 자본주의·제국주의를 초극하는 발전 가능성을 모색하려는 자세가 떠오를 것이다. 중국 내셔널리즘에 대한 응답으로서 제시된 동아협동체론은 조선에서 내선일체론을 바꾸어 읽기 위한 지렛대로써 사용되었다. 즉 동아협동체론을 통해 내선일체론을 '동아'의 민족 협동 이념으로 재해석하여 민족성의 말살을 막고자 한 것이다.[18] 더욱이 동아협동체론은 단순히 식민 권력에 대한 방파제로서가 아니라 적극적으로 민족·계급 문제의 '혁신'을 이야기할 수 있기 때문에 비로소 수

---

18 이러한 특징은 조선에서 전개된 동아연맹론과 공통된다. 동아연맹론은 동아협동체론과 비교하여 민족의 고유성을 존중하는 경향이 강해서, 제국 중심에서는 '동아신질서'의 기본 구상을 둘러싸고 양쪽이 첨예한 차이를 보였다. 그러나 조선에서는 양쪽 논리 모두 민족성 유지·발전이라는 공통된 관심에서 영유되었다. 조선 지식인의 동아연맹론에 대해서는 松田利彦, 『東亜聯盟運動と朝鮮·朝鮮人: 日中戦争期における植民地帝国日本の断面』, 有志舎, 2015 참조. 식민지에서 동아연맹론과 동아협동체론의 양상에 대해서는 米谷匡史, 「日中戦争期の天皇制」 참조.

용된 것이며, 그것을 통해 사회주의적 지향을 방향을 바꾸어 이어 갈 수 있다고 여겨진 것이다.

조선에서 전개된 동아협동체론은 폭력적이고 독선적인 위상을 지닌 것을 부인할 수 없지만, 역사적으로 계보를 짓자면 탈식민지화 실천의 굴곡된 표현이었으며, 중일전쟁기에만 가능했던 논리 구성을 가지고 권력과 긴장 관계를 유지했다.[19] 더욱이 조선에서 동아협동체론 영유는, 황민화정책에 대한 비판적 응답이나 조선 내 철저일체론자에 대한 공격에 머무르지 않고, 제국주의 폭력에 대한 근원적인 비판 역시 내재하고 있었다.

4. 〈번역〉을 통한 대항

동아신질서를 둘러싼 제국의 각종 구상 가운데 가장 포괄적·철학적인 논의를 전개한 것은 교토학파 철학이었다. 여기에는 좌파이자 동아협동체론 논객이었던 미키 기요시의 논의에서, '종(種)의 논리'를 구상한 다나베 하지메(田邊元)의 철학, 니시다 기타로(西田幾多郎) 주변의 소장 철학자·역사가(高坂正顯·高山岩男·鈴木成高·西谷啓治)에 의한 소위 '세계사의 철학'에 이르기까지 복수의 흐름이 있었다. 미키와 다나베, 니시다의 차이는 크지만, 종래의 개인주의·자유주의를 비판하고 문명사적인 철학사관을 체계화한 점에서, 공히 사상계에 큰 영향

19 윤해동이 명명한, 식민 권력과 다양한 항쟁과 교섭이 벌어지는 장인 '회색 지대'의 존재를 떠올리게 된다.

을 미쳤다.

조선에서도 동아신질서를 변증하는 철학적 논의로서 이들 논의가 수용되었다. 그러나 검토와 해석을 거쳐 동아협동체론과 내선일체론 자체가 되물어진다. 그 과정은 일본 → 조선의 일방적 영향이라기보다 조선 지식인에 의한 일종의 〈번역〉을 통한 적극적인 영유였으며, 타자의 논리 안쪽을 가로지르는 비판이 전개되었다. 말하자면 '〈번역〉을 통한 대항'이라고 부를 만한 논의의 내실은 잡지 『인문평론』에 게재된 서인식과 박치우 논설에 명백히 드러난다.

『인문평론』은 1939년 10월 잡지 통제가 엄격해지는 상황에 거슬러 창간되어 순문학 색이 강했던 『문장』과 어깨를 나란히 하는 문예·평론지가 되었다. 발행처인 인문사(人文社) 편집 겸 발행인 최재서(崔載瑞, 1908~1964)가 후일 잡지 통폐합 후에도 『국민문학(國民文學)』 편집장을 맡았고 또한 저서 『전환기의 조선문학(轉換期の朝鮮文學)』(人文社, 1943)으로 제2회 국어 총독문예상을 받았기 때문에, 『인문평론』은 '친일 잡지'로 치부되는 경우가 많다. 그러나 적어도 발행 초기에는, 총독부 방침에 일정 정도 영합하면서도 내선일체론에 대한 비판적 다시 읽기를 모색하는 집필자를 지면에 등장시킬 수 있었다. 특히 최재서가 강하게 추천한 이는 아직 30대 전반인 두 사람의 철학도 서인식과 박치우였다.[20]

---

20 최재서는 서인식과 박치우의 논문을 게재한 호의 편집후기에서 각각 두 사람을 높이 평가하고 큰 기대를 보냈다. 특히 박치우 논문에 대해 "朴致祐氏의 「東亞協同體論의 一省察」은 東洋의 運命과 新秩序의 原理에 對하여 우리가 가지고 있는 最高의 知性이 良心을 걸고 討究한 글이다. 巷間에 橫行하는 無責任한 協同體論과 同一視될 것을 미리 警戒하여 둔다"고 게재 의도를 밝혔다(「編輯後記」, 『人文評論』 2-7, 1940. 7).

『인문평론』 창간호 권두 논문의 저자는 서인식이었다.[21] 서인식은 1906년 함경남도 함흥(咸興)에서 태어났다. 1924년에 도일하여 와세다대학 문학부 철학과에 재적하면서 현대 철학의 혁신적 조류를 접했다. 동시에 신흥과학연구회, 신간회 도쿄지회, 조선공산당 일본총국, 고려공산청년회에 참가하여 다름 아닌 인정식과 당 활동을 함께하였다. 1928년에는 대학을 중퇴하고 이듬해 중국에 들러 조선공산당 재건 방침을 협의하였다. 귀국 후 비합법 활동을 이어 가나 1933년 조선공산주의협의회사건으로 체포되어 징역 5년을 선고받았다. 따라서 서인식의 문필 활동은 출옥 후인 1937년에 시작되나 그 명석함으로 인해 논단 등장 후 곧바로 주목을 받았다.

박치우의 논문은 『인문평론』 '사변(事變) 삼주년 기념호' 권두를 장식하였다.[22] 박치우는 1909년 함경남도 단천(端川)에서 태어났다. 1933년 경성(京城)제국대학 법문학부 철학과 졸업 후 숭실(崇實)전문학교 교원을 거쳐 1936년 『조선일보』 학예부 기자가 된다. 박치우는 1934년경부터 현대 철학을 비판적으로 소개하는 다수의 논문을 발표하여 논단의 주목을 받았다. 그는 여기서 소개하는 다섯 사람 중

21 서인식의 철학에 대해서는 趙寬子, 『植民地朝鮮/帝国日本の文化連環: ナショナリズムと反復する植民地主義』, 有志舍, 2007 참조. 조관자는 서인식이 전개하는 '세계성의 세계' 논의가 급진적인 자본주의 비판을 기초로 하는 점을 다른 논자와 대질을 통해 해명하여, 조선의 동아협동체론에서 서인식이 지니는 독보적인 위치를 분명히 하였다. 나아가 서인식 철학과 교토학파의 차이에 대해서도 논하였다.

22 박치우 논문에 대해서는 崔真碩, 「朴致祐における暴力の予感: 「東亜協同体論の一省察」を中心に」, 『現代思想』 31-3, 2003. 3에서 상세히 분석하였다. 특히 미키 기요시의 논리와 같고 다름을 검토하여 일본과 조선에서 동아협동체론의 차이를 지적하고 타자성의 문제를 예리하게 물은 점은 앞으로 동아협동체론을 분석하는 데 빠트릴 수 없는 시각이다.

유일하게 일본에 유학하지 않고 식민지 제국대학에서 공부하였다. 전문학교 교원을 거쳐 저널리즘에 입문하였는데, 아카데미즘에 박제된 철학적 논의를 강하게 비판하고 철학의 실천성을 부활하기 위해서였다. 서인식과 박치우 두 사람을 놓고 보면 박치우 쪽이 발표 매체를 의식하여 도발적인 언사를 은밀히 숨기는 등 독자를 인식한 논의를 전개한다. 또한 유일하게 체포 이력이 없고 사회주의 운동과 연관성도 명확하지 않으나 당시부터 좌파 지식인으로 여겨졌다.

두 논문은 인정식 등의 동아협동체론 그리고 교토학파 철학과 대질을 통해 더 선명하게 자리매김될 수 있다. 두 논문의 중심적 관심은 전체주의를 비판하고 타자성과 이성을 옹호함으로써 동아협동체론과 내선일체론을 원리적으로 비판할 수 있는 핵심을 포착하는 데 있었다. 물론 『삼천리』 동아협동체론 특집이 게재된 시점보다 한층 동원과 통제가 심해진 상황에서 '내선일체'라는 공준(公準) 자체는 부정할 수 없었다. 그러나 여기서도 "문제의 국내 신질서도 끝까지 국민의 자주와 창의를 기초로 한 일종의 민족협동체가 되지 않을 수 없으리라"(서인식 논문)는 식으로 '국민'(일본·식민지 인민을 포함한다) 내부의 다민족 자주·협동 쪽으로 '내선일체' 상을 방향 지으려고 하였다. 게다가 전체주의의 비합리성, 유기적 일체론에 의한 민족주의가 동아협동체론과 모순된다는 사실을 꿰뚫어 보는 시점은 차재정이나 인정식이 황도주의(皇道主義)에 접근하는 자세 역시 비판하는 위치에 있다. 나아가 전체주의가 개인주의를 기계적으로 부정하는 풍조를 오히려 '봉건주의로 곧바로 역행'하는 반동이라고 갈파하고(서인식 논문), '혁신사상'에 편승하여 비합리주의의 필연성을 주창하는 철학사관을 '그네(振子) 사관'이라고 야유하는 수법에는(박치우 논문),

교토학파(특히 '세계사의 철학' 일파)에 대한 명확한 부정이 담겨 있다.

오해해서는 안 될 것은 이러한 비판이 전체주의나 협동체론 출현 이전의 휴머니즘이나 국제주의 입장에서 행해지고 있는 것이 아니라, 오히려 바로 전체주의가 등장하지 않을 수 없는 현대 세계의 원리적 모순을 돌파하기 위해서 선택되었다는 점이다. 모순의 철학적 분석에서 서인식·박치우 두 사람은 확실히 교토학파 논리에 접근하였고, 나치스류 전체주의·민족주의를 비판한 동시기 미키의 논의나 다나베 철학에서 원용한 개념도 적지 않다. 그러나 이들 논문은 당시 종종 눈에 띄던 현대 철학 소개나 이해를 목적으로 한 글이 아니다. 당면한 세계사적 문제점·한계를 지적하기 위해 교토학파와 전체주의 논리를 도마 위에 올려, 오히려 바로 그 문제점과 모순을 밝히는 논법을 택하고 있는 점에 주목해야 할 것이다.

그렇다면 이러한 미묘한 차이를 낳은 기로에는 무엇이 있었을까. 하나는 서인식 논문에 확실히 나타나는 것처럼 유물사관과 교토학파류 역사적 존재론 사이에 긴장 관계를 유지하면서도 양쪽 모두를 내적 격률(格率)로 삼는 태도였다. 서인식이 전망하는 '세계성의 세계'는, '무적(無的) 보편' 등 니시다 철학 용어을 차용하면서도 개인주의를 초월하는 '인간 노동의 사회화' 단계에 사회가 도달했다는 인식을 근거로 '세계 구조의 개조 문제' 특히 자본주의 극복을 사정(射程)에 넣었다. 이러한 사관은 두 역사철학의 대질을 통해 특히 교토학파류 역사철학을 견제함으로써 새로운 전체성 획득을 지향하였다. 이것이 단순한 철학사관의 논증이 아닌 정치적 문제라는 것을, '역사적 전기(轉機)'에 조우했음에도 '동아'의 지도자를 (미키 기요시조차도) 자임하는 일본이 그것을 주도할 주체적 역량을 가졌는가 하고 반문하면서 논문 말미를 끝맺은 데서, 서인식 자신은 명확하게 의식하였다고 여겨진다.

두 사람 논문에는 인정식 등과 같이 제국의 정당한 주체가 될 자격을 욕망하는 충동은 희박하다. 이는 두 사람이 논문을 집필한 시점에서는 벌써 '동아신질서' 구상의 무력함과 비현실성이 드러났다는 사정도 작용했겠지만, 더 유의해야 할 것은 제국의 주체가 된다는 것이 내포하는 폭력에 대해 원리적인 사고에 따른 비판적 자세를 가질 수 있었다는 점일 것이다. 이 점은 조선의 다른 동아협동체론뿐만 아니라 미키 등이 전제로 삼은 '동아협동체의 지도자로서의 일본'이라는 위치 역시 날카롭게 캐묻는 성질을 가졌다. 특히 박치우가 '원주(圓周)를 달리하는 타자'의 존재를 환기함으로써 던진 물음은, 동아협동체론을 지렛대로 한 '내선일체'의 동화 압력에 대한 비판을 넘어 동아협동체론 자체의 존립을 흔드는 힘을 감추고 있었다. '운명' 개념도 동아협동체론을 보강하는 제언처럼 꺼냈지만 그것을 (일본이) 어떻게 현실적인 '사명'으로서 실현할 수 있는가에 대해서 박치우 자신은 동시대 현실 속에서는 전망을 이야기하지 않았다.

5. 봉쇄되는 언설 공간

앞에서 살펴본 시도는 1940년 후반에서 이듬해 봄에 걸쳐 막혀 버린다. 일본에서는 혁신파에 의한 신체제운동이 기성세력과 항쟁에서 파탄 난 뒤, 여러 세력이 타협한 결과로서 사회 경제의 근본적 재편 없는 통합과 동원 체제가 만들어져 갔다.[23] 조선에서도 통제에 박차가 가해져 이제는 동아연맹론은 고사하고 동아협동체론을 지렛대로 삼아 내선일체론을 '내선 평등'으로 바꾸어 읽을 여지도 사라졌다. 이로써 조선에서 독자적인 의미를 지닌 '중일전쟁기'라는 사상 공간은 종식을 맞았다.[24]

이후 저자 다섯 사람은 어떠한 궤적을 걸었을까. 김명식은 1940년 중반에 절필하고 낙향하여 1943년 빈궁한 가운데 죽음을 맞았다. 차재정은 계속해서 대동민우회 지도자로 활동하다 해방 후 반민특위 체포 대상으로 이름이 올랐으나 이렇다 할 처벌을 받지 않은 채 1963년에 사망하였다.

흥미로운 것은 1900년대 후반에 태어난 나머지 세 사람이 그린 궤적이다. 서인식과 박치우는 앞서 살핀 대로 그야말로 언설 공간이 닫힐 무렵에 붓을 내려놓은 뒤 해방까지 침묵을 이어 나갔다.[25] 이것이 자발적인 집필 거부인지는 확인할 수 없으나,[26] 그나마 존재하던

---

23 전시기 일본에서 혁신파가 헤게모니를 상실하는 과정에 대해서는 米谷匡史, 「戦時期日本の社会思想」 참조.

24 물론 조선 지식인의 모든 저항이 사라진 것은 아니다. 예컨대 국민총력조선연맹이 1940년 12월 설치한 '문화부' 활동을 둘러싸고, 조선 문화의 독자성을 유지하려는 '朝鮮有識層'과 총독부 사이의 '암투'가 이어졌다. 宮本正明, 「戦時期朝鮮における「文化」問題: 国民総力朝鮮連盟文化部をめぐって」, 赤澤史朗 外 編, 『年報 日本現代史 7: 戦時下の宣伝と文化』, 現代史料出版, 2001 참조.

25 확인할 수 있는 한에서 해방 이전 마지막 집필은 서인식이 1940년 11월, 박치우가 1941년 6월이다.

26 비판적 지식인으로서는 물리적으로 집필이 어려운 상황이었다. 1940년 8월 『東亞日報』, 『朝鮮日報』가 강제적으로 폐간되었고, 1941년 5월 잡지 통제로 21개 조선어 잡지가 폐간 혹은 정리 통합되었다. 『人文評論』은 『文章』과 통합되어 1941년 11월 『國民文學』으로 재출발하였지만, 이듬해 중반부터 완전한 '국어'(일본어) 잡지를 표방하였다. 또한 1941년 3월 일본 본국보다 앞서 예방구금제도가 시행되는 등 조선의 상황은 엄혹하였다. 水野直樹, 「戦時期朝鮮における治安政策: 「思想浄化工作」と大和

비판의 가능성조차 빼앗긴 이상 그들은 말을 잃을 수밖에 없지 않았을까 생각된다. 한편 인정식은 오히려 소리 높여 동원의 논리를 펼쳤다.[27] 이미 인정식이 보기에도 민중이 자발적으로 제국 아래서 번영을 느낀다고 할 만한 상황은 아니었고 농촌의 어려움은 심각한 정도를 더해 갔다. 그러나 오히려 농촌이 어려울수록 인정식은 더욱더 조선 봉건제를 타파하기 위한 동력을 전시 경제에 의한 구조 변동이라는 주체 외적 요인에 구할 수밖에 없었고 점점 동원-협력의 논리에 얽매여 갔다.

그러나 세 사람은 해방 후 나란히 민족 해방, 사회주의 운동에 복귀하였다. 박치우는 임화(林和) 등과 함께 조선문학건설본부에 참가하였고, 서인식도 같은 단체에 이름을 올렸다. 인정식은 조선사회과학연구소, 과학자동맹 등에 참가하였다. 이윽고 남한 지역에서 사회주의 탄압이 거세지는 가운데 박치우는 '월북'하였고 서인식은 이후 행적을 확인할 수 없다.[28] 인정식은 1949년 국가보안법 위반으로 체포되어 이른바 재-재전향을 강요받았다. 박치우는 1949년 빨치산 공작 중 남한 정부에 의해 사살되었다. 인정식은 6·25전쟁 중 인민군이 점령한 서울시에서 인민위원회 후보위원으로 이름을 올렸지만, 이후 행적은 밝혀진 바 없다.

塾を中心に」, 『歴史学研究』 777, 2003. 7 참조.

27 인정식은 1940년 이후 1945년 8월까지 전향 후 대표작 『朝鮮農村の再編成』(人文社, 1943)을 포함하여 단행본 4권(1권은 증보판)을 출판하는 등 잇달아 논설을 발표하였다.

28 해방 후 인정식과 박치우가 왕성한 집필 활동을 벌인 데 반해 서인식은 침묵을 지켰다. 해방 후 서인식이 논설을 발표하지 않은 이유는 알 수 없으나, 민족성 문제보다 자본주의 구조 문제를 주시한 중일전쟁기의 자세를 유지하였다면 해방 공간에서 발흥한 민족주의를 받아들이지 못하고 발언을 단념한 것일지도 모르겠다.

그 후 남한에서 김명식이 기억의 가장자리로 밀려나고 차재정이 '친일'로 지목된 것은 물론, 나머지 세 사람의 궤적도 이중, 삼중의 의미에서 공적 언설이나 연구 대상에서 배제되었다. 먼저 전시기 그들이 남긴 언설이 '친일파'라는 증거가 되어 저작이 가진 의의가 부정되었기 때문이다. 다음으로 1920~1930년대 실천이나 '월북' 등 사회주의자 경력이 북한과 강한 결부를 연상시켜 남한의 국시(國是)인 반공 이데올로기에 심각하게 저촉되었기 때문이다. 마지막으로 그들이 기대를 건 북한에서도 1953년 남로당계 지식인 숙청을 시작으로 많은 '월북' 지식인에 대한 기억이 식민지기까지 거슬러 올라가 소거되었기 때문이다. 이로써 중일전쟁기라는 독자적 사상 공간과 그 주체가 남북한 모두에서 잊힌 것이다.

중일전쟁기라는 짧은 기간에 시도된 일본에 대한 물음은, 이처럼 정당한 검토를 거칠 새 없이 봉쇄된 뒤, 일본과 한반도에 자리 잡은 '전후(戰後)' 권력으로 이어지는 식민주의를 고발할 잠재력을 억눌린 채 지금에 이르고 있다.

6. 나오며: 〈번역〉의 수신자

이상에서 간단하게나마 살펴본 다섯 편의 논문을 통해 당시 조선 지식인이 어려운 처지에서 선택한 독특한 전략을 엿볼 수 있었다. 중일전쟁기 조선의 좌파 지식인은 동아협동체론을 밑천으로 삼아 내선일체론을 바꾸어 읽음으로써 주체성/민족성을 유지하고 사회변혁의 전망을 이어 가고자 했다. 이러한 논리는 탈식민지화 실천이 굴절된 형태로 계속된 것으로 이해할 수 있으며 일정 정도 저항의 전략으로서 기능하였다. 그들의 발언은 '내선일체'라는 대전제를 수용하지 않고서는 자기 의도를 공공 공간에 내재시키는 것조차 불가능한 상황에서 이루어진 매우 어렵고 기묘한 공작이었다. 그러므로 새로운 시도를 제시하려고 하는 우리 역시 안이하게 그들의 발언의 '진의'를 이야기할 수는 없다.

물론 그들의 발언에 대한 비판적 음미는 앞으로 한층 깊은 위상에서 이루어져야 한다. 특히 변혁의 주체가 되고자 자신과 타자를 불러 세우는 것은 그 자체가 총력전에서 동원을 위한 유력한 논리인 이상, 자발성에 주목하는 것이 낳을 복수의 효과에 대해서는 세심한 주의가 필요할 것이다. 그러나 자발성이나 거기서 생겨나는 저항을 모두 시스템 내부의 상보성이나 순환으로 회수할 수는 없다. 여기서도 문제가 되는 것은 누가 누구를 향하여 언제 발한 언설인가 하는 문맥이다. 저항인가 아닌가, 전략인가 편승인가라는 양자택일적인 평가를 내리기 전에 우선 그들이 발언을 구성하여 호소한 동시대의 조선-제국-동아시아라는 중속(重屬)된 언설 공간을 각각 성실히 재구성함으로써, 복잡하게 얽힌 다중(多重) 공간 속에서 그들의 흔적을 음미하여야 할 것이다.

이번 소개에 한하더라도 아직 다루어지지 않은 논점이 많다. 다만 이번 작업을 접함으로써 더 많은 이가 이 주제에 관심 갖기를 기대한다. 그리하여 여러 겹의 〈번역〉에 의해 (간신히) 전해진 텍스트의 수신자가 늘어나, 동아시아의 관계성이 당시에는 불가능했던 '인격 대 인격의 그것인 목적과 목적의 관계'(서인식)로 바뀌어 가기를 바란다.

■ 보론

문명기(文明基)

1. 중일전쟁기 동아협동체론 관련 중국·대만의 연구

해제의 내용과 직접적인 관계는 없으나 조선 이외 지역의 반응 및 관련 연구를 거칠게나마 살펴보는 것도 나름의 의미가 있을 것 같다. 필자가 현재까지 조사한 바로는 중일전쟁기 동아협동체론에 대한 대만 (지식인) 사회의 반응을 알 수 있는 대만 학계의 연구는 발견할 수 없었다. 그 원인을 몇 가지 생각해 보았는데, 첫째는 식민지 시대 대만 사회주의자(=좌파지식인)의 존재 양태와 관련 있는 듯하다. 홍종욱의 연구를 따르면 조선 사회주의자의 대량 전향의 발생은 중일전쟁을 결정적 계기로 한다.[1] 반면 동시대 대만에서는 대량 전향이라는 사태 자체가 발생하지 않았다. 1925년 치안유지법이 내지와 동시에 대만에도 실시된 이래 1940년에 이르는 15년간 치안유지법 위반 건

1 홍종욱, 「중일전쟁기(1937~1941) 조선 사회주의자들의 전향과 그 논리」, 『한국사론』 44, 2000.

수는 55건, 위반 인원은 856명(受理 기준)에 불과했다.[2] 동일한 기준(受理)을 적용하여 조선의 사례를 보면, 1928년 한 해에만 치안유지법 위반 건수 168건, 위반 인원은 1,415명이었다.[3] 식민지 시대 전 기간에 걸쳐 대만 인구가 조선의 약 1/4에 불과했다는 사실을 감안하더라도, '공산주의 기타 과격사상'의 단속을 목적으로 한 치안유지법의 위반 사례 자체가 비교할 수 없을 정도의 차이를 보인다. 따라서 전향 사회주의자의 중일전쟁기의 이론적 영위에 초점을 맞출 경우, 대만에서는 전향 자체가 생겨나기 힘든 구조였다.

둘째, 1929년(제1차)과 1931년(제2차)의 대만공산당에 대한 일제 검거, 1932년 대만적색구원회(대만공산당의 재건 조직) 회원의 대량 체포 등으로, 대만공산당·농민조합·대만문화협회 등 대만의 사회·정치운동 단체 대부분이 괴멸 상태에 빠져 버린다.[4] 그러므로 1938~1940년 시점에서 동아협동체론이 전향의 계기를 제공했을 가능성은 거의 없었다고 판단된다. 굳이 전향의 범위를 사회주의자에 한정하지 않고 (쓰루미 슌스케(鶴見俊輔)의 지적대로) "온건한 자유주의자가 열렬한 파시스트로 전향"하는 사례까지 포함한다면 1934년에 성립한 대만문예연맹의 일부 성원(張深切[5] 등)의 입장 변화가 전향의 사례에 포

---

2 臺灣總督府警務局 編, 『臺灣警察沿革誌』 IV, 1942, 287쪽.

3 홍종욱, 「중일전쟁기(1937~1941) 조선 사회주의자들의 전향과 그 논리」, 160쪽.

4 許世楷, 『日本統治下の台湾: 抵抗と弾圧』, 東京大学出版会, 1972, 258~375쪽.

5 張深切(1904~1965)은 대만의 작가로, 1917년부터 대만 민족운동 지도자인 林獻堂을 따라 도일하여 1923년까지 青山學院에서 유학생활을 이어 갔다. 이후 중국 상하이로 건너가 商務印書館 부설 國語師範學校에서 공부한 후 '上海臺灣青年會'와 臺灣自治協會, 廣東臺灣學生聯合會, 臺灣革命青年黨 등에 참여한다. 이 과정에서 대만 민족주의·사회주의 운동가들과 교류한다. 1928년에 대만으로 돌아온 직후 대륙에서의 활동으로 체포되어 2년간 갇힌 후 1930년에 출옥한다. 1934년에는 대만문예연맹을 조직

함될 수 있긴 하다.[6] 하지만 대만의 급진적 사회운동 세력이 1931년의 만주사변 이전에 이미 진압되었다고 보는 것이 일반적인 평가라고 한다면, 중일전쟁기 동아협동체론에 대한 연구가 대만에서 거의 없다시피 한 이유가 이해되기도 한다.

셋째, 동아협동체론과 대만인 정체성의 관계다. 동아협동체론은 적어도 원리적으로는 동아시아 개별 민족의 독자성에 기초한 대등한 결합을 담고 있다. 이때 '개별 민족'을 어떻게 해석할 것이냐의 문제가 발생하는데, 조선의 전향 좌파 지식인들은 이 논리를 적극 활용하여 일본과 조선의 기존 관계(제국-식민지)의 전환을 모색할 수 있었다. 한편 대만 지식인 사회는 논리적으로는 ① 대만인을 별개의 '민족'으로 간주하고 '동아협동체'의 독립적인 성원이 되고자 주장하는 경우, ② 중국 민족의 일부로 상정하여 중국과 함께 동아협동체에 참여할 것을 주장하는 경우, ③ 자신을 일본인으로 간주하여 기존의 일본과 대만의 관계를 유지하는 경우의 세 가지 선택지가 있을 수 있었다. 하지만 ① 대만을 독자적인 공동체로 간주할 정도로 '대만 정체성'이 대내외적으로 정당성을 주장할 만큼 성장한 상황도 아니었고, ② 중국 민족의 일부로 간주한다면 독자적인 목소리를 낼 여지가 거의 없어지고 중국(대륙)의 반응을 기다려야 하는 처지가

하고 『대만문예(臺灣文藝)』를 발행한다. 1938년부터는 베이징에서 華北政務委員會 지휘하에 친일적인 언론 및 문예 활동에 종사한다. 1946년에 대만으로 돌아온 후, 우여곡절을 겪으면서도 抗日作家로서 자리매김하게 된다. 민족주의(광둥 체재 당시 魯迅의 제자)와 사회주의(대만공산당의 영수 謝雪紅과 상하이에서 공동 활동)는 물론이고 '친일' 정권과도 관련을 맺은 복잡다단한 이력의 소유자이다.

6 游勝冠, 「'轉向'及藝術派反動的純文學論: 臺灣文藝聯盟路線之爭」, 『臺灣文學研究學報』 11, 2010, 263쪽.

되며, ③ 대만인의 '일본(인) 정체성' 역시 (전혀 없었다고 하기는 힘들지만) 유동적이고 미약해서 논거로 내세우기 힘들었다고 본다면, 세 가지 선택지 중 어느 쪽도 선택하기 쉽지 않았을 것이다. 그렇다면 동아협동체에 대한 대만 사회 나름의 발신이 주저되거나 (일부 조선 지식인에게서 보인) 철저일체론 쪽으로 방향을 잡기 쉬운 상황이 아니었을까.

한편 중국 역사학계에는 동아협동체론에 관한 연구가 없는 것은 아니지만 수량적으로도 대단히 적고, 또 동아협동체론=침략이론이라는 '공식'에서 벗어난 연구는 찾기 어려운 형편이다.[7] 이 점 역시 이해하기 어려운 문제는 아니다. 물론 '화평건국(和平建國)'을 내세우며 고노에성명(1938. 11)에 호응하여 항전 진영을 이탈한 후에 동아협동체론(및 동아연맹론)에 적극적인 반응을 보인 왕조명(汪兆銘) 그룹(국민당 '비주류')이 있었지만, '항전건국(抗戰建國)'을 내세우며 대일 항전을 지속한 장개석 중심의 국민당 주류와 해방구에서 또 다른 형태의 항전을 수행하던 중국공산당의 존재를 떠올린다면 동아협동체론이 동시대 중국에서는 대안으로서의 의미를 가지기 쉽지 않았을 것이다. 즉 중일전쟁기 중국의 정치 지형 자체가 식민지 조선과는 기본적으

7 예컨대 陳秀武, 「'東亞協同體論'與僞滿'建國精神'」, 『外國問題硏究』, 2011年 3期; 史桂芳, 「試析中日戰爭時期日本的侵略理論」, 『抗日戰爭硏究』, 2002年 1期; 黃雙雙, 「近代日本知識分子與侵略理論: 以三木清爲例」, 『抗戰史料硏究』, 2012年 2期 등 참조. 이러한 중국 학계의 '무관심'에 대해 홍종욱은 "일본에서 연구회를 하면서, 요네타니가 동아협동체론을 재해석해서 이야기를 하면 사실은 중국 연구자가 듣고 흥분해야 하는데 정작 중국 사람은 별 관심이 없고 한국 사람만 반응을 보이니 전시기의 再版이라는 말을 하곤 합니다"라고 표현한 바 있다(홍종욱·이정선·후지이 다케시·임성모, 「전시기 조선 지식인의 전향」, 『역사문제연구』 28, 2012, 351쪽).

로 달랐다.

그리고 중국 (지식인) 사회가 중일전쟁 기간뿐만 아니라 역사적으로도 동아시아 각국(또는 각민족)의 '대등한' 결합이라는 발상을 (적어도 이론적으로는) 중시하는 다종다양한 동아시아 담론에 줄곧 소극적인 반응을 보여 왔음을 상기한다면, 동아협동체론에 대한 무관심을 이해할 수 있다. "중국 때문에 동아시아가 성립하지만, 동시에 중국 때문에 동아시아가 성립하지 못하는" 상황은 여전히 현재진행형이다.

2. 해제에 대한 의견

필자는 중일전쟁기 조선 좌파지식인들이 말한 동아협동체론의 '무게중심'은 어디에 있었는가를 묻고 싶다. 해제의 표현을 빌리면 "그들(=조선의 좌파지식인) 발언의 '진의'가 어디에 있는가"라는 문제라고도 할 수 있다. 특히 인정식의 「동아의 재편성과 조선인」[8]을 읽다 보면 "동아협동체론을 밑천으로 삼아 내선일체론을 바꾸어 읽음으로써 주체성/민족성을 유지하고 사회변혁의 전망을 이어 가고자" 한 것이 그

8 이 글은 이 책 외에도 이미 최원식·백영서 편, 『동아시아인의 '동양' 인식』(개정판), 창비, 2010, 224~239쪽, 그리고 장인성·김태진·이경미 편, 『근대한국 국제정치관 자료집(제2권): 제국-식민지기』, 서울대학교출판문화원, 2014, 285~290쪽에도 수록되어 있다. 다만 『근대한국 국제정치관 자료집』에 수록된 글은 해당 논설의 절반 이상을 '중략'으로 처리하여, 논설의 전모를 파악하기 힘든 점이 아쉽다. 이 밖에 박치우의 논설은 윤대석·윤미란 편, 『사상과 현실: 박치우전집』, 2010, 인하대출판부에 수록되어 있고, 차재정과 김명식의 논설은 『근대한국 국제정치관 자료집』에 수록되어 있다.

들의 진의인지, 아니면 "제국의 군사적 침공으로 얻을 수 있는 이익"에 대한 홍보나 선동이 그들의 진의인지가 필자에게는 여전히 불분명하다. 한 발 더 나아가, 어느 쪽이 진의인가에 대한 판단 여하를 떠나 『삼천리』 독자들 입장에서 보았을 때 과연 어느 쪽에 시선이 끌렸을까를 생각한다면, "당시 조선 지식인이 어려운 처지에서 선택한 독특한 전략"을 당시의 독자들이 온전히 이해하고 반응했을지에 대해서도 생각해 보아야 하지 않을까. 해제에서 언급한 대로 "내선일체라는 대전제를 수용하지 않고서는 자기의 의도를 공공 공간에 내재시키는 것조차 불가능한 상황"임을 고려한다면, 결국 언설(담론)의 '게임의 룰'을 설정한 주체(예컨대 조선총독부)가 이 논설을 용인했다는 것은 작자(=인정식)가 발휘한, 그리고 지난한 고민 끝에 나온 '전략성'과는 무관하게 이 논설이 가져올 효과에 대하여 조선총독부가 이미 어느 정도 판단하고 있었음을 의미하는 것은 아닐까. 게다가 이들 '협화적' 내선일체론자들의 언설만이 아니라, '철저적' 내선일체론자들의 언설을 포함한 다종다양한 유사 언설들이 동시다발적으로 유포되고 있던 상황 속에서, 인정식 등의 논설이 가지는 독특한 '질(質)'이나 '함의'가 중일전쟁 초기 '언설시장'에서 음미되고 이해될 가능성이 얼마나 있었을까.[9] 물론 인정식 등의 동아협동체론이 "역사적으로 계보를 짓자면 탈식민지화 실천의 굴곡된 표현"이라는 판단에도 동의하고, 이들의 내재적 맥락을 "누가 누구를 향하여 언제 발한 언설인

---

9 이 문제와 관련된 문제의식은 홍종욱·이정선·후지이 다케시·임성모, 「전시기 조선 지식인의 전향」, 387~390쪽에도 제시되어 있다.

가"에 맞추어 충실하고 정치하게 재구성한 점도 수긍할 수 있지만,[10] '저항의 전략'으로서 기능하였다고 해서 실제로 '저항의 효과'를 낸 것은 아니지 않을까.

10 필자 역시 "어느 누구도 의심할 수 없는 내셔널리스트였던 汪兆銘이 왜 '漢奸'이라는 비난을 무릅쓰면서까지 화평운동에 나서게 되었을까?"라는 의문에서 출발하여, 왕조명 그룹의 이론적 영위를 내재적으로 추적해 본 경험이 있다. 文明基, 「中日戰爭 初期(1937~1939) 汪精衛派의 和平運動과 和平理論」, 『東洋史學研究』 71, 2000.

임성모(任城模)

먼저 전시기 '일본사상사'의 재구성에 있어서 제국-식민지 간 쌍방향 접근방식이 지닌 지적·실천적 의의에 전적으로 동의한다. 그 연장선상에서 당시 조선 지식인들의 언설을 모아 엮고 또 일본어로 번역 소개하는 것의 중요성에 대해서도 동감한다. 종래 '제국사(帝國史)' 연구의 맹점을 극복할 필수적 작업이라 여겨지기 때문이다. 최근 십여 년간 급변한 동아시아의 정치지형 탓에 이 작업이 지니는 실천적 함의(동아시아 공동체/동아시아 평화 프로세스)는 급감하고 있으나, 오히려 그렇기 때문에 그 필요성이 더 절실할 수 있다는 감도 든다(변화된 정치지형에 어떻게 대응해야 할 것인가에 대한 고민을 포함해서). 이하에서는 해제의 재구성 작업에 내포된 몇 가지 문제점을 고찰해 보고자 한다.

우선 해제에서 동아협동체론을 일본 '좌파' 지식인의 구상으로 규정하고 있는 점이 눈에 띈다. 예컨대 당시 구 재벌 등 현상유지파의 입장을 대변하여 일본맹주론적 아우타르키('日滿支 경제블록')를 주장했던 경제학자 고지마 세이치(小島精一)처럼, 동아협동체론이 "'일본을 위한 동아'가 아니라 '동아를 위한 일본'이 될 수밖에 없는" '국제 데모크라시'의 변종으로서 "평등 무차별이라는 사회주의적이고 경우에 따라서는 공산주의로까지 발전할지 모르는 이데올로기에 입각한 왜곡된" 논리라고 격렬히 비판하는 이가 있던 것은 사실이다.[1]

그러나 동아협동체론의 확산에 결정적인 영향을 끼쳤던 쇼와(昭和)연구회 지식인들의 면면은 '좌파'에 국한되지 않는다. 연구회에는 정치학자 로야마 마사미치(蠟山政道)[2]를 비롯해 다이라 데이조(平貞藏), 사이구사 히로토(三枝博音), 후나야마 신이치(船山信一) 등 '리버럴' 지식인들이 다수 포진했다. 이 밖에 스기하라 마사미(杉原正巳), 가다 데쓰지(加田哲二), 다카다 야스마(高田保馬), 신메이 마사미치(新明正道) 등도 포함된다. 로야마나 가다의 경우에서 전형적으로 드러나듯이 이들 중에는 '좌파'로 분류하기 힘든 면면이 더 많다.

동아협동체론의 다양한 스펙트럼을 감안할 때, 조선의 전향좌파 지식인들이 '전략적 밑천'으로 활용한 것이 과연 미키 기요시나 오자키 호쓰미[3] 등 '좌파'의 동아협동체론에만 국한되었던 것인지 의문이다. 그들이 전향사회주의자였다는 것이 곧 좌파 동아협동체론을 수용했다는 보증이 될 수 있을까? 조선 지식인들이 일본의 동아협동체론 가운데 어떤 부분들을 전유했는지 구체적인 '교차대조'가 필요

---

1 고지마는 국제관계의 기본원리가 두 범주로 대별되는데, 하나는 국제연맹 같은 초국가적 조직을 인정하고 그 산하에 맹약국(盟約國)이 무차별 평등의 의존관계를 맺는 '국제 데모크라시' 방식이며, 또 하나는 일국의 지도 아래 맹약국이 상하관계에 선 상호의존을 맺는 '블록경제' 방식이라고 주장했다. 小島精一, 「超民族的東亞協同體論を排す」, 『日本戰時經濟論』, 春秋社, 1939, 165~171쪽.

2 로야마는 '동아협동체'를 표제로 한 최초의 글을 발표했다. 蠟山政道, 「東亞協同體の理論」, 『改造』 20-11, 1938. 11.

3 오자키의 경우는 '협동체론자'라기보다 '비판적 지지자'라고 해야 옳을 것이다.

한 것 아닐까?

둘째, 해제에서 거론된 조선 지식인들의 언설이 당대 조선의 언론 상황을 얼마나 대변했는가라는 '대표성'의 문제도 지적될 수 있겠으나, 더 중요한 것은 동아협동체론이 (조선과 일본 모두에서) 안고 있었던 '실천성'의 문제, 바꿔 말해 언설(구상)과 운동(실천) 사이의 간극이라는 문제일 것이다. 동아협동체론은 구상으로서 주목을 받았을지 모르지만 운동과의 접점은 찾아보기 힘들다. 이 점은 동아협동체론처럼 '반국체적 국가연합론(反國體的國家聯合論)'으로 경원시되었던 동아연맹론과 비교할 때 특히 두드러지는 부분이다. 구상으로서는 이미 1933년까지 소급되는 동아연맹론의 경우, 1939년 10월 일본 동아연맹협회 결성 이후 중국 등지로 확산되면서 운동으로서의 양상을 뚜렷이 보였다. 중국에서 중국동아연맹협회(1940. 4, 北京), 중화동아연맹협회(1940. 9, 廣東), 동아연맹중국동지회(1940. 11, 南京) 등이 결성되었고,[4] 만주국에서는 동아연맹지우회(東亞聯盟誌友會, 1940. 11, 奉天)가 조직되었다. 조선에서도 동양지광사(東洋之光社)를 중심으로 조선동아연맹본부(1939년 말로 추정)[5]가 결성되어 비합법적으로 활동했다.

마쓰다 도시히코(松田利彦)가 규명했듯이 동아연맹 구상에 동조한 조선인들은 조선과 일본, 만주에서 제한적으로라도 운동에 관여했고 이는 전후에도 이어졌으며 그 과정에서 언설과 운동 사이의 교

4 이 세 조직은 곧 동아연맹중국총회(1941. 2, 南京)로 통합된다.

5 松田利彦, 『東亜聯盟運動と朝鮮·朝鮮人: 日中戦争期における植民地帝国日本の断面』, 有志舍, 2015, 74쪽.

섭이 일정하게 확인된다. 이에 반해 동아협동체론의 경우 구상으로서의 연계성은 파악될 수 있으나 운동과 그 속에서의 갈등이라는 측면을 파악하기는 힘들다. 어쩌면 언설 분석이라는 방법론이 내포하고 있는 근본적인 문제일 수도 있겠지만, 중일전쟁기의 기투(企投)와 태평양전쟁기의 침묵(沈黙)을 전후의 행동(行動)과 연결시킬 수 있는 고리를 과연 어떻게 찾아야 할 것인지 궁금해진다.

셋째, 해제에서 인용한 『삼천리』 1939년 좌담회에서 인정식의 발언("朝鮮民族과 大和民族을 …… 보담 高級의 概念을 가진 新日本民族에로 統一")(43쪽 주 16)은 "(오키나와인처럼) 각기 다른 個性을 지닌 人民을 포용할 여유 있는 국민이 곧 大國民"이라고 했던 이하 후유(伊波普猷)의 발언[6]을 방불케 한다. 이하 후유에게 있어서 '일류동조(日琉同祖)'란 인정식에게 있어서 '일선동조(日鮮同祖)'이자 '내선일체(內鮮一體)'였을 것이다. 여기서 '신일본민족'과 '대국민'은 모두 일류동조론과 내선일체론이라는 제국 중심의 식민지주의적 언설을 뒤틀어서 전유하는 대응전략으로 읽을 수 있다. 두 언설은 '중심'인 '제국일본'과의 관계에서 오키나와/조선의 위치를 설정한다는 점에서 공통적이다. 오키나와-일본, 조선-일본 관계의 '횡적(横的)' 결합을 전망하는 것이다.

중요한 것은 오키나와-조선 관계에서의 위치 설정이다. 이하 후유는 이를 "琉球는 長男, 台湾은 次男, 朝鮮은 三男"이라는 레토릭으로 표현한 바 있다. 조선인 동아협동체론자의 경우는 어땠을까? 본

6 伊波普猷, 『古琉球』, 沖縄公論社, 1911, 100쪽.

서에 수록된 김명식의 글을 보면, 조선-만주(국) 관계의 '縱的' 결합이 약화되는 데 대한 그의 '불안'을 엿볼 수 있다. 즉 "滿洲人에 比하여 朝鮮人의 先進性은 産業的으로나 文化的으로나 날로 減退하는 것은 分明한 일이오, 이와가치 되면 鮮滿一如의 意識은 마츰내 橫的 關聯을 意味하게 되고 말 것"[7]이라는 것이다. 여기서 '횡적 관련'은 부정적으로 그려진다. 그리고 '불안'은 '민족적 우월감'의 반증이다. 김명식의 발언은 '탈민족'적 구상에 기투(企投)했음에도 불구하고 내면화하고 있던 '민족/국가적'인 '정치적 무의식'의 발로처럼 보인다.

이러한 문제는 오늘날의 연구에서도 유사하게 반복되고 있지 않은가 싶다. 탈국민국가적 지역공동체를 말하면서도 부지불식간에 국민국가적 경계 설정에 익숙해져 있는 식으로 말이다. 해제를 집필한 도베 히데아키는 전후 오사카의 오키나와 출신자들이 일정 기간 '재일 오키나와인(在日沖縄人)'을 자임했던 역사를 '재일 조선인(在日朝鮮人)' 사회와 연계시켜 분석한 바 있다. 동아협동체론을 비롯한 중일전쟁기의 언설 공간 역시 '제국' 규모의 다성적(多聲的) 언설 공간으로 재구성될 수 있어야 하지 않을까 생각한다.

7 이 책 제2장에 수록된 金明植, 「「氏制度」 創設과 鮮滿一如」, 229쪽.

■ 원문

建設意識과 大陸進出[1]

金明植

帝國의 主導下에 新東亞建設問題는 발서 理論의 時期를 지나서 實現의 第一段階에 이르렀다. 勿論 이제 오히려 第三國의 妨害가 있고 또 相對方의 抗戰이 끈치지 아니하야 新東亞建設에 많은 難關이 있는 것은 否定할 수 없는 일이지마는 그러나 이미 軍事的으로 勝利하고 또 政治的으로 支那의 面目을 一變케 하야 經濟的 基礎工作이 展開됨과 함께 文化的으로 新生活의 協同이 實現되고 있으니 이것은 어느 相對方에서 질겨하지 아니 하야도 또는 어느 第三國에서 陰으로 陽으로 阻止하야도 帝國의 旣定方針과 같이 實現될 것은 煩言할 必要가 없다. 그리고 帝國의 旣定方針이 支那本部로 하야곰 第二滿洲國을 맨듬에 있지 아니한 것은 帝國政府의 累累聲明한 바와 갓거니와 만일 前世紀에 있어서 英國이 埃及[2]에 對함과 같은 政策을 取한다 하면 新東亞協同體의 建設問題는 생길 수 없고 支那의 領土의 大部分이 帝國의 殖民地가 되는 것뿐이다. 即 前世紀에 있어서 英國은 埃及

1 『三千里』 11-1, 1939. 1, 48~52쪽. 목차 제목은 「亞細亞改造論」.

2 애급(埃及). 이집트.

에 侵入하야 埃及보다 廣大한 埃及領土인 스탄[3]은 저의 殖民地를 맨들고 埃及은 保護國을 맨들엇다가 大戰後에 形式上의 獨立을 許하였는데 이때에 있어서는 征服被征服關係가 있었을 뿐이오 互相協同의 自主性은 全혀 拒否되였다. 그런데 帝國政府에서는 支那에 對한 領土的 野心이 없는 것을 몇 번이나 聲明하고 또 實際에 있어서 軍事的으로 占領한 地域을 永久占有하야 一種의 殖民地를 맨들려 함과 같은 일이 없을 뿐만 아니라 帝國의 指導下에 支那의 新政權을 組織하고 있다. 그러므로 新東亞의 協同體問題가 나온 것이오 또 이 協同體가 完成됨으로 말미암아 帝國의 對支政策이 前世紀의 英國의 對埃及政策과 根本的으로 다른 것이 事實로 判明될 것이다.

그리고 新支那建設 問題에 있어서는 聯邦說이 有力한 모양인데 이것은 英國의 對印政策과 같이 分治方針에서 나온 것이 아니냐하는 一派의 疑心도 없지 아니 하겠지마는 國土가 廣하고 또 交通機關이 發達되지 아니한 것과 그 우에 歷史的의 自治制度 및 思想을 商考할 것 같으면 或은 過渡期的 形態로 해서 聯邦組織이 現實에 合한 것이 아닌가고[4] 생각한다. 그리하야 發展의 어느 段階에 이르러서 單一國家로 改造하는 것이 보다 더 能率的이 되리라고 밋는다. 勿論 부리안[5]의 有爲한 歐洲聯邦案은 하나의 空想에 끈치고 말았지마는 以上과 같이 되면 新東亞의 聯邦問題는 人類史에 있어서 新紀元을 지을

3 수단(Sudan).

4 '아닌가라고'의 잘못으로 보임.

5 아리스티드 브리앙(Aristide Briand, 1862~1932)은 프랑스의 정치가로 수상을 11회, 외상을 10회 역임하였다. 베르사유 조약의 실시, 배상 문제 협정, 켈로그-브리앙 조약(Kellogg-Briand Pact, 파리 부전(不戰) 조약) 등을 이끌어 내어 1926년 노벨 평화상을 수상했다. 1930년 5월에 유럽 26개국을 대상으로 유럽 연방안을 제창하였다.

것다.[6] 그러므로 이제 우리는 新東亞協同體의 建設에 對하야 特別한 關心과 熱意를 가지고 그에 積極的으로 參加하에 新運命의 第一步를 開拓치 안으면 아니 될 것이다.

그런데 新東亞를 建設함에 當하야 第一緊急한 것은 新建設의 指針이 되고 圖案이 될 만한 意識의 確立에 있다. 그리고 지금까지의 많은 政治家, 學者, 論客, 實際家等의 建設意識은 勿論 議論이 區區할 뿐이오 首肯할 만한 世界觀의 體系下에 確立한 意識을 發見할 수 없는 것은 一大遺憾이다. 그리고 그것이 確立되지 아니하면 所謂 孫文[7]의 三民主義[8]를 揚棄할 수 없고 또 그것이 揚棄되지 안는 限에는 新東亞建設은 中途半斷이 될 念慮가 없지 아니하니 이 新建設을 爲하야 朝鮮民衆 먼저 建設意識으로써 貢獻하지 아니하면 아니할 것이다. 첫재 朝鮮民衆은 日支兩民族間에서 調和役으로 나타나야 할 것은 勿論이어니와 이 任務를 다함에 있어서 兩民族의 誤解를 사는 일이 있는 것은 從來의 事實이 立證하는 바이오 또 그 까닭에 지금까지의 우

---

6 '것이다'의 잘못으로 보임.

7 손문(孫文, 1866~1925)은 중국의 정치가이자 혁명가이다. 1894년 최초의 혁명 시도가 실패한 후 망명하여, 일본, 미국 등 세계 각지를 떠돌며 '삼민주의(三民主義)'를 제창하였다. 1911년 신해혁명을 이끌고 중화민국(中華民國) 임시 대총통이 되었으나, 원세개(遠世凱)에게 실권을 넘긴다. 이후 군벌에 저항하여 1919년 중국 국민당을 결성하였으며 1924년 제1차 국공합작을 실현시킨다. 1924년 일본 고베(神戶)에서 서양 제국주의의 침략에 대항하여, 중국과 일본을 중심으로 아시아가 연대해야한다는 '대아시아주의(大亞細亞主義)'를 주장하였다.

8 손문(孫文)이 제안한 혁명 강령으로 민족주의(民族主義), 민권주의(民權主義), 민생주의(民生主義)의 3원칙으로 구성되었다. 삼민주의는 중국혁명동맹회, 중국 국민당의 사상적 지주로서 신해혁명·국민혁명에서 지도적 역할을 했으며, 이후 중국 공산당과 대만 국민당은 각자의 입장에서 삼민주의를 계승하였다.

리의 活動이 跼蹐[9]하야 노상 蝙蝠[10]生活을 일삼지 아니할 수 없었든 것은 어느 時期에 있어서 情勢의 避할 수 없는 일이라 할는지 모르나 만일 그와 같은 現實이 앞으로도 解消되지 아니하면 우리의 生活은 從來와 다를 것이 없을 것이다. 따라서 우리는 新東亞建設에 寄與함이 있지 못할 것이니 그리되면 다음 新東亞聯邦問題가 생긴다 하야도 우리의 處地는 얼마나 好轉되지 아니할 것이다.

여기서 이제 우리는 新東亞建設意識을 提示할 必要가 있는대 그러함에는 먼저 三民主義를 檢討치 아니하면 아니 될 것이다. 그러나 이 小論에서 그는 可能한 일이 아니니 그의 槪念만 論難하겠다. 그런데 三民主義의 民族, 民權은 近代國家意識이오 民生은 社會主義意識이니 이 兩個意識이 單一觀念을 形成할 수 없는 것은 말할 必要도 없고 또 近代國家의 民族思想과 民權觀念은 이제 어느 國家社會에 있어서도 (그것은 英米佛等도 例外가 되지 안는다) 變改하고 말았으니 이러한 過去思想이 新東亞의 意識이 될 수 없는 것은 또 되여서는 아니 될 것은 알기 쉬운 일이다. 그러면 파시즘이 新建設의 圖案이 될 것이냐 하면 그것은 파시즘의 國國家意識[11]을 理解하는 者로서는 누구나 肯定치 아니할 것이다.

勿論 最近 獨伊兩國이 歐洲의 沈滯한 現狀을 打破함에 있어서 그 國家意識이 原動力이 될 것은 누구도 모르는 바 아니지마는 그러나 그것이 新歐洲의 建設意識이 될 수 없는 것은 國家的 獨裁思想과 民

9 국척(跼蹐). 웅크리고 위축되다.

10 편복(蝙蝠). 박쥐.

11 '國家意識'의 잘못으로 보임.

族的 排他觀念이 立證하는 바이오 더구나 東亞의 現實에 있어서 그러한 國家思想이나 民族觀念으로 新建設의 圖案을 삼는다 하면 그것은 孫文의 三民主義가 新建設의 障害物이 되는 것보다 더 큰 障害物이 될 것이니 그러므로 新建設에 對한 關心을 가진 者는 特히 이러한 意識을 警戒치 아니하면 아니 될 것이다.

그러므로 우에서도 말하였거니와 支那事變[12]이 發勃한 후 政治家, 實際家, 學者等의 이 新建設에 對한 理論이 만이 論難되였으나 이제 오히려 一定한 意識이 確立되지 못하야 한갓 政府宣言의 몃 가지 方針으로 建設方略을 삼고 나가는 모양이니 이 政府宣言은 現狀을 收拾하는 便法이 될 것뿐이오 新建設意識이 될 수 없는 것이다. 그리고 學者의 論策中에는 日本評論 十一月號 所載 杉森孝次郎[13]의 「文化

---

12 당대 제국 일본과 식민지 조선의 언론에서는 '일중전쟁(日中戰爭)', '중일전쟁(中日戰爭)'이라는 표현을 사용하지 않고, '루거우차오(蘆溝橋) 사건' 또는 '지나사변(支那事變)' 등으로 표현하였다. 중국에 대한 전쟁을 아시아의 해방으로 주장하기 위해서인 동시에, 선전포고 없이 전쟁의 의미를 축소하기 위한 의도였다. 중일전쟁은 1937년 7월부터 일본의 침략으로 중국 전역에서 전개된 전쟁이다. 베이징(北京) 교외의 루거우차오에서 일본군과 중국군 사이에 일어난 작은 사건을 빌미로 일본군은 일방적인 공격을 개시했다. 개전 후 일본군은 베이징, 톈진(天津)을 점령하였고, 1937년 12월 중화민국의 수도 난징(南京)을 점령하여 수십만 시민을 학살하였다. 일본군은 광둥(廣東)에서 산시(山西)에 이르는 남북 10여 개 성(省)과 주요 도시의 대부분을 점령하였다. 당시 내전 중이던 국민당군과 공산당군은 1937년 9월 2차 국공합작을 결정하였고, 중국 민중의 항전으로 전쟁은 장기화되었다.

13 스기모리 고지로(杉森孝次郎, 1881~1968)는 일본의 정치학자·사회학자이다. 문부성의 지원으로 영국에 유학 후 와세다대학 교수로 재직하였다. 전후(戰後)에 '헌법초안요강'을 작성한 헌법연구회 7인 중 한 사람이나. 주요 서서는 『人類の再生』(1919), 『道徳的帝国の原理』(1919), 『国家の明日と新政治原則: 社会国家への主張』(1923), 『社会学』(1927), 『国際日本の自覚: 東亜に先進する者の義務』(1937), 『新世界秩序への炬火』(1941), 『世界政治学の必然』(1943), 『世界共和制への必然及び必要』(1946), 『世界人権の原則』(1947) 등이다.

政策의 確立에」[14]라는 論文이 新建設에 對한 世界觀의 體系를 세우려고 努力하였으나 오즉 三民主義를 排擊함에 끈치고 新建設의 具體的 意識을 提示치 못한 것은 龍頭蛇尾의 憾이 없지 않다.

그런데 이제 나는 遠方에서 時急한 注文을 바다 내의 생각한바 新建設意識을 詳論할 時間의 餘裕가 없으나 그 大略을 말하면 理想主義의 新形態인데 政治的으로 데모구라시와 經濟的으로 고렉띄브[15]와 社會的으로 휴매니즘을 集結調和하야 單一觀念으로 組織한 것이니 理想主義는 新東亞를 建設함에 完全無缺한 意識이 되리라고 생각한다. 첫재 政治的으로 데오구라시[16]를 實現하야 박그로 獨裁意識을 排斥함과 함께 앞으로[17] 孫文의 民族主義와 民權主義를 揚棄하고 또 經濟的으로 크래티브[18]를 實現하야 民主主義의 粗雜한 見解를 指彈하는 同時에 資本主義의 貪慾을 牽制하고 共産主義의 空想을 修正할 것이다. 그리하야 社會的으로 휴매니즘을 實現함으로써 人文의 發展을 企圖하야 萬邦이 協和하는 端緖를 지을 것이다. 그리고 이 理想主義가 우리로 하야곰 日支兩民族間에서 調和役의 任務을 遂行케 함에 좋은 意識이 될 것은 말할 必要도 없다. 그러므로 이제 우리는 먼저 이 理想主義에 對한 깊은 造階[19]를 가지고 新東亞의 建設運動에 參加

---

14 원문에 없는 '「' 삽입. 杉森孝次郎, 「文化政策の確立へ」, 『日本評論』 13-12, 1938. 11, 37~46쪽.

15 콜렉티비즘(collectivism). 집산주의(集産主義). 생산 수단의 집약화, 계획화, 통제화를 추진하는 사상이나 경향.

16 '데모구라시'의 잘못으로 보임.

17 '안으로'의 잘못으로 보임.

18 콜렉티비즘(collectivism).

19 '造詣'의 잘못으로 보임.

하지 아니하면 아니 될 것이다. 그리하야 政治的으로는 데모구라시를 兩民族에게 宣傳하고 經濟的으로는 코렉티브를 社會的으로는 휴매니즘을 主張하야 저들로 하야곰 그로써 協和萬邦하는 意識을 삼게 하면 우리의 進路는 스스로 열릴 것이오 그와 同時에 우리의 新東亞 그리고 新世界建設에 對한 貢獻은 史上에 赫赫할 것이다.

「우리는 일즉 西歐의 思想에 秩序에 배우고 이미 그것을 우리의 것을 맨들었다. 우리는 勿論 그것을 いろは로부터[20] 배웠으나 우리는 西歐에서 배우기 前에 이미 우리는 우리의 文化와 思想과 傳統을 가지고 있었다. 우리는 다못[21] 西歐文化를 戰取한 것만이 아니다. 그것을 우리의 流儀로 바다드러 東方化하고 또 東方化함에 依하야 하나의 새것을 創造하려 한다」(日本評論 十二月號 社說[22]). 元來 西歐文化와 東方文化를 對立시킬 必要도 없거니와 그리함으로써 新建設의 意識이 나오지 안는 것은 以上의 言論으로 알 수 있다. 그리고 新建設意識은 東方的의 것이 되여도 아니 될 것이오 西歐的의 것이 되여도 아니 될 것은 世界性을 가진 新建設의 本質로 보아 斷言할 수 있다. 그럼으로 그것은 東方的인 同時에 西歐的이오 그리하야 世界的이 되지 아니하면 아니 될 것이다. 그리고 以上의 言論이 너무도 抽象的인 것은 엇지 되였든지 그로써 孫文의 三民主義를 揚棄할 수 없는 것은 觀念哲學이 實際事實을 움직기지 못하는 것과 다르지 아니할 것이니 그러므로 新東亞建設의 意識을 論함에 當하야 地域的으로 東方的의

20 일본어 'いろは'는 '가나다'와 뜻이 비슷하다.

21 '다만'의 전남·제주 방언.

22 「〈社說〉 東亞の新秩序」, 『日本評論』 13-13, 1938. 12, 6~7쪽.

것과 西歐的의 것과를 分別하는 것보다 時代的으로 超地域的의 意識을 發見치 아니하면 아니 될 것이다. 그리고 西歐的의 것을 東方化한다고 西歐意識이 揚棄되지 아니할 것은 무엇보다도 東方文化의 後進性이 立證하는 바이어니와 地域的으로 西歐的인 것을 忌避하는 것이 아니오 時代意識으로 해서 그의 超時代性을 否定하는 것이니 말하자면 그것은 超地域的의 時代意識을 闡明하기 爲한 努力이 아니면 아니 될 것이다.

그리하야 그로써 新東亞建設의 意識을 삼는 同時에 나가서 世界建設의 首途[23]에 서지 아니하면 아니 될 것이다. 그리고 그러한 意識으로 해서 우에서 말한 理想主義는 元來 西歐와 東方을 超越한 時代意識이 될 수 있으니 新東亞의 協同體를 建設함에 있어서 그것이 實現될 契機가 展開될 것은 必然한 理勢이다.

23 수도(首途). 길을 떠남, 출발.

■ 원문

東亞의 再編成과 朝鮮人[1]

印貞植

中國共産黨의 最高領袖 毛澤東은 「持久戰을 論한다」는 長篇의 論文에 잇어서 日支戰爭의 全展望을 三個의 階段으로 區分하였다. 그리하야

「第一을階段있[2] 敵의 戰略이 進攻이고 我의 戰略이 防禦의 時期이며 第二의 階段으[3] 敵의 戰略이 守勢이고 我의 戰略이 反攻準備의 時期이며 第三의 階段은 我의 戰略이 反攻이고 敵의 戰略이 退却 時期」(改造 十月 特大號 參照[4])라고 말하였다.

그리고 다시 毛澤東은 이 第一階段에 있어서의 「敵의 企圖는 廣東, 武漢, 蘭州의 三地點을 占據한 後 이 三地點을 聯系하는 대 있다」[5] 라고 說明하였다.

그러나 主觀과 希望을 떠나서 客觀的 情勢를 冷靜히 把握하려는 如何한 支那人도 毛澤東의 處方한 이 日支戰爭의 運勢判斷書에 對해

---

1 『三千里』 11-1, 1939. 1, 52~64쪽. 목차 제목은 「東亞再編成과 朝鮮民衆」, 특집 첫머리에 소개된 제목은 「新東亞建設과 朝鮮人」.

2 원문 그대로.

3 원문 그대로.

4 毛澤東, 「持久戦を論ず」, 『改造』 20-10, 1938. 10, 401쪽.

5 毛澤東, 「持久戦を論ず」, 401쪽.

서 最大의 疑訝를 품지 않을 수 없을 것이다. 北京과 天津, 上海와 廣東, 蘇州와 杭州等, 海岸線에 沿한 重要都市가 皇軍의 손에 모조리 陷落되고 黃河流域과 長江一帶의 制覇가 帝國의 支配下에 完全히 거두어진 今日 廣東, 武漢, 蘭州의 三地點이 다시 完全히 占據되고 말었으니 이로서 帝國은 全支那의 中原에 覇를 부르게 된 것이다.

「中原에 覇를 制하는 者, 全中華를 거둘 수 있다」[6]는 것은 過去 半萬年間의 全支那 政治史를 通해서 一貫되여온 基本原則이였다. 無常하게 轉變하여온 王道와 覇道의 全系列도 모다 이 基本原則에 順應해서만 起伏될 수 있었다. 아무리 現代의 支那가 經濟的으로 政治的으로 統一된 集權的인 近代的 機構를 가지지 못했다 할지라도 이미 皇軍의 손에 占領된 地域은 實로 現代支那의 心臟部를 構成하는 近代的인 意味에 있어서의 中原의 地帶라는 事實을 拒否할 수는 없을 것이다.[7]

勿論 毛澤東等 中國共産黨의 理論家들이 恒常 强調하는 바와 같이 現代 支那에는 아직도 自作自給的일 半封建的인 經濟要素가 多分히 殘存하고 있다. 「아미-바」[8]와 한 모양으로 어느 部分을 切斷하드

6 원문에 없는 '「' 삽입.

7 이 부분을 전후하여 제시된 인정식의 입론은, 1938년 11월 3일(明治節)에 발표한 정부성명(소위 동아신질서성명) 발표에 즈음하여 이루어진 고노에 후미마로(近衛文麿) 수상 자신에 의한 라디오 연설의 일절, "지금은 광둥 함락에 이어지나 내지의 심장 항커우도 역시 우리의 소유가 되어 근대 지나의 전 기능을 지배하는 7대 도시의 전선(全線)을 포옹하는 방대한 지구, 즉 소위 중원은 완전히 일본군의 장중에 있는 것입니다. 중원을 제패하는 자는, 즉 천하를 제패한다. 蔣 정권은 사실상 한 지방정권으로 전락한 것입니다."를 부연한 것이라고 생각된다.

8 아메바. 식민지기 그리고 해방 이후 상당 기간 외래어를 홑낫표로 감싸는 관습이 있었다. 일본에서 외래어를 가타카나로 표기하여 순일본어와 구별하는 방식을 의식한

래도 고 部分만으로서 生活할 수 있다는 것이 이 半封建的인 經濟關係의 傳統的일 執着力이다. 그러나 이러한 事實은 決코 中原의 地帶를 빼았긴 것이 抗日支那의 今後의 抗戰力에 對한 致命的일 打擊이 된다는 것을 否定할 수가 있는 論據는 되지 못한다.

武漢이 陷落[9]된 直後 毛澤東은 亡命途上, 外人記者와의 「일터-뷰」[10]에 있어서 「日本軍이 占據한 地域은 아직 全支那의 三分의 一도 못된다. 남은 三分의 二는 抗日政權의 支配下에 있다. 이것은 今後의 抗戰의 築源地이며 根據地이다…… 最後의 勝利는 中國의 側에 빛나고 있다」라고 敗戰의 醜態를 巧妙하게 辯護하기에 努力하였다.

그러나 問題는 皇軍의 손에 거두어진 地域이 全支那의 三分의 一를 占하느냐 못 하느냐 하는 대 있는 것이 아니고 다시 말하면 占據된 地域의 廣狹性 如何에 있는 것이 아니고 이 地域의 經濟的, 政治的 重要性 如何에 있는 것이다. 漢口를 「마드-리드」로 化[11]하려든 그들 抗日首領들이 이 武漢조차 喪失하였다는 것은 아무리 보아도 그들에 對한 致命的인 打擊이 아닐 수 없다.

重慶으로 昆明으로 오직 逃避와 退却의 길을 고밥비였을[12] 뿐일 今日의 抗日政權은 그들의 豪言大語에도 不拘하고 한 개의 地方政權

결과라고 생각된다.

9 1938년 10월 27일 일본군은 무한삼진(武漢三鎭)을 점령하였다. 「武漢三鎭의 完全占領在邇: 精銳部隊漢口入城, 三十萬市民大歡迎」, 『東亞日報』, 1938. 10. 28.

10 원문 그대로. 인터뷰 기사 미확인.

11 당시 스페인 내전에서 공화국 측은 프랑코 군의 포위에 대항하여 구(舊) 수도인 마드리드를 사수하고 있었다. 이러한 정황을 감안하여, '마드리드화'란 항전의 거점을 사수하는 것을 의미하는 것으로 볼 수 있다. 다만 1939년 3월 28일, 결국 프랑코군이 마드리드에 입성하여 내전은 프랑코 측의 승리로 끝났다.

12 원문 그대로.

에 不過하게 되였다는 것을 아무도 否認할 수가 없을 것이다.

蔣介石은 最近 「中國國民에 告하는 書」(改造 十二月號)라는 宣傳文에 있어서 「今後의 抗日戰의 主要戰略은 內線作戰이다」[13]라는 것을 格別히 强調하였다. 그러나 所謂, 遊擊戰이란 것이 如何히 巧妙한 戰法이라 할지라도 意氣를 喪失한 아무 聯絡도 없는 敗殘兵의 蠢動을 가지고서 失地를 回收할 수가 있다는 것은 너무도 無謀하게 大膽한 論理가 아니면 안 된다.

그러므로 要컨대 武漢의 陷落은 그들 抗日政權에 對한 最後의 決定的인 打擊이 안일 수 없다. 이로서 戰爭은 支那側으로 보아서나 帝國의 便으로 보아서나 確實히 새로운 階段에로 轉入하고 있다.

爲先 支那側으로 살펴보자.

毛澤東은 다시 武漢 陷落 直後의 前記 「인터-뷰」에 있어서 「戰爭은 至今에야 第一階段에서 第二階段에로 다시 말하면 防禦의 時期에서 反攻準備의 時期에로 轉入하고 있다」라고 言明하였다. 그러나 이 豪語를 信用할 만한 愚鈍한 頭腦의 所有者가 果然 한 사람일들[14] 이 世界에 있을 수 있는지가 疑問이다.

戰爭이 支那側으로 보아서도 새로운 階段에로 드러가고 있는 것만은 事實이다. 그러나 그것은 敗戰에서 勝戰에로 防禦에서 反攻에로 나가는 階段이 아니고 漸次的 退却에서 決定的 敗戰에로 轉落되는 階段이며 全國的 統一政權에서 한 個의 地方政權에로 失墜되는 致命

13 원문에 없는 '「' 삽입. 蔣介石, 「全國民へ告ぐるの書」, 『中央公論』 53-12, 1938. 12에 인용한 내용과 정확히 일치하는 부분은 없다. 해당 기사의 399쪽 전후를 간추려 인용한 것이라고 추정된다.

14 '사람인들'의 잘못으로 보임.

的인 階段 以外에 아무것도 아니다.

이 同一한 過程을 다시 帝國의 側에서 考察하여 보자.

武漢이 陷落된 直後 蔣介石과 毛澤東이 前記와 같은 抑制[15] 소리를 되푸리하고 있을 때 池田藏相[16]은 明治節[17]의 談話에 있어서 「武漢攻略은 今次事變 所期의 目的達成上 重要한 一階段을 劃한다」라고 말하였다. 果然 新階段이란 무엇이냐. 다시 同聲明에 依하면 「日滿支三國의 相携에 政治, 經濟, 文化等 各般에 亘하야 互相 連環의 關係를 樹立하는 것으로 根幹을 삼는다」라고 說明되였다.[18] 다시 말하면 從來의 長期戰爭에서 今後의 長期建設에로의 移行이 곳 新階段의 特徵을 形成한다. 池田藏相의 이 聲明과 同日에 近衛首相[19]도 또한 라듸오 放送에 있어서 同樣의 意味를 말하야 今後의 長期建設에 關해서

15 '억지'의 잘못으로 보임.

16 이케다 시게아키(池田成彬, 1867~1950)는 일본의 정치인이자 경제인이다. 1937년 일본은행 총재에 취임하였으며, 1938년 5월에서 1939년 1월까지 제1차 고노에 내각의 대장대신(大藏大臣, 재무대신) 겸 상공대신(商工大臣)을 역임하였다.

17 1927년에서 1947년까지 明治天皇의 생일인 11월 3일에 제정한 축일(祝日). 신년절(新年節), 기원절(紀元節), 천장절(天長節)과 함께 4대절(四大節)로 불렸다. 전후(戰後)에는 '문화의 날(文化の日)'로 바뀌어 축일(祝日)로 지켜지고 있다.

18 이케다 시게아키의 담화에서 언급되는 '同聲明'이란 동아신질서성명을 가리킨다. 이케다 시게아키 대장대신(당시는 상공대신을 겸무) 담화의 내용은 「更に長期經濟統制, 池田藏商相の聲明」, 『東京朝日新聞』, 1938. 11. 3, 2쪽에서 확인했다. 같은 쪽에 「東亞の新秩序建設へ」라는 제목 아래 고노에 수상의 성명 전문이 실려 있다.

19 고노에 후미마로(近衛文麿, 1891~1945)는 일본의 정치가로 1937년 6월에서 1939년 1월까지 제1차 고노에 내각을 이끌었다. 1938년 1월 16일 제1차 고노에 성명을 통해 국민당 정부와는 상대하지 않는다고 발표하였다. 하지만 같은 해 11월 3일 동아신질서 성명(제2차 고노에 성명)에서는 국민 정부일지라도 신질서 건설에 참가한다면 굳이 이를 거부하지 않는다고 발표하였다. 같은 해 12월 22일 제3차 고노에 성명을 통해 선린우호, 공동방공, 경제제휴의 3원칙을 대(對)중국 화평의 3방침으로 제시하였다.

全國民의 留意을 促한 일이 있다.[20] 勿論 今後의 長期建設에로의 移行이란 것은 抗日政權에 對한 應戰의 終熄을 意味하는 바는 絶對로 아니다.

「蔣政權을 相對로 안 한다」는 根本方針과 「抗日政權의 根絶을 期한다」[21]는 國策的 目標는 끗까지 達成되고야 말 것이며 또 이것이 達成되기까지에는 膺懲戰은 그대로 繼續된 것이다. 그러므로 長期建設에로의 移行이란 것은 應戰의 持續과 아울러 武漢이 陷落된 今後의 全國策이 새로운 建設에로 다시 말하면 東亞의 新秩序의 建設 — 東亞協同體의 結成에로 보담 무거운 重點을 두게 된다는 것을 意味함에 不過하다.

要컨대 長期建設이란 것은 日本帝國을 唯一絶對의 盟主로 하는 東亞의 再編成을 말하는 것이다. 東亞의 再編成이란 무엇을 意味하느냐.

첫재로 經濟的 意味의 東亞再編成이란 것은 東亞各民族의 共存共榮을 基調로 하는 日滿支「뿌럭」經濟의 確立을 內容으로 하는 것이며,

둘재로 政治的일 意味의 東亞再編成이란 것은 이러한 經濟的 目標를 確保하기 爲한 東亞協同體 或은 東亞聯邦體의 結成을 말하는 것이다. 勿論 이러한 東亞協同體란 것은 白人의 帝國主義에 依한 東亞의 侵略을 根本的으로 排除한다. 그러나 그것은 白人의 帝國主義的 侵略을 排除하는 것이며 白人 그 自體를 排除하는 것은 絶對로 아닐

---

20 고노에 수상은 동아신질서성명이 발표된 1938년 11월 3일 오전 9시경 東京放送局(JOAK) 라디오 방송을 통해 성명의 취지를 설명하였다. 「聲明趣旨を首相解說, けさの放送で」, 『東京朝日新聞』, 1938. 11. 3.

21 제1차 고노에 성명 내용. 원문의 '」'을 '「'로 수정.

것이다. 또 東亞協同體의 思想은 抗日支那의 「내쇼날리즘」[22]을 超克하는 契機를 包含하는 同時에 抽象的일 「터인내쇼날리즘」[23]과도 對立된다. 그러나 그것은 그러타고 해서 全東亞를 들어 東亞孤立主義, 東亞몬로-主義,[24] 地方的 閉鎖主義, 地方的 便宜主義에 封鎖해 버리려는 것도 아니다. 全東亞를 들어 한 個의 經濟的, 政治的 單位로 結成하려는 것은 한 個의 協同體로의 全東亞가 한 個의 單位로서 全世界史의 前進에 向하여 積極的으로 參加하고 寄與한다는 것을 意味할 뿐이다.

다시 이를 文化的으로 考察한다면 歐羅巴의 文明에 對해서 全傳統과 全成長을 달리하는 東亞民族 共通의 文化를 確保하며 또 發展成長케 하려는 데 있다. 東亞協同體에 賦與된 이러한 文化的 使命은 決코 歐羅巴文明의 導入을 無條件하고 排除하려는 것은 아니다. 東亞의 固有한 文化를 基抵로 해서만 歐羅巴의 文明을 選擇하고 또 攝取하려는 데 있을 뿐이다.

그러므로 그것은 歐羅巴文明의 無批判的 模倣을 排除할 뿐 아니

22 원문에 없는 '」' 삽입.

23 '인터내쇼날리즘'의 잘못으로 보임.

24 동아시아에서 서양의 간섭을 배제하고, 동아시아의 문제는 당사국이 처리한다는 정치적 주장이지만, 실제로는 아시아에서 일본의 독점적 패권을 주장하는 논리로 활용되어 동아신질서 및 대동아공영권의 기초가 되었다. 동양먼로주의, 아시아먼로주의, 일본먼로주의 등으로도 불린다. 원래 먼로주의(Monroe Doctrine)는 1823년 미국의 제5대 대통령 먼로가 유럽과 미국의 상호 불간섭을 주장한 외교방침이다. 일본에서는 1898년 고노에 아쓰마로(近衛篤麿)가 '아시아 먼로주의'를 제창한 것이 시초이며, '만주사변' 이후 워싱턴 체제에 대항하는 논리로서 활용되었다. 1934년 4월 일본 외무성 정보부장 아모 에이지(天羽英二)는 일본의 동아시아 질서 유지 책임을 주장하며 서구의 간섭에 반대하는 비공식 성명을 발표하였고, 이 성명은 서양으로부터 동아먼로주의로 비판받았다.

라 다시 歐羅巴文明에 對立하는 東亞的 封鎖主義에도 對立된다.

要컨대 經濟的으로 政治的으로 또 文化的으로 이러한 空前의 偉大한 使命을 遂行하려는 것이 今後의 長期建設의 課題가 아니면 안 된다. 또 今日의 支那事變이 帝國의 側으로 보아서 한 個의 歷史的인 聖戰이라는 理由도 여기에 있는 것이다.

黃河와 長江의 流域에는 幾萬의 英靈이 光榮에 싸히여 고요히 잠들고 있다. 그들은 決코 侵略의 兵士가 아니였다. 그들의 피는 오직 東亞의 幸福과 繁榮을 爲해서만 흘려진 것이며 그들의 高貴한 犧牲은 오직 東亞新秩序의 確立에 依해서만 代償될 수 있을 것이다.

「東方의 새로운 戰場을 向해서 炎天에 쬐이면서 黃塵에 싸히여 進軍하여 나아간다. 나는 이 風景을 比할 데 없이 아름답게 늣겼다. 나는 이 進軍에서 타오르는 偉大한 힘을 느꼈다. 脉脉이 흘러넘치는 힘찬 波潮를 느꼈다」라고 戰場에 선 火野軍曹는『麥과 兵隊』에서 말하였다.[25] 우리는 이 脉脉이 흘러넘치는 힘찬 波潮 속에서 日本民族의 偉大하기 짝이 없는 莊嚴한 創造力을 보지 않을 수가 없다.

이 偉大하기 짝이 없는 歷史的 創造力이 今後의 長期建設의 課題로서 前記와 같은 東亞新秩序의 問題를 提示하였다.

亞細亞의 모든 民族과 같이 우리 朝鮮의 民衆도 이처럼 새로히 結成될 東亞의 新秩序 다시 말하면 東亞協同體의 完成을 前提로 하고서만 今後의 民族的 運命을 論하지 않으면 안 되게 되였다. 그러므

25 火野葦平,『麥と兵隊』, 改造社, 1938. 9, 201쪽(초출『改造』20-8, 1938. 8, 198쪽).『麥と兵隊』는 소설가 히노 아시헤이(火野葦平, 1907~1960)가 1938년 5월 중국 쉬저우(徐州)로 진군하는 일본군에 종군한 경험을 토대로 발표한 종군문학이다. 잡지『改造』에 발표된 다음 달에 단행본으로 간행되어 큰 인기를 끌었다.

로 今日의 朝鮮人이 當面한 政治的 問題로서 이 東亞協同體의 題처럼[26] 重要한 問題는 없을 것이다.

머지않은 將來에 具現될 이 東亞協同體의 理想을 앞에 두고 우리는 우리들이 가장 사랑하여 마지안는 朝鮮民衆의 今後의 方向을 如何히 規定하여야 할 것인가. 問題는 여긔에 있다.

첫재로 東亞協同體의 理想은 民族主義 또는 맑스主義에 立脚한 朝鮮의 將來觀을 徹底히 拒否한다.

이 東亞協同體의 理想은 日本帝國의 臣民으로서의 忠實한 任務를 다할 때에만 朝鮮民衆에게 生存과 繁榮과 幸福을 約束하려 한다. 여긔에 朝鮮人의 運命예 關한 問題예 있어서의 넘을 수 없는 限界가 있는 것이다.

이 限界는 明白히 是認되지 않으면 않 된다.[27]

이처럼 東亞協同體의 理想은 今日의 朝鮮人의 運命에 關해서 深刻한 關聯性을 가진다. 이 深刻한 關聯은 우리들 朝鮮人의 나아갈 唯一의 政治的 路線으로서 內鮮一體의 問題를 提示하고 있다.

나는 敢히 斷言할 수가 있다. 今日의 朝鮮人問題는 곧 內鮮一體問題 以外에 아무것도 아니라는 것을, 웨 그러냐 하면 內鮮一體 以外의 一切의 路線이 한것 迷妄에 不過하다는 것이 明白히 提示되여 있으며 따라서 이 路線 以外에 아무 길도 남겨진 길이 없기 때문이다.

나는 以下에 있어서 이 內鮮一體에 關한 나의 所信을 披瀝하여 보고저 한다.

---

26 원문 그대로.

27 '안 된다'의 잘못으로 보임.

첫재로 問題는 많은 사람들이 懷疑하는 바 內鮮一體의 可能性 如何의 問題일다.[28] 그런데 可能性 如何의 問題란 것은 적어도 한 개의 歷史的 運動에 關한 限 社會的 必然性의 如否의 問題에로 歸着되고 만다. 웨 그러냐 하면 可能하다는 것은 반다시 社會的 必然性을 가젓을 때에만 可能한 것이며 또 必然的이란 것은 可能的이란 것을 意味하고 있기 때문이다.

이리하야 內鮮一體의 必然性을 論證함에 있어서 나는 다음과 같은 세 가지 契機에서 究明하려 한다.

첫재는 日本帝國의 東亞制覇上 朝鮮이 占한바 大陸兵站基地로서의 特殊的 地位에서 抽出되는 奬機[29]이며 둘재는 事變의 進展과 東亞協同體 形成過程의 進展에 따라 加速度的으로 促成되는 朝鮮民衆의 國民的 自覺과 大陸政策에로의 自發的, 積極的 協動의 契機이며 셋재는 明日의 政權을 「리-드」하려는 國內의 革新勢力의 大膽하고 또 革新的인 國策에 對한 當然한 期待로부터 오는 契機일다.

이 세 가지의 契機는 서로 作用하고 또 서로 浸透하야 內鮮一體에 對한 民衆의 깊은 要望과 아울러 朝鮮民衆生活의 歷史的인 變形을 齎來할[30] 것이라고 나는 確信하여 마지않는다.

첫재의 契機부터 考察하여 보자.

滿洲事變[31] 以來, 朝鮮에 課與된 經濟的 使命은 「日滿經濟뿔럭의

---

28 '이다'의 잘못으로 보임.

29 '契機'의 잘못으로 보임.

30 재래(齎來). 어떤 원인에 따른 결과를 가져오다.

31 1931년 9월 18일 류탸오후(柳條湖) 사건으로 시작된 일본의 '만주' 침략전쟁. 만주군벌 장작림(張作霖) 폭살사건 이후 그 아들 장학량(張學良)은 국민당과 손을 잡고 일본에 저항하였다. 이에 자극을 받아 일본군부와 우익 가운데에 만주를 식민지화하

紐帶」로서의 地位이였다. 그러나 支那事變의 發勃을 契機로 하여 經濟關係에 있어서의 全日本的 統制가 强烈히 要求됨에 따라 이「日滿經濟뿔럭의 紐帶」라는 經濟指導原理가 內容에 있어서 너무나 架空的이란 것이 漸次로 暴露되기 비롯하였다. 대체 어떠한 나라 어떠한 地域을 不拘하고 그의 經濟的 關係가 單純히 紐帶的 役割에만 終始하고 또 그것만을 主要使命으로 한다는 것은 實際的으로 存在할 수가 없는 것이다.

이리하야 支那事變을 契機로 朝鮮에 對한「日滿經濟뿔럭의 紐帶」라는 標語는 大陸兵站基地라는 보담 具體的이고 統制經濟的이고 大陸政策的인 새로운 標語에로 變形되였다. 朝鮮이 日本帝國의 大陸政策에 있어서의 兵站基地라는 理由는 勿論 朝鮮이 占한바 特殊한 地理的 關係에 依해서 說明되는 바이지만 이 槪念의 內容을 보담 詳細히 究明하여 본다면 다음과 같은 諸點이 列擧된다.

「(1) 朝鮮海峽 或은 支那海를 건너서 軍需品을 戰線에 輸送한다는 것은 將來戰의 規模가 클 것을 想像하여 尨大한 船腹을 要하며 技術的으로도 多大한 困難을 伴한다. 支那事變에 있어서도 이미 어느 程度까지 이 事實이 立證되였다.

(2) 設使 船腹에 있어서는 不足함이 없다할지라도 潛水艦, 飛行

여 주요 자원과 군수물자의 공급처로 만들어야 한다는 주장이 대두하였다. 관동군 참모 이타가키 세이시로(板垣征四郎) 등은 펑톈(奉天) 외곽 류타오후에서 만주철도를 스스로 파괴하고, 이를 중국 측 소행이라고 주장하며 군사행동을 개시했다. 관동군은 '만주' 전역을 점령한 후 1932년 3월 1일 '만주국(滿州國)'을 건국하였다. 이에 중국은 국제연맹에 일본의 침략행위를 호소하였고, 국제연맹은 리튼 조사단을 파견하였다. 조사단은 일본군의 철수를 권고했지만, 일본은 이를 거부하고 1933년 3월 국제연맹을 탈퇴했다.

機等의 將來를 考慮할 때 相當한 危險을 覺悟하지 않을 수 없다.

(3) 이러한 點에서 將來戰에 있어서의 兵站的 役割을 內地에만 期待한다는 것은 適宜의 策이라고 할 수가 없다. 朝鮮, 滿洲, 北支等을 比較하여 兵站基地로서의 優劣을 考慮하여 볼 때 近代工業을 付植함에 있어서도 朝鮮이 基礎的 條件이 가장 整備하고 있다. 滿洲國에는 重工業의 基礎가 될 만한 下請工業이 今日까지 發展된 바가 없지만 朝鮮에는 이미 어느 程度까지 發展되였다. 勞働者 供給의 點으로도 朝鮮은 이미 教育制度가 滿洲國에 比해서 數十年을 前進하였음으로 훨신 優良하다……」(鈴木正文 著『朝鮮經濟의 現段階』[32]).

이러한 兵站基地로서의 役割은 다시 朝鮮의 一般民衆生活에 對해서 莫大한 影響을 齎來한다.

첫재로 重工業 特히 軍需工業히[33] 急激히 發展됨에 따라 朝鮮社會의 內部的 矛盾이 緩化된다. 朝鮮經濟機構의 基本的인 特徵은 農業生產에 있어서의 半封建的인 經濟關係가 아직도 뿌리 깊게 殘存하고 있음에 反하여 工業生產에 있어서는 內地에 比해서도 오히려 高度構成을 가진 獨占資本이 支配的이라는 데 있다. 그러나 아무리 高度構成을 가진 工業資本이라 할지라도 重工業 特히 軍需工業의 尨大한 發展의 傾向은 朝鮮의 農村過剩人口을 都市에로 工場에로 充分히 吸收하기에 足하다.

近年 咸南地方의 重工業地帶에 있어서 勞働者의 不足이 切實히

32 원문에 없는 '「' 삽입. 鈴木正文,『朝鮮經濟の現段階』, 帝國地方行政學會朝鮮本部, 1938. 8, 499쪽.

33 '이'의 잘못으로 보임.

哀訴되고 있는 奇現象은 這間의 事情을 反映하는 반가운 일이다. 要컨대 重工業의 急激한 發展은 滿洲, 北支에로의 大量的 進出과 아울러 都市의 失業群象[34]과 農村의 過剩人口에 對해서 廣大한 活路를 開拓한다.

둘재로 兵站基地로서의 使命을 다하기 爲해서는 近代的으로 또 日本的으로 組織되고 訓練되고 教育받은 産業豫備軍의 大量的 存在가 必須條件이 된다. 이 點에 있어서 朝鮮은 滿洲國이나 北支에 比해서 約二十年이 압섰다고 朝한다.[35] 이러한 關係가 滿洲國이나 北支가 大陸戰線에 보담 近在함에도 不拘하고 朝鮮을 當面의 가장 重要한 兵站基地로 選擇케 한 要因이 되는 것이다.

近代的 工場의 勞働能率의 比較에 依하면 朝鮮에서도 小學教育을 받은 따라서 國語를 解得하는 勞働者가 國語를 解得치 못하는 勞働者에 比해서 二割 乃至 三割의 能率이 높다 한다. 그런데 總督府의 發表에 依하면 現在 朝鮮의 小學教育을 받은 産業豫備軍의 數가 七十萬名에 達하는데 昭和十二年度 以降 二十一年度에 이르는 第二次 教育普及計劃期間에는 小學校의 收容能力을 百六十八萬名으로 簡易學校의 收容能力을 十五萬四千名으로 擴大增加할 作定이라 한다. 이러한 教育普及의 傾向은 朝鮮의 工業化와 兵站基地로서의 朝鮮의 再編成의 過程에 따르는 歷史的인 文化現象이 아니면 않 된다.[36] 참으로 朝鮮을 사랑하는 사람으로서 이 반가운 現象에 情熱의 拍手를 보내

34 '群像'의 잘못으로 보임.
35 원문 그대로. 원문의 '朝'는 거꾸로 되어 있음.
36 '안 된다'의 잘못으로 보임.

지 않을 者 그 누가 있으랴.

셋재로 다시 朝鮮의 兵站基地化 即 工業化의 過程은 「農業朝鮮」에 對한 「工業朝鮮」의 比重을 더욱 더욱 무겁게 하여 나아간다. 朝鮮農業의 封建的 零細性은 世界를 휩쓴 農業恐慌의 餘波와 合勢되여 朝鮮의 農業 及 農民生活의 慘憺한 貧窮化의 傾向을 保成하는 同時에 總督政治로 하여금 特히 財政 及 治安上의 問題에 있어서 견딜 수 없는 桎梏에로 誘導하여 왓다. 이 桎梏으로부터 解放되기 爲해서 宇垣總督은 이미 農村振興策과 아울러 農工併進政策을 朝鮮經濟指導의 原理로 삼어왓다. 다시 大陸政策의 現實的 進行은 이러한 農工併進의 傾向에 一層 拍車를 加하야 重工業의 旺盛한 計劃과 아울러 農村의 振興, 農業의 商業的 經營, 工業原料로서의 農業의 助成等 一聯의 政策을 强行케 하여 온 것이다. 米穀에만 編重하는 從來의 農業政策은 世界的 農業恐慌이 이미 一蹴해 버린 지 오랫다.[37] 現在에는 羊毛, 棉花, 亞麻, 홋부,[38] 燃料알콜用 芋類等 工業用原料의 農業生産이 極力 奬勵 되여 遠大한 展望을 보이고 있다.

또 水産業等의 方面을 보드래도 從來의 原始的 漁獲에 滿足하지 않고 이미 加工方面에로의 積極的 進出을 보이고 있다.

要컨대 農工併進의 이러한 政策은 前述한바 農村過剩人口의 大量的 消化의 傾向과 아울러 朝鮮의 農村을 急遠한 「템포」로 振興, 繁榮케 할 것이라고 確信된다.

넷재로 兵站基地로서의 朝鮮에 要求되는 것이 輕工業이 아니고

---

37 '오래다'의 잘못으로 보임.

38 홉(hop). 맥주의 원료인 덩굴성 다년초.

重工業 乃至 粗工業[39]이란 것은 朝鮮人의 손에서 經營되는 中小商工業과 衝突되지 않을 뿐 아니라 도리혀 後者의 發展을 積極的으로 助長하는 動機가 될 수 있다. 重工業이 前提가 되는 下請工業은 今後 朝鮮人 企業家의 손에서 一層 擴大될 展望을 가진다. 또 朝鮮 從來의 中小工業, 電球, 琺瑯, 鐵器, 燐寸과 고무靴等은 이러한 重工業 乃至 粗工業의 支配的 發展에도 不拘하고 이것과 아무 關係없이 現在에 있어서 이미 內地品과 結杭[40]하야 能히 優劣을 다투면서 世界市場에까지 進出하고 있다.

마즈막으로 朝鮮의 兵站基地化는 帝國의 東亞制覇와 또 東亞西協同體[41]의 構成에 있어서 朝鮮의 占하는 바 政治的 地位에 重大性을 加하게 된다. 이 點에 關하야 南總督은 이미 尹致昊氏와의 會見에서 東洋人의 「東洋建設의 核心은 內鮮一體의 完璧에」 있다는 것을 特히 强調하였다.[42]

이리하야 朝鮮의 治安問題가 가장 重大한 問題로 되는 同時에 朝鮮人의 政治的 不平 乃至 不滿을 一掃하고 朝鮮人으로 하여금 日本帝國의 大陸政策에 百퍼-센트의 誠意와 情熱을 가지고 協働케 하기 爲

---

39 기술 수준이 낮은 공업. 정공업(精工業)의 반대말. 만주국 설립 당시 조선총독 우가키 가즈시게(宇垣一成)는 '일선만(日鮮滿) 블록'을 제안하였다. 일본-조선-만주를 각각 '정공업(精工業)-조공업(粗工業)-농업원료지대'로 특화한다는 계획이었다.

40 '拮杭'의 잘못으로 보임.

41 '東亞協同體'의 잘못으로 보임.

42 「機密室: 우리 社會의 諸內幕, 南總督이 尹致昊翁에 送한 書」, 『三千里』 10-12, 1938. 12, 14~15쪽. 1938년 9월 5일 미나미 지로 총독이 윤치호에게 건넨 이른바 「希望三要綱」의 일부. 전문은 다음과 같다. "一, 半島靑年層指導에 關해서 「言行一致」의 明朗한 人格을 養成할 일. 二, 東洋人의 東洋建設의 核心은 內鮮一體의 完璧에 在함. 三, 內鮮一體의 根底는 忠良한 皇國臣民된 實質을 養成함에 잇다."

해서는 內地人과 同等한 國民的 義務를 다하게 한 後 內地人과 同等한 政治的 資格을 그들에게 賦與할 것을 잊어서는 안 될 것이다. 事實 現在 中央政界에서 東亞協同體의 問題와 아울어 朝鮮人參政權의 問題가 熱烈히 討議되기 始作한 理由도 여긔에 있는 것이다.

以上을 要컨대 大陸政策의 進行에 따라서 朝鮮에 課해진 兵站基地化의 要請은 우리 朝鮮人의 生活에 對해서 經濟的으로 政治的으로 또 文化的으로 爲先 이만한 福利와 繁榮을 約束할 수가 있다.

여긔에 內鮮一體化의 重要한 契機 — 即, 朝鮮의 兵站基地化로부터 오는 한 個의 重要한 契機가 存在한다.

內鮮一體化의 以上의 契機가 帝國의 大陸政策의 要求에서 出發되고[43] 있음에 反하야 第二의 契機는 大陸政策의 進行에 따라서 多大한 福利와 繁榮을 期待하게 되는 朝鮮民衆의 自發的 意思로부터 出發한다. 第一의 契機가 上部로부터 即 國家로부터 强行的 性質을 가지고 貫徹되고 있음에 反하야 第二의 契機는 下部로부터 即 民衆으로부터 自發的으로 出發된다. 이리하야 이 두 契機의 合流에 있어서 우리는 內鮮一體의 具體化 — 참된 意味의 內鮮一體化를 볼 수 있는 것이다.

한 個의 民族으로서의 朝鮮人은 許多한 缺點을 가지고 있다. 그러나 우리 朝鮮人에게도 남에 지지 안는 長點이 있다. 이 長點은 他余의 民族에 比해서 몹시 聰明하고 怜悧한 點에 있다고 나는 본다. 事變勃發 以來 우리 朝鮮人은 全民族을 들어서 帝國의 國策에 忠實하게 協助하여 왔다. 長鼓峰事件[44]의 當時에도 爲政者의 杞憂에 反해서 朝

---

43 원문은 '되'가 옆으로 누워 있음.

44 1938년 여름에 소련·만주국의 국경지대에서 일어난 일소 양군의 무력충돌을 가리

鮮人은 一系不亂[45] 끗까지 帝國의 側에서 忠誠을 다하야 近代的 文化國民으로서의 組織性을 보이였다. 今日의 朝鮮人의 政治的 態勢를 大正八年 當時[46]의 그것과 比해 본다면 우리는 그의 天壤과 같은 差異에 놀라지 않을 수 없을 것이다. 個々[47]의 主義者가 轉向한 것이 아니라 한 個의 民族으로서의 朝鮮人이 忠實한 轉向을 表示한 것이다. 오직 帝國의 大陸政策에 끗까지 協同하는 忠實한 國民으로서만 個々의 朝鮮人의 幸福과 繁榮을 期待할 수가 있으며 따라서 今日의 朝鮮人의 政治的 路線이란 이 길 以外에 아무것도 없다는 것을 그들은 事實 이번 事變에 있어서 直觀的으로 깨달은 것이다. 그들에게 있어서 이러한 直觀的인 自覺을 促進한 것은 東亞의 情勢에 對한 그들의 正確한 觀察 乃至 批判이 原因이 아니였다. 그들은 그들 自身의 生活過程에 있어서 「꼼뮤니스트」 或은 「나쇼날리스트」의 여러 가지 執拗한 宣傳 乃至 煽動에도 不拘하고 各自의 地位가 一步一步 惡化되는 것이 아니다[48] 도리혀 向上되고 있다는 것을 直覺하였다. 苹果[49]의 實例를 들어 보자. 大邱, 黃州, 元山, 鎭南浦等의 地域一帶는 苹果의 豊産地로

킨다. 여기서 일본군은 조선군 제19사단이다. 분쟁지가 조선에 근접해 있었기 때문에 조선의 일부 사회주의자 사이에서는 충돌을 계기로 소련이 중일전쟁에 개입하고, 그것이 조선 해방으로 이어지는 것은 아닌가 하는 기대가 있었고, 조선총독부에서도 그 동향을 경계하였다. 그러나 일소 쌍방이 정전에 합의함으로써 사태는 확대되지 않았다.

45 '一絲不亂'의 잘못으로 보임.

46 1919년 3·1운동을 가리킨다. 조선 전토로 확대된 대규모 반일운동에 대하여 총독부는 철저한 탄압으로 임했다. 인정식은 장고봉사건을 둘러싼 조선인의 동요 가능성에서 3·1운동의 기억을 떠올린 셈이다.

47 '個個'의 일본어식 표기.

48 '아니라'의 잘못으로 보임.

49 사과.

일흠이 높다. 그런데 苹果의 生産價格이 昨年에 比해서 今年에는 三倍 乃至 四倍가 올랐다. 이것으[50] 勿論 支那事變에 依해서 廣大한 北支의 市場이 새로히 開拓된 것이 主要한 原因이다. 苹果에만 限한 것이 아니라 他余의 모든 特産物도 北支와의 關係에 있어서 同樣의 展望을 가진다. 苹果는 한 實例에 不過한다. 一般的으로 朝鮮農村과 事變의 發展과의 이러한 聯關性은 農業의 商業的 經營, 農業經營의 企業化, 農産物의 加工化, 農業技術의 改良, 農産物價格의 增進, 農民生活의 富裕化等 一聯의 過程을 促進하야 朝鮮農民生活의 空前의 繁榮을 齎來하는 것이다.

다음으로 人口問題에 있어서도 一般民衆은 幸福되고 있는 그들의 地位를 直觀하고 있다. 總戶數 二百戶를 넘지 못하는 平南 龍岡地方[51]의 一農村에서는 北支와 都市에로의 新移住者가 最延數三, 年間에[52] 十五六名에 達하게 되였다. 農村過剩人口로서 飢餓線上을 헤메이고 있든 그들이 都市의 勞動者로서는 日給六十錢以上 乃至 二圓의 報酬를 받고 있으며 滿洲와 北支의 開拓者로서는 달마다 若干의 送金까지도 하고 있는 現狀이다. 또 事變 以來 朝鮮社會의 가장 重要한 問題의 하나인 過剩人口問題에 있어서도 從來의 矛盾과 桎梏을 解決해 나가는 길이 活潑하게 열리고 있다. 世界를 들어서 失業洪水에 허덕이고 있는 이때 朝鮮의 農村에서는 地主의 집에서 「머슴」 求할 수

---

50 '이것은'의 잘못으로 보임.

51 인정식의 출신지. 앞에서 '苹果의 實例'에서 언급되고 있는 지역도 용강과 가깝다. 농업경제학자 인정식은 자신의 출신지인 북부 조선 농촌의 어려운 현실에 주목하고 중국대륙으로 적극적 진출을 제창하였다.

52 '最近數三年間'의 잘못으로 보임.

없다는 奇異한 現象이 呈示되고 있다. 總督府에서는 이미 年年一萬戶限度의 貧農을 鮮滿拓殖會社의 손을 거처서 滿洲國에로 移住하고 있다. 이 一萬戶의 滿洲移住만으로서도 朝鮮農村社會의 階級的 矛盾을 緩化하는 데 多大한 貢獻이 아닐 수 없다. 다시 이에 加해서 北支에로 軍需工業에로 吸收되는 大量的인 過剩人口를 생각할 때 우리는 從來 오래동안 農村社會를 괴롭혀 온 人口問題에 있어서도 確實히 樂觀의 展望을 가질 수가 있다.

이리하야 朝鮮의 民衆은 이 人口問題의 方面에서도 各自의 地位가 大陸政策의 進行에 따라 一般的으로 安定되고 向上되고 있는 것을 直覺하고 있다.

다시 輸出入關係에서 본다 할지라도 農村의 特殊農産物生産者와 함께 都市의 中小商工業者들도 事變의 進展과 北支의 安定에 따라 그들의 利害關係를 敏捷하게 感覺하고 있다. 새로히 開拓되는 廣大한 市場을 目標로 하는 中小商工業이 朝鮮人의 商工業者間에서도 이 戰時經濟體制下에서 오히러 活潑하게 勃興되고 있다. 今後 長期建設의 段階에로 들어감에 따라 中小商工業의 이러한 傾向은 더욱 促成될 것이다.

이 外에도 다시 世上의 注目을 끌고 있는 繁榮의 傾向은 今日의 旺盛한 鑛山景氣에서도 볼 수 있다. 金, 銀, 銅, 鐵, 重石, 水鉛,[53] 硫化鐵, 마그네사이트, 알미니움等 各樣의 金屬을 無盡藏으로 包含하고 있는 鑛業朝鮮의 豊穰한 自然은 事變의 進展과 併行하여 또 그로부터 莫大한 刺戟을 받으면서 處處에서 開發되어 多大한 數의 小市民들의 經濟的 地位를 向上케 하고 있다. 따라서 여긔에서도 一般民衆

53 '水銀' 혹은 '亞鉛'의 잘못으로 보임.

은 大陸政策에 對한 全幅的 支持의 感情을 품게 된다.

이를 要컨대 北支事變發勃 以來 朝鮮民衆이 實로 全民族을 들어서 帝國臣民으로서의 義務를 忠實히 遂行하는 同時에 帝國의 大陸政策에 끗까지 協同하려는 最大의 誠意를 表示하여 온 것은 實로 그들이 이 事變과의 關聯에 있어서 一般的 福利와 繁榮의 길을 直觀할 수 있기 때문이 아니면 안 된다. 漢口의 陷落을 獎機[54]로 하여 長期戰爭은 長期建設의 新階段에로 轉入하였다. 亞細의亞[55] 歷史를 徹底히 改造하는 이 長期建設의 巨步가 前進되면 될수록 朝鮮民衆에게 約束되는 幸福과 繁榮의 길은 더욱 더욱 廣濶하게 開拓될 것이라고 確信된다. 또 이에 따라서 帝國統治에 對한 民衆의 絶對的 信望, 國民으로서의 精神的 自覺, 日本主義의 民衆의 間에로의 浸透, 內鮮民族의 完全한 平等化等 要컨대 內鮮一體의 具體化過程이 一步一步 推進되여 나아갈 것이다.

今日의 朝鮮民衆은 벌서 內鮮一體로 熱烈히 要望하고 있다. 또 그들은 이 內鮮一體의 具體化의 過程에 있어서 帝國의 國策이 內鮮一體의 眞髓, 內地民族과 朝鮮民族의 完全한 經濟的, 政治的, 文化的 平等化와 이 平等化를 基調로 하는 內鮮兩民族의 合流의 過程을 滿足됨이 있게 推進식킬 것이라고 期待하고 있다.

여긔에 鮮內一體의 必然性의 第二의 契機 — 다시 말하면 下部로부터 民衆으로부터 솟아오르는 熱烈한 要望의 獎機[56]가 있는 것이다.

---

54 '契機'의 잘못으로 보임.
55 '亞細亞의'의 잘못으로 보임.
56 '契機'의 잘못으로 보임.

皇室만을 中心을 推戴하고 皇室만을 尊重하고 皇室과 人民의 間에서만 差別을 是認하는 新日本主義의 革新思想은 二二六事件[57] 以來 經濟, 政治, 文化等 各分野를 通하야 偉大한 歷史的 潮流를 形成하면서 明日의 帝國政權을 左右하려 한다.

우리가 內鮮一體의 眞實한 實現을 또 東亞大理想의 完全한 具體化를 期待할 수 있는 것도 오직 國家權力에 있어서의 革新勢力의 增長의 必然性을 正確히 看破하고 있기 때문이다.

여긔에 內鮮一體化의 必然性의 第三의 契機가 存在한다.

以上에 말한 바 鮮內一體 必然性의 三個의 契機는 各各 明日의 朝鮮을 向하야 서로 浸透하고 서로 作用하면서 思想的으로 政治的으로 偉大한 歷史的인 變革的 潮流을 일우고 있다.

우리는 이 潮流를 타고 全民族을 總動員하여야 할 것이다. 이리하야 民族으로서의 朝鮮人에게 內鮮一體에 對한 信念과 情熱을 부어야 할 것이다. 信念과 情熱이 없는 民族의 앞에는 오직 滅亡이 있을 뿐이다.

이리하야 信念과 情熱을 가지고 우리는 爲先 帝國臣民으로서의 國民的 義務를 忠實히 遂行하야야 할 것이다. 國民的 任務中에 最重要의 것은 國防兵役의 義務이다. 明年度로부터 실시되기로 決定된 滿

57 1936년 2월 26일에서 29일에 걸쳐 황도파의 영향을 받은 일본 육군청년장교들이 1,483명의 군인을 이끌고 일으킨 쿠데타 미수사건. 청년 장교들은 '昭和維新·尊皇討奸'을 슬로건으로 내세우고, 원로 대신을 축출하고 쇼와(昭和) 천황이 친정을 펼 것을 요구하였다. 이들은 천황의 친정이 정재계의 부패와 농촌의 빈궁을 해결할 수 있다고 판단하였다. 사건의 결과 오카다(岡田) 내각이 총사직하고 히로타(広田) 내각이 성립하였다.

洲國의 徵兵制는 우리들 朝鮮人에 對헤서 莫大한 衝動을 주었다.[58] 이와 同時에 우리는 今月[59]의 革新勢力에 對해서 그의 大膽하고 亞細亞的이고 革新的인 政治的 態勢에 衷心으로서의 敬意를 表하지 않을 수 없었다.

志願兵制度의 實施[60]만으로서 우리는 勿論 滿足할 수 없다. 志願兵制度는 다시 義務兵制度에까지 擴大强化되지 않으면 안 될 것이다. 우리들의 國民的 誠意가 天에 達하야 志願兵制度의 勅令이 나렸다. 다시 義務兵制度의 實施를 獲得키 爲해서 우리들의 百퍼-센트의 國民的 情熱을 示表하지 않으면 안 된다.

다시 義務敎育制의 實施도 머지않은 將來로 約束되여 있다.[61] 이 義務敎育의 實施는 徵兵制의 前提인 同時에 內地延長主義[62] 前提가 아니면 안 된다.

眞實한 意味의 內地延長主義만이 內鮮一體化[63]의 政治的 內容이 되지 않으면 안 된다. 內地民族과 同一한 國民的 義務를 다함에 依해서 獲得되는 國民的 權利란 內地民族과의 同等한 政治的 資格을 말

---

58 만주국 정부는 1938년 12월 징병제 실시를 결정하고 만주국병역제도조사준비위원회를 발족시켰다. 인정식이 말한 '莫大한 衝動'이란 재만조선인이 병역에 임하고 나아가 조선에서도 징병제가 실시될 가능성에 대한 '기대'였다. 다만 만주국정부는 1940년 4월에 國兵法을 공포·시행했으나, 재만조선인은 적용대상에서 제외되었고 조선본토와 마찬가지로 1944년까지 징병되지 않았다.

59 '今日'의 잘못으로 보임.

60 식민지 조선에서는 1938년 2월 '육군특별지원병령'이 공포되어 동년 4월부터 시행되었다.

61 총독부는 1942년 12월에 1946년도부터 의무교육제를 실시할 것을 결정하였다.

62 식민지를 내지(內地)의 연장으로 보아, 같은 법령과 정책을 베푸는 정치적 입장.

63 원문에는 '一'이 세로로 되어 있음.

하는 것이다.

內地의 모든 政治制度 — 普通選擧制, 府縣制, 義務敎育制等이 內地와 同一한 程度로 朝鮮에도 擴大延長되여야 할 것이다. 여긔에 우리가 期待할 수 있는 最大의 幸福이 있다. 나아가자 高麗의 子女들아.

MaRrhons?![64] Marchons!

64 'Marchons!'의 잘못으로 보임. 프랑스 국가 〈라 마르세예즈〉의 후렴 부분. '무장하라, 시민들이여, 대열을 지어라, 행진하자, 행진하자! 더러운 피가 우리의 밭고랑을 적시도록!'에서 가져온 표현이다. 프랑스어 동사 marcher에는 '(국가에) 몸을 헌신하다, 병역의 의무를 다하다'라는 의미도 포함되어 있다.

■ 원문

東亞新秩序와 革新[1]

車載貞

武漢三鎭과 廣東의 陷落은 支那事變自體의 戰局的 發展에 新段階를 劃하였을 뿐더러 東亞史發展의 方向에 新標幟가[2] 되고 말었다. 一年有餘來의 事變은 이것을 契機로 비로소 그 相貌와 個性을 全的으로 그리고 뚜렸하게 全世界의 面前에 나타내인 것이다.

抗敵 蔣介石政權은 이로써 그 抗戰의 最大根據를 喪失하고 그 政治的, 經濟的, 國際外交的 根幹을 빼았기어 발서 日本의 事變 相對者로서는 至極히 無力한 것으로 되고 말었다. 國際金融資本의 傀儡 蔣介石政權의 無力化는 곳 支那를 支配해 온 英米佛等 歐米資本의 支那에 있어서의 敗北과 無力化를 意味하는 것이다. 同時에 그것은 歐米의 資本的 帝國主義의 極東支配의 最大堅壘의 한아[3]가 粉碎된 세음[4]이니 歐米의 資本的 帝國主義가 一世紀來 結構維持해온바 東亞의 侵略體系는 이에 그 決定的 破局에 直面해 있다는 것을 意味한다.

---

1 『三千里』 11-1, 1939. 1, 64~68쪽.

2 '이'의 잘못으로 보임.

3 '하나'의 잘못으로 보임.

4 '셈'의 잘못으로 보임.

이것으로써 事變은 그 本來의 目的의 本格的 軌道 우에 올나섰다고 볼 수 있으니 今次事變의 참된 對象과 目標는 支那民衆과 支那市場이의[5] 帝國主義的 獨占이 아니라 歐米資本의 支那侵略과 그것의 走狗인 抗日政權의 阻止排除에 있엇으며 더 나아가서는 東亞에 가장 合理的인 新秩序를 附與樹立하는 데 있겠음에 鑑하야 武漢攻略後의 事變은 政府當局의 聲明과 같이 正히 新段階에 發展하였다.

近衛內閣은 武漢攻略後의 聲明에서 東亞新秩序의 樹立을 말하였다.

事變後의 東亞에는 如何한 樣相의 新秩序이건 從來의 그것과는 다른 것이 出現할 것은 어김없는 事實인 것이다. 그러나 그 新秩序에 關하는 限 지금으로서는 지극히 漠然한 한 개의 槪念이다. 支那에서 歐米의 帝國主義가 無力해 가지고 더 나아가서는 完全히 驅逐될 수 있다는 것과 抗日政權이 消滅하고 新政權이 樹立된다는 것, 中國의 赤色勢力을 驅逐하고 同時에 콤민테룬[6]의 赤色通路를 粉碎한다는 것, 그리고 묵은 中國과 묵은 東洋을 結縛해논 一切의 外交關係가 例컨댄[7] 九個國條約類의 新事態의 情勢에 符合치 안는 것이 破棄되리라는 것 等等 以外 東亞의 日滿支三國은 政治的, 經濟的 及 社會文化的인 各部面에 亘하야 完全한 協同體的 單位에 結合되리라는 것까지

---

5 '市場'의 잘못으로 보임.

6 코민테른(Communist International, Comintern). 1919년에 레닌의 주도 아래 러시아 공산당과 독일 사회 민주당 좌파를 중심으로 모스크바에서 창립한 국제 공산당 조직이다. 프롤레타리아 독재를 통한 사회주의 국가 건설을 목표로 삼아, 각국 공산주의 운동과 혁명 투쟁의 경험을 국제적으로 총괄하면서 국제 공산주의 운동을 지도하였다. 1943년 해산하였다.

7 '例컨대'의 잘못으로 보임.

도 豫想될 수 있는 諸點이나 다못 이러한 常識的 諸點의 理論만으로는 東亞新秩序의 眞正한 姿態를 發見하기는 어려운 일이다.

吾人이 알고저 하고 또 將來의 이 新秩序에 包括될 全東亞의 民衆의 알고저 하는 點은 그 新秩序의 思想的 及 文化史的 基調이다.

東亞의 新秩序는 端的으로 말하면 東亞 諸民族의 新生活秩序이다. 우리는 바야흐로 新支那의 建設을 通하야 우리의 新生活秩序를 附與될 約束下에 있는 것이다.

이것에 關한 認識에 到達하는 過程은 東亞新秩序樹立의 能動的 擔當者이며 그 主體인 日本의 內部認識을 通하지 않으면 아니된다.

所與의 東亞新事態와 그 建設의 能動的 主體 即 客觀과 主觀一의[8] 統一된 表現이 그 過程이 장차 나타날 東亞의 新秩序이기 때문이다.

東亞에 新秩序를 附與코지 하며 있는 日本民族은 그 自身自己의 內部的 新秩序를 — 그것을 日本的으로 表現해서 革新을 要求하며 있다.

그리고 이 國內革新은 大陸의 新秩序를 通해서만 可能할 수 있는 政治的, 經濟的, 文化的, 國際外交的 諸必要 우에 노여저 있서 大陸新秩序와의 關聯은 交互的이며 同時的이며 併行的인 諸面을 가지고 있다. 이런 點에서 東亞新秩序의 內面的 要素로서 日本의 國內革新은 大陸新秩序와 重要한 關聯을 가지고 있다. 그러므로 日本의 國內革新을 理解치 못하고 大陸의 新秩序를 認識하기는 殆히 不可能한 것이니 即 日本의 國內革新의 思想基調는 곧 大陸秩序의 그것이기 때문이다.

---

8 원문 그대로.

東亞의 新秩序이거나 日本의 革新이거나 그것은 全面的이어서 政治的, 經濟的, 社會文化的, 國際外交的 諸方面에 亘하야 考察될 것이나 問題는 그것을 端的으로 要約할 때 그것이 資本主義的냐 反資本主義的이냐이다.

勿論 이 밖에도 論議의 重點은 여러 곳에 노여질 수 있다. 民族主義와 國際主義, 日本主義와 東亞主義, 東亞全體主義와 世界主義 等等의 우에 觀點이 두어지는 것도 지극히 必要한 일이나 그러한 一面的이고 抽象的인 것보담 具體的이고 根本的인 觀察의 重點은 資本主義的인 與否이라고 생각한다. 資本的 諸國民社會의 變革過程은 于先 自己否定에서부터 出發하는 것을 必要로 함으로서이다.

그러나 反資本主義的 하드래도 거기에 또한 여러 가지 形態를 豫想할 수 있으니 맑스的 共産主義, 獨伊的 全體主義(나는 팟시쯤 社會를 反資本的 範疇에 屬하는 것으로써 認識한다), 또는 革新的 日本主義社會 等等인바 그러면 革新日本을 能動的 指導의 主體로 하는 東亞의 新秩序는 如何한 質態의 基調 우에 立脚할 것이며 또 하지 않으면 아니되며 되여지기를 吾人은 바랄 것인가.

우리는 이러한 意圖에서 事變의 處理로서의 東亞新秩序의 日本的, 東亞史的, 世界史的 意義를 認識함이 正當하다고 생각한다.

今次의 事變은 日本革新의 一部이다. 資本主義 日本은 이 事變의 完結과 同時에 完全히 止揚되지 않으면 아니 된다. 資本主義 日本의 帝國主義的 發展으로서 東亞의 新秩序를 樹立할 것은 世界史的 意義를 喪失하는 것일 뿐 아니라 日本自身의 幸福的 發展을 意味하지 못하고 事實에 있어서 不可能을 意味한다. 日本의 資本主義的 勢力은 今次의 事變을 領導的으로 展開할 何等의 主體的 實力을 가지[9] 못하

니 實地에 있어서 今次事變의 領導主體는 日本의 資本的 勢力이 아니다. 그러므로 今次의 事變이 그러한 資本主義的 帝國主義의 侵略으로써 歸結되지 안는 根本的 原因이 여기에 있다.

日本의 資本主義는 그 經濟的 發展이 停頓되기 前에 그 體內에 오히려 旺盛한 精力을 包藏해 있으면서 國內的, 政治的, 思想的 進路에서 完全히 「行詰ル」[10]하고 無力해젓다. 이 點은 日本만이 가지고 있는 特異性이니, 이것이 日本民族社會의 個性이며 傳統이다. 이 特異性은 如何한 歷史的 時代에서나 日本民族社會의 根柢가 되여 있는 點이다. 即 皇室과 國民과의 特殊한 結合의 傳統은 日本의 如何한 歷史社會에서나 그 國家的, 國民的 生活의 中心이며 中樞이다. 이 點을 度外視하고 日本을 認識하는 길은 없으니 文化의 改新,[11] 明治維新, 今日의 革新等, 모든 國家, 國民生活의 重大한 變革에 있어서 더구나 日本的 個性과 傳統은 모든 發動力의 淵源을 그 中心을 皇室과 國民과의 特殊한 關係에 求한다.

日本的인 傳統과 個性은 民主主義的, 自由主義的, 個人的, 資本主義的인 一切의 生活樣態에 反撥하는 本質을 가지고 있다. 皇道思想, 皇民思想은 根本的으로 資本主義的 社會秩序와는 相容되지 안는다.

그러므로 日本主義는, 日本精神은 元來로 資本主義를一한다.[12]

---

9 '갖지'의 잘못으로 보임.

10 '行詰ル'는 '벽에 부딪히다', '막다른 골목에 다다르다'는 뜻의 일본어.

11 '大化의 改新'의 잘못으로 보임. 다이카(大化) 개신은 646년(다이카 2년) 정월에 공포된 '개신(改新)의 조(詔)'를 토대로 한 정치개혁이다. 소가(蘇我) 씨를 포함한 아스카의 호족을 중심으로 이루어지던 정치 구조가 天皇 중심의 정치로 바뀌게 된 사건으로 일본에서 율령제가 도입된 계기로 이해된다.

12 원문 그대로.

今日의 歷史段階에 있어서 참으로 日本的 個性과 傳統과 日本의 文化的 優越性을 그리고 日本民族의 發展을 擁護하기 爲하야는 日本은 必然的으로 自己革新의 起點을 資本主義의—에서부터[13] 出發하지 않으면 아니 되며 또 나아서 資本主義를 否定한 日本民族의 國家의 興隆을 圖謀하기 爲하야는 그 政治的, 經濟的, 文化的 發展의 必然的 方向으로서 帝國主義 아닌 大陸的, 東亞的 發展이 不可缺의 條件이다. 膨脹하는 日本民族은 그 經濟生活의 欲求와 아우타루키[14]的 經濟의 確立을 爲하야 必然的으로 大陸에 그것을 求하지 않으면 아니 되며 그것을 遂行하는 데는 政治的으로 文化的으로 東亞諸民族의 協同結合을 必要로 한다. 이러한 諸點에서 日本의 革新은 東亞協同亞, 東體新秩序[15]의 樹立과 相關不可分의 關係에 노여 있다. 그러나 東亞의 經綸은 資本主義 日本으로서도 可能한 일이나 그것에는 帝國主義的임을 要하고 對外的으로 帝國主義的임에는 國內的으로 資本主義임을 要함으로 그것은 國內의 反資本의 諸條件으로 말미암아 不可能하다는 所以는 前述함과 같다.

如上한 諸點이 大陸經營이 革新의 具體的 過程의 一部이며 東亞의 新秩序가 反資本의 基調 우에 노여지지 않으면 아니 된다는 所以이다.

그러므로 東亞의 新秩序는 征服秩序가 아니며 支配秩序가 아니라 諸民族共存共榮에 因한 協同秩序이며 指導秩序이다. 따라서 그 政

13 원문 그대로.

14 아우타르키(autarkie). 자급자족. 한 나라가 그 영토 내의 생산물만으로 국민의 생활 필수 물자를 자급할 수 있는 상태로 블록경제를 가리키기도 한다.

15 '東亞協同體, 東亞新秩序'의 잘못으로 보임.

治形態, 經濟形態, 文化形態도 資本的, 帝國主義的, 征服的이 안일 것은 勿論이다. 即 東亞新秩序內에 包括되는 諸民族社會는 그 自主的 利益이 尊重되고 個性, 傳統, 文化가 한 가지 尊重되여야 할 것이다. 그러나 이것들이 어느 것이나 새로히 形成되는 東亞思想, 東亞傳統, 東亞文化에 發展的으로 統一된다는 限界 안에서만 自主性이 認定되어야 할 줄로 생각한다. 여기에 말하는 東亞思想이란 이제야 形成道程에 있는 新興 이데올로기이다. 지금 吾人이 槪念의 無定見한 綜合을 試하야 牽强附會的으로 마추어 生産하는 手藝品이 될 수 없다. 東亞諸民族의 實生活의 交錯統一에서 生成發達하야 結晶되는 것임으로 그것은 將來의 範疇이다. 다못 여기서 吾人이 考慮할 것은 東亞思想이나 東亞文化나 그 傳統이나 란[16] 것은 그 모두가 過去 또는 現在의 諸民族生活에 所在에 허터저 있는 묵은 支那的, 滿洲的, 蒙古的, 日本的인 等等의 文化的 殘骸를 復古的으로 긁어모으는 것은 아니며 同時에 西洋的인 것을 無條件으로 排斥하는 것으로써 東亞的 文化, 思想의 創造의 條件을 삼어서는 안 된다. 新東亞文化創造의 態度는 어데까지나 進步的이며 創造的이여야 할지니 所與의 新生活文化의 統一的 結晶이여야 한다. 그러나 여기서도 또한 그 主體가 必要하다. 그러한 意味에서 日本民族의 文化는 必然으로 新東亞文化의 胚盤이 되리라는 것을 豫想할 수 있으니 今日의 日本民族文化 가운데에는 亞細亞의 如何한 民族의 그것보담도 豊富하게 正當하게 合理的으로 過去의 亞細亞文化의 各部分이 統一性(日本的이지만)을 가지고 近代的으로 保存되여 있고 守護되여 있으며 사라있다는 點이다. 그러나 그

16 원문 그대로.

러한 日本文化自身 또한 新環境에 放牧하야 爾餘 諸民族의 그것에서 더 成育發達되지 않으면 아니 된다. 東亞思想의 경우에 있어서도 亦同一하니 今日의 日本精神이 日本民族社會를 革新하는 指導原理의 地位를 가지고 있다 하드래도 支那나 其他民族에게 그것이 全面的으로 理解容納되기 어렵고 더구나 東亞協同民族生活의 指導原理로서 無條件通用될 수 없는 點인바 그것은 今日의 日本精神 또는 日本主義는 좀더 近代化한 普遍的 體系를 具有하지 않으면 아니 된다. 日本民族以外의 民族으로서는 그것을 知性을 通하야 攝取理解하기는 不可能할 만치 傳統的이고 感情的이고 血液的이다.

그리고 東亞新秩序의 世界史的 意義는 從來의 世界主義에 對하야 새로운 方向을 보혀주는 것이다. 從來의 世界主義가 抽象的인 點은 資本主義的인 것이다[17] 맑스主義的인 것이나 同一하나 特히 後者에 있어서는 具體的인 것과 다른 外觀과 體系를 가지고 있서 往往히 그 抽象性이 掩蔽되어 왔었는데 東亞協同體는 그것에 對한 重大訂正이며 新世界主義에 對하야 具體的 體系를 附與하는 것이며 世界秩序를 再建하는 데 決定的으로 貢獻하는 것이다.

以上에 본 바에 依하야 東亞新秩序와 日本의 革新 兩者間에는 그러한 內面的 聯關性과 交互性이 作用하고 있음으로 識認方法으서 兩者를 分離하야 觀察할 수 없는 것이다. 그러므로 文化史的으로 빛나는 東亞의 新秩序는, 東亞諸民族의 幸福을 約束하는 東亞의 新秩序는, 日本의 國內革新의 成果와 相俟하야 決定될 問題이다.

17 '것이나'의 잘못으로 보임.

■ 원문

文化에 있어서의 全體와 個人[1]

徐寅植

時代精神의 交替가 잦은 現代에 있어서 自意識에 사는 사람으로서 時代와 對質하면서 늘 自己의 生活을 整理하여 나가지 안으면 안 된다는 것은 決코 수월한 일이 아니다. 이것은 오늘날 三四十代에 올은 이 땅의 知識階級치고는 대개가 體驗하는 不幸한 運命의 하나이다. 그들은 일즉이 十年에 가까운 靑春을 밑으로부터 擡頭하는 두 낫의 커다란 時代精神[2]을 遍歷하는 데 바치였다. 하다가 멀지 안은 過去에 그 두 낫의 精神을 靑春과 함께 訣別하였다. 그리고 그 心的 傷痕이 아물지 못한 채로 지금 또다시 우으로부터 降臨하는 別個의 精神과 對決하지 않으면 안 될 階段에 到達하였다. 現代思想의 리스트에서 뻬스트·셀러-의 地位를 차지하는 이 精神은 勿論 取捨와 選擇을 不許하는 一種의 定言命令性을 띄고 있다. 하나 勝義의 歷史意識이란 늘 한 時代에 살면서도 한 時代로 넘어설 줄을 아는 法이다. 하다면 우리로서도 주어진 對象에 맞서는 데는 一定한 포-즈가 必要치 않을까.

---

1 『人文評論』 창간호, 1939. 10, 4~15쪽.

2 민족주의와 공산주의를 가리킴. '두 낫'은 '두 낱' 즉 '두 개'라는 뜻.

사람들은 오늘날의 日本이 當面한 政治的, 文化的 課題를 一種의 世界史的 見地에서 提起한다. 그 하나는 世界新秩序에의 一階段으로서 爲先 對外的으로는 日滿支를 一體로 한 東亞協同體을 建設하는 것이며 다른 하나는 거게 必要한 槓桿으로서 對內對[3]으로는 國內의 政治經濟秩序를 새로운 統制原理 우에서 再編成한다는 것이다. 그리고 이들 政治的, 文化的 課題를 遂行하는 데 必要한 嚮導原理로서 一國의 定論은 全體主義의 登場을 要求한다. 누구나 이 나라의 資本主義的 現在가 提起하는 이들 政治的, 文化的 課題를 現在에 그가 逢着하고 있는 內外諸情勢와 連結하여 생각한다면 그 속에서 歷史的으로 避치 못할 一條의 必然까지도 指摘할 수 있으리라. 하다면 우리도 이들 政治的, 文化的 課題의 遂行에 必要한 嚮導原理로서 오늘날 토-탤리즘[4]이 登場하는 理由를 理解할 수 있다. 하나 現代政治의 要諦는 國民에게 알리게 하는 데 있다면 우리는 오늘날 所與된 固有한 意味의 全體主義를 그대로 嚥下[5]하기 前에 爲先 그가 現階段의 日本이 當面한 政治的, 文化的 課題의 解決에 適合한 것인가를 吟味하여 보는 것이 옳지 안은가?

爲先 누구나 全體主義라 하면 곧 個人主義에 對立하는 原理로 안다. 後者가 全體에 對한 個人의 優位를 말함에 反하야 前者는 個人에 對한 全體의 優位를 말한다. 이러한 범박한 意味에서는 全體主義는 勿

3 '對內的'의 잘못으로 보임.

4 토탈리즘(totalism). 전체주의.

5 연하(嚥下). 꿀꺽 삼켜서 넘김.

論 個人主義에 對立하는 것이다. 그러나 오늘날 問題되는 全體主義는 적어도 個性原理一般에 對한 全體性原理一般을 意味하는 것이 아니다.

全體主義는 첫재 그 政治理論에 있어서 普遍個性의 自由로운 結合을 原理로 하는 民主主義一般을 排除하는 反面에 「指導者政治」라는 特殊한 政治的 理念 밑에서 「職分國家」라는 一種의 身分體制의 建設을 要求한다. 政治主義의 이러한 政治的 理想의 根底에는 人類의 歷史的 生活에 있어서 選良과 階位의 必然性과 絶對性을 重視하는 一種의 小數者史觀이 支配하고 있는 것이다. 그러므로 오늘날 獨逸을 本家로 한 全體主義는 全體性原理 가운데서도 特히 個人一般의 存在를 完全히 否定하는 反對로 돌오혀 特殊個人의 올마이틔-를 肯定하는 原理이다.

둘재 全體主義는 部分一般에 對한 全體一般의 優位를 말하는 것이 아니고 個人과 階級에 對하야 特히 民族의 優位를 主張한다. 이리하야 國內에 있어서 한 個人에 對한 民族의 絶對의 超絶性을 主張하는가 하면 國際間에 있어서는 돌오혀 自民族本位의 閉鎖的 立場에서 他民族에 對한 自民族의 絶對의 優越性을 固持한다. 全體主義의 이러한 民族思想의 根底를 形成하는 것이 例의 人種史觀이라는 獨特한 歷史觀임은 두말할 것도 없다. 그러므로 固有한 意味의 全體主義는 對內的으로는 個人과 民族의 兩立을 不肯하는 直接的 全體性의 原理인 同時에 對外的으로는 自民族과 他民族의 共存을 不肯하는 民族의 쇼-비니즘[6]이다.

그리고 끝으로 全體主義는 이와 같이 個人과 民族, 民族과 民族

6 쇼비니즘(chauvinism), 광신적 애국주의, 배외주의.

의 兩立을 排除하는 만큼 그는 한 개의 文化原理로서는 一方 各個人의 自立이 保證되는 限에서만 實現될 수 있는 文化의 世界性, 普遍性을 阻害하지 않을 수 없으며 他方 各民族의 自立이 可能한 限에서만 確保될 수 있는 他民族文化의 民族性, 傳統性을 阻傷하지 않을 수 없다. 한 民族의 特殊한 文化가 普遍性, 世界性에 到達한다는 것은 個人의 知性的 活動의 自由가 保證되는 限에서만 可能하며 各民族이 그들의 固有文化의 特殊性, 傳統性을 發揮한다는 것은 그들의 政治的, 文化的 生活의 獨立이 拘束되지 안는 限에서만 可能한 것이다.

全體主義의 안과 밖을 否定하는 이러한 閉鎖的 特質은 論理的으로는 特殊者의 構造를 가졌다고 말한다. 그런데 이러한 特殊者的 構造를 가진 全體主義는 원래 낫치스 獨逸이 國內의 階級的 分裂을 排除하고 國外에 分散한 께루만 民族을 한 개의 統一된 國家에 糾合하기 爲하야 捻出한 獨特한 思想이며 政策이다. 만일 그렇다면 獨逸的 現實에서 育成된 獨逸的 觀念形態로서의 全體主義가 現在 日本이 當面한 政治的, 文化的 課題의 遂行에 有效한 嚮導原理가 될 수 있는가 하는 것은 疑問이 아닐 수 없다.

爲先 첫재로 오늘날 日本이 가장 中心的으로 問題하는 東亞協同體의 理念을 이 全體主義原理와 對質하여 놓고 보라! 한다면 누구나 이 兩者를 合理的으로 連結하는 데 困惑하지 않을 수 없으리라. 勿論 오늘날까지 展開된 限에 있어서의 東亞新秩序의 理論은 많은 論客을 通하야 많은 論議가 거듭되였음에도 不拘하고 아직까지 具體的 內容의 提示에까지 일으지 못하고 單純한 想念 또는 理念으로서 主張되는 階段을 넘어서지 못하였다. 하나 만일 政府의 聲明을 信憑하여서 無妨하다면 그는 東亞諸民族의 政治的 主權과 文化的 獨立은 끝까지

서로 是認하고 尊重하면서 東亞全體의 共存을 爲하야 有機的, 持續的으로 協同한다는 原則 우에서 構想되는 한 개의 새로운 地域的 共同體制임에는 틀림없을 것이다. 한데 이러한 理想이 單純한 政治的 제스츄어-나 레토릭으로 主張된다면 몰라도 그러치 안는 限 그는 當然히 民族과 民族의 政治的, 文化的 並存을 原理的으로 排除하는 全體主義原理로서는 實現할 수 없는 것이다.

한데 對等한 것이라야 對等한 것을 낫는다는 것은 萬古를 두고 썩지 안는 眞理이다. 하다면 問題의 東亞協同體의 理念은 그 適用範圍의 差異는 있을망정 나아가서는 世界新秩序의 理念도 되는 同時에 들어와서는 國內新秩序의 理念도 되여야 할 것이다. 國內에 있어서 閉鎖的인 民族은 다른 民族에 對하야 開放的이 될 수 없다. 그러하면 問題의 國內新秩序도 끝까지 國民의 自主와 創意를 基礎로 한 一種의 民族協同體가 되지 않을 수 없으리라.

사람들은 現代日本의 政治的 課題와 連結하야 日本의 文化的 使命을 日本固有의 文化를 樞軸으로 하고 東西文化를 綜合한 새로운 世界性文化를 創造하는 데 둔다. 한데 오늘날의 日本이 世界性의 文化를 創造할 만큼 文化的으로 成熟하고 못한 것은 別個의 問題로 하고 만일 그것이 可能하다면 그것은 곧 지금까지 風土와 傳統에 制約되여 一種의 島國的 根性을 脫却치 못하였든 日本文化가 새로운 世界性, 普遍性에 到達함을 意味하는 것이다. 하나 文化生産에 있어서 前提가 되는 것은 文化의 基體를 일우는 民族이 文化의 主體를 일우는 個人의 知性的 活動에 可能한 自由를 保證하여 주는 것이다.

사람은 누구나 自由로운 知性人間의 境位에 到達하는 때에만 그가 生産하는 文化가 偏狹한 人間對應性을 떠나 그의 規範的 價値인

普遍妥當性에 接近할 수 있는 것이다. 그러므로 全體의 優位가 要求되는 時期에 있어서도 個性의 「이니시아틔-앤」를 要求함은 文化의 말하자면 先天的인 性向이다. 個人과 全體의 兩立을 不肯하는 直接的 全體性의 原理는 오늘날 日本의 文化的 課題의 遂行에 돌오혀 네가틔-앤한 結果를 가져올 憂慮가 있다.

더구나 現代日本의 政治的 文化生活이 질머진 特殊한 缺陷의 하나는 强靭한 個性的 精神의 薄弱한 事實이다. 이것은 後進日本이 그 政治史的 生涯에 있어서 일즉히 데모크래시즘의 段階를 餘裕있게 跋涉할 機會를 가지지 못하였었기 때문이다. 이 때문에 一般國民에게 上司로부터 下降하는 政治에 順應도 잘하는 代身 지내치게 依賴도 잘하는 風習이 있다는 것은 一般이 하는 말이다. 오늘날의 公許된 常識은 이것을 有利한 것으로 볼런지 몰으나 其實은 不幸한 缺點도 된다. 그것은 이러한 封建的 遺習의 隋性的 支配가 全體生活에 있어서의 個人의 地位에 對한 國民一般의 自覺이 不足한 데서 오는 것이기 때문이다. 그리고 이러한 精神的 消極性은 民族的으로 重大한 局面에 逢着할 때에도 上部의 政治만을 依賴하고 全體의 運命에 無關心한 心理的 傾向을 낳기 쉬운 것이다. 그렇다면 이러한 精神的 體質을 가진 國民을 個人의 自發性과 創意性을 度外로 萎縮식힐 憂慮있는 原理로서 制約한다는 것은 다름 아닌 全體를 爲하여서도 顧慮할 問題가 아닐까?

하나 우리가 全體主義를 論難함은 決코 全體性原理一般을 否定함은 아니다. 그렇기는커녕 現代의 歷史的 境位가 범박하게 말하야 一種의 全體性의 原理를 要求함은 一條의 必然으로도 볼 수 있다.

現代의 社會生活을 混沌한 無政府的 狀態로 引導한 것은 틀림없는 個人主義의 所致이다. 近代的 個人主義는 封建的 身分體制에서 人間一般을 解放하는 同時에 人間의 經濟行動에 있어서의 競爭의 自由性을 確立하였었다. 그 結果가 現代社會에 收拾할 수 없는 葛藤과 混亂을 導入하였든 것이다. 個人主義는 勿論 個人만을 問題하고 全體를 顧慮하지 안는 것은 아니다. 하나 人類生活에 「自然的 秩序」가 先驗的으로 存在함을 손쉽게 믿은 近代의 自然法思想은 萬人의 自由를 媒介로 하고 全體의 自働的 調化를 꾀하였든 것이다. 하나 그 結果는 돌오혀 豫想과는 反對로 人間精神의 意識的 主宰를 떠난 社會機構는 單純히 價値增殖法則의 軌道 우를 달는 한 개의 自働的 메카니즘으로 化하였다. 이리하야 社會機構가 그 構成人員의 合理的 意志를 超絶하야 獨立한 拜物教的 特質을 具備하는 데 따라 個人은 豫料와 計算을 不許하는 「뵈이지 안는 손」에 操縱되며 社會의 單純한 허수아비로 轉落하지 않을 수 없었다. 그리고 이리하야 自己의 運命을 제 손으로 支配할 機能을 일흔 國民은 다시 近代의 이 超絶的 機構가 가진 生産과 分配의 特有한 矛盾에 부다껴 諸多의 相剋하는 社會的 成層으로 分解하여 버렸다. 이곳에 個人主義의 뜻하지 않은 실수가 있었고 그 뜻하지 않은 실수가 그 自體의 破綻까지 가져오게 된 것이다.

그렇다면 人類의 社會的, 文化的 生活에 다시 秩序와 統一을 가져오는 데는 一種의 새로운 全體性의 原理가 要求될 것은 當然하지 않은가?

그러나 우리는 個人主義의 缺陷을 指摘하는 同時에 또한 그가 남긴 歷史的 功績은 높이 評價하여 주어야 할 것이다. 個人主義의 不朽

의 功績은 무엇보담도 封建的 테오크래시즘[7]에서 人間一般을 解放함으로써 人間이 人間으로서 가져야 할 自己目的的 價値를 確立한 데 있다. 個人主義는 個人의 自由, 個性의 價値, 人格의 尊嚴을 가르켰다. 個人이 封建時代에 있어서와 같이 全體의 單純한 肢體에 不過한 곳에서는 個性과 人格의 價値는 成立할 수 없는 것이다. 個人이 全體의 單純한 手段으로가 아니고 全體와 함께 그 自體가 自己目的으로 定立되는 곳에서만 우리는 人間性의 高貴한 띡니틔-[8]를 發見할 수 있는 것이다. 個人主義의 歷史的 生命은 有限할런지 몰으나 그가 發見한 個性과 人格의 價値만은 그 어떠한 社會形態 밑에서든 久遠의 意義를 가질 것이다.

그리고 個人主義는 個性과 人格의 價値를 發見하는 同時에 現代人間性의 두 낫의 重要한 側面을 形成하는 自發性과 責任感을 創造하여 주었다. 個的意志가 全體意志에 從屬하는 封建時代의 身分人間들 속에서는 嚴密한 意味에 있어서의 責任感과 自發性은 發見할 수 없는 것이다. 自發性과 責任感이란 人間이 自己意思에 對해서 自由感을 가질 때만 成立할 수 있는 것으로 그는 必然的으로 個人의 外的自由가 保證되는 條件 밑에서만 形成될 수 있는 것이다. 그리고 個人主義는 現代人間에게 非單 自己의 行動에 對해서만이 아니고 自己의 思考에 對해서도 責任지는 精神的 體質을 賦與하엿다. 이리하야 自主的으로 思考하고 自意識에 사는 現代人間의 獨得한 精神的「타잎」이 發生하였다. 人間이 그 어떠한 주어진 思想이나 事物에 對해서도

---

7 시아크러시즘(theocracism). 신정(神政)주의.

8 디그너티(dignity). 존엄, 품위.

自主的으로 思考하고 自主的인 意見을 갖는다는 것은 全體의 行動에 創意를 賦與하고 自己의 行動에 責任지는 最後의 內面的 根據이다.

近代個人主義의 産物인 이러한 諸多의 精神的 特質은 個人主義가 終焉을 告한 後에도 歷史上에 保存될 人間形成史의 燦然한 業蹟이다.

그러므로 歷史의 將來를 爲하야 當來할 全體性의 原理는 그 어떠한 形態의 것이던지 個人主義가 나은 消極的 成果를 排除하는 同時에 그의 積極的 成果만은 攝取할 수 있는 것이 아니면 안 될 것이다. 다시 말하면 그는 個人主義를 機械論的으로 否定하는 것이 아니라 辨證法的으로 止揚하는 것이 되어야 할 것이다.

함에도 不拘하고 現代의 固有한 意味의 全體主義는 個人主義가 나은 消極的 成果를 摘發하는 남어지 그의 積極的 成果까지도 一律로 否定한다. 그는 個人主義를 止揚하고 個人主義를 넘어서는 것이 아니라 個人主義를 機械的으로 否定하고 封建主義로 곧바로 逆行하는 것이다. 그 意味에 있어서 그는 現代社會에서 過去의 社會를 돌아가는 것이고 未來의 社會로 넘어서는 것이 아니다.

만일 그렇다면 現代의 우리가 要求하는 全體性의 原理는 形式的으로 말하야 어느 意味에서는 近代의 固有한 個人主義와 現代의 固有한 全體主義를 合理的으로 止揚한 한 개의 綜合的 原理라고 말할 수 없을까? 簡潔하게 말하야 全體와 함께 個人을 살릴 수 있는 原理가 아닐까? 全體主義는 現代思想의 리스트에서 王座를 占하고 있다. 現代는 全體主義의 時代라 한다. 오늘날의 歷史的 狀況 밑에서는 全體性의 原理의 降臨이 拒否할 수 없는 運命이라면 우리는 차라리 個性의

原理를 機械的으로 否定하는 個人 以前의 全體主義보담도 個人主義 以後의 個人을 辨證法的으로 넘어서는 全體性의 原理를 要求하지 않을 수 없다. 近代의 個人主義를 全體에 抽象的으로 對立하는 個性의 原理라면 現代의 全體主義는 個性에 機械的으로 對立하는 全體性의 原理이다. 前者는 全體를 否定하고 全體를 살리지 못한 데 反하야 後者는 個人을 否定하고 個人을 살리지 못하는 것이다. 個人主義에 있어서는 個體가 곧 全體者었음에 反하야 全體主義에 있어서는 特殊가 곧 全體者이다. 前者에 있어서는 全體는 個人에 內在하였을 뿐인 反對로 後者에 있어서는 全體는 個人을 超越할 뿐이다. 前者가 全體에 媒介되지 않은 個人 即 直接的인 個性原理임에 反하야, 後者는 個人에 媒介되지 않은 全體 即 直接的인 全體性의 原理로서 兩者가 모다 對立者의 媒介를 걸치지 않은 抽象的 原理라는 點에서는 共通한 것이다.

그와 反對로 우리가 要求하는 原理는 이 두 낫의 抽象的 原理를 綜合한 것으로서 一方 個人에 對立하면서도 他方 個人을 包攝하며 一方 個人을 否定하면서도 他方 個人을 肯定하는 것이다. 個人을 超越하면서도 個人에 內在하며 個人을 媒介하면서도 個人에 媒介되는 것이다.

원래 全體와 部分은 相關概念이다. 全體를 떠난 部分이 없는 法이며 部分을 떠난 全體가 없는 法이다. 全體를 기달여서 部分이 部分될 수 있으며 部分을 기달여서 全體가 全體될 수 있는 것이다. 全體에서 獨立하면서도 全體에 包攝되는 個人이 具體的인 個人인 거와 같이 個人에 對立하면서도 個人을 包攝한[9] 수 있는 全體가 비로소 具

9 '할'의 잘못으로 보임.

體的인 全體가 될 수 있다. 全體에 抽象的으로 對立하는 個人이 참다운 意味에서 獨立한 個人이 될 수 없는 것은 論理로서도 그러하거니와 歷史的 事實로 보아서도 그러하다. 近代의 個人主義는 全體에 抽象的으로 對立하였든 까닭에 도로혀 現代社會에 拜物敎的 特性을 賦與하고 個人은 普遍의 單純한 類例로서의 地位에 떨어지게 되였다. 그와 같이 個人에 機械的으로 對立하는 全體가 그 自身 도로혀 한 낱의 部分이 되고 마는 것도 이 또한 論理와 事實에 있어 그러하다. 現代의 全體主義는 個人에 機械的으로 對立하는 탓으로 普遍과 世界에 對立하야 도로혀 特殊者의 地位에 떨어지게 되였다.

그러면 全體와 個性을 함께 살릴 수 있는 이러한 媒介的 全體性의 原理 밑에서는 全體와 個人의 關係는 어떠한 形式을 띄고 나타날까?

爲先 當來할 媒介的 全體性의 原理 밑에서는 全體와 個人이 物格對慾望의 組織原理인 目的과 手段의 關係에서 人格對人格의 그것인 目的과 目的의 關係로 轉化할 것이다. 個人主義의 墮落된 形態로서의 利己主義는 全體를 個人의 手段으로 보았고 그와 反對로 오늘날의 固有한 意味의 全體主義는 個人을 全體의 手段으로 본다. 이리하야 그들은 모다 全體와 個性을 慾望과 物格의 體系인 目的과 手段의 關係에서 把握한 點에서 共通된 缺點을 갖고 있다. 그러나 우리가 要求하는 全體性의 原理는 個性의 自己目的性을 살리는 同時에 全體의 自己目的性까지도 살리는 것이 되지 않을 수 없다. 그러므로 그는 全體의 秩序와 統一과 個人의 人格과 個性이 相互補足的 關係에 서는 境遇에만 可能할 것이다. 그리고 全體와 個人과의 이러한 關係가 他人의 人格을 目的으로 보는 限에서만 自己의 人格도 目的이 될 수 있는 人格對人格의 關係임은 두말할 것도 없다.

그렇다면 둘재 當來할 媒介的 全體性의 原理 밑에서는 個人의 創意와 自由가 確立되는 데 依에서만 全體의 統一과 調化가 强化될 수 있으며 全體의 統一과 調化가 增進되는 데 依하여서만 個人의 創意와 自由가 確保될 수 있을 것이다. 말하자면 한 사람의 幸福이 만 사람의 幸福을 前提하며 만 사람의 幸福이 한 사람의 幸福을 前提할 것이다. 近代의 個人主義는 個人의 自由를 爲하야 全體의 調化를 犧牲하였으며 現代의 全體主義는 全體의 統一을 爲하야 個人의 創意를 無視한다. 勿論 抽象的인 自由와 絶代的[10]인 放任이 全體의 統一을 阻害한다는 現代의 常識은 그 自體가 한 낱의 抽象的인 理論이다. 하나 그와 反對로 個人의 創意와 自由가 없는 곳에 個人의 自發性과 責任感은 期待할 수 없다는 것과 個人의 自發性과 責任感을 基礎로 하지 안은 思考와 行動이 그 個個人의 行動의 結晶인 全體의 統一과 調化를 鞏固히 하고 永續케 할 수 없으리라는 것만은 變함 없는 眞理이다. 當來할 全體性의 原理는 個人의 自由와 全體의 統一을 相互否定的인 關係에서 相互肯定的인 關係로 轉化식힐 것이다.

하나 問題는 個人을 超越하면서 個人에 內在하며 個人을 媒介하면서도 個人에 媒介되는 이러한 全體性의 原理의 實現이 實際에 있어서 可能할까 하는 데 있다. 다시 말하면 全體性의 原理와 함께 個性의 原理를 現實的 體制 또는 制度로서 살릴 수 있는가 하는 것이 問題이다. 勿論 한 말로 살린다 하더라도 機械的으로 折衷하는 것이 아니고 全然 別個의 原理에 否定的으로 綜合하여 올리는 것이 아니면

10 '絶對的'의 잘못으로 보임.

안 될 것이다. 이것은 單純한 論理의 問題가 아니고 現實의 問題이다. 그리고 이것은 現實의 問題라 하더라도 一時와 方便을 圖하는 政策의 問題가 아니고 根本的으로 現代의 世界構造에 關係하는 嚴肅한 問題이다.

封建社會는 特殊者의 構造를 가진 世界였다. 그는 그 內部에 있어서는 個人의 自立을 肯하는 同時에 外部에 대해서는 自己의 開放을 不許하였었다. 이러한 社會는 嚴密한 意味에 있어서는 「世界」라는 것보담도 한 개의 「場所」로서의 意義뿐 가지지 못한다. 하나 모든 世界는 歷史的으로 限定된 世界라면 歷史의 一發展段階를 形成하는 封建社會도 한 개의 世界임에는 틀림없다. 그와 反對로 現代社會는 普遍者의 構造를 가진 世界이다. 그는 그 內部에 있어서는 個人의 自立을 肯定하는 同時에 外部에 對해서는 自己를 開放하엿다. 그러나 그는 그 어떠한 「特殊」의 媒介도 걸치지 않은 抽象的 普遍者의 世界였다. 그 結果 個人은 도로혀 普遍者의 單純한 類例에 不過한 허수아비의 地位로 轉落하였다.

그런데 現代의 全體主義는 個人의 媒介를 걸치지 않은 直接的 全體性을 主張하는 만큼 그는 特殊者의 論理이다. 그 意味에 있어서 그는 封建主義로 돌아가는 것으로 볼 수 있다. 그와 反對로 우리가 要求하는 全體性의 原理는 媒介的 全體性을 要求하는 만큼 그는 具體的 普遍者의 論理이다. 그 點에서 그는 個人主義를 앞으로 넘어서는 것이다.

그러면 이러한 原理의 實現은 어떠한 構造를 가진 世界 안에서 비로소 可能할까?

지금 만일 이러한 具體的인 全體性의 原理가 可能하다고 본다면 그는 적어도 오늘날의 一部의 哲學理論이 말하는 것 같은 「世界性의 世界」를 場所로 하고서만 可能할 것이다. 「世界性의 世界」가 무엇인가 하는 것은 이 짧은 紙面에서 解說할 수 없으나 簡潔하게 말하면 모든 個體가 個體로서 獨立하여 있으면서 그대로 곧 全體가 될 수 있는 構造를 가진 世界이다. 多가 多로서의 特殊性을 維持하면서 그대로 곧 一이 될 수 있는 一種의 無的普遍의 性格을 가진 世界이다. 그런데 이러한 構造를 가진 世界는 無限大의 圓과 같이 到處가 中心이 될 수 있다. 그것은 한 말로 말하야 個가 곧 普遍이 될 수 있기 때문이다. 따라서 이러한 構造를 가진 世界에는 中心과 周邊이 있어 가지고 支配와 歸屬의 關係를 形成하는 일이 생길 수 없다.

이러한 世界構造 안에서만 個人을 超越한 全體가 곧 個人에 內在할 수 있으며 民族을 超越한 世界가 곧 民族에 內在할 수 있는 것이다.

그런데 오늘날 우리가 살고 있는 이 市民社會의 世界構造는 이와 따라서 말하자면 一種의 有的普遍의 構造를 갖고 있다. 個體가 個體로서의 獨立性을 維持하려면 全體의 獨自性을 否定하지 않을 수 없으며 全體가 全體로서의 獨自性을 維持하려면 個體의 獨立性을 否定하지 않을 수 없다. 뿐만 아니라 한 사람의 個人이 自己를 肯定하려면 다른 個人을 否定하지 않을 수 없으며 그 第二의 個人이 自己를 肯定하려면 다시 第一의 個人을 否定하지 않을 수 없다. 이러한 相互排他的인 物格의 世界에서는 自然히 世界의 多中心이 許容될 理가 만무하다. 그러므로 이러한 世界構造에는 必然的으로 中心과 周邊이 생기게 되고 그 사이에 支配와 歸屬의 關係가 形成되지 않을 수 없다. 國際的으로는 오늘날의 東洋과 西洋의 關係나 本國과 殖民地의 關係, 國內的으로는 階級과 階級의 關係나 個人과 個人의 關係 — 그 어느 것이나 現代市民社會의 이러한 世界構造에서 起因하지 않은 것이 없다.

그러므로 지금까지 말한 全體性의 原理는 現代社會와 같은 世界構造 안에서는 實現될 수 없는 것으로 보지 않을 수 없다. 그리고 그가 現代의 世界構造 안에서는 實現될 수 없는 것이라면 이 原理의 問題는 또한 世界構造의 改造問題 即 새로운 世界性의 世界를 創造하는 問題를 떠나서 論議할 수 없는 것이다.

그러나 現代는 正히 歷史가 한 개의 世界構造에서 다른 世界構造로 轉換하지 않으면 안 될 階段이다. 그리고 새로운 世界構造의 創造問題는 일은바 개피탈리즘의 問題로서 世界諸國民의 앞에 現代의 世界史的 課題로서 提起된 지 오래이다. 그리고 現代日本의 課題를 말하는 사람들도 모든 問題를 世界史的 見地에서 提起한다. 그리고 그들도 한결같이 現代日本의 世界史的 使命을 封建的인 東洋的 世界와 近代的인 西洋的 世界를 다함께 超越한 第三의 「世界性의 世界」를 建設하는 데 있다 한다. 만일 그렇다면 우리가 現代의 全體主義의 問題도 이 世界性的 世界의 創造問題와 結連하여 論議하는 것이 當然하지 않을까? 現在에 주어진 全體主義야 무엇이던 將來에 있어야 世界構造와 對質하야 그것을 批判하고 轉釋함이 옳지 않을까?

世界性의 世界가 創造될 物質的 條件만은 現代社會의 內部에서 이미 成熟하였다. 그 基本的인 諸條件을 定式化한다면 歷史의 物質的 土臺를 일우는 人間勞働이 이미 社會化의 段階에 到達한 것이다. 이 問題에 對해서는 얼마 前 別個의 論文(「文化의 類型과 段階」 下半部)[11]에

11 서인식이 쓴 「文化의 類型과 段階」의 전반부는 「文化의 類型과 段階」, 『朝鮮日報』

서 論議한 것이 있기로 이곳에서는 略하거니와, 한 말로 말하면 토-테미즘의 直接的 全體勞働 即 原始共同勞働에서 個別勞働에의 分化過程을 밟어서 市民社會의 最後階段에까지 이른 人間勞働은 지금 다시 媒介的 全體勞働 即 社會化된 勞働에 回歸할 歷史的 轉機에 到達하였다.

直接的 全體性의 原理와 直接的 個性의 原理를 否定的으로 綜合한 第三의 媒介的 全體性의 原理가 歷史의 來日의 階梯原理로서 登場할 物質的 條件을 우리는 이곳에서 찾는다. 오직 問題되는 것은 이 世界性의 世界의 理念을 實現하는 데 있어서 主導的 地位에 설 者가 어느 國民, 어떠한 社會的 成層이며 現在 그들이 얼마만한 主體的 力量을 갖고 있는가 하는 데 있다.

問題는 오로지 오늘날의 日本이 世界性의 世界를 創造할 情熱과 力量을 가졌는가 하는 데 달렸다.

1939. 6. 18·20·21·22에 전 4회 연재되었다. 후반부는 「續·文化의 類型과 段階」, 『批判』 10-9, 1939. 9에 발표되었다. 서인식은 학예사에서 평론집 『歷史와 文化』를 간행할 때, 두 편의 글을 「文化의 類型과 段階」라는 제목으로 묶었다. 이 책 제4장에 수록된 徐寅植, 「文化의 類型과 段階」 참조.

■ 원문

東亞協同體論의 一省察[1]

朴致祐

一

現下의 難局을 打開하고 새로운 秩序를 建設하려면 무엇보다도 몬저 舊秩序의 이데오로기-인 個人主義, 自由主義부텀 處分해야 한다는 것은 지금은 한 개의 常識인 듯하다. 難局의 限界를 어데까지로 보고 있으며 또 이제 그 뒤를 따러서야 할 當來한 新秩序를 어떻게 보고 있는가. 이런 實際的인 問題에 들어간다면 獨逸과 伊太利라 해도 多少 달으겠고 더구나 西洋과 東洋이 같을 理가 없겠지만, 어째든 個人主義나 自由主義와 같은 舊秩序의 諸觀念을 正面의 敵으로 내세우고 있다는 點에서는 어느 것이나 달을 배 없다. 이것은 어떤 意味에서 賢明한 出發이 아닐 수 없을 것이다. 웨 그러냐 하면 새로 세워저야 할 新秩序는 그것이 글ㅅ자[2] 그대로의 「新秩序」일 限, 當然히 舊秩序와는 質的으로 달러야 할 것이며, 또 이것이 사실이라면 新秩序는

1 『人文評論』 2-7, 1940. 7, 4~22쪽.

2 원문 그대로.

모름직이 舊秩序인 市民社會에 對한 어떤 意味의 變革 乃至 修正이 아니면 아니 될 것은 두말할 것도 없다. 하다면 從來와 같은 個人主義나 自由主義는 不得已 어떤 種類의 根本的인 再檢討를 받어야 할 것은 當然한 일이다. 個人主義와 自由主義를 떠나서는 市民社會를 생각할 길이 없으며 그렇니만치 이것들은 勝義에 있어서의 市民社會의 이데오로기-라고 이렇게 볼 수가 있는 것이기 때문이다. 問題는 舊秩序에 對한 이 같은 화살이 얼마 마침한 程度에서 멈춰 버리고 말 것이냐 — 다시 말하면 화살은 어데까지던지 市民社會 그 自體의 말水線[3]을 견우고 發射될 것이냐, 그렇지 않고서 單純히 一國家當面의 難局만 넘긴다면 그만 程度로서 주저앉고 말 것이냐 — 이런 點에 달려 있다고 볼 것이지만, 어떻든 新秩序建設論의 大部分이 舊秩序의 觀念形態인 個人主義나 自由主義와는 全혀 對蹠的인 어떤 새로운 構想과 設計를 떠메고 나서는 것만은 充分히 理由가 있는 일이다.

그러면 이들 思想家들은 前記한 바와 같은 目的을 達城하기 위하여서 과연 어떠한 思想的 武器를 採用하고 있는가. 어떠한 哲學的 原理를 여게[4] 대한 武器로서 採用하고 있는가. 바꾸어 말하면 現代革新思想이 自身의 哲學的인 支樞로서 依據하고 있는 哲學的 原理는 무엇인가. 이것은 周知하는 바와 같이 한 개 哲學的 原理로서의 「非合理性의 原理」가 그것이다. 理論보다도 行動을, 理性보다도 本能을, 知性보다도 感性을, 論理보다도 現實을, 法則보다도 事實을, 科學보다

3 원문 그대로. '吃水線'의 잘못으로 보임. '흘수선'은 배가 물에 떠 있을 때 물에 잠긴 부분과 잠기지 않은 부분의 경계선.

4 여기에.

도 神話를, 피를, 흙을 언제나 보담더 根源視하며 그렇기 때문에 重視하는 그러한 精神 — 이것이 바루 그것이다. 하다면 이 같은 精神은 그러면 이제 우리가 問題 삼어야 할 當來한 新東亞建設의 原理로서는 어떠할까?

汪氏를 首班으로 한 新中央政府의 成立[5]으로 事變도 어느듯 인제는 新段階에 드러섰다. 事變의 完全한 終末은 아즉도 遼遠하다고는 해도 어떻든 破壞의 時期는 이로서 거지 반 지난 셈이고 이제부터는 全力을 기우려서 建設에 盡力해야만 될 重要한 時期에 드러선 것이다. 그리고 建設은 單純한 戰禍의 뒤수습이나 消極的인 原狀回復에 머저서는 아니 될 것은 말할 必要도 없는 일이다. 그것은 몰음직이 보담 높은 의미에서의 創造 — 新秩序의 創造가 아니면 아니 된다. 이 意味에서 只今은 重要한 時期이다.

한데 도리켜 國內 思想界의 事情은 어떤가. 建設의 現實은 瞬時를 쉬지 않고 突進에 突進을 거듭하것만[6] 여기에 相副할 만한 미듬성 있는 思想的인 闡明이 얼마나 있는가. 行動이 아니라, 思想의 貧困을 現代만큼 切實히 느끼게 되는 時節도 드물상 싶다. 무를 것도 없이 事變完遂의 最高方針으로서는 이른바 三原則[7]이 確固不動의 것

---

5 1940년 3월 왕정위(汪精衛, 본명 汪兆銘, 1883~1944)가 난징(南京)을 수도로 설립한 일본의 괴뢰 정부이다. 일본의 고노에 내각에 대한 협력 및 일본의 군사력을 배경으로 하였으며, 장개석(蔣介石) 정부와 정통성을 경쟁하였다. 당대에는 '南京國民政府', '中華民國南京國民政府' 등으로 불렀다.

6 '하건만'의 잘못으로 보임.

7 1938년 12월 22일 제3차 고노에 성명에서는 대(對)중국화평의 기본방침으로 '동아신질서 건설'을 위해 '상호 선린우호, 공동방공, 경제제휴'의 세 가지 원칙을 제창하였다. 실제로는 일본군의 주둔 및 화북(華北)·내몽고(內蒙古)의 일본 권익 인정을 요구하는 강압적인 내용이었다.

으로서 서 있음은 勿論이다. 허나 如何히 하면 우리는 이 三原則이 具顯될 새로운 세계를 建設할 수가 있을 것인가, 問題는 오로지 이 點 即 方法의 問題에 달려 있는 것이다. 方法은 그러나 目的에의 길인 以上, 當初부터 哲學의 힘을 빌려오지 않고서는 道理가 없다. 여기에 新秩序建設에 있어서의 思想家의 意義와 任務가 있는 것이다. 그러면 如何한 哲學的 原理로써 新東亞의 建設은 可能할까. 첬재 그것은 革新思想이 主張하듯 非合理性의 原理로써 可能한가, 充分한가, 完全한가. 이것이 이제부터 여기서 進展시켜 보려는 이 글의 主된 課題이다.

二

대체 非合理主義란 어떤 것인가. 무었 때문에 現代革新諸思想은 非合理의 原理를 自身의 哲學的 原理로서 援用하게 되는가. 이런 點부터 아러 볼 必要가 있다.

무릇 한 개의 이데오로기-를 檢討함에 있어 그것이 學이든 思想이든 간에 우리는 무엇보다도 먼저 그것의 로고스的 性格과 이즘的 性格을 技術的으로 區別해 볼 必要가 있는 것이다. 이 일은 可能한 일일 뿐만 아니라 至極히 重要한 技術이다. 웨냐하면 以上과 같은 兩性格에 對한 徹底한 究明을 거치지 않고서는 對象에 關한 一切의 判斷은 不具를 免할 길이 없기 때문이다. 단순히 그저 對象이 무엇이냐 — 다시 말하면 어떤 構造와 內容을 가졌느냐를 밝히는 일만으로서 滿足할 것이 아니라 무엇 때문에 特定의 思想은 特定의 時期 또는 特定의 人間에 依해서만 採擇되느냐, 따러서 무엇 때문에 特定의

時期와 人間은 特定의 思想만을 採擇하느냐 — 이런 點을 똑똑히 밝히지 않는다면 그같은 解明은 도저히 完全한 解明일 수는 없는 것이다. 이 경우에 우리가 말하는 그 所謂「무엇」은 對象의 얼골 즉「容」을 意味하며,「무엇 때문」은 이를테면 對象의「用」또는 對社會的, 對人間的인 有用性을 意味함은 勿論이다. 하지만「容」은 무엇이며「用」은 무엇인가. 筆者는 이것을 한 개의 이데오로기-에 있어서의 로고스的 性格과 이즘的 성격이라고 이렇게 보고 싶은 것이다. 바꾸어 말하면「容」과「用」을 한 개의 學 또는 思想에 適用해보면 前者는 로고스的 性格에 該當해야 하며 後者는 이를테면 — 筆者가 즐겨 쓰는 用語例대로 한다면 — 이즘的 性格에 該當한다는 말이다. 무릇「이즘」이란 것은 이데오로기-에 있어서의 要求 乃至 主張的인 側面을 代表하는 것이니만치 提唱者의 現實的인 어떤 種類의 效用意識을 無視할 수가 없는 것이기 때문이다. 理論上 참이냐 거짓이냐를 따지기보담은 實用上 좋으냐 언짠으냐, 必要하냐 어떠냐가 먼저 重視된다는 點에「이즘」의「이즘」다운 特徵이 있기 때문이다. 그야 어떻든 한 개의 學說이나 思想을 檢討함에 있어 우리는 언제나 먼저 이 두 가지 側面에 特히 留意할 必要가 있는 것이다. 가령 우리는 지금 우리 앞에 놓여진 어떤 한 개의 學說이나 思想에 對하여 그것이 眞이냐 僞이냐를 밝히는 것으로서만 滿足할 것이 아니라, 그것이 좋으냐 나쁘냐 다시 말하면 善이냐 惡이냐를 무를 수가 있을 뿐만 아니라 또 그렇게 하는 것이 大端히 要緊한 것이다. 眞僞의 問題와는 全然 無關係로 善惡의 問題도 亦是 追窮해도 無妨한 것이다. 純全히 理論上 興味만에서 眞理냐 아니냐를 밝혀볼 수가 있을 뿐만 아니라 對社會的 有用性에 觀點을 돌려가지고 좋은 思想이냐 언짢은 思想이냐, 有益한 學說

이냐 害毒을 끼칠 念慮가 있는 學說이냐 이런 點을 中心하고 當該 이데오로기-의 價値를 云謂할 수도 있는 것이다. 그러므로 理論上으로 보아서 옳으냐 틀렸느냐라는 것을 밝히는 態度와 그것이 理論的으로는 옳던 그르던 간에 한 民族, 한 國家를 위해서 利로우냐 害로우냐, 便利하냐 쓸모가 없느냐 이런 點을 따지는 態度는 도저히 같다고 볼 수는 없는 것이다. 前者는 對象의 로고스的 性格을 問題 삼는 態度임에 反하여 後者는 이를테면 對象의 對社會的 有用性 即 役割을 보담 더 重視하는 態度이며, 그렇기 때문에 그것은 正히 이즘的 性格을 問題 삼는 態度라고 할 수가 있는 것이다. 하거늘 이 兩者를 區別해서 볼 줄을 몰으는 탓으로 우리는 學界 乃至 思想界의 眞相을 推捉치 못한 채 그대로 넘겨 보내는 경우가 얼마나 많었는가. 생각해보면 眞實로 한두 가지만이 않이었든 것이다. 가령 옳은 學說이면서도 虐待를 받는 反面에 理論的으로는 보잘 것 없는 學說이것만 「좋은」 主張이라는 意味에서 대접을 받게 된다는 것은 비단 地動說을 中心으로 한 갈레리-의 境遇만은 않인 것이다. 그야 어떻든 어떠한 이데오로기-를 莫論하고 그 自身에 있어 언제나 로고스的 側面과 이즘的 側面을 具有하고 있는 것이다. 이것은 實地의 例에 비춰어 보아서도 首肯될 意見이 안일까 한다. 아모리 純粹한 學일지라도 어덴가 이즘的인 一面을 가지고 있지 않음이 없으며 아모리 無軌道 思想이라 해도 로고스的인 一面을 지니고 있지 않은 것이 없는 것이다. 있다면 거기에는 오직 程度의 差異가 있을 따름일 것이다. 學 — 特히 自然科學, 哲學에 이를수록 보담 더 로고스的인 契機가 濃厚해지는 것이지만 한편 또 이와는 反對로 思想 — 特히 社會思想, 宗教思想과 같은 社會라던지 人間의 利慾關係에 置重하는 이데오로기-에 이를수록 보담 더 이즘的 側面이 前面에 나서게 되는 것이기는 하나, 그럼에도 不拘하고 內容을 細細하게 들추어 보면 이즘的인 一面을 갖지 않은 學이라곤 하나도 없는 것이며, 또 로고스的인 一面을 가초아 가지고 있지 않은 思想이라고는 없는 것이다. 이것은 로고스는 그가 가진 眞理性에 對해서 어떤 客觀的 社會的인 保證을 받기 위하여서 隱然中 언제나 이즘化되기를 希求하고 있기 때문이며, 한편 또 이즘은 이즘대로 自身의 情熱에 對한 理論的인 保證을 이 亦是 隱然中 언제나 希求하고 있기 때문이다. 進化論이 硏究室을 뛰여 나와서 宗教撲滅이라는 한 개의 社會的인 運動에 參與를 하며, 宗教가 神學이라는 이를테면 學的인 體系를 必要로 하게쯤 되는 것도 이 때문이다. 이것은 가장 顯著한 者의 一例에 不過하지만 어떻든 우리는 한 개의 學說이나 思想을 評價함에 있어 언제나 이 두 가지 側面을 細心히 區別해 나가면서 對象을 檢討할 必要가 있는 것이어서, 가령 學과 思想의 相互關係만을 놓고 보더래도 學은 보담 더 로고스인 이데오로기-임에 反하여 思想 — 더구나 社會思想, 宗教思想과 같은 者에 이르러서는 學에 比한다면 엄청나게 이즘的인 이데오로기-인 關係로 學者에 있어서는 그가 만일 自身의 學的良心을 속이지 않는 限 아모리 빈번히 自己의 主張을 바꾼다해도 이것은 自己를 굽혔다는 意味에서 當者의 學者的 良心이 高潔하다는 證左는 되여도 思想家인 境遇에 흔히 보게 되는 그 所謂 「變節」과는 도저히 同日에[8] 論할 수는 없는 것이다. 그러나 思想家에 있어서는 이것과는 全然 事情이 달러지는 것이다. 思想家인 境遇에는 그의 言動과 밋 여기 딸으는 對社會的인 影響如何

8 원문 그대로.

가 언제나 먼저 問題되는 것이기 때문이다. 이 때문에 變節이라는 單純한 個人의 私事로운 心理過程이 生涯的인 重大한 恥辱처럼 看做될 뿐만이 아니라, 峻嚴한 社社的[9]인 責任追窮을 버서날 수가 없게 되는 것이다. 學은 보담 더 로고스的인 이데오로기-임에 反하여 思想은 보담 더 이즘的인 이데오로기-인 때문이다. 思想家는 어떠한 境遇를 가릴 것 없이 그의 思想을 學者가 學說을 다루듯 그렇게 深刻한 內的煩悶이 없이 아모렇게나 쥐였다 놓았다 할 수가 없는 것도 이렇게 생각해 보면 진실로 理由 없는 일은 아니였든 것이다.

多少 長惶해진 感이 있으나 非合理主義와 革新思想 乃至 新秩序와의 關係의 問題라 하더라도 事情은 매 일반이다. 非合理主義라는 한 개의 精神을 앞에다가 놓고 우리는 그저 그것의 로고스的 側面만을 가지고서는 아모것도 아니 되는 것이다. 로고스的 側面에 對한 解明만으로는 첫째 어떻게 해서 한 개 哲學的 原理에 不過한 非合理性의 原理가 現實의 피비린내 나는 革新運動과 손을 잡게 되는가 하는 點, 다시 말하면 革新運動에까지 내려오는 通路가 發見될 理가 없다. 그러므로 우리는 以下에 있어 이 原理의 로고스的 側面에 對한 解明과 함께 이즘的 側面에 對해서 不斷히 注意를 하여 가면서 課題를 追求해 나갈 必要가 있는 것이다.

三

그러면 非合理主義란 대체 어떤 것이며, 또 대체 그것은 무엇이관대

---

9 '社會的'의 잘못으로 보임.

現代革新思想은 이것을 自身의 哲學的 武器로서 援用하는가?

非合理主義란 한 말로 말하면 理性에 對한 不信의 精神이다. 理性的인 것에 對한 侮蔑의 精神이다. 이 主義는 이렇게 主張한다.

人間의 理性(知性·悟性까지도 껴서)에는 限度가 있어, 實在의 참된 本質을 把握할 수는 없다. 따라서 理性의 힘으로서는 眞理의 把握은 不可能하다. 따라서 理性 以外의 다른 能力, 가령 情이나 意나 그렇지 않으면 어떤 奇異한 神秘的 直觀에 依해서만 實在의 「참」은 把握된다. 理性은 眞理에 關한 限 完全히 無力이다. 云云.

認識論에 있어서의 非合理主義는 大略 以上과 같이 主張을 한다. 그러므로 理性을 이렇게 믿지 않는 限 理性의 活動과 그 所産에 對하여 敬意를 表할 理는 萬無하다. 超論理主義, 反論理主義, 前論理主義, 沒科學主義, 反科學主義는 그러므로 眞理把握의 問題에 있어서의 非合理主義의 當然한 結論이다. 우리는 그 가장 代表的인 者로서 過去에 있어서는 「텔루니아-누쓰」,[10] 가까히는 「쉐스토프」[11]와 및 그들의

---

10 테르툴리아누스(Tertullianus, 160?~230?)는 기독교의 교부이자 열정적인 호교가이다. 서방 기독교의 어휘 및 사상 형성의 기초를 이룩했다. 특히 그는 신의 계시를 초이성적·반이성적인 것으로 이해하여, 그리스 철학을 배격하였다. "불합리하기 때문에 나는 믿는다"는 말을 남긴 것으로 알려진다.

11 레프 셰스토프(Lev Shestov, 1866~1938)는 러시아의 철학자이자 비평가이다. 러시아 혁명 후에는 프랑스로 망명하였다. 그는 도스토예프스키와 니체의 영향 속에서 합리주의에 반대하며, 진리는 이성을 뛰어넘는 것으로 이해하였다. 그는 니힐리즘과 비합리주의에 일관하며 불안과 절망을 탐구하고 존재의 비합리적 근원을 추구하였다. 제1차 세계대전 이후 유럽에서는 '불안의 철학'이 주목을 받았고, 일본에서는 1930년대 만주사변 이후 사상탄압과 사회불안의 영향으로 그의 저작이 두루 읽혔다. 당대 일본 문단에서는 '셰스토프적 불안(シェストフ的不安)'이라는 말이 유행하였다. 가와카미 데쓰타로(河上徹太郎), 미키 기요시 등이 번역 및 소개하였으며, 『悲劇の哲学: ドストエフスキーとニイチエ』(1934), 『シエストフ選集』(全二卷, 改造社, 1935)

亞流를 들 수가 있다.「非合理이기 때문에 나는 믿는다」라는 論理로써 알려진「텔루니아-누쓰」는 다음과 같이 말하고 있는 것이다.

「神의 아들은 磔刑을 받으셨다. 이것은 汚辱이기 때문에 汚辱이 아니다. 神의 아들은 죽으셨다. 이것은 虛妄한 일이기 때문에 絶對로 믿어야 한다. 그는 죽어 장사 지낸 뒤에 다시 사르시였다. 이것은 不可能한 일이기 때문에 確實하다」.

疑心 없이 이것은 非合理主義 眞理觀의 壓卷이다. 理致에 맞지 않기 때문에 眞理라는 것이 모든 非合理主義의 定式인 때문이다. 한데 쉐스토프에 이르러서는 이것이 한결 더 히스테리칼하다. 쉐스토프는 도스토에프스키-에 關한 그의 評論[12]에서『地下室의 手記』를 引用해 가면서 到處에서「自明의 理致」,「日常的 眞理」를 罵倒한다. 數學과 自然科學의 眞理性을 保證한 칸트의『純粹理性批判』은 쉐스토프에 있어서는 단 한 卷의『地下室의 手記』만 못하다. 合理主義者 아러스토테레스야말로「矛盾律을 비롯한 各種의 自明理로써 世界를 魔術에 걸어 놓은」가장 憎惡할 만한 張本人으로서 斷罪된다. 例의『手記』를 引用하면서「……二二는 四 — 그것은 벌써 生이 아니다, 諸君, 死의 端初다……」라고 그는 웨치고 있는 것이다. 二二는 四가 탈이라는 말이다. 이 自明한 理致가 세상을 亡치는 端初란 말이다. 科學과 論理에 對한 嫌惡感을 가장 히스테리칼하게 表現한 쌤풀

등이 간행되었다.

12 シエストフ(阿部六郎 譯),「自明の超剋(ドストエフスキーの哲学)」, 三木清 監修,『シェストフ選集』1, 改造社, 1934, 11~112쪽. 박치우는 이 논문 전체를 요약적으로 제시하고 있는데 직접 인용한 아리스토텔레스에 대한 비판적 언급은 48쪽에, '2×2=4'가 죽음의 단초라는 언급은 54쪽에 등장한다.

로서 쉐스토프의 存在는 그러므로 特記할 만하다. 二二는 四가 아니다, 二二는 五가 二二는 六이 실상은 쉐스토프에 있어서는 眞理인 것이다. 하다면 이 같은 眞理를 啓示해 주는 것은 理性, 理知일 수가 없다는 것은 묻지 않어도 알 일이다. 오직 그것은 神秘로운 靈感이어야 할 것은 무를 必要도 없는 일이다. — 이것이 쉐스토프의 信念이었다.

한데 理性에 對한 不信과 侮蔑이 道德의 世界에 適用될 때 非合理主義는 어떠한 相貌를 가져올 것인가. 우선 本能·意慾은 굴레를 버서 버리고 마음대로 날뛰게 될 것이다. 人間에 있어서 가장 强力하고 또 그러하기 때문에 重히 여기고 받들어 섬겨야 할 것은 理性이 아니라 本能 乃至 意慾이라고 보는 以上, 從來의 온갓 道德律에 얽매어 있을 必要는 없다. 모든 旣成道德과 慣習과 制度와 秩序는 이 瞬間에 허무러지고 그 자리에 本能·意慾을 至上視하는 새로운 道德이 들어서야 한다. 닛췌로서 代表되는 非合理主義的 道德觀은 그 가장 顯著한 例이다. 道德에 있어서의 非合理主義는 그러므로 不可避的으로 現存한 모든 秩序와 規範에 對한 徹底한 挑戰者로서 登場한다.

다음 理性에 對한 不信과 侮蔑이 社會나 歷史에 適用될 때에는 어떻게 될까. 變革理論의 花形[13]으로서의 行動至上主義가 그것이다. 산디칼리즘[14]의 鼻祖인 「쏘렐」[15]의 例가 그것이다. 쏘렐은 위선 社會

---

13 花形=はながた. 꽃 모양, 인기 있는 것이라는 뜻의 일본어.

14 생디칼리즘(Syndicalism). 국가를 포함한 자본주의 사회질서를 철폐하고, 생산단위로 조직된 노동자 조합을 바탕으로 사회주의를 실현하기 위한 노동계급의 직접 행동을 주장하는 운동이다. 노동운동을 경제투쟁에 한정하는 '우파 생디칼리즘'과 노동조합의 직접 행동과 총파업을 통한 사회혁명을 목적으로 하는 '좌파 생디칼리즘'으로 대별된다.

15 조르주 소렐(Georges Sorel, 1847~1922)은 프랑스의 사회철학자이다. 사회주의, 국가주

와 및 人間에 있어 明瞭한 部分과 不明瞭한 部分을 區別한다. 그리고 그 中에서 그明瞭한[16] 部分을 特히 重要視한다. 이 點에서 그는 우리가 우에서 指摘한 認識問題에 있어서의 非合理主義의 定式을 完全히 그대로 踏襲하고 있는 것이다. 그는 말한다. — 哲學, 宗教, 藝術等「이 世界의 가장 높은 精神的 産物에 關해서의 最初의 吟味는 우리로 하여금 다음과 같은 事實을 생각케 한다. 即 무릇 複雜한 어떤 全體에 있어서는 明瞭한 領域과 不明瞭한 領域이 區別된다는 것, 그리고 그중에서 不明瞭한 領域 편이 생각컨대 가장 重要한 部分이라는 것이 이것이다」. 道德에 있어서도 마찬가지이어서 明瞭한 諸關係보담도 不明瞭한 가령 性的諸關係와 같은 部分에 도로혀 道德의 根底가 숨어 있는 것이며, 法律에 있어서도 그러하며, 特히 經濟에 있어서는 明瞭한 交換方法에 比해서 生産의 問題와 같은 領域은 거의 그대로 남겨진 채로 있는 것이나, 이 不明瞭한 生産의 問題에 실상은 經濟의 가장 重要한 根底가 숨어 있다고 쏘렐은 본다. 그러므로 人間에 있어서도 마찬가지어서 明瞭한 部分인 理性은 그 실은 아모러한 이렇다 할 힘이 없어, 社會를 움직이고 變革하는 힘은 感情·本能意慾이라고 쏘렐은 主張하는 것이다. 한데 이리면 이 같은 强烈한 힘을 어떻게 하면 우리는 社會變革에까지 가장 效果的으로 이끌어갈 수가

의, 민족주의, 반자본주의 등을 결합한 혁명적 생디칼리즘의 창시자였으며, 사회혁명을 위한 폭력의 윤리성을 주장했다. 합리주의와 과학적 유물론을 비판하고, 대중의 일치된 행동을 위해 의도적으로 고안된 '신화'의 필요성에 동의하였다. 극좌에서 극우를 넘나든 소렐을 가리켜 후일 무솔리니는 '파시즘의 가장 중요한 정신적인 아버지'라 불렀다. 『暴力の倫理』(1928), 『暴力考』(1929), 『暴力論』(1933) 등 주요 저작이 일본에 번역되었다. .

16 '不明瞭한'의 잘못으로 보임.

있을까. 이것을 위해서 쏘렐이 案出해 낸 것이 周知한 바와 같이 有名한 神話(Mythe)라는 槪念이다. 神話는 一切의 理知的인 計算과 企劃과 推理와 그리고 또 「豫見」을 排擊한다. 그 意味에서 如何한 科學的 批判과도 無關이다. 神話는 批判을 超越한다. 「神話의 領域에 居處하는 限 사람은 一切의 駁論에서 버서날 수가 있다」 — 쏘렐은 이렇게 말하고 있는 것이다. 여기서 말하는 神話라는 것은 普通 우리네가 말하는 그런 過去에 屬하는 어떤 說話는 아니다. 쏘렐이 말하는 神話라는 것은 未來社會를 向하여서 우리의 感情과 本能이 漠然히 念願하고 있는 그러한 本能的인 어떤 構想이다. 따라서 그것은 첫째로 未來를 志向하는 大衆의 意慾의 表現이라는 點에서 起源의 神話와 區別되며, 둘째로 그것은 理知의 所産이 아니라 本能의 所産이라는 點에서 計算하고 設計하고 企劃하고 編成해서 作爲的으로 만들어 내는 가령 「토마스·무어」流의 理知的인 理想鄕 即 「유토피아」와 峻別된다. 「유토피아」는 本能의 所産이 아니라 理知의 所産 — 理知가 꾸며낸 單純한 設計圖에 지나지 않기 때문이다. 이러한 設計圖는 結局 한 개 設計圖에 지나지 못하는 것이며 大衆을 크게 움직이게 할 아무러한 힘도 가질 수 없다는 것이다. 첫째 그것은 設計라는 意味에서 벌써 한 개의 豫見이다. 그러나 豫見은 진실로 理知의 작난이다. 허나 豫見이야말로 어떤 種類의 것을 莫論하고 진실로 한 개의 넌센쓰가 아니면 아니 된다고 쏘렐은 主張하는 것이다. 쏘렐에 있어서는 그러므로 一切의 豫見이 大膽無雙하게 唾棄된다. 豫見을 許하면 理知의 힘을 肯定해야만 하며, 또 이것을 肯定하자면 思慮, 熟考, 設計를 許해야 되고 보매 이렇게 된다면 變革을 위하여 一路突進하려는 모처럼인 大衆의 突進力을 무디게 할 危險이 多分히 있기 때문이다. 行

動의 創造的 意義가 減殺될 念慮가 多分히 있기 때문이다.「未來의 푸로그람은 斷然코 不必要하다」— 쏘렐은 이렇게 말하고 있다. 未來는 설사 단 한 발자욱의 앞일이라 해도 미리 이것을 내다볼 수는 없다. 未來와 現在와의 사이에는 아무러한 通路도 열려저 있지 않다. 오직 瞬間 瞬間의 創造的 行動의 飛躍에 依해서만 사람은 未來를 自己의 것으로 할 수 있는 것이다. 그리고 大衆을 이 같은 創造에 뛰어들지 않고는 못 백이게 하는 것은 우에서 말한「神話」— 社會的 神話인 것은 勿論이다.

이것이 쏘렐의 行動至上主義인 非合理主義의 概要인데, 어떻든 行動의 至上權을 確保하자는 것이 이 非合理主義의 終始一貫한 意圖였으며, 이 때문으로 해서 그는 打算의 技術인「理知」를 어데까지든지 排擊하는 것이며, 또 그렇기 때문에 躊躇와 怠慢의 精神을 一切의 豫見을 大膽히 抹殺해 버리는 것이다. 그러나 豫見이 없는 곳에 歷史가 있을 리 없다. 그러므로 이 主義는 不可避的으로「無歷史主義」에 떨어지고 마는 것이다. 하다면「歷史」가 없는 곳에「社會」가 있을 리도 없지 않은가. 그렇기에 無歷史主義와 無社會主義는 진실로 이 같은 非合理主義의 當然한 歸結인 것이다.

四

以上으로써 우리는 대체 非合理主義란 어떤 性質의 精神인가에 對해서 살펴본 터인데 以上의 分析으로써도 짐작되려니와 非合理主義란 다른 것이 아니라 理性的인 것에 對한 不信의 精神이고, 理性的인 것에 對한 侮蔑의 精神이고, 理性的인 것에 對한 反逆의 精神임을 알 수가 있다. 眞理의 問題에 있어서도 그러하였고, 道德에 있어서도 그러하였고, 歷史나 社會의 問題에 있어서도 그러하였다. 따라서 理論嫌惡, 沒法則, 論理蔑視, 反科學, 行動第一, 神話尊重, 無歷史 等等이 그 特性이 되는 것이다. 어떻던 反逆의 精神치고 이 以上 날카로운 것은 없겠고, 變革의 理論치고 이 以上 便利한 武器도 그다지 흔하지 않을 것이다. 더구나 市民社會는 理性社會 — 人間理性에 對한 絶對的인 信賴를 基礎로 하고 成立된 社會이며, 그러기 때문에 理性的인 것이야말로 舊秩序인 市民社會의 守護神이 아닌가. 그렇기에 위선 이것부텀 뿌리를 뽑아버릴 必要가 있는 것이다. 먼저 理性부텀 打倒해 버리자, 理性에 依해서 생각하며 判斷하며 評價하는 慣習부텀 없애야 할 必要가 있는 것이다. 現代革新思想이 非合理性의 原理를 採擇하게 되는 것은 진실로 이 때문이다. 달리 말하면 이 「必要」가 — 그렇다 이 「必要」가 單純한 哲學的 範疇로서의 非合理主義를 피비린내 나는 現實의 問題 — 즉 社會變革의 問題에까지 끄을어내리지 않고는 못 백이게 한 것이다. 그러므로 革新思想의 거의 全部가 웨 그처럼 自身의 原理로서 진실로 合理主義가 아니라 非合理主義를 採用하는가는 이만 程度로써도 大略 首肯될 줄 안다. 가령 우에서 우리가 指摘한 여러 가지의 衣裝들을 民族이나 國家에다가 입혀 놓고 본다면 어떨까. 그리고 이 境遇에 그 民族 또는 國家를 「全體」라고 措定해 본다면 어떨가. 우리는 任意의 그러나 훌륭한 한 개의 全體主義를 손쉽게 얻어낼 수 있을 것이 아닌가. 이것이 오늘의 所謂 革新思想들이 非合理主義를 自身의 原理로서 標榜하게 되는 가장 큰 動機인데, 여게 부처서 한 마디 더 附言할 것이 있다. 그것은 다른 것이 아니라, 以上의 革新思想과는 經歷은 다르면서도 亦是 革新思想의 主張과 마찬가지로 다음 時代의 指導原理는 非合理主義이어야만 된다고 이렇게 豫言하는 一群의 哲學者들이 있다는 點이다. 그들은 前記 實際的인 革新思想家들과는 勿論 出發이 다르다. 純全한 理論的 興味에서 즉 로고스的 興味에서 다음 時代의 指導原理는 非合理的인 어떤 것이여야만 된다는 것을 主張한다. 革新思想家들이 非合理主義를 採擇함은 實質的인 必要에서였음에 反하여 이들 哲學者들은 純全히 哲學史的 興味로부터 非合理主義의 到來를 豫斷하는 것이다. 그들은 말한다. 動이 있으면 반듯이 反動이 있다. 그렇기에 新칸트派에 이르러서 主知主義가 이미 絶頂에 達하였으니 다음 時代의 哲學思潮는 必然的으로 反主知主義的 傾向으로 기우러저 가리라고 이렇게 보는 패들이 그 하나이고, 남은 다른 한 패는 어떠냐 하면 前者에 比한다면 多少 視野가 넓어서 單只 新칸트派니 무슨 派니 하는데 멈추지 않고 古代文化, 近代文化 이렇게 큼직큼직하게 期間을 나노아 놓고서 近代文化는 理性文化, 理性萬能主義의 文化이니 이것이 只今 破局에 다다른 以上, 다음 時代의 文化는 必然的으로 反理性的인 어떤 形態를 取하지 않을 수 없다고 이러케 主張하는 패들이 그것이다. 모두가 動-反動, 풀라스-마이너스라는 論理를 土臺로 한 一種의 史觀(나는 이런 史觀을 저울(秤)史觀 또는 그네(振子)史觀이라고 부르고 싶은 것이지만)이다. 둘이 다 어떻든 이러한 素朴한 一種의 史觀을 土臺로 한 것들이라는 것만은 여게서 斷言해도 無妨할 것이다.

한데 其中에서도 特히 後者는 現代哲學方面에 있어 支配的인 慣習이 되어 있는 듯싶다. 現代의 모든 不幸의 原因을 近代文化의 普遍的 樣相인 理性的인 部分에다 돌려가지고 現代의 危機를 「人間危機」, 「理性人間의 破綻」으로 보려는 것이 그것인데, 이것은 實存哲學을

中心으로 한 이른바「主觀性의 哲學」과 및 모든 人間學的 哲學의 共通된 傾向인든[17] 싶다. 客觀性 대신에 主觀性을, 嚴密性 대신에 嚴肅性을, 科學的인 正確 대신 內面的인 誠實을 그들은 그들의 眞理問題에 있어 언제나 보담 더 높게 評價하는 것이다. 이것이 理知的 思考와 制度에 對해서 極度의 嫌症을 이르킨 一部 젊은 哲學徒들에게 던진 影響이야말로 놀날 만한 程度여서, 筆者 亦是 한 때 그 무리의 한 사람이였었지만은 이제 여게서 反問하고 싶은 것이 있다. 라고 하는 것은 理性的인 너무나 理性的인 人間인 탓으로 人類는 오늘과 같은 막다른 골목에 다다른 것이라는 現代人間學의 主張이 眞理라면 우리는 모름직이 蒙昧만이 人間의 참된 幸福을 約束하리라는 것을 證明할 義務가 있다는 것이 그것이다. 그렇기에「理性人間」云云하고 떠들기만 할 것이 않이라, 우리는 언제나 모름직이 人間이 가진 이 不幸의 病原에 對한 科學的인 診斷에 邁進하는 그러한 習慣을 길러둘 必要가 먼저 있다고 筆者는 생각하고 싶은 것이다. 참된 病原은 人間의 體內에 있는 것이 아니고 실상은 市民社會 그 自體內에 숨어 있는 것이기 때문이다. 그렇기에 現代人間學은「人間」만을 부뜰고 맴돌지 말고 우리로 하여금 理性萬能의 人間이 되게 하였고 그렇기 때문에 科學을 믿고 또 科學을 믿었기 때문으로 해서 낭패를 보게쯤[18] 만든 使嗾의 當事者를 먼저 摘發할 일이다. 루넷상스는 蒙昧에 對한 理性의 勝利이기 前에 貴族僧侶에 對한 市民의 挑戰이었다는 것을 우리는 먼저 알어야 한다. 神에 對한 人間의 勝利이기 前에

17 '듯'의 잘못으로 보임.

18 '끔'의 잘못으로 보임.

全體에 對한 個體(個人)의 勝利었다는 것을 우리는 다시 한 번 銘記해 둘 必要가 있다는 말이다. 理性은 거기서는 勿論 尊重은 되였었다. 그렇나 그것은 어데까지나 單純히 한 개의 「武器」 以外의 아모것도 않이었든 것이다. 우리는 이 點을 混同해서는 아니 된다. 科學이 理性의 全部도 아니겠거니와 우리는 이미 封建 「사라센」 王國에서 놀날만치 훌릉한 科學의 花園을 볼 수 있는 것이며 또 中世를 한 번 더 건너뛴인 古代希臘에서도 우리는 現代人으로서는 想像도 못할 聰明한 世界智의 體系를 보지 않는가. 그렇기에 市民社會에만 理性이 있는 것이 아니다. 中世에도 있었고, 古代에도 있었다. 問題는 누가 어떤 目的으로 이것을 使用하였느냐 하는 그 「누구」와 「使途」에 달였다고 볼 일이다. 市民은 이것을 처음에는 封建에 對한 批判의 武器로, 다음은 自身의 배부를 줄 모르는 物慾의 道具로 삼었을 따름인 것이다. 市民社會 固有의 것인 資本主義, 個人主義는 뒤ㅅ전으로 몰고 애꾸진 理性, 理知, 科學만을 나물한다는 것은 그러므로 오늘의 人間學이 가장 警戒하여야 할 한 개의 陷穽이다. 모든 罪를 理性에다만 둘러씨우려는 것은 人間의 不幸을 原罪에다만 몰려는 基督教의 原罪說이나 別差가 없는 너머나 苛酷한 한 개의 버릇이다. 理性이나 人間만을 족칠 것이 아니라, 화살은 언제나 먼저 社會·市民社會의 根本構造를 向하여 發射되여야만 한다는 것을 人間學은 깊이 反省할 必要가 있는 것이다.

五

未洽하나마 以上의 解明으로써 웨 대체 現代革新思想은 自身의 哲學

的 原理로서 非合理性의 原理를 固執하는가는 대략 明瞭해졌을 줄 안다. 두말할 것 없이 그것은 便利하기 때문이었다. 有利하기 때문이었다. 허나 이 같은 非合理性의 原理를 信奉하는 現代非合理主義는 그러타고 해서 아모러한 「但書」나 飛躍도 없이 그대로 當來할 新秩序의 原理로서 充分할까, 完全할까? 이것은 적어도 吟味를 要할 問題일 것이다. 웨냐하면 우에서의 解明으로써 이미 明瞭하듯이 非合理主義는 本質上 動搖·混沌·非常時의 精神 — 이 意味에서 正히 그것은 「秩序 以前」의 原理일 수는 있어도, 「秩序」의 原理일 수는 없기 때문이라. 當來할 新秩序가 一時的인 反動에 멋지 않고 한 개 뚜렷한 一時代를 劃해야만 되는 것이라면 그것은 진실로 新秩序라는 글ㅅ자에 어그러지지 않을 만한 「秩序」이여만 하겠고, 또 이것이 事實이라면 진실로 秩序는 形式이며, 調和며, 均衡이며 그러기 때문에 언제나 理性의 領域에 屬해야만 할 것은 自明한 理致가 않일까. 理性은 언제나 秩序의 原理이며 秩序의 原理는 언제나 理性인 때문이다. 혹은 中世를 말하는 사람이 있을넌지도 모르나 中世의 秩序 亦是 어느 意味에서 理性 —「神의 理性」에 依해서 維持되였다는 것을 우리는 여게서 想起할 必要가 있는 것이다. 宗敎的인 身分的 階層社會를 意味하는 「히에랄키-」의 思想은 무엇보담도 그 가장 좋은 標本일 것이다. 神의 理性이든 人間의 理性이든 간에 理性인 點에서는 다를 베 없다. 問題는 도리혀 「神의 理性」이라도 내세우지 않고서는 도저히 當該社會의 秩序를 維持해낼 道理가 없었다는, 秩序와 理性 사히에 매저저 있는 이 깊은 뜻을 깨닫는 일일 것이다. 하다면 現代革新思想에서는 어떠한가. 人間의 理性은 次置하고라도 理性을 必要에 應해서 빌려라도 줄 만한 그 程度의 神일망정 가지고 있는가. 民族이 있고 國家가 있다고

해도 그것이 單純히 피나 흙과 같은, 그 自身에 있어서 一切의 理性的인 것의 介入을 峻拒하는 그러한 繫辭에 依해서만 억매여져 있는 것인 限 設或 거기에다가 神을 許해 본다 처도 이 神의 屬性은 적어도 理性的인 如何한 것과도 相距한 어떨 것이 아닐 수 없을 것은 明白한 일이 아닐까. 웨냐하면 피나 흙에 對한 共感과 愛着의 情은 本質的으로 理性 以前의 것, 이를테면 本能에 屬하는 것이기 때문이다. 現代革新思想은 그렇기 때문에 當來한 新秩序에 對한 領導權을 잡어 두려면 現在와 같은 理性에 對한 蛇蝎視를 抛棄 乃至 적어도 修正하든지, 그렇지 않으면 自身의 限界를 謙遜하게 承認하고 單純한 한 개 「過渡期의 精神」으로서 滿足하고 물너설는지 兩者中 하나만을 擇하여야 할 것이다. 混沌·動搖·非常時의 精神으로서는 이 以上 有効한 것이라고는 없는 것이지마는 只今은 秩序와 調和와 建設의 時節이다. 革新思想은 그러므로 이 點에 對해서 위선 方法論的인 自己省察이 있어야 할 것이다.

難點은 여기에만 멎지 않는다. 非合理主義의 道德觀은 우에서 이미 보아온 바와 같이 道德的 諸價值의 再編成에 있어 자칫하면 過激에 떠러지기 쉬운 여러 가지의 誘惑을 가졌을 뿐만이 아니라, 그 社會觀, 歷史觀은 「쏘렐」의 例에서 우리가 볼 수 있드시 여러 가지의 危險性을 多分히 가지고 있는 것이다. 이 點은 어떠케 排除할 것인가. 多幸히 그렇나 이 點에 關한 限에서는 現代非合理主義는 낡은 여러 種類의 非合理主義에 比해서 越等한 好條件을 가지고 있다. 피와 흙이라는 特殊한 媒介者를 가지고 있기 때문이다. 「쏘렐」이나 「닛췌」의 境遇에는 「個人」이 언제나 前面에 서는 것이지만은 現代非合理主義에서는 이와는 全然 反對로 언제나 먼저 民族이나 國家와 같은 全

體者를 前面에 내세우고 있는 것이다. 이 때문에 後者에 있어서는 도리혀 從來에 볼 수 없는 敬虔한 同族愛를 基礎로 하여 同族의 集團인 全體者를 爲한 自己犧牲의 精神을 發揮할 길이 열리게 되는 것이다. 이것은 確實히 높히 評價하여야 할 倫理的인 事件일 것이다. 自己犧牲 以上의 崇高한 倫理란 있을 수 없기 때문이다. 뿐만 아니라 社會觀, 歷史觀에 있어서도 現代非合理主義는 피와 흙의 槪念을 導入함에 依하야 낡은 그것에 比해서 懸隔한 差異를 가질 수 있게 된다. 分離와 無歷史的 傾向에의 誘惑쯤은 피와 흙의 同一性을 媒介로 삼어 보기 좋게 물리칠 수가 있기 때문이다. 피와 흙의 同一性만큼 人間을 無條件하고 喜怒를 함께 하며 하나로 끌어다 부치는 것이라곤 있을 수 없기 때문이다. 이 意味에서 피와 흙은 確實히 一種의 「神話」에 値하는 것이지만은, 어떻든 現代非合理主義는 피와 흙이라는 槪念을 導入함에 依하여서 非合理主義의 普遍的인 長點인 그 놀나운 行動性을 그대로 繼承하면서, 낡은 非合理主義의 가장 큰 弱點인 沒道德, 反社會, 無歷史 等等으로부터 自身을 救出함에 成功한 것이다. 하지만은 現代非合理主義는 도리혀 이것 때문에 낡은 非合理主義라면 問題 밖에 屬할 터인 다음과 같은 諸難點에 對하여 明快한 解答을 내여 놓아야 할 義務를 가지게 되는 것이다. 難點이란 무엇인가?

첫재로 個人과 全體와의 結合의 問題가 그것이다. 바꾸어 말하면 個人과 全體와의 對立統一의 問題가 그것이다. 나치스流의 非合理主義는 이것을 說明하기 위하여서 피의 同一性과 여게 따르는 自然的인 共感性을 極力强調하는 것이지만은, 이러한 피를 媒介로 한 直接的 合一은 가령 「分有論理」와 같은 前論理的인 論理가 支配的인 「토테미즘」의 社會라면 몰나도, 좋은 意味에서나 나뿐 意味에서나 個人

意識이 極度로 發達된 現代人의 社會에서 얼마 정도로 自信있는 保證을 얻을 수 있겠는지, 이것은 적어도 가볍게 首肯해도 좋을 일은 아닐 것이다. 況次 國民과 民族은 반드시 外延을 가치하는 것은 아니겠거늘, 이 모든 境遇를 一貫해서 피의 同一性만을 가지고서 結合의 原因을 說明해낼 수가 있을까. 難點은 여기에만 멎지 않는라.[19] 가장 큰 難點은 特히 우리가 只今 當面하고 있는 日滿支三國을 中心으로 한 東亞協同體의 問題와 關聯해서이다. 獨伊와 같은 西洋에서라면 몰나도, 現在 우리가 當面하고 있는 東洋의 諸事情에 對照해서 아모러한 修正과 「但書」도 없이 그대로 通用될 수 있을까. 民族이라는 것은 피에 依해서 얽매여전 單一者이기는 하나 한편 또 그러니만치 피를 달리하는 他民族에 對해서는 圓周를 달리하는 他者이다. 따라서 피의 同一性만을 尊重하는 血統至上主義에 있어서는 民族의 封鎖性과 排他性은 避할 수 없는 結論이 되는 것이다. 하다면 이 같은 態度가 과연 日滿支三國의 協同을 意味하는 新東亞協同體의 根本思想과 完全히 어울릴 수가 있을까. 체코 併合[20]을 契機로 나치스의 民族非合理主義도 自身의 理論的 狹隘性에 對하여 어느 程度의 修正을 不得已하게 되엿다고 한다. 況次 賠償도 일없고 領土도 願치 않는, 이 意味에서만도 西洋流의 戰爭과도 처음부터 性質이 다른 이번 事變이 企圖하는 新東亞建設에 있어서 從來의 西洋流의 偏狹한 民族槪念이 그

19 '않는다'의 잘못으로 보임.

20 1938년 3월 게르만계 국가인 오스트리아를 합병한 독일은 이어서 체코슬로바키아에 대해 독일인 거주자 다수 지역인 주데텐란트(Sudetenland)의 할양을 요구하였다. 양국의 군사적 긴장이 커지자 영국과 프랑스는 또 다른 세계 대전의 발발을 피하고자 1938년 9월 30일 뮌헨 회담(Munich Agreement)을 열어 히틀러의 요구대로 독일의 주데텐란트 합병을 승인하였다.

대로 通用될 理는 없는 것이다.

무릇 民族과 民族과의 協同體에 있어서는 個人이 民族에 結合되듯 그렇게 直接的인 合一은 있을 수 없다. 한 개의 民族에만 局限되는 限에서는 「有機體」 乃至 「共同體」의 槪念을 適用하면서도, 新東亞建設이라는 보담 넓은 範圍가 問題가 될 때에는 「協同體」라는 새로운 用語를 使用하게 되는 것도 이 때문일 것이다. 有機體라면 直接的 合一이 充分이 可能하나, 協同體에 있어서는 事情은 훨신 달러지기 때문이다. 協同은 元來 여게 參與하는 成員各自가 各其 對等의 地位에서 하나가 되는 自律的인 合一을 意味하기 때문이다. 日滿支三國의 關係에 있어서도 要點은 同一하다. 屢次 政府가 宣明한 바와 같이 이 點은 今後 東亞를 舞台로 完遂되여야 할 新秩序建設의 眼目이 아니면 아니 된다. 하다면 視野가 좁은 從來의 非合理主義的인 民族理論으로서는 充分하다고 하기는 어려운 것이다. 하다면 여게 대신 나와줄 다른 어떤 길은 없을까. 피나 흙에 比한다면 훨신 더 融通性을 가지고 있는 것으로서 우리는 가령 「運命」이라는 槪念을 생각해 보면 어떨까. 運命의 同一性이라는 것을 媒介로 한다면 피나 흙의 경우에서 우리가 經驗하는 여러 가지의 障壁을 比較的 容易하게 뛰여넘을 수가 있지 않을까. 하기는 피나 흙도 一種의 「運命」이 아니냐고 이렇게 말할 사람도 있을넌지 모르나, 피나 흙은 運命이기 보담은 오히려 「宿命」이라고 보는 편이 妥當할 것이다. 運命은 宿命과 同一할 수가 없다. 다가치 「命」인 以上 運命도 亦是 어떤 程度의 必然性의 意味를 完全히 버서던질 수는 없기는 하나, 運命은 宿命에 比한다면 보담 더 「可能性」의 系列에 屬하는 것이다. 「民族一千年의 運命을 決한다」고 할 때 우리는 이 경우에 있어서의 運命이라는 것을 이른바 宿命과 同一視할 수는 없을 것이다. 宿命은 人間의 힘으로는 어떻게도 할 수 없는 必然性임에 反하여, 運命은 人間의 努力如何로서는 뜨더 곳칠 수도 있을 그러한 可能性을 意味하는 것이기 때문이다. 宿命은「負荷되는 어떤 것」이라면 運命은 언제나「獲得되는 어떤 것」이기 때문이다. 다시 兩者를 時間性에 依해서 配列해 본다면 宿命의 時間性은 過去임에 反하여 運命의 時間性은 未來에 該當할 것이다. 宿命을 宿命되게 하는 것은 過去性이지만은, 運命을 運命되게 하는 것은 오히려 未來性이기 때문이다. 그리고 이 두「命」의 中間에 서는 것이 바루「使命」이라는 다른 한 개의「命」이라고 나는 이렇게 보고 싶은데, 使命이란 다른 것이 아니라 過去的인 必然性을 自己의 것으로서 負荷한 채로 未來的인 可能性을 現在에까지 끌어단기려는 强烈한 自覺을 意味하는 것이어서, 이 때문에 使命의 時間性은 現在이며 그렇기 때문에 가랑[21]「現實的」인 命 — 自覺, 따라서 가장 倫理的인「命」이라고 할 수가 있는 것이다. 이 點에 對해서는 따로 機會를 얻어 좀 더 進展식혀 볼 意向이지만은 어떻든 피나 흙에 比한다면 運命은 훨신 더 融通性을 가지게 되리라는 것만은 大體로 首肯되여 無妨하지 않을까 생각되는 것이다. 피나 흙은 本質的으로 이를테면 宿命의 系列에 屬하는 것이며, 그렇기 때문에 宿命이 가지는 根本的인 缺陷인 保守性을 버서날 수는 없는 것이다. 바꾸어 말하면 運命과 같은 可能的 側面 即 開放的이며 創造的인 側面을 가저볼 수가 없는 것이다. 現實的인 例에 비춰어 보더래도 이 點은 어느 정도로 瞭然할 것이다. 運命은 本來 이 같은 것임으로 해서 그것은 能히 피

21 '가장'의 잘못으로 보임.

나 흙을 뛰여넘어서 結合의 媒介가 될 수가 있는 것이어서, 가령 運命을 함께하고 사러가는 限 國內에 있어서의 피의 異質性의 問題 같은 것은 그다지 介意할 것이 못 될 것이며 同一한 運命에 놓여 있는 限, 國境의 相異 같은 것은 그다지 重要한 障壁은 아닐 것이다. 다만 運命은 피나 흙의 宿命처럼 自然的인 어떤 것이 아니니만치 그것을 媒介로 하는 結合體는 피나 흙에 比겨서 自然的인 凝結性이 묽어질 可能性이 있는 것이며 또 宿命처럼 端初(出生)에 依해서가 아니라 終末(目的)에의 考慮에 依해서 結合되는 것이니만치 運命을 媒介로 하는 結合은 目的에의 意識의 差異에 따라 縱으로 橫으로 比較的 自由롭게 應便的인 錯雜한 運命圈을 만드러낼 수가 있어 이 點이 弱點이라면 弱點일 수가 있겠지만은 어떻든 피나 흙보다도 融通性이 있는 것이다.

그야 어떻든 피나 흙의 宿命에 比긴다면 運命槪念은 훨신 더 融通性을 가진 것이여서, 當面의 問題인 日支關係에 비취어 보더래도 가령 歐米帝國主義로부터의 共同防護라는 이 같은 共通된 運命觀을 사이에 넣는다면 피와 흙의 非合理主義로서는 풀 수 없을 여러 가지의 理論的 難點에 對答할 길이 열릴 것이다. 다만 이 같은 可能性으로서의 運命을 어떻게 現實的인 「使命」의 位置에까지 잡어단길 것인가, 卽 運命의 使命化·倫理化의 問題가 남어 있다면 있는 것이지만, 그야 어찌되였든 간에 여기서 우리가 特히 잊어서는 아니 될 것은 運命槪念의 背後에 숨어 있는 峻烈無雙한 辨證法의 存在이다. 運命의 同一性에 依한 結合은 피나 흙에 依한 結合과는 처음부터 判異한 것이다. 그것은 팔(腕)이 몸집에 붙어 있듯 또는 個人이 피를 通해서 家族과 民族에 連結되듯 그렇게 直接的 合一은 아닌 것이다. 無

自我的인 — 이 意味에서 正히 無自覺的인 連續的인 連結은 아닌 것이다. 有機體說的인 合一은 아니라는 말이다. 反對로 運命의 同一性을 媒介로 한 結合이라는 것은 媒介되는 兩極이 他者라는 것을 前提條件으로 해서만 可能한 그러한 結合이다. 絶對의 他者로서 自己를 定立하면서도 他者가 其實은 他者가 아니고 自己라는 것을 참으로 느끼지 않는다면 이 같은 高度의 結合은 不可能할 것이다. 이 意味에서 이 結合은 글ㅅ자 그대로의 自覺的 結合이 아니면 아니 된다. 血統과 言語와 風俗을 달리하면서 그럼에도 不拘하고 한 개의 確固한 結合體를 이룬다는 것은 이 같은 高度의 自覺을 거치지 않고서는 생각할 수가 없는 일이다. 하다면 벌서 이 같은 結合은 單純한 直接的 結合이 아니라 間接的 合一 — 運命에의 自覺을 媒介로 한 斷絶的 結合 — 따라서 진실로 그것은 辨證法的인 結合이 아니면 아니 될 것이다. 피의 直接性에 依해서 한 개의 結合을 企圖하는 非合理主義的인 原理에 依해서가 아니라, 「個」의 高度의 自覺을 거치어서 絶對의 他者가 하나가 되는 辨證法的 統一에 依해서만 이 같은 結合은 可能하기 때문이다. 對立者의 統一이라는 것은 元來부터 辨證法만이 가질 수 있는, 辨證法만이 풀어낼 수가 있는 合理的인 祕密이다. 成員을 그러므로 언제나 全體의 一肢體, 一分身으로밖에는 볼 줄을 몰으는 論理 — 따라서 「個」라는 것을 分身이 全體에 對해서 連結되듯 그렇게 直線的으로 連結될 것을 主張하는 論理 즉 現代非合理主義의 有機體說的인 結合論理는 東亞協同體의 置礎에 關한 限 決定的인 限界에 부닥치게 되는 것이다. 우리는 지금 東亞의 天地에서 歐米流의 觀念을 가지고서는 解得할 수가 없는 偉大한 建設事業의 途中에 處해 있는 것이다. 只今이야말로 歐米流의 偏狹한 思考方式을 송두리채

터러버려 마땅할 때가 아닐까. 國內에서는 通用되나 一步 國外에 나가는 瞬間 아모러한 流用性[22]도 가질 수 없는 그러한 論理는 벌서 眞理일 수는 없다. 眞理는 普遍的이 아니면 아니 된다. 例外나 「但書」를 必要로 하는 眞理는 벌서 眞理일 수는 없는 것이다. 하다면 여게 比해서 辨證法은 어떠한가. 單純히 日支兩國民의 協同關係에 限할 것이 아니라, 個人對個人의 境遇에서도 그러하고 個人對國家 또는 民族과의 關係에서도 例外 없이 通用될 것은 이 論理의 性質로 보아서 充分히 首肯될 수 있는 일이 아닐까. 辨證法은 元來 矛盾의 論理이고 이 때문에 도로혀 싸홈의 論理라는 理由에서 必要 以上으로 蛇蝎視하는 이들이 있는 모양이나, 이것은 杞憂에 不過한 일일 것이다. 辨證法은 싸홈의 論理이기는 하나, 同時에 和解의 論理이며, 分裂의 論理인 듯하면서도 其實은 結合의 論理이다. 東亞協同體의 경우가 무엇보다도 그 좋은 標本이다. 허나 이렇게 되고 보면 그것은 벌서 이른바 非合理主義와는 無緣이다. 워냐하면 論理로서의 辨證法은 本質的으로 「理性」의 論理에 屬하기 때문이다. 單只 東亞協同體의 問題에 限할 것이 아니라 國內에 있어서의 新秩序建設에 있어서도 辨證法이 가지고 있는 깊은 意味을 우리는 좀 더 정성되히 反省해 볼 必要가 있는 것이다. 全體主義라고 해서 나물하는 것은 아니다. 分有論理의 時代에서나 通用이 될 素朴하고도 테두리가 좁은 有機體說的인 全體主義를 가지고서는 國內에서의 錯雜한 諸懸案조차 充分히 納得시키기가 어려울 뿐만이 아니라, 當來한 新東亞建設의 思想的 武器로서는 아모래도 不足한 느낌이 있다는 말이다. 個體의 참된 個體意識을 土台로

22 '有用性'의 잘못으로 보임.

하는 辨證法的 全體主義라는 것도 있다는 말이다. 舊秩序인 市民社會가 理性尊重의 社會라고 해서 우리는 덮어놓고 「理性」만 때려 부시면 萬事가 저절로 解結[23]이나 되듯 넘겨잡는다면 이것은 確實히 認識錯誤이다. 때려 부시어야만 할 것은 理性이 아니라 悟性 — 商奴的인 悟性이라는 것을 우리는 잊어서는 아니 된다. 데모크라시-[24]라던지 資本主義는 全部가 形式論理를 土台로 하고서 成立된 것들이다. 甲은 非甲이 아니다라는, 다시 말하면 甲은 乙이, 나는 너가 아니다라는 이 같은 「矛盾律」을 根本前提로 삼는 形式論理를 基礎로 하고 생겨진 것들이다. 한데 形式論理야말로 칸트의 例를 들 것 없이 한낫 悟性의 論理에 不過한 것이며, 그렇기 때문에 이런 論理가 支配하는 社會에서는 그러므로 처음부터 나의 幸福이 너의 幸福이 될 도리가 없는 것이다. 따라서 이 같은 貪慾無雙한 社會라면 구태여 누구나 무에라고 말하지 않더래도 未練이 있을 턱이 없는 것이다. 하지만은 그렇다고 해서 一切의 罪의 根源이 마치 理性에나 있듯이 생각한다는 것은 故意가 아니면 憧着[25]이다. 첫째 秩序의 原理는 어데까지나 理性的인 어떤 것이여야 하며, 對立者의 統一을 가저올 수 있는 唯一의 論理인 辨證法 亦是 理性의 論理에 屬하고 있는 때문이다. 現實이 容易히 推斷과 予見을 許하지 안는다고 해서 理性이 가진 洞察能力에 對해서 必要 以上의 懷疑의 念을 가진다는 것처럼 危險한 일은 없다. 感情·意慾·本能 等屬의 놀라운 行動力을 모르는 배 아니나, 오늘과 같

23 '解決'의 잘못으로 보임.
24 원문의 '—'을 '-'로 수정.
25 '撞着'의 잘못으로 보임.

은 時代일수록 우리는 理性的인 것에 對한 信賴의 念을 보담 더 애끼어 가며 가꾸어 갈 必要가 있지 않을까 한다. 이 意味에서 우리는 理性的인 것에 對한 從來의 攻勢 乃至 憎惡를 잠시 멈추고, 넓은 意味의 合理主義가 가지는바 緊迫한 意義를 다시 한 번 생각해 보아서 좋은 때가 아닐까.

제2장

중일전쟁기 조선 지식인의 내선일체론

■ 해제

최진석(崔真碩)

1. 들어가며

제2장에서는 중일전쟁기 조선 지식인의 내선일체론을 소개하고자 한다. 소개할 자료는 식민지 조선을 대표하는 문예종합지인 『삼천리(三千里)』 1940년 3월호 특집 「「내선일체(內鮮一體)」 체내의 조선 민중적 고찰」에 수록된 다섯 편의 논고(③~⑦)와 비슷한 시기에 집필된 두 편의 논고(①과 ②), 그리고 당대 조선 문화의 여러 문제에 관해 일본의 문화인들과 조선의 문화인들이 논의한 좌담회(⑧) 등 모두 여덟 편의 글이다.

① 金明植, 「內鮮一體의 具體的 實現過程」, 『鑛業朝鮮』 5-1, 1940. 1.
② 印貞植, 「內鮮一體의 文化的 理念」, 『人文評論』 2-1, 1940. 1.
③ 玄永燮, 「「內鮮一體」와 朝鮮人의 個性問題」, 『三千里』 12-3, 1940. 3.
④ 金明植, 「「氏制度」 創設과 鮮滿一如」, 『三千里』 12-3, 1940. 3.

⑤ 印貞植, 「「內鮮一體」와 言語」, 『三千里』 12-3, 1940. 3.

⑥ 金漢卿, 「共同運命에의 結合과 그 還元論」, 『三千里』 12-3, 1940. 3.

⑦ 金斗禎, 「興亞的 大使命으로 본 「內鮮一體」」, 『三千里』 12-3, 1940. 3.

⑧ 「座談会 朝鮮文化の將來と現在」, 『京城日報』, 1938. 11. 29, 11. 30, 12. 2, 12. 6, 12. 7, 12. 8.

내선일체가 부르짖어진 시대적 배경을 간단히 파악해 보기로 한다. 중일전쟁기 식민지 조선에서는 1938년 국가총동원법이 공포되고 이듬해 7월 국민징용령이 시행되었다. 그리고 1939년 11월 10일 조선민사령(朝鮮民事令) 개정(제령 19호)과 제령 20호에 따라 이듬해 2월 11일(皇紀 2600년 紀元節)부터 이른바 '창씨개명'이 실시되었다. 또한 1940년 10월 기존의 국민정신총동원조선연맹이 국민총력조선연맹으로 개편됨으로써 황민화를 중심으로 하는 전시총동원체제는 점차 강화되었다.

이러한 상황에서 중일전쟁의 전개에 발맞춰 더 강력한 전쟁 체제를 구축하기 위해 조선 지배의 재편 강화가 이루어졌고 최고의 통치 목표로서 내선일체가 제창되기에 이르렀다. 내선일체는 조선인을 더 '완전한 일본인'으로 만들고자 하는 지배자의 '황민화 요구의 극한화'와 조선인의 '황민화 정도' 사이에 빚어진 모순·괴리 속에서 탄생한 것이며, 동시에 한국병합 이래 일본이 일관되게 조선 지배의 기본방침으로서 채용한 동화정책의 필연적인 귀결이기도 했다. 내선일체는 사상으로서 명확한 체계를 갖고 있지 않았으며 오히려 정치 구호로서 부르짖어졌다.[1]

내선일체라고 하는 〈황민화=동화〉정책을 조선총독부가 시행한 배경에는 점차 격화되는 전황 탓에 병력이 부족하여 한시라도 빨리 조선인을 징병할 필요에 직면한 제국 일본의 절박한 사정이 있었다. 그러나 실제로 전장에서 조선인에게 총을 쥐여 줬을 때 일본과 중국 어느 쪽에 총구를 겨눌지 알 수 없다. 그러므로 조선총독부는 내선일체를 통해 일본에 종군할 병사를 조급히 만들어 내야 했던 것이다.

이와 같이 내선일체란 중일전쟁기에서 태평양전쟁기에 걸쳐 조선총독부가 황민화정책과 함께 추진한 전시동원정책의 일환이며, 조선 민족 및 조선 민족 문화를 말살하고 일본 민족으로 〈황민화=동화〉하기 위한 정책이었다. 그러나 내선일체'론'이라고 하는 이론적 차원에서는, 위의 ①에서 ⑦까지 논고 제목을 훑어보면 알 수 있듯이, 단순한 전시동원정책 차원을 넘어 조선 지식인에 의해 다양한 각도에서 논의되었다. 특히 중일전쟁기 내선일체론은 조선 자치론이라는 적극적 입장에서 조선 문화 보존이라는 소극적 입장까지 다양한 차이를 내포하면서도 공통적으로 조선적인 것의 고수를 내세우는 '협화적 내선일체'론과, 조선 민족의 완전 해체, 즉 전면적인 일본과의 동화를 통해 '신일본민족'을 형성하고자 하는 '철저일체'론, 이 두 가지 내선일체론 사이의 논쟁을 기초로 논의되었다.

'협화적 내선일체'와 '철저일체'라는 분류는 현영섭(논고 ③)이 내선일체의 근본 원리에 기초하여 이름 붙인 것이다. 김한경(논고 ⑥)의

---

1 宮田節子, 「「内鮮一体」の構造」, 『朝鮮民衆と「皇民化」政策』, 未来社, 1985, 148쪽(宮田節子 저, 李熒娘 역, 「일본의 조선지배정책의 본질: '내선일체'의 구조를 중심으로」, 『朝鮮民衆과 「皇民化」政策』, 一潮閣, 1997, 159쪽) 참조.

분류법에 따르면 전자는 '민족협동론'이고 후자는 '민족동화론'이다. 어느 명명법을 따르든 당시 내선일체론은 내선의 협화 또는 협동을 내세운 것과 내선의 동화를 내세운 것 사이의 대립을 중심으로 논의된 셈이다.

조선 지식인의 내선일체론은 현영섭을 비롯한 철저일체론이 시기적으로 가장 일찍 제시되어 소수파임에도 식민지 권력의 지원을 받으면서 세력을 키워 갔다. 대표적인 예로 현영섭의 저서 『조선인이 나아갈 길(朝鮮人の進むべき道)』(綠旗聯盟, 1938. 1. 1)을 들 수 있다. 내선일체 3대 저서로 꼽히는 이 책은 발간 7개월 만에 11쇄를 돌파하고 연말까지 1만 부가 팔려 식민지 조선 출판계의 신기록이 되었다.[2]

이러한 철저일체론이 판치는 정세에 대항하는 형태로 인정식과 김명식을 비롯한 당시 다수파를 점하던 협화적 내선일체론이 제시된 것이다. 협화적 내선일체론자들은 '내선의 무차별 평등'[3]을 내세우는 조선총독 미나미 지로(南次郎)의 언명이나 내선일체와 같은 시기에 국책으로 제시된 '동아협동체'[4]가 갖는 민족 협동의 논리를 빌려 내선일체론에서 내선 민족 협화의 가능성을 읽어 냈다.

당시 내선일체론 언설 상황을 상징하듯이 『삼천리』 특집 「「내선

2 판매 부수가 현영섭 저작에 대한 조선 민중의 관심을 그대로 반영하고 있다고 생각하기는 어렵다. 아마도 조선총독부 후원을 받아 학교나 직장 등에서 추천도서로서 조직적으로 매입·배포하지 않았을까 생각된다.

3 南次郎, 「國民精神總動員朝鮮聯盟役員總會席上總督挨拶」(1939. 5. 30), 『朝鮮に於ける國民精神總動員』, 朝鮮總督府, 1940, 103쪽.

4 동아협동체론에 대해서는 제1장 도베 히데아키 해제 참조. 김명식과 인정식의 동아협동체론에 대해서는 제1장에 수록된 金明植, 「建設意識과 大陸進出」과 印貞植, 「東亞의 再編成과 朝鮮人」 참조.

일체」 체내의 조선 민중적 고찰」은 첫머리에 철저일체론을 내세운 현영섭의 글을(논고 ③) 배치하고, 다음으로 두 편의 협화적 내선일체론, 즉 김명식(논고 ④)과 인정식의 글(논고 ⑤)을 배치하였다. 그리고 마지막에 철저일체론이나 협화적 내선일체론과 질을 달리하는 전향 정책으로서 내선일체론, 즉 김한경(논고 ⑥)과 김두정의 글(논고 ⑦)을 수록하였다. 마지막 두 편은 황도주의와 국가사회주의, 그리고 대아시아주의(반서구주의)를 주축으로 삼고 있는데, 사노 마나부(佐野學)·나베야마 사다치카(鍋山貞親)를 비롯한 일본 전향 지식인의 내셔널리즘을 방불케 하는 동시에 조선 전향 지식인의 내선일체에 대한 전형적인 인식을 보여준다.

이처럼 내선일체론에는 다양한 입장이 있었고 그만큼 내선일체론을 받아들이는 다양한 논리가 있었다. 그러한 가운데 특집 「「내선일체」 체내의 조선 민중적 고찰」에는 그야말로 당시 내선일체론 언설이 응축되어 있다. 아울러 같은 시기 저술된 김명식(논고 ①)과 인정식의 글(논고 ②), 그리고 조선 문화의 장래와 현재에 관한 좌담회(논고 ⑧) 또한 당시 언설 상황을 뚜렷하게 반영하고 있다. 즉 제2장에서 소개한 조선 지식인이 남긴 여덟 편의 논고는 당시 내선일체론을 둘러싼 대립 구도를 상징한다고 할 수 있다.

이하에서는 이들 여덟 편의 논고를 개관하겠다. 내선일체론에 대한 그들 각각의 입장과 논리에 대해 언급하면서, 중일전쟁기 내선일체론을 둘러싼 대립구도의 조감도를 제시함으로써 해제에 갈음하고자 한다.

2. 소멸의 위기: 좌담회 「조선 문화의 장래와 현재」에 관해

조선 지식인의 내선일체론을 개관하기 전에, 내선일체의 존재 양식에 대해 직설적으로 서술한 조선 문학자의 텍스트를 통해 내선일체가 시행되는 위기적 상황의 리얼리티를 다루고자 한다. 이를 통해 내선일체가 가지는 동화와 동원의 폭력에 직면한 조선 문학자들의 위기의식을 건져 냄으로써, 조선 지식인의 내선일체론 특히 협화적 내선일체론에서 서술되지 않은, 즉 그들이 말할 수 없었던 무언가를 읽어 내기 위한 지렛대로 삼고자 한다. 제2장 말미(논고 ⑧)에는 경성(京城)의 일본어 신문인 『경성일보(京城日報)』에 6회에 걸쳐 연재된 좌담회 「조선 문화의 장래와 현재(朝鮮文化の將來と現在)」를 번역하여 수록하였다. 이 좌담회는 일본의 문예잡지인 『문학계(文學界)』 6권 1호(1939. 1)에도 「조선 문화의 장래(朝鮮文化の將來)」라는 제목으로 게재되었다.[5]

내선일체가 외쳐지는 가운데 조선어·조선 문학의 존재 양식에 대해 논의한 이 좌담회는 하야시 후사오(林房雄), 무라야마 도모요시(村山知義)를 비롯한 일본 문학자와 임화(林和), 정지용(鄭芝溶), 이태

---

5 좌담회의 경위와 두 판본의 차이에 관해서는 金允植, 「国民国家の文学観からみた二重語創作の問題: 解放前における朝鮮作家の日本語創作について」, 『朝鮮学報』 186, 朝鮮学会, 2003, 38~64쪽; 김윤식, 「국민국가의 문학관에서 본 이중어 글쓰기 문제」, 『아득한 회색 선연한 초록』, 문학동네, 2003, 263~289쪽; 윤대석, 「언어와 식민지」, 『식민지 국민문학론』, 역락, 2006, 124~130쪽; 권나영(Nayoung Aimee Kwon), 「어긋난 조우와 갈등하는 욕망들의 검열: '조선문화의 장래'를 둘러싼 좌담회 (다시)읽기/(엿)듣기」, 한국학의 세계화 사업단·연세대학교 국학연구원 편, 『일제 식민지 시기 새로 읽기』, 혜안, 2007, 199~234쪽; 신지영, 『부(不)/재(在)의 시대: 근대계몽기 및 식민지기 조선의 연설·좌담회』, 소명출판, 2012, 350~359쪽; 박광현, 「'경성 좌담회' 다시 읽기」, 『일본연구』 62, 한국외국어대학교 일본연구소, 2014, 49~69쪽 등을 참조.

준(李泰俊)을 비롯한 조선 문학자를 합하여 모두 12명이 참가하였다. 하야시 후사오가 첫머리에서 밝히고 있듯이 이 좌담회는 '조선 문화의 장래와 현재', '문화에서 내선일체의 길은 어디에 있는가'라는 의제하에 이루어졌다.

좌담회에서는 『춘향전(春香傳)』이 장혁주(張赫宙)에 의해 일본어로 번역되고 또 일본에서 공연이 열린 것 그리고 시국의 영향으로 조선 문학에 관한 관심이 높아진 것을 계기로 조선 문학의 일본어 번역 문제가 화제가 되었다. 그리고 번역 문제는 조선 문학자가 일본어로 작품을 쓰는 문제로 옮아갔다. 거기에는 일본 독자를 더 많이 획득하기 위해서는 일본어로 번역하든지 아니면 일본어로 작품을 쓸 수밖에 없다고 하는 조선 문학자가 직면한 현실 문제, 그리고 시국의 영향으로 대륙에 대한 관심이 많아지면서 조선 문화나 문학이 더욱 주목을 받게 된 '내지'의 문맥이 드리워져 있었다.

그러나 번역이나 일본어로 작품 쓰기를 둘러싼 논의는 조선 측과 일본 측 사이에서 시종 어긋나는 모습을 보인다. "역시 조선 쪽에서도 실제로는 국어가 보급되었기 때문에, 알게 하려면 국어로 쓰는 쪽이 널리 읽히는 것이 된다고 생각하기 때문에, 국어[6]가 좋겠네요"(무라야마)라든지, 내지에서 널리 읽혀 반향을 얻기 위해서도 "작품은 모두 국어로 해 주었으면 해요"(하야시)라는 등 적극 일본어로 번역하고 또 일본어로 써야 한다는 일본 측의 주장에 대하여, 이태준이나 유진오(兪鎭午) 그리고 임화는 다음과 같이 반론하였다.

6 '國語'는 『文學界』에서는 '內地語'로 되어 있다.

이태준: 사물을 표현하는 경우에 국어로 적확하게 그 내용을 설명하는 것이 불가능할 것으로 생각되기 때문인 것이 아닐까 생각합니다. 그것은 우리들 독자의 문화를 표현하는 경우의 맛은 조선문이 아니면 할 수 없는 바가 있습니다. 그것을 국어로 표현한다면, 그 내용이 **내지화되어 버리는 것 같은 느낌**이 있습니다. **완전히 그렇게 되는 것**이지요.

유진오: 큰 문제입니다만, 국어로 지장이 없는 것은 써도 좋지만, 쓸 수 없는 것도 있습니다. 번역적이라도 내지의 사람이 기뻐하고 아주 의미가 있는 것은 우리들도 가능한 한 그렇게 하겠습니다만, **조선문에 의지하지 않고서는 쓸 수 없는 것은 어쩔 수가 없습니다**.

임　화: 시를 쓰는 경우, 그 언어에 담긴 감정, 즉 **문자인데요, 그것이 번역되어서는 의미를 갖추지 못합니다**. 번역시는 왠지 와닿지 않아서, 그것은 순예술적인 문제로 조명하여 보아도 문화적으로 양해해야 한다고 생각합니다.[7]

(진한 글자는 인용자)

---

7 『文學界』에 실린 내용은 다음과 같다.

이: 사물을 표현할 경우에 내지어로 적확하게 그 내용을 설명하는 것이 불가능할 듯이 생각되기 때문이 아닐까 합니다. 우리 독자의 문화를 표현할 경우의 맛은 조선어가 아니면 불가능한 것이 있습니다. 그것을 내지어로 **표현하면 그 내용이 내지화해 버리는 듯한 느낌**이 듭니다. 완전히 그렇게 되는 것입니다. 그렇게 되면 **조선 독자의 문화가 사라진다**고 생각합니다.

유: 문제가 큽니다. 내지어로 써도 지장이 없는 사람은 써도 좋지만, 쓸 수 없는 사람이 있습니다. 번역적임에도 불구하고 내지인들이 좋아할 아주 의미 있는 것은 우리들도 가능한 한 그렇게 하겠지만, **조선의 문학은 조선의 문자로 되지 않으면 문학의 의미가 없다**고 생각합니다.

조선 문학자들의 반론이 단순한 번역부정론이 아닌 것은 당시 일본어와 조선어 혹은 일본 문학과 조선 문학 사이에 놓인 압도적으로 불균형한 힘 관계를 생각하면 쉽게 이해할 수 있을 것이다. 즉 쌍방향적이 아닌 일방향적인 관계성하에 조선 문학이 일본어로 번역된다는 것, 일본어로 작품을 쓴다는 것은 조선어·조선 문학의 일본어·일본 문학으로의 포섭이며 통합일 수밖에 없다. 조선 문학이 "내지화되어 버리는 것 같은 느낌"이 든다. 그러므로 임화를 비롯한 조선 문학자는 반론하는 것이다. 말하자면 이것은 일본어와 조선어, 일본 문학과 조선 문학 사이에 존재하는 번역의 정치학 문제인 것이다.[8]

좌담회 「조선 문화의 장래와 현재」에서 임화를 비롯한 조선 문학자의 언설을 관통하고 있는 것은, 아래서 살필 유진오의 말을 빌리자면 조선어나 조선 문학이 "점차 열어져 가"는 것에 대한 위기감이다. 물론 하나의 문학이나 언어는 그렇게 간단히 바로 사라져 버리지는 않는다. 그들도 실제로는 조선어나 조선 문학이 사라질 것이라고는 생각하지 않았을지도 모른다. 다만 그렇게 되는 것에 대한 위기감은 누구나 공통으로 품고 있었을 터이다. 현실적으로 내선일체가 외쳐지는 가운데, 또 국어(일본어) 보급·강제가 진행되는 가운데,[9] 조선어

임: 시를 쓸 경우, 그 말에 흘러넘치는 감정, 즉 **문자가 번역되어서는 의의를 이루지 못하는 것입니다**. 번역시는 아무래도 와 닿지 않습니다. 이는 정치적 입장에서 벗어나 순예술적으로 조망해 보고 문화적으로 양해해야 한다고 생각합니다.(「座談會 朝鮮文化の將來」, 『文學界』, 1939. 1, 277쪽)

8 전시기 일본 문학(국민 문학)과 조선 문학 사이에 존재한 정치학에 대해서는 趙寛子, 「国民文学と世界文学: 日中戦争期の「朝鮮文学の将来」をめぐって」, 『思想史研究』 3, 2003 참조.

9 전시기 식민지 조선에서 일본어 보급·강제에 대해서는 井上薫, 「日帝統治末期の朝鮮における日本語普及·強制政策: 徴兵制度導入に至るまでの日本語常用·全解運動への

와 조선 문학을 비롯한 '조선 문화의 장래'에 대하여 낙관적인 사람은 과연 얼마나 있었을까? 좌담회에서 "이제 조선어는 소학교에서도 없어졌지요"라는 하야시 후사오의 물음에 대한 유진오의 아래와 같은 응답은 그러한 위기감을 단적으로 나타내고 있는 것이라고 할 수 있겠다.

> 유진오: 조선어는 결코 사라지진 않습니다만, 점차 엷어져 갑니다. (『文學界』에서는 이 부분이 "그렇습니다만, 조선어는 결코 사라지지는 않을 것입니다. 단지 점점 희미해져 가는 것이지만 …….."이라고 되어 있다.)

결코 없어지지는 않지만 "점차 엷어져" 간다는 것은 전문영역을 막론하고 또 좌우파를 막론하고 당시 조선 지식인들이 품고 있던 솔직한 느낌이었을 것으로 생각한다. 그것은 내선일체가 외쳐지는 소용돌이 속에서 조선 문화가 소멸해 가는 것에 대한 막연한 불안이자 꺼져 들어갈 것 같은 탄식으로밖에 말할 수 없는 것, 바로 "……"였다.

그 후 조선 문학은 실제로 위기 상황으로 몰리게 된다. 전시동원기에 들어서자 1940년 8월에 조선총독부에 의한 사상통제 강화와 용지 절약을 이유로 조선어 양대 민간 신문 『동아일보(東亞日報)』와 『조선일보(朝鮮日報)』가 폐간되는 등 조선총독부 기관지를 제외하고 차례로 신문과 문예지가 폐간되었다. 남아 있던 조선어 문예잡지 『문장(文

動員」,『北海道大学教育学部紀要』73, 1997; 同,「日帝末期朝鮮における日本語普及·強制の構造: 徴兵制度導入決定前後の京城府を中心に」,『釧路短期大学紀要』28, 2001 참조.

章)』과 『인문평론(人文評論)』 역시 1941년 4월 폐간되어 같은 해 11월에는 일본어 문예잡지 『국민문학(國民文學)』으로 통합되었다. 그리하여 조선 문학자들은 침묵을 강요받든지 아니면 국책에 따른 내용의 작품을 창작할 수밖에 없게 된다. 이태준과 임화 그리고 유진오도 역시 그 후 태평양전쟁기에는 일본어로 창작·비평을 하게 된다.[10]

3. 내선일체론의 대립구도

1) 철저일체론

그러면 조선 지식인의 내선일체론을 살펴보자. 앞서 서술한 바와 같이 중일전쟁기 조선 지식인의 내선일체론은 현영섭을 비롯한 철저일체론이 먼저 제시되었고, 그에 대항하는 형태로 인정식이나 김명식의 협화적 내선일체론이 제시되었다. 내선일체론에 관한 논의의 경위를 짚어보기 위해 우선 현영섭의 논고부터 살펴보자.

1907년 태어난 현영섭은 경성(京城)제일고등보통학교 졸업 후 1925년에 일본에 건너가 교토(京都)의 조선인노동조합에 들어가지만 2개월 후 탈퇴했다. 1926년 경성제국대학 예과에 입학하여 1931년에 같은 대학 법문학부 영문과를 졸업한다. 그 후 상하이로 건너가 아나키스트 조직인 남화한인연맹(南華韓人聯盟)에 가입했다. 1935년 11월에는 치안유지법 위반으로 검거되나 이듬해 여름에 무죄 석방된

---

10 전시기 조선 문학의 동향에 대해서는 임종국 저, 이건제 교주, 『친일문학론』, 민족문제연구소, 2013(초판 1966; 林鐘国(大村益夫 訳), 『親日文学論』, 高麗書林, 1976) 참조.

다. 1937년 봄에는 전시체제하 내선일체운동의 브레인이 된 녹기연맹(綠旗聯盟)[11]의 일본문화연구소에서 일한다. 1938년 1월에 『조선인이 나아갈 길』을, 1939년 2월에는 『신생 조선의 출발(新生朝鮮の出發)』(大阪屋號書店)을 간행하였다. 1940년 1월 잡지사인 내선일체사(內鮮一體社)의 이사가 되고, 같은 해 12월에는 황도학회(皇道學會) 이사가 되었다. 1940년 2월에 아마노 미치오(天野道夫)로 창씨개명하고, 태평양전쟁기에는 베이징(北京) 일본대사관 내에 설치된 협려회(協勵會) 주사를 맡기도 했다. 해방 후에는 가족을 데리고 일본으로 이주하였다.

녹기연맹의 중심적 이데올로그인 현영섭의 입장은 "'내신일체'는 상호 손을 잡거나 형태가 융합한다거나 하는 것 같은 미지근한 것이 아니다. 손을 잡은 자는 놓으면 다시 별개가 된다. 물과 기름도 무리하게 섞으면 융합한 형태가 되나 그것으로는 안 된다. 형태도, 마음도, 피도, 살도 모두가 일체가 되어야 한다"[12]는 조선총독 미나미 지로의 내선일체에 관한 언명에 의해 뒷받침되었다. 1940년 전후 조선에서 협화적 내선일체론과 철저일체론이라는 두 내선일체론이 충돌하는 가운데 위에 소개한 미나미의 언명은, 그동안의 논쟁 끝에 결국 철저일체론이 정통으로서 승인된 것을 의미한다고 해석할 수 있다. 다시 말하면 철저일체론은 식민지 통치 권력 및 최고 통치자의 권위를 빌려 정통성을 얻을 수 있었던 셈이다.[13]

---

11 녹기연맹 및 현영섭의 활동에 대해서는 高崎宗司, 「朝鮮の親日派: 緑旗連盟で活動した朝鮮人たち」, 『岩波講座 近代日本と植民地 6: 抵抗と屈従』, 岩波書店, 1993 참조.

12 南次郎, 「國民精神總動員朝鮮聯盟役員總會席上總督挨拶」(1939. 5. 30), 101쪽.

13 두 내선일체론 사이 논쟁 상황에 대해서는 李昇燁, 「朝鮮内鮮一体論者の転向と同化

이러한 상황에서 「「내선일체」와 조선인의 개성문제」는 쓰였다. 일본 문화에서 세계성과 우수성을 본 현영섭은, 일본 문화를 '우리' 자신의 것으로 하고자 한다면 일본 문화의 표면에 있는 존재를 우선 자신의 것으로 삼아야 한다고 생각하는 입장에서, 반도인의 표면적 개성(언어, 습관, 기타 문화)을 양기(揚棄)해야 한다고 주장한다. 이러한 현영섭의 급진적이라고도 할 수 있는 사상의 근저에는, "日本精神이란 決코 民族主義가 아니라, 基督教와 同一系統인 神中心의 信仰"이라고 현영섭 자신이 서술하고 있듯이, 일본 문화·일본 정신에 대한 신앙심이 있었다. 그 신앙심 아래 현영섭은 조선 '개성'의 양기를 주장하며, 비유로서 '비빔밥'을 '骨董飯'이라고 해도 되고 'まぜ御飯'이라고 해도 된다고 한다. 현영섭은 "「まぜ御飯呉れ」라고 말하고 먹으면 비빔밥의 맛이 없어지는가"라고 말한다.[14]

또한 「「내선일체」와 조선인의 개성문제」에서 현영섭은 '개성'을 "內地人, 滿洲人等이 하지 못하는 技術, 思想"으로 간주한다. 그러한 입장에서 "東洋의 共通語인 日本語를 日常語로 하여 七千萬의 內地同胞, 全東洋民族에게 半島人의 個性을 보이며 그 個性에 相當한 地位를 얻자"고 주장하고, "世界性을 뛰인 日本人이 되는 것이며 우리들의 才能, 誠意, 眞實에 相應한 地位를 獲得하게 됨을 意味한다"고 결론지었다.

の論理: 緑旗連盟の朝鮮イデオローグを中心に」, 『二十世紀研究』 2, 2001. 12(이승엽, 「조선인 내선일체론자의 전향과 동화의 논리」, 윤해동 외 편, 『근대를 다시 읽는다 1』, 역사비평사, 2006) 참조.

14 '骨董飯(골동반)'은 비빔밥을 뜻하는 한자어. 'まぜ御飯'은 '비빈 밥'이라는 일본어. 'まぜる'는 비비다. '御飯'은 밥. '呉れ'는 '주라', '달라'는 뜻의 일본어.

일찍이 미야타 세쓰코(宮田節子)는 현영섭 사상의 근원에는 '차별에서 탈출'이라는 어긋난 민족의식이 있다고 지적한 바 있다. 어떻게든 차별에서 탈출하여 일본인과 대등해져야 한다. 자신들은 그렇다 치고 새로운 세대 조선인에게는 더 이상 자신들의 불행을 맛보게 하고 싶지 않다. 그러나 조선 고유의 것을 고집하는 한 민족 차별은 계속될 것이다. 민족 차별은 민족이 서로 다른 데서 오므로 그 차이를 없애기만 하면 된다. "조선인이 완전한 일본 민족이 되어 내선 구별이 없어질 때 이 차별은 없어질 것이다"(『朝鮮人の進むべき道』, 180쪽). 따라서 현영섭이 '차별에서 탈출'을 강렬히 추구하면 할수록 일체의 조선 고유의 것, 즉 '개성'에 대한 부정이 더 철저해지지 않을 수 없었던 것이다.[15]

더욱이 현영섭의 급진적 철저일체론을 생각할 때, '차별에서 탈출'과 동시에 '조선적(朝鮮籍) 개인'으로서 해방을 꾀하고 있는 점에 착목해야 할 것이다. 현영섭은 조선 독립이나 사회 혁명은 더 이상 바랄 수 없는 상황에서, 여전히 현실에 뿌리 깊이 존재하는 차별과 식민 통치의 문제점을 해결하기 위해, 민족 공동체보다 '개인'이라는 존재를 출발점으로 삼았다. 요컨대 현영섭이 주목한 것은 차별받는 '조선 민족'이라기보다는 차별받는 '조선적 개인'이었다. 현영섭은 민족 공동체 자체의 해체를 통해 민족 공동체의 질곡 속에 있는 '개인'의 해방을 꾀한 것이다. 현영섭에게 질곡 속에 있는 주체란 조선 '민족 공동체'라기보다는 '조선적 개인'이었고, 따라서 '개인'의 관점에

15 宮田節子, 「「内鮮一体」の構造」, 159~163쪽(한국어 역, 168~174쪽) 참조.

서 문제를 풀어가는 것은 극히 자연스러운 것이었다고 할 수 있다.[16]

다만 조선이라는 '민족 공동체'를 부정하고 '개인'의 입장에 서면서도 '일본 민족'은 받아들이는 현영섭의 내선일체론은 논리 모순을 지니게 된다. 그래서 현영섭은 일본을 신적인 존재로 숭배하고 황도주의(皇道主義)라는 절대적 질서를 내세움으로써 논리 모순을 해소하려 한다. 즉 현영섭의 내선일체론은 황실과 인민 사이에만 차별을 시인하는 신일본주의 혁신사상 아래 민족이라는 틀을 넘은 수직적 관계를 추구하는 것이었다. 구체적 이미지로서 현영섭은 아일랜드 문학과 스코틀랜드 예를 들면서 아일랜드 문학이 대부분 영어라는 점, 스코틀랜드가 영국에 충성하고 영어를 사용하면서도 스코틀랜드를 자랑하고 있는 점에서, "國語를 奬勵하고 將來 朝鮮語가 없어저도 半島人의 個性은 조금도 滅却되지 아니한다"라고 확신한다. 한편 "人類社會를 破壞하려 하는 것은 愛蘭 같은 政治的 獨立運動"이라고 아일랜드를 강하게 비난하였다.

2) 협화적 내선일체론

현영섭의 철저일체론에 대해 인정식과 김명식은 비판적인 태도를 보였다. 두 사람은 조선의 개성/타자성을 옹호하는 태도로 일관하였다.

우선 인정식의 논고부터 살펴보자.[17] 「내선일체의 문화적 이념」에서 인정식은 '반도의 민중'에 대해 "問題는 다만 그들을 精神에 있

16 李昇燁, 「朝鮮人内鮮一体論者の転向と同化の論理」(이승엽, 「조선인 내선일체론자의 전향과 동화의 논리」) 참조.

17 인정식의 경력에 관해서는 제1장 도베 히데아키의 해제 및 洪宗郁, 『戦時期朝鮮の転向者たち: 帝国/植民地の統合と亀裂』, 有志舎, 2011, 제3장 참조.

어서 思想에 있어서 感情에 있어서 意慾과 情熱과 運命感에 있어서 皇國의 臣民으로 訓練하고 陶冶하고 統一하는 데 있"다고 하여 내선일체의 필요성을 주창했다. 언뜻 보면 앞서 살핀 현영섭과 같은 철저일체론자라고 생각되나 그렇지는 않았다. 인정식에게는 동화에 의한 민족성 말살을 저지하려는 의도가 있었다. 인정식이 현영섭의 철저일체론을 "小兒病的 理論"이라거나 "無意味한 「로-만티시즘」의 手淫"이라고 거세게 비판하고 있는 데서 알 수 있듯이 현영섭과 인정식은 대립되는 위치에 서 있었다.

「「내선일체」와 언어」에서도 마찬가지로 다루고 있지만, 인정식은 어디까지나 전 조선 인구의 8할이 농민이라는 현실, 더욱이 "이 農民의 大部分이 收支의 不均衡과 食糧의 不足을 免치 못하고 있으며 따라서 그들의 生計費에 있어서 文化를 爲한 또는 敎育을 爲한 支出이란 것은 殆無에 가깝다는" 현실을 염두에 두었다. 따라서 "이들(조선 농민-인용자)에게 朝鮮語를 廢棄하라는 것은 事實 아무 말도 하지 말라는 것과 다름이 없다"고 하면서 일관되게 조선어를 옹호하였다. 바로 여기에 내선일체에서 협화의 가능성을 읽어 내려는 시도가 있다. 인정식은 "現今에 있어서는 爲先 皇民化의 精神的 訓練을 爲해서도 朝鮮語의 廢棄가 아니라 도리혀 그의 廣汎한 活用이 必要하다는 것은 더 말할 必要도 없다", "朝鮮語의 抛棄가 아니라 도리혀 廣汎한 活用이 皇民化의 捷徑이 아닐 수 없다"는 논리를 가지고, 즉 황민화의 필요성을 오히려 거꾸로 이용함으로써 조선어를 옹호하였다.

이처럼 내선일체에 내선의 민족 협화를 새겨 읽는 인정식의 언설은, 내선일체를 '내선의 무차별평등'이라고 정의한 미나미 총독의 말을 빌린 것이자, 동화에 의한 민족성 말살을 저지하기 위한 것이었다. 어디까지나 그 한도 내에서 인정식은 "東亞의 現實로 보아 世界의 動向으로 보아 內鮮의 이미 떠날 수 없는 經濟的 結合의 堅固性에서 보아 朝鮮人의 將來는 오직 舊來의 民族性을 止揚하고 徹底히 皇民化함에 있어서만 廣濶한 前程을 展望할 수 있다"는 식으로 황민화를 적극 옹호하였다. 인정식은 조선 민중에게 내신일체를 선전하고 황민화정책을 지지했지만, 거기에는 사회주의자로서 복잡하게 굴절된 전향의 양태가 눈에 띔과 동시에 권력에 대한 굴종이라는 단순한 도식으로는 포착할 수 없는 만만치 않은 전략이 있었다.

다음으로 김명식의 논고를 살펴보자.[18] 「「씨(氏) 제도」 창설과 선만일여(鮮滿一如)」에서 김명식은 내선일체·선만일여 아래 문화·산업 면에서 '生產能率'을 떠받칠 주체적인 인간을 창조하는 데 일관된 관심을 보였다. 더 구체적으로 말하자면 요컨대 교육·징병을 받은 인간이었다. '生產能率'에 집착하는 입장에서 김명식은 조선의 전통적인 가족 제도를 근대화하고 나아가 조선인의 문화 수준을 향상시키기 위해 창씨개명을 통해 씨(氏) 제도를 받아들이려는 자세를 보였다.

김명식이 '생산 능률'에 집착한 근저에는 문화·산업 면에서 조선의 특수성을 옹호하려는 의도가 담겨 있었다. 예컨대 김명식은 내선일체 및 팔굉일우(八紘一宇)가 가지는 '協和萬邦' 이념을 거꾸로 이용하여 조선의 특수성을 옹호하는 논리로 삼았다. 그리고 일만지(日滿支) 경제 블록이 구체화되는 가운데 조선의 특수성이나 역사적 전통, 지리적 조건을 지워 없애는 것은 '個'로서는 말할 것도 없고 '全'으로

18 김명식의 경력에 관해서는 제1장 도베 히데아키의 해제 및 洪宗郁, 『戦時期朝鮮の転向者たち: 帝国/植民地の統合と亀裂』, 有志舎, 2011, 제2장 참조.

서도 이익이 되지 않는다고 보았다. 어디까지나 김명식은 내선일체를 '個'의 특수성이 옹호되는 '個'와 '全'의 유기적 관련으로서 받아들여, 내선일체에 "「個」는 「全」을 爲하고 또 「全」은 「個」를 爲하는 協和觀念"을 새겨 읽고자 하였다.

여기서 중요한 것은 김명식이 이 언설들을 "어느 時代의 俗學的 言論" 또는 "個를 無視하는 俗人의 俗說"을 견제하면서 발화하고 있는 점이다. 그 비판의 창끝이 "時勢에 便乘함을 焦燥하는 者", 즉 현영섭을 비롯한 철저일체론자를 향하고 있는 것은 상상하기 어렵지 않다. 그리고 간과해서는 안 될 것이 김명식의 말의 근저에 있는 조선의 '감퇴(減退)'에 대한 위기의식이다. 그 위기의식에는 경제·문화적으로 급성장을 이루는 동시대의 만주에 대한 경계가 섞여 있었다.

또한 위기의식의 배경에는 「내선일체의 구체적 실현 과정」에 서술한 것처럼 조선 경제의 독자성을 실현하기 위한 기관(조선 경제의 참모본부)으로서 1939년 12월 내지의 '기획원(企劃院)'에 대응하여 조선총독부에 '기획부(企劃部)'가 신설되었지만, 그 기구가 온전치 않을 뿐 아니라 기획부 직원으로 조선인이 한 사람도 임명되지 않았다는 사실이 있었다. 말하자면 기획부는 "企劃院의 出張所"였고 이는 기획부에 대한 김명식의 기대를 배반하는 것이었다. 사회주의적 계획경제에 조선 경제 자립의 계기를 구하던 김명식으로서는 그 실현의 전망이 전혀 보이지 않게 된 셈이다.

내선일체에 내선의 민족 협화를 새겨 읽고 빈궁화하는 농촌의 현실을 염두에 두면서 조선어를 옹호한 인정식이든, 문화·산업 면에서 조선의 특수성을 옹호한 김명식이든, 그들은 어디까지나 내선 사이에 민족 협화가 실현되는 한에서 내선일체에 의한 조선인의 황민화를 받아들였다. 그것은 말하자면 식민 권력의 논리를 거꾸로 쥔 아슬아슬한 도박이었다. 인정식이나 김명식으로 하여금 이러한 도박을 하게끔 한 동기의 근저에는 조선 경제와 문화가 '감퇴'한다는 위기의식이 있었다. 이러한 위기의식은 앞서 살펴본 조선 문학자들이 내선일체 아래 조선어나 조선 문학이 '점점 엷어져' 가는 상황에 대해 품었던 위기감과 상통하는 것이다.

다만 그들의 언설을 조선 민족을 지키려는 저항으로서 읽을 수만은 없다. 전시 동원을 통하여 조선의 주체화·근대화를 모색했다는 점에서 협화적 내선일체론은 당연하게도 식민 권력과 공범관계를 맺고 있었다. 그러므로 그들은 저항과 굴종 양쪽 모두에 속하는 양의적인 존재였다고 할 수 있다.

그 후 김명식은 기획부에 대한 기대가 배반당한 1940년 6월 이후 절필한다. 이 절필은 김명식이 사회주의적 계획경제를 통한 조선 경제의 자립에 기대를 걸고 있었다는 증거이다. 그러나 이와 대조적으로 인정식은 그 후로도 계속하여 동원의 논리를 글로 남겼다. 이미 인정식이 보기에도 조선 민중이 자발적으로 제국 안에서 번영을 누린다고 말할 수 있는 상황이 아니었고, 농촌의 빈궁은 심각한 정도를 더해 가고 있었다. 그러나 총독부 조선국토계획위원을 맡고 실제 활동에서도 식민 권력에 협력하는 정치적 입장에 섰던 인정식은 상황이 어려우면 어려울수록 더욱 전시 동원에 의한 사회변혁·사회발전을 추구하지 않을 수 없었고 점점 전시 동원의 논리에 얽매여 갔다.

3) 전향정책으로서 내선일체론

그러면 마지막으로 철저일체론이나 협화적 내선일체론과 성질을 달리하는 전향정책으로서 내선일체론을 살펴보자. 김한경의 「공동운명에의 결합과 그 환원론」과 김두정의 「흥아적 대사명으로 본 「내선일체」」가 그것이다. 시국대응전선사상보국연맹(時局對應全鮮思想報國聯盟)[19] 간사인 김한경, 동 연맹 간사이자 조선방공협회(朝鮮防共協會) 촉탁인 김두정은 경력에 드러나듯 전형적인 전향자였다.[20]

간단히 두 사람의 경력을 소개하겠다. 1902년 태어난 김한경은 1923년 2월 전조선청년당대회후원회를 발기했다. 1926년에는 보성전문학교 법과 3학년 재학 중 도일했다. 이듬해 1927년 4월 조선공산당에 입당하여 일본부 산하 선전부 책임자가 된다. 1928년 2월 조선공산당 제3차 대회에 출석하여 중앙집행위원 겸 일본총국 책임비서로 선임된다. 같은 해 6월 검거를 피해 일본으로 건너가나 8월에 검거되었다. 1931년 3월 도쿄지방재판소에서 징역 6년을 선고받고 복역하던 중 전향한다. 1939년 내선일체를 표방한 국민문화연구소 사무감사, 시국대응전선사상보국연맹 본부간사가 되었다. 같은 해 8월에는 동양지광사(東洋之光社)에 입사했다.

1906년 태어난 김두정은 1928년 3월 함흥고등보통학교 졸업 후 4월에 관비유학생으로서 야마구치(山口)고등상업학교에 입학했다. 1931년 1월 학교를 중퇴하고 인쇄공으로 일하면서 3월에 무산자사(無産者社)에 가입한다. 1932년 1월 노동계급사(勞動階級社) 결성에 참

19 1938년 7월 창립된 전향자단체. 김한경은 상임간사를 맡았다. 동 연맹은 1941년 4월 조직을 개편하고 '大和塾'으로 이름을 바꿨다. 洪宗郁, 「戦時期朝鮮における思想犯統制と大和塾」, 『韓国朝鮮文化研究』 16, 東京大学韓国朝鮮文化研究室, 2017. 3 참조.

20 식민지 조선의 전향 및 전향정책에 대해서는 水野直樹, 「治安維持法の制定と植民地朝鮮」, 『人文学報』 83, 京都大学人文科学研究所, 2000. 3; 同, 「戦時期朝鮮における治安政策:「思想浄化工作」と大和塾を中心に」, 『歴史学研究』 777, 2003. 7 참조.

가하여 중앙상임위원 겸 편집부 책임자가 되었다. 5월에는 조선공산당재건투쟁협의회 일본 출판부 결성에 참가하여 기관지 『재건투쟁(再建鬪爭)』 편집자가 된다. 1932년 11월 조선공산당 재건운동에 참가하기 위해 귀국하나 1933년 2월 검거되었다. 1935년 6월에 경성지방법원에서 징역 6년을 선고받아 복역하던 중 12월에 전향서를 발표하였고, 『방공전선 승리의 필요성(防共戰線勝利の必然性)』(1939)을 집필한 뒤 1939년 2월에 가석방되었다. 같은 해 시국대응전선사상보국연맹에 가입하여 본부 간사가 되었다.

김한경은 「공동운명에의 결합과 그 환원론」에서 "內鮮兩民族은 同根同祖의 後裔이다", "內鮮兩民族은 同一한 言語系統을 가졌다", "內鮮兩民族은 同一한 文化的 傳統을 가졌다", "內鮮兩民族은 同一한 運命을 등에 지고 있다"는 식으로 집요하게 한일 양 민족의 동일성을 강조하면서 다음과 같이 민족부흥을 논하였다. "大和民族의 크나큰 同化力과 朝鮮民族의 純粹한 包攝力은 가장 잘 融合되여 未來世界를 領導, 開拓할 만한 偉大한 文明民族의 性格을 形成할 수 있을 것이다."

김두정은 「흥아적 대사명으로 본 「내선일체」」를 통해 김한경과 마찬가지로 한일 양 민족의 동일성을 바탕으로 하여 '興亞的 大使命'을 주창한다. 거기에는 '白色人種', '白色帝國主義', 즉 서구에 대한 노골적인 대항 의식과 더불어 서구를 넘어서려는 '興亞'의 의지가 있다. 김두정의 세계관은 "十九世紀를 中心으로 한 白色人種 全盛時代로부터 二十世紀를 起點으로 한 黃色人種 復興時代에로 人類史는 我國의 領導에 依하여 一大轉回를 하고 있으며 저 日露戰役부터 今次의 支那事變에 이르기까지의 諸般 興亞的 聖業은 如實히 이것을 證明하고 있다"는 서술에 잘 드러난다.

나아가 김두정은 다음과 같이 '흥아적 대사명'을 설명한다. "우리는 白色帝國主義의 世界的 破壞工作에 眩惑되지 말고 世界大戰을 契機로 한 이 千載一遇의 好機에 興亞的 大使命을 完遂하여 白色人種의 鐵蹄下에 蹂躪된 巨大한 亞細亞諸人種을 救濟하고 나아가 八紘一宇의 大理想의 實現에 邁進하지 않으면 아니 된다." 김두정은 이러한 "天賦的 大使命"의 실현을 위해서는 "擧國一致體制 完成에 依한 一億國民의 同心一體的 團結이 絶對必要하며 內鮮一體의 完成이야 참으로 그 主要條件인 것이"라고 보았다. 김한경과 김두정 두 사람 논의에 공통적인 것은 황도주의와 국가사회주의, 그리고 대아시아주의(반서구주의)이다. 이들은 전향 지식인의 내선일체 인식의 전형을 보여준다고 할 수 있다.

시국대응전선사상보국연맹이라는 전향자 단체의 이데올로그였던 그들은 전향자 동원이라는 명확한 목적 아래 조선 민중이 아닌 사상범을 향하여 발화하였다. 그러므로 논리에 담긴 문제성은 놔두더라도, 식민지 조선이 직면한 상황 속에서 조선 민중을 향하여 이야기하고 있는 현영섭의 철저일체론이나 김명식 및 인정식의 협화적 내선일체론과 비교할 때 상황에 대응하는 긴장감이 떨어진다. 그들의 내선일체론은 당국이 부여한 사상적 패키지 속에서 머물렀으며, 넘쳐 나던 일본 내셔널리즘의 수사를 짜깁기한 데 지나지 않았다. 스스로 어떻게 존재하고자 하느냐는 주체성 그리고 내선일체에 대한 자기 나름의 사상성이 결락된 그들의 내선일체론은 어디까지나 사상범을 동원하는 전향정책으로서 그것이며 전향자의 공소(空疎)한 논의에 그쳤다고 할 수밖에 없다.

4. 나오며

내선일체란 두말할 필요 없이 조선어를 비롯한 조선의 민족성과 민족 문화를 말살하여 조선 민족을 일본 민족에게 〈황민화=동화〉하는 정책이다. 내선일체정책이 한반도에 남긴 상흔은 이루 헤아릴 수 없다. 그것은 1945년 8월 15일 해방을 맞아 바로 치유될 수 있는 성질의 것이 아니었다. 남겨진 상흔은 21세기 한국에서 친일파 청산 법제화를 둘러싼 논란으로 드러났고, 또한 '황국 소년'이었던 개인이나 부모와 자식의 갈라진 마음에 생생하게 새겨져 있다.[21]

그러므로 내선일체는 지금까지, 미야타 세쓰코의 일련의 작업으로 대표되듯이, 동화와 동원의 폭력을 구조적으로 철저히 검증하기 위해 식민정책이나 민중의 시점에서 〈황민화=동화〉정책 측면이 강조되는 형태로 논의되었다. 식민주의가 계속되고 있는 오늘날[22] 그러한 작업은 아무리 강조되어도 지나침이 없을 것이다. 내선일체라고 하는 〈황민화=동화〉정책은 이성의 이름으로 결코 용서되어서는 안 되며 민족말살·민족 분단의 폭력은 두 번 다시 반복되어서는 안 된다.

그렇지만 내선일체를 논할 때 〈황민화=동화〉정책 측면이 강조됨으로써 중일전쟁기 조선 지식인의 사상적 영위가 외면당하는 것 또

---

21 내선일체가 '황국 소년'이었던 개인에게 입힌 마음의 상처나 그 부모 자식 사이에 가져온 갈등에 대해서는 金時鐘, 「クレメンタインの歌」, 『「在日」のはざまで』, 平凡社ライブラリー, 2001(김시종 저, 윤여일 역, 「클레멘타인의 노래」, 『조선과 일본에 살다: 재일시인 김시종 자전』, 돌베개, 2016) 참조.

22 오늘날 식민주의의 계속성에 대해서는 岩崎稔 外 編, 『継続する植民地主義: ジェンダ/民族/人種/階級』, 青弓社, 2005 및 같은 책에 수록된 졸고, 「在日朝鮮人と沖縄の人々を繋ぐもの」 참조.

한 사실이다. 위에서 개관한 내선일체론의 대립 구도에 드러나듯이 중일전쟁기 조선 지식인의 내선일체론에는 여러 입장이 있었고 또 그만큼 내선일체를 받아들이는 다양한 논리가 존재했다. 내선일체론이라고 해도 결코 하나로 묶을 수 없고, 저마다의 내선일체를 밑천 삼아 긴박한 교섭·기도를 벌였다.

물론 현시점에서 보자면 그것이 어떠한 내용이었든 내선일체론이란 도저히 용인될 수 없는 이론·사상이다. 때문에 중일전쟁기 조선 지식인의 내선일체론을 부정하거나 '친일파' 혹은 '대일협력'이라고 일축하는 것은 어렵지 않다. 그러나 오늘날 그들의 내선일체론을 읽을 때 요구되는 것은 그러한 성급한 판단이 아니라, 그들을 타자화하지 않고 당시의 동시대적 문맥에 서서 그들이 내선일체에 개입한 논리를 밝히는 것이 아닐까. 내선일체라는 〈황민화=동화〉정책이 부르짖어진 식민 지배의 절정을 겪은 조선인이 무엇을 선택하고, 무엇을 기도하고, 무엇을 꿈꿨는지, 그들이 살아간 경험과 실패를 목격하고 역사를 검증하려는 태도가 아닐까.

이것이야말로 〈식민지/근대 초극〉 연구회가 가장 관심을 가지고 있는 부분이다. 중일전쟁기 조선 지식인 가운데서도 당시 다수파로서 식민 권력을 거꾸로 이용하는 동시에 한편에서 권력과 공범 관계를 맺었던 협화적 내선일체론자가 지닌 양의적 논리를 밝히는 것은 가장 핵심적인 작업일 것이다. 그 양의성에서 내선일체가 뿜어내는 동화와 동원의 폭력을 예감한 사람들의 또 다른 얼굴을 엿볼 수 있다. 동시에 그들의 얼굴에는 지금까지 '암흑기'로서 묵살되어 온 중일전쟁기에서 태평양전쟁기에 걸친 시기 많은 조선 지식인이나 문학자가 직면했던 식민지 조선의 위기 상황의 리얼리티가 담겨 있다. 말하자면 전시기 식민지 조선에 관한 역사 서술을 갱신할 하나의 계기가 그 속에 있는 셈이다.

〈식민지/근대 초극〉 연구회에 의한 중일전쟁기 조선 지식인의 언설에 대한 소개와 분석이 역사, 사상사, 문학 등의 전문 영역을 뛰어넘어, 식민지 조선 연구 그리고 동시대 제국 일본 연구의 진전에 이바지하기를 바라마지 않는다.

■ 보론

다카하시 아즈사(高橋梓)

지금까지 '내선일체론'과 관련해서는 미야타 세쓰코의 연구[1]가 많이 참조되었다. '내선일체'는 중일전쟁이 전개되면서 조선 지배가 재편·강화됨에 따라 최고의 통치 목표로 제창되었다. 다만 "반도 사람을 충량한 황국신민으로"[2] 만들기 위해 조선총독 미나미 지로에 의해 강조된 '내선일체'는, 사상으로서 명확한 체계를 가지기보다 하나의 구호로서 제창되었다. 이처럼 '내선일체'는 "아메바처럼 부정형(不定形)이었기 때문에 여러 입장의 사람들을 끌어들일 수 있었다."[3]

미야타 세쓰코는 조선 지식인의 '내선일체론'에 주목하여, '내선일체'가 지배자 측에는 조선인에 대한 차별을 남긴 채 동화하는 논리를 가능하게 했지만, 조선인에게는 '차별에서 탈출' 논리로 받아들여진 것을 밝혔다. 하지만 이 책에서 소개한 조선 지식인의 '내선일

---

1 宮田節子, 『朝鮮民衆と「皇民化」政策』, 未来社, 1985(宮田節子 저, 李熒娘 역, 『朝鮮民衆과 「皇民化」政策』, 一潮閣, 1997) 참조.

2 「道知事會議ニ於ケル總督訓示」(1939. 5. 29), 朝鮮總督府官房文書課 編, 『諭告·訓示·演述總攬』, 朝鮮行政學會, 1941, 196쪽.

3 宮田節子, 『朝鮮民衆と「皇民化」政策』, 148쪽(한국어 역, 159쪽).

체론'을 보면, 미야타가 밝혔듯이 '아메바처럼 부정형'이었던 '내선일체' 논리가 지배자 측과 조선 지식인 사이에 차이를 남긴 채 받아들여졌을 뿐만 아니라, 조선 지식인 내부에도 다양한 '내선일체론'을 낳은 것을 알 수 있다.

해제 「중일전쟁기 조선 지식인의 내선일체론」에 따르면, 조선 지식인의 '내선일체론'은 크게 '철저일체론'(현영섭), '협화적 내선일체론'(김명식, 인정식), '전향정책으로서 내선일체론'(김한경, 김두정)으로 나눌 수 있다. 이들 논고는 "다소의 이론(異論)은 있으나 내선일체론에 대하여 긍정하고 실천하고 있다"(본서 210쪽)고 현영섭 스스로 설명했듯이, 각각 따로 떼어 놓고 읽으면 모두 단순히 조선인의 황민화를 수용한 논의로 비칠 수 있다. 그러나 이 책의 제1장에서 논의한 조선 지식인의 '동아협동체론'을 염두에 두고 이들 논고를 주의 깊게 읽으면 '철저일체론'과 '협화적 내선일체론'은 논의의 전제가 크게 다른 것을 알 수 있다.

『삼천리』 1940년 3월호 특집 「「내선일체」 체내의 조선 민중적 고찰」에는 현영섭, 김명식, 인정식의 글이 나란히 게재되었지만, 현영섭이 "내선일체 내의 조선 민중적 제문제를 고찰하기 전에 내선일체의 근본 원리를 확립하는 것이 가장 필요하다"(본서 210쪽)고 말한 것과 달리, 김명식은 "조선 민중의 제문제를 고찰하려면 먼저 그의 전제가 되는 내선일체의 의의를 밝힐 필요가 있다"(본서 224쪽)면서 '조선 민중의 제문제'를 강조하였다. 또한 인정식은 "내선일체의 근본 문제는 정치의 문제가 아니라 사상의 문제이며 형식의 문제가 아니라 내용의 문제"(본서 231쪽)라고 지적하여 '내선일체론'이 '형식'으로서 받아들여지는 것을 비판하였다.

또한 전향자를 동원하려는 명확한 목적을 가지고 사상범을 향해 말을 걸고 있는 '전향정책으로서 내선일체론'이나 동시대의 창작 언어에 관한 좌담회 「조선문화의 장래와 현재」(『京城日報』, 1938. 11~12)에서 조선어가 소멸될 것이라고 이야기된 사실도 같이 놓고 보면, 김명식과 인정식의 논고가 당시에 가졌을 긴장감을 읽어 낼 수 있다. 즉 해제에서 설명한 바와 같이 '협화적 내선일체론'은 조선의 경제·문화의 '감퇴(減退)'에 대한 위기의식 속에 '전시 동원을 통해 조선의 주체화·근대화를 모색'했던 조선 지식인의 '아슬아슬한 도박'이었다.

이들 논고를 모아 엮어 '내선일체론'의 대립 구도를 제시한 이 책의 시도는 해제에서 밝힌 바와 같이 "당시의 동시대적 문맥에 서서 그들이 내선일체에 개입하여 간 논리를 밝히는 것"을 가능하게 했다. 또한 같은 〈식민지/근대 초극〉 연구회 구성원인 조관자의 이광수 연구,[4] 미하라 요시아키(三原芳秋)의 최재서(崔載瑞) 연구[5]에도 보이듯이, 이 책의 시도는 '친일 작가'로 평가되어 온 조선인 문학자를 동시대적 문맥에서 재해석하는 것으로 이어진다. 그리고 이러한 성과를 바탕으로 지금까지 '친일 문학'으로 읽힌 작품에 대한 새로운 이해도 가능해질 것이라고 생각한다.

다만 이 책에서 밝힌 '내선일체론'의 대립 구도를 더욱 깊이 이해하기 위해서는 이 논고들이 발표된 배경을 좀 더 자세히 살필 필요가

---

4 조관자, 「민족의 힘을 욕망한 〈친일내셔널리스트〉 이광수」, 『당대비평』, 2002. 4(박지향 외 편, 『해방전후사의 재인식 1』, 책세상, 2006).

5 미하라 요시아키, 「崔載瑞のOrder」, 『사이間SAI』 4, 2008. 5(미하라 요시아키 저, 홍종욱 역, 「최재서의 Order」, 와타나베 나오키 외 편, 『전쟁하는 신민, 식민지의 국민문학』, 소명출판, 2010).

있다. 먼저, '철저일체론'과 '협화적 내선일체론' 사이에 당시 어떠한 논쟁이 진행되었고, 또 지식인들의 네트워크는 어떻게 형성되었는지도 같이 살필 필요가 있다. 해제에서는 대립 구도를 설명하기 위해 현영섭 자신이 제시한 '철저일체론', '협화적 내선일체론'이라는 용어를 차용하면서 각각을 '소수파'와 '다수파'라고 위치 지었다. 그러나 '철저일체론'과 '협화적 내선일체론'이 어떠한 논쟁 속에서 나타났고 또 '협화적 내선일체론'이 어떻게 '다수파'로 존재했는지에 대해 자세한 설명이 없는 점이 아쉽다.

미야타 세쓰코에 따르면 현영섭은 1938년에 『조선인의 나아갈 길(朝鮮人の進むべき道)』을 발표한 후 "내 저서에 대하여 반대하는 자가 상당히 많다는 것에 놀라지 않을 수 없었다"[6]고 회상하였다고 한다. 1938년경부터 1940년대 초에 걸쳐 '내선일체론'에 관한 논의가 진행되면서 이에 대한 다양한 반응과 논쟁이 생겨나는데, 이런 논쟁 속에서 '철저일체론'과 '협화적 내선일체론'이라는 대립 구도가 만들어지는 과정은 어떠했을까. 나아가 당시 '내선일체론' 논쟁에서 '다수파'로 인식된 '협화적 내선일체론' 진영 내부에도 또 다른 차이가 있지는 않았는지, 그리고 그 차이는 시기에 따라 어떻게 변화되어 갔는지 등에 대해서도 생각해 보고 싶다.

다음으로 '내선일체' 논고를 쓰는 데 사용된 언어에 대해서도 주목하고 싶다. 현영섭은 일본어로 쓴 『조선인의 나아갈 길』에서는 '구세대' '민족주의자'에게 '자살하기를 바란다'[7]고 요구하는 등 조선 문

---

6 玄永燮, 『新生朝鮮の出發』, 大阪屋號書店, 1939, 16쪽.

7 玄永燮, 『朝鮮人の進むべき道』, 綠旗聯盟, 1938, 117~118쪽.

화를 강하게 부정하였다. 그러나 이 책에 실린 조선어로 쓰인 논고에서는 '민족동화론'을 주장하면서도 조선 민족공동체로부터 '개인'을 해방시킬 것을 강조할 뿐 조선 문화 자체를 부정적으로 간주하는 표현은 눈에 띄지 않는다.

이처럼 같은 사람이 쓴 '내선일체론'이라도 발표된 언어와 매체에 따라 차이가 생기는 점에 주목할 필요가 있다. '협화적 내선일체론'을 논한 김명식과 인정식도 복수(複數)의 언어로 논고를 발표하거나 좌담회에서 발언을 했을 것으로 생각되는데, 그 경우 매체/언어에 따라 논의에 차이가 존재했을까. 혹시라도 이들이 주로 조선어를 사용했다는 점이 '협화적 내선일체론' 형성에 영향을 미치게 된 것은 아닐까.

논고들이 사용한 언어, 발표된 매체 그리고 배경으로서 작용한 논쟁 구도를 좀 더 세밀히 살펴봄으로써 당시 조선 지식인들 사이에 존재한 '내선일체론'의 대립 구도를 더 깊이 이해할 수 있을 것이다.

■ 보론

윤대석(尹大石)

1. 「빛 속으로(光の中に)」와 「완득이」

“제주도는 내지와는 많이 다른 것 같아요.” 제주도를 여행하고 온 한 학생과 대화를 나누던 중 문득 등장한 이 ‘내지’라는 단어는, 그것이 가진 역사적 의미를 환기하며 국민국가 대한민국에 놓인 제주도의 현재적 위치를 잘 보여준다. ‘내부 식민지’의 논의를 끄집어내지 않고서라도 타자화된 제주도를 떠올리기는 어렵지 않지만, 그보다 놀라운 것은 해방 이후 사라졌어야 할 그 ‘내지’라는 단어의 끈질긴 생명력이다. ‘내지’라는 단어는 ‘내선일체’에서 비롯되지는 않았지만, 내지와 조선이라는, 보는 자와 보이는 자, 동일자와 타자, 중심과 주변의 구도를 현재적 맥락에서 다시 소환한다.

내선일체가 가진 폭력성을 당대의 수준에서 그려 보인 작품으로 김사량(金史良)의 「빛 속으로」를 들 수 있다. 조선인과 일본인 사이에서 태어난 아버지와, 그의 폭력에 시달리는 조선인 어머니를 둔 야마다 하루오(山田春夫)는 자기 정체성의 일부인 조선성을 억압하고 부정할 뿐만 아니라 어머니조차 부정한다. 어머니에 대한 부정(패륜)과 어머니에 대한 사랑(인륜) 사이에서 찢겨진 존재였던 야마다는 조선 출신인 남(南) 선생님의 도움으로 인륜을 회복하고 자기 긍정으로, 그러니까 '빛'으로 나아간다. 그가 빛 속에서 춤을 추며 무용가로서의 꿈을 키우는 장면은 그러한 자기 긍정의 상징이라 할 수 있다. 이 소설에서 야마다 하루오를 완득이로, 남 선생님을 똥주 선생, 조선인 어머니를 베트남 결혼이주자인 완득이 엄마, 무용가를 권투 선수로 바꾸면 그대로 김려령의 소설 『완득이』(2008)가 된다. 내선일체의 그림자(冥)는 해방을 넘어, 또 친일과 청산을 넘어 다문화 시대의 한국 사회에 깊이 드리워 있는 것이다. 다문화 시대의 논리 속에 식민주의가 잠재해 있음을 비추는 거울이라는 점에 내선일체론을 연구하는 현재적 의의가 있지 않을까 한다.

2. 협화적 내선일체론의 가능성

이 책의 해제와 〈식민지/근대 초극〉 연구회가 당대의 내선일체론을 검토하는 기본적인 입장은 '친일'과 '대일협력'을 넘어선 곳, 즉 "당시의 동시대적 문맥에 서서 그들이 내선일체에 개입하여 갔던 논리를 밝히는" 데 있다고 한다. 그것은 그들이 "무엇을 선택하고, 무엇을 기도하고, 무엇을 꿈꿨던 것인지, 그들의 경험과 실패를 목격하고" 검증하는 데 있다는 것, 나아가 "협화적 내선일체론자가 안고 있던 양의적인 논리"를 밝히는 데 있다는 것이다. 이러한 문제설정은 마르크스의 종교론("종교를 실현하지 않고 종교를 폐기할 수 없다")을 이어받아 가라타니 고진(柄谷行人)이 설정한 "네이션=스테이트를 실현하기 위해서는 그것을 폐기해야 한다(「제국과 네이션」)"는 명제를 연상시킨다. '근대 초극'에 관해서 말하자면 그것은 다케우치 요시미(竹內好)가 말한 "목욕물과 함께 아이를 버리지 않기"의 연장선에 있는 듯이 보인다. 그러니까 내선일체를 실현해야 내선일체를 폐기할 수 있다. 그렇다면 실현해야 할 '내선일체'는 무엇일까. 그것의 가능성은 개별 담론과 사상가에서 개별적으로 분석될 수 있겠지만, 그 모두를 포괄하는 것이 없어서는 안 될 것이다.

3. 내선일체론의 대립구도

해제가 내세운 내선일체론의 구도는 쓰다(津田)의 것을 빌려 온 철저일체론/협화적 내선일체론이다. 이 구도의 의의는 조선인의 내선일체론을 다양화하는 것 자체에 있다기보다 그를 통해 '협화적 내선일체론'을 구제하는 데 있는 것으로 보인다. 구제 불능의 내선일체론과 구제 가능한 내선일체론을 구별하고 후자의 가능성을 탐색하는, 쓰다를 뒤집은 구도이다. 이 구도는 '현영섭 vs. 나머지 조선인'으로, 조금 더 확장하면 '녹기연맹 이데올로그 vs. 나머지'로 구성된다. 문학영역에 이 구도를 적용하면 '장혁주 vs. 나머지 조선 문인'이 된다. 이 대립구도는 "협동은 동화로 가는 도정으로 보아도 좋다"라고 말하는 김한경과 같은 단계론자까지는 설명할 수 있지만, 쓰다가 협화적 내선일체론자라고 분류하지만 "머리를 찔러 피가 나더라도 그것이 일본인의 피여야 한다"라고 주장한 이광수를 설명하지는 못한다. 더군다나 지나치게 폭넓은 스펙트럼을 지닌 협화적 내선일체론자들을 적절하게 분류하기에는 너무나 부족한 구도라 할 수 있다. 이 구도는 당대의 조선 지식인들이 의식하지 않을 수 없었던 영향력 있는 프레임이라고 할 수 있겠지만, 특정한 시기에 특정한 의도로 발화되었음을 고려할 필요가 있다.

4. 사족 둘

『문학계』 좌담회와 운(韻)을 맞추어 조선 문인들의 위기감을 드러내려고 그랬겠지만, "조선 문학자들은 침묵을 강요받든지 아니면 국책에 따른 내용의 작품을 창작할 수밖에 없게 된다"는 진술이나 "이태준이나 임화"가 "일본어로 창작·비평을 하게" 되었다는 진술은 오해의 소지가 있다. 그것은 '국민 문학'을 너무 좁게 해석한 것이어서 문제가 있는데, 크게 양보하더라도 "국책에 따른 내용의 작품 창작으로 내몰렸다"라고 하는 것이 적당할 듯하고, 또한 이태준은 스스로 기억하지도 못하는 단 한 편의 일본어 소설을 발표했으며, 임화는 1940년을 전후한 짧은 시기에 일본어 평론을 썼을 뿐이고 사실상 절필에 가까웠음을 고려할 필요가 있다.

또 하나는 이효석이 현영섭을 모델로 하여 쓴 미완의 일본어 소설 소개이다. 2011년 발굴되어 공간이 되었음(『현대문학』, 2011. 9)에도 이상하게 언급되지 않는, 원고 첫 장이 떨어져 나가 제목을 알 수 없는 소설이 있다. 주인공은 '高勝仁', 창씨명 '天野勝人'이다. 그는 대학 친구 '須田勇'이 주도하는, 기관지 『기(旗)』를 내는 동아연맹(東亞聯盟)의 맹우이며, 아나키스트에서 전향한 황도주의자로서 『동포가 나

아갈 길(同胞の進むべき道)』을 써서 화제가 된 인물이다.

> 조숙하여 크로포트킨 따위를 탐독하고 있던 그는 중학교를 마치자 가정의 숨 막히는 공기를 견딜 수 없어 혁명가가 되겠다며 도쿄로 건너갔다. 어머니로부터의 송금도 끊기자 직공이 되기도 하며 온갖 쓴맛을 보면서 아나 운동에 몸을 던지기도 하다가 학령을 많이 넘긴 다음에야 고향으로 돌아와 뒤늦게 예과에서 학부로 학업을 계속했지만,
> (중략)
> 그러나 왜선을 만나 또 한 번 도쿄행을 목표했을 때는 아나 운동의 불길도 식어 가는 무렵이라, 겨우 남은 연기에 그을리고 있는 운동단체를 겉돌면서 수년을 객지에서 보내고 두 번째로 고향의 땅을 밟았을 무렵에는 시대적 형세도 변하기 시작하여……

면회일을 이용하여 총독과 면담하고 나오는 장면으로 이 소설은 시작되는데, 이 정도만 하더라도 이효석이 경성제대 문학과 영문학 전공 1년 후배인 현영섭을 모델로 쓴 소설임을 금방 알 수 있다. 소설 분석은 이 토론과는 관계가 없기에 관심 있는 분은 '평창 효석 문화제' 발표문인 「이효석의 미완성 소설에 대하여」(2011. 9. 10), http://www.hyoseok.org/uboard/file_download.asp?board_id=BBCC04&Seq=1&order=0)를 참조하면 될 것이다. 사료로서는 가치가 떨어질 터이지만, 현영섭에 대한 당대인의 감각을 살피는 데 이 소설은 도움이 될 것이다.

■ 원문

內鮮一體의 具體的 實現過程[1]

金明植

一

좀 題意가 鮮明치 아니하니 먼저 題意를 밝힐 必要가 있을 듯하다. 內鮮一體의 具體的 實現過程이라 하면 內鮮一體의 字義도 既知의 事實이오 그 內容도 既知의 事實로서 이제 그것이 具體的으로 實現되고 있으니 그에 對한 所感을 말하라는 뜻으로도 볼 수 있다. 또 內鮮一體의 具體的 實現過程이라 하면 內鮮一體는 어떠한 時期에 어떠한 形式과 內容을 가지고 實現될 것이냐 하는 무름으로도 볼 수 있다. 그러나 먼저 內鮮一體의 本義와 目的을 克明하는 것이 좋을 것 같이 생각된다. 그러고 이 時期에 있어서는 內鮮一體의 目的은 內鮮이 協力하여 新東亞를 建設함에 있고 또 그것이 요즘 特히 强調됨은 人口問題와 物資問題로 말미암은 것이다. 다시 말하면 帝國이 滿洲 믿 支那大陸을 經營함에 있어서 相當히 長期間을 要하게 되는대 內地의 人口와 物資가 不足함으로 朝鮮에서 그의 不足을 補充하기 爲하여

1 『鑛業朝鮮』 5-1, 1940. 1, 62~67쪽. 목차 제목은 「內鮮一體의 具體的 實現」.

內鮮一體라는 말이 强調되고 있으니 말하자면 그것은 動員的 內容을 가진 것이다.

그런데 物資不足問題는 特히 말할 것이 없고 內地의 人口狀態로 말하면 最近 勞力不足問題가 생겨 社會의 注意를 喚起하고 있다. 이제 十二月五日附 大朝社說[2]로 볼 것 같으면「過剩人口論과 國防的 要求와가 結付되여 滿洲國에 對한 多數의 農業移民이 된 것이다. 그런대 一方 同國에 있어서의 經濟建設의 進行은 最高度의 近代的 機械文明도 移植할 必要가 생기게 된 結果 이제 그를 爲하여 我國으로부터 多量의 物的, 人的資材가 供給되고 있을 뿐만 아니라, 金融的 協力도 不可避의 狀態에 있다. 이것은 말하자면 對外發展의 보든 形式을 包含한 것이나 그 우에 다시 我國은 支那事變의 結果인 長期建設의 事業을 擔當함에 이르렀다. 그러고 그러한 一般的 事情은 必然的으로 人口에 對한 需要를 增大함에 이른 것이다. 即 大陸에 向하여는 多數의 將兵, 그 付隨者 並 技術者, 移民等을 吸收하였음과 함께 銃後[3]에 있어서의 軍需工業은 勿論 一般의 農工商業, 智的勞務等에 對한 勞力供給의 必要를 마츰내 느끼게 되였다. 巷說에 이른바 過剩人口의 一處分方法이 될 大陸政策의 發展이 드듸여 今日의 勞力不足을 齎來하였다 하면 이제 率直히 人口政策을 再檢討해 볼 必要가 있지 아니하냐」고 하였다.

이 大朝社說은 時局을 理解함에 있어서 極히 緊切한 言論이다. 그러고 朝鮮의 人口問題은[4] 勿論 量問題이지마는 그러나 一方으로

2 「〈社說〉人口問題の再檢討」, 『大阪朝日新聞』, 1939. 12. 4(조간).

3 전쟁의 후방, 후방의 국민.

能率이 要求되여 質問題가 생기니 그것은 敎育問題와 結付되고 또 物資問題는 繼續 徵用이 要求되여 産業問題로 歸着되고 있다. 그리하여 産業政策을 擴大强化하고 敎育政策을 刷新補充하였는대 그러면 그로써 內鮮一體의 當面目的인 新東亞建設에 協力할 만한 人的, 物的 要素를 保障할 수 있느냐 함이 本題의 本意가 아닌가 한다.

二

여기서 支那事變 以後에 朝鮮에 實行된 敎育政策과 産業政策을 살펴볼 必要가 있는대 이보다 먼저 朝鮮의 産業政策과 敎育政策은 內地의 그것과 다를 것을 考慮치 아니하면 아니 된다. 朝鮮民族의 發展的 解消論을 말하는 某氏[5]는 以上의 모든 것이 同一하게 됨을 前提하여 立論하였다. 或은 그렇게 되는 날이 있을는지 모른다. 그러나 그것이 現實問題가 아니오 또 그리 되랴면 朝鮮에도 憲法이 施行되고 內地와 같이 府縣制가 組織되여야 할 것이다. 그런데 府縣制度가 實行되는 것은 어려운 일이 아니라 할지라도 中央政治는 그 內容이 極히 複雜多岐한 것이니 朝鮮에 憲法을 施行한다 하여도 朝鮮特殊의 것이 되지 아니할가 한다. 일즉 英國의 愛蘭問題에 있어서 글래드스톤의 失敗한 史實[6]을

---

4 '는'의 잘못으로 보임.

5 김문집(金文輯, 1907~?)의 「「朝鮮民族」의 發展的解消論序說: 上古에의 歸還」, 『朝光』 5-9, 1939. 9를 염두에 둔 것으로 생각된다.

6 일본제국하의 조선과도 종종 견주어졌던 영제국 내의 아일랜드의 지위를 둘러싼 문제는, 19~20세기 영제국의 내정 및 식민지 문제의 결절점이었다. 아일랜드의 자치요구에 적극적으로 응하고자 했던 자유당의 글래드스톤(Gladstone) 수상은 1886년 아일랜드 자치법안을 상정하였다. 하지만 같은 해 실시된 총선거에서 자유당의 분열로 인

日本의 政治家는 잘 알고 있으나[7] 決코 글래드스톤의 政策을 다시 實行해 보고자 하는 政治家가 있을 수 없고 또 그러한 政治家가 나오지 아니하면 帝國憲法이 制限없이 朝鮮에 實施될 바 아니다. 그러고 內鮮一體라는 字義로 말하면 다른 대서도 말한 바 있거니와[8] 八紘一宇[9]라는 말의 朝鮮的 表現이니 書傳의 協和萬邦이라는 말과 같이 從的關聯[10]을 意味한 것이오, 橫的關聯을 要求하는 것이 아니다. 그럼으로 文化的 領域에 있어서나 産業行政에 있어서나 敎育方針에 있어서나 無分別한 同化政策이 實行되지 안는 것이니 時勢에 便乘함을 꾀함은 抽想的 觀念을 追求하는 것보다 實際情勢와 事理의 本領을 究明하는 것이 必要하지 아니한가 한다. 또 精神動員問題로 말할지라도

해 자치권 부여에 반대하는 보수당이 승리하였다. 광범위한 자치권 부여는 제1차 세계대전 후까지 실행되지 못하였다. 그 후 아일랜드는 독립전쟁을 거쳐 1921년 말에 제국 내 자치령인 아일랜드자유국이 되고, 나아가 1938년에는 완전독립국이 되는데, 북부 얼스터 6주는 영국령으로 분할되어 오늘날에 이르고 있다.

7 '있으니'의 잘못으로 보임.

8 金明植, 「「氏制度」창설과 鮮滿一如」, 『三千里』 12-3, 1940. 3을 가리키는 것으로 생각된다. 『鑛業朝鮮』에 게재된 본 논문이 『三千里』에 게재된 논문보다 빨리 간행되었지만, 실제로 두 논문은 거의 동시기에 집필된 것으로 추정된다.

9 일본의 관찬 역사서 『日本書紀』(720)에서 일본의 초대 天皇인 神武天皇는 "팔굉을 덮어 집으로 삼는 것이 좋지 아니한가(掩八紘而爲宇不亦可乎)"라고 일본 열도의 통일을 천명하였다. 1910년대 니치렌(日蓮)주의자인 불교 학자 다나카 지가쿠(田中智學)가 팔굉일우(八紘一宇)라는 조어를 만들어 냈다. 2·26 사건의 '황도파' 청년장교의 취지서에서도 이 표현은 발견되며, 제1차 및 제2차 고노에 내각에서는 이 용어를 즐겨 사용하였다. 1940년 1월 1일 조선총독 미나미 지로는 『東亞日報』에 기고한 「長期忍苦를 覺悟, 興亞維新에 一路邁進」이라는 글에서 "大和의 精神과 八紘一宇의 理想으로써 國內의 說服치 안는 者를 說服시키기 爲하야 十幾年의 長期建設을 必要로 한다"고 주장하였다. 이후 제2차 세계대전 중 일본군의 슬로건이 되었고, 전후 GHQ는 공문서에서 '팔굉일우' 사용을 금지하였다.

10 '縱的關聯'의 잘못으로 보임.

時局에 對處하기 爲한 것이오, 時局을 超越한 運動이 아니다. 만일 그것이 時局을 超越한다 하면 民衆을 끄을 수 없어 物質的 勢力을 일울 바 아니니 따라서 그것은 一種의 觀念運動에 그치고 말 것이다. 그러고 精神總同盟運動[11]이 濃厚한 時局性을 가지고 있는 것은 말할 必要도 없거니와 그러나 아즉 좋은 成績을 나타내지 못한 重大한 原因의 하나는 역시 觀念運動에 기울리고 있는 까닭이 아닌가 한다. 그리하여 民衆을 組織함에 있어서 저들의 生活問題에 置重치 아니하니 民衆은 그를 通하여 政治的 要求도 經濟的 要求도 實現할 수 없이 저들의 熱意가 結晶되지 안는 것이다. 그럼으로 精神總同盟運動은 朝鮮人의 政治的 要求와 經濟的 믿 文化的 要求를 이에 集中하여 저들의 生活을 表現하고 組織하지 아니하면 앞으로도 좋은 成績을 나타내기 어려울 줄 알거니와 그리되면 政黨性을 가지게 되여 印度의 콩그레스[12]와 같은 機關이 되지 안느냐 하는 問題가 생기는대 民衆을 組織

---

11 국민정신총동원운동과 그 운동조직인 국민정신총동원조선연맹을 가리킨다. 동 연맹은 중일전쟁 발발 1주년인 1938년 7월 7일 일본의 국민정신총동원운동에 호응하여 '내선일체의 완성'을 내세우며 결성되었다. 조선총독부의 지도를 받아 각 지방연맹 아래 애국반을 조직하여 지역사회의 말단까지를 포괄한 조직이었다. 최유리, 『일제 말기 식민지 지배정책연구』, 국학자료원, 1997; 庵逧由香, 「朝鮮における戦争動員政策の展開: 「国民運動」の組織化を中心に」, 『国際関係学研究』 別冊 21, 津田塾大学, 1995; 趙慶喜, 「植民地動員のコミュニケーション戦略: 戦時下朝鮮における「国民動員」の事例に」, 『東京大学社会情報研究所紀要』 61, 2001 참조. 또한 김명식이 지적한 연맹의 '政黨性' 문제는 1940년 후반 일본의 신체제운동을 둘러싸고 현안이 되었다. 일본에서 신체제운동의 정치조직으로서 大政翼贊會가 성립한 것과 달리, 국민정신총동원조선연맹은 1940년 10월에 정치성을 완전히 탈색한 국민총력조선연맹으로 개조되었다.

12 '콩그레스(Congress)'는 인도 국민회의(파)를 가리키는 것으로 보인다. 인도 국민회의는 근대교육을 받은 인도 중산계급이 영제국의 식민 지배에 대해 자기의 정치적 의지를 표명하기 위해 1885년에 결성한 회의이다. 초기에는 식민 통치를 위한 안전

함에는 그것이 必然한 精動形態가 아닌가 한다. 그리고 印度의 콩그레스는 一千八百八十五年에 생겼으니 이제 朝鮮에 그러한 機關이 생기는 것은 무엇으로 보든지 오히려 느졌을지언정 時期의 일은 일이 아니다.

三

그런대 朝鮮의 産業政策에 對해서는 다른 대서 말한 바 있으니[13] 이제 여기서는 말하지 않거니와 敎育政策으로 말하면 當局에서 말하는 바와 같이 從來보다 改善된 것이 事實이다. 그러나 專門敎育은 特히 말할 만한 것이 없고 中等敎育은 一部都市에 限하여 夜間中學制를 實行하여 겨우 救急이나 하게 되였으며 初等敎育은 補習敎育이 없을 뿐만 아니라 敎育機關의 收容力은 初入生에 入學試驗을 보이지 아니

판 역할을 할 것으로 기대되었지만, 20세기에 들어서자 영제국에 대항하여 인도의 독립·국민국가 형성을 추진하는 최대의 정당조직으로 발전하였고, 독립 후에도 오래동안 인도의 정권을 담당하였다. 김명식의 언급은 인도의 동향을 전하는 당시 신문 보도를 배경으로 하였다고 생각된다. 「印度操縱に悩む/英, 最小限度を讓歩の肚」, 『大阪朝日新聞』, 1939. 12. 7(조간)에서는 전쟁 협력을 구하는 영제국의 요구를 국민회의파가 기피하는 상황을 두고 “인도의 숙제인 독립의 목적을 본국의 약함을 틈타 달성하고자 하는 것을 의도하는 것”이라고 이해하고, 최종적으로는 영정부가 인도에 자치령 지위를 허용하는 수준까지 양보하게 될 것으로 보았다. 김명식 역시 제국에 대한 식민지의 전쟁협력과 자치요구의 관련성에 관심을 품고 있었다고 생각된다.

13 김명식이 1939년 후반에 잡지 『朝光』에 발표한 일련의 논설, 「長期事變下의 經濟情勢」(5-9, 1939. 9), 「朝鮮經濟의 統制問題」(5-10, 1939. 10), 「事變處理와 經濟調整」(5-11, 1939. 11), 「朝鮮經濟의 戰時的樣相」(5-12, 1939. 12), 「朝鮮經濟의 獨自性」(6-1, 1940. 1) 등을 가리킨다고 생각된다. 이 중 「長期事變下의 經濟情勢」와 「朝鮮經濟의 獨自性」은 이 책 제3장에 수록하였다.

할 수 없는 形便이다. 그리고 六年制도 아즉 確立되지 아니하였으니 內地의 教育施設과 比較하여 義務教育制度가 없는 것은 別問題로 할지라도 이제 오히려 霄壤의 差가 있는 것을 알 수 있다. 더구나 內地에 있어서는 國民教育令을 變更하여 義務教育年限을 小學七個年, 高等小學二個年, 青年教育二個年의 合十一個年으로 延長할 모양이니[14] 義務教育制度도 施行되고 있지 아니한 朝鮮의 六年制小學教育은 比較할 바 아니오, 또 軍事教育問題에 이르러서는 對比할 對象도 없다. 그리고 志願兵制度가 實施되고 있으나 그 數는 千名 未滿이오, 그 教育은 兵士資格을 訓練함에 그친다.[15] 그러므로 內鮮一體의 當面目的인 新東亞建設을 爲하여 教育問題에 있어서는 義務教育制度와 徵兵問題를 解決하는 것이 緊急必要한대 이제 이들의 問題에 對하여 官邊에는 어떠한 經綸이 있고 民間에는 어떠한 對策이 있는지 알 수 없으나 精動運動은 이로써 實踐綱領을 삼지 아니하면 아니 될 것이다. 그리고 朝鮮人은 이러한 問題를 率直히 말하는 것을 무슨 큰 罪나 짓는 것 같이 생각하는 傾向이 있는대(그것은 先天이 卑怯한 탓이 아니지마는)[16] 그러한 傾向은 徹底히 淸算하지 아니하면 아니 된다. 그리하여 共存共榮의 具體的 方略을 맨드러 내는 것은 朝鮮人의 義務인 同時

---

14 일본의 의무교육 연한은 메이지기 이래 소학교 6년이었으나, 1941년 4월 국민학교령에 의해 1944년 4월부터 국민학교 초등과 6년에 국민학교 고등과 2년을 더해 모두 8년으로 연장하기로 결정되었다. 다만 1944년 2월 전시비상조치에 따라 의무교육 연한 연장은 연기되었다.

15 1938년 2월 육군특별지원병령이 조선에서 공포되어 동년 4월에 시행되었다. 김명식 등은 징병제 시행을 국민으로서의 권리 획득의 전제로 이해하였기 때문에 총독부의 정책을 불충분하다고 비판하였다.

16 원문에 없는 ')' 삽입.

에 權利인 것을 깨닫지 아니하면 아니 된다.

그리고 예수는 「門을 두드려라, 열릴 것이라」고 말하였거니와 門을 두드리는 것은 罪가 아니오 또 門을 두드리지 아니하면 열리지 아니할 것은 예수를 기다리지 아니하여도 모를 바 아니다. 그리하여 協力할 同志를 求할 수 없어 新東亞建設에 힘의 不足을 補充할 수 없게 되면 이야말로 무엇보다도 큰일이 아니냐.

그런대 朝鮮經濟의 獨自性問題에 對해서는 南總督이 일즉부터 特히 注意해 온 것을 모르는 바 아니오 또 그의 實現을 爲하여 企劃部[17]가 新設되였거니와 그러나 그 機構가 너무도 不備한 것은 말할 것도 없고 그 우에 人事問題에 있어서도 日前 發表된 企劃部職員의 辭令으로 보면 朝鮮人은 一人도 任命되지 아니하였다. 이것은 偶然한 일이오 또 적은 問題라 할지라도 企劃部에 對한 우리의 企待와 關聯하여 遺憾이 없지 않다. 이제 企劃部에 對한 우리의 企待를 率直히 말하면 그것은 朝鮮經濟의 獨自性을 實現하기 爲한 機關이니 朝鮮人을 中心한 組織이 되여 朝鮮人의 綜合한 意思가 表現함을 企待하고 있였는대 그것이 企劃院의 出張所와 같이 됨에 첫재 失望치 아니할 수 없었고 또 그 우에 人事關係에 있어서는 다른 局部보다도 嚴刻한 것이 있음을 發見할 때에 人材經濟를 爲해서도 考慮할 餘地가 있는 일이라고 생각한다. 그러고 大野政務總監[18]은 明年度豫算問題에 關

17 1939년 12월 2일 국가총동원계획에 관한 사무의 원활한 처리를 위해 조선총독부에 기획부가 설치되었다. 김명식은 비슷한 시기에 집필한 앞의 주 13의 여러 논고에서 기획부가 조선경제의 독자적 발전을 위해 중요한 역할을 해야 한다는 기대를 표명한 바 있다.

18 정무총감(政務總監)은 조선총독 아래에서 행정, 사법을 통괄하던 직책. 오노 로쿠이치로(大野綠一郎, 1887~1985)는 1936년 8월 5일로부터 1942년 5월 29일까지 제9대

한 中央과의 折衝 並 朝鮮統治狀況報告를 爲하여 東上中 去六日 記者團과 會見談에서 「事變下에 있어서의 刻下 國策인 生産擴充에 對하여는 朝鮮서는 低廉한 動力電力과 勞力이 豐富히 있고 또 交通도 便利하게 되였으니 十分 生産施設의 擴充을 꾀할 수 있다. 中央에서도 充分히 資材의 調達을 考慮함을 第一企望한다. 이 點에 對하여는 企劃院을 爲始하여 中央官廳은 認識을 크게 곳처 달라고 생각하고 있다. 이것은 自己의 持論인대 日滿支를 通한 生産擴充에 當하여는 內地에 버금하여 먼저 朝鮮의 生産力擴充을 圖謀하고 順次 滿洲, 北支에 믿치는 것이 第一妥當한 順序이다」[19]고 하였는대, 「內地에 버금하여 먼저 朝鮮의 生産力擴充을 圖謀하고 順次 滿洲, 北支에 있는 것이 第一妥當한 順序라」 함은 當然한 主張이지마는 最近의 滿洲經濟는 발서 朝鮮經濟를 凌駕할 만큼 發展하였을 뿐만 아니라, 獨自的 立地에서 經濟政策을 實行할 수 있는 滿洲國은 資材需給問題에 있어서도 朝鮮보다 많은 便宜가 있는 것을 이저서는 아니 된다. 그러고 勞力은 朝鮮보다 低廉하고 또 動力電力도 앞으로 朝鮮보다 低廉케 되지 아니할는지 알 수 없다. 그러나 日滿支經濟會議[20]에는 臨時常時를 莫論하고 朝鮮에서는 代表의 參加도 엇지 못하고 있으니 무엇으로써 「日滿支를 通한 生産擴充에 當하여는 內地에 버금하여 먼저 朝鮮의 生産力擴充을 圖謀」할 것이냐. 그리하여 鮮滿一如는 經濟事相에 있어

정무총감으로 재직하였다.

19 오노 정무총감과 기자단 회담 기사는 미확인.

20 다음 절에 나오는 '日滿支懇談會'(정식 명칭은 '東亞經濟懇談會')를 가리킨다. 동 간담회는 1939년 7월 '日滿支蒙' 블록경제권의 확립과 '신동아경제건설'을 위한 연락조정을 이룰 목적으로 항구적 기관으로서 설치되었다.

서도 滿鮮一如가 되지 아니할 수 없으니 內地와 滿洲間에서 朝鮮經濟는 冀足을 패일[21] 수 없는 것을 먼저 修正할 方法이 없으면 內鮮一體의 當面目的은 적어도 朝鮮的 立地에서는 일우기 어렵지 아니할가 한다.

四

더구나 朝鮮人과 滿洲人과의 生活을 社會的으로 軍事的으로 國際的으로 政治的으로 對比해 볼 것 같으면 滿洲人은 무엇으로도 朝鮮人보다 優勝한 地位를 가지고 있고 未久에 支那人도 그렇게 될 것이니 朝鮮人은 內地人과 같이 滿洲人이나 支那人을 應對할 만한 資格이 없어 內鮮協力의 意義은[22] 極히 制限되지 아니할 수 없다. 그러고 그와 같이 그것이 制限될 것 같으면 우에서 말한 人口問題에 對해서도 物資問題에 對해서도 朝鮮의 寄與는 貶價되여 日滿支三國에 있어서 朝鮮의 地位가 漸次 後退할 것은 分明한 일이니 特히 時勢에 便乘함을 꾀하는 者는 이 問題에 對하여 먼저 正當한 認識을 要求하고 그리하여 緊急한 對策을 講究하지 아니하면 아니 된다. 그러고 그것은 觀念運動으로 解決할 바 아닌 것은 누구도 否定할 수 없는 일이니 實際生活에서 朝鮮人의 先進性을 保持하고 그와 同時에 滿洲人과 支那人만 못하지 아니한 發展을 꾀할 수 있는 政治, 經濟, 軍事, 社會等의 制度가 實現됨을 힘쓰지 아니하면 아니 된다.

---

21 '바라는 바를 펼'의 의미라고 생각됨. '冀'의 뜻은 '바라다'.

22 '는'의 잘못으로 보임.

우에서 말한 日滿支懇談會[23]는 이미 常設機關으로 組織되어 圓域經濟의 根本方針을 確立해 노았는대 이때에 있어서 朝鮮經濟는 先進性에서도 後進性에서도 無視된 것은 그만두고라도 去六日에 開催된 分科會議에 있어서 또한 朝鮮經濟의 特殊事情이나 獨自性問題는 그림자도 볼 수 없게 되었으니 所謂 兵站基點으로 해서 朝鮮의 重要性을 무엇에서 發見할 것이냐. 그리고 鑛業部門과 工業部門에 있어서 朝鮮經濟의 先進性이 保障될 수 없다 하면 적어도 農業部門에 對해서는 地域的 重點主義에 依하여 朝鮮米의 增産計劃은 實現되여야 할 것인데 그러나 그도 內地의 增産計劃과 相値될 뿐만 아니다[24] 滿洲의 그것과 對立되여 某要路人은 確言함을 回避하였다.[25] 그런대 同懇談會 分科會 農業部門會議에서 北京大學敎授 那須皓[26]博士는 「日滿支를 通하여 새로 생기고 있는 農業政策의 基本的 推進要素인 人的要素

23 정식 명칭은 동아경제간담회. 제1회 대회는 1939년 12월 5~7일에 도쿄 제국호텔에서 개최되어, '滿支蒙' 현지 각 정부의 대표, 興亞院의 각지연락대표 등이 참가하였다. 5일에 총회, 6·7일 이틀은 농업·광업·공업·금융·교통·무역의 각 분과회 형식으로 구체적 문제를 협의했다.

24 '아니라'의 잘못으로 보임.

25 출전 미확인.

26 나스 시로시(那須皓, 1888~1984)는 농업경제학자이다. 도쿄제국대학 농학부 교수로 만주국 성립 후 「滿蒙開拓青少年義勇軍編成に關する意見書」를 제출하는 등 일본 국내 농업문제 해결을 위해 만몽(滿蒙) 개척·이민 사업을 추진하였다. 1939년에는 임시만주개척민심의회 위원을 역임하였고, 1940년부터 국립베이징대학 농학원 명예교수를 겸임하여 일본군점령 후의 베이징대학의 재개 및 운영을 담당하였다. 1944년에는 중화민국정부(난징) 전국경제위원회 고문에 취임하였다. 전후에는 공직추방을 당했으나, 1950년대 후반 인도·네팔 대사를 역임하며 농업을 중심으로 한 국제 교류에 관여하였다. 아시아구라협회(アジア救ライ協会) 이사장, UN식량농업기구(FAO) 총회의장 등을 역임하고 1967년 일본인으로는 세 번째 막사이사이 상을 수상하였다.

에 對하여 日本은 滿洲에 向해서 優秀人材를 작구 보내지 아니하면 아니한다」[27]는 意味를 强調하였는대 이것은 內鮮協力의 人口問題에 對하여 좋은 參考가 될 줄 알거니와 그리하여 朝鮮의 人口問題는 大陸進出과 關聯되여 비로소 量問題함이[28] 아니오 質問題에서도 評價할 수 있게 된다 하면 참된 意味의 人口問題에 寄與할 수 있게 될 것이니 이러한 問題를 論究하는 것이 時勢에 便乘하는 方法이 되지 아니하면 아니 될 것이다.

-十二月七日-

27 「金融, 農業組上に/けふ分科會開く」(『大阪朝日新聞』, 1939. 12. 7, 석간)에 보도된 간담회 분과회 나스(那須)의 발언을 요약하여 인용하였다. 또한 기사 중의 '滿支에 向해서'라는 표현이 김명식의 인용에서는 '滿洲에 向해서'로 바뀌었다.

28 '量問題만이'의 잘못으로 보임.

■ 원문

內鮮一體의 文化的 理念[1]

印貞植

內鮮一體의 根本理念은 朝鮮民衆을 徹底히 皇民化하는 데 있다고 나는 確信하고 있다.

併合이 成立된 지 의미 三十年이 經過한 今日, 皇民化를 目標로 하는 內鮮一體의 標語가 새삼스럽게 絶叫되고 있는 것은 또한 그만한 理由가 없지 않은 까닭이다. 併合과 아울러 朝鮮의 二千萬民衆은 日本帝國의 臣民으로 編入되였으며 三千里의 半島는 日本帝國의 一地域으로 編入되였다. 그래서 의미 三十年이 經過한 것이다. 그럼에도 不拘하고 現今에 있어서 內鮮一體가 새삼스럽게 부르짖게 된 것은 아직까지 朝鮮人의 中에는 帝國의 臣民으로서의 自己의 地位와 任務를 忠實히 깨닫지 못하는 部分이 적지 않었기 때문이다. 그러므로 今日에 提起되는 內鮮一體의 標語는 爲先 무엇보담도 精神的인 또는 思想的인 意義를 갖는 것이다. 法律的으로 社會的으로는 半島의 民衆은 併合과 아울러 의미 틀림없는 帝國의 臣民이다. 問題는 다만 그들을 精神에 있어서 思想에 있어서 感情에 있어서 意慾과 情熱

1 『人文評論』 2-1(통권 4), 1940. 1, 4~7쪽.

과 運命感에 있어서 皇國의 臣民으로 訓練하고 陶冶하고 統一하는 데 있는 것이다. 여기에 南「레심」[2]의 最高目標인 「內鮮一體」의 時代的 役割과 또 任務가 있다고 나는 確信한다.

그런데 昨年一年 동안의 經過를 回顧하여 볼 때 實踐的 領域에 있어서 內鮮一體의 標語가 旋風的으로 貫徹되여 나아감에 따라 理論的 部面에 있어서도 內鮮一體의 思想을 體系化하려는 數多한 勞作이 發表되였다. 勿論 半島人이 皇民化 된다는 데 別般 理論이 있을 理는 없다. 그것은 無條件的인 至上命令의 形態로서 要請되고 있다. 그러나 內鮮一體의 問題는 實로 史上에 類例가 드문 民族問題의 獨特한 日本的인 解決方法을 意味한다. 아무리 同根同祖의 根源을 가젓다 하드래도 의미 過去에 있어서 幾千間의 서로 分離된 言語와 文化와 生活樣式의 傳統을 가지고 온 두 民衆을 여기에 一體化하려 한다는 것은 어째든 人類史上에 類例가 그리 많지 못한 嚴肅하고 至大하고 또 困難한 事業이 아닐 수 없다. 따라서 이러한 偉業을 企圖한다는 것만도 日本的인 廣大한 皇道精神의 밑에서만 可能한 일이라 할 수 있다.

그러므로 어째든 이 內鮮一體의 問題란 것은 哲學의 問題이며 感情의 問題이며 傳統의 問題라 하지 않을 수 없다. 따라서 內鮮一體를 思想的으로 體系化한다는 것은 運動目體의 前進을 爲해서 不可缺的인 側面的 任務가 아니면 않 된다.[3]

그런데 이 體系化의 試練에 있어서 昨年一年間의 業蹟을 살펴본

2 레짐(regime). 체제. 제7대 조선총독 미나미 지로(南次郞, 1874~1955)의 재임기간은 1936년 8월 5일~1942년 5월 29일이다.

3 '안 된다'의 잘못으로 보임.

다면 우리는 두 가지의 理論的 企圖를 볼 수가 있다.

첫째로는 金聲律氏의 『史實로 본 內鮮一體』[4]라는 勞作에서 보는 바와 같이 過去의 史實에 있어서 內地人과 朝鮮人이 同一한 通古斯系統의 血緣的 根源을 가졌다는 理論的 契機이며,

둘째로는 玄永燮氏가 『朝鮮人의 나아갈 길』[5]이라는 著述에서 力說한 바와 같이 朝鮮人이 未來의 幸福을 求하기 爲해서는 現今까지의 모든 傳統과 言語와 慣習과 生活樣式을 全面的으로 또 根本的으로 抛棄해야 된다는 小兒病的 理論을 볼 수가 있었다.

×

그런데 「內鮮一體」를 思想的으로 體系化함에 있어서 이러한 두 가지의 觀點이 깊이 參考되여야 할 것만은 틀림없는 일이다. 그러나 이것만을 가지고서 하나의 完全한 思想體系로서 보려는 이가 있다면 너무나 無謀한 妄想이라 하지 않을 수 없다.

첫째로 內地人과 朝鮮人이 同根同祖의 血緣的 聯關을 가졌다는 것은 何必 金氏를 기두르지 않는다 할지라도 小學校兒童이라도 다 아는 일이다. 그뿐 아니라 우리는 日常生活에 있어서 純眞한 動機에서 內鮮人이 서로 接觸할 때 이러한 聯關性을 無意識的으로 깨닫는 수도 적지 않다.

다만 問題는 現今의 內鮮人을 通古斯時代의 옛날에 回歸케 하여 感情에 있어서 意慾에 있어서 一體化하게 하자면 어떠한 事實的 契

4 金聲律, 『史實より見たる內鮮一體』, 大海堂, 1938. 11.

5 玄永燮, 『朝鮮人の進むべき道』(綠旗聯盟, 1938)에 관해서는 제2장 최진석의 해제 158쪽 참조.

機가 다시 要求되는가를 發見하는 데 있다. 이 契機가 發見될 때에만 同根同祖의 契機를 現實에 있어서 다시 生活化할 수가 있고 實踐化할 수가 있을 것이다.

그러므로 이 새로운 契機는 史實에서가 아니라 現實에서, 過去에서가 아니라 現在에서 把握되여야 한다. 이리해서만 史實과 現實은 合致되고, 또 史實은 現實을 前進시키는 重要한 刺戟劑가 될 수 있을 것이다.

나는 이 現實의 契機를 內鮮人의 運命의 共通性과 또 이를 實證하는 東亞의 情勢에서 찾을 수가 있다고 생각한다. 事變 以來의 東亞의 情勢의 急激한 變化가 全朝鮮民衆에 向해서 重大하고 尊重한 敎訓을 준 것이다. 다시 말하면 過去에 있어서 一部의 智識層이 夢想하여 오든 民族的 意識이라든가 또는 社會主義的인 企圖가 얼마나 東亞의 本質的인 運命의 軌道에서 脫線된 虛妄한 路線이였다는 것을 朝鮮의 民衆은 이 事變의 敎訓을 通해서 뼈저리게 自覺하게 되였다. 帝國의 臣民으로서만 朝鮮人의 存在는 容許되며 또 帝國의 臣民으로서만 未來의 幸福을 얻을 수가 있다는 것을 民衆은 實로 이 事變下의 日常生活을 通해서 깨닫게 된 것이다. 이미 이러한 自覺이 促進되여 온 以上 남은 問題는 半島民衆을 感情的으로 訓練하는 데 있을 것이다. 또 이 感情的 訓練의 階段에 있어서 同根同祖의 史實的 關聯性을 보여준다는 것은 하나의 促進要素로서 重大한 意義를 가질 것이다. 그러나 그것만으로 그리 意義가 크지는 못하다.

要컨데 民衆에게 提示하는 內鮮一體의 理念은 恒常 現實에서 證明되여야 한다. 民衆은 現實의 日常生活을 通해서만 그들의 運命과 路線을 가장 正確하게 認識할 수가 있기 때문이다.

이러한 見地에서 史實과 現實을 綜合하고 體系化하는 것이 內鮮一體理論의 當面한 課題라고 나는 믿는다. 또 이 當面한 課題는 朝鮮의 文化人의 雙肩에 실린 今後의 重要한 任務인 것은 더 말할 必要도 없다.

×

다음으로 玄永燮氏의 所論이 氏自身의 말로는 理想主義라 하지만 事實은 理想主義도 아무것도 아니다. 確實히 思考하는 方法에 있어서는 옛날의 「아나-키즘」의 無體系的인 殘滓를 많이 엿볼 수가 있다. 個人의 感情과 主觀的 偏見에서 出發하여 무엇이든지 되는 대로 客觀世界를 一律的으로 規定하려는 것이 果然 하나의 思想이라 할 수 있을가. 이것은 無意味한 「로-만티시즘」의 手淫이 아니면 痴人의 꿈에 떠러지기가 쉽다.

假令 朝鮮語를 廢棄하자는 氏의 獨斷을 考慮해 보자. 國語를 廣汎하게 使用하고 또 國語의 普及을 通해서 皇民으로서의 精神的 訓練을 期한다는 것은 勿論 重要한 文化的 任務임에 틀림없다. 그러나 여기에는 社會的인 限界가 橫在되여 있다는 것을 忘却해서는 안 될 것이다.

全朝鮮人口의 八割이 農民으로 構成되여 있다는 것은 우리가 잘 아는 事實이다. 그런데 이 農民의 大部分이 收支의 不均衡과 食糧의 不足을 免치 못하고 있으며 따라서 그들의 生計費에 있어서 文化를 爲한 또는 教育을 爲한 支出이란 것은 殆無에 가깝다는 것도 우리가 잘 아는 事實이다. 그러므로 이들에게 朝鮮語를 廢棄하라는 것은 事實 아무 말도 하지 말라는 것과 다름이 없다.

國語를 日常用語로서 全般的으로 使用케 하자면 爲先 皇道經濟[6]의 原理 밑에서 이러한 限界가 廢止되여야 한다. 그리 된 後에야만 長久한 日程을 要求하는 課題로서 朝鮮語의 廢棄란 것도 처음으로 論議될 수가 있다.

現今에 있어서는 爲先 皇民化의 精神的 訓練을 爲해서도 朝鮮語의 廢棄가 아니라 도리혀 그의 廣汎한 活用이 必要하다는 것은 더 말할 必要도 없다.

×

要컨데 지난 一年間에 있어서 內鮮一體의 理論的 成果가 요만한 限界에 끝었다는 것은 매우 섭섭한 일이다. 또 이와 同時에 內鮮一體의 理論的 體系化를 爲해서 今後에 遂行할 朝鮮의 智識人의 任務도 또한 크다는 것을 切實히 느끼지 않을 수 없다.

文學의 領域에 있어서는 지난 年末에 朝鮮文人協會[7]가 結成되여

---

6 황도경제는 사쿠다 쇼이치(作田莊一), 나니와다 하루오(難波田春夫) 등이 제창한 국체에 기초한 경제체제의 확립을 호소하는 경제사조였다(作田莊一, 『我が國體と經濟〈國體の本義解說總書〉』, 文部省教學局, 1940 참조). 『古事記』 등의 주석을 통하여 경제를 논하는 사쿠다의 논설에서 전형적으로 볼 수 있듯, 황도경제론은 비합리적이며 비실제적인 관념론으로 일관하였다. 인정식의 논의는 황도경제와는 거리가 있고, 오쿠마 노부유키(大熊信行), 류 신타로(笠信太朗), 오고치 가즈오(大河內一男) 등이 주창한 총력전에 의한 경제사회의 합리적 재편성론에 가깝다. 인정식의 글에서 '황도경제'라는 용법은 합리적인 경제재편성론을 포괄하여, (천황 아래에서) 내외지(內外地)의 경제적 평등화를 지향하는 논의를 총칭한 것으로 생각된다.

7 조선문인협회는 '북지황군 위문 문단사절' 파견(1939. 3~5) 이후, 조선인 문학자의 동원을 목적으로 '국민문학'의 건설을 내세우고 1939년 10월 29일에 결성된 문학자 단체이다. 조선문인협회 설립과정에는 조선총독부가 적극적으로 개입하였다. 창립 임원으로 명예총재로는 총독부 학무국장 시오바라 도키사부로(鹽原時三郞), 회장으로 이광수, 간사로 일본인으로는 모모세 지히로(百瀨千尋), 스기모토 나가오(杉本長夫), 가라시마 다케시(辛島驍), 쓰다 쓰요시(津田剛), 조선인으로는 김동환, 정인섭, 주요한, 이

國策에 順應하는 新文化의 建設을 標榜하고 나섰다. 또 經濟學, 哲學等의 部門에 있어서도 東亞協同體와 內鮮一體 또는 皇道經濟主義等의 原則에 立脚하는 새로운 硏究가 聰明한 智識人들 사이에 準備되고 있는 것은 매우 반가운 일이다.

內鮮一體의 根本理念을 學問的으로 探究하고 이 原則에 立脚하여 새로운 思想의 體系를 確立하는 大業은 新年을 마지한 朝鮮의 智識人이 總力量을 集中하여 遂行치 않으면 안 될 重大한 課題라고 나는 主張한다.

기영, 박영희, 김문집 등이 있었다. 주요 활동으로는 전국순회 강연회(1940. 11. 30~12. 8), 결전하 문화인 대강연회(1941. 12. 13), 대동아전쟁1주년기념 국민시낭독회(1942. 12. 8) 등이 있다. 1943년 4월 17일에 다른 단체와 함께 통폐합되어 '황도문학' 건설을 내세우는 조선문인보국회로 개조·흡수되었다. 이건제, 「조선문인협회 성립과정 연구」, 『한국문예비평연구』 34, 2011, 449~458쪽.

■ 원문

「內鮮一體」와 朝鮮人의 個性問題[1]

玄永燮

__.[2]

半島統治의 最高首腦部를 비롯하여 過去에 日本의 立場을 反對해 온 半島知識階級들도 多少의 異論은 있으나 內鮮一體論에 對하여 肯定하고 實踐하고 있다고 나는 생각한다. 그렇나 內鮮一體의 觀念이 明確히 全民衆에 把握되어 있는 現狀이냐 하면 그렇다고 斷言하기는 아즉 早急하다. 原則的으로 一體論에 贊成하면서도 現實問題로 드러가면 여러 가지 意見이 生기는 것이 現狀이다. 그뿐만 아니라 一體論을 冷笑하는 사람도 없다고는 할 수 없는 現狀이다. 그런 까닭에 나는 內鮮一體內의 朝鮮民衆的 諸問題를 考察하기 前에 內鮮一體의 根本原理를 確立하는 것이 가장 必要하다고 생각한다. 根本原理에 對한 認識의 差異로부터 具體的 現實問題에 對하여 異見이 續出한다고 나는 본다.

1 『三千里』 12-3, 1940. 3, pp. 34-40.

2 원문에는 '一' 없음

內鮮一體의 根本原理에 對하여 大槪 두 가지로 認識한다고 分類할 수 있다. 即 하나는 內鮮은 兩民族인 까닭에 皇道를 生活原理로 하여, 即 異體同心으로 團結握手하면 그만이라는 論이다. 半島知識階級의 大部分, 東亞協同體論者, 東亞聯盟論者의 大部分이 이러한 內鮮一體를 主張하고 있으며, 또 그들의 發表한 國家觀, 世界觀을 展開시키면 協和的 內鮮一體가 되는 것이다. 友情的, 握手型의 內鮮이라고 命名한다. 이와 反對로 內鮮一體論의 有力한 指導者인 南總督은 內鮮의 窮局의 姿態는 握手가 아니라 血, 形, 身魂이 하나가 되는 것이라고 宣言하였다(昭和十四年五月三十日, 精動役員會席上講演[3]). 나는 南總督의 意見을 絶對로 支持한다. 그 支持하는 理由는 나의 世界觀, 人生觀에서 出發한다. 或者는 「너의 意見은 主觀的인 願望的 結論이지 何等에 客觀性이 없다」고 批判하지만, 이렇한 생각이야말로 公式主義的이라 아니할 수 없다. 一個人의 思想이란 決코 全體를 떠나서 生長하지 아니한다.[4] 徹底一體論을 主張하지 아니하면 아니되는 幾多의 現實의 蓄積을 나는 忠實히 表現하는 곳에 나의 主觀性과 客觀性이 있는 것이다.

왜 나는 徹底一體論을 主張하는가. 半島知識階級의 大部分이 協和的 內鮮一體論者라고 나는 생각하는 까닭에 이 機會에 內鮮一體에 對한 所見을 簡單히 發表하랴 한다.

---

3 "「내선일체」는 상호 손을 잡거나 형태가 융합하거나 하는 것 같은, 그런 미적지근한 것이 아니다. 손을 잡는 것은 놓으면 다시 별개가 되고, 물과 기름도 무리하게 섞으면 융합된 형태가 되나 그것으로는 안 된다. 형태도, 마음도, 피도, 살도 모두가 일체가 되어야 한다."(「國民精神總動員朝鮮聯盟役員總會席上總督挨拶(1939. 5. 30)」, 『朝鮮に於ける國民精神總動員』, 朝鮮總督府, 1940, 101쪽(『戦時體制下朝鮮總督府外郭團體資料集成』 20, 高麗書林, 1997 수록))

4 원문에는 이 문장 앞에 '('이 있지만 오식으로 보여 삭제하였다.

나는 各個人, 各町, 各村落의 個性, 各道, 各省, 各縣의 個性을 尊重한다. 個性을 尊重하는 哲學을 十年間이나 信奉하고 微力하나마 實踐하여 왔었다. 民族의 個性도 亦是 尊重하여야만 한다. 그러나 무엇이 個性이냐 하는 點에 드러가면 大端히 難處하다. 假令 志賀直哉[5]의 小說一頁와 有島武郞[6]의 小說一頁을 比較하여 兩者의 文章的 個性을 分別하기는 困難하다. 李光洙[7]의 一頁, 李箕永[8]의 一頁를 보고 곳 兩

5 시가 나오야(志賀直哉, 1883~1971)는 일본의 소설가이다. 메이지 시기로부터 쇼와 시기에 이르기까지 활동하였다. 귀족학교 學習院을 졸업하고 도쿄제국대학 영문과에 입학하나 후에 자퇴한다. 우치무라 간조에게 사사하지만 이후 기독교에서 멀어진다. 1910년 동인지 『白樺』의 창산을 주도했으며, 시라카바파(白樺派)를 대표하는 소설가 중의 한 사람이다. 아버지와의 불화와 화해 그리고 자아의 형성을 다룬 소설을 발표하였다. 주요 작품으로 단편 「網走まで」(1910), 「清兵衛と瓢箪」(1913), 「城の崎にて」(1917), 「赤西蠣太」(1917), 「和解」(1917), 장편 『暗夜行路』(1927~1937) 등이 있다. 이후 1942년 일본군이 싱가포르를 함락하자, 「シンガポール陷落」을 발표하고 라디오로 소감을 말하기도 하였다.

6 아리시마 다케오(有島武郞, 1878~1923)는 귀족학교 學習院을 졸업하고 농학자가 되고자 札幌農学校에 진학하였고 기독교 세례를 받기도 하였다. 1903년 도미하여, 하버포드대학 및 하버드대학에서 유학하며 사회주의에 경도되었고, 휘트먼과 입센, 톨스토이 등의 서구 문학 및 베르그송과 니체 등의 서양철학에 영향을 받았다. 귀국 후 신앙에 회의를 품고 사회주의 연구회를 이끌었다. 1910년 동인지 『白樺』의 창간과 더불어 그리스도교와 인도주의를 주제로 문학활동을 시작하였다. 아내와 아버지의 죽음을 계기로 본격적으로 창작에 전념하였으며, 주요 작품으로 소설 「カインの末裔」(1917), 「生れ出づる悩み」(1918), 「小さき者へ」(1918), 「或る女」(1919) 등과 평론 「惜みなく愛は奪ふ」(1917) 등이 있다. 1922년 北海道의 농장을 소작농에게 나누어주며, 농지 해방을 시도했다. 1923년 『婦人公論』 기자이자 유부녀인 하타노 아키코(波多野秋子)와 정사(情死)하였다.

7 이광수(李光洙, 1892~1950)는 문학자·작가이다. 도일유학 중에 발표한 장편 『無情』은 한국 최초의 본격적인 근대소설로 알려진다. 1919년에는 「2·8 독립선언」을 기초했고 상하이 임시정부에서도 잠시 활동하였다. 전시기에는 조선문인협회(208쪽 주 7 참조) 회장을 맡는 등 적극적인 대일협력 자세를 보였다.

8 이기영(李箕永, 1895~1984)은 조선 프롤레타리아 문학을 대표하는 작가이다. 1925년 조선프롤레타리아예술동맹(KAPF)의 결성에 참가하였으며. 농촌과 도시를 무대로 계

者의 文學的 個性을 말하기 어렵다. 勿論 志賀, 有島, 李光洙, 李箕永는[9] 個性을 가진 것이다. 思想的으로나 文章的으로나 個性을 가진 것은 事實이다. 그런데 여기에 文學이 무엇인지 모르는 사람에게 小說을 읽킨다면, 「그 소리가 그 소리지 무엇 別 다른 것이 있나」 할 것이다. 個性이란 이와 같이 薄弱한 것이다. 文學을 모르고도 넉넉히 生을 圖謀하고 사는 實業家가 있는 것은 이 世上에 얼마나 個性이 없고 生存 即 性慾과 食慾를 滿足시키는 類型的 存在가 많다는 것을 證明하고도 남는다. 文學, 藝術, 이것이야말로 眞實한 個性의 世界다. 이것의 存在가 얼마나 蔑視되어 있는 現世界를 想像하야도 現代에 있어서 個性이 얼마나 薄弱한 存在인 것을 可히 想像할 수 있는 것이다.

나는 徹底한 個性尊重論者이다. 音樂의 調和란 同一한 音에서 나오지 아니한다. 모든 사람이 論語만 읽고 武器를 잡는 사람도, 그림 그리는 사람도 없는 國家나 社會는 滅亡하고야 만다. 最高로 發達된 理想의 나라는 個性의 最高의 發達이 全體를 破壞하지 아니하는 것을 말한다. 交響樂團이 成立하랴면 여러 가지 樂器가 있다는 것을 우리들은 잘 알고 있다. 그러나 樂團員이 一齊히 탁시-도를 입고 指揮者의 命에 服從하고 同一한 樂譜를 使用한다는 것을 忘却하여서는 아니 된다. 個性的이면서도 統制的인 것이 交響樂의 本質이다. 藝術, 文學이 自由스럽게, 個性的으로 보이나 其實은 束縛, 拘束에 억매여 있다. 即 人生의 法則, 社會, 國家의 制約 밑에 있다는 것은 明白한 事

급의식의 각성 및 투쟁, 그리고 전향을 다룬 소설을 다수 발표하였다. 1940년 전후에는 생산소설을 다수 창작하였다. 해방 후에는 북한에서 문화 관계 요직을 역임하였다.

9 '은'의 잘못으로 보임.

實이다. 나는 徹底한 統制論者다. 自由와 統制는 車의 兩輪과 같다.

二

以上과 같이 個性을 보는 것은 常識이지만, 이것은 人類社會에도 말할 수 있다. 世界가 現代와 같이 相爭하는 것은 蜜蜂이나 개아미에 對하여 부끄러운 일이지만, 그것은 全世界의 各民族이 自己個性만 第一이라고 主張하는 까닭이다. 그것은 맞이 「뻰드」의 樂器가 제멋대로 떠드러대이는 것과 같다. 交響樂을 演奏할 적에 一部의 樂器는 休奏하는 수도 있다. 人類社會는 제멋때로 날뛰고 있다. 指揮棒을 싫어히는 樂人이며 共通한 樂譜가 없는 音樂家다.

이러한 バラバラ[10]를 싫여하는 傾向도 相當이 强烈한 것이 있다. 基督의 理想이 무엇인가. 舊教의 法王이란 무엇인가. 秦始皇은 「나포레옹」은 무엇인가. 佛教는 무엇이며, 社會主義는 무엇인가. 民族, 國境을 超越하여 가지고 同一한 理想을 갖이고 하는 것이다. 赤露[11]에서는 「共産主義란 全世界, 全宇宙에 밎이는 것이라」고 宣傳하고 있다. 淺薄한 唯物史觀에는 共産主義를 가지고도 全世界를 統一하랴고 한다. 基督教가 全世界를 統一하랴고 하나, 그것을 實行할 現實的 基盤이 없는 것은 事實이다. 各國資本主義에 忠誠하는 歐米基督教가 世界統一한다는 것은 空想이다. 파시슴은 自己 나라만 爲하는 國家個人主義이니 이러한 것은 世界的으로는 發展 아니한다. 世界統一의 理

10 '따로따로'라는 뜻의 일본어.

11 적색 러시아.

想은 共産主義와 日本皇道思想 뿐이다. 英國도 世界를 統一하랴고 하나, 日本 때문에, 獨伊蘇 때문에 失敗하였다. 共産主義의 誤謬를 解說한다는 것은 나의 論題에서 너머 떠러지므로 省畧한다.

日本精神이란 決코 民族主義가 아니라, 基督敎와 同一系統인 神中心의 信仰이라. 神의 象徵이옵신……[12] 天皇을 崇拜仰慕하고 天皇의 「오미고고로」(大御心)[13]에 副奉하도록 우리들의 生活을 建設하자는 思想이다. 그런 까닭에 內地人이라 하여도 天皇御慕心이 없는 사람이면 日本人이 아니다. 希臘人의 Lafcadi Hearn[14]이란 西洋人도 天皇에 歸依하였다. 그는 훌륭한 日本人으로서 生涯를 맛엿다. 大和民族은 天皇에 歸依한 民族이라. 朝鮮人은 只今 大和民族과 같이 全世界의 民衆에게 天皇仰慕의 宗敎(나는 日本精神은 宗敎라고 생각한다)를 宣傳하는 地位에 있다고 생각한다. 內鮮一體의 根本精神은 그것이다. 朝鮮人은 民族主義를 淸算하고 共産主義的 世界統一思想을 버렸다면 最後의 길은 日本精神에 依한 世界秩序創造運動에 邁進할 뿐이다.

---

12 원문 그대로. 천황에 대한 경의의 표현일 수도 있다.

13 大御心. '천황의 마음'을 뜻하는 일본어.

14 라프카디오 헌(Lafcadio Hearn, 1850~1904)은 고이즈미 야쿠모(小泉八雲)라고도 불리며, 그리스 태생의 신문 기자, 기행문 작가, 수필가, 소설가, 일본 연구가, 일본 민속학자이다. 아일랜드인 아버지와 그리스인 어머니 사이에서 태어났으며, 아일랜드, 프랑스, 영국에서 교육을 받은 뒤 미국에서 기자로 활동하였다. 1890년 일본에 통신원으로 도착하여, 1896년 일본국적을 취득하고 고이즈미 야쿠모로 개명하였다. 이후 구마모토(熊本) 제5고등학교, 도쿄제국대학 등지에서 영어 강사로 활동하면서, 일본 문화와 설화를 서구에 소개하는 책을 다수 저술하였다.

三

이와 같은 遠大한 思想에 있어 半島人의 任務, 役割을 回想할 적에 비로소 우리들의 個性問題에 對한 態度가 決定되리라고 나는 생각한다. 神中心의 世界一家의 理想鄕을 建設하랴면 될 수 있는 대로 各國의 理想이 同一하지 아니하면 아니 된다. 南米같이 同一民族系統이 亂立하여 多數한 國家를 建設하여서는 아니 된다. 暴力, 强制가 아니고 理想共鳴에 依한 國家의 合同이 緊要한 條件이다. 그리고 될 수 있으면 그 國家가 完全히 一國家를 形成할 수 있다면 그것이야말로 理想鄕建設의 模範이라고 할 수 있다. 各民族이 協和할 뿐만 아니라 完全히 一心同體가 되어 버린다면 그것이야말로 人類가 바라고 바라는 것이다.

支那民族은 永遠히 日本民族과 同化할 수 없다고 하지만 나는 그런 民族精神을 感傷的, 封建的 殘存物이라고 斷定한다. 漢族이나 半島人의 祖先의 피가 日本民族에 多數混入하여 있는 것을 무엇으로 證明하랴는가. 이 僅少한 先例는 모든 例가 되고 만다. 半島人은 完全한 日本民族이 될 수 있고, 또 全世界의 民族이 一民族, 一國家를 形成할 수도 있다고 믿는다. 이것은 現代의 空想이지만 人類가 神信仰을 徹底히 할 때 반드시 實現하고야 만다. 一大家族으로서의 人類, genus humanum이 成立할 때가 있다. 八紘一宇의 神勅이 그것이다.

이 未來世界를 實現하랴는 마음이 熾烈하면 熾烈할수록 우리들은 우리들의 가지고 있는 조고마한 個性에 固執하여서는 아니 된다. 桂貞植氏[15]의 「바이오린」에 무슨 朝鮮語가 있으며 金仁承氏[16]의 그림에 무슨 朝鮮語가 있느냐. 桂氏나 金氏가 全世界의 音樂隊, 美術家가 하지 못하는 技術를 發揮할 때 거기에 金氏, 桂氏의 個性이 생기고, 桂氏, 金氏의 系統이 있다면 半島의 個性이 發揮된다. 그리고 이것은 훌륭한 日本人으로서의 個性이다. 三越,[17] 丁子屋[18]에 收入[19]하는 半

15 계정식(桂貞植, 1904~1974)은 바이올린 연주자·지휘자이다. 숭실전문학교와 도쿄의 東洋音樂學校에서 수학한 후, 1923년 독일로 유학하였다. 바이에른 주립음악원에서 바이올린을 전공하였고, 바젤대학에서 조선의 궁정음악 및 민요에 관한 논문으로 철학박사학위를 취득하였다. 1935년 귀국 후에는 이화여자전문학교에 재직하면서 연주회를 이어 갔다. 1937년 경성일보사 및 매일신보사가 주최하고 조선문예회가 후원한 '바오딩(保定) 함락 축하 황군감사 대음악회'에 관현악단 단원으로 참여하여 '애국가요'를 연주하였다. 1941년 조선음악협회를 결성하여 이사로 활동하였다. 1941년 6월 조선음악협회 주최 음악보국대제전, 같은 해 9월 大和塾 주최 '국민음악의 밤'에 출연하였다. 해방 후에는 한국에서 활동하다가 1961년 도미하였다.

16 김인승(金仁承, 1910~2001)은 화가이다. 1932년 도쿄미술학교 유화과에 입학하여 1937년 수석으로 졸업하였다. 1937년 제16회 조선미술전람회(선전)에서 「裸婦」로 최고상을 수상했다. 1940년 10월 도쿄 우에노 미술관에서 열린 문부성 주최 皇記 2600년 봉축기념전에 「여인좌상」을 출품하여 입선하였고, 1941년 2월 조선미술가협회를 결성하고 서양화부 평의원으로 활동하였다. 1942년 미쓰코시(三越) 백화점과 조지야(丁子屋) 백화점 화랑에서 열린 '반도총후미술전'에 「전선의 화(華)」를 출품하였다. 1943년 조선의 선전 추천 작가와 일본의 유화가 27명이 결성한 丹光會에 참여하여 조선징병제시행기념 기록화 제작에 참가하였다. 해방 후 조선미술문화협회를 결성하였다. 이화여대 교수, 국전 심사위원, 한국미술협회 이사장 등을 역임하였고, 대한민국예술원 회원에 선출되었다. 1971년 도미하였다.

17 미쓰코시(三越) 백화점. 株式會社三越吳服店은 1904년 일본 최초의 백화점 三越吳服店을 설립한 후, 1906년 京城府 本町에 京城出張所를 개점하였으며, 1916년부터 직원을 증원하여 백화점 식으로 영업을 하였다. 1928년 株式会社三越의 京城支店으로 승격하여 개점하였으며, 1930년 철근콘크리트로 4층 건물을 지었다. 당시 경성에서는 三越, 丁子屋, 和信, 三中井, 平田 등 5대 백화점이 경합하였다. 1941년에는 東京, 大阪에 이어서 3위의 매상을 올렸다. 1945년 이후 백화점 건물은 동화백화점을 거쳐 신세계백화점로 인계되었다.

18 조지야(丁子屋) 백화점. 1904년 10월 고바야시 겐로쿠(小林源六)는 한성(漢城, 후일 경성)에 양복점을 개설하였다. 1921년 株式會社丁子屋百貨店으로 전환하였고 본점을 경성에 두었다. 1929년 건물을 증축하였다. 이후 부산, 평양, 원산, 다롄(大連), 신징

島人의 士女[20]가 商品을 購入할 적에 무슨 朝鮮 말이 있는가. 朝鮮 옷깜을 끈을 때에 個性이 있을 뿐이다. 그것도 國語를 使用하여도 可能하다. 나는 和信[21]에 가서도 朝鮮의 個性보담도 全世界共通한 무엇을 發見한다. 個性을 너머 차지면 疲勞할 뿐이다. 「비빔밥」[22]을 「骨董飯」이라 하여도 좋고 「まぜ御飯」이라고 하여도 좋다. 「まぜ御飯吳れ」라고 말하고 먹으면 비빔밥의 맛이 없어지는가.[23]

國語를 奬勵하고 將來 朝鮮語가 없어저도 半島人의 個性은 조금도 滅却되지 아니한다. 時調의 氣分은 우리들이 日本詩歌의 一派로서 國語로 更生시킬 것이다. 愛蘭文學은 大部分이 英語가 아닌가. 同一한 言語를 가지고도 그들은 分離하려고 한다. 「스코트란드」는 英國에 忠誠하며 英語를 使用하면서 「스코트란드」를 자랑한다.[24] 이 地方主

(新京) 등에 지점을 설치하였다. 1945년 종전과 더불어 소멸하였다. 백화점 자리는 미도파백화점과 롯데백화점 영플라자로 이어졌다.

19 '出入'의 잘못으로 보임.

20 남녀.

21 화신백화점(和信百貨店). 1931년에 박흥식(朴興植)은 和信商會를 인수하여 지상 5층의 백화점을 설립한다. 조선인 자본이 운영하는 유일한 근대적 백화점이었다. 1937년 11월 박길룡의 설계로 지하 1층, 지상 6층의 현대식 백화점 건물을 건축하였는데, 당시 경성에서 가장 높은 건물이었다. 내부에는 엘리베이터와 에스컬레이터가 설치되었고 옥상에는 전광뉴스판이 설치되었다. 1987년 폐점하고 건물은 철거된다. 현재 서울특별시 종로구 공평동 종로타워 자리에 위치하였다.

22 '원문의 '「'를 '」'로 수정.

23 '骨董飯'은 비빔밥을 뜻하는 한자어. 'まぜ御飯'은 '비빈 밥'이라는 뜻의 일본어. 'まぜる'는 비비다. '御飯'은 밥. '吳れ'는 '주라', '달라'는 뜻의 일본어.

24 1940년대 최재서 또한 조선 문학을 아일랜드 문학보다는 스코틀랜드 문학에 비유한 바가 있다. 그는 아일랜드 문학은 비록 영어로 창작하지만 정신은 처음부터 반영국적이며 영국에서 벗어나는 것을 목표로 하는 데 반해, 스코틀랜드 문학은 "영문학의 일부분이지만, 스코틀랜드적 성격을 견지하여 다수의 공헌을 하고 있다"고 보았다. 그러나 이것이 현영섭과 마찬가지로 본국에 충실한 지방주의를 의미한 것은 아

義는 人類를 破壞하지 아니한다. 人類社會를 破壞하려 하는 것은 愛蘭 같은 政治的 獨立運動이다.

東洋全體는 日本의 指導를 받고 日本語는 東洋의 共通語가 된다. 우리들은 우리들의 子孫에게 幼年부터 日本語를 敎授하여 本能的으로 習得시켜 논는 것이 必要하다. 半島人은 滿洲國人이나 支那人보담도 日本精神을 自覺하고 實踐하고 있으므로 將來 日本精神의 世界進出의 第二陣의 任務를 맡게 되는 까닭에 그 責任도 重大한 것이 있다. 言語가 아니라 半島人의 獨特한 技術이 우리들의 個性이 된다. 風習, 家族制度까지도 決코 重要한 個性이 아니다. 內地人, 滿洲人等이 하지 못하는 技術, 思想만이 우리들의 자랑할 만할 個性이다. 三字의 姓名이나 同姓不婚이 모다 漢文化의 模倣에 不過한 것은 半島儒敎文化가 漢文化의 模倣에 不過한 것과 같다. 世界에 없는 機械, 世界에 둘도 없는 思想, 藝術을 創造할 적에 비로소 個性이 發揮된다. 半島의 儒敎的 家族制度보담도 神道와 西洋文化의 綜合에서 改革된 內地의 家庭制度를 半島의 家族制度로, 將來의 世界語가 될 日本語를 日常語

니었다. 최재서는 조선 문학이 일본의 지방문학이라는 점을 인정하면서도, 조선 문학이 규슈 문학, 홋카이도 문학, 타이완 문학과 다르게 '지방적 특이성 이상의 것'을 가진다고 보았다. 조선 문학은 "풍토적으로 기질적으로 따라서 사고형식상으로부터도 내지와는 다를 뿐만 아니라, 오랫동안 독자적인 문학 전통을 가지고 있기 때문이고, 또한 현실적으로도 내지와는 다른 문제와 요구를 가지고 있을 터이다."(崔載瑞, 「朝鮮文學の現段階」, 『國民文學』, 1942. 8, 14~15쪽) 최재서의 입장은 조선 문학이 일본 문학의 일부임을 인정하면서도, 그 속에서 조선 문학의 독자적인 문학전통을 인정받으려는 필사적인 노력으로 이해할 수 있다. 그는 식민지 조선을 식민 본국이 생산하는 가치를 반복하는 공간이 아니라, 새로운 가치를 생산하여 제국을 변화시킬 가능성을 가진 공간으로 인정받고자 하였다(윤대석, 「1940년대 '국민문학' 연구」, 서울대학교 박사학위논문, 2006, 63~64쪽).

로 使用하는 것은 一大進步다. 過去만 보고 未來의 幸福을 모르는 사람은 反對하라. 現代를 未來에 到來할 人類의 理想社會에 될 수 있는 대로 接近시켜 가지고 解釋하지 아니하면 아니 된다. 어찌하여 基督이나 佛陀의 生命이 現在까지 存續하고 모든 政治的 英雄의 末路가 忘却의 世界에 滅亡되고 마는가. 唯物史觀論者가 嘲笑할 人類의 根本生命(四海同胞思想이 그것이다)을 把握하여 그것을 中心으로 움지기는 사람이 勝利하는 것이다. 半島人이 自己의 表面的인 一時的인 個性에 執着하여 永遠의 世界를 이즌다면 그것은 平凡한 民族으로 終事되고, 萬一 表面的 個性을 解脫揚棄하여 永遠한 個性을 爲하여 싸와 나간다면 半島人의 將來는 希望과 光明과 勝利의 그것이다.

四

朝鮮人이 內地人과 接近하며 文化를 交換하고 肉體的으로 結婚하므로서 內鮮의 血統은 漸次 單一化한다. 內地人은 同一한 血統이 아니라 多數의 民族이 混合一體가 된 것이다. 朝鮮人은 內地人과 將來 同一한 政治經濟를 營爲한다 假定한다면 內鮮區別이 없는 一大民族이 形成된다. 世界에 가장 優秀한 新日本民族을 構成한다고 생각한다. 人類의 發展方向을 內鮮一民族化, 日支一民族化, 日支印一民族化, 그 다음에 亞歐一民族의 世界, 一家의 國家로 나간다고 생각하고 있다. 나는 亞歐의 世界가 不二의 것으로 본다. 世界는 하나다. 全世界가 一民族이 되여야만 한다.

半島人의 文化는 大部分은 漢文化요, 나마지 文化는 日本의 神道文化와 同一系統인 純朝鮮文化(巫覡文化)다. 이 朝鮮文化는 到底히 世

界的 文化가 되지 아니한다. 朝鮮人이 永遠한 生存을 希望한다면 東西洋의 모든 文化를 吸取統一한 日本文化를 自己文化로 하지 아니하면 아니 된다. 儒敎와 神道만 가지고는 日本國民의 完全無缺한 資格이 없다. 西洋의 技術, 科學의 文化, 佛敎, 基督敎의 宗敎, 則 全世界文化의 一切을 統合 攝取하여야만 眞實한 意味의 日本國民의 資格을 가지게 된다. 現代日本은 全世界文化를 綜合하여 新文化를 創造하려고 한다. 文化創造에 半島人은 參加하지 아니하면 아니 된다. 神道는 新文化創造의 精神的 態度인 까닭에 理解體驗이 必要하나 同時에 東西洋의 文化一切을 吸取할 義務가 半島人에게 있다. 儒敎의 復興보담도 機械文明에 精通함이 現段階에 가장 必要하다. 神道的 體驗과 同時에 物質制御의 方法, 技術을 鍊磨하지 아니하면 아니 된다. 내가 半島人의 表面的 個性(言語, 習慣, 其他의 文化)을 揚棄하라 하는 것은 日本文化에서 世界性, 優秀性을 본 까닭이며, 이 文化를 우리들 自自身[25]의 것으로 맨들냐면 日本文化의 表面的에 있는 存在를 爲先 自己의 것으로 하지 아니하면 아니 되는 까닭이다. 西園寺公[26] 以下의 明治의 先覺者들은 洋服을 입고 西洋文化를 工夫하였다. 洋服은 그

25 '自身'의 잘못으로 보임.

26 사이온지 긴모치(西園寺公望, 1849~1940) 공작을 가리킨다. 일본의 정치가이자 교육자로 보신전쟁(戊辰戰爭)에서 관군의 편에 섰으며, 프랑스 유학으로 자유 사상을 접하였다. 귀국 후 이토 히로부미(伊藤博文)의 심복이 되어, 제2차 및 제3차 이토 내각에서 입각하였으며, 입헌정우회(立憲政友會) 총재로 취임하였다. 또한 제12대 및 제14대 내각총리대신이 되어 제1차 사이온지 내각(1906~1908) 및 제2차 사이온지 내각(1911~1912)을 이끌었다. 유학 경험으로 인해 국제적인 시야를 가지고 친서방적인 입장을 취하였다. 또한 의회주의를 옹호하였으며, 군부와는 거리를 두었다. 이후 '마지막 원로(元老)'로서 다이쇼(大正)기와 쇼와(昭和)기에도 정계에 큰 영향을 미쳤다.

簡易性에 있어서 勞働에 便한 까닭에 日本服이 되리라고 나는 생각하나 西洋文化의 一面은 가장 象徵한다.[27] 日本女子의 衣服의 色彩는 日本文化의 綜合性을 象徵한다. 朝鮮女子衣服은 簡單한 勞働服이 되는 까닭에 內地人도 使用하리라고 믿지만 半島人이 世界性을 가지려면 豐富한 色彩使用이 必要하다. 和服의 女子服은 模倣할 必要가 있다. 그렇나 男子의 和服은 그다지 世界性을 뗘우지 못하였다. 浴衣나 男子和服을 입는 것은 偶然性이다. 親愛하는 內地人의 愛用하는 것을 우리도 愛用하자는 데 不過하다. 朝鮮의 女子衣服과 內地의 女子衣裳은 世界的 發展性이 있다. 朝鮮男子의 衣服, 內地男子의 衣服은 沒落하고 만다. 世界가 統一하여 理想社會가 온다면 復活할는지 모른다.

半島人의 가장 微妙한 感情을 日本語로 表現 못 한다면 우리들은 永遠히 不幸하다. 그 感情을 朝鮮人만 아는 藝術로 即 朝鮮語로 表現해서 무슨 所用이 있는가. 國語로 表現하여 全世界의 心情을 흐들[28] 必要가 있다. 日常生活에 國語常用하라는 것은 그것을 意味한다. 許蘭雪軒[29]의 詩는 漢文으로 表現한 까닭의 半島人의 個性을 明과 日本

27 원문 그대로.

28 '흔들'의 잘못으로 보임.

29 허난설헌(許蘭雪軒, 1563~1589)은 조선 시대 중기의 여류시인으로 본명은 허초희(許楚姬)이다. 300여 편의 시와 기타 산문, 수필 등을 지었으며 213편 정도가 현재 전한다. 1590년 동생 허균이 『蘭雪軒集』을 편찬하여 1608년 목판으로 간행하였다. 허균은 허난설헌의 시를 명(明)에서 온 사신들에게 전달하였고, 그 후 명에서 문집 『蘭雪軒集』(1606)이 간행되었다. 또한 吳明濟의 『朝鮮詩選』, 藍芳威의 『朝鮮古詩』 등 선집에 시가 실렸으며 이후 명청 문인들은 허난설헌의 시를 비평하였다. 1711년 교토의 분다이야(文台屋)에서 『蘭雪軒詩集』이 간행되었다. 1913년 신해음사(辛亥唫社)에서 허난설헌과 청(淸)으로 귀화한 조선인 역관의 딸 허소설헌(許少雪軒)의 작품을 함께 엮어 『許夫人蘭雪軒集 附景蘭集』을 신식활자로 간행하였다.

에 傳하였다. 東洋의 共通語인 日本語를 日常語로 하여 七千萬의 內地同胞, 全東洋民族에게 半島人의 個性을 보이며 그 個性에 相當한 地位를 얻자. 그것은 世界性을 뛰인 日本人이 되는 것이며 우리들의 才能, 誠意, 眞實에 相應한 地位를 獲得하게 됨을 意味한다.

(一四, 一一, 一四)[30]

---

30 쇼와(昭和) 14년(1939년) 11월 14일.

■원문

「氏制度」 創設과 鮮滿一如[1]

金明植

題를 「內鮮一體, 體內의 朝鮮民衆的 諸問題의 考察」이라 하였으니 朝鮮民衆의 諸問題를 考察하랴면 먼저 그의 前提가는 內鮮一體의 意義를 밝킬 必要가 있다. 그리고 內鮮一體라는 標語는 일즉부터 國策으로 삼아 왔지마는 이제 오히려 字義가 完全히 闡明되지 아니하여 자조 實際問題에 當해서 迷惑이 생기는 것은 政策方面에서만 아니라 日常生活에서도 누구나 體驗하는 바이라고 생각한다.

元來 內鮮一體라는 말은 「八紘一宇」라는 말이 朝鮮的으로 表現된 것이니 그 內容은 朝鮮이 內地와 縱的關聯을 意味한 것이오, 橫的關聯을 뜻하는 것이 아니다. 或은 民族問題를 爲한 實踐綱領으로 해서 無分別한 開化主義를 부르는 者는 먼저 「八紘一宇」라는 字義를 究明하여 보는 것이 좋지 아니할가 한다. 書傳[2]에 「協和萬邦」이라는 말

1 『三千里』 12-3, 1940. 3, 41~44쪽.

2 『書經』에 주석을 달아 편찬한 책이다. 본래 중국 宋의 朱熹가 집필하던 것이었으나 미처 완성하지 못해 제자 蔡沈에게 위촉하여 완성하였다. 『書經』은 고대 聖王 堯로부터 周代까지 여러 제왕의 정치와 법도에 관한 언행을 기록한 문헌이다. 동아시아에서 오랫동안 국가통치의 지침이 되었으며, 『詩經』과 함께 가장 일찍 經書로 정착되었다.

이 있는데 「八紘一宇」라는 말은 書傳의 「協和萬邦」이라는 말과 같은 뜻이오, 또 「協和萬邦」이라는 말은 無分別한 開化主義와 根本的으로 다른 것이다. 그리고 요즘 「鮮滿一如」라는 標語가 나왔는데 「一如」라는 말은 「一體」라는 말과 다른 것이 아니어이와[3] 이도 鮮滿間의 縱的關聯을 意味한 것이오 横的關聯을 意味하는 것이 아니다. (中畧)[4] 朝鮮과 滿洲는 歷史, 傳統, 文化, 産業等의 각기 다른 事情이 있어 滿洲가 朝鮮이 될 수도 없고 또 朝鮮이 滿洲와 가틀 수도 없다.

만일 「鮮滿一如」라는 標語를 가지고 滿洲를 文化的으로나 産業的으로나 解體하여 朝鮮化함을 꾀하든지 朝鮮을 滿洲化함을 꾀한다 하면 다른 것은 그만두고라도 能率問題에 있어서 兩者의 不幸은 形言할 바 아니다. 다시 말하면 文化的 傳統인 敎養과 産業的 條件 및 程度가 각기 다른 兩地間에 있어서 同一한 方法으로 生産을 組織할 것 같으면 그것이 朝鮮的인 限에는 滿洲人의 生産能率은 나타내지 못할 것이오, 그와 反하면 朝鮮人의 生産能率이 드러나지 못할 것이다. 그리고 中間的 方法으로 採用한다 하면 兩者의 生産能率이 同一한 程度로 되여 역시 全體的 結果을 招致치 않고는 말지 아니할 것이다.

그리고 帝國의 皇道思想은 이제 여기서 敷衍할 것이 없으나 特히 皇室中心主義로 말할 것 같으면 「邦」은 말할 것도 없고 어느 「一家」의 滅亡도 絶對 容認치 않는다. 帝國의 皇室은 「萬家」의 中心이오, 「萬邦」의 中心인 까닭이다. 그런데 孔子는 「一家興仁, 一國興仁」[5]

---

3 '아니어니와'의 잘못으로 보임.

4 원문 그대로.

5 『大學』 傳9 章3에 나오는 문구. "一家仁, 一國興仁; 一家讓, 一國興讓; 一人貪戾, 一國作亂; 其機如此. 此謂一言僨事, 一人定國(한 집안이 인(仁)하면 한 나라가 인(仁)에 분발하

이라 하였거니와, 帝國의 皇道思想은 「一家興仁」함에서 淵源하여 萬邦을 協和함으로써 「八紘一宇」의 本領을 삼는 것이다. 그럼으로 內地에 있어서는 「家」의 絶滅을 防止하기 爲하여 「家」와 「家」와의 橫的關聯을 禁하고 外地에 있어서는 「邦」의 絶滅을 防止하기 爲하여 「邦」과 「邦」과의 橫的關聯을 許치 않는 것이다. 그리고 朝鮮에도 民事令[6]을 改正하여 「氏制度」를 確立하는 것은 氏即家로서 家의 絶滅을 防止하기 爲한 것이 아니면 아니 된다. 從來 朝鮮의 姓制度는 夫婦가 各姓이 되여 一家를 일움에 完全치 못하였으니 이제 이를 改正하는 것은 必要한 일이다. 이로부터 氏名關係에 「姓」字는 使用치 않는 것이 좋지 아니한가 한다. 그러나 氏制度를 朝鮮에 實施하는 것을 어떠한 政策的 見地에서 理解하는 者가 없지 아니하니 잘못된 생각이 아니라 할 수 없다. 요즘 時勢에 便乘함을 焦燥하는 者는 어느 時代의 俗學的 言論을 함부루 提唱하는 모양이나 그것은 學理的으로 容認되지 아니하니, 첫재 産業關係로 말할지라도 朝鮮産業은 內地보다 發展段階가 低下하니 그에 相應한 産業政策을 쓰지 않으면 아니 될 것이오, 또 文化施設로 본다 하여도 言語文字關係로 朝鮮人의 能率이 社會生活에서 差異가 있게 되는 것을 注意치 않으면 아니 된다. 그러므로 이제 우

여 흥기하고, 한 집안이 겸양하면 한 나라가 겸양함에 분발하여 흥기하며, 한 사람 임금이 탐(貪)하고 어긋나면 한 나라가 난(亂)을 일으키니, 그 기틀이 이와 같다. 이를 일러 '한마디 말이 일을 그르치며, 한 사람이 나라를 안정시킨다'고 하는 것이다)."

6 민사령(民事令). 조선총독부가 조선인의 민사에 관한 사항을 규정한 기본 법령. 1912년 3월에 공포되었고, 이후 10여 차례 개정되었다. 조선 민사령은 일본 민법의 원리를 조선에도 관철시키는 것을 기본으로 하는 한편, 조선의 관습법도 일부 용인하였다. 1939년 11월 민사령 개정의 결과, 제11조에 씨(氏) 제도와 서양자(壻養子) 제도가 도입되었다. 이는 조선의 성명제를 일본의 씨명제로 전환하여 창씨개명을 뒷받침하고 내선일체(內鮮一體)를 구현하기 위한 것이었다. 1962년 폐지되었다.

리는 時勢에 便乘함만 꾀하지 말라고 먼저 그를 爲한 正當한 方法을 發見함으로 힘쓰지 않으면 아니 된다. 그리하여 朝鮮의 産業的 又는 文化的 特殊性을 闡明하고 그의 社會的 實踐을 꾀하지 않으면 아니 된다.

그리고 內鮮一體의 意識은 八紘一宇의 觀念으로 어느 個性의 抹消를 意味하지 않고 萬邦協和의 縱的關聯을 表示한 것이니 朝鮮의 言語, 産業, 文化等은 모두 朝鮮的으로 向上發展케 하여 共存共榮을 꾀하지 않으면 아니 된다. 그것이 道德的이오 能率的인 까닭이다. 다시 말하면 共存共榮하여 互相協力치 않으면 道德的으로도 아름다울 수 없거니와 더구나 能率的으로는 볼만한 것이 있을 수 없게 될 것이다. 그러므로 全體的 立地에서 特殊單位의 有機的 關聯으로 꾀하여야 할 것이오, 個體的 立地에서 여러 單位의 特殊性을 沒却하여서는 아니 될 것이다.

무릇 産業과 文化는 內容이 豐富함을 要하고 또 그들의 內容을 豐富케 하랴면 特殊産業과 特殊文化의 綜合이 아니면 아니 된다. 그리고 特殊産業과 特殊文化는 어느 一地域의 一傳統으로 成就할 바 아니다. 産業問題나 文化問題를 論함에 있어서 地域問題와 傳統問題를 閑却하여서는 아니 된다. 만일 그들을 閑却한다 하면 特殊産業도 特殊文化도 생길 수 없어 各單位의 産業的 又는 文化的 貢獻이 制限되고 그리하여 綜合産業이나 綜合文化의 內容이 豫期와 다르게 될 것이다. 그와 同時에 各單位의 産業上 能率이나 文化上 能率은 不自然한 制約下에 잇게 되여 全體에 對한 그들의 個體的 貢獻이 적게 될 뿐만 아니라 그들 各個의 經濟生活이나 社會生活도 다르게 되지 아니할 수 없게 된다. 이것은 觀念的으로 推論할 것이 아니오, 實際 事實에서 그리고 日常生活에서 究明치 않으면 아니 된다. 이제 一例를 말하면 朝鮮의 經濟政策을 內地와 마찬가지로 原始産業을 無視하면 朝鮮産業의 能率은 거이 零이 될 것이오, 또 朝鮮人의 社會 및 家庭生活에서 從來의 生活方法과 表現樣式을 내버린다 하면 朝鮮人의 文化的 能率은 얼마나 差異가 있을 것이냐. 이것은 一部者의 都市生活에서는 感覺이 遲鈍할는지 알 수 없으나 鄕村으로 가 볼 것 같으면 누구나 理解할 수 있는 일이다. 그러나 日蘇支[7]의 經濟뿔럭이 具體化함과 함께 朝鮮의 經濟政策도 再檢討함을 要求하는 現實에 있어서 朝鮮의 經濟政策도 再檢討함을 要求하는 現實에 있어서[8] 朝鮮의 特殊性을 考慮치 않는 것은 그리하여 歷史的 傳統을 抛棄하고 地理的 條件을 抹消하는 것은 個的으로는 말할 것도 없고 全的으로도 利가 되지 아니할 것이니 八紘一宇의 觀念을 共存共榮하여 協和萬邦으로써 實踐함을 꾀하지 않으면 아니 된다. 그리하여 어느 時代의 俗學的 言論을 再生産치 말고 「個」와 「全」과의 有機的 關聯에서 內鮮一體의 意識을 正當히 認識하여 「個」는 「全」을 爲하고 또 「全」은 「個」를 爲하는 協和觀念을 把握치 않으면 아니 된다.

그러므로 이제 우리는 地域的으로는 原始産業을 保護하고 特殊産業도 育成함과 함께 文化的으로는 固有한 傳統에 依한 特殊文化를 發展시켜 新東亞建設의 一支柱가 됨을 꾀하여야 할 것이다. 그리고 만일 朝鮮의 文化가 滿洲나 支那보다 나질 것 같으면 朝鮮의 存在가

---

7 '日滿支'의 잘못으로 보임.

8 원문 그대로.

稀微할 것이오, 또 産業關係에 있어서 滿洲와 支那에서는 각기 다른 事情과 條件下에서 原始産業을 保護하고 特殊産業을 開發하는데 朝鮮은 그렇지 않는다 하면 特殊單位의 存在가 名實이 아울러 抹消되는 同時에 內地와의 關聯에 있어서도 朝鮮의 産業的 又는 文化的 寄與는 적어지지 아니할가 한다. 그것은 兵站 基點이라는 地理的 重要性을 高調함으로써 救해질 것이 아니오, 特殊産業과 特殊文化를 갖어야만 滿洲나 支那와 前進하게 될 것이다. 그리고 朝鮮人은 軍事的으로나 政治的으로나 組織과 訓練이 그에게 및이지 못하는 것을 考慮하면 朝鮮人의 先進性은 保持될 수 없는 것을 생각할 수 있으니 이제이 問題는 깊이 硏究해 볼 必要가 있지 아니한가 한다.

어떻든 滿洲人에 比하여 朝鮮人의 先進性은 産業的으로나 文化的으로나 날로 減退하는 것은 分明한 일이오, 이와 가치 되면 鮮滿一如의 意識은 마츰내 橫的關聯을 意味하게 되고 말 것이니 學理的으로나 政治的으로나 協和萬邦함으로써 本領을 삼는 八紘一宇의 本義를 徹底히 究明치 않으면 아니 된다. 그리하여 個와 個와의 互相關聯性과 個와 全과의 互相依存性을 完全히 闡明하면 個를 無視하는 俗人의 俗說은 스스로 消滅되지 아니할가 한다. 그리고 그리한 俗說을 提唱함으로써 時勢에 便乘하는 方法을 삼는 것은 勿論 一時的 現象이어니와 氣分的 現象에 對하여 反省을 促함에는 理性이 回復됨을 要求한다. 그러므로 이제 나는 時局을 認識함에 있아서 한갓 興奮될 것이 아니오, 冷靜히 생각하는 것이 肝要하다고 믿는다.

그런데 朝鮮에 氏制度를 實施하는 것은 우에서도 말한 바와 같이 必要한 일인바 이것을 法務局에서 그러한 일을 法規上으로 制定해 내는 것은 그와 같이 변거할 것이 없지마는 그것을 邑面行政에서

實行함에는 非常히 繁雜한 일인 것을 잊어서는 아니 된다. 더구나 六個月 以內로 申告할 것을 規定하였으니 邑面行政은 이 事務로 말미암어 六個月間은 非常히 紛忙하게 될 것이오, 또 人民의 申告費用도 적은 問題가 아니라고 생각한다.[9] 地方人民이 民籍手續을 한 번 하는 데는 法務局[10]官吏로는 到底히 생각할 수 없는 많은 費用과 時間이 걸린다. 當局에서 이 點을 많이 考慮하여 주기를 바라며 그리고 朝鮮人의 文化를 向上시켜 滿洲人과 並進케 하랴면 어떠한 形式으로든지 朝鮮人도 滿洲人만 못하지 아니한 國際生活과 軍事 및 政治生活을 營爲할 便宜와 方法을 맨드러 놓지 않으면 아니 될 것이니 時局問題를 硏究하는 者는 이러한 切實한 實際問題를 깊이 硏究하는 것이 좋지 아니할가 한다. 이제 오히려 朝鮮人의 文化水準이 滿洲人보다 높지 못한 것이 事實이오, 또 朝鮮人의 生活內容이 달라지지 아니하면 앞으로 滿洲人보다 文化程度가 훨신 떠러지게 될 것은 말할 必要도 없으니 時局問題로 해서 이보다 더 緊急重大한 일이 따로 있을 것 갔지 않다.

---

9 창씨개명 정책은 1939년 11월 10일에 공포된 두 개의 제령, 「朝鮮民事令中改正の件」(제령 제19호), 「朝鮮人の氏名に關する件」(제령 제20호)을 기본법령으로 하여 실시되었다. 제령은 이듬해인 1940년 2월 11일(紀元節)부터 시행했고, 창씨개명은 천황의 자혜(慈惠)로 선전되었다. 창씨개명 기간은 같은 해 8월 10일까지의 6개월간이었으며, 기한 안에 전체의 8할에 해당하는 약 322만 호가 신고했다. 이 정책에 관해서는 宮田節子·金英達·梁泰昊, 『創氏改名』, 明石書店, 1992 및 미즈노 나오키 지음, 정선태 옮김, 『창씨개명: 일본의 조선 지배와 이름의 정치학』, 산처럼, 2008 등을 참조.

10 법무국은 조선총독부의 행정조직으로서 식민지 조선에서 사법 사무를 관장하였다. 1941년 9월 당시에는 刑事課, 民事課, 行刑課가 있었다.

■ 원문

「內鮮一體」와 言語[1]

印貞植

內鮮一體의 가장 中核的인 問題는 皇民化에 있다고 나는 생각한다. 勿論 法制的으로는 또 國籍上으로는 朝鮮人은 벌써 三十年前부터 日本帝國의 臣民으로서의 地位를 차지하고 있는 것이다. 그러나 精神에 있어서 思想에 있어서 意識에 있어서 觀念에 있어서 또 感情에 있어서 大部分의 朝鮮人은 自己自身을 皇國의 臣民으로서 認識하지를 못하여 왔으며 또 그리 認識하기를 일부러 忌避한 傾向이 없지 않다.

그러기 때문에 合併이 成立된 지 이미 三十年을 經過한 今日에 있어서 內鮮一體의 問題가 새삼스럽게 提起되고 있는 것이다. 또 그러기 때문에 現今 提起되는 內鮮一體의 根本問題는 政治의 問題가 아니라 思想의 問題이며, 形式의 問題가 아니라 內容의 問題인 것이다. 다시 말하면 皇民으로서의 精神과 內容을 充實히 하는 데 問題의 核心이 놓여 있는 것이다.

또 他方으로 內鮮一體의 根本問題가 이와 같이 精神의 問題이며 內容의 問題이기 때문에 그것은 舊來의 民族性의 持續과는 兩立될

---

1 『三千里』 12-3, 1940. 3, 47~52쪽.

수 없는 「안더·테-제」[2]가 아닐 수 없다. 다시 말하면 內鮮一體의 完璧을 爲해서는 舊來의 民族意識은 하나의 統一된 日本民族으로서의 새로운 理念과 情念에로 融合되지 않을 수 없는 것이다. 그런데 朝鮮人의 立場에서 冷靜히 생각할 때 民族性에 關한 限 이것을 「抛棄하는 것이 至當하냐」 또는 「抛棄해서는 안 되느냐」의 두 가지 問題가 論議될 수 있다. 그러나 이러한 論議의 判斷基準은 論議自體에 있는 것도 아니고 또 民族性의 性質에 있는 것도 아니다. 判斷의 基準은 끝까지 現實과 未來에 달려 있다. 萬一 民族性을 固持함에 依해서 朝鮮人의 現實과 將來에 遠大한 希望이 約束될 수 있다면 우리는 이 固持를 끝까지 要求했을 것이다. 그러나 이 民族性이란 것이 도리혀 朝鮮人의 現在와 將來를 通하야 發展의 支障이 되며 幸福과 繁榮에의 「핸듸·캡」이 된다면 우리는 아무리 여기에 强烈한 愛着을 느낀다 할지라도 이 愛着 그 自體가 이미 無意味한 것이기 때문에 이를 急速히 斷念하고 또 抛棄해야 할 것이다.

世界의 歷史는 이 兩者의 境遇를 모다 豊富한 史料로서 우리에게 愼重한 考慮를 要請하고 있다. 民族性을 强烈히 意識함에 있어서 富强한 國民이 된 數多한 史例도 있지만 또 이 民族性을 意識的으로 抛棄함에 依해서 幸福과 繁榮을 招來한 數多한 民衆의 實例도 우리는 볼 수 있는 것이다.

그런데 現下의 朝鮮人의 境遇는 나의 確信하는 바로는 正히 後者의 境遇일 것이다. 東亞의 現實로 보아 世界의 動向으로 보아 內鮮의 이미 떠날 수 없는 經濟的 結合의 堅固性에서 보아 朝鮮人의 將來는

2 '안티 테제'의 잘못으로 보임.

오직 舊來의 民族性을 止揚하고 徹底히 皇民化함에 있어서만 廣濶한 前程을 展望할 수 있다.

× × ×

그런데 民族性의 抛棄라는 것을 사람들은 흔히 誤解한다. 이것은 답답한 일이라고 나는 생각한다. 以上에서 말한 바와 같이 內鮮一體의 根本問題는 精神의 問題이며 內容의 問題일다.[3] 그것은 形式과 政治의 問題가 絶對로 아니라는 데 主要한 特徵이 있는 것이다. 가령 朝鮮語의 問題를 들어 보자. 朝鮮語의 使用을 制限한다느니 또는 廢止한다느니 하는 것은 끝까지 形式의 問題일다. 朝鮮人이 朝鮮語를 廢棄한다고 곧 皇民化되는 것은 아니다. 皇民化가 끝까지 精神과 內容의 問題라는 것은 內地人의 中에서도 過去에 이미 非國民的인 要素가 없지 않었으며 또 現今에 있어서도 個人의 私利私慾만을 탐내는 非國民的인 資本家나 商人이 많은 것으로서 알 수가 있다. 우리가 皇民化되는 것은 言語와 生活樣式의 傳統을 抛棄함에 依해서 되는 것이 아니라 皇民으로서의 情熱과 感情을 意識함에 依해서 達成되는 것이다. 言語는 끝까지 思想의 媒介者이며 表現의 形式일다. 國語의 使用과 아울러 朝鮮語와 諺文의 廣汎한 活用은 精神에 있어서 意識에 있어서 또 感情에 있어서 朝鮮의 廣大한 民衆을 皇民으로서 訓練하고 涵養하는 偉大한 事業에 아직 不可缺의 重要한 役割을 할 餘裕가 있는 것이다. 이러한 境遇에는 確實히 朝鮮語의 抛棄가 아니라 도리혀 廣汎한 活用이 皇民化의 捷徑이 아닐 수 없다.

政治家인 同時에도 또 思想家인 南總督은 이 點에 關해서도 透徹

3 '이다'의 잘못으로 보임.

한 理解를 뵈이고 있다. 그는 朝鮮의 文化와 言語와 傳統은 廢棄할 생각이 없다. 좋은 것은 끝까지 繼承하겠다는 것을 累次 聲明하였다. 南總督의 最大의 關心事는 오직 朝鮮의 民衆을 內容에 있어서 精神에 있어서 感情에 있어서 皇民으로서의 最高의 感激을 갖게 하려는 데 있는 것이다. 이 廣大한 眼目은 內鮮一體를 誤解하기 잘하는 多數의 小吏輩와 함께 모든 半島의 民衆이 充分히 본받어야 할 일이 아니면 안 된다.

■ 원문

共同運命에의 結合과 그 還元論[1]

金漢卿

內鮮一體는 朝鮮民族 全般의 死活을 制하는 重大問題임에도 不拘하고 오래동안 朝鮮의 文化人, 思想人은 이에 對하야 어느 意味의 無關心한 態度를 支續[2]하여 왔다.

그 理由는 大體 어대 있을까. 그들이 決코 歷史와 社會에 對하야 盲目이 아닌 것을 筆者는 잘 아는 바이며, 어느 意味로 보아서는 그 누구보다도 가장 銳敏한 炯眼을 가지고 있는 줄도 잘 아는 바이다.

그들이 朝鮮의 文壇과 思想界를 爲하야 쌓어 온 功績은 實로 巨大한 것이다. 그들은 모다 或은 文筆로, 或은 言論으로, 或은 行動으로 가장 情熱的이며 가장 良心的인 慾求를 率直히 表現해 왔다. 그리하야 그들이 끼처 준 影響은 朝鮮民衆에게 或은 貴重한 教訓이 되고 或은 深刻한 感化力이 되여 짧으나마 朝鮮文化史上의 새로운 傳統을 세워 온 것이다. 오늘날 朝鮮의 文壇과 思想界의 關心을 가지는 人士로서 그 누가 이 功績을 否定할 者 — 있으리오.

1 『三千里』 12-3, 1940. 3, 47~52쪽. 목차 제목은 「共同運命結合과 還元論」.

2 '持續'의 잘못으로 보임.

그럼에도 不拘하고 웨 그들은 內鮮一體를 眞摯한 態度로써 追求치 아니하였던가, 적어도 文化人의 良心으로써 이 問題의 合理的 解決을 爲하야 忠實한 解答이 있어야 할 것이 아니엇던가.

이에 對한 理由는 簡單한 것이다.

第一은 文化人의 態度는 兩極端의 行動을 警戒한다는 意味에서 文化人 獨自의 立場의 堅持이오.

第二는 自由主義의 民族問題와 共産主義의 民族問題를 攻究하던 態度와 方法을 떠나서 內鮮一體를 考察하려는 努力이 不足했던 것이오.

第三은 過去의 左翼文化運動이 너무나 思想性에 偏重되여 機械的, 公式的인 過誤를 犯해 온 까닭이라 할 수 있다.

以上과 같은 세 가지 理由는 모든 機會에 있어서 그들이 率直히 發表해 온 斷片的 意見의 綜合이다. 筆者는 決코 이에 對한 批評을 云云하려 함은 아니다. 아니 보다도 이 세 가지 理由는 모다 正當한 것으로 生覺되는 同時에 將來의 朝鮮文化運動은 이 세 가지 條件을 無視하지 않는 限에서만 가장 創意性 있는 發展을 期할 수 있을 것이라고 確信하는 바이다.

그러나 이 세 가지 見解는 모다 政治的 現實을 떠난 消極的 態度에 不過한다. 그것은 世界的 規範에 있어서 發展해 가는 東亞의 新事態와 朝鮮民族의 歷史的 運命을 制하는 內鮮一體化運動과는 多大한 距離가 있는 것이다. 歷史는 個個人이[3] 意思와 獨立하여 發展한다. 個個人의 慾求하는 方面으로 歷史가 進行되는 것이 아니오, 反對로 個

3 '의'의 잘못으로 보임.

個人의 慾求가 歷史的 現實에 從屬되는 것이다. 이 見解는 一見 唯物史觀的 思考方法과 同樣의 嫌이 없지 아니하나 事實은 모든 科學者의 自然觀이 거의 이에 一致되는 것이다. 그러므로 우리가 보는 歷史的 事實은 極히 冷靜한 客觀的 觀察을 要한다. 모든 粗雜한 慾求를 떠나서 白紙와 같은 見地에서 가장 率直한 現實 把捉에 專念치 않어서는 안 될 것이다.

內鮮一體는 決코 一個의 偉大한 政治家의 國策的 標語가 아니다. 內鮮兩民族의 共同의 運命의 結合이오 還元이다. 朝鮮의 民族的 傳統意識이 아모리 이것을 拒否할지라도 生動하는 歷史的 現實은 否定할 수 없을 것이며 大和民族의 島國的 根性을 固執하는 모든 狹隘保守主義者들의 見解가 아모리 이것을 擯斥[4]할지라도 大和國家의 生命的 發展은 決코 이것을 容許치 않을 것이다. 內鮮一體가 滿洲事變과 支那事變이 進行되는 途程에서 政治的 問題로 登場했다고 해서 內鮮一體는 一個의 政治的 標語에 不過한다고 생각한다면 그야말로 皮相的 觀察 — 去頭絶尾의 歷史觀이 아니면 안 될 것이다. 웨 그러냐 하면 멀리는 日淸, 日露의 戰役을 中心으로 出現된 極東의 新事態와 庚戌, 己未[5]의 內部的 相剋關係를 契機로 하야 朝鮮의 政治的, 文化的 生活條件이 變해 온 事實等을 冷靜히 回顧한다면 오늘날 內鮮一體運動은 그의 當然한 歸結이오 必然的 慾求임에 틀림없는 까닭이다. 內鮮一體는 日鮮同家의 施政方針의 一步前進을 意味한다. 그와 同時에 모든 內鮮人間의 具體的 生活條件이 이에 따러서 — 이 基準上에 本

4 빈척(擯斥). 싫어하여 물리침.

5 경술(庚戌)은 1910년, 기미(己未)는 1919년. 각각 한국병합과 3·1운동을 가리킨다.

格的 活動을 開始할 것이다. 이 瞬間에 있어서 朝鮮의 文化人, 思想人의 가장 必要한 問題는 이 現實을 一切의 狹隘한 傳統的 觀念을 떠나서 眞正히 把握하는 데 있다. 同時에 內鮮一體가 오늘날 不完全한 狀態에 있다고 해서 이에 對한 悲觀的 態度를 肯定할 理由도 없는 것이다. 보다는 차라리 가장 大膽하고 가장 率直한 態度로써 內鮮兩民族의 健全한 發展을 爲하야 奮然히 싸워야 할 것이다. 歷史가 주는 課題를 等閑視한다는 것은 民衆을 指導하는 地位에 있는 文化人의 良心上 너무나 無責任한 일이다.

× × ×

이제까지의 內鮮一體運動은 두 가지 方法論을 提供하여 왔다. 其一은 民族同化論이오, 其二는 民族協同論이다. 前者는 朝鮮人의 言語, 風俗, 習慣을 一切 內地人同樣으로 同化해야 한다는 見解이오, 後者는 朝鮮人의 言語, 風俗, 習慣을 그대로 認定하고 朝鮮民族의 特有한 性能을 온전히 發揮하야 그 最高指導原理로서의 國體精神의 普及, 浸透를 圖하자는 見解이다. 이 兩個의 主張은 內鮮一體라는 局部的 問題에만 限定된 것이 아니오, 오늘날 帝國이 當面한 內外의 諸問題에 對하야 全面的으로 그 視角을 달리하는 바이다. 支那事變 處理에 對하야, 東亞協同體 建設에 對하야, 內鮮一體 具現에 對하야, 國體學에 對한 認識問題에 있어서 各各 그 特殊한 見解를 固守하고 있는 것이다. 그러므로 이 全般的 根本問題가 바로 解決되지 못하는 限, 內鮮一體運動도 그 具體的 行程과 方法이 確立되기는 困難한 狀態에 있다고 할 수 있다.

그러나 以上과 같은 全體的 問題를 具體的으로 究明하는 것은 本論의 目的이 아니다. 뿐만 아니라 內鮮一體는 그 語義와 語感上으로 보아 內鮮兩民族의 完全한 同化를 究極의 理想으로 한다. 또 悠久한 將來의 內鮮兩民族의 發展行程은 必然的으로 完全한 同化에까지 趨向치 않을 수 없을 것이다. 이러한 點에 있어서 우리는 只今 朝鮮의 爲政當局이 要求하는 內鮮同化의 基本問題를 먼저 檢討해 보기로 하자.

內鮮兩民族은 完全히 同化될 수 있을까?

朝鮮人은 自己固有의 半萬年의 歷史를 가지고 있다. 言語와 風習이 內地와 다르고 또 二十世紀 以後부터 朝鮮에 發展된 새로운 文學運動은 어느 程度까지 朝鮮人의 固有文化를 目標로 그 基礎를 쌓어온 것이다. 이 같은 條件이 果然 容易히 短時日에 解消될 수 있을까. 또 言語와 風習의 遺產을 政治의 힘으로써 完全히 廢止한다는 것은 事實上 無理가 아니면 안 된다.

東西古今의 歷史는 아직도 그 明確한 例證을 提示치 아니하였다. 더욱히 世界에서 有名한 猶太族과 같은 民族은 아직도 歐洲諸國에서 特殊民族 取扱을 받고 있는 것이 事實이 아닌가. 그렇다면 內鮮一體는 結局 같은 國民으로서 國家와 政治에 對한 權利와 義務를 平等化하여 그 服從과 行使에 忠實을 期할 수는 있으나, 民族的으로 同化될 可能性은 全然 없는 것이 아닌가. 그러므로 이 같은 實在條件을 考慮한다면 內鮮一體는 大體에 있어서 民族協同說에 그 基礎를 두는 것이 가장 適切하다고 하는 것이 一般의 見解인 것 같다.

그러나 問題가 이까지 進展된다면 우리는 그 反對로 內鮮同化論의 實在的 根據를 또한 明示치 아니치 못한다.

內鮮兩民族의 同化는 果然 不可能한 것인가.

① 內鮮兩民族은 同根同祖의 後裔이다. 멀리는 알타의種族의 血統을 이어 同一한 쑹쿠스族의 祖先을 가졌으며 三韓 以後의 大陸文

化의 交流에 따라 兩民族의 移住, 歸化는 不絶히 行하여 왔다. 그동안 日鮮兩族間에는 數많은 爭鬪를 經驗해 왔지마는 그것은 다만 政治史의 衝突을 말하는 一面的 資料에 不過할 뿐이오, 廣汎한 人類史的 見地로 본다면 또 自然의 抱含을 表徵하는 悠久한 文化史的 見地로 본다면 이 爭鬪의 歷史는 차라리 兩族間의 種族的 混合과 文化的 交流를 一層密接케 한 反證은 될지언정 決코 그의 否定的 條件은 될 수 없는 것이다.

② 內鮮兩民族은 同一한 言語系統을 가졌다. 日本語와 朝鮮語는 發音上 類似點이 極히 많으며 더욱히 그 語法의 組織이 同一한 것이다. 印度와 支那의 言語組織과 比較해 生覺할 때는 兩族間의 言語學上 同一性이 더욱 明白이 들어난다. 다 같이 漢族文化를 呼吸하면서 漢族語와는 달리 이 같은 同一類型의 言語를 가졌다는 것은 一種의 奇蹟으로 생각지 않을 수 없는 것이다. 그러므로 오늘날 朝鮮에서 行하며 있는 國語普及運動[6]은 確實이 그 可能性이 明白한 것이다. 民族의 固有言語의 廢止를 政治的 힘으로 强行할 수는 없는 것이나 그의 促進, 助長은 加할 수 있는 것이니 結局 國語의 統一은 이만한 程度로서도 充分히 그 完成을 期할 수 있을 것이다. 問題는 다만 時日에 있

6 조선총독부는 황국신민화정책의 일환으로 1938년 조선의 농어촌을 대상으로 '國語普及運動'을 시행하였다. 학무국이 담당하였고 예산은 7만 원이었다. 5개년간 실시하여 30만 명의 지방 거주 조선인에게 國語를 가르칠 계획을 세웠다. 농어촌의 소학교 교원이 각지 학교를 중심으로 무료 보급한 대본으로 3개월간 강습하는 방식이었다(「三十萬名을 目標로 國語普及運動」, 『東亞日報』, 1938. 1. 20). 이듬해 『東亞日報』는 사설에서 작년 한 해 수강자가 30만 명이었다고 쓰면서도 중복된 인원도 있을 것이며 강습내용도 극히 초보적인 것이라 충분한 성과를 내었다고 보기는 어렵다고 평하였다(「〈社說〉冬寒期와 農村夜學」, 『東亞日報』, 1939. 11. 25).

을 뿐이다.

③ 內鮮兩民族은 同一한 文化的 傳統을 가졌다. 佛教와 儒教가 朝鮮을 通하여 日本에 輸入되었으며 日本의 漢文讀法이 또한 百濟王子 王仁[7]의 손에서 完成된 것은 그 的確한 歷史的 例證이다. 다만 差異點은 朝鮮의 輸入된 佛教와 儒教는 一定한 宗派와 固定型을 脫却치 못하였으나(例하면 佛教의 小乘과 儒教의 程朱學과 같은 것) 日本의 그것은 國體觀念을 中心으로 儒, 教, 神 三大學理를 綜合的으로 包攝한 點에 있다. 또 明治 以後의 內鮮間 文化의 交流는 그 形態上 差異가 懸殊함에도 不拘하고 그 形式과 理念에 있어서는 大體가 同一하였으며 今後의 發展은 더욱 더욱 이 關係가 緊密化할 것이다. 어찌 그 뿐이랴, 歷史上 兩族間의 農, 工, 商方面의 生活上 道具와 樣式이 거의 同一한 軌道를 밟어 發展해 온 事實도 決코 無觀해서는 안 될 것이다.

④ 內鮮兩民族은 同一한 運命을 등에 지고 있다. 朝鮮은 半島이다. 一面은 大陸이오, 三面은 海洋이다. 大陸에는 蘇聯, 支那와 같은 巨大한 民族이 있고 海洋에는 日本이 있다. 이 地理的 關係는 悠久한 歷史를 通하여 朝鮮의 運命을 支配해 왔으니 將來도 또한 이 條件을 無視하고는 朝鮮民族의 健全한 發達은 期할 수 없을 것이다. 이와 同時에 今日의 日本의 發展이 또한 大陸을 떠나서 成就될 수 없는 것을 잘 알어야 한다. 歐米列强의 東亞侵略을 芟除[8]하고 東洋의 平和王國(王道의 國家 — 皇道國家)을 建設하려는 日本民族의 偉大한 世界史的

7 왕인(王仁). 백제의 학자로 『論語』와 『千字文』을 가지고 일본에 건너가 한자와 유교를 전파하였다. 일본의 역사책 『古事記』에는 '와니키시(わにきし)'로, 『日本書記』에는 '와니(わに, 王仁)'로 등장한다.

8 삼제(芟除). 풀을 깎듯이 베어 없애 버림.

理想을 무엇보다도 잘 理解하여야 한다. 이것을 理解한다면 今日의 內鮮關係는 同一胞胎와 同一體肢에까지 全然同化되지 않으면 안 될 것을 가장 率直히 承認케 될 것이다.

⑤ 內鮮兩民族은 가장 短縮된 距離에 居住하고 있다. 交通의 發達은 地理의 短縮이 가장 큰 特徵이다. 海洋의 交通이 頻繁해진 오늘은 世界的으로 보아서도 各國間의 種族的 混入과 經濟的 連環과 文化의 交流가 加一層 强化되며 있거던 又況 朝鮮과 內地와의 一體的 結付에 있어서랴. 電力과 蒸氣와 海洋術의 發達은 內鮮同家의 素地를 가장 鞏固히 確保하는 條件이다. 勿論 이것은 朝鮮만에 局限된 條件은 아니지마는 이 普遍的 條件이 內鮮關係에 있어서는 더욱 特殊한 作用을 齋來[9]하며 있다는 것이다.

大體로 보아서 以上과 같은 條件이 內鮮同化論의 根據를 形成하고 있는 것이다. 우리는 이 同化論의 論據를 充分히 考慮하면서 東亞協同體의 主張과 內鮮一體의 關係를 具體的으로 究明할 必要가 있을 줄 안다. 「一體하면 同化를 意味한다」는 早急한 常識的 判斷을 떠나서 現實의 實在條件을 具體的으로 捕捉하기에 努力할 必要가 있다. 여기서 비로소 明確한 道路가 開拓될 것이다. 世人은 흔히 同化論을 反對하는 意味에서 猶太族의 實例를 끌어 말한다. 「猶太族은 半萬年의 歷史를 通하여 自己의 國家를 잃고 他種族間에 混入하여 生活해 왔으나 아직도 그 뚝뚝하고 吝嗇[10]한 根性은 解消되지 않었으며 同時에 또 그 文明民族으로서의 特性을 가장 잘 保存하고 있다고. 朝鮮人

---

9 '齎來'의 잘못으로 보임.

10 인색(吝嗇).

도 半萬年의 長久한 歷史를 가지고 先代 生活은 大陸을 通하여 日本보다 高級的 文化를 가져왔으니 結局은 猶太族의 前轍을 밟고야 말 것이 아닌가」 云云. 아모리 오늘날 內鮮一體에 對한 條件이 많다 할지라도 이렇게 생각할 必要는 조금도 없을 것이다. 그것은 結局 朝鮮人의 自暴自棄의 絶望論이다. 또 歷史와 現實에 對한 盲目論에 不過한다. 冷靜히 생각해 보자! 우리도 果然 猶太族과 같이 自己固有의 文化의 傳統을 가져왔는가. 또 猶太族과 같이 世界的으로 가장 자랑할 만한 剛健不覊한 民族的 特性을 가지고 있는가. 이 말에는 勿論 朝鮮人으로서 가질바 自尊心을 蹂躪하고 너무나 現實에 卑屈하는 奴隷的 根性이라 叱責하실 어룬이 게실지도 모르나 無學의 筆者로서는 率直한 告白이라 自認하는 바이다. 知彼知己가 오늘날 朝鮮民族의 自己批判에는 가장 必要한 課題이다. 自己의 歷史를, 自己의 性格을 歪曲된 主觀에서 批判해서는 안 된다. 實在 그대로이[11] 認識이 가장 必要한 것이다.

그러나 이것은 猶太族과 같이 他民族과 同化되지 않는 理由가 全혀 그 民族의 固有文化의 傳統과 種族的 特性만에 基因한다는 말은 아니다. 말하자면 그 主要原因이 될 수 있다는 데 不過한 것이다. 猶太人이 各民族間에서 排斥을 받는 理由는 그 悠久한 因襲과 極端의 個人主義에 있을 것이다. 피가 同化치 못해서 言語가 不統一해서 習慣에 合併할 수가 없어서 그렇게까지 他民族에게 排斥을 받는다고는 論斷할 수 없을 것이다. 그렇다면 問題는 極히 明瞭한 것이다. 大和民族의 크나큰 同化力과 朝鮮民族의 純粹한 包攝力은 가장 잘 融合되

11 '그대로의'의 잘못으로 보임.

여 未來世界를 領導, 開拓할 만한 偉大한 文明民族의 性格을 形成할 수 있을 것이다. 모든 問題는 時日이 解決한다. 長久한 時間을 通하여 不斷의 努力이 必要한 것이다. 內鮮同化라고 해서 內地人의 좋지 못한 風習까지도 追隨해야 한다는 理由는 決코 成立되지 못한다. 朝鮮의 言語風習을 그대로 가저도 좋다. 國語의 普及은 決코 朝鮮語의 强制廢止를 意味함은 아니다. 要는 언제이나 朝鮮人으로서의 特殊한 자리를 忘却치 말고 國論의 歸趨를 公平히 攝取하여 未來의 皇國日本建設을 爲하야 重要한 一翼의 役割을 負擔할 覺悟를 가저야 할 것이다. 只今에 있어서는 協同도 좋고 同化도 좋다. 아니 보다도 協同은 同化로 發展해 가는 途程으로 보아도 좋다. 다만 禁物은 性急한 解決이다. 世界의 動向과 東亞의 事態는 內鮮一體와 至大한 關係가 있다. 建設의 途程이 長久한 그만큼 內鮮一體의 完全한 具現도 決코 短時日의 問題는 아닐 것이다. 따라서 우리의 現實에 對한 態度는 大膽과 率直과 沈着이다. 漠然한 抽象論이나마 이것으로 具體的 結論에 代하려 한다. (筆者는 全鮮思想報國聯盟員[12])

12 시국대응전선사상보국연맹. 174쪽 주 19 참조.

■ 원문

興亞的 大使命으로 본「內鮮一體」[1]

金斗禎

反革命前夜에서 模索하는 蘇聯의 世界動亂 誘發陰謀, 復興 獨逸의 盲目的 領土擴張策, 黃昏의 微光下에서 懊惱하는 老朽 英帝國의 最後的 暴擧, 全體主義陣營에 包圍된 佛蘭西의 苦肉策等에 依하여 爆發된 第二次世界大戰을 中心으로 歐羅巴各國은 物質文明의 最後的 總決算期에 直面하여 모든 人爲的 破壞工作에 狂奔하고 있다. 이 世界史的 變革期에 當面한 全人類는 歐米의 物質文明만으로서는 到底히 世界의 新平和體制樹立의 不可能함을 切實히 認識하게 되었다. 이에 天賦에 興亞的 大使命을 亨有[2]한 物心兩全의 우리 帝國의 道義的인 世界史創造工作 가운대에 이것을 具現할 可能性을 發見한 全人類는 熱望的으로 우리 帝國의 人類救濟를 爲한 正義의 進軍을 希求하고 있다. 이 意味에 있어서 우리는 未來의 歷史를 左右할 歷史的 國民이라고 말할 수 있다.

十九世紀를 中心으로 한 白色人種 全盛時代로부터 二十世紀를

---

1 『三千里』 12-3, 1940. 3, 53~55쪽.

2 '享有'의 잘못으로 보임.

起點으로 한 黃色人種 復興時代에로 人類史는 我國의 領導에 依하여 一大轉回를 하고 있으며 저 日露戰役부터 今次의 支那事變에 이르기까지의 諸般 興亞的 聖業은 如實히 이것을 證明하고 있다.

大陸에 興亞의 聖師를 보낸 後 이에 三個星霜, 其間 忠勇果敢한 皇軍은 有史以來 空前絶後의 大戰果를 거듭하여 支那 四百餘州의 巨億[3]의 民衆을 우리 日章旗下에 救濟하면서 있는 이 燦然한 歷史的 事實은 世界人類의 함께 讚嘆하는 바이다.

그러나 興亞的 聖業 達成을 爲하여는 南支에 있어서의 大包圍殲滅戰, 蔣政權 最後의 據點인 重慶昆明線의 進擊, 西安蘭州를 連結한 赤色루-트의 粉碎, 外蒙新疆西藏等 問題가 우리 日本國民의 斧鉞을 받을여고 남어 있다. 다시 視角을 한번 亞細亞의 全面에 轉하면 西伯利亞를 中心으로 한 積極的 防共問題가 있고 三億의 民衆이 呻吟하는 印度問題等이 있다.

이에 우리는 白色帝國主義의 世界的 破壞工作에 眩惑되지 말고 世界大戰을 契機로 한 이 千載一遇의 好機에 興亞的 大使命을 完遂하여 白色人種의 鐵蹄下에 蹂躪된 巨大한 亞細亞諸人種을 救濟하고 나아가 八紘一宇의 大理想의 實現에 邁進하지 않으면 아니 된다.

이 我國의 天賦的 大使命에 있어서는 擧國一致體制 完成에 依한 一億國民의 同心一體的 團結이 絶對必要하며 內鮮一體의 完成이야 참으로 그 主要條件인 것이다.

日韓合併 以來 三十年間 一視同仁과 福利增進의 聖旨를 中心으로 二千萬 半島皇民은 歷史的인 大國家 日本의 國民으로서 그 榮譽와 責

3 '四億'의 잘못으로 보임.

務를 分擔하여 왔으며 特히 今次의 支那事變을 中心으로 한 二千萬 皇民의 半島에 넘치는 愛國的 赤誠과 南總督의 大英斷과 諸般善政에 依하여 內鮮一體運動의 速度는 過去三十年間의 實蹟을 훨신 凌駕할 만치 進展되고 있음은 邦家의 隆興을 爲하여 매우 慶事스러운 일이다.

一時는 朝鮮思想界가 多少 騷亂된 일도 있었으나 歷史의 大車輪은 容恕없이 軌道에 戱弄하는 障害物을 물니치면서 廻轉하여 一瞬一刻 內鮮一體의 途程을 進行하고 있다. 過去의 數萬의 思想關係者도 全部 轉向하여 日本精神으로 思想的 再武裝을 하고 새로운 愛國的 戰士로서 或은 內鮮一體運動에 或은 思想國防運動에로 힘찬 步武로 進出하고 있음은 半島思想界의 安定을 雄辯으로 證明하고 있다.

이 過去의 巨頭猛將을 爲始하여 過去의 思想的 關係者가 全部 忠良한 皇國臣民으로 還元된 根據는 무엇인가. 그들은 맑쓰레닌主義의 理論的 實踐的 矛盾과 蘇聯의 暴惡한 政治를 餘地없이 分析한 結果 이것을 淸算하고 日本精神의 眞價와 皇國의 興亞的 使命을 自覺하여 이것이야 眞實로 世界의 指導的 國民으로서 思想的 根底로 할 만한 偉大한 精神이며 使命이라는 것을 確認하게 된 까닭이다.

그러고 內鮮一體의 完成은 어떠한 데에 根據를 둘 것인가. 內鮮兩民族은 첫째로 同一한 祖先에서 分裂된 種族이며 따라서 混血을 通하여 再結合하는 것이 絶對로 奇異한 일이 아니라는 것이고, 둘째로 文化的으로 同一한 東洋文明의 雰圍氣 속에서 數十年間 訓育成長하였으며 따라서 近世에 있어서의 科學的 物質文明의 惠澤도 同一하게 亨受[4]하였고 다시 이 二大文明의 統合으로 完成된 物心兩全의 日

4 '享受'의 잘못으로 보임.

本文化로 再武裝하는 것이 今後 世界의 新文化體制樹立을 領導할 우리로서는 絶對必要한 일이며, 셋째로 同一한 經濟的 生活 속에서 即 隣接한 支那에서도 볼 수 없는 近似한 生活을 하고 있는 것이며, 넷째로 同一한 政治機構下에 血脈이 通한 結合體로서 構成되고 있는 것이며, 다섯째로 地理的으로 近接하여 不可分의 關係를 가져 朝鮮半島는 日本의 興亞戰線에 있어서의 前進兵站基地로 重要性을 갖고 있으며, 이 五大條件은 半島와 內地가 永遠히 同一單位로 構成될 수 있다는 것은 明白히 表示하고 있다.

古代의 있어서 部落의 統一을 通하여 小邦 — 加羅國이든지 新羅든지 各各 數十部落의 統一된 小邦 — 이 되고 中世에 있어서 小邦이 統一되어 大邦 — 三韓의 統一에 依한 朝鮮 — 이 되고 다시 近代的 統一에 依하여 國民的 生活圈을 擴大하여 內鮮一體 或은 東亞協同體가 完成됨은 歷史的 必然性인 것이며 이에 反對하는 者는 封建的인 分立主義者이며 時代錯誤라고 할 수 있다.

內鮮一體를 完成할여면 爲先 民族的 偏見을 完全히 肅清하고 半島二千萬同胞가 全部 忠良한 皇國臣民이 되며 皇國에 忠誠을 다하고 偉大한 世界史創造의 任務를 分擔하지 않으면 안 된다. 同時에 國語普及과 使用, 氏名의 統一, 內鮮生活의 劃一化에 盡力하는 同時에 半島皇國民이 스스로 世界的 文明國民으로서의 力量과 素質을 培養하여 나아가는 過程에서 諸般懸案도 漸次解決될 것이며 權利를 主張하기 前에 모든 義務를 充實히 履行하여 나아가는 過程에서 三千里에 臥居하든 二千萬 皇民은 全世界를 活舞臺로 할 수 있는 條件을 獲得하게 되는 것이다.

半島皇民諸位에게 余는 呼訴한다.

諸位는 內鮮一體를 中心으로 한 愛國的 戰士로서 亞細亞復興의 建設戰士로서 世界新平和體制 樹立의 十字軍으로서 힘차고 勇敢한 進軍을 繼續하라. 그러면 諸位에게는 반듯이 勝利의 月桂冠이 惠與될 것이다. (筆者는 全鮮思想報國聯盟幹事, 朝鮮防共協會囑託)

■ 원문

朝鮮文化의 將來와 現在[1]

좌담회

출석자[2](본사 주최)	
무라야마 도모요시(村山知義)	소설가
하야시 후사오(林房雄)	소설가
아키타 우자쿠(秋田雨雀)	문학자
장혁주(張赫宙)	소설가
가라시마 다케시(辛島驍)	성대(城大) 조교수
후루카와 가네히데(古川兼秀)	본부(本府) 도서과장
정지용(鄭芝鎔)[3]	시인
유진오(兪鎭午)	보성전문 교수

1 「座談会 朝鮮文化の將來と現在」 ①~⑥, 『京城日報』, 1938. 11. 29, 11. 30, 12. 2, 12. 6, 12. 7, 12. 8. 아울러 같은 좌담회가 일본의 『文學界』 6-1, 1939. 1에 「朝鮮文化の将来」라는 제목으로 실렸다. 『文學界』 수록 좌담회는 「조선문화의 장래」, 이경훈 편역, 『한국 근대 일본어 평론·좌담회 선집(1939~1944)』, 역락, 2009, 273~292쪽에 번역되었다. 여기서는 『京城日報』에 실린 내용을 번역하였다. 『文學界』에 실린 내용과 뚜렷한 차이가 있는 경우 주를 달아 【문학계】라고 표시하고 내용을 소개하였다. 『文學界』 내용은 이경훈 번역본을 이용하였지만 일부 표현을 수정하였다.

2 『文學界』에 실린 참석자 목록은 다음과 같다. 『京城日報』는 참석자 목록에 유치진(柳致眞, 극작가)을 누락했지만 『文學界』에서는 포함하였다. 아울러 두 판본은 참석자를 열거하는 순서와 구분에 차이가 있다.

임화(林和)	평론가
이태준(李泰俊)	소설가
김문집(金文輯)	평론가
데라다 에이(寺田瑛) 본사(本社)	학예부장

(1) 괴로운 반도 작가: 무대가 적어서 생활은 여의치 않아[4]

데라다: 새로운 인식 아래 반도를 바라볼 수 있게 된 바로 이 시점에, 때마침 『문학계』 동인인 하야시 후사오, 무라야마 도모요시 두 분 외에 아키타 우자쿠, 장혁주 씨 등이 경성에 오셨기에, 이에 조선에서 문화인의 모임을 부탁드려 여러 가지 이야기를 여쭙게 된 것은 경성일보로서도 반도문화에 하나의 역할을 수행할 수 있다는 의미에서 흔쾌한 바입니다. 특히 총독부에서 후루카와 도서과장께서도 참석해 주셔서 한층 의미

출석자	
아키타 우자쿠(秋田雨雀)	
하야시 후사오(林房雄)	
무라야마 도모요시(村山知義)	
장혁주(張赫宙)	
가라시마 다케시(辛島驍)	성대(城大) 교수
후루카와 가네히데(古川兼秀)	총독부(總督府) 도서과장
정지용(鄭芝鎔)	시인
임화(林和)	평론가
유진오(兪鎭午)	보성(普成) 교수
김문집(金文輯)	평론가
이태준(李泰俊)	소설가
유치진(柳致眞)	극작가

3 『京城日報』와 『文學界』 모두 정지용(鄭芝溶)을 '鄭芝鎔'으로 잘못 표기하였다.

4 『京城日報』, 1938. 11. 29. 【문학계】 소제목이 '조선의 잡지'로 되어 있다.

가 깊어진 데 대해 감사드립니다. 또한 오늘 저녁은 하야시 후사오 씨에게 사회를 부탁드리고자 합니다.[5]

하야시: 오늘의 좌담회의 제목은 '조선문화의 장래와 현재' 혹은 '문화에서 내선일체의 길은 어디에 있는가'라고 하여 이야기를 진행해 가려고 합니다. 실은 저의 이번 여행은 만주(滿洲)와 북지(北支)를 시찰하기 위한 것이었기에 조선은 그냥 지나칠 예정이었습니다만, 관부연락선 안에서 우연히도 노인 한 분과 같은 방을 사용하였는데, 그 노인으로부터 "당신은 조선을 보시지 않으려 합니까, 최근 내지(內地)로부터 만주나 북지로 시찰 가시는 분은 조선을 그냥 지나치고 만주나 북지만을 염두에 둡니다만, 그것은 몹시 잘못된 생각이지요"라는 말을 들었습니다. 그때에는 "그렇습니까"라고 흘려들었지만, 부산에서 경성으로 오는 기차 안에서 읽은 전 총독 우가키(宇垣) 님의 조선에 관한 연설집을 읽으며 창밖의 풍경을 바라보았습니다만, 그 연설집에 쓰인 내용과는 다르게[6] 현재의

---

5 【문학계】 데라다의 발언이 삭제되어 있다.

6 【문학계】 우가키 '강연집' 내용을 구체적으로 소개하였다. "조선을 보고자 하는 사람은 이 경부선의 풍경만을 보아서는 아무것도 안 된다, 이 철도는 군사적 목적하에, 또는 군사적 필요에 가장 편리한 곳에 가설되었다, 그렇기 때문에 연선(沿線)은 조선에서 가장 빈곤하고 생산이 적으며 또 정치적으로 보아도 이조 시대의 주구(誅求)에 시달려 보수적이 되었고 생산력도 생각할 힘도 전부 빼앗겨버린 곳에 있으므로, 이 연선만을 보고 그곳에서부터 조선을 판단해서는 곤란하다." 하야시가 읽은 우가키 '강연집'은 宇垣一成, 『伸び行く朝鮮: 宇垣總督講演集』, 1935이다. 그 밖에 "사실 이번에 우리들의 여비는 만주에서 받았기 때문에 조선에서 쓰면 안 될 터입니다. 그런데도 오늘로 닷새째나 체재하고 있는 것은 그런 기분 때문인 것입니다"라고 언급하였다. 또한 부산에서 경성까지 오는 특급열차 아카쓰키(あかつき, 새벽) 안에서 하야시의 여정과 견문은 林房雄, 「新しき朝鮮」, 『大陸』 1-2, 1939. 2, 329~333쪽에 보다 자세하

경부선 연선에는 산도 푸르렀고 곳곳에서 농사를 짓고 있고 마침 수확철인 관계도 있었겠지만 들에는 남자도 여자도 모두 나와서 일을 하고 있습니다. 그것을 보고서도 무언가 조선에는 우리들이 생각하고 있는 것이 이미 움직이기 시작한 것은 아닌가 하는 기분이 들었습니다. 그 후 경성에 와서 총독부 사람이나 조선의 청년들도 만나고 더욱이 오늘 밤에 여기 모인 제군들도 만나니, 우리는 조선은 내지와는 가장 가까운데 그 가장 가까운 곳을 알지 못하고 먼 곳을 알아도 소용이 없으며, 무언가 관부연락선에서 그 노인에게 들은 것이 진리였던 것 같이 생각되어 경성에 내린 것입니다. 다행히 이번에 좋은 기회를 얻어 이러한 회합을 여는 것이 가능했기 때문에, 모쪼록 여러분 기탄없이 말씀해 주시기 바랍니다. 주로 제가 질문하는 쪽에 있겠습니다. 내지 작가들은 조선에 대해서는 아무것도 모릅니다. 조선에 어떠한 잡지가 있는지, 어떠한 사람이 무엇을 쓰고 있는지 하는 것도 들려주기 바랍니다. 우선은 잡지의 이름만이라도 소개해 주시지 않겠습니까.[7]

김문집: 이전엔 잡지도 여러 가지가 있었습니다만, 요즘은 적어졌습니다. 일간신문도 마라톤으로 유명한 손기정의 사진, 즉 일장기 문제로 정간이 되었다가 가까스로 작년 6, 7월 즈음 풀

게 기록되어 있다. 하야시는 차창 밖 조선의 풍경과 조선인의 생활을 관찰하고 동승한 경성일보 기사와 대화하면서, 우가키의 연설집과 달리 최근 조선에서는 새로운 움직임이 일어나고 있다고 느낀다.

7 【문학계】 참석자 가운데 특별히 후루카와 도서과장을 소개하였다.

린 동아일보란 신문이 있습니다만[8] 중앙일보는 없어졌고, 매일신보 외에 조선일보라는 것이 있습니다. 잡지도 꽤 있었습니다만, 종이가 비싸졌고 또 총독부의 의향 등도 있어서 점점 줄어들어 저희들이 먹고 살 길도 줄었습니다. 그렇지만 조선일보에는 출판부가 있어서 거기에서 세 잡지가 나옵니다. 하나는 일반적인 것, 또 하나는 부인들을 향한 것, 그리고 또 하나는 소년들의 읽을거리입니다.[9] 또한 『三千里』라는 잡지가 있습니다. 이외에 작은 잡지가 많이 있습니다만 대단한 것은 없습니다. 잡지에는 여러 가지 비평도 나오고 있습니다만 어느 것이나 대단한 것은 없습니다.

하야시: 비평이군요.

김문집: 그렇습니다, 비평이라기보다는 일종의 가짜 잡지가 많습니다.

하야시: 작가는 그 잡지에 투고합니까, 그것으로 충분할까요.

임　화: 그것만으로는 밥을 먹을 수 없습니다.

하야시: 그렇다면 어떻게 하고 있습니까.

임　화: 작가로서 밥을 먹고 있는 사람은 한 사람도 없기 때문에, 모두 무언가를 하고 있습니다. 따로 일이 없는 이는 별 도리가 없기 때문에 겨우 연명하고 있습니다.[10]

---

8 『東亞日報』는 '일장기 말소사건'으로 1936년 8월 27일 총독부 당국으로부터 무기발행정지 처분을 받았다. 1937년 6월 2일 해정(解停)의 지령을 받고 같은 날 석간부터 다시 발행하였다(「今日 本報 解停. 今日 夕刊부터 發行」, 『東亞日報』, 1937. 6. 2 호외).

9 【문학계】 다음과 같은 내용이 삽입되어 있다. "그리고 『四海公論』이라는 것이 있습니다. 이 잡지는 임화 군이 주간했었습니다만 사장과 싸우고 그만두었습니다." 그 밖에 『三千里』가 7,800부나 팔린다고 소개하였다.

10 【문학계】 임화의 발언 뒤에 "(웃음소리)"가 삽입되어 있다.

하야시: 그렇게 밥도 먹을 수 없는 사람들을 세간에서는 인정하고 있습니까, 작가로서…….

임 화: 인정받지 못해도 하는 수 없지요. 그러니까 모두 곤란해 합니다.

하야시: 얼마나 됩니까, 그런 작가들의 수는…….

임 화: 글쎄요. 80명 정도 있습니다. 하지만 작가로서는 50명 정도 일까,[11] 오래 된 작품이라고 할까요 인기 있는 작가는 곧 없어지기 때문에, 신문기자를 하지 않으면 밥을 먹을 수 없습니다. 인기는 5, 6년입니다. 10년은 이어지지 않습니다.

하야시: 이 이야기는 여기서 멈추고 다음으로 넘어갑시다. 무라야마님 한 번……[12]

(2) 조선에서의 연극(芝居): 유교의 영향으로 발달도 중단[13]

무라야마 도모요시: 연극(芝居)은 신파(新派)와 신극(新劇)이 있겠지요…….[14]

유치진: 연극(演劇)은 시골에도 있습니다만 주로 경성에 있습니다. 또

11 【문학계】 임화의 발언 사이에 다음과 같은 하야시의 발언이 삽입되어 있다. "내지에서 문학자로 이야기되는 사람은 2,000명 있지만, 그중에서 문학으로 생활하는 사람은, 글쎄요 200명 정도겠지요."

12 【문학계】 하야시의 발언이 삭제되어 있다. 다만 이 자리에 "(무라야마 출석)"으로 표시되어 있다.

13 『京城日報』, 1938. 11. 30. 【문학계】 소제목이 「조선의 연극」으로 되어 있다.

14 【문학계】 무라야마: 연극 이야기가 됩니다만, 조선에는 내지의 구극(舊劇)에 해당하는 것은 없고, 신파와 신극이 있을 텐데, 그 현상을 좀 이야기해 주시지 않겠습니까.

한 신파, 신극 이외에 창극(唱劇, 창(唱)은 가락(調)임)이라는 것이 있습니다.[15]

무라야마: 신파극, 신극도 내지의 신파의 영향을 받아 생긴 것입니까.

유치진: 그렇습니다. 신파도 내지의 영향을 받아 생겨난 것입니다. 도쿄에서 유학했던 이들이 가지고 돌아와서 처음으로 신파극이 생겨났습니다.[16]

무라야마: 신파 이전에는 어떤 것이 있었습니까.

유치진: 어떤 것이라 한다면, 요세(寄席)와 비슷한 것이 있었습니다.[17]

무아야마: 그 당시 독립된 극장은 없었던 건가요.

유치진: 공개된 극장에서는 장막을 치고 음악도 있었습니다만, 그 외에는 없었습니다.[18]

무라야마: 음악은 있었군요.[19]

유치진: 특별한 각본이 있었습니다. 극(劇)이라기보다도 동네에서 하는 연극(芝居)이어서 각본 등도 입으로 전달하는 것인데 지금도 있습니다.[20]

---

15 【문학계】 유치진: 그런 것은 시골에도 있지만, 주로 경성에 있습니다. 조선의 신극으로는 극연좌(劇硏座), 중앙무대 등 네 개 정도 있습니다. 신파로는 경성에 동양극장이라는 상설흥행장이 있는데, 그곳에 호화선(豪華船), 청춘좌(靑春座)라는 두 극단이 반달씩 교대로 출연합니다. 한쪽이 그 무대에 나올 때 다른 쪽은 지방 순회공연을 하고 있습니다. 항상 만원입니다.

16 【문학계】 유치진의 발언 중 "도쿄에서 유학했던 이들이 가지고 돌아와서, 처음으로 신파극이 생겨났습니다"라는 부분이 삭제되어 있다.

17 요세(寄席)는 사람을 모아 재담, 만담 등을 듣는 대중적 연예장. 【문학계】 유치진: 요세 비슷한 것과, 옛날 창극과, 무용과 가면극이 있습니다.

18 【문학계】 유치진: 가설극장은 있었지만 그 이외에는 없었습니다. 그런 곳에서 공연했던 것은 연극이라고 해보았자 구치다테(口立) 연극인데 그런 것은 지금도 있습니다.

19 【문학계】 무라야마의 발언이 삭제되어 있다.

무라야마: 문자로 쓰인 각본이 있는 연극(芝居)도 있습니까.

유치진: 일부는 있습니다만, 대체로 조선의 문화, 다시 말하면 연극(芝居)은 지나(支那)의 영향을 받은 것입니다. 최근에는 내지의 영향을 받고 있습니다만…….

하야시: 내지는 옛날에 조선의 영향을 받았지요.

아키타: 덴가쿠(田樂), 다우에(田植) 등을 옛날에는 추었습니다. 내지에는 이런 것이나 가부키(歌舞伎) 같은 것들이 있습니다만.[21]

임 화: 시골에 민족극(民族劇), 즉 덴가쿠입니다, 작은 북을 치면서 춤추는 것이 있습니다. 여기에서 약 20리 떨어진 곳입니다.[22]

아키타: 그것을 보고 싶군요.

임 화: 그것은 재미있는 춤인데, 그 모습은 손을 흔드는 방식, 발을 밟는 방식이 정말로 보리의 수확 모습 그대로입니다.

무라야마: 제가 가장 궁금한 것은 조선에서는 춤이라든가 노래라든가, 그런 것과 결부되지 않은 순전한 극(劇)이란 것은 없었는가 하는 것입니다.[23]

임 화: 춤에 인형과 가면을 사용하고 있는 것도 있습니다.[24]

---

20 【문학계】 유치진의 발언이 삭제되어 있다.

21 【문학계】 아키타: 덴가쿠 같은 것도 주로 조선의 영향을 받은 것인 듯합니다. 여기도 그런 것이나 내지의 가부키 류가 있습니까?

22 【문학계】 임화: 시골에는 덴가쿠 비슷한 것이 있습니다. 소고를 두드리며 춤추는 것입니다. 여기서 한 20리 정도만 벗어나도 그런 게 있습니다.

23 【문학계】 무라야마: 내가 가장 의문스럽게 생각하는 점은 조선의 춤곡이라든지 하는 것이 그 어느 것이나 달리 유(類)를 찾을 수 없는 애조로 일관되어 있다는 점입니다. 군악조차도 장례식 음악 같지 않습니까.

24 【문학계】 임화의 발언 뒤에 다음과 같은 발언이 기록되어 있다. "그것은 막을 치고 합니다."

유치진: 그것은 가면극인데, 춤 그리고 노래에 대사가 들어가 있어서, 두 가지가 제각기 따로따로 되어 있습니다.[25]

무라야마: 가면은 우리 집에도 있는데, 독특해요.

아키타: 나무 가면도 있습니까.

임 화: 변변찮은 것이 있습니다.

무라야마: 바가지인 것도 종이인 것도 있습니다.

하야시: 경성 이외에는 그런 것이 없습니까?[26]

유치진: 있기는 있는 것 같습니다.[27]

하야시: 그런 것은 다른 도시에도 있습니까.

유치진: 평양에 있습니다.

무라야마: 그것은 조선 재래의 것이 아니라 내지의 영향을 받은 것이겠지요.[28]

하야시: 그렇다면 왜 한 겁니까.[29]

유치진: 제 생각에는, 이 가면극은 그것은 신라 시대의 기록에도 남아있습니다만, 가면을 사용하여 춤추는 것이 내지의 시시마이(獅子舞ひ)지요. 봉산(鳳山)에도 가면극이 있습니다. 그것을 최승희(崔承熙)가 흉내 내어 아주 멋진 춤으로 만들었습니다.[30] 그 유장한 몸짓은 봉산 가면극의 특징이죠. 그것이 대

---

25 【문학계】 유치진: 그건 가면극인데, 춤과 노래에 대사가 들어가 있습니다.

26 【문학계】 하야시의 발언이 삭제되어 있다.

27 【문학계】 유치진의 발언이 삭제되어 있다.

28 【문학계】 무라야마의 발언이 삭제되어 있다.

29 【문학계】 하야시의 발언이 삭제되어 있다.

30 식민지 조선의 언론에서는 봉산탈춤을 사자무(獅子舞)라고 부르기도 하였다. 1936년 8월 31일(백중) 황해도 봉산군 사리원 경암산 아래 광장에서 봉산탈춤이 2회 연행

체로 고고학자의 이야기로는 고려 시대까지 있었다고 합니다만, 이조 시대가 되어서 그것이 중단이 되었습니다. 그 시대에는 유교가 융성해져서 이러한 것은 이조 시대에 중지되었는데, 이렇게 매우 예술적인 측면을, 연극(芝居)이라는 것을 매우 천하게 본 것입니다. 지금까지도 그런 관습이 남아 있습니다. 그리고 민족적인 것을 정작 하려고 하면 조정으로부터 처벌 받으니까 숨어서 한 것입니다. 요컨대 집에서 춤을 추었습니다. 공공연하게 모두들 앞에서는 할 수 없었습니다. 이러한 식으로 중단되었다고 생각합니다.

무라야마: 아악(雅樂) 이외에 이러한 음악, 민요(民謠)적인 것은 하나도 보존되지 않았나요.

임 화: 관기(官妓)가 있을 뿐입니다.

되었으며, 조선총독부 도서과의 무라야마 지준(村山智順), 오청(吳晴), 민속학자 송석하, 임석재 등이 그 공연을 참관하였다. 당시 주간 공연은 조선총독부 활동사진반이 촬영하였고, 야간 공연은 경성방송국을 통해 조선 전역에 중계되었다. 스웨덴 국립박물관원 베리만(Sten Bergman)도 공연을 촬영하였다. 오청은 공연을 채록하여 일본어로 번역하여 총독부 기관지 『朝鮮』에 게재하였고, 무라야마 지준은 현장 기록과 소감을 기고하였다(吳晴, 「假面舞踊劇鳳山タール脚本」, 『朝鮮』 261, 朝鮮總督府, 1937. 2; 村山智順, 「民衆娛樂としての鳳山假面劇」, 『朝鮮』 261, 朝鮮總督府, 1937. 2). 송석하의 채록은 이후 1940년 『文章』에 발표되었다. 宋錫夏, 「鳳山假面劇脚本」, 『文章』, 1940. 6·7(합병). 봉산탈춤은 1937년 5월 조선민속학회가 주최하고 조선일보사가 후원한 제1회 조선향토무용민요대회와, 1938년 4~5월 조선일보사가 주최한 조선향토연예대회에서 공연되어 큰 호응을 받았으며, 1938년 12월에는 봉산탈춤 보존회가 발족하였다. 1937년 7월 27~29일 최승희가 도쿄 쓰키치극장(築地劇場)에서 개최한 도구(渡歐) 고별무용회(告別舞踊會)에서 선보였던 조선 춤 중에는 봉산탈춤도 포함되어 있었다. 또한 송석하는 신라의 산예(狻猊)와 당대의 북청 사자무(獅子舞) 사이의 관계와, 조선과 일본의 사자무의 계통 문제를 논하는 글을 발표하기도 하였다(宋錫夏, 「新羅의 狻猊와 北靑의 獅子」, 『東亞日報』, 1936. 3. 26~29).

정지용: 조선은 이조가 되어 하나로 통합되었기 때문에, 조선의 문화(文化), 극(劇), 극문(劇文)이 시들어 버렸습니다.[31] 즉 유교정치가 이러한 것을 몹시 경멸했기 때문에 봉산의 가면극 등도 중단되어 버려, 조선에는 음악이라든지 극문학이라든지 오늘날에도 자랑할 어떤 것도 없습니다. 무용 쪽에서는 요즘 점점 얼마간 극적 요소가 들어오고 있습니다.

(3) 「춘향전」에 대한 여러 문제: 언어가 가진 예술적 분위기[32]

무라야마: 시간이 그다지 없기 때문에, 연극(芝居)에 대해 자세히 여쭐 수는 없습니다만, 현재 조선에서는 연극(芝居)이 어떤 이유로 발달하지 못하였는지 알고 싶습니다. 이 문제는 모르겠습니다만…….

유진오: 극문(劇文)이 어떤 이유로 충실히 발달하지 못했는가라는 문제는, 조선의 정치에 비하여 문화가 발달하지 못했다, 거기에서 이유를 찾아야 합니다.

무라야마: 이것은 아주 중요한 문제입니다. 조선의 문화는 그것을 '확실히' 해두지 않으면 발달할 수 없습니다. 문학에 대해서는 연혁(沿革)에 대해 어떻게 하면 좋을까라는 것을 지금 강구해 두어야 한다고 생각합니다.[33]

---

31 【문학계】 '문화, 극, 무용, 음악 등'을 열거하였다.

32 『京城日報』, 1938. 12. 2. 【문학계】 소제목이 「춘향전의 번역」으로 되어 있다. 다만 첫머리의 무라야마와 유진오의 발언은 앞의 「조선의 연극」에 포함되어, 「춘향전의 번역」은 장혁주의 발언에서 시작된다.

장혁주: 내지에서 공연된 「춘향전」에 대하여 감상은…….[34]

임　화: 그 번역은 좋지만, 「춘향전」은 적당하게 번역되었지만, 그 말이 가진 맛을 번역한다는 것은 무척 어렵다고 생각합니다. 그건 조선에서 하더라도 결코 적당하지 않아서…….[35]

장혁주: 임화 군, 과거의 조선 문화, 장래와 가장 밀접한 관계를 맺기에 좋은 조선을 제재로 삼은 것을 내지어로 도쿄에 소개한다는 이 두 가지 취지에서, 조선어 극단이 도쿄에서 공연하는 것이 현재 불가능한 이상, 조선의 「춘향전」을 국어로 하려 했고, 우선 일정 기간 공연을 하여 호평을 받은 겁니다.[36]

유진오: 그게 어려워요.

하야시: 번역문이기 때문입니까?

임　화: 그렇습니다.

김문집: 번역으로 한다면, 서푼의 가치도 없습니다.

---

33 【문학계】 무라야마: 이것은 아주 중대한 문제입니다. 조선 문화의 장래는 현재가 왜 이런 상태인가, 그것을 확실히 하지 않으면 발달할 수 없습니다. 문학에 관해서는 후에 자세히 논의하기로 하고 지금은 이 점을 어떻게 하면 좋을지에 대해 우리가 조치를 강구하지 않으면 안 된다고 생각합니다.

34 【문학계】 장혁주: 「춘향전」 같은 것을 문제 삼으면 이야기가 구체적이 될 것 같은데…….

35 【문학계】 임화의 발언 중 "그건 조선에서 하더라도 결코 적당하지 않아서……."라는 부분이 삭제되어 있다.

36 【문학계】 장혁주: 임화 군, 과거의 조선, 현재의 조선을 제재로 한 희곡을 내지의 극계에서 상연하는 일, 그리고 또 한 가지 조선어로 된 것을 내지어로 번역하거나 각색해서 내지인에게 소개하는 이 두 가지 일은 우리가 반드시 해야 할 일이라고 생각합니다. 조선어 극단이 조선어 연극을 내지에서 하는 것도 좋지만, 그 미치는 영향은 극히 제한된 것입니다. 그런 의미에서 내지어로 씌어진 「춘향전」을 했습니다. 그리고 그 결과도 성공했다고 생각합니다.

유진오: 직역이 되기 때문에[37]

임 화: 그 특유의 맛이랄까입니다.

김문집: 「춘향전」이 달라져 버립니다. 내지어로 해서는.[38]

임 화: 번역이란 모두 같다는 것은 아닙니다.[39]

정지용: 「춘향전」 그대로는….[40]

하야시: 내지에는 외국 것을 직역한 것이 이것 말고도 무척 많아요.[41]

가라시마: 결국 조선의 이 문화적인 것을 극화(劇化)하는 것을 많은 사람들이 기대하고 있는데, 그것을 위하여서는 오늘처럼 여러분을 오시도록 부탁드려 이곳의 작가와 논의하는 것이 필요하며, 그때마다 언어가 가진 맛, 혹은 연혁(沿革), 그런 것들에 대해 여러분이 좋은 것을 보고 들어 자신을 높여 가는 것이 필요하니까, 조선의 것은 조선문(朝鮮文)으로라는 것에는, 나는 결국 이건 경제적으로 많이 팔기 위해서는 역시 내지어가 아니면 안 된다, 거기에 생활 문제가 관계하여 오는 것이기 때문에, 내지어 즉 번역이라는 것도 하나의 방법이라고 생각합니다.[42]

하야시: 밥을 먹는 데에 곤란하지 않는 사람은 조선문으로 하시면 됩

---

37 【문학계】 유진오의 발언이 삭제되어 있다.

38 【문학계】 김문집: 내지 말로 번역하면 「춘향전」이 이상해집니다.

39 【문학계】 임화의 발언이 삭제되어 있다.

40 【문학계】 정지용의 발언이 삭제되어 있다.

41 【문학계】 하야시: 그렇다면 번역불가능론이 아닙니까. 번역에는 번역의 사명이 있습니다.

42 【문학계】 가라시마: 경제적인 면에서 말해도 조선문으로 된 것은 많이 팔릴 수 없으니까 많이 팔기 위해서는 역시 내지어가 아니면 안 됩니다. 그와 같은 생활의 문제가 관계하게 되므로 내지어, 즉 번역하는 것도 하나의 방법이라고 봅니다.

니다.

임 화: 「춘향전」의 성격은 내지어로는 도저히……

장혁주: 그것은 물론 내지어로 쓰면 매우 곤란합니다.

정지용: 「춘향전」을 소개하는 것에 번역으로는 의미를 성취하지 못합니다.

무라야마: 하지만 이 「춘향전」은 내지에서 했을 때에, 내지인으로부터 호평을 받았습니다. 또한 내지에 와 있는 조선 사람들 가운에서도 눈물을 흘린 사람도 있었고, 역시 감명(感銘)이 있었다고 생각합니다.[43, 44]

---

43 【문학계】 무라야마: 조선 분들이 그렇게 생각하시는 것은 당연하겠지요. 『만요슈(萬葉集)』가 영어로 번역되어도, 우리 역시 그것이 『만요슈』라고 수긍할 기분은 되지 않습니다. 그러나 그렇다고 해도 착착 번역되는 것을 환영합니다. 저 「춘향전」을 내지에서 공연했을 때, 내지인에게도 받아들여졌으며, 또 내지에 와 있는 조선 분들도 운다든지 웃는다든지, 아주 즐거워했습니다. 내지인이 모두 조선어를 배우는 일이 가능하지 않은 이상, 번역된 「춘향전」도 필요하다고 생각합니다.

44 극단 신쿄(新協)의 〈춘향전〉 일본 공연은 1938년 3월 23~24일 도쿄의 쓰키지(築地) 소극장에서, 1938년 4월 27~30일 오사카의 아사히(朝日)회관에서, 1938년 5월 1~3일 교토의 아사히회관에서 상연되었다. 무라야마는 조선의 과거 이야기 전통에서 생성된 '춘향전'을 일본의 '전통' 연희 양식인 가부키와 조합해 신극을 연출하였다. 그는 일본공연이 성공적이었음을 자랑스러워하였는데, 당대 일본에서 공연을 관람한 이들이 남긴 소감은 다양하였으나, 조선 공연에서는 혹평을 받았다. 차승기는 "신극 〈춘향전〉은, 그 아상블라주적 구성에 의해, 조선의 전통이나 풍습을 재현하는 한편으로 '역사적 음미'를 촉발하는 계기이기도 했고, '일본적인 것'을 중심으로 내선융화의 이데올로기를 전달하는 매체이기도 했으며, 무대와 객석 사이를 오가면서 가장 친숙한 것을 낯설게 경험하는 장이기도 했다. 그러나 이렇게 서로 다른 해석과 반응을 불러일으키면서, 적어도 일본에서의 〈춘향전〉 공연은 다양한 해석가능성을 함축하는 아상블라주적 구성을 통해 개방적이고 유동적인 텍스트의 가능성을 보여주는 듯했다. 하지만 조선 순회공연을 거치면서 〈춘향전〉은 하나의 강력한 해석체제 안으로 휩쓸려 들어가게 된다."라고 평하였다. 차승기, 「제국의 아상블라주와 사건의 정치학: 무라야마 도모요시(村山知義)와 조선」, 『동방학지』 161, 2013, 339~349

김문집: 내지에서 공연하여 호평을 받았대도 경성에서는 어떻습니까. 무라야마 선생님. 「춘향전」의 느낌은 결코 나타나지 않는다고 생각합니다만.

정지용: 「춘향전」 그 자체의 느낌…….

김문집: 내지인에게 감명이 있어도.[45]

유진오: 도쿄에서는 어떤 방식으로 「춘향전」이 받아들여진 것입니까, 그것을 듣고 싶습니다만.

무라야마: 춘향이 정절을 지키는 면이 환영받았습니다.[46]

김문집: 그것은 시국의 관계라고 생각합니다.

하야시: 그런 것은 아닙니다. 그 춘향이 몽룡을 생각하는 정설을 끝까지 지켜가는 것이 훌륭한 것이고 여자의 대표적인 면입니다.[47]

정지용: 저 「춘향전」의 좋은 점은 예컨대 유교 정치의 시기에 그런 것이 나왔기 때문입니다.

임 화[48]: 거기에 조선이라는 것의 모습이 있어서, 그것을 예술화했다는 점이 아주 좋습니다.

쪽. 인용은 345쪽.

45 【문학계】 김문집: 내지인에게 느낌(感じ)은 있어도…….

46 【문학계】 무라야마: 말이 가진 재미는 모른다고 해도 「춘향전」의 에스프리는 전할 수 있었다고 생각합니다.

47 【문학계】 하야시: 그렇지 않습니다. 춘향이 몽룡을 생각해 정절을 지켜 가는 것이 훌륭합니다. 나도 도쿄에서 보았지만, 「춘향전」은 만인의 심금을 울리는 정신에 의해 사람들을 감동시켰던 것입니다.

48 『京城日報』에는 발언자가 임화(林和)로 표기되어 있다. 그러나 『문학계』에는 발언자가 '林'이라고 되어 있는데, 이는 하야시 후사오(林房雄)를 가리킨다. 『문학계』에서 임화는 '林(和)'로 표기된다.

정지용: 조선의 것은 조선어로가 아니면 안 되는 것을, 무라야마 선생님이 그것을 도쿄에서 조선인이 보고도 좋다고 말했다고 말씀하셨습니다만, 그러한 것이라면 감사드립니다.[49]

장혁주: 신극 방면에서는 내지, 조선의 장래는 어떻게 하면 좋을까, 조금 더 말씀해 주시지 않겠습니까.

무라야마: 제목은 뭐라도 좋으니까, 반도의 조선 사람들은 조선어 극단을 도쿄에서든 오사카에서든 다양히 많이 해주시지 않겠습니까.[50]

임　화: 우리들도 가능하면 그렇게 도쿄, 오사카에서 공연할 극단을 만들고 싶다고 생각하고 있습니다. 그렇게 된다면 이곳의 신극도 열심히 해주겠지요.[51, 52]

---

49 【문학계】 정지용: 조선의 것은 조선어로 하지 않으면 안 된다고 생각하고 있습니다만, 무라야마 선생은 「춘향전」을 도쿄에서 조선인이 보고 좋다 했다고 말씀하셨습니다. 그런 점에 대해서라면 감사하고 있습니다. 하지만 물론 여기에서는 그렇게 받아들여질지 어떨지요…….

50 【문학계】 무라야마: 세 가지 구체적인 방법이 생각될 수 있습니다. 내지에서 조선인의 조선어 연극을 활성화하는 일, 조선을 취급한 희곡이나 조선의 고전의 번역 각색 등을 내지의 극단이 더욱 많이 상연하는 일, 종종 내지의 극단이 조선에 와서 공연하고 또 그 반대로 조선 극단도 내지에서 공연하는 일.

51 【문학계】 임화: 우리도 가능한 한 그런 식으로 도쿄, 오사카에서 공연할 수 있는 극단을 만들고 싶습니다. 그렇게 되면 이곳의 신극도 열심히 해줄 테지만, 조선에는 좋은 후원자가 없습니다. 우리는 조선의 훌륭한 극을 북지(北支)나 도쿄, 오사카 같은 데서 상연하고 싶습니다. 그것은 단지 조선을 소개한다는 의미를 지닐 뿐 아니라, 새로운 예술을 소개한다는 또 한 가지 의미도 가지고 있으므로 반드시 그런 기회를 만들어 주셨으면 합니다.

52 【문학계】 임화의 발언 뒤에 다음과 같은 김문집의 발언이 기록되어 있다. "김문집: 거기에는 저도 찬성합니다. 저 「춘향전」이 도쿄에서 받아들여진 것은 시국 때문이라고 생각합니다. 경성일보가 '애국조선박람회'를 다카시마야(高島屋)에서 열었을 때 모인 사람들이 조선은 어떤 곳인가, 이렇게 생각하고 본 사람들이 많았던 것처

하야시: 그러면 「춘향전」 이야기는 여기에서 그치죠.

(4) 반도작가의 표현력: 국어와 조선어를 둘러싼 여러 문제[53]

아키타: 조선의 「춘향전」은 실제 보러 간 조선 사람만이 아니고 내 옆에 있던 60세 정도 사람도 울고 있었습니다. 그 연극(芝居)의 매력은 현재에도 이어지는 휴마니즘에 있고, 가령 하나의 결점이 있더라도 이 휴먼의 요소에 충분히 닿는다면, 그것으로 봐줄 만하다고 생각합니다. 거기에서 조선 사람의 감정을 조선 사람이, 그 조선 문화 가운데에는 많은 예술이 있습니다. 요컨대 그것을 퍼지게 하기 위해서는 국어로 번역을 하는 동시에 내지의 것을 조선어로 번역하는, 조선어든 국어든 좋으니까 창작을 자꾸자꾸 내도록 하면 됩니다.[54]

무라야마: 대체로 지금까지 조선에는 있었어도 내지에 없는 것을 무대에 예술화해 보이는 것이 가능하고, 그것을 신극이 하고

럼……."

53 『京城日報』, 1938. 12. 6. 【문학계】 소제목이 「조선어의 문학」으로 되어 있다. 다만 첫머리의 첫 번째에서 다섯 번째에 나오는 아키타, 무라야마, 하야시, 김문집, 장혁주 발언은 『文學界』에는 앞의 「「춘향전」의 번역」에 포함되어 있으며, 이태준의 발언으로부터 「조선어의 문학」이 시작된다.

54 【문학계】 아키타: 실제로 조선의 「춘향전」을 보러 간 사람은 조선인 뿐만이 아닙니다. 제 주위에 있던 60세쯤 되는 사람도 울고 있었습니다. 그 연극의 매력은 시공을 초월해 통하는 휴머니즘에 있습니다. 가령 언어 문제에 결점이 있다고 해도 이 휴머니즘의 요소를 충분히 느끼면, 그것만으로도 볼 만한 것이라고 생각합니다……. 이 조선 문화 속에는 많은 예술이 있으며, 그것을 확대하기 위해서는 내지어로 번역하는 것도 좋을 것입니다. 또 그와 동시에 내지 것을 조선문으로 번역한다, 즉 조선문이건 내지문이건 좋으니까 창작으로 자꾸자꾸 내면 좋은 것입니다.

있다는 것을 인식해 주셨으면 합니다.

하야시: 이러면 마치 「춘향진」의 선전을 하고 있는 것 같기 때문에 그치도록 하지요. 다음으로…….

김문집: 만일 사회에 이 「춘향전」이 10년 전에 나왔다고 한다면…….

장혁주: 조선이라면 내지에서는 상당한 관심을 가지고 있습니다.

이태준: 아키타 선생님께 좀 여쭙겠는데, 조금 전에 조선어로 쓰건 국어—내지어로 쓰건 상관없다고 말씀하셨는데, 우리들에게는 중대한 일이기 때문에 본론과는 조금 다르지만 질문 드리겠습니다. 내지의 선배들 쪽에서는 우리들 조선의 작가가 조선어로 쓰는 것을 마음으로부터 희망하고 계십니까, 혹은 내지문으로 쓸 것을 더 희망하고 계십니까.[55]

아키타: 뭐라고요, 잘 들리지 않는데요……[56]

임 화: 조선의 사람은 내지문으로 쓰는 편이 좋을까, 조선문이 좋을까입니다.[57]

아키타: 우리들 작가의 요망, 그리고 대중의 요망으로서, 즉 대상(對象)을 대중에 둔 작가로서는 국어가 좋다고 생각합니다.

무라야마: 그건 말이지요. 조선 문화를 조금이라도 많은 사람에게 읽도록 하고, 요컨대 내지 사람들의 반향을 얻기에는 조선어로 쓴 것은 내지인이 읽을 수 없기 때문에 반향이 없다고 생각

55 【문학계】 이태준: 아키타 선생께 조금 여쭙고 싶습니다만, 아까 조선어로 써도 내지어로 써도 괜찮다고 말씀하셨는데, 우리로서는 중대한 문제이므로 본론과 다르지만 질문을 드립니다. 내지의 선배 쪽에서는 우리 조선 작가가 조선어로 쓰는 일을 마음으로부터 희망하고 계십니까, 아니면 내지문으로 쓰는 일을 더 희망하십니까?

56 【문학계】 아키타의 발언이 삭제되어 있다.

57 【문학계】 임화의 발언이 삭제되어 있다.

해요. 역시 조선 쪽에서도 실제로는 국어가 보급되었기 때문에, 알게 하려면 국어로 쓰는 쪽이 널리 읽히는 것이 된다고 생각하기 때문에, 국어가 좋겠네요.[58]

아키타: 국어로 써서 널리 읽히고 일부를 조선어로 번역한다면 좋겠지요.[59]

정지용: 두 쪽을 모두 써도 좋다고 생각합니다.

하야시: 국어의 문제가 나왔지만, 그것은 매우 중대한 것이라 생각해요. 우리들로서 조선의 제군에게 말씀드립니다만, 작품은 모두 국어로 하여 주었으면 해요.[60]

아키타: 그것을 번역하면 되는 거죠.[61]

임 화: 이것은 큰 문제입니다.[62]

무라야마: 조선어로 쓴다면 표현이 가능하지만 국어로 써서는 표현이 되지 않는 조선어의 독특한 것이 있다면, 다시 말해 국어로 드러내면 내용이 성겨지는 것이 있다면 매우 유감스럽게 생각하지만, 그것이 아닌 한 거의 여기까지 왔다면 목하의

---

58 【문학계】 무라야마: 조선의 문학을 조금이라도 많은 사라들에게 읽히고 반향을 얻는 데에는, 조선어로 쓰면 독자가 적으니까 반향이 적을 것이라고 생각합니다. 역시 조선 쪽에서는 실제로는 국어가 보급되어 있으니까 많은 사람들이 알게 하려고 생각하면 내지어로 쓰는 편이 널리 읽힐 수 있게 될 테니까, 내지어 쪽이 좋겠지요.

59 【문학계】 아키타: 내지어로 써서 널리 읽히고, 일부는 조선어로 번역하면 좋겠지요.

60 【문학계】 하야시: 국어 문제가 나왔는데, 이것은 아주 중대한 일이라고 생각합니다. 우리 입장에서 조선의 제군에게 말씀드립니다만, 작품은 모두 내지어로 써 주었으면 합니다.

61 【문학계】 아키타: 내지어가 지유롭지 못하다면 조선어로 쓴 것을 번역하면 되는 것입니다.

62 【문학계】 임화: 이것은 우리 작가로서 커다란 문제입니다.

문제로서는 국어로 써도 지장이 없는 것 같으니, 조선어로 쓰지 않으면 안 되는 것은 없다고 생각해요.[63]

이태준: 사물을 표현하는 경우에 국어로 적확하게 그 내용을 설명하는 것이 불가능할 것으로 생각되기 때문인 것이 아닐까 생각합니다. 그것은 우리들 독자의 문화를 표현하는 경우의 맛은 조선문이 아니면 할 수 없는 바가 있습니다. 그것을 국어로 표현한다면, 그 내용이 내지화되어 버리는 것 같은 느낌이 있습니다. 완전히 그렇게 되는 것이지요.[64]

하야시: 그것은 번역을 한다면 괜찮습니다.

무라야마: 양악(洋樂)으로 일본의 가부키를 공연합니다. 현재의 음악에서 세계적으로 독특성을 가지고 있는 것은 존재하지 않으면 안 되며, 따라서 조선의 고전적인 예술은 어디까지나 존재하지 않으면 안 되지. 이런 것은 정부로서도 보존하지 않으면 안 되죠.[65]

---

63 【문학계】 무라야마: 조선어로 쓰면 표현할 수 있지만 내지어로 쓰면 표현할 수 없는 조선어의 독특한 것이 있다면, 그것을 잃는 것은 대단히 유감스럽지만, 그렇지 않는 한, 이쯤 되면 목하의 문제로서는 내지어로 써도 거의 지장이 없는 듯 하므로 조선어로 쓰지 않으면 안 된다는 것은 정치적 문제일 뿐이고, 이외에는 아무것도 얻을 것이 없다고 생각합니다.

64 【문학계】 이태준: 사물을 표현할 경우에 내지어로 적확하게 그 내용을 설명하는 것이 불가능할 듯이 생각되기 때문이 아닐까 합니다. 우리 독자의 문화를 표현할 경우의 맛은 조선어가 아니면 불가능한 것이 있습니다. 그것을 내지어로 표현하면 그 내용이 내지화해 버리는 듯한 느낌이 듭니다. 완전히 그렇게 되는 것입니다. 그렇게 되면 조선 독자의 문화가 사라진다고 생각합니다.

65 【문학계】 무라야마: 우리 일본 독자의 가부키나 아야쯔리닝교 시바이 같은 것을 보존하는 데에 찬성하고 있습니다. 과거의 것이라도 세계적으로 독특성을 가진 것은 존재해야 합니다. 그와 마찬가지로 조선의 고전적인 예술은 어디까지나 존재해야

임　화: 그와 같은 박물관적인 것으로서가 아니라 말입니다.

유진오: 큰 문제입니다만, 국어로 지장이 없는 것은 써도 좋지만, 쓸 수 없는 것도 있습니다. 번역적이라도 내지의 사람이 기뻐하고 아주 의미가 있는 것은 우리들도 가능한 한 그렇게 하겠습니다만, 조선문에 의지하지 않고서는 쓸 수 없는 것은 어쩔 수가 없습니다.[66]

무라야마: 그것은 물론 그러한 경우도 있겠습니다만, 좀 더 크게 보고 가는 편이 좋겠습니다. 조선어로 쓰는 편이 좋다고 무엇이든 머리로 정하지 말고, 더 많은 사람에게 읽도록 하는 것에 주목하는 것이 좋다고 생각합니다만.[67]

임　화: 시를 쓰는 경우, 그 언어에 담긴 감정, 즉 문자인데요, 그것이 번역되어서는 의미를 갖추지 못합니다. 번역시는 왠지 와닿지 않아서, 그것은 순예술적인 문제로 조명하여 보아도 문화적으로 양해해야 한다고 생각합니다.[68]

합니다. 그런 것은 정부로서도 보호하지 않으면 안 된다고 생각합니다.

66 【문학계】 유진오: 문제가 큽니다. 내지어로 써도 지장이 없는 사람은 써도 좋지만, 쓸 수 없는 사람이 있습니다. 번역적임에도 불구하고 내지인들이 좋아할 아주 의미 있는 것은 우리들도 가능한 한 그렇게 하겠지만, 조선의 문학은 조선의 문자로 되지 않으면 문학의 의미가 없다고 생각합니다.

67 【문학계】 무라야마: 그것은 물론 그런 경우도 있겠지만, 조금 더 크게 보고 나아가는 편이 좋습니다. 조선어로 쓰는 편이 좋다고 덮어놓고 결정하지 말고 더 많은 사람들에게 읽힌다는 점에 착목하는 편이 좋습니다.

68 【문학계】 임화: 시를 쓸 경우, 그 말에 흘러넘치는 감정, 즉 문사가 번역되어서는 의의를 이루지 못하는 것입니다. 번역시는 아무래도 확 오지 않습니다. 이는 정치적 입장에서 벗어나 순예술적으로 조망해 보고 문화적으로 양해해야 한다고 생각합니다.

(5) 조선 문학계의 현 상황: 유교만능과 한학편중의 남은 폐해[69]

하야시: 아일랜드에서 취한 정책은 어떠했습니까. 그러나 아일랜드 문학이 있습니다. 또한 우리들은 이렇게 제군과 좌담회를 해도 뜻이 통하게 되어 우리들과 똑같이 앉아 있을 수 있고.[70]

김문집: 자연적 경향은 그렇게 됩니다.[71]

하야시: 아일랜드어를 사용하는 문학이 있는 것 같이, 결코 조선 문학도 없어지는 것은 아니니까 그렇게 고집하지 않아도 됩니다. 다만 많은 사람에게 읽도록 하기 위해 내지어가 좋다고 하는 겁니다.

정지용: 그와 같은 점에서 말한다면 유망(有望)합니다.[72]

무라야마: 제군이 작품을 내고 무엇을 바라는가, 직접적으로 반향을 바라며 또한 독자를 얻는 것은, 적을지라도 그것에 의지해 수입을 얻어 밥을 먹기 위해서다. 밥을 구하지 않는 이는 어디까지나 일생토록 조선문으로 발표해도 된다고 생각해요.

---

69 『京城日報』, 1938. 12. 7. 【문학계】 소제목을 붙여 나누지 않고 「조선어의 문학」이 이어진다.

70 【문학계】 하야시: 영국이 아일랜드에 취한 정책은 어떠했습니까. 그래도 아일랜드 문학은 존재합니다. 우리가 이렇게 제군들과 좌담회를 해도 의미가 통하게 되었으며, 제군들이 우리와 똑같이 앉아 있는 오늘날, 조선어가 아니면 안 된다든지, 내지어에 저항해 간다든지 하고 말하는 것은……. 오늘날 내지의 영향에서 벗어난 예술은 사라지고 있지요.

71 【문학계】 김문집의 발언 뒤에 다음과 같은 임화의 발언이 기록되어 있다. "임화: 언어의 예술이 아무래도……."

72 【문학계】 정지용의 발언 뒤에 다음과 같은 김문집의 발언이 기록되어 있다. "김문집: 아키타 선생은 더욱 커다란 정치적 의미를 가지고 계시겠지요."

그게 아니라 먹기 위한 작품은 대중을 대상으로 해야 한다고 생각해요.[73,74]

유치진: 연극(芝居) 같은 것에서 왠지 조선의 의상을 입고 내지어로 말하는 것은.

하야시: 내지에서 연극(芝居)도 그래요. 양복을 입고 내지어로 공연하는 것이지만, 20년, 30년 지난 오늘날에는 그것이 조금도 이상하지 않습니다. 더욱이 상연하는 것은 모두 번역물뿐으로……

유치진: 번역극(劇)이네요. 그것은.

하야시: 내지는 모두 번역뿐입니다. 연극(演劇)의 시작은 모두 그랬습니다. 그러니까 제군은 자꾸자꾸 내지문으로 작품을 창작하여 보내 주시기를 바랍니다. 그러면 조선의 문학계의 경향이라든가, 현상이라든가에 대하여 후루카와 씨에게 기탄 없이 말씀해 주시기를 청하는 바입니다.[75]

후루카와 도서과장: 나는 문예 방면에 관해서는 극히 사정에 어둡기

---

73 【문학계】 무라야마: 제군이 작품을 내고 무엇을 바라는가, 넓은 반향을 기대하기 때문입니다. 또 작가로서의 개인적인 문제에서 말해도, 작가는 문학으로써 수입을 얻고 밥을 먹지 않으면 안 된다, 그런데 현재 조선어 작품으로는 생활이 거의 불가능한 상태입니다. 그런 점에서도 작가는 내지어로 쓸 수 있게 된 쪽이 행복하다고 봅니다.

74 【문학계】 유치진의 발언 뒤에 다음과 같은 서술이 있다. "(무라야마 퇴장. — 무라야마 왈. 오늘은 바로 신협 극단의 조선 공연 전날이므로 부민관에서 연극 강연회가 있지만, 나와 아키타 씨와 장혁주 씨는 강연 사이의 시간에 짬을 내어 출석했던 것이었다. 그렇기 때문에 이 국어 문제에 대해서도 뜻을 다 밝히지 못해 유감이다. 다른 날 상론할 기회도 있을 것이다 —)."

75 【문학계】 하야시: 내지는 주로 번역극입니다. 연극 초창기에 모두 번역극이었던 것입니다. 그러니까 제군은 자꾸자꾸 내지문으로 작품을 만들어 보내 주었으면 좋겠다는 말입니다.

때문에 맞지 않는 것이 많을 걸로 생각합니다만, 출판물의 검열을 통해 평소 생각하고 있는 것을 말씀드리겠습니다. 한마디로 말한다면, 조선의 문예계는 총독 정치 이래 눈부신 발달을 성취하고 있지만, 아직도 내지 등과 비교할 수 없을 정도로 저조하다고 말할 수 있겠죠. 세상을 깜짝 놀라게 하는 작가와 작품이 적고 출판물의 종류와 수량도 아주 적어서 빈약하며, 그 내용도 구소설(舊小說), 족보, 유고 문집 등이 대부분을 점하여, 어느 것이나 숭명(崇明) 사상을 담은 것이거나 민족주의적인 것이나 혹은 비과학적인 것이 많다는 점은 유감입니다. 영화, 연극(演劇), 음곡(音曲) 또한 현묘(玄妙)한 것이 별로 없는 상태여서, 멋진 인쇄를 하는 데도 내지에 주문하고, 레코드 한 장을 만드는 데도 내지의 신세를 지고 있다고 보입니다. 이러한 부진의 원인은 여러 가지가 있겠지요. 김문집 님이 앞서 말한 듯이 현재의 정치적 특수사정에도 원인이 있겠지만, 더 근본적인 원인으로서는 예로부터의 유교 만능이라고 말씀드릴 수 있을까요, 한학(漢學) 편중 정책, 더욱이 특수계급자 독점정책의 결과, 일반 민중은 이런 방면에 교섭을 가지지 못하고, 소위 알도록 해서는 안 되며 다만 복종시킬 뿐인 정치가 오랫동안 이어진 여폐는 아닌가 생각합니다. 그 때문에 교육 수준이 낮고, 구매력도 없으며, 민도도 낮습니다. 문예가는 경시되고, 부자는 이해(理解)가 적고. 그에 더해 최근 언어 문제가 큰 걸림돌이 되는 등, 여러 가지 사정이 착종하여 원인이 된 결과가 아닌가 생각합니다.[76]

(6) 종군작가를 보내는 방안: 검열 및 단속(取締)에 관한 질문[77]

김문집: 부자들은 학교 건축 등에는 돈을 잘 냅니다만, 어쩐지 문예

---

76 【문학계】 후루카와: 저는 문학은 전혀 모르기 때문에 맞지 않는 부분도 물론 많겠습니다만, 곁에서 보면서 항상 느끼는 것은 예술 쪽에서 보아 조선 문예 방면의 일부분은 아주 잘은 되어 왔지만, 이것을 내지에 비교하면 대단히 수준히 낮다고 생각합니다. 이에 대해 관과 민이 함께 부흥시킨다는 주의가 없습니다. 어쨌든 옛날에 중단되어 버려 지금은 내지와 비교가 되지 않을 정도인데도 부흥운동이 일어나지 않습니다. 저는 왜 그런 식으로 되었는지 생각합니다. 앞서 김문집 님이 정치적 특수사정 운운했지만, 이 방면의 언어 문제 또는 교육 정도가 낮다, 구매력이 낮다, 민도가 낮다고 말씀하셨듯이, 아무래도 사람들에게 그런 힘이 없기 때문에 사회적으로 독립해서 훌륭한 사회를 만들어 갈 수 없는 것입니다. 일반 문예가가 경시된 결과이기도 하지만, 신문, 잡지는 오늘날의 가정에 없어서도 안 될 것인데도, 현재 조선에서는 돈을 가진 사람들은 이런 예술적인 방면에 대한 요청이 없습니다. 결국 여러 가지 문제로 인해 일어난 일이라고 생각합니다. 따라서 유식자(有識者)들이 각성해서 적극적으로 이러한 목적을 위해 상당한 기관을 만드는 것이 필요합니다. 이런 기운이 점점 높아져야 하나의 일이 일반적으로 일어날 것을 기대할 수 있습니다. 대체로 문장, 예술은 지나의 영향이 남아 있습니다. 즉 인정 풍속에 지나색이 있습니다. 게다가 내지와의 관계는 작금의 일이므로 일본적인 것은 아주 적고 빈약한 것입니다. 그래서 모든 분들이 비교적 일본식으로 나아간 방면에서 재료를 취하는 경우나 또는 일본이 사물을 받아들일 때에도 이 점을 양지해 주시지 못합니다. 저희들로서는 참으로 부족한 생각이 듭니다. 또한 영화나 레코드만 해도 요즘 들어 갑자기 앞선 내지의 영향을 받음으로써 특수한 것이 적은 조선의 문화를 살릴 수 있다고 생각하고 있습니다. 영화에서도 전체적으로 통제 있는 발달을 생각하고 있습니다. 예를 들어 커다란 협회 같은 것을 만들어 거기에서 가능한 한 원조하도록 하고 싶으며 그 촉진 운동도 고려하고 있습니다. 빨리 이런 기관이 만들어졌으면 좋겠습니다. 레코드 제작의 경우도 내지의 문예 전체, 신문 잡지, 레코드 영화 등에 비해 전혀 문제조차 삼을 수 없을 정도로 쓸쓸합니다. 이에 대처할 좋은 방법이 있으면, 장래를 위해서 참고하고 싶으니까 느끼신 점을 말씀해 주십시오.

77 『京城日報』, 1938. 12. 8.【문학계】 소제목이 「문학의 단속」으로 되어 있다. 다만 첫머리의 첫 번째에서 아홉 번째에 나오는 김문집, 후루카와, 하야시, 이태준, 하야시, 김문집, 하야시, 유진오, 하야시의 발언은 앞의 「조선어의 문학」에 포함되어 있으며, 아홉 번째 하야시의 발언 후반부터 「문학의 단속」 장이 시작된다.

방면에는 돈을 내려고 하지 않습니다.[78]

후루카와: 관과 민이 함께 이 점에 눈뜨고 적극적으로 이와 같은 방면을 위해 꽤 강력한 통제 기관을 만들어, 보호하고 장려하는 것이 필요하다고 생각합니다. 작년에 만들어진 조선문예회가 용두사미로 끝난 것은 유감스럽기 그지없습니다.[79] 지식욕이 향상되었음에도 불구하고 조선에는 좋은 잡지가 적고 좋은 읽을거리가 풍부하지 않기 때문에, 자연히 내지로부터의 이입물에 의해 근근히 그 욕망을 충족하고 있는 형편입니다.[80]

하야시: 언어 문제가 나왔습니다만, 앞으로 제군이 내지어로 작품을 척척 써서 내지에 내주었으면 해요.[81]

이태준: 그것은 내지 문화를 위해서입니까, 조선 문화를 위해서입니까.[82]

---

78 【문학계】 김문집: 조선의 문예 부흥에는 아무런 기관도 없습니다. 돈을 가진 사람도 학교 같은 데에는 돈을 냅니다만 문예 방면에는 돈을 내주는 사람이 없습니다.

79 조선문예회는 1937년 5월에 총독부의 학무국장 도미나가 분이치(富永文一)와 사회교육과장 김대우(金大羽)가 주도하여 만든 문예단체이다. 민족과 사용 언어에 따라 1부(내지인)와 2부(조선인)로 나누어 문예에 관해 조사 및 연구하고 사회 교화를 목적으로 레코드나 문예영화를 제작하고자 하였다. 조선인으로 이광수, 최남선, 현제명 등, 일본인으로 경성제대 교수 다카기 이치노스케(高木市之助), 사토 기요시(佐藤清), 가인(歌人) 가마다 사와이치로(鎌田澤一郎) 등 40여 명의 문화인이 참여하였다. 좌담회가 끝난 후 1939년 10월 조선내 '내선(內鮮)' 문단의 단일 조직인 조선문인협회가 발족하였다. 박광현, 「'경성 좌담회' 다시 읽기」, 『일본연구』 62, 한국외국어대학교 일본연구소, 2014, 61쪽.

80 【문학계】 후루카와의 발언은 삭제되어 있다. 다만 이 발언의 일부 내용은 앞에 나온 후루카와의 발언에 포함되어 있다.

81 【문학계】 하야시: 그 점 때문입니다, 지금부터 제군들이 작품을 내지어로 자꾸자꾸 써 주었으면 하고 바라는 것은. 그 반향은 반드시 있을 것입니다.

하야시: 세계 문화를 위해서입니다.

김문집[83]: 그것도 좋습니다만, 조선어로 하지 않으면 안 된다고 봅니다, 거기에 의견의 차이가 있는 겁니다.[84]

하야시: 조선어는 이미 소학교에서도 없어졌죠?[85, 86]

유진오: 조선어는 결코 사라지진 않습니다만, 점차 옅어져 갑니다.[87]

하야시: 그것은 그것으로 좋습니다. 그러니까 조선의 작가는 자꾸자꾸 내지어로 쓰면 됩니다. 그렇지 않으면 아무리 쓴대도 읽는 이가 없게 됩니다. 독자가 없으면 밥을 먹을 수 없습니다.[88] 이제 이런 이야기는 그만하기로 하고, 한 가지 제군, 이번 사변에 조선인 문사가 종군하도록 총독부에 청원해 보면 어떻습니까.[89]

---

82 【문학계】 이태준: 그것이 일본 문화를 위해서입니까, 조선 문화를 위해서입니까?

83 【문학계】 발언자가 '兪', 즉 유진오(兪鎭午)라고 되어 있다.

84 【문학계】 유진오: 그건 좋습니다만, 조선어로 쓰지 않으면 안 된다고 생각합니다. 거기에 의견의 상위(相違)가 있는 것입니다.

85 【문학계】 하야시: 이미 조선어는 소학교에서도 없어졌습니다.

86 1938년 4월 1일 '육군특별지원병제'와 함께 '제3차 조선교육령'이 시행되었다. '제3차 조선교육령'은 1936년에 부임한 미나미 지로 총독이 시정방침으로 내세운 내선일체운동의 일환으로, 그 내용에 ① 일본·조선 학제의 일치, ② 조선어의 수의(隨意) 과목화를 포함하였다. 조선어는 명목상으로는 수의 과목이 되었으나 실질적으로는 폐지된 것과 다름없었다. 윤대석, 「조선어의 '마지막 수업'」, 『식민지 문학을 읽다』, 소명출판, 2012, 79~97쪽.

87 【문학계】 유진오: 그렇습니다만, 조선어는 결코 사라지지는 않을 것입니다. 단지 점점 희미해져 가는 것이지만…….

88 【문학계】 이 부분에서 단락이 나뉜다. 하야시의 이하 발언은 「문학의 단속」이라는 소제목 아래 첫 발언으로 편집되어 있다.

89 총독부 도서과장 후루카와가 배석해 있었기 때문에, 하야시의 발언은 즉흥적인 것이 아닐 가능성이 있다(이건제, 「조선문인협회 성립과정 연구」, 『한국문예비평연구』 34, 2011, 447쪽). 1939년 3월 14일 조선의 문인 및 출판인 50여 명이 모여서, 소설가 김

유진오: 그것은 아주 좋다고 생각합니다. 대찬성입니다.

하야시: 그렇다면 그것을 한번, 총독부에 이야기해 보는 것으로 하지요.[90] 그리고 여기에 후루카와 도서과장님이 오셨으니까 무언가 여쭈어 보면 어떨까요, 보통 때의 불평 같은 것을.

임 화: 사무적인 이야기입니다만, 검열을 조금 원활하고 빠르게 해 주실 수 없으신지요.

후루카와: 되도록 빨리 하려 하고 있기 때문에, 요즈음은 빠르지요. 구체적으로 문제가 있다면 기탄없이 그때마다 말씀해 주세요.[91]

임 화: 도청(道廳)을 거쳐 나오는 검열은 1개월이나 걸립니다. 제가 황해도로부터 낸 것이…….

후루카와: 무언가 특별한 이유가 도청 쪽에 있었겠지요, 총독부에 오면 빨리 하겠습니다.[92]

유진오: 어떤 것이 압수되는 것인지요. 그렇게 나쁘다고 생각되지 않

동인, 평론가 박영희, 시인 임학수 등 세 명의 문인을 '북지 황군 위문 문단사절'로 전선(戰線)에 파견하기로 결정하였으며, 비용은 문인들의 자진 갹출에 더해 한성도서(漢城圖書), 대동출판(大同出版), 박문서관(博文書館), 인문사(人文社), 문장사(文章社), 학예사(學藝社)의 6사가 부담하였다. 같은 해 4월 15일 세 명의 문인은 조선신궁을 참배한 후 북행열차에 올라, 화북(華北) 지역의 전선을 시찰하였다. 5월 13일 이들이 귀환할 때, 경성역에서는 문단 인사 및 친지뿐 아니라, 총독부 도서과, 군부의 관계자가 환영하였다. 이후 임학수는 『전선시집』(인문사, 1939)을, 박영희는 『전선기행』(박문서관, 1939)을 간행하였다(김윤식, 「『전선기행』 속의 조선 문인들의 표정」, 『한·일 근대문학의 관련양상 신론』, 서울대출판부, 2001, 269~293쪽; 정선태, 「총력전 시기 전쟁문학론과 종군문학」, 『동양정치사상사』 5(2), 2006, 141~151쪽; 박광현, 「'경성 좌담회' 다시 읽기」, 61쪽; 박진영, 「전선에서 돌아온 영문학자 임학수의 초상」, 『근대서지』 11, 2015, 256~263쪽).

90 【문학계】 하야시의 발언 중 이 부분에 "(박수)"가 표시되어 있고, 줄을 갈은 후 다음 발언을 기록하고 있다.

91 【문학계】 후루카와: 되도록 빨리 하려고 하고 있습니다만, 요즘은 빠르지요.

92 【문학계】 후루카와: 총독부에 오면 빨리 하겠습니다.

는 것이…….

후루카와: 반사회적인 것, 반일본적인 것은 단연코 단속합니다. 그 밖에 순문학적인 입장으로 본다면 대개는 관대히 하고 있습니다.

유진오: 결론까지 보지 않고서 압수되면 곤란합니다.

후루카와: 공산주의 방식을 상세히 쓰고 마지막 부분에서 5, 6행 "결국 이와 같기 때문에 나쁘다"라고 말하는 식의 것은, 설령 결론이 좋아도 주의(主義)의 선전효과를 고려하여 압수합니다.[93]

유진오: 도중의 과정이 나빠도 결론이 좋으면 좋다고 생각합니다만.

후루카와: 그것은 안 됩니다. 도중이 나쁘면 지금 말한 것과 같이…….

하야시: 이제, 이쯤에서 마치시죠.[94]

데라다: 그러면, 정말 감사합니다.[95] (끝)[96]

---

93 【문학계】 후루카와: 공산주의적인 모습을 시종일관 써 놓고, 마지막 오륙 행으로 '이와 같으므로 안 된다'라고 하는 작품을 일견했을 때, 아무리 결론이 좋은 듯이 보여도 압수합니다.

94 【문학계】 하야시의 발언 뒤에 다음과 같은 발언이 기록되어 있다. "그 뒤는 마시면서 이야기합시다. 이 좌담회는 내지의 『文學界』에 싣고 싶습니다. 그리고 내지 사람들에게 읽히고 싶습니다. (박수) 그러면 이것으로 끝내겠습니다. 대단히 감사합니다. ……"

95 【문학계】 데라다의 발언이 삭제되어 있다.

96 【문학계】 (끝) 표시 이후에 다음과 같은 주석이 기록되어 있다. "이 좌담회는 1938년 10월 하순 하야시 후사오 씨가 만주로 가는 도중에 경성에서 계획된 것이다. 입수한 원고는 출석자의 교검(校檢)을 거치지 못했으며, 게다가 시간 관계상 다시 조선에 보낼 여유도 없었으므로, 도쿄에 있는 무라야마 씨의 것을 빼고는 가필을 부탁할 수 없었다. 그 때문에 다소 각자의 뜻을 다 밝히지 못하게 된 점 역시 출석자 및 독자 제씨에 양해와 승낙을 구한다."

제3장

중일전쟁기 조선 지식인의 통제경제론

■ 해제

홍종욱(洪宗郁)

1. 들어가며

중일전쟁 발발은 경제면에서도 '만주사변' 이래 준전시체제에서 본격적인 전시체제로 이행하는 계기가 되었다. 전시체제 재편은 이른바 '내지'뿐 아니라 식민지·점령지를 포함한 일본제국 전체 차원에서 진전되었다. 전쟁 발발과 동시에 내세워진 슬로건은 '일만지(日滿支)' 경제블록 건설이었다. 일만지블록론은 화북(華北)분리공작의 연장선상에 위치하는 것이었고, 1938년 가을 무렵부터는 '동아신질서' 구상과 결합되면서 더욱 구체화되어 갔다. 한편 경제블록론을 비판하는 민족협동론 입장에 선 동아협동체론도 일만지블록론과 대결하면서 '동아신질서' 구상을 지탱하였다.

1939년 이후 장개석(蔣介石)이 이끄는 국민정부가 항전을 거두지 않고 충칭(重慶)을 탈출한 왕조명(汪兆銘)을 수반으로 하는 친일 정부도 기대만큼 영향을 발휘하지 못하자, '동아신질서' 구상은 실질적으로 좌절되었다. 새로운 전기가 찾아온 것은 1940년 여름이었다. 같은 해 6월 파리 점령으로 상징되는 독일의 전격전 승리에 고무되어, 일본 국내에서는 나치스적인 정치·사회 시스템 도입을 목표로 하는 '신체제운동'이 고조되었다. 대외적으로는 1940년 9월 친독 비시정권하의 프랑스령 인도네시아 진주 및 일독이(日獨伊) 3국 군사동맹 체결과 일맥상통하는 것이었다. 이러한 일련의 정치·사회적인 움직임과 연동되면서 '경제신체제론'도 활발히 논의되게 된다.

여기서는 위와 같은 국제정세 변동 및 일본의 언설 상황 추이에 강하게 규정되면서 나타난 조선 지식인의 통제경제론을 소개하고자 한다. 제1장과 제2장에서 소개한 동아협동체론·내선일체론과 마찬가지로 조선 지식인의 통제경제론 역시 가장 급진적인 관점에서 당시 일본제국에서 유통되던 다양한 언설의 가능성과 한계를 보여주었다. 급진성이란 바로 '일만지'라는 구호에 조선이 빠져 있는 데서 잘 드러나듯이 이미 일본의 일부가 되어 버려 주체성을 실현할 통로가 막혀 있다는, 즉 점령지·반식민지가 아닌 식민지라고 하는 조선의 이른바 입장 없는 입장에 기인하는 것이었다.

2. 통제경제론의 주체와 무대

중일전쟁기 조선 지식인의 통제경제론에 관해서는 대표적인 논자 네 명을 골라 일본어로 된 글 두 편의 번역을 포함하여 모두 여섯 편의 논문을 소개하고자 한다.

① 金明植, 「長期事變下의 經濟情勢: 統制經濟에서 計劃經濟에로」, 『朝光』 5-9, 1939. 9.

② 金明植, 「朝鮮經濟의 獨自性」, 『朝光』 6-1, 1940. 1.

③ 印貞植, 「戰時體制下の朝鮮經濟 (1)·(2)」, 『東洋之光』 1-2, 1939. 2; 1-6, 1939. 6.

④ 印貞植, 「朝鮮に於ける國土計劃と農業計劃」, 『朝鮮總督府調査月報』 12-2, 1941. 2.

⑤ 尹行重, 「計劃經濟의 理論」, 『春秋』 2-2, 1941. 3.

⑥ 朴克采, 「東亞廣域經濟의 基本問題」, 『春秋』 2-7, 1941. 8.

네 명 모두 1930년대 중반까지 사회주의자로서 실천 활동, 문필 활동을 벌이다 전시기에 들어 체제를 용인하는 혹은 체제에 협력적인 태도를 보이게 되는 이른바 '전향 좌파'에 해당한다. 전시기 조선인의 경제론을 분석한 방기중은 이 네 명을 '전향한 사회주의자나 사회주의 계열의 경제학자'의 '대표적 인물'로 꼽았다.[1]

김명식과 인정식에 대해서는 제1장과 제2장에서 동아협동체론 및 내선일체론에 관한 두 사람의 논문을 이미 소개하였다. 김명식은 와세다(早稲田)대학 전문부 정치경제과(1915~1918년)에서 수학한 후 1920년 동아일보사에 입사할 때까지 스스로 상사를 설립하여 운영한 경험이 있다.[2] 이후 사회주의 비합법활동에 참가하고 필화사건으로 투옥되는 등 고난을 겪지만, 탁월한 현실감각에 기초하여 1920~1930년대에 걸쳐 조선 산업과 문화의 독자적인 발전을 주장하

1 방기중, 「조선 지식인의 경제통제론과 '신체제' 인식: 중일전쟁기 전체주의 경제론을 중심으로」, 방기중 편, 『일제하 지식인의 파시즘체제 인식과 대응』, 혜안, 2005, 47쪽.

2 金明植, 「秋松의 靈 〈秋月夜 故人 생각〉」, 『三千里』 10-11, 1938. 11.

는 글을 다수 남겼다.[3] 중일전쟁 발발 이후에는 체제 용인적인 자세를 보이면서도 조선이라는 주체를 중시하여 동아협동체론과 내선일체론에 관한 긴장감 있는 논문을 잇달아 발표하였는데, 그러한 문제의식은 경제론에도 온전히 드러난다.

인정식도 조선공산당원으로 활약하다 투옥된 경험을 가졌다. 1930년대 중반 이후에는 식민지 조선을 대표하는 농업경제학자로서 두각을 나타내는데, 대표작인 『조선의 농업기구 분석(朝鮮の農業機構分析)』(白楊社, 1937)은 강좌파적 시각에서 조선 사회를 '반봉건제'로 분석한 내용이다. 1938년 다시 체포된 후 전향을 밝히는데, 여기서 함께 소개하는 다른 세 명과 달리 스스로 공식적으로 전향을 표명했다는 특징을 가진다.[4] 그 후 전향자 단체인 대동민우회(大東民友會)에 이사로서 이름을 올리고,[5] 국민정신총동원 조선연맹이 확대 재편된 국민총력 조선연맹의 촉탁으로서 활동하는 등[6] 명확히 대일협력의 자세를 취했다. 인정식이 논설 몇 편 말미에 붙인 '南總督萬歲!!'[7] 따위는 아무리 체제협력적인 논자라도 좀처럼 사용하지 않는 표현이다. '전향자'로서만 발언의 장이 확보되었을 인정식이 처한 어려운 상황이 짐작된다. 물론 정치의 과잉이라고도 할 수 있는 인정식의 행보는 '넙털우슴'을 웃는 '무서운 이'로 그려지던 그의 개성과도 관계가

3 김명식의 경력 및 언설과 실천에 대해서는 졸저, 『戦時期朝鮮の転向者たち: 帝国/植民地の統合と分裂』, 有志舎, 2011, 제2장 참조.

4 인정식의 경력 및 언설과 실천에 대해서는 졸저, 『戦時期朝鮮の転向者たち: 帝国/植民地の統合と分裂』, 제3장 참조.

5 森田芳夫, 「本年度に於ける朝鮮思想諸陣営の展望」, 『東洋之光』 1-12, 1940. 1.

6 친일인명사전편찬위원회, 『일제협력단체사전: 국내중앙 편』, 민족문제연구소, 2004.

7 印貞植, 「マルクス主義の亞細亞に於ける不適應性」, 『治刑』, 1938. 12, 32쪽.

있었을 것이다.[8]

제3장에서 새로이 소개하는 윤행중과 박극채는 모두 교토(京都)제국대학 경제학부를 졸업한 마르크스주의 경제학자이다. 1904년에 평안북도 선천(宣川)에서 태어난 박극채는 평양 광성(光成)고등보통학교 재학 중이던 1925년 일본으로 건너가 야마가타(山形)고등학교에 입학했다. 1928년에는 교토제국대학 경제학부에 진학하고 1931년부터 동 대학원에서 수학한 뒤, 30세가 되던 해인 1934년 조선으로 돌아와 보성(普成)전문학교 상과(商科) 교원이 되었다. 마찬가지로 1904년 전라남도 순천(順天)에서 태어난 윤행중은 역시 일본으로 건너가 마쓰야마(松山)고등학교를 거쳐 박극채보다 2년 늦은 1930년에 교토제국대학 경제학부에 입학했다. 조선에 돌아온 윤행중은 1935년부터 역시 보성전문학교에서 교편을 잡았다.[9]

박극채와 윤행중은 대중강연회 등 사회활동에 적극적이었고, 특히 박극채는 비합법 공산주의그룹과 연계된 독서회에 참가한 혐의로 관헌의 조사를 받은 일도 있다. 그러나 두 사람 모두 기본적으로는 아카데미즘 내부에 있었다. 활동가 출신인 김명식·인정식과 비교하여 두 사람의 논조가 비교적 차분한 것은 이러한 경험 또는 입장의 차이에서 유래한다고 생각된다.

다음으로 이번에 소개하는 논문이 실린 매체에 대해 살펴보자. 김명식은 1930년대 내내 『삼천리(三千里)』를 중심으로 다양한 잡지에

---

8 安炳珠, 「ML系 人物 印象記」, 『三千里』 3-4, 1931. 4, 58쪽.

9 박극채·윤행중의 경력 및 언설과 실천에 대해서는 졸저, 『戦時期朝鮮の転向者たち』, 제4장 및 졸고, 「해방을 전후한 경제통제론의 전개: 박극채·윤행중을 중심으로」, 『역사와 현실』 64, 2007. 6 참조.

글을 실었는데 1939년부터는 특히 『조광(朝光)』에 집중적으로 글을 실었다. 인정식도 『삼천리』 등을 무대로 활동하다 1941년 『춘추(春秋)』가 창간된 무렵부터는 『조광』과 『춘추』에 주로 글을 실었다. 윤행중과 박극채 역시 『조광』과 『춘추』를 중심으로 글을 실은 것을 확인할 수 있다.

『조광』은 조선일보사가 발행하던 종합잡지이다. 1935년 11월에 창간되어 1940년 8월 『조선일보』가 폐간된 이후에도 조광사로서 독립하여 발행을 이어 가다 1944년 8월 통권 110호를 끝으로 종간하였다.[10] 『조광』은 창간 이후 『삼천리』와 더불어 양대 종합잡지로서 군림하였는데, 특히 파격적인 원고료를 지급하여 우수한 집필진을 확보한 것으로 유명하다.[11] 방기중은 『조광』을 '비판적 "내선일체" 경제론'을 지지한 매체의 하나라고 평가했다.[12] 『춘추』는 『동아일보(東亞日報)』 기자 출신 양재하(梁在廈)가 1941년 2월에 창간한 종합잡지이다.[13] 기사는 조선어를 원칙으로 하였으나, 이번에 소개하는 박극채 글이 실린 1941년 8월호부터 경성(京城)제국대학 경제학 교원 모리타니 가쓰미(森谷克己)가 쓴 「전환기 조선경제의 금후 문제(轉換期朝鮮經濟の今後の問題)」를 비롯하여 일본어 글이 등장하였다. 『조광』도 이 무렵부터 일본어 기사를 싣기 시작했다. 1930년대를 대표하는 종합잡지였던 『삼천리』가 1942년 2월 『대동아(大東亞)』로 제목을 바꾼 후

10 金根洙, 『韓國雜誌槪觀 및 號別目次集』, 韓國學硏究所, 1988, 550~551쪽.

11 정혜영, 「1930년대 종합대중잡지와 '대중적 공유성'의 의미: 잡지 『조광』을 중심으로」, 『현대소설연구』 35, 2007. 1, 143쪽.

12 방기중, 「조선 지식인의 경제통제론과 '신체제' 인식」, 47쪽.

13 金根洙, 『韓國雜誌槪觀 및 號別目次集』, 859쪽.

얼마 지나지 않아 종간된 영향도 있어, 특히 1941년 이후에는 『조광』과 『춘추』가 조선이 종합잡지로서 중심적인 역할을 하였다.

한편 인정식은 『조선총독부 조사월보(朝鮮總督府調査月報)』나 『금융조합(金融組合)』 등 총독부 및 그 외곽단체 기관지, 그리고 『동양지광(東洋之光)』 등 조선인이 발행한 일본어 잡지에도 글을 많이 썼다. 더욱이 유사한 내용을 일본어와 조선어 양쪽으로 발표한 경우가 많은데, 조선어 논문은 일본어 논문의 일부이거나 혹은 요약인 경우가 종종 있다. 이번에 소개할 두 편의 논문도 각각 「조선사회의 기본적 분석」(『三千里』, 1939. 6), 「조선농업과 식량과 국토계획」(『三千里』, 1941. 6)이라는 제목으로 약간 수정을 거쳐 조선어로도 발표되었지만, 이 책에서는 일본어 논문을 번역하여 실었다.

인정식의 논문이 게재된 『동양지광』은 3·1운동 때 기독교계를 대표하여 '민족대표'로 활약한 박희도(朴熙道)를 편집 겸 발행인으로 하여 1939년 1월에 창간된 잡지이다. 일본어로 제작된 『동양지광』에 대해서는 '친일 일색의 반민족적 월간지(親日 一色의 反民族的 月刊誌)'[14]라는 평가가 있지만, 동시에 '동아연맹 조선본부'의 실질적인 기관지였다는 증언도 있어 주목된다.[15] 중일전쟁기 동아연맹운동은 식민지의 '정치적 독립'을 내세운 탓에 많은 조선인의 관심을 끌었다.[16] 실제로 기관지 『동아연맹(東亞聯盟)』 조선취급소 주소는 동양지광사

14 金根洙, 『韓國雜誌槪觀 및 號別目次集』, 858쪽.

15 金龍濟, 「告白的 親日文學論: 大村敎授에게 답하는 僞裝親日文學의 眞相」, 『韓國文學』 6-8, 1978. 8.

16 조선인과 동아연맹의 관계에 대해서는 松田利彦, 『東亜聯盟運動と朝鮮·朝鮮人: 日中戦争期における植民地帝国日本の断面』, 有志舎, 2015 참조.

주소와 일치한다. 인정식은 『동양지광』 '편집주임'이기도 했으므로[17] 이러한 사정을 잘 알고 또 어느 정도 동아연맹론에 공명하는 입장이었을 것으로 추정된다. 박희도는 1922년에 김명식이 실질적으로 주도하다 사회주의를 선전했다는 이유로 필화 사건에 휘말린 잡지 『신생활(新生活)』에도 깊이 관여하였다. 의식적으로 일본어 글쓰기를 피했다고 생각되는 김명식이 유일한 일본어 논문을 『동양지광』에 실은 것은[18] 이러한 인연과 관계가 있을 것이다.

3. 조선총독부의 경제정책

1930년대 초 식민지 조선은 일본 자본의 활발한 진출에 힘입어 '공업화 심화의 새로운 단계'[19]에 진입했다. 이는 1931년 중요산업통제법이 시행된 탓에 일본 과잉 자본이 살 길을 찾아 밖으로 눈을 돌린 결과이며, 더 거시적인 견지에서는 세계경제의 블록화에 의해 구래의 다각적 무역망이 붕괴됨으로써 일본 스스로도 식민지·지배지역을 편입한 독자적 분업체계를 구축할 필요가 생겼기 때문이었다.[20]

조선총독부의 적극적인 자본유도정책도 중요한 요인으로 작용했다. 식민지 조선의 사회운동이 절정에 달했던 1931년에 부임한 우가

17 森田芳夫, 「本年度に於ける朝鮮思想諸陣営の展望」 참조.

18 金明植, 「戰時體制下の朝鮮農村」, 『東洋之光』 1-9, 1939. 9. 논문 말미에는 '編集部譯'이라는 주기가 있다.

19 堀和生, 『朝鮮工業化の史的分析』, 有斐閣, 1995, 48쪽.

20 堀和生, 『朝鮮工業化の史的分析』, 34쪽.

키 가즈시게(宇垣一成) 총독은 조선통치의 안정을 위해 무엇보다 조선의 개발이 필요하다고 판단하여, '농촌진흥운동'에 착수함과 동시에 대대적으로 공업화정책을 추진하였다. 이른바 '농공병진'정책인데, 그 실현을 위해 일본 자본의 유치가 핵심 과제로 부상한 것이다. 실제 당시 만주국이 엄격한 자본통제정책을 취하고 있었던 데 비하여, 조선총독부는 중요산업통제법 시행을 유보하고 공장법 적용도 뒤로 미루는 등 자본의 비교적 자유로운 활동을 보장하였다. 또한 적극적으로 수력발전 확충에 나서는 등 자본 유치에 유리한 환경을 조성하고자 힘썼다.[21] 경성제국대학 교수 스즈키 다케오(鈴木武雄)는 당시 조선을 자본의 '자유주의 경제적, 아웃사이더적 낙토(樂土)'[22]였다고 평가했다. 이러한 안팎 사정이 겹쳐 식민지 조선은 본격적인 공업화 시대를 맞이하였다.

1935년부터 중요산업통제법의 공익성을 강화하고 적용범위를 식민지로 확대하자는 논의가 일어나면서, 조선에 대해서도 '일원적 통제' 참가를 요구하는 압력이 강해졌다. 결국 1936년 1월에 중요산업통제법을 식민지에 적용한다는 방침이 정해졌다. 이를 계기로 조선총독부는 1936년 10월에 본국 관료들도 참석한 가운데 '조선산업경제조사회'를 개최하였다. 회의는 미나미 지로(南次郎) 총독이 부임(1936년 8월)한 뒤에 열렸지만, 총독부 측 논리는 우가키 가즈시게 총독 시절의 연장선상에서 전개되었다. 즉 총독부는 조선이 일본 본국

21 우가키 총독 시대의 경제정책에 대해서는 이승렬, 「1930년대 전반기 일본군부의 대륙침략관과 '조선공업화' 정책」, 『國史館論叢』 67, 1996. 6 참조.

22 鈴木武雄, 『朝鮮の經濟』, 日本評論社, 1942, 229쪽.

과는 발전 단계가 다르며 특히 통치 안정을 위해서는 더욱 개발이 필요하다는 '조선특수사정론'에 근거하여 이른바 '자치통제' 유지를 주장하였다. 1937년 3월 조선에도 중요산업통제법이 적용되기에 이르지만, 그 내용은 '일원적 통제'와 '자치통제'를 절충하는 선에 머물렀다.[23]

1937년 7월 중일전쟁 발발은 새로운 전기가 되었다. 같은 해 9월에 공포된 수출입품 등 임시조치법과 임시자금조정법이 각각 9월과 10월부터 조선에 적용되었고, 1938년 4월에 공포된 국가총동원법 또한 5월부터 조선에 적용되었다. 이와 같이 전시 경제통제가 본격화함에 따라 '자치통제'를 통해 민간자본을 유치하려는 총독부의 전략은 한계에 다다랐다. 특히 1937년 10월 설립된 기획원 주도하에 생산력 확충계획이 점차 구체화되자, 민간자본 유치보다는 중앙 정부로부터 자금과 물자 할당을 이끌어 내는 것이 더 중요해졌다.

이에 총독부는 1938년 9월 '조선총독부시국대책조사회'를 개최하여, '내선일체'를 전면화하고 조선을 일본의 '대륙전진병참기지'로 삼는다는 정책을 내걸었다. 또한 '병참기지론'을 구체화한 군수공업 확충계획을 발표하였는데, 그 준비과정에서 기획원과 접촉하여 일정한 양해를 이끌어 내는 등 '일원적 통제'에 적극 참가할 뜻을 명확히 했다. 『오사카 아사히 신문(大阪朝日新聞)』 경성지국장 스즈키 마사후미(鈴木正文)는 당시 상황을 '특수사정론의 패퇴와 대륙병참기지론의

23 '조선산업경제조사회'와 후술할 '조선총독부시국대책조사회'에 대해서는 川北昭夫, 「1930年代朝鮮の工業化論議」, 河合和男 外 編, 『論集 朝鮮近現代史』, 明石書店, 1996 참조.

대두'로 정리하고, '전체주의로의 합류가 이루어져, 이상한 특수사정론은 이미 설 자리를 잃은 과거의 망령이 되어 버렸다'[24]고 분석했다.

이러한 변화는 미나미 총독 시정하에서 일어난 일이므로 우가키 총독과 미나미 총독의 조선공업화에 대한 인식 차이에서 그 원인을 찾는 분석이 있다.[25] 동시에 거꾸로 미나미 총독 시대에도 '조선특수사정론'에 입각하여 '자치통제'의 틀은 여전히 유지되었다는 분석도 있다.[26] 전시기 조선총독부 경제정책은 복잡한 측면을 가지고 있어 한마디로 규정하기는 어렵다. 다만 1930년대 조선 경제에서 가장 중요한 과제는 '농공병진'을 계속 추진하기 위한 자금획득이었다고 생각된다. 우가키 총독과 미나미 총독의 경제정책에 대해서도 연속인가 단절인가라는 양자택일 문제로서 접근하기보다는, 중일전쟁 이후 '자치통제'에서 '일원적 통제'로 방침 전환을 인정하면서도[27] 그 저류에는 조선 개발을 위한 '자금획득'이라는 일관된 목표가 자리잡고 있던 사정을 확인하는 것이 중요할 것이다.

애당초 '조선산업경제조사회'와 '조선총독부시국대책조사회'는 만주국 그리고 중일전쟁 이후 '북지(北支)' 개발을 의식하면서 '사람들의 관심을 조선으로 끌어들이기' 위해 기획된 것이었다.[28] 스즈키

---

24 鈴木正文, 「新情勢下に於ける朝鮮時局對策委員會」, 『朝鮮行政』 2-10, 1938. 10, 15쪽.

25 이승렬, 「1930년대 전반기 일본군부의 대륙침략관과 '조선공업화' 정책」이 대표적이다.

26 방기중, 「1930년대 조선 농공병진정책과 경제통제」, 방기중 편, 『일제 파시즘 지배정책과 민중생활』, 혜안, 2004 참조.

27 경제정책 전환을 둘러싼 조선총독부 내 갈등에 대해서는 李炯植, 「南次郎総督時代における中央朝鮮協会」, 『日本歷史』 720, 2008. 5 참조.

28 川北昭夫, 「1930年代朝鮮の工業化論議」, 248쪽.

마사후미는 '조선 경제정책의 가장 중요한 두 가지 부문은 자금획득 문제와 통제경제 문제'[29]라고 설명하였다. 스즈키는 우가키 총독 시절 펼친 '내지자본유치' 정책을 긍정적으로 평가하면서도 중일전쟁 이후 변화된 상황에 맞추어 '과감하게 최근까지의 정책을 청산하고, 만주국, 북지(北支)처럼 국책적 추진력의 원조(援助)를 기다려 자금획득 몫을 얻는 것'[30]이 중요하다고 역설하였다.

전쟁이 장기화하고 경제통제가 심해짐에 따라 조선 경제의 일본에 대한 종속/결합은 더 강해졌다. 총독부는 '일만지(日滿支)블록' 속에서 조선의 존재가 옅어지는 것을 막기 위해 조선의 특수성·중요성을 본국 정부에 이해시키고, 또 정책의 독자성을 유지하려는 노력을 이어 갔다. 종전 후 대장성(大藏省) 관리국이 정리한 『일본인의 해외활동에 관한 역사적 조사(日本人の海外活動に関する歴史的調査)』에서는 당시 상황을 돌이켜 '만주국처럼 일단 독립적 기구를 가진 것과 달리 중앙정부하에서 종합 안배되었기 때문에, 자금배분계획에서도 자재할당에서도 총독부 당국 주장과 중앙 당국 사이에 늘 의견 차이를 피할 수 없었다'[31]고 평가하였다.

조선의 좌파 지식인들은 이러한 총독부 정책을 의식하면서 때로는 그것과 대결하고 때로는 그것에 기대를 걸면서 독자적인 경제론을 전개하였다. 이번에 소개하는 글을 중심으로 중일전쟁기 조선 지

---

29 鈴木正文, 『朝鮮經濟の現段階』, 帝國地方行政學會朝鮮本部, 1938, 488쪽.

30 鈴木正文, 『朝鮮經濟の現段階』, 497쪽.

31 大藏省管理局, 『日本人の海外活動に關する歷史的調査 通卷第7冊』, 1950, 18쪽. 전시기 조선총독부와 중앙정부의 갈등에 대해서는 金子文夫, 「占領地·植民地支配」, 石井寬治·原朗·武田晴人 編, 『日本経済史 4: 戦時·戦後期』, 東京大学出版会, 2007, 212~220쪽 참조.

식인의 경제론을 개관해 보면 가장 눈에 띄는 것은 철저한 경제통제에 대한 요구이다. 설령 전향 혹은 전향이라고 불릴 만한 체제 용인적인 태도를 보였다고 하더라도, 자유방임주의적인 경제 질서에 대한 반대라는 점에서는 사회주의자로서 활동하던 시절과 연속성이 엿보인다.

또 하나는 조선 경제의 독자성에 관한 주장이다. 제국 질서를 인정하면서도 그 내부에서 조선의 발전을 추구한 논리인데, 동아협동체론·내선일체론에 대한 대응과 궤를 같이한다. 물론 전향이라는 명백한 한계를 전제로 하지만, 총력전 수행을 위해 조선이라는 주체를 동원해야 하는 일본제국의 상황에 걸었던 일종의 '전시변혁'의 기도이자,[32] 총력전 체제의 임계에 육박하는 아슬아슬한 실천이었다고 말할 수 있다.

중일전쟁기 조선 지식인의 통제경제론은 시기 순으로 두 개의 봉우리를 형성하고 있다. 우선 동아협동체론 영향하에 제기된 경제통제의 철저화와 조선 경제의 독자성에 관한 논의이다. 여기에 대해서는 김명식과 인정식을 중심으로 검토했다. 조금 시간을 두고 신체제론 영향하에서도 다양한 경제론이 제출되었다. 이 시기 논자는 윤행중과 박극채가 대표적인데, 조선 경제의 독자성보다는 광역경제 구축과 관련된 통제경제에서 계획경제(사회주의)로 이행 문제에 초점이 맞추어졌다. 한편 인정식이 신체제론과 관련하여 제기한 국토계획론과 농업재편성론은 동아협동체론이 쇠퇴하면서 일단 봉인된 주체 문

32 '전시변혁'에 대해서는 米谷匡史, 「戦時期日本の社会思想: 現代化と戦時変革」, 『思想』 882, 1997. 12 참조.

제를 다시 물었다는 점에서 주목할 만하다.

4. 동아협동체론과 통제경제론

1939년 9월부터 1940년 1월호까지 다섯 달에 걸쳐 『조광』에 실린 김명식의 경제론 5부작은 중일전쟁기 조선 지식인이 전개한 통제경제론의 백미라고 할 만한 내용을 담고 있다. 이 책에는 그 가운데 전시기 조선 경제의 문제점을 진단한 첫 논문과 5부작을 총괄하는 의미가 있는 마지막 논문을 수록하였다.

김명식의 경제론을 살펴보면, 우선 중공업에 치우쳐 일반 공업이 위축되고 있는 '조선공업의 파행성'(논문 ①)에 대한 문제 제기가 눈에 띈다. 김명식은 경제통제의 철저화를 요구했지만, 통제경제의 근본은 '억강부약(抑强扶弱)'에 있다면서 조선인 중소공업에 대한 보호를 주장했다.[33] "조선의 통제경제는 조선인 경제의 통제로만 생각하는 현실"(논문 ②)에 대한 비판과 일맥상통하는 내용이다. 만주국의 경우 중공업과 함께 일반 공업도 발전하고 있는 점을 지적하고 그 탓에 조선 공업의 파행성이 한결 심해질 것을 우려하였다(논문 ①).

다음으로 블록경제 형성이라는 추세에 대응하여 조선도 '경제적 단위'를 확립하여 "뿔럭경제에 단위적 참여"를 지향해야 한다고 주장했다(논문 ①). '조선경제의 참모본부'가 될 '기획부'를 설치하고 조선

33 金明植, 「朝鮮經濟의 統制問題」, 『朝光』 5-10, 1939. 10, 61~63쪽.

을 '특수(경제)단위'로서 확립해야 한다는 주장이었다.[34] 5부작의 마지막 논문에서는 다시 "조선경제의 독자성 문제가 우리의 유일무이한 생명선"이라고 강조하면서, 기대를 걸었던 기획부의 실제 내용에 대한 실망과 더불어 '日滿支 경제회의'에 조선 대표가 참가할 수 없게 된 현실에 대한 우려를 나타냈다(논문 ②).

김명식은 조선이 제국 전체의 '일원적 통제'에 참가하는 것과 조선 경제의 독자성을 유지하는 것이 서로 배치되지 않는다고 보았다. 조선 사회 내부에서 '자치통제'를 주장하는 세력의 저항이 이어지는 가운데, 김명식은 '일원적 통제'의 확대를 요구하면서도 "이와 같이 통제체제가 확대되면 조선의 특수성이 말소되느니 총독의 지위는 知事와 다름없게 되느니 하는 논자가 없지 아니한 모양이지만은 이러한 속론을 삼가"[35]야 한다고 말하였다. 제국 내 조선의 지위를 둘러싸고 조선 경제의 독자성을 주장하는 조선 지식인과 본국에 대하여 독립성을 유지하려는 총독부 사이에 한정적으로나마 이해를 같이 하는 오월동주(吳越同舟)의 상황이 벌어진 셈이다. 김명식은 "조선의 통제경제는 독자적 입장에서 실행한다"는 미나미 총독의 발언을 자신의 주장을 뒷받침하는 근거로 삼았다(논문 ②).

인정식은 논문 ③ 첫머리에 "오늘날 조선경제는 전시체제에도 불구하고, 아니 바로 전시체제이기 때문에 현저(顯著)한 발전 코스를 밟고 있다"고 밝혔다. 총력전 수행과 사회 변동/변혁을 연관 짓는 '전시변혁'적 사고가 엿보인다. 인정식은 조선 사회가 우가키 총독의 '농공

34 金明植, 「事變處理와 經濟調整」, 『朝光』 5-11, 1939. 11, 34쪽.

35 金明植, 「朝鮮經濟의 統制問題」, 68쪽.

병진' 정책에 의해 미곡에 편중된 식민지적 농업에서 벗어날 수 있었다고 보았다. 이와 같은 인식은 우가키 총독의 공업화정책에 의해 미곡단종경작형 산업구조의 '공식적인 식민지'[36]에서 벗어났다는 스즈키 다케오의 분석과 유사하다. 인정식은 '조선 문제는 결국 농업문제'라는 '마르크스주의적 조선관의 정설'을 비판하고 "조선은 이제 식민지가 아니"라고 단언하였다(논문 ③).

이러한 지나치게 낙관적인 분석은 전향 초기 두드러진 정치 과잉의 결과라고 할 수 있다. 농업문제 전문가이자 『조선일보』 주필을 지낸 이훈구(李勳九)는 당시 조선 농촌의 상황을 '음울하고 암담'하다고 평가하고, 일부가 말하는 '농가경제 호전설'에 대해 '사실은 엄숙한 것이오, 또 현실은 허위를 용서치 않는 것이다. 아무리 곡필감언으로 낙천적 기분을 조장하려고 하여도 어찌할 수 없는바'라고 비판하였다.[37] 인정식은 1939년 중반 이후 '농공병진' 달성을 칭송하기보다는 오히려 그 필요성을 주장하는 쪽으로 전환한다. 예전의 '반봉건제론'으로 돌아간 셈이다. 논문 ③의 연재를 2회로 중단한 것, 그리고 거의 동시기에 전향 전의 저작 『조선의 농업기구 분석(朝鮮の農業機構分析)』의 재판을 발간하고 '봉건제의 아시아적 특성'으로서 '동양농업론'을 강조하게 되는 것도[38] 이러한 변화와 관계가 있었을 것으로 보인다.

인정식은 동아협동체에 대해 언급한 논설에서 내선일체의 필연

---

36 鈴木武雄, 『朝鮮の經濟』, 285쪽.

37 李勳九, 「事變下의 朝鮮農村經濟 ④」, 『朝鮮日報』, 1939. 5. 11. 자세한 내용은 방기중, 「조선 지식인의 경제통제론과 '신체제' 인식」, 46쪽 참조.

38 재판은 『朝鮮の農業機構』로 개제되어 1939년 6월에 간행되었다. 또한 1940년 4월에는 '동양농업'적 특성에 관한 설명이 추가된 제3판이 간행되었다.

성을 말해 주는 세 가지 계기 가운데 하나로서 조선의 '대륙병참기지로서 특수적 지위'를 들고 대륙병참기지화정책에 따른 조선 공업화에 기대를 걸었다. 나머지 두 계기로는 '조선민중의 국민적 자각' 그리고 "명일(明日)의 정권을 리드하려는 국내의 혁신세력의 대담하고 또 혁신적인 국책에 대한 당연한 기대"를 들었다.[39] 여기서 '혁신적인 국책'이란 동아협동체론을 중심으로 하는 동아신질서론을 가리켰다. 이러한 〈내선일체론=대륙병참기지론〉의 구도는 대륙병참기지론을 체계화하고 그것을 '경제적인 내선일체론'[40]이라고 설명한 스즈키 다케오의 주장과 궤를 같이한다. 다만 스즈키는 '협동체론'에 대해 "대지책(對支策)으로부터 갈라져 나온 이론이 예를 들면 대인도 관계나 대인도차이나 관계로 확대되는 것은 괜찮으나, 대만주 관계까지 소급되는 것은 생각해 볼 일이다. 그러한 소아병적인 공론(空論)에는 감심할 수 없다"면서, '일만(日滿)은 불가분', '내선은 일체'라고 강조하였다.[41]

동아협동체론은 중국의 타자성·주체성을 인정한 뒤 '협동'을 논한다는 점에서 중국을 단순한 인적·물적 자원으로서 파악하는 경향이 강했던 블록경제론에 대한 비판이기도 했다. 김명식과 인정식은 내선일체론 안에 동아협동체론의 논리를 집어넣음으로써 내선일체론을 거꾸로 조선의 독자성을 주장하는 논리로 바꾸려고 했다.[42] 그

---

39 이 책 제1장에 수록된 印貞植, 「東亞協同體와 朝鮮: 東亞의 再編成과 朝鮮人」, 86쪽.

40 鈴木武雄, 『朝鮮の經濟』, 306쪽.

41 鈴木武雄, 『朝鮮經濟の新構想』, 東洋經濟新報社京城支局, 1942, 87~88쪽.

42 조선 지식인의 동아협동체론과 내선일체론에 대해서는 각각 제1장 도베 히데아키의 해제와 제2장 최진석의 해제를 참조.

러한 기도는 '철저일체론'자에 의해 '협화적 내선일체론'으로 명명되어 비판의 대상이 되는데, 김명식의 '조선특수(경제)단위론'은 바로 '협화적 내선일체론'의 경제 버전인 셈이다. 인정식, 김명식과 스즈키 다케오의 어긋남은 동아협동체론과 블록경제론의 대립이었다고 할 수 있다.

그러나 조선인의 동아협동체론에 블록경제론 성격이 섞여 있던 것도 사실이다. 조선 지식인은 내지에서 자금을 유치하고 또 대륙에 진출하자고 주장하면서 만주국이나 중국에 대한 우월감을 숨기지 않았다. 협동체 원리에 입각하여 조선의 독자성을 주장하였지만 그 실현 방식은 극히 블록경제론에 가까웠다. 동아협동체론 영향하에 전개된 조선인의 통제경제론은 협동체라는 이상과 블록경제라는 현실이 착종되었다는 점에서도 제국 질서의 임계를 체현한 셈이다.

'협화적 내선일체론'이나 '조선특수(경제)단위론' 같은 조선 경제의 독자성에 관한 주장은 블록경제론자는 물론 동아협동체론을 주창하던 제국 본국의 혁신세력에게도 철저하게 외면당했다. 1940년 1월에 김명식은 '조선경제의 독자성을 실현하기 위한 기관'이어야 할 기획부가 실제로는 본국 '기획원의 출장소'에 지나지 않는 현실을 비판했다.[43] 그로부터 5개월 뒤 김명식은 절필했다.

43 이 책 제2장에 수록된 金明植, 「內鮮一體의 具體的 實現過程」, 198쪽.

5. 신체제론과 통제경제론

신체제론이 본격적으로 등장하기 전인 1939년 9월 시점에 김명식은 통제경제에서 계획경제로 발전하기 위해서는 우선 정치기구를 혁신해야 한다고 지적했다. 일본 국정은 독일이나 이탈리아와 같은 정치기구가 실현될 여지가 없으므로, 완벽한 계획경제를 기대하는 것은 무리라는 분석이었다(논문 ①). 1940년에 접어들어 본격화된 신체제론은 다름 아닌 김명식이 지적한 '政治機構의 革新'을 내걸었다. 그러나 일본 본국의 신체제운동은 식민지 조선에는 의도적으로 정치성을 배제한 채 그저 전시동원을 한층 강화하는 형태로 파급되었다. 일본에서 기존 정당 정치를 대신할 대정익찬회(大政翼贊會)가 생겨난 데 반해, 조선에서는 국민정신총동원조선연맹과 농촌진흥운동을 하나로 묶어 국민총력조선연맹이 조직되는 데 그쳤다. 조선에서는 이미 국민정신총동원조선연맹 단계에서 규약개정을 통해 '본 연맹은 정치에 간여하지 않는다'는 내용을 명문화하는 등 정치색을 지우려는 압력이 강했다.[44] 경제신체제론 역시 동아협동체론이나 협화적 내선일체론이 설 자리를 잃어가는 상황과 맞물려 정치적 측면이 결락된 채 전개되었다.

경제신체제론과 관련해서는 박극채와 윤행중의 논문을 수록하였다. 먼저 두 사람이 경제신체제를 어떻게 이해하였는지를 살펴보자. 박극채는 〈경제신체제=고도국방국가〉라고 파악하고 이를 원래 국방

---

44 國民總力朝鮮聯盟 編, 『朝鮮に於ける國民總力運動史』, 國民總力朝鮮聯盟, 1945, 35~36쪽.

력 중심의 구조를 지닌 일본 국민경제의 특질이 고도화된 결과라고 설명했다. 또한 서양과 일본 자본주의를 동일시하는 경향을 오류라고 지적하고, 일본의 특수성에 주목한 '일본적 경제학(日本的 經濟學)'을 세워야 한다고 강조했다(논문 ⑥). 1930년대 중반 박극채는 강좌파가 일본 자본주의를 '군사적 반(半)농노주적'이라고 규정한 것을 긍정적으로 평가하면서 노농파에 대해 일본 자본주의 특수성을 무시한다고 비판한 바 있다.[45] 일본 자본주의 특수성으로서 군사적 성격에 주목한다는 점에서 전시기의 '고도국방국가'론과 연속성이 확인된다. 박극채는 신체제를 통제경제에서 계획경제 단계로 일보진전한 체제라고 규정하였다. 다만 계획경제가 자유주의 원칙을 부인하는 데 반해 신체제는 자본·화폐·상품의 소유권을 부인하지 않는다는 점에서 양자를 구별하고, 신체제를 '고단계적 항구(恒久)체제'라고 파악하였다.[46] 신체제를 계획경제로 나아가기 위한 단순한 과도기로 간주한 것은 아니었다.

이와 달리 윤행중은 세계사적 보편성에 입각하여 신체제를 설명하였다. 통제경제에서 계획경제로 전환하는 과정에는 '이상형적 계획경제체제'로 약진하는 경우와 그렇지 않고 자본의 본질을 용인하면서 중요 산업 여러 부분의 국가적 경영관리를 요청하는 경우가 있다고 설명하고, 후자를 '계획경제적 자본주의'라고 명명했다. 신체제는 바로 '계획경제적 자본주의'에 해당한다고 자리매김되었다(논문

45 朴克采, 「「講座派」 對 「舊勞農派」의 論爭: 日本資本主義의 發達에 對한 見解의 對立」(1)~(12), 『東亞日報』, 1936. 1. 31~2. 18.

46 朴克采, 「經濟新體制 確立要綱: 그 計劃經濟的 特徵」, 『朝光』 7-2, 1941. 2, 27~30쪽.

⑤). 윤행중은 경제윤리, 즉 '공익우선 원리'의 적극적인 역할을 강조하여 "主로 生産手段의 所有者에게 對하여 自覺한 態度 即 歷史의 必要性을 큰 摩擦이 없이 推進시키기 爲한 協力을 要請하는 點에 重大한 意味"가 있다고 분석했다.[47] 윤리를 확립함으로써 평화적으로 자본주의를 극복할 수 있다는 전망이었다. 또한 "計劃經濟的 資本主義生産이 不可能하다는 見解도 있으나 世界資本主義는 이 過程을 밟고 進行하려 하며 더욱 經濟外的 諸事情(特히 戰爭)은 이 經路를 促進"(논문 ⑤)하고 있다는 언급에서는 전쟁을 계획경제로 평화적 이행을 위한 적극적인 계기로 여겼음을 확인할 수 있다. 한편 경제신체제확립요강(1940. 12)이 확정되자, '기업은 민영을 본위'로 한다는 조항을 들어 현실적으로 기업주체가 사적인 만큼 급격한 변화를 피하기 위한 부득이한 조치라고 이해하면서도, 기획원 원안에 들어있던 '자본과 경영의 분리'가 끝내 애매하게 처리된 점을 비판하였다.[48]

다음으로 두 사람이 광역경제를 어떻게 인식하였는지 살펴보자. 박극채는 경제신체제 등장이 국민경제에서 광역경제로 발전하는 상황과 연동한다고 이해하였다. 그리고 '고도국방국가', '동아신질서(동아광역경제)', '경제신체제'가 삼위일체를 이룬다면서, 앞으로 세계가 4대 광역경제(독일·일본·미국·소련)로 재편성될 것으로 전망했다. 국민경제 간 자유무역에서 발생하는 문제를 해결하기 위해 블록경제에 의한 통제적 자유무역이 나타났고, 한 걸음 더 나아가 자급자족 요구에 적응하는 시장조직으로서 광역경제가 등장하였다는 설명이었다

---

47 尹行重, 「公益優先의 經濟原理」, 『朝光』 7-1, 1941. 1, 24쪽.

48 尹行重, 『現代經濟學의 諸問題』, 博文書館, 1943, 189~198쪽.

(논문 ⑥). 박극채는 1930년대 중반 이미 자유무역론을 비판하고 '국제가치' 형성을 가로막는 '독립자본주의국'의 존재를 문제시한 바 있다.[49] 광역경제는 바로 그러한 문제점, 즉 국민경제 질서를 극복하기 위한 대안으로서 자리매김된 셈이다.

전후 일본을 대표하는 마르크스주의 경제학자인 우노 고조(宇野弘蔵)는 전시기에 식민지 문제에 언급하여, 식민지가 독립국으로서 세계경제에 편입되는 것이 아니라 본국과 식민지의 경제적 관계에 '국내관계에 준하는 밀접 불가분한 협동관계'를 구축함으로써 문제를 해결할 수 있다고 주장한 바 있다.[50] 또한 스즈키 다케오도 중일전쟁 이후 조선 경제가 '외지'적 성격을 벗고 '제2의 내지', '내지의 대륙적 분신'으로 변화했다고 평가하였다.[51] 스즈키는 일본과 조선의 관계를 '제국 내 자유통상(empire free trade)'[52]이라고 설명하였다. 박극채의 광역경제론은 이러한 동시대 주장과 궤를 같이하는 것이었다.

한편 윤행중은 광역경제론에 대하여 비판적이었다. 예컨대 대개의 광역경제가 도입하고 있던 금환본위제(金換本位制)에 대하여 "弱小諸國이 數個의 盟主國에 各各 經濟的으로 隷屬되어 있음을 露骨的으로 表示하는 것"이라고 비판하였다.[53] 당시 조선은행권이 일본은행권을 정화준비로서 발행되던 것을 생각하면 이는 일본과 식민지 조선의 관계에 대한 비판으로 해석될 수 있다.

---

49 朴克采, 「リカルドオの比較生産費說について」, 『經濟論叢』 38-5, 1934. 5.

50 武藤秀太郎, 「宇野弘蔵の広域経済論: 総力戦体制と東アジア」, 『日本研究』 25, 2002, 249쪽.

51 鈴木武雄, 『朝鮮の經濟』, 296쪽.

52 鈴木武雄, 『朝鮮經濟の新構想』, 226쪽.

53 尹行重, 「金의 經濟的 地位」, 『春秋』 2-5, 1941. 6, 45쪽.

위에서 살핀 바와 같이 경제신체제론은 정치성이 배제된 채 블록 경제론 혹은 개발론으로서 조선 사회에 도입되었다. 그러한 가운데 당시 일본 본국의 움직임과 관련하여 국토계획론이 주목을 받았다. 조선총독부도 '국토계획위원회'(1940. 10)를 설치하는 등 적극적인 관심을 보였다. 인정식은 때마침 국토계획을 다룬 글을 발표하였는데, 중앙계획 아래 아홉 곳의 지방계획(北海道·東北·關東·東海·近畿·北陸·中國·四國·九州)과 병렬적으로 배치된 네 곳의 외지계획(조선·대만·사할린·남양) 중 하나로서 조선을 자리매김한 본국 정부의 방침을 소개한 뒤,[54] "조선을 하나의 「外地」로서 한 가지 색으로 칠할 것이 아니라, 그 각 지방의 특색을 적당히 평가하여 전체로서 조선 국토계획에 유기적인 종합성을 부여"할 필요성을 제기했다(논문 ④). 즉 농업지대로서 남부 조선과 공업지대로서 북부 조선의 조화 등 '농공병진'을 핵심으로 하는 조선 독자적인 국토 균형 발전에 대한 요구였다. 한편 인정식은 조선어로 발표한 관련 논문에서 '조선국토문제위원회 위원'이라는 직함을 사용하였다.[55]

---

54 인정식이 언급한 '지방계획'과 '외지계획'의 구체적인 내용은 「國土計劃設定要綱」에는 명기되어 있지 않다(「國土計劃設定要綱(昭和15年9月24日閣議決定)」, 企劃院硏究會, 『國防國家の綱領』, 新紀元社, 1941, 148~151). 다만 鈴木武雄, 「國土計劃と朝鮮都市」, 『都市問題』 32-1, 1941. 1에 유사한 내용이 포함되어 있다.

55 印貞植, 「朝鮮農業과 食糧과 國土計劃」, 『三千里』 13-6, 1941. 6. 다만 '조선국토문제위원회'의 존재나 활동은 확인하지 못했다. 조선총독부가 설치한 국토계획위원회의 조선인 위원은 崔麟과 金季洙 등이 확인되지만 인정식의 이름은 보이지 않는다(『朝鮮總督府官報』 4134, 1940. 11. 1). '조선국토문제위원회'는 '국토계획위원회'의 잘못이고 인정식은 정식 위원이 아니라도 어떤 식으로든 관계하고 있지 않았을까 추정된다. 물론 당시 인정식이 참가하고 있던 가마다 사와이치로(鎌田澤一郎)의 '대륙경제연구소'처럼(森田芳夫, 「本年度に於ける朝鮮思想諸陣営の展望」 참조) '조선국토문제위원회'도 민간단체였을 가능성도 있다.

스즈키 다케오 역시 조선국토계획 아래 새롭게 지역계획을 설정하는 등의 보강이 필요하다고 주장했다.[56] 다만 스즈키는 예컨대 공업지대로서 북부 조선에 주목할 때 남부 조선을 염두에 두기보다 만주국을 비롯한 일만지 블록 전체 속에서 위치를 중시하는 등, 조선을 하나의 유기적 단위로 구성하려는 관심은 옅었다. 〈대륙루트론=병참기지화론〉을 통해 조선 공업화를 주장했으나 어디까지 '대륙 루트'의 '포장'[57]이라는 관심에서 나온 논의였다.

이러한 미묘한 어긋남은 농업재편성론을 둘러싸고도 드러났다. 전시기에 들어서자 농업생산성 증대를 목표로 하여 일본 본국과 식민지 조선 양쪽에서 농업재편성론이 활발하게 논의되었다. 조선을 대표하는 농업재편성론자인 인정식은 경영규모의 적정화와 지주소작관계의 적정화를 두 축으로 삼아 '농공병진' 그리고 국토계획으로 이어지는 농업재편성을 구상하였다.

조선총독부 역시 1941년 7월 '조선농촌재편성계획' 검토에 착수하였다. 그러나 같은 농업재편성론이라도 일본과 조선에서는 내용에 차이가 있었다. 중농(中農) 육성론자이자 경기도 소작관이던 히사마 겐이치(久間健一)는 조선 농업에 대해, "내지에서와같이 지주에게서 농업자라는 경제적 실질을 탈취하고, 한편에서 농민으로 하여금 완전한 독립농업자로서 직능자이게끔 하려는 것은 몽상"[58]이라고 지적하고, 조선 농업에는 여전히 지주제가 필요하다고 주장했다. 히사마

56 鈴木武雄, 『朝鮮經濟の新構想』, 285쪽.

57 鈴木武雄, 『朝鮮經濟の新構想』, 128쪽.

58 久間健一, 『朝鮮農政の課題』, 成美堂, 1943, 357쪽.

는 "외지농업의 경제적인 농산물 증가 생산의 가능성"을 '가장 능률적인 국내분업'[59]으로 보았는데, 이는 총독부가 선전하던 '농공병진'과도 배치되는 내용이었다. 결국 총독부가 확정한 조선농업계획요강(1943. 7), 농업생산책임제실시요강(1944. 2)은 지주 중심의 생산력 증강책에 지나지 않았다.[60] 조선 경제의 독자적, 유기적 발전 구상은 이로써 끝내 좌절된 셈이다.

6. 나오며: '해방'의 의미를 생각한다

1940년에 붓을 꺾은 뒤 1943년에 사망한 김명식을 제외한 나머지 세 사람은 얼마간 체제협력적인 문필 활동을 이어 갔다. 그러나 1945년 해방과 동시에 세 사람 모두 좌파 이데올로그로서 복귀하였다. 스스로 전향을 선언하고 총독부 외곽단체에서 일하는 등 비교적 협력 행위가 두드러진 인정식은 정치 일선에는 나서지 못하고 농업 문제 전문가로서 다수의 논설을 발표하였다. 이에 반해 건조한 어조의 경제론을 쓰는 정도에 그쳤던 박극채와 윤행중은 해방 후에는 거꾸로 아카데미즘 영역을 넘어 정치 활동에 적극 나섰다.

박극채는 조선공산당 계열의 조선과학자동맹 위원장을 맡는 등 정치 일선에서 활약하는 한편 민족경제 건설과 관련하여 다수의 논설을 발표하였다. 자주경제 수립과 국제 민주주의 진영의 관계, '봉건적 국

59 久間健一, 『朝鮮農政の課題』, 372쪽.

60 이송순, 『일제하 전시 농업정책과 농촌 경제』, 선인, 2008, 105~115쪽.

유' 개념과 아시아적 특수성 문제 등에 관심을 보였는데, 국민경제와 광역경제, 자본주의 일반성과 특수성 등 전시기에 내비친 문제의식과 연속성이 확인된다. 윤행중 또한 백남운(白南雲)을 도와 정치 활동에 뛰어드는 동시에 정력적으로 경제론을 발표하였다. 해방이라는 유리한 계기를 살려 사회주의로 평화적 이행이 가능하다는 전망을 폈는데, 역시 계획경제로 평화적 이행을 꿈꾸던 전시기 주장과 연속성이 확인된다.

박극채와 윤행중이 전시기에 남긴 논설만을 떼어 놓고 보면 흔해 빠진 어용 이론가의 궤변으로 비칠지 모른다. 그러나 1930년대 중반 마르크스주의 경제학자로서 펼친 주장과 해방 후 전개한 민족경제 건설론을 나란히 놓고 살피면, 비로소 자본주의 보편성과 식민지·주변부 특수성이 결합된 독특한 사상 궤적이 떠오른다. 박극채와 윤행중은 북한 정권에 참여하여 각각 김일성종합대학 경제학부장, 과학원 산하 경제법학연구소장이라는 북한 경제학계를 주도하는 위치에 선다. 박극채는 이른 시기 사망한 것으로 추정되지만, 윤행중은 평화적 이행론에 따라 인민전선단계 경제정책유지를 주장하다 결국 1959년에 숙청되었다. '주체'를 전면에 내건 국민국가 건설과정에서, 국제주의와 민족주의의 조화, 아시아적 특수성에 관한 관심, 그리고 사회주의로 점진적·평화적 이행론 등은 설 자리를 잃은 셈이다.

한편 인정식은 농업문제 전문가로서 평민적 토지개혁과 자주경제 수립을 주장하는 논설을 다수 발표하였는데, 1949년 남한 정부에 체포되어 다시 전향을 표명하게 된다. 그 후 전향자 조직인 국민보도연맹(國民保導聯盟)에 소속되었다가, 6·25전쟁 발발 후에는 인민군 점령하 서울시 인민위원 후보로 이름을 올렸으나 이후 행방은 알려지지 않는다.

6·25전쟁 발발 직전 농지개혁을 단행하여 소농경제 안정화를 꾀한 남한 정부는 전후 미국 원조를 바탕으로 한 종속적 발전 가능성을 모색하였다. 박정희 대통령 시절 새마을운동과 우가키 가즈시게 총독이 추진한 농촌진흥운동의 유사성은 자주 지적된다. 한일협정 이후 전개된 한일 '경제협력'은 우가키 총독이 구상한 정공업(精工業)-조공업(粗工業) 수직분업체계의 재판이라고 할 수 있다. 다만 일본제국에 의해 받아들여지지 않고 끝내 압살된 '농공병진'을 바탕으로 한 독자적 발전의 길은 해방 후 남한 정부의 '경제계획' 아래 비로소 실현되었다.[61] 식민지제국 질서를 초극하지 못하고 좌절된 전향이라는 주체 형성 기도는, 해방 후 남한에서 작자의 이름이 봉인된 채 발전의 청사진으로서 기능하게 된 셈이다.

남이 걸은 '종속 발전'의 길과 북이 택한 '주체'의 길, 그리고 이러한 선택을 가능하게 한 조건으로서 식민지제국 일본의 붕괴, 이것이야말로 한반도에서 '해방'이 가지는 의미일 것이다.

---

61 가지무라 히데키(梶村秀樹)는 '제2차 세계대전 후 '예속자본''을 식민지기 '예속자본'과 구별하여 '해방 후형 예속자본'이라고 명명한 뒤, 외국자본에 직접 예속되지 않고 '국가기구'를 매개로 하고 있기 때문에 '종속 발전'의 가능성을 가진다고 분석하였다. 梶村秀樹, 「1960年代初頭の南朝鮮の支配構造といわゆる隷属資本」, 『梶村秀樹著作 5: 現代朝鮮への視座』, 明石書店, 1993, 137~147쪽(초출 1964. 8).

■ 보론

김인수(金仁洙)

해제의 관심은 세 곳에 머문 것으로 생각된다. 첫째는 발화를 둘러싼 사회의 구조적 조건과 매체환경, 둘째는 사상적 구도에 대한 주체들(agents)의 인식과 능동적 개입(commitment), 셋째는 일본 제국주의 시대에는 '실행할 수 없는 논리'에 불과했던 담론들이 해방 이후 사회재편을 추동하는 과정에서 지녔던 의미와 '짙은 여운'으로서의 힘이다.

또한 해제의 분석은 주로 '공간'의 문제를 예민하게 다루고 있는 듯하다. 홍종욱은 김명식, 인정식, 박극채, 윤행중 등 네 명의 논자들이 세계와 제국의 영역 속에 '조선'이라는 공간의 지위를 어떻게 정위(定位)하려 했었는지를 드러내는 데 많은 애를 쓰고 있다. 또 이 '조선'의 역사적 지위는 당시 지역질서(regional order)를 구축했던 '제국 일본'의 위상에 대한 평가와도 긴밀하게 연동되고 있었음을 확인하고 있다.

짧은 글 속에서, 담론의 내적 논리만이 아니라 발화의 조건, 구도, 청중(audience)을 두루 밝혀내어 글을 입체적으로 구성한 것이 이 글의 미덕이다. 이 글이 사상사 논문임을 한눈에 알 수 있었다. 글을 읽어가면서 '조선'의 역사적 위치 설정이야말로 각각의 담론들이 갖는 정치적 의미를 변별해 낼 수 있는 중요한 기준이 될 수 있음을 확인할 수 있었는데, 매우 유용한 분석전략이라고 생각된다.

1. 동아협동체론자들의 논의에서 '조선'과 통제의 층위

김명식과 인정식에게서 흥미로운 대목은 '민족협동'이라는 구호를 통하여 조선(민족)을 '비공식적 주권/결정력'의 담지자로 호명해 내려 했던 점에 있지 않은가 한다. 동아협동체론이 일본과 중국 간의 민족적 제휴를 통해 중일전쟁 국면에서 아시아의 새로운 질서를 모색하려는 시도였다는 점에서, 홍종욱의 분석에서 나왔듯 '조선'의 지위나 역할은 모호한 것에 그쳤다. 두 사람, 그 가운데에서도 특히 김명식은 조선이 중국/만주보다 인구의 질이나 산업능률에서 밀리면 안 된다는 주장을 펴는 등, 종종 조급함이 느껴질 정도이다.

조선의 동아협동체론자는 제국 일본의 모습을 다른 경제체가 서로 결합된 '울퉁불퉁한 모자이크적 평면'의 모습으로 그리고, 그러한 제국 내 분업체계를 전제한 위에 조선의 '비교우위'를 확보하고 유지하려고 한 듯하다. 그들에게 제국 일본의 공간은 위계적으로 서열화된 무엇이자, 그 격차를 통해 이윤과 임금을 실현하기 위해 자본과 노동력이 부단히 이동하는 공간으로 그려져 있다. 김명식과 인정식은 비균질적이고 위계적으로 구성된 제국의 공간 안에서 '조선'(민족)의 이해관계를 어떻게 실현해갈 것인가의 문제에 몰두하고 있는 것으로 보인다.

김명식이 제국 전체의 '일원적 통제'에 참가하는 것과 '조선경제의 독자성'을 유지하는 것 사이의 모순이나 위화감에 초연할 수 있었던 데에는, 이러한 제국 경제공간의 분업체계=위계성이 전제되었기 때문이 아니었을까. 특히, '조선경제의 독자성'의 경우, 조선총독부와 같이 정책이나 기조 — 자본유치를 위한 자치통제=식민지 초과이윤의 보장 — 로서 추구해야 할 무언가라기보다, 인구 구성과 문화적 교육수준, 공업화 형태, '조선쌀'의 지위 등 당시 조선에 인구학적·경제적·구조적으로 이미 구비된 조건의 층위에서 인식한 듯하다. 이런 측면에서 이들이 말하는 제국의 '일원적 통제'란 공간의 위계성을 인정한 위에서의 일원적·통일적 자원배분, 혹은 전일적인 규제 — 예를 들어 식민지 초과이윤의 규제와 공장법의 시행 등 '경제적 내선일체'(인정식) — 의 의미가 있지 않았을까. 다시 말해, '일원적 통제'와 '조선경제의 독자성'은 서로 층위가 다르며, 따라서 홍종욱이 말한 조선 지식인과 조선총독부 간의 '한정적으로나마 이해를 같이 하는 오월동주'(본서 295쪽)라는 표현은 부적절할지도 모르겠다. 바꿔 말해, 실제적인 차원에서 이해관계를 같이 할 계기는 없었다는 것이다. 그리고 이와 관련된 김명식의 몇몇 발언은 단지 방어적이고 수사적인 표현에 불과한 것으로 봐야 할 듯하다.

덧붙여 '조선'에 관한 김명식과 인정식의 논의(동아협동체론)는 박극채와 윤행중의 논의(경제신체제론)에 비해 공간성에 대한 자각이 뚜렷하고 따라서 '주체로서의 조선'의 문제를 보다 심각하게 의식하고 있는 것으로 보이는데, 이 두 종류의 입론들 사이에 어떤 사건이나 시간적 계기가 개입되어 있었는지도 궁금하다. 어느 순간부터, 그리고 왜, 조선 지식인들은 '조선'의 지위를 논의할 때 공간성의 계기를 상실/삭제하게 되었을까.

2. '조선'은 무엇인가?

당시 담론장에 참여하는 이들 누구도 부정할 수 없는 공식적인 목표이자 슬로건은 '총력전의 원활한 수행과 전시생산력의 고양'이었던 것으로 보인다. 이 슬로건은 모든 담론의 출현을 가능하게 한 지지대이자 의미의 토대였으며, 다른 한편 발화의 임계점을 지시하는 검열의 경계였다고 생각된다. 이 위에서 '조선'은 자유자재로 논의될 수 있었지만, 동시에 이 장/슬로건을 벗어난 담론은 검열, 금지, 삭제될 운명에 처할 수밖에 없었을 것이다.

이러한 담론장의 성격은 거기에 참여한 주체들의 동상이몽이나 오인, 또는 의도적인 왜곡을 가져왔을 것이다. 홍종욱의 분석처럼 히사마 겐이치, 스즈키 다케오 등 재조 일본인 지식인집단과 김명식, 인정식, 박극채, 윤행중 등 조선 지식인들 간의 담론 괴리는 제법 명징하다. 히사마는 전시생산력의 확대를 위해 지주경영의 필요성을 설파하는 데에 주저하지 않으며 스즈키는 '조선', '조선경제'를 그때그때 자신의 구미에 맞게 변형하여 활용하고 있다.

그런데 이렇게 되었을 때, 그렇다면 당시 '조선'의 의미소(意味素)는 과연 무엇이겠느냐는 의문이 든다. 조선 지식인들에게 '조선'은 민족으로서의 조선, '조선경제'는 민족경제를 지칭하는 것처럼 보이는데, 히사마에게 그것은 딱히 민족으로 한정되는 것 같지는 않다. 스즈키도 '조선'을 민족과 연계하여 말하기보다는 '지역'으로서 논의하는 것으로 보이고, 심지어 북선 루트를 말할 때에는 조선의 남쪽에 대해서는 별로 안중에 두지 않는 것처럼 보인다. 같은 슬로건을 내걸되 그 안에서 주체들이 움직이는 목적은 다를 수 있는데(슬로건의 전유),

이 경우 '국책을 위해서라면 아무렇게나 붙이고 떼어내도 좋을 조선'(지역)과 '국책의 포장을 두르지만 궁극적으로 만들고 싶은 유기적 조선'(민족) 간의 격차가 각 주체에게 어떻게 의식되고 있었는지 궁금하다.

소통을 본연의 임무로 삼는 말이 오히려 단절을 가져오고, 결국 말이 뭉개지고 무너지는 자리에 서 있었던 이들의 기획, 그리고 그 운명에 대해 우리는 어떻게 평가해야 할까.

3. 종속발전?

홍종욱은 해제에서 그리고 또 다른 글에서 총력전기 식민지 조선의 지위를 분석하면서, '입장 없는 입장', '주체 없는 주체'라는 표현을 사용하였다. 총력전으로 치달은 세계대전의 국면에서 국제정치적으로는 물론이거니와 사회경제적으로도 '식민지 탈화'의 희미한 빛을 본 이들의 기획을 이렇게 이름 붙인 것이다. 이건 어쩌면 호랑이의 등에 올라타 내달리는 우화에 비견될 수도 있다. 전쟁이라는 시세(時勢)를 활용한 사회공학적 사고가 이 안에 자리하고 있다. 전쟁을 매개로 사회를 새롭게 리셋(reset)하려는 기획인 셈이다. 그리고 이 기획은 홍종욱이 '종속발전'이라고 이름 붙인 형용모순의 상황으로까지 이어졌다.

지식의 세계에서 해방이 단절을 의미한다고 했을 때, 그것은 정확히 말하면 맥락의 상실을 의미한다. 다시 말해, 해방이라는 새로운 시간의 계기를 통해, 물론 그간 지식인들이 축적해 놓았던 지식의 건조물들이 쉬이 사라질 리는 만무하지만, 그 지식이 생산·유통되었던 고유한 맥락은 상실되었다. 총력전기 식민지 조선의 전향 지식인에 의해 생산된 일련의 지식체계가 한반도의 남쪽에서는 (탈인격화된 지식으로서) 살아남고 북쪽에서는 거세되었다는 것은 과연 무엇을 의미하는 것일까. 한반도 남쪽에서 제국 일본의 통치하에서 등장한 종속발전의 기획이 미국 주도의 냉전세계에서 숙성을 거쳐 재생되었다는 것은 과연 어떤 현실적 함의가 있는 것일까.

구조의 힘에 흠뻑 빠지고 몰입한 주체의 사회공학(social engineering), 그리고 무엇인가 하나의 단계/통과의례로서 꼭 감당해야 하는 것을 감당하지 않은 채 세련된 지적 세계의 빛에 홀려 건너 뛰어온 하나의 사회, 이것이 낳은 현실이 오늘 한반도의 남쪽에서 살아가는 우리의 현실이고 또 자화상인 것은 아닐까. 고투하는 지식이기는 했으되 윤리성을 담보해 내지 못한 지식, 따라서 오늘날에 이르기까지 두루 영향을 미치고 또 현실을 구성해 온 것이기는 하되 누구에게 존중을 받지도 또 '정신적 아비'로도 불리지 못하는 지식, 그것이 가져올 수 있는 것이라곤 지식에 대한 경멸로서의 '반지성주의(anti-intellectualism)' 외에는 다른 것이 없을 그런 성격의 지식이지 않았을까. 총력전기 식민지 조선에서 생산된 일련의 지식 말이다.

결국 이런 지식을 오랜 시일에 걸쳐 들여다보고 꾸준히 그것을 매개로 무언가를 말하고자 한다는 것 역시 어쩌면 사상의 문제일 것이다. 앞으로의 발언(commitment)이 기대된다.

■ 보론

배석만(裵錫滿)

「〈해제〉 중일전쟁기 조선 지식인의 통제경제론」은 1930년대 후반부터 1940년경까지를 대상 시기로 삼아, 중일전쟁 발발과 교착, 제2차 세계대전 발발과 독일의 초반전 승리라는 국제정세의 변동 속에서 나타나는 조선 지식인, 정확하게는 전향한 사회주의자들(전향 좌파)의 통제경제론을 '소개'한 글이다. 좀 더 구체적으로는 조선인 '전향 좌파'가 일본 제국주의가 구축한 전시경제체제를 어떻게 이해하고 또 그 속에서 조선경제의 위치를 어떻게 규정하였는지를 살펴보았다. 그리고 여기에 연동한 사상적 기조는 '동아협동체론'에서 '경제신체제론'으로의 전환 흐름으로 생각된다.

먼저 지적하고 싶은 것은 이들 '전향 좌파'들이 일제가 구축하려고 한 전시경제통제의 전체 구조를 어떻게 이해하고 있었는지, 다시 말해 이른바 '통제경제론'에 대한 이들의 인식수준에 대해 더욱 깊이 있는 설명과 분석이 필요해 보인다는 점이다. 주지하듯이 전시통제경제 구축이 완성도를 높이는 것에 비례하여 1930년대 말 이래의 '조선의 독자성' 내지 '조선특수사정론'이라는 설정은 점차 설 자리를 잃었다. 다시 말해 조선경제와 관련해서는 뭔가 얘기할 수 있는 것이 점점 없어지는 상황이었다. 이 속에서 이들 조선 지식인은 제국의 통제경제 구축에 적극 협력·복무하자는 '의무적인 주장' 외에 어떤 얘기를 더 하고 있는 것일까.

이런 질문을 던지는 이유는 조선 지식인들의 언설이 매우 원론적이고 추상적이기 때문이다. 예를 들어 김명식은 '일원적 통제'와 '조선의 독자성'은 상호 배치되지 않는다고 주장하는데, 그 근거는 구체적이지 않다. 인정식은 '공업화 — 그것이 우가키 식이거나 미나미 식이거나 상관없이 — 가 식민지 조선경제에 미친 영향에 대해 논하지만 정작 통제경제론에 관한 기술은 명확히 드러나지 않는 것 같다. 전향으로 말미암은 좌절감에 빠진 유약한 지식인의 내용 없는 슬로건이라면 이해할 수 있다. 그러나 사실 이들은 일제가 물러난 해방공간의 '독립국가 경제건설론'과 관련해서 활발한 지적 활동을 전개하고 이에 기반을 둔 구체적인 경제건설 방안을 제시하고 있다. 이들의 해방공간 활동을 염두에 둔다면 통제경제론에 대한 이들의 '본심'이 보다 궁금해질 수밖에 없다. 물론 조선경제를 생각하는 조선인 경제학자로서 일제의 경제통제와 통합(블록) 일변도 정책에 직면하여 더 이상 조선의 통제경제론을 본심 그대로 제기할 여지와 의미가 없었다고 한다면 이들의 이런 추상적인 주장이나 나아가 김명식의 절필은 이해할 수 있을 것이다.

다음으로 경제신체제와 관련한 박극채와 윤행중의 주장은 통제경제론이라기보다는 '사회주의 계획경제를 염두에 둔 경제신체제에 대한 그들의 주관적(?) 생각'에 더 가까운 것처럼 이해된다. 박극채의 '통제경제에서 계획경제로 일보 진전한 체제'라든가, 윤행중의 '계획경제적 자본주의'라는 언급 등이 그 근거가 될 수 있다. 비록 전향은

했지만, 사회주의자로서 전시경제가 사회주의 계획경제로 갈 수 있는 하나의 길이 될 수 있다는 인식을 했던 것으로 보인다. 특히 윤행중이 '평화적 이행의 계기'로 보았다는 것은 이들의 일제 전시통제경제구조에 대한 낮은 이해수준이 결과한 순수함(?)을 보는 것 같아 흥미롭기까지 하다. 만약 그것이 아니라면 전쟁 선전에 동원된 종군작가의 '영혼 없는' 글일 수도 있을 것이다. 전시통제경제시스템 자체가 전쟁이라는 '특수한' 상황에서 한정된 자원을 전쟁승리를 위해 최대한 효율적으로 동원하고 사용하기 위해 만들어진 '임시적인' 시스템이라는 것을 당연히 알고 있었을 것이기 때문이다. 경제신체제 등장하의 '광역경제론'에 대한 박극채와 윤행중의 대립적 시각 설정도 다소 의문이다. 이들이 전향 지식인으로서 일제가 구축하려는 전시체제의 선전에 동원되었다고 한다면 두 사람 모두 일단 여기에 적극 찬성하는 것이 자연스럽다고 생각한다. 사실 광역경제론은 주지하듯이 '블록경제'와 크게 다른 말이 아니고, 이것의 확대·강화 버전이다. 따라서 박극채의 주장은 자연스럽고, 이것이 조선의 개발 — 사실은 수탈일 수도 있다 — 기회가 될 수 있다고 본 인정식이 조선국토문제위원회 위원으로 직접 참여한 사실은 당시 상황에서 조선 지식인으로서 최대한 끌어낼 수 있는 논리로 이해할 수 있다. 따라서 윤행중의 '弱小諸國이 數個의 盟主國에 各各 經濟的으로 隷屬되여 있음을 露骨的으로 表示하는 것'이라는 비판적 시각은 예상 밖의 것이다. 그것이 사실이라면 배경이나 분석대상과 관련하여 좀 더 구체적인 서술이 필요해 보인다. 특히 전시통제경제의 핵심인 블록경제를 '제국에 대한 식민지의 노골적 예속'으로 비판하는 것은 진향 지식인의 위치와 당시의 시대 상황을 고려할 때도 상당히 특이한 언설이라고 생각한다.

마지막으로 해제의 연구 범위를 벗어나는 것일 수도 있지만, 1941년 태평양전쟁 발발 이후 이들의 통제경제론에 대한 인식의 흐름을 파악할 필요가 있다. 글의 맺음말에서 네 명의 집필자 중 절필 직후 곧 사망한 김명식을 제외한 세 명의 해방 후 활동과 이것이 전시기와 어떻게 연속되지는 간략하게 언급하고 있는데, 그 의미를 충분히 살리기 위해서라도 그것에 앞서 태평양전쟁기 이들의 활동에 대한 분석이 필요하다. 일제가 1937년부터 구축한 전시통제경제시스템은 이후 전개된 현실의 정치경제적 상황에 따라 시시각각 변해 가는데, 특히 태평양전쟁기는 이전 시기와 동일한 '전시기(戰時期)'가 아니기 때문이다. 태평양전쟁기에 들어서면 조선총독부가 경제에서 독자적인 소리를 내는 것은 사실상 불가능해졌다. 이런 변화된 상황에서 이들이 경제와 관련하여 어떤 주장을 펴고 있는지를 확인할 필요가 있다. 아울러 이들의 해방공간 언설과 관련하여 연속성이 확인된다고 했는데, 이것 역시 가볍게 다룰 것이 아니라 좀 더 구체적일 필요가 있다. 예를 들어 윤행중은 해방공간에서 사회주의로의 평화적 이행 가능성을 일본인 철수로 인한 광범위한 귀속재산(기업체, 은행, 토지)의 존재, 민족자본가의 미성숙, 대중의 계급적 주도성 등, 한반도 해방이 가져온 '주관적 조건'에 기인하는 것으로 보았다.[1]

---

1 尹行重, 「民主主義와 計劃經濟」, 『開闢』 74, 1946. 4.

■ 원문

長期事變下의 經濟情勢

統制經濟에서 計劃經濟에로[1]

金明植

支那事變은 발서 二週年이 지났다. 그 間 帝國의 軍事的 偉業은 말할 것도 없고 經濟的 强化性도 이제 오히려 磅礴[2]한 것이 있서 所謂 經濟封鎖로 威脅하든 第三國의 온갓 策動이 거이 窒息하고 있는 것이 特記할 만한 일이다.

그런대 事變이 長期化함을 따라 經濟情勢가 變換한 것은 避할 수 없는 事實이니 이제 그 特徵을 要約하면 그 間의 統制經濟가 漸次 擴大强化하야 마츰내 計劃經濟를 實行치 아니할 수 없게 된 것이다. 新聞紙의 報道하는 바에 依하면 事變二週年을 지난 今後의 戰時財政은 去益 尖銳化하는 國際情勢와 大陸建設에 當面한 時局關係로 從來의 事變費中心主義에서 國防充實主義로 轉向하게 되야 財政支出은 減少되리라고 볼 수 없고 公債增發과 經濟統制의 强化, 重工業部門의 擴充은 一層進行할 것으로 보인다. 國家總動員體制의 全面的 强化에 對

1 『朝光』 5-9, 1939. 9, 48~58쪽.

2 '磅礴'의 잘못으로 보임. '방박'은 기운이 충만하다는 뜻.

應해서 戰時金融은 第十一條(總動員法)[3]의 配當制限과 强制融資命令, 臨時資金調停法의 一層强化, 戰費로 公債消化資金 六十億, 生產力擴充資金 四十億, 合百億의 資金蓄積을 目標로 한 貯蓄奬勵를 中心으로 하야 急激히 整備되야갈 것이다. 이것은 一方에 있어서 信用膨脹政策을 取하는 同時에 他方으로는 徹底한 떼푸레[4] 政策을 取하고 있다 할 수 있는 것으로 이 一見 矛盾된 關聯이 戰時金融의 中心題目이 되여 있다. 物動計劃에 있어서는 軍需, 輸出振興, 生產擴充, 大陸建設에 要하는 資料의 供給圓滑은 勿論이오, 最小限度의 小需도 整備케 될 것이오, 勞務技術, 生產設備 및 輸送力等의 國民經濟 全般에 亘한 綜合的, 有機的 計劃을 樹立하는 同時에 實行機關의 統一强化와 諸般 經濟的 摩擦障碍를 最少限度로 抑止함에 萬全을 期하야 計劃經濟의 全面的 再編成에 入할 것이라고 하였다. 勿論 量의 累積으로 말미아마 마츰내 質的變化가 實現되고 마는 것은 經濟事相에 있어서만 例外를 지을 바 아니다. 그리고 이제 여기서 統制經濟가 計劃經濟와 다른 것을 煩論할 必要는 없으나 그 二大要를 말하면 統制經濟는 自由經濟에 對한 政治의 優越을 이름이오, 計劃經濟는 政治的 考慮에 依하야 經濟機構의 再建을 意味한 것이다. 그럼으로 計劃經濟를 遂行함에는 먼저 政治機構의 革新을 要求한다. 그러나 이제 日本에 있어서는 政治機構는 特別한 革新이 없이 計劃經濟가 全面的으로 實行되면서 있

---

3 국가총동원법은 제1차 고노에 내각에 의해 제출되어 제정된 전시통제법이다. 1938년 4월 공포되었고 같은 해 5월 시행되었다. 총력전 수행을 위해 인적, 물적 자원을 동원하고 통제한 법이다. 이 법에 의해 전시에는 노동력, 물자, 자금, 시설, 사업, 물가, 출판 등을 완전 통제하고, 평시에는 직업능력 조사, 기능자 양성, 물자 비축 등이 이루어지게 되었다. 일본 본토뿐 아니라 식민지 조선 및 대만, 만주국에도 적용되었다.

4 디플레이션(deflation).

다. 이것은 國情이 다른 것과 또 現在 日本經濟가 大戰後의 伊太利의 經濟나 一九三〇年代의 獨逸의 經濟와 같이 破滅狀態에 빠지고 있지 아니한 까닭이다. 그리하야 日本의 計劃經濟는 一時的, 他動的으로 形成되지 않고 隨時的, 自動的으로 進行되니 國內摩擦이 생기지 않는 것과 擧國一致의 意識下에 從來의 經濟機構도 應分의 힘을 다할 수 있는 것은 아름다운 일이다. 그러나 그 까닭에 計劃經濟가 完璧을 일을 수 없는 것은 注意할 바이오, 또 從來의 經濟機構로는 完全한 有機的 機能을 發揮할 수 없서 計劃經濟를 요구하는 것이니, 이 時局에 있어서 從來의 經濟機構가 應分의 힘을 다하는 것은 놉게 評價할 수 없다. 그럼으로 이제 政治機構의 革新問題가 國民的 輿論이 되야 計劃經濟의 完璧을 要求하고 있지 않는 日本의 國情은 獨逸이나 伊太利와 같은 政治機構가 實現될 餘地가 없어 政府對議會關係는 勿論이오, 首相의 權限擴大問題도 解決되지 않고 있다. 그뿐 않이라 貿易省의 新設問題도 實現되기 어려운 모양인대 이와 같은 現實에서 計劃經濟의 完璧을 期待하는 것은 無理가 아닐가 한다. 그런대 日本經濟가 지금까지 堅實性을 保持한 것은 多年間 大陸政策의 實行을 爲한 物的 蓄積이 있는 까닭이어니와, 이박에 優秀한 組織力이 經濟的 堅實性을 一層保障해 온 것도 否定할 수 없는 일이다. 그리고 앞으로는 더욱 經濟的 組織力의 必要가 强要되고 있는대 그것은 計劃經濟가 完成치 않고는 일울 수 없는 것이다. 그럼으로 計劃經濟는 今後에 있어서 完成 될 것을 생각할 수 있지 없는 것이다. 그러나 伊太利나 獨逸의 政治形態를 日本으로 옴겨 오는 것은 國情이 許치 않는다. 다시 말하면 久遠한 歷史的 國體觀念下에는 어느 歷史段階에 있어서의 어느 民族의 政治的 信念은 容納할 수 없는 것을 이저서는 아니 된다. 그리고

今後 政治形態가 어떠케 革新될 것이냐 하는 것은 本題의 範圍가 아니니 여기서 論究치 안커니와 그 間 物價의 適正을 企圖하기 爲하야 여러 가지 對策이 實行되였으나 所期의 目的을 達할 수 없어 마츰내 原價 即 生產費 問題를 檢討치 않이치 못하였고 또 原價에 依한 物價의 適正을 圖하랴면 勞賃으로 비롯하야 經濟機構의 全面的 再編成이 要求되야 이제 오히려 物價問題의 根本對策을 確立하지 못하게 된 것을 생각할 必要가 있다. 그리고 目下 大藏省[5]에서 討究하고 있는 稅制改革案은 그 內容의 如何를 알 수 없스나 新聞의 報道에 依한다면 「今回의 稅革이 尨大한 稅收를 獲得함을 目的한 것임은 分明한 일이나[6] 長期戰의 繼續中에 있어 豫算은 明年度도 또 明後年度도 急減은 至難이니 徵稅의 能力과 年年 必要經費와의 懸隔은 極히 클 것이오, 이 懸隔을 完全히 除去할 만한 租稅의 增徵은 目下形便으로는 생각할 수 없다」고 하였는대 稅制改革問題에 있어서 또한 計劃經濟의 必要를 느끼지 아니할 수 없다. 어째 그러냐 하면 從來의 租稅體制로 해서는 如何히 彈力性이 많은 體制를 實行한다 하야도 그로써 必要經費를 獲得할 수 없시 累次의 稅制改革을 斷行치 않이할 수 없고, 또 增收를 위한 稅制改革을 자조 實行하는 것은 그 手續이 繁雜한 것은 別問題로 할지라도 國民思想에 미치는 影響이 큰 것을 도라보지 아니할 수 없다.

그런데 貿易省의 新設問題는 아즉 解決되지 아니하였스나 輸入事務의 一元化, 外國爲替集中制의 實施, 外貨動員等에 依하야 爲替政

5 재무성(財務省).

6 '分明한 일이나' 다음에 '」' 삭제.

策이 이미 整頓되여 對英一志二片[7]이 堅持를 基調로 한 爲替對策은 輸入制限과 金現送에 依하야 遂行되고 있다. 그리고 今年上半期에 있어서 輸出貿易이 好調를 呈한 것은 우흐로는 輸出補償制가 實施되고 아래로는 輸出振興組合의 猛活動이 實演된 까닭이다. 그러나 輸出超過를 檢討해 보면 第三國貿易에 있어서는 金額으로도 前年보다 增加하지 아니하였고 또 數量對比에 이르러서는 事實上 爲替基準이 動搖한 것을 생각할 수 있다. 이제 綿布貿易關係로 보면 綿工聯調査에 依한 本年上半期의 綿織物 總輸出高는 合計十億九千五百三十三萬九千平方呎[8]으로서 金額 一億七千九百九十二萬圓이오, 그 中 圓불럭向輸出을 除外한 第三國向純輸出高는 合計十億七千九十四萬四千平方呎, 金額一億七千九十四萬七千圓이니 前年同期와 比較하야 數量에 있어서는 三割八分四厘가 增加하얏는대 金額은 게우 一割八分二厘가 增加하였다. 그럼으로 前年同期의 金額에 對하야 前年同期의 數量보다 二割弱의 增加가 要求된 것을 알 수 있는대 綿布의 原料가 輸入品인 關係上 그와 같이 數量이 增加한 것은 爲替基準에 影響치 아니할 수 없다. 그리고 昭和十二年上半期에 比較하면 數量에 있어서는 一厘六毛의 增加이지마는 金額에 있어서는 三割三分八厘의 激減을 示하고 있으니 이것은 링크制[9] 本來의 缺陷을 如實히 反映한 것이 아니라 할 수 없다. 따라서 計劃經濟의 必要는 貿易關係에 있어서 더욱 切實히 느끼게 되였다. 그리고 配給機構問題에 있어서 일즉부터 小賣業許

7 '志'는 실링(shiling), '片'는 페니(penny).

8 척(呎, feet).

9 통제 경제에서 물건을 판매/수출한 금액만큼 구매/수입하도록 하는 제도.

可制가 論議되고 또 最近에 와서는 配給機構의 根本的 改革說이 擡頭하였는대 이 또한 計劃經濟의 完成을 爲한 主張인 것은 말할 必要도 없다. 그러나 이제 여기서 計劃經濟의 全般情勢를 論陳하는 것은 紙面이 許치 않는 바이니 朝鮮經濟의 一般情勢를 略述함으로써 本題의 本旨를 삼아 이를 以下에서 論究하겠다.

金融 인푸레의 深化

勿論 朝鮮經濟는 內地經濟에 追隨하야 一般으로 그 情勢가 內地의 그것을 複寫하는 것뿐이지만는 그러나 歷史的, 地理的, 文化的의 差異로 말미아마 朝鮮經濟의 特殊性은 이제 오히려 實現되야 어느 部門에 있어서는 內地와 다른 것도 없지 않다. 그리고 最近의 經濟事情을 表面으로 본다면 內地와 찬가지로[10] 돈보다도 物이오 또 이제 經濟警察로 말할지라도 物의 警察에 注力하고 있는 것은 이 方面에 일이 많은 까닭이어니와 그러나 現代經濟의 機構로 보아 그들[11] 集中表現한 金融關係는 언제나 經濟事情의 眞相을 端的으로 表現하는 거울임에 틀림없다. 그리고 最近 物價가 작구 昂騰하는 것은 勿論 物資의 缺乏으로 말미암은 것이지마은 다른 一面의 있어서 그와 相關關係을 가지고 있는 貨幣價格이 低廉한 까닭도 없지 아니할 것을 이저서는 아니 된다. 그럼으로 爲替基準의 一志二片을 堅持하는 一方 金의 增産을 꾀해 온 것이다. 그런데 이제 여기서는 貨幣價格上 變動에 對한

10 '마찬가지로'의 잘못으로 보임.

11 '그를'의 잘못으로 보임.

調査資料를 내보지 못하는 것은 遺憾이지마는 一般金融關係로 말하면 특히 朝鮮에 있어서은 各金融機關이 모두 放資難[12]으로 頭痛하는 模樣이다. 그리하여 이제 事業資金調整法은 發動할 必要도 없이 重工品 以外의 朝鮮事業界 沈滯狀態에 빠지고 있는 것을 表示하고 있다. 그리고 最近의 朝鮮物價가 內地보다도 都賣小賣가 모두 一割 以上이 오른 것은 역시 金融膨脹이 一部原因이 아니라 할 수 없다. 이제 金融膨脹의 一般을 삷펴볼[13] 것 가트면 「朝鮮內 金融은 期初 以來 貯蓄의 順調增大, 金利水準化의 實踐을 基調로 推移되고 있으나 下期에 드러서는 金融界에도 相當한 變調가 생기여 放資難 乃至 逆鞘[14]의 傾向이 表面化될 模樣이다. 今後의 問題는 國債投資激增과 預金과의 逆鞘問題, 1. 生産擴充에 不拘하고 現實의 貸出難, 1. 預金의 增大와 放資口減少等이 表面化할 것이니 그의 對策이 要求될 것이고 貸付期間에 있어서도 內包된 諸問題가 表面에 나타날 것 갔다」[15]고 新聞紙는 報導하고 있다.

그런데 金融關係에 있어서 이와 가튼 現實이 展開된다 하면 現金融機關의 貸付競爭이 猛烈할 것은 알기 쉬운 일이오, 또 그것은 이 非常時局에 있어서 資金調整法[16]의 精神을 沒却하게 될 뿐 안이라 一

12 투자처를 찾지 못하는 어려움.

13 '살펴볼'의 잘못으로 보임.

14 중앙 은행의 공정 할인율이 시중 은행의 할인율을 상회함. 혹은 그 차이.

15 「放資難과 逆鞘 下半期엔 表面化?」, 『東亞日報』, 1939. 6. 1.

16 임시자금조정법(臨時資金調整法). 일본 국내의 자금 및 물자가 전쟁 수행에 보다 수월하게 투입되도록 장려하고, 전쟁에 불필요한 사업에 자금이 투입되는 것을 제한한 법안으로 1937년 9월 공포 및 시행되었다.

般國策과도 背弛[17]되지 아니할 수 없다. 그리한여 各金融機關의 無節制한 貸付競爭은 마츰내 社會的 不安을 增大치 안코는 말지 아니할 것이다. 그럼으로 當局에서는 朝鮮銀行[18]의 幹部는 殖産銀行[19]의 幹部를 招致하여 今後 金融機關의 貸付競爭을 防止할 方針을 協議하였다. 그리나[20] 一般銀行은 그만두고라도 朝鮮銀行은 保證準備發行限度가 從來 一億圓이든 것이 一億六千萬으로 擴大되고 또 殖産銀行은 三千萬圓의 增資에 依한 四億八千萬圓과 二億圓의 事業資金關係로 約七億圓의 貸付能力이 增大하였으니 비록 國債投資의 激增과 預

17 '背馳'의 잘못으로 보임.

18 조선은행(朝鮮銀行). 식민지 시기 조선의 발권과 국고관리 등의 역할을 수행한 중앙은행이다. 1905년 일본 제일은행 조선지점이 중앙은행 역할을 받았으며, 1909년 한국정부와 일본인의 공동출자로 한국은행이 출범하였고, 1911년 조선총독부 산하의 조선은행으로 재편되었다. 조선은행은 일본은행권과 일 대 일로 교환되는 법화인 조선은행권을 발행하는 식민지 발권은행이었다. 또한 조선은행권이 만주·시베리아·화북에서도 통용되면서 환거래를 통해 '엔블록' 확장에 중추적 역할을 수행하는 동시에, 예금과 대출을 담당한 상업 무역은행의 역할도 수행하였다. 조선은행은 일본자본의 대륙진출을 촉진했으며, 중일전쟁을 계기로 통화증발을 감행하면서 전비조달기관의 성격도 가졌다. 1944년 말 조선에 17개, 만주에 4개, 일본에 8개, 중국에 39개의 점포를 두었다. 1950년 한국은행으로 재출범하였다.

19 조선식산은행(朝鮮殖産銀行). 식민지 조선의 척식사업에 대한 장기금융을 주요 목적으로 하는 특수은행이다. 1906년 대한제국 조례에 의해 농공은행으로 설립, 1918년 조선식산은행령이 반포되면서, 전국의 농공은행을 합병하여 식산은행을 설립하였다. 본점은 경성 남대문로. 식민지 개발에 필요한 장기자금을 주식과 아울러 납입자본 10배(1924년부터는 15배)에 달하는 사채를 발행하여 일본과 조선에서 조달하였고, 산업·공공대부라 불리는 정책대출을 시행했으며, 예금으로도 자금을 조성하여 일반대출도 행했다. 1930년대 중반까지 산미증식계획과 농업개발을 지원하였다. 중일전쟁을 계기로 군수공업화의 지원에 주력하였다. 1937년 '임시자금조정법'과 1940년 '은행 등 자금운용령'에 의거한 설비·운용자금 군수 부문으로 자금을 집중하면서 광공업대출을 급속히 확장했다. 해방 후에는 한국산업은행으로 재출범하였다.

20 '그러나'의 잘못으로 보임.

金과의 逆鞘問題가 없다 할지라도 資金을 死藏할 수 없는 일이 아닌가 한다. 그런대 新聞紙의 報導하는 말가티 現下 生産力擴充이 絶對要求됨에 不拘하고 「現實의 貸付難」 問題가 表面化한 것은, 勿論 資金이 너무 만하서 「現實의 貸付難」이 아니오 事業이 없어서 貸付難인 것을 알 수 있다. 그리고 從來 農業朝鮮에 있어서 이제 農工並進을 말할 만큼 工業이 躍進的으로 發展하는 現段階에 있어서 몇 個 金融機關의 만치 아니한 資金이 貸付難에 이르도록 事業界가 委縮한 것은 하나의 不可思議가 안니라 할 수 없다. 그리나 그것이 重工業에 置重한 朝鮮工業의 跛行性을 삶펴볼 것 가트면 그의 裡面事情을 理解치 못할 것도 아니다. 그리나 이것은 現下時局에 不得已한 일이다. 그런데 朝鮮工業의 跛行性은 두 가지 方面으로 나타나는대 하나는 企業家로서 企業할 材料를 求하기 어려운 것이오, 다른 하나는 企業種類가 制限된 까닭이다. 그리하여 一般工業은 委縮케 되니 資金需用이 貧弱할 것은 말할 必要도 없다. 그런데 그리함에 不拘하고 그 間 特殊銀行의 金融力을 그와 가티 增大한 것은 무슨 까닭이냐 하면, 一面充으[21] 特殊工業을 振興시킴에 있이서[22] 資金關係로 말미아마 支障이 없게 함과 함게 他面으로 三億圓의 貯蓄을 獎勵하기 爲한 것인데 그러나 그로써 物價를 抑制함은 元來 制限된 일이다. 그럼으로 最近 朝鮮의 物價가 內地보다도 一割 以上이 높게 되여 金融 인푸레가 一層深刻한 것을 表示하고 있다.

21 원문 그대로.

22 원문 그대로.

그럼으로 當局에서는 中小企業을 保 育成[23]하기 爲하여 內地와 마찬가지로 一方으로는 輸出貿易에 對한 前貸補償法을 立案하고[24] 다른 一面으로는 中小商工金融損失補償法을 制定하여[25] 中小企業을 救出함에 努力하고 있다. 그러고 中小商工金融損失補償法으로 말하면 五個年을 期限하여 一年 二百萬圓의 五年 一千萬圓 限度로 總督府에서 損失을 補償함을 規定한 것인대 이로써 各金融機關에서의 中小企業家에 對한 貸出이 安全케 되여 저들의 放資難을 緩和함에도 적지 아니한 도음이 있슬 것이니 中小企業者들은 旰天에 甘雨를 어든 늣낌이 없지 아니할 것이다. 그러나 最近의 報導에 依하면 日本의 中小企業이 滿洲로 進出함을 滿洲國에서 承認하였다 하니 朝鮮이 一般工業이나 中小企業은 滿洲에서 新興하는 優秀한 그들과도 競爭케 되여 從來 不利한 여러 가지 條件을 가지고 있는 이 朝鮮의 中小企業은 더욱 어려운 地境에 빠지지 아니할가 생각한다. 더구나 從來 朝鮮의 輸出貿易의 統計數字로 보면 滿洲와 北支에의 輸出이 全輸出額의 九割 以上을 占하고 있는 것을 이저서는 아니 된다. 勿論 滿洲의 新興經濟가 重工業과 아울너 一般工業이 發展하는 것은 조흔 일이지마은 그러나 그로 말미아마 朝鮮工業의 跛行性이 一層 增大하는 것은 도

23 '保護育成'의 잘못으로 보임.

24 1939년 5월 신문에서는 「輸出資金前貸補償 朝鮮도 實施키로 遂內定」(『東亞日報』, 1939. 5. 14)이라는 기사를 확인할 수 있다.

25 '중소상공업 융자손실 보상 제도'를 가리키는 것으로 보임. 조선총독부 지정 금융기관이 중소상공업자나 중소상공업조합에 자금을 융통하여 손실을 입는 경우 일정 금액(대출금액의 5할)을 한도로 보증하는 제도(허수열, 『개발 없는 개발: 일제하, 조선경제 개발의 현상과 본질』, 은행나무, 2016(개정 2판), 216쪽 참조). 당시 신문에서는 「中小商工業者에 融資할 損失補償運用協議, 商工會議所에서 會議를 展開」(『東亞日報』, 1939. 9. 5) 등의 기사를 확인할 수 있다.

라보지 아니할 수 없다. 그리고 當然한 現實問題에 있어서 朝鮮에는 放資難이 생길 만큼 事業界가 沈滯하게 하는 하나의 큰 原因이 역시 滿洲의 新興事業關係로 말미암은 것은 말할 必要도 없다.

產米增殖問題

그리고 米百二十萬石의 增產計劃에 있어서는 耕種變更, 肥料增施等의 方法에 依한다 하고 土地의 改良 밋 開墾等의 方法은 取치 안는다 하였는대 그 後 新聞紙의 報導하는 바에 依하면 다시 西海岸一帶의 海成冲積土壤을 改良하여 明渠를 變更하고 排水設備를 改良하여 畓의 耕作面積을 增加하여 兼하여 二毛作이 可能한 水田을 만드라서 土地收益率을 增加함으로써 約百五十萬石의 增產을 可能케 할 豫定이라 하고 또 이어 中止한 產米增殖計劃을 復活할 意思를 表示하였는대 이것은 筆者가 일즉부터 力說해 온 바로서 至極히 妥當한 일이다. 만일 이것이 具體的이면 이 方面에 相當한 資金이 需用되여 現下의 放資難問題도 만히 緩和될 것이다. 그것은 土地의 改良 밋 開墾에 依한 米增產計劃自體가 가지고 있는 重大한 意義와 價值 以外의 附隨的 收獲이 된 것은 勿論이다. 그러나 當面에서 米增產方針을 實行하는 態度로 볼 것 가트면 百二十萬石의 增產에 注力하고 또 그 方法은 旣定方針대로 耕種의 變更, 肥料의 增施等에 依할 뿐이오, 土地의 改良 밋 開墾은 實行치 아니하는 模樣이다. 그리고 後者의 方法에 依한 增產計劃은 아즉 成案된 것도 아니니 그것이 언제나 實現될는지 요량할 수 없다. 그럼으로 今後에 있어서 그것이 實現된다 하여도 現下의 放資難을 緩和함에는 어떠한 效果가 있슬 수 없다. 그리고 百二十

萬石의 米增産計劃에 있어서는 耕種變更, 肥料增施等의 方法만 取한다 하면 그리치 아니여도 肥料飢饉이 問題되고 있는 이때에 있어서 더욱 肥料飢饉이 增大할 것이오, 또 그뿐만 아니라 작구 昂騰하니가 土地價格도 그로 말미아마 더욱 昂騰할 것이다. 그럼으로 米增産計劃의 實行方法을 變更하여 土地의 改良과 開墾에 依한 增産을 實行한다 하면 肥料의 飢饉도 緩和될 수 있고 또 土地價 昂騰傾向도 阻止할 수 있다. 그런대 土地景氣가 助長되면 殖産銀行, 東拓會社, 金融組合等의 放資難을 緩和함에는 조흔 對象이 되겠지마는 그러나 그것이 社會에 주는 影響은 決코 좋을 수 없은 일이어니와 土地의 改良 밑 開墾에 依한 增産計劃을 實行하면 最近의 放資難을 多少緩和할 수 있는 것은 우에서도 말한 바이다.

그것데[26] 朝鮮의 米百二十萬石의 增産計劃은 內地의 四百萬石 增産計劃과 함께 決定한 것이오, 그리하여 增産方法도 內地의 그것과 가튼 方法을 取하게 될 것이다. 그러나 最近에 와서 內地의 增産方法은 變更되여 種子改良 믿 肥料增施보다도 土地改良 믿 開墾에 置重하게 되였다. 그러나 耕地擴張可能地가[27] 不定[28]하여 新聞紙는 「本郡[29]農業에 있어서 土地問題 其他 根本的 問題의 解決이 內地의 耕地新規開墾으로는 이미 그만한 期待를 가질 수 없는 限界에 達하고 있는 것을 알 수 있다」[30]고 하였다. 그런데 이제 內地에 있어서 耕地의

26 원문 그대로.
27 '이'의 잘못으로 보임.
28 '不足'의 잘못으로 보임.
29 '本國'의 잘못으로 보임.
30 기사 미확인.

擴張이 그와 가티 要請되고 있는데 朝鮮에 있어서 米百二十萬石의 增産計劃을 實行함에 當하여 耕地의 擴張을 考慮치 아니한 것은 생각치 못한 일이 아인가 한다. 그럼으로 第二次의 百五十萬石의 增産計劃이 나온 것가티 생각되는대 그러나 그것은 우에서 말한 바와 같이 언제나 實現될는지 알 수 없스니 그럼으로 이제 우리는 現在 實行하는 增産計劃을 그로 變更해 주기를 거듭하는 것이다.

그리고 米增産計劃을 種子改良 믿 肥料增施의 方法에 依하여 實行하면 農業機構의 高度化를 促進하는 契機를 지을 수 있는 것은 期待할 바이지마는 그러나 最近 朝鮮의 人口增加率은 非常히 增大하여 朝鮮의 農業機構가 內地의 그것과 같이 高度化함은 거이[31] 拒店[32] 되고 있다. 다시 말하면 滿洲國이 생기고 또 支那事變이 擴大된 뒤에 內地의 人口問題는 거이 解決되고 그와 同時에 農村의 勞力 믿 産力 缺乏問題가 생겨 이제 그것이 農業機構의 高度化를 促進하는 一原因이 되고 있거니와 朝鮮에 있어서는 人口問題로 말미아마 그와 正反對 現實이 展開되고 있으니 工業方面에 있어서 人口의 收容力이 極히 制限되고 있는 것을 아울너 생각하면 그로써 朝鮮農業의 高度化를 促進하는 契機를 짓기 어려울 것을 알 수 있다. 그뿐만 아니라 朝鮮의 農業機構가 內地의 그것과 같이 高度化할 수 없는 것은 科學文明의 歷史的 差異와 資本經濟의 旣成設備의 缺如로 말미아마 決定된 일이다. 그럼으로 米增産計劃을 現在와 같은 方法으로 實行하면 人口問題에는 特別한 寄與가 없을 것이다. 그러나 그를 變更하여 土地의

31 '거의'의 잘못으로 보임.

32 '拒否'의 잘못으로 보임.

改良 및 開墾의 方法으로 實行한다 하면 人口問題에 큰 寄與가 있을 것은 말할 必要도 없다. 그것은 첫재 耕地面積이 擴大됨으로써 人口問題에 寄與할 수 있고 또 둘째 事業種數가 增加함으로써 人口問題에 寄與할 수 있다. 그리되면 우에서도 말한 바와 같이 現下의 放資難을 緩和하는 漸次的 效果도 約束할 수 있지 아니한가. 그뿐만 아니라 最近 朝鮮의 小作爭議가 相當히 增加하였는데 이러한 現實에 있어서 耕地擴大에 依한 米增産計劃을 實行할 것 같으면 小作爭議를 減少하는 좋은 方法이 될 것이다. 그리고 耕地面積의 擴大에 依치 아니한 增産計劃은 도리어 小作爭議를 增大하게 될 念慮가 있는 것을 이저서는 아니 된다.

最近 小作爭議가 增加한 原因은 勿論 土地關係로 말미암은 것인데 地主側의 土地返還要求가 前보다 瀕繁한 貌樣이다. 그리고 內地에 있어서는 小作爭議가 激減하였는데 그것은 地主의 土地返還要求가 減少한 까닭이라 한다. 勿論 農村의 勞力이 非常히 缺乏한 이때에 있어서 地主의 土地返還要求가 減少할 것은 當然한 일이오, 또 그와 같이 되면 小作爭議가 減少하는 것도 必然한 일이다. 그리고 앞으로도 人口問題가 從來와 같이 않고 또 今次의 四百萬石의 米增産計劃도 耕地擴張에 主力[33]하는 만큼 特別한 事情이 생기지 안는 限에는 小作爭議가 增加치 아니할 것을 말할 수 있다. 그러나 朝鮮에 있어서는 무었으로도 앞으로 더욱 小作爭議가 增加치 아니할 것을 論斷할 수 없으니 이를 爲해서도 耕地擴大에 依한 米增産計劃을 實行하는 것이 必要하지 아니한가고 생각한다. 當局에서는 不在地主의 所有土地에

33 '注力'의 잘못으로 보임.

對하여 邑 又는 面에서 舍音[34]事務를 代行하므로써 邑面의 收入을 增大하고 小作爭議를 緩和시킬 方針을 講究中이라 하는데 이 時局에 있어서 時急한 對策으로 좋은 考案이 아니라 할 수 없다. 그러나 그것이 土地分配問題는 勿論이오, 土地價格問題이나 農業機構의 高度化問題에 對해서는 何等의 寄與가 있을 수 없고 또 法務局에서 立案中이라는 小作爭議調停令 改正問題[35]로 말하면 그것이 어떻게 完備하여도 事後調停에 끄칠 것뿐이니 土地問題를 解決함에는 特別한 寄與를 約束할 수 없다. 그리고 邑面에서 舍音事務를 代行하는 것은 行政機關으로서 體面問題도 없지 아니하니 다른 方法으로 邑面의 收入을 增大하고 또 小作爭議를 緩和함을 힘쓰는 것이 좋이 아니한가고 생각한다. 아마 그것은 土地管理가 되지 아니할 수 없고 또 그것을 斷行하면 邑面의 收入增加와 小作爭議의 緩和는 勿論이오, 土地問題와 아울너 農業機構의 高度化問題가 根本的으로 解決될 수 있다.

이제 滿洲國의 土地政策을 볼 것 같으면 한때는 土地國有問題까지 提出되었다가 그것은 너무 急進的이라 하여 永小作權만 確立하기로 決定된 貌樣인데 그것은 비록 日本移民에 限한 일이라 할지라도 一部에서 그러한 制度가 實施되면 그것이 普遍化할 可能性이 없지 않다. 그리고 그것이 日本移民에만 局限되여도 農業機構의 高度化를

34 마름.

35 조선총독부는 1932년 소작쟁의 처리를 목표로 1932년 12월 10일 조선소작조정령을 공포하였고, 1933년 2월 1일부터 시행하였다. 1939년 10월 신문 사설은 이전의 조선농지령이나 조선소작조정령이 약하고 미온적이어서 소작분쟁을 통제하지 못했음을 지적하였다. 동시에 국가총동원법의 발동을 계기로 제19조가 조선의 소작관계에도 효력을 미쳐 강제적인 통제를 통해 조선농업기구가 합리화되기를 기대하였다. 「〈社說〉小作統制令: 急速히 實施하라」, 『東亞日報』, 1934. 10. 11.

促進함에는 足한 것이 있을 것이니 그러치 아니하여도 滿洲農業에 依한 朝鮮農業의 威脅이 念慮되는데 이제 만일 朝鮮農業에 對한 進步的 契機를 짓지 아니하면 앞으로 朝鮮農業은 말할 수 없는 不利한 地境에 빠지고 말 것을 斷言할 수 있다.

다시 土地價格問題로 볼 것 같으면 最近 內地의 土地價格도 昂騰한 것은 事實이다. 그러나 新聞紙의 傳하는바 昂騰한 理由는 一般景氣關係와 出嫁勞働者의 送金增加로 말미암은 것이라 하였으니 그것이 朝鮮의 土地價格이 昂騰한 原因과 다른 것을 注意할 바이다. 그리고 朝鮮에 있어서도 一般景氣關係는 없지 아니하나 그것은 極少部分에 지나지 않고 그 第一原因은 重工業 以外의 事業界가 沈滯한 것이오, 第二原因은 그로 말미아마 金融 인푸레가 深化한 것이다. 그러므로 朝鮮의 土地價格은 內地보다 더 높은 것이니 이제 그를 抑制하랴면 耕作의 擴張과 金融 인푸레의 阻止를 斷行치 아니하면 아니 될 것이다.

金組와 農村經濟問題

그런데 傳하는 바에 依하면 農漁山村의 各種組合機構를 金融組合을 中心하여 統一한다 하는데 일즉 農會가 設立됨에 各種의 官製組合이 消滅된 것은 어찌 되였든지 이제 計劃經濟時代에 있어서 組合機構를 一元化하는 것도 역시 時局的 現象으로 볼 수 있다. 그리고 從來에 있어서도 殖産契[36]는 金融組合에 隷屬되고 있었으며 漁業組合도

36 식산계는 '개인으로서는 신용이 박약하여 조합원이 될 수 없는 자'를 단체화하여 파

獨 性[37]이 없으니 이제 金融組合을 中心하여 組合機構를 統一하는 것은 別問題가 있을 수 없다. 그러나 金融組合 以外의 各種組合으로 하여곰 각기 獨自性을 갖이게 하여 그들의 固有한 任務와 意義를 爲한 發展을 促進하는 것이 좋으냐 그러치 않은 것이 좋으냐 하는 問題만은 없을 수 없다. 그리고 內地에 있어서는 漁業組合은 그만두고라도 農村에 있어서 購買組合, 販賣組合, 信用組合, 利用組合等의 四個組合이 規形을 지어 農村經濟를 扶持해 왔고 또 最近에 이르러서는 그 들의 全國的 結成運動이 展開되어 國民再組織運動의 中堅勢力이 되고 있거니와 朝鮮의 金融組合은 內地의 信用組合과 같은 것인데 內地의 信用組合은 四個組合中에서 다른 組合보다 오히려 微弱한 存在이다. 더구나 産業組合中央金庫[38]制度가 確立한 뒤에 있어서는 그의 存在는 매우 떨치지 안는다. 그리고 信用組合이나 購買組合이나 販賣組合의 業務를 代行하는 것은 元來 金融業務의 性質로 보아 警戒할 必要가 있는 것이니 그러므로 信用組合의 存在가 떨치지 못하는 것은 오히려 當然한 일이다. 그러나 朝鮮에 있어서는 金融組合이 일즉부

악함으로써 대부 변제를 보증하고 생산 및 유통을 파악할 목적으로, 농촌진흥운동이 한창이던 1935년에 설립된 단위이다. 조선농촌 특유의 농민 상호에 의한 생활부조조직인 '계'를 금융조합의 하부조직으로 재편하도록 고려된 것이다. 부락에 거주하는 자 5인 이상으로 조직된 '계' 전체가 하나의 법인으로 취급되었고, 조직원은 금융조합원 또는 산업조합원이 되는 방식으로 운영되었다. 秋定嘉和, 「朝鮮金融組合の機能と構造: 1930年～40年代にかけて」, 『朝鮮史研究会論文集』 5, 1968, 116~117쪽 참조.

37 '獨自性'의 잘못으로 보임.

38 산업조합중앙금고(産業組合中央金庫)는 1923년 산업조합의 금융 원활화를 목적으로 설치되었다. 1938년 어업단체가 가입하였고 1943년 삼림조합이 가입하면서, 농림중앙금고(農林中央金庫)로 개편되었다.

터 優勢를 갖어 왔고 또 이제 그로써 組合統制의 中樞를 삼으랴 하는 것은 勿論 그의 歷史的 理由와 또 다른 組合이 微弱한 까닭이다. 그러나 農村經濟의 獨裁的 本位를 金融組合에 賦與하면 이 放資難時代에 있어서 特別한 警戒를 게을리할 수 없는 일이오, 또 다른 여러 組合이 發展지 못하게 되면 農村振興運動에도 影響이 있을 것을 이저서는 아니 된다. 그리고 요즘 邑面吏員을 增加하야 農村振興을 꾀하는 것은 時急한 必要로 말미암은 것이어니와 앞으로 그것이 正常化한다 하면 經費問題만도 考慮할 必要가 없지 아니하니 內地와 같이 四個 組合의 規形을 지어 一面으로 金融組合의 獨裁를 制限하고 다른 一面으로 農村振興에 積極的으로 參加케 하여 邑面吏員을 增加치 아니하면 여러 가지로 利가 되지 아니할가 한다. 그리고 從來의 事實로 보면 金融組合은 殖産契 又는 漁業組合과 或은 購買 或은 販賣問題로 摩擦이 자조 생겻는데 그것은 언제나 金組의 濫權으로 말미암은 것이오, 또 그 까닭에 金組에 對한 그들 組合의 不平이 적지 아니하였다. 그러므로 第一[39]組合을 맨들지 아니하면 앞으로 金組에 對한 各組合의 不平이 더욱 增大할 것이오, 또 第一[40]組合을 맨드는 것은 각기 다른 그리고 서로 混同할 수 없는 各組合의 任務로 보아 孰考할 必要가 있는 일이다. 그도 中央金庫를 갖인 産業組合으로 單一化하는 것은 意味가 없지 아니하나 그것은 各種産業組合이 發達되어 그들의 必然한 自動的 結合에 依하여야 될 것이오 人爲的으로 做出한 바 안이니 아즉 朝鮮에서는 問題될 수 없으나 이를 爲한 努力만은 없이는

39 '單一'의 잘못으로 보임.
40 '單一'의 잘못으로 보임.

아니 될 것이다.

內地의 資金難, 朝鮮의 放資難

그리고 最近 朝鮮에서는 各金融機關이 放資難으로 頭痛하고 있는데 內地에서는 資金難으로 企業家들이 苦痛을 느끼고 있다. 그런데 그도 一般企業家에 限한 일이면 이제 여기서 特히 말할 必要가 없지마는 所謂 三井[41]이니 三菱[42]이니 大財閥들이 資金難을 맛보게 된 것은 注意치 아니할 수 없는 일이다. 最近의 報道로 보면 「三井, 三菱, 住友[43]等의 大財閥이 時局의 壓力에 依하야 그 傘下에 오는 各種事業會社에 對하야 漸次公開方針을 實行하고 있는데 最近의 厖大한 生産擴充에 伴한 拂込關係와 國策協力의 各種寄附金과 稅金關係等으로 말미아마 資金의 需用이 激增하야 自己資金만으로는 到底히 充當할 수 없는 形便임으로 이들 大財閥의 公開主義가 近來 特히 顯著한 것은 注意할 만한 일이라」[44]고 하였다.

勿論 이것은 極히 重大한 問題이오, 또 그것이 內地와 朝鮮間에 있어서 經濟事情이 서로 다른 것을 端的으로 表現한 事實인 것은 말

41 미쓰이. 1945년 이전 일본 3대 재벌의 하나로 에도 시대 미쓰이에치고야(三井越後屋)에서 시작된 기업으로 메이지 정부와의 돈독한 관계 속에서 재벌로 성장하였다.

42 미쓰비시. 1945년 이전 일본 3대 재벌의 하나로 메이지 시기 미쓰비시상회(三菱商会)에서 시작된 기업으로 메이지 정부의 보호 속에 해운업을 독점하며 재벌로 성장하였다.

43 스미토모. 1945년 이전 일본 3대 재벌의 하나로 에도 시대 동(銅)정련업을 담당했던 스미토모가는 메이지 시대에 재벌로 성장하였다.

44 기사 미확인.

할 必要도 없다. 그리고 어찌하여 朝鮮은 放資難인데 內地는 資金難이냐 하는 問題로 말하면 여러 方面으로 論究할 必要가 있는 일이라고 생각하거니와 이제 그 重要한 原因으로 말하면 두 가지로 볼 수 있다. 하나는 內地에 있어서는 일즉부터 金融 인푸레에 對한 警戒를 게을리하지 아니하여 이제 朝鮮과 같이 金融 인푸레가 深化치 아니한 것이오, 또 하나는 事業界가 重工業 以外에도 朝鮮과 같이 沈滯치 아니한 것이다. 그리고 前者로 말하면 一時的 現象으로 볼 수 없는 것이 아니지마는 後者는 元來 一時的 現象이 아니다. 그러므로 金融關係에 있어서는 兩者間에 다른 것이 없는 時期에 있어서도 事業關係에 있어서는 다른 現象이 나타나는 것을 볼 수 있다. 그리고 우에서도 말함과 같이 最近의 日本貿易關係가 輸出超過를 짓고 있는 것은 事業界가 沈滯치 아니한 까닭이어니와 朝鮮貿易도 數字上으로는 輸出超過이다. 그러나 그 中에는 中繼貿易과 또는 朝鮮에 配定된 朝鮮에 必要한 物資를 水陸方面으로 輸送치 아니할 수 없어 輸出額을 增大시킨 것이 있는 것을 注意할 바이오, 또 移入超過는 輸出超過보다 더 많은 數字를 表示하고 있으니 結局 入超가 된 것을 이저서는 아니 된다. 그 우에 第三國貿易은 從來보다도 惡化하고 있다. 그리하야 朝鮮의 事業界는 重工業 以外의 一般工業이 沈滯하고 있는 것을 資金關係에서 다 마찬가지로 貿易關係에서도 表示하고 있다. 그리고 京城商工會議所[45]의 調査에 依한 三月中의 朝鮮內의 會社異動狀

45 경성상공회의소. 총독부는 1915년 7월 14일 공포된 제령 제4호 조선상업회의소령과 같은 해 8월 10일 공포된 조선총독부령 제78호와 제79호 시행령과 시행규칙을 통해 일본인과 조선인의 상업회의소를 통합하였다. 경성상업회의소도 경성, 즉 서울 경제인들이 이익을 도모하기 위해 결성한 단체였으나, 동시에 총독부가 지방경

況으로 볼[46] 것 같으면 「新設 三十三社, 公稱資本 三千四百餘萬圓, 拂込資本 一千三百餘萬圓이오, 增資 十七社 公稱資本 一千萬圓, 拂込資本 三百八十餘萬圓이오, 拂込 十七社, 拂込資本 一千二百九十餘萬圓이오, 減資 四社, 公稱資本=拂込資本 三萬四千圓이오, 解散 二十九社, 公稱資本 五十六萬八千圓, 拂込資本 四十二萬八千圓이니 新設에서 解散을 除去하면 純增은 四社이나 資金으로 보면 小會社는 加速度的으로 自然淘汰되고 大資本會社가 續續 新設되는 것을 明白히 보이고 있다」고 하였고[47] 總督府調查臨時資金[48] 七月十九日에 發表된 總督府 調查의 臨時資金調整法에 依한 朝鮮內의 昭和十四年度 第二四半期(四月부터 六月까지)의 事業設備資金은 總額 一億九百四十三萬二千圓인데 第二四半期의 百分率은 工業로 七%,[49] 鑛業 一二.三%, 交通業 一一.一%로 工, 鑛, 交通이 總額의 九〇.六%를 占하고 있으며 資調法施行 以來 昭和十二年十月十五日로 本年六月까지의 設備費金累計는 九億千二百十一萬二千圓으로서 工業 六五.七%, 鑛業 一三.三%, 交通業 一五%의 合計 九三%이에서 역시 工, 鑛, 交通의 時局産業이 壓倒的 部分을 占하고 있다. 그리하여 重工業이 躍進하는 反面에 있어서 中小企業이 淘汰되고 그와 同時에 一般事業界는 沈滯하여 放資難을

제의 동향을 감독하고 일본인의 상업을 지원하는 기구이기도 하였다. 또한 총독부에 상공업 정책을 건의하기 위해 조사와 연구를 수행하고, 그 결과를 간행하기도 하였다. 1932년 경성상공회의소로 전환되었다. 월보인 『經濟月報』(『朝鮮經濟雜誌』), 『統計年報』, 『朝鮮會社表』, 『京城商工年鑑』 등을 간행하였다.

46 '볼'의 잘못으로 보임.

47 「朝鮮に於ける會社の異動(三月中)」, 『京城商工會議所 經濟月報』 179, 1939. 4, 43~53쪽.

48 '總督府調査臨時資金'은 잘못 삽입된 어구로 보임.

49 '62.2%'의 잘못. 「上期事業設備資一億七千七百萬圓, 資調實施以來로는 九億萬圓, 工鑛業首位·資調好績」, 『東亞日報』, 1939. 7. 19.

招致한 것이다. 그러므로 土地投資가 增大하여 土地價가 작구 昂騰하였다. 그리고 最近에 이르러서는 內地에서도 地方銀行의 放資難問題가 생겨 政府所持債劵로 公開하여 그것을 緩和할 方針이라 하거니와 朝鮮의 放資難도 어떠한 對策이 없어서는 아니 될 것이다.

以上으로써 보면 朝鮮經濟는 어느 쪽으로 보든지 農本主義의 經濟傳統을 墨守할 수 없으니 農工並進政策을 세우지 아니할 수 없는데 그러나 現在와 같이 重工業에 置重함으로 말미아마 도리어 一般工業이 떨치지 못하게 된다 하면 農工並進의 意義는 文字 그대로 實現될 수 없다. 여기서 一般工業을 特殊工業이 發展됨으로써 萎縮치 안토록 育成치 아니하면 아니 되겠는데 그러면 그의 內部的 條件에 있어서는 缺如한 바 없느 하면[50] 資源問題에 있어서도 港灣問題에 있어서도 勞賃問題에 있어서도 또는 市場問題에 있어서도 그들을 育成할 만한 內部的 條件은 缺如한 것이 없다. 그러나 다른 社會[51]의 一般工業과 摩擦關係로 말미아마 朝鮮의 一般工業은 發展할 수 없으니 인제 經濟機構를 再建함에 當하여 무었보다도 兩者間의 摩擦關係를 解決함에 注意치 아니하면 아니 될 것이다. 그러고 이제 廣大한 地域에 經濟뿔럭이 形成되면서 있으니 만일 從來觀念의 偏見만 淸算할 수 있으면 兩者間의 摩擦關係에 對한 解決策이 없지 아니할 줄 안다. 이제 그 一例를 提示하면 朝鮮經濟의 一般的 特殊性에 依한 經濟的單位을 確立하지 안으면은[52] 一般生産의 有機的 作用을 發揮하고 밖

50 원문 그대로.

51 만주국을 가리키는 것으로 보임.

52 '確立하여, 안으로는'의 잘못으로 보임.

으로는 뿔럭經濟에 單位的 參加를 實行하여 販賣市場의 區域制를 採用할 것 같면 朝鮮의 一般工業은 다른 社會의 그들과 摩擦이 緩和되어 어느 程度까지는 國內 又는 國際的으로 發展할 수 있다. 그리고 日前 京城商工會議所에서 이와 비심한 案을 發表하여 當局에 建義할 作定이라 하거니와 이제 그러한 案이 成立되지 아니하면 重工業 以外의 朝鮮經濟는 農工兩方面이 모두 萎縮케 될 것을 注意치 아니할 수 없다. 더구나 最近 滿洲國의 經濟的 進出을 考慮한다 하면 朝鮮經濟의 將來에 對하야 樂觀키 어려운 點도 있으니 이제 이에 對한 解決策을 세우는 것이 絶對 必要한 일이라고 생각한다.

-끝-

■ 원문

朝鮮經濟의 獨自性[1]

金明植

一. 企劃部의 不備

우리는 新年을 마지하면서 우리의 唯一無二한 生命線問題를 論難하게 되었다. 그리고 朝鮮經濟의 獨自性 問題가 우리의 唯一無二한 生命線인 것은 누구도 否定치 못할 일이어니와 그 內容으로 말하면 原始産業을 保護하고 幼稚한 商工業을 助長하고 또 特殊産業을 育成하는 것이 아니면 아니 된다. 다시 말하면 原始産業을 保護치 아니하여도 朝鮮經濟의 獨自性은 실현될 수 없고, 幼稚한 商工業을 助長치 아니하거나 特殊産業을 育成치 아니하여도 朝鮮經濟의 獨自性은 意味가 있을 수 없다. 現在 朝鮮經濟는 이 세 가지 産業으로 形成되여 朝鮮的의 特殊性을 表示하고 있음으로써이다. 그런데 南總督은 지난 六月中 新聞記者團과 會見談에서 朝鮮의 統制經濟는 獨自的 立場에서 實行한다 하여 朝鮮經濟의 獨自性을 强調하였다.[2] 우리는 매친 緊張

1 『朝光』 6-1, 1940. 1, 200~208쪽.

2 출처 미확인.

과 큰 期待를 가지고 그 後의 施設을 注視하였다. 그러나 우리의 緊張은 不知中 解弛되고 그리하여 우리의 期待는 역시 畵餠에 지나지 안는 것을 發見하였다. 그러나 그 間 朝鮮에는 慘酷한 旱災가 있어 그의 緊急對策을 講究하노라고 奔忙하여 獨自性問題에 全力을 쓸 수 없는 事情도 있었다. 그리고 企劃部[3]를 新設한 것은 塞責[4]으로 보아 바릴 것이 아니다. 그러나 그로써 朝鮮經濟의 獨自性을 確立할 것이냐 하면 누구도 얼굴이 붉지 아니치 못하리라. 이제 新設하는 企劃部로 말하면 勿論 內地의 企劃院과 같은 朝鮮經濟의 參謀本部이지마는 그 權限과 機構가 너무도 가추지 못하여 어떠한 機能을 能히 發揮할가 자못 안타가운 생각을 禁할 수 없다. 여기서 企劃部의 內容을 한번 살펴보겠다.

新聞紙의 傳하는 바에 依하면[5] 時局下의 半島戰時體制 諸行政을 圓滿히 推進키 爲하여 總督府에서는 中央의 企劃院에 對應한 企劃部를 總督府內에 新設코자 準備를 急行해 왔는데 드듸여 法制局關係 其他中央과의 折衝等이 完了되어 二十一日閣議에 官制를 附議하여 實行하게 되었다. 部長에는 當然 勅任官을 안저 그 밑에 三課를 設하는데 第一課는 總務를 管掌하여 平, 戰時에 있어서의 鮮內 綜合國力의 擴充運用에 關한 基本方針 및 豫算關係와 國家動員計劃에 關한 一般方策을 處理한다. 第二課는 産金政策, 特殊鑛物, 石炭其他燃料資源等

---

3 1939년 11월 28일, '국가총동원계획의 설정 및 수행에 관한 종합사무 및 시국에 긴요한 물자의 배급의 조정에 관한 사무를 맡게 할' 목적으로 조선총독부에 기획부가 설치되었다(『官報』 3870, 1939. 11. 29; 『朝鮮総督府官報』 3861, 1939. 12. 2).

4 책임을 면하기 위하여 겉으로만 둘러대어 꾸밈.

5 이 단락의 진술은 다음 기사를 두루 인용한 것이다. 「企劃部의 官制 來廿五日公布」, 『東亞日報』, 1939. 11. 22.

의 擴充增産計劃 및 이에 伴한 人的, 物的調整을 行한다. 第三課는 食糧, 織維, 藥品等의 擴充增産計劃 並 이에 關한 物的, 人的의 調整을 行한다. 企劃部의 新設에 依하여 從來의 資源課와 臨時物資調整課는 自然消滅되어 각기 企劃部 各課에 編入되는데 이들을 定員에 加하면 實로 部長 以下 事務官九名, 理事官一名, 技師七名, 技手二十八名, 屬二十五名, 産員, 囑託三十餘名의 總計百五名의 大機構이다. 이 밖에 鐵道, 遞信, 專賣, 殖産, 農林等이 事務官二十八을 企劃部에 兼務케 하여 各局課의 摩擦對立을 極力除去하고 戰時下의 生産力擴充을 合理的으로 圓滑히 推進할 것이라 하였다.

勿論 新設하는 企劃部가 무엇으로나 一大機構인 것은 事實이다. 그러나 그를 局으로 높이지 않고 部로 맨든 것은 技術機關으로서 實行機關과 區別할 必要가 있는 일이라 하면 理由가 없지 아니하되 新設하는 機關을 局으로 올리는 것을 考慮할 必要가 있었든 까닭이라 하면 첫재 이로써 朝鮮經濟의 獨自性을 云謂하는 決意의 程度를 재여 볼 수 있다. 그리고 生産資材의 需給問題에 있어서는 制度上의 施設이 하나도 없으니 企劃經濟의 精髓도 거기 있고 또 妙用도 거기 있는 것을 생각하면 企劃部의 機能은 能力을 發揮하기 어렵지 아니할가 한다. 더구나 企劃部의 計劃은 企劃院의 決裁를 맛지 아니할 수 없으니 資材需給問題에 있어서 그것이 企劃院의 計劃에 追隨치 아니할 수 없는 것은 從來와 족음도 다르지 아니할 것이다. 또 그로써 滿洲國이나 支那에 對하여 直接折衝할 수 없는 것도 從來와 다르지 아니하니 朝鮮만의 計劃經濟를 立案할 수 없는 現實에서 企劃部의 機能은 貶價되지 아니할 수 없다. 그뿐만 아니라 企劃部에서 原始産業을 保護하기 爲해서나 幼稚한 商工業을 助長하기 爲해서나 特殊産業

을 育成하기 爲해서는 特別한 抱負와 經濟을 披瀝치 아니하였으니 비록 生産力擴充의 重點主義에 置重하게 된 까닭이라 할지라도 너무 疏漏한 嫌이 없지 않다.

二. 鮮滿經濟의 摩擦眞相?

그리고 本誌 前號에서도 말한 바 있거니와[6] 日滿支三國의 經濟協議會[7]에 朝鮮의 代表는 參加치 못하였고 또 그것이 恒久的의 常設機關으로 해서 存置되었으나 앞으로도 朝鮮의 代表는 參加를 許치 아니한 모양이다. 그런데 同會議의 經過를 보면(新京特電) 新東亞建設 途中에 勃發한 歐洲戰爭의 影響으로 말미아마 日滿兩國의 生産力擴充方策의 再修正을 爲하여 先般開催한 日滿支經濟會議는 東亞아타루키[8] 完成에의 基礎的인 進路가 決定된 것으로 해서 注目된다. 또 今後는 各部門別 分科會에 있어서 詳細히 具體的 審議를 行할 터인데 右會議의 成果는 大要如左한 것으로 생각된다.

一, 日滿生産力擴充計劃에 對해서는 今夏에 하여 놓은 日滿資源

---

6 金明植, 「朝鮮經濟의 戰時的樣相」, 『朝光』 5-12, 1939. 12, 33쪽 참조.

7 1939년 10월 9일부터 "다케베(武部) 기획원 차장 이하 각 성(省) 관계관, 만주국으로부터 간다(神田) 만주국기획처장, 북지(北支)로부터 흥아원(興亞院) 연락부 유카와(湯川) 국장" 등이 출석한 가운데, 기획원에서 日滿支經濟協議會가 개최되었다(「日滿支經濟協議會」, 『東京朝日新聞』, 1939. 10. 10). 이 회의 과정에서 동 협의회의 '상치(常置) 기관화'가 결정되었다(「日滿支經濟協議會, 恒久的な機関とす」, 『東京朝日新聞』, 1939. 10. 15). 당시 식민지 조선의 언론도 日滿支經濟協議會의 소식을 보도하였다. 「日滿支經濟協議會 卄一日까지 續行」, 『東亞日報』, 1939. 10. 15; 「日滿支經濟協議會 常置」, 『東亞日報』, 1939. 10. 22.

8 아우타르키(autarkie). 105쪽 주 14 참조.

調査를 基礎로 하여 今後 滿洲에 相當히 重要點을 置할 必要가 있어 分科會에서 充分討議하여 恒久的 對策을 講究할 터인데 滿洲五個年計劃에 對해서는 目標는 動치 않고 다못 이의 遂行에 當하여 鐵, 石炭, 非鐵金屬, 電力, 交通의 各部門에 强度의 重點을 附한다.

二, 日本으로부터 滿洲에 要求하는 石炭數量은 下期에 있어서 豫想보다 三十四六萬噸이 만케 되었으나 滿洲에서는 可及的 期待에 副應함을 힘쓴다.

三, 鐵鑛에 있어서는 滿洲側의 意向은 日滿雙方의 計劃을 綜合檢討하여 優先順位를 置하랴 하였으나 結局 日本의 銑鐵一貫作業遂行과 滿洲의 五個年計劃과를 並行實施하게 되었다.

四, 綿花는 三月까지 特産大豆油, 大豆粕과의 交換條件에 依하여 北支 又는 中支로부터 輸入한다.

五, 日本側에서는 物價停止會[9]에 呼應하여 滿洲側이 「제스추어」로라도 同一한 步調를 取해 주기를 바라는 터이나 滿洲에서는 이미 時局物價大綱이 漸次 具體化하고 不遠 物價統制法도 實施하게 될 터임으로 考慮할 餘地를 남겨두었다.

六, 第三國으로부터 資材를 調達함에 있어서 爲替資金融通에 對하여 今後 日本側도 相當히 援助할 意向을 明示하였다.

以上으[10] 보면 東亞아타루키體制에 있어서 朝鮮經濟는 무엇으

9 '物價停止令'의 잘못으로 보임. 1939년 9월 19일, 아베 노부유키(阿部信行) 내각은 국가총동원법을 발동하여 모든 가격의 인상을 금지한다고 각의결정했다. 9월 18일 현재 가격이 기준이 되었기 때문에, '9·18 정지령'이라고도 불린 이 긴급조치는, 10월 18일에 價格等統制令, 地代家賃統制令, 賃金臨時措置令, 會社職員給與臨時措置令이 공포됨에 따라 법제화되었다.

10 '을'의 잘못으로 보임.

로 重視될 것인지 또 朝鮮에는 어떠한 特殊産業을 開發할 것인지 結局 몇 種類의 資源工業이 생기는 것밖에 다른 期待를 가질 수 없으니 兵站基點으로 해서 그와 같이 重要性을 불러온 朝鮮의 産業經濟를 도라보면 實로 寒心하지 아니한가. 그리고 朝鮮에는 鑛山局을 新設함을 꾀해 볼 만큼 鑛業部門이 發展하였으나 金, 重石等의 몇 가지 鑛業 以外에는 足히 擧論한 것이 없다. 또 貿易關係로 보아도 滿洲에서는 上記 第六項에서 明示한 바와 같이 第三國으로부터 直接 資材調達을 꾀할 수 있어 朝鮮보다 많은 便宜를 가지게 되었다. 그런데 일즉 東亞아타루키의 基礎的 進路를 決定한 日滿支經濟會議에 朝鮮의 代表가 參加치 못한 것은 往來로서[11] 밋칠 바 아니나 今後 各部門別의 分科會議에까지 參加치 못하게 된다 하면 計劃部[12]를 新設할 必要가 무엇인가 하는 疑問도 생기지 아니할 수 없다. 그리고 鐵, 石炭等 資源等[13] 貧弱한 것은 滿洲에 重點을 두는 것이 좋은 일이지만는 非鐵金屬, 電力, 交通의 各部門까지 滿洲에 强度의 重點을 附한다 한 것은 依然히 看過할 수 없는 일이다. 鑛山局을 設置하려다가 中止한 것도 幾分의 理由는 이에 있지 아니한가 한다. 그뿐 아니라 日滿支經濟會議에서 今後 農業關係에 依해서는 朝鮮代表의 參加도 許한다 하였으나 그 後 日滿兩國만의 食糧會議가 開催되어 滿洲國의 食糧政策이 確立되었는데 이제 그 내용은 煩論할 것이 없으나 直接 朝鮮에 關係되는 條項만 가지고 볼지라도 二千六百萬圓의 經費를 써서 內地移民에 依한 米의

11 원문 그대로.

12 '企劃部'의 잘못으로 보임.

13 원문 그대로.

積極的 增產計劃이 樹立되었다. 그러므로 今後로는 朝鮮米를 滿洲로 輸出할 수 없게 된 것만이 아니라 어떠한 時期에는 滿洲米를 輸入하는 일도 생기게 되었다. 그리하여 朝鮮米는 對外的으로 特殊産業의 價値를 가질 수 없게 되었으니 朝鮮의 特殊産業은 다시 무엇에서 求할 것인지 主意치 아니할 수 없다. 그리고 物價問題에 있어서는 滿洲國에서는「제스추어」로라도 價格停止令과 當分間 同一步調를 取치 아니할 것을 말하였으니 滿洲物價가 朝鮮보다 一層 높게 되어 滿洲의 商工業이 朝鮮보다 一層發展하게 되었다. 勿論 貿易關係에 있어서 朝鮮의 輸出을 增大하지만는 前者와 相殺되지 안는다. 그 우에 粟米, 其他 必需品의 輸入價格이 增大하게 되니 滿洲物價가 높은 것은 朝鮮經濟에 利가 되지 안는다. 그뿐 아니라 滿洲國에서는 明年度豫算에 二千萬圓을 支出하여 原始産業을 保護育成한다 하였는데 이러한 것은 他山之石이 되어 주었으면 朝鮮經濟를 생각하는 實効가 있을 것이다.

三. 貿易政策의 確立을 要望

그런데 殖産局內에 物價統制部를 新設하고 部長은 局長이 兼任하여 物價統制의 强化를 꾀할 것이라는 소식은 오히려 느진 것을 느낄 뿐이다. 그리고 朝鮮의 統制經濟는 朝鮮人經濟의 統制로만 생각하는 現實에서 物價統制를 强化하여 排强扶弱하는 正義觀念을 實現하는 것은 經濟的으로는 말할 것도 없고 思想的으로도 緊切한 일이라고 생각한다. 그러나 商工課의 우에 物價統制를 둔 것은 主客轉倒의 感이 없지 않다. 元來 物價問題는 商工業을 떠나서는 생각할 수 없는 일인데 이제 商工機構는 課로 하고 物價機構는 部로 하여 우에서 物價가

形成된 다음 아래서 商工이 組織되는 것 같이 表現되었다. 이것은 形式問題로서 重要한 것이 아니라 할 수도 있으나 朝鮮經濟의 實際事情을 살펴볼 것 같으면 決코 單純한 形式問題가 아니다. 從來 朝鮮의 商工業은 農業에 對한 比重이 極히 低劣함으로 農林局과 對等한 商工局을 設置치 않고 殖産局內에 商工課를 設置한 것이오, 또 支那事變後 農工並進政策이 나왔으나 그 工業은 特殊한 組織을 가지게 되니 商工課의 昇格을 斷行치 않고 다못 機構의 擴張만 꾀하였다. 그리하여 商工政策에 置重치 않게 되니 物價統制部를 商工課의 上位에 두어 物價의 統制만 强化하려 하는 것이다. 그러나 우리의 處地로 보아서는 朝鮮의 經濟政策이 商工業에 置重치 안는 것은 極히 重大한 問題이다. 이제 여기서 일즉부터 商工政策에 重點을 두지 아니해 온 理由는 煩論할 것이 없으나 農本朝鮮의 傳統을 墨守할 수 없는 東亞情勢가 展開되고 있음에 不拘하고 商工政策에 一大修正을 加하지 안는 것은 一大遺憾이다. 일즉 나는 商工課를 商工局으로 昇格하고 貿易局을 新設하라고 論한 바 있거니와[14] 이제 物制部를 設置하는 事情을 通하여 當局의 商工政策에 對한 態度를 一層 밝킬 수 있으니 또다시 그의 一大修正을 부르지 아니할 수 없다. 그러고 商工課內에 圓뿔럭圈內 輸出調整係를 두어 朝鮮經由仲繼貿易의 關稅手續의 合理化를 꾀한다는 것은 朝鮮商工政策의 主流가 될 것이 아니니 幼稚한 商工業을 助長하고 輸出貿易을 振興할 만한 具體案이 나오기를 바란다.

그런데 物價의 統制가 强化하면 漸次 適正價格制가 一般的으로 實施될 것이오, 따라서 資本構成이 幼稚한 그리하여 原始性을 脫却치

14 金明植, 「事變處理와 經濟調整」, 『朝光』 5-11, 1939. 11, 35~37쪽 참조.

못한 朝鮮人의 産業經濟는 一層 打擊이 增大할 것이다. 더구나 低物價政策을 强化하여 平準利潤率 以下의 企業은 救濟할 必要도 느끼지 아니할 모양이니 朝鮮人의 企業은 거이 平準利潤率 以下의 것으로서 自己勞働 其勞賃節約의 原始的 方法으로 僅僅維持하는 것을 생각하면 앞으로 저들의 失業에 依한 社會問題가 생기지 아니한 것을 保障할 수 없다. 여기서 商工政策에 一大修正을 加할 必要는 더욱 切實하게 된다. 그리고 物價關係로 말하면 支那事變 以後 朝鮮物價는 內地보다 높고 또 滿洲物價는 朝鮮보다 높아 內地의 輸移出이 增大하였으나 朝鮮의 一般商工業은 도리어 萎縮되었다. 이것은 우에서 말한바 朝鮮과 滿洲와의 關係와는 다른 事情이 있는 까닭이다. 그뿐만 아니라 그 間 農産物價는 滿洲보다 朝鮮이 놉지 못하였고 그리하여 一般物價에 對한 農産物價는 노상 低位를 占해 왔다. 그러므로 朝鮮經濟는 日滿兩國間에 끼여 手足을 패일 수 없었으니 三角關係의 物價事情을 여러 角度로 調査硏究하여 遺憾이 없을 對策을 確立할 必要가 있다고 생각한다. 그리고 新設한다는 貿易調整係는 그러한 物價關係에 寄與할 만한 組織이 아니지마는 圓域內의 貿易調整은 그들 間의 物價關係도 살필 必要가 있으니 朝鮮의 輸移出貿易이 物價關係로 말미아마 阻害됨과 같은 일은 생기지 않토록 힘쓸 수 있을 줄 알거니와 그러나 貿易調整을 圓域內로 制限한 理由는 알 수 없다. 元來 貿易의 調整은 關稅의 合理化를 꾀함으로써만은 可能한 것이 아니니 보다 積極的 方法을 내놓을 수는 없을는지, 商工課內의 貿易係로서는 그 以上 進出할 수 없으면 貿易[15]은 못 되어도 貿易課로나마 맨드러서

15 '貿易局'의 잘못으로 보임.

貿易行政을 强化하는 것이 緊急且切實한 問題인 것을 우리는 痛切히 느낀다. 그리고 歐洲戰爭이 勃發함에 朝鮮의 第三國貿易을 悲觀한 者도 있었으나 最近의 報道로 보면 輸出商品의 種類도 增加하고 金額增加하여 앞으로 더욱 好況을 일울 것 같이 보인다. 그러므로 貿易機構를 整備하야 좋은 機會를 잘 利用할 必要는 第三國貿易에에서[16] 오히려 緊切하지 아니한가 한다. 그리고 今年의 朝鮮貿易은 旱害에 因한 米減收로 말미암아 入超가 非常히 增大할 것을 豫想할 수 있는대 그를 幾分이라도 멕구우는 方法은 역시 貿易政策에 期待하는 수밖게 다른 道理가 있을 수 없다. 그러나 米가 輸出品으로서 特殊地位를 喪失하게 되니 人蔘, 林檎 以外에는 輸出品으로 해서 特殊産業의 價値를 말할 만한 것이 없을 뿐만 아니라 그들의 輸出總額은 百萬圓 乃至 二百萬圓에 지내지 아니하니 어느 單數商品의 輸出만으로는 入超를 멕구어 낼 수 없다. 그러므로 數量은 적고 金額은 만치 아니하야도 多種多樣의 商品을 輸出하야 塵合泰山을 功을 싸지 아니하면 아니되겠는대 그것은 自然生長性에 依賴할 바 아니니 商工機構와 貿易機構를 擴充强化하야 輸出商品을 育成하고 輸出貿易의 保護하는 積極政策을 實行함을 絶對要求한다.

四. 食糧對策의 確立을 기대(一)

農林省과 商工省이 合議하야 公定米價를 五圓 引上함에 있어서 朝鮮의 農林局과는 如何한 問議가 없었음으로 羊과 같이 柔順한 農林局

16 원문 그대로.

官吏들도 不平을 부르지젔다. 그러나 어찌할 수 없이 內地에 追隨하야 朝鮮의 公定米價도 五圓을 引上하면서 일즉 獨自的 立場을 確保해두지 못한 悲哀를 徹底히 맛보앗다. 그러나 朝鮮도 內地와 갈이 今年一年間의 食糧을 確保해 노앗느냐 하면 그것은 漸次講究하게 되고 먼저 이제 그 間 事情을 살펴보면 內地에서는 먼저 繰越[17]米 四百萬石, 內地產米 六千五百萬石, 台灣米 五百萬石, 朝鮮米 三百萬石, 第三國輸入米 幾百萬石, 合計 八千萬石 以上의 一年間食糧을 蓄積할 計劃을 세우고 公定米價의 五圓 引上을 斷行하였는데 朝鮮은 旱災로 因하야 一千萬石內外의 減收를 보게 되엿으니 食糧蓄積問題는 朝鮮事情이 一層切迫함에 不拘하고 農林局과는 아모러한 問議가 업시 朝鮮米 三百萬石을 移入할 것을 計算하야 八千萬石의 蓄積을 準備하고 公定米價를 引上하였으니 朝鮮의 食糧政策은 時間도 없엇거니와 對象도 없어 아즉 具體的 方針을 세우지 못하였다.

그러므로 그 後 內外地食糧「빠-타」[18]問題가 나왔을 대 傳하는 바 內外地食糧「빠-타」의 內容으로 말하면 內地產의 小麥, 大麥等을 朝鮮에 移出하고 朝鮮米를 內地로 移入한다는 것이다. 그러나 內地의 小麥, 大麥은 農作이라 하야도 食料製粉, 滿支輸出等의 事情을 考慮하면 朝鮮에 移出할 能力이 있을 것 같이 아니할 뿐만 아니라 價格關係로 보아 朝鮮米와 交換함에는 問題가 있는 것이다. 그리고 船舶이 不足한 이때에 있어서 그를 交換하기 爲하야 船舶을 濫費하는 것은 어느 쪽에도 利가 될 수 없다. 그러므로 農林局에서는 農林省의 朝鮮

17 '이월(移越)'이라는 뜻의 일본 한자어.

18 바터(barter), 물물교환.

米 三百萬石 移入計劃에 對하야 六十萬石程度로 減下함을 꾀하야 兩者間의 意見이 合치 아니한 모양인대 金光拓相[19]의 所謂 政治的 折衝이 今後 어떠한 結果를 지을는지 역시 疑問이다. 그리고 金光拓相은 農林局에 對하야 朝鮮에 代用食으로 해서 滿洲로부터 粟, 高粱等의 輸入을 希望하는 모양인대 그것은 朝鮮에다 一層 높은 滿洲의 物價關係를 考慮한 다음 決定할 일이 않인가 한다. 前年에도 滿洲粟米 一石에 四十圓하였으나 오히려 求하기 어려웠다. 農林省과 商工省의 態度는 어찌 되였든지 拓務省[20]에서만은 이러한 事情을 짐작할 줄로 안다. 그러므로 拓務省에서는 農林局의 主張을 貫徹케 하야 다른 것은 그만두고라도 問題中의 朝鮮米 三百萬石을 內地로 가저가지 안토록 政治的으로 折衝함을 金光拓相에게 期待한다. 그리고 그것이 農林局의 主張과 같이 決定되지 아니하면 朝鮮의 食糧政策은 엄두를 잡을 수 없으니 醫學上 貧血者의 輸血을 삼개는 理由를 몰라서는 아니 된다. 그리고 그리한 다음 內地로부터 小麥, 大麥도 移入하고 또 滿洲로부터 粟, 高粱도 輸入하여야 할 것이다.

糧米의 節約도 조코 代用食도 조흐나 節約에는 限度가 있고 代用食에는 價格問題와 滋養問題가 있다. 羊을 주어 개를 가저온다 하야도 價格問題에 있어서 利가 되든지 滋養問題에 있어서 損이 없어야 할 것이다. 그러나 그것은 價格問題로는 利가 업고 滋養問題로는 損

19 가네미쓰 쓰네오(金光庸夫, 1877~1955)는 정우회(政友會) 소속 중의원 의원으로 아베 노부유키(阿部信行) 내각(1939. 8. 30~1940. 1. 16)의 척무대신이었다.

20 척무성(拓務省)은 1929년에서 1942년까지 존재했던 일본의 기관이다. 보통 '외지(外地)'로 불렸던 식민지 통치 사무 및 감독 외에 특수회사인 남만주철도(南滿洲鐵道) 및 동양척식(東洋拓殖)의 업무감독, 해외이민 사무 등을 담당했다.

이 있으니 問題되지 안는다. 內地에서 먼저뻔 公定價格을 每石 三圓程度로 引上할 때 朝鮮에서는 每石 五圓程度로 引下하였다. 그것은 朝鮮에 米不足으로 因하야 朝鮮米價가 內地보다 훨신 높은 것을 政策的으로 引下한 까닭이다. 그러므로 한때는 米의 出廻가 杜絶되여 各都市의 飯米飢饉이 深刻하였다. 그러나 新米期가 각가웁고 또 지튼[21] 粮米도 있어 權力的으로 米의 出廻를 操縱하야 破局을 收拾하였다. 그러나 今後의 事情은 前日과 다른 것이 잇다. 即 端境期는 姑捨하고 三, 四月만 되여도 쌀이 없어 內地로부터 米를 逆移入하는 일이 생길 것은 分明한 일이니 朝鮮米價가 다시 內地보다 놉게 될 것이오, 따라서 今後一年間은 變치 않는다는 公定價格과 또다시 矛盾이 생길 念慮가 있다. 그리고 內地에서는 이제 오히려 陸軍下士官兵에게 所要休假를 與하야 新米의 出廻를 促進한다 하거니와 朝鮮에는 한번 旱害總計를 내여 보면 現物이나 돈이나를 莫論하고 내놓을 것이 없을 줄만 안다. 一千萬石의 減收이면 그것만도 四億圓 以上이오, 또 絶對多數의 罹災民이 生活이 破産되야 招致한 損失도 적은 것이 아니다. 그러므로 當局에서 그와 같이 用心用力한 三億圓의 貯蓄運動은 各金融機關의 放資難이 深刻한 現實에 있어서 오히려 좋은 成績을 나타내지 못하였다. 그리고 現物貧困과 金錢貧困은 앞으로 一層深刻할 것이오 족음도 緩和될 것이 아니니, 「我躬不悅이요 況恤他아」[22]라는 말을 이제 우리가 부르지 아니할 수 없다. 그리하야 戰爭과 旱災가 聯

21 원문 그대로. '짙다'에는 '재물 따위가 넉넉하게 남다'는 뜻이 있다.

22 『詩經』, 「卷二 國風 邶 一之三」, 「谷風」의 구절 "我躬不閱, 遑恤我後(내 몸도 받아 주지 않는데, 나의 뒷일을 걱정해 주랴.)"는 문구의 변형이라고 생각된다.

結된 二重試鍊下에서 헤매이는 朝鮮經濟를 救出하랴면 무엇보다도 먼저 獨自性을 確立치 아니하면 아니 될 것을 切實히 느낀다.

五. 食糧對策의 確立을 期待(二)

그러나 다른 것은 그만두고라도 米穀問題에 있어서는 獨自的 對策이 確立되였느냐 하면, 아니 確立될 可能이 있느냐 하면 遺憾이나마 悲觀치 아니할 수 없다. 勿論 農林局의 誠意는 否定치 아니하나 農林省의 朝鮮認識이 너무도 偏頗하고 또 拓務省의 態度는 微溫的이라 할가 無事主義라 할가 어떠튼 한갓 追隨的 彌縫만 일삼고 있으니 農林局의 誠意가 實現되지 안는다. 그리하야 우에서도 말한 바와 같이 朝鮮米 三百萬石 移入問題에 있어서 金光拓相은 內地의 小麥, 大麥이 豊作인 것을 條件으로 하야 그의 朝鮮에의 移出을 援助한다 하면서 所謂 政治的 折衝을 꾀하고 있으니 이 問題의 將來는 아마 또 다시 農林局으로 하야곰 在下의 嘆을 남기게 하지 아니할는지 疑心이 없지 안타. 그리고 米穀이 準國家管理가 되어 그 內容으로 말하면 管外搬出米의 管理와 朝鮮台灣等 外地米의 農林省에 依한 直接統制가 實行케 되였거니와[23] 新聞紙의 報道하는 바에 依하면[24] 朝鮮으

23 1939년 11월, 농림성령(農林省令) 「米穀ノ配給統制ニ關スル應急措置ニ關スル件」에 근거하여, 정부는 미곡에 대한 강제매입 및 강제출하의 권한을 확립하였다. 佐伯尚美, 『食管制度: 変質と再編』, 東京大学出版会, 1987, 72~73쪽 및 이송순, 『일제하 전시 농업정책과 농촌 경제』, 선인, 2008, 151쪽 참조.

24 「農省의 朝鮮米 管理, 總督府, 事態를 極重視」, 『東亞日報』, 1939. 11. 5. 이 기사는 1938년 11월 2일 각의에서 미곡의 국가관리를 결정한 결과, 농림성이 외지 이입미를 관리하는 동시에 조선미의 가격 및 이출량에 대한 결정권을 가지게 되었다고 보

로서는 移出米가 農林省의 손에 管理되게 된 것을 重視하고 그 對策에 愼重을 期하게 되엿다. 即 外地移入米를 農林省이 掌握하게 된 것은 朝鮮米의 價格, 移出量의 決定權도 掌握하게 됨으로 從來의 農林省의 態度로 보아 朝鮮의 米穀政策上 重大한 不利를 齎來할 것이다. 그러므로 그가 實現을 보게 되면 朝鮮으로서는 相當한 條件을 提出하게 될 터인대 如何間에 朝鮮米가 農林省의 管理로 옴기는 것은 今後의 朝鮮米穀政策上 重大한 變化를 齎來할 것이니 그 形勢가 자못 重視된다고 하였고 또 右管理案에 依하야 農林大臣은 必要타고 認定하는 것에 對하야 米穀의 出荷를 命令할 수 있게 되엿는데 內地의 管外移出米에 對해서는 말할 것이 없으나 朝鮮米에 對한 出荷命令權을 어떠한 形式으로 發動할가가 問題의 焦點이 되고 있다. 따라서 今後 農林省과 總督府의 折衝은 此點에 集中될 것으로 보이는대 朝鮮으로서는 朝鮮米의 配給에 關한 支配權을 農林省에 全然委任함은 到底히 참을 수 업는 일임으로 總督府의 强硬方針이 期待된다고 하엿는대 朝鮮米 三百萬石 移出問題에 있어서 第一着으로 우에서 말함과 같은 일이 생겼다. 그리하야 朝鮮에서 獨自的 立地를 主張할 만한 基本的 方針을 確立치 아니하면 法規上으로 農林大臣의 出荷命令權을 拒否할 方法이 없으니 今番의 朝鮮米 三百萬石問題도 念慮된다. 元來 政治事相에 있어서 情實的으로 或은 强硬한 態度를 나타내느니 或은 柔順한 態度를 짓느니 하는 것은 特別한 境遇를 除外하고는 아모러한 意味도 업는 것이니 總督府에서는 이 機會에 있어서 基本方針을 確立할 準備와 決意가 있는지 그리고 그를 實現할 手段과 勇氣가 있

도하였다.

는지 再三 뭇고 십다.

그런대 本米穀年度에 있어서는 三百萬石問題는 어찌 되엿든지 移出할 米穀이 업서 移出組合의 必要는 생기지 아니할 것이오, 또 移出組合과 같은 自由移出을 前提한 機構는 必要한 것도 아니니, 總督府의 朝鮮米 移出調整方針은 根本的으로 轉換치 아니할 수 업는 形便이다. 그리고 總督府에서는 米와 마찬가지로 難穀[25]도 統制한다 하엿는대 勿論 當然한 處事이나 그것은 內部의 統制와 아울너 輸移入統制가 緊切한 것이니 總督府에서야말로 獨自的 立場에서 모다 完全한 米穀國家管理方針을 斷行치 아니하면 아니 될 것이다. 그리하야 私利私慾에 밝은 大地主와 奸商輩의 陰謀秘策에서 罹災民을 救出치 아니하면 一大社會問題가 생길 것은 무엇보다도 一千萬石의 減收라는 事實이 端的으로 豫示하고 있지 아니하냐. 이제 昭和十四年度의 朝鮮內의 米穀消費狀況으로 볼 것 같으면 一千七百萬石을 破하였고 十一月一日 米穀現在高는 겨우 二十九萬石이다. 人口의 自然增加와 戰時關係의 消費增加를 打算치 아니하고 昭和十五年度에는 米의 消費量이 前年度보다 增加치 아니할 것을 節米 其他方法에 依하야 꾀한다 하야도 一千七百萬石의 現品이 없어서는 아니 될 것이다. 그리고 本米穀年度의 米實收總計는 一千四百萬石인대 그中에서 內地로 幾百萬石을 移出하면 一千二百萬石內外의 殘存으로서 前年度消費 一千七百萬石에 對한 五百萬石 乃至 六百萬石의 不足인대 이 數量에는 朝鮮産雜穀으로 補充할 餘裕가 업고 또 燦越[26]米도 거이 零이 되고 있으니

25 '雜穀'의 잘못으로 보임.

26 '操越'의 잘못으로 보임. '操越'은 이월을 뜻하는 일본 한자어.

五百萬石 乃至 六百萬石은 本米穀年度의 絶對不足量으로서 一年三個月間의 糧米가 不足하게 되엿다. 이러한 現實에서 內地와 같이 米穀을 管理하면 總督府에는 農林省과 같이 所持米가 없어 米價를 調節할 수 업는 것뿐만 아니라 絶對不足量의 補充을 爲한 自由手段이 업는 것을 考慮하면 어대서나 食糧問題로 頭痛하고 있는 目下現象으로 보아 不安을 느끼지 아니할 수 업다.

그리고 今年 旱害影響을 貿易關係에서 한번 살펴볼 것 같으면 昭和十四年度의 內地貿易은 米六百萬餘石을 移出하야 入超四億圓으로서 昭和十三年度에 比하야 約二億圓의 移入增加인데 이와 같이 移入이 增加한 原因은 昭和十二[27]年度보다 米移出이 約四百萬石이 減少한 까닭이니 昭和十五年度에는 米二百萬石을 移出한다 하야도 다시 移入이 二億圓이 增加하야 本年度에는 移入超過가 六億圓에 達할 形便이다. 또 本年度의 米穀不足量 五百萬石 乃至 六百萬石을 輸移入하면 그 代金이 二億圓 以上이 될 것이오, 昭和十四年度와 같이 滿洲나 北支方面으로 米八十萬餘石을 輸出할 수 없이 輸出入關係에서는 入超를 期待할 수 없으니[28] 結局 八億圓 以上의 入超가 될 모양이다. 그러면 朝鮮經濟에서 무엇으로 八億圓의 入超를 멕구울 것이냐.

여기서 問題는 다시 根本으로 도라가지 아니할 수 업다. 即 原始產業을 保護하고 幼稚한 商工業을 助長하고 特殊產業을 育成할 만한 商工機構와 貿易機構를 擴充整備하야 獨自的 立場에서 經濟政策을 實行치 아니하면 아니 될 것이다.

---

27 '十三'의 잘못으로 보임.

28 원문 그대로.

■ 원문

戰時體制下의 朝鮮經濟[1]

印貞植

1. 농업조선에서 농공업조선으로

「오늘날 조선경제는 전시체제에도 불구하고, 아니 바로 전시체제이기 때문에 현저(顯著)한 발전 코스를 밟고 있다」는 일견 역설적으로 들리는 명제를 주장하고자 할 때, 나는 실제로 하나의 커다란 이론적 오류를 범했다고 말할 수 있을 것인가.

나는 그렇게 생각하지 않는다. 이 명제는 어디까지나 올바른 것이라고 확신할 수 있다. 일체의 마르크스주의적인 편견에서 해방된 자유로운 눈으로 오늘날 조선경제의 발전경향을 검토해 볼 때, 이 명제는 확실히 수긍될 수 있는 타당함을 지닌 것이라고 생각된다.

이를 증명하기 위해 우리는 먼저 최근의 조선경제에서 농업 대 공업의 비중적 관계가 어떻게 변천되어 왔는지를 일단 개관하여 둘 필요가 있다.

---

1 『東洋之光』 1-2, 1939. 2, 32~40쪽 및 같은 잡지 1-6, 1939. 6, 19~23쪽에 게재되고 미완인 채로 중단되었다. 1~3절이 1권 2호, 마지막 4절이 1권 6호에 게재되었다.

그러면 첫째 농업인구가 조선 전 인구 중에서 점하는 비례의 변천을 보자. 총독부 통계연보에 의하면 농업인구의 전 인구에 대한 비율은 다이쇼(大正) 8년[2] 83.36%에서 쇼와(昭和) 10년[3] 76.04%로 현저히 감소하였다. 물론 앞 연도 사이에 조선 전 인구의 절대수는 현저히 증가하였고, 따라서 농업인구도 그 절대수로 말하자면 다음 표와 같이 240만 명이나 증가하였다. 하지만 당면 문제는 절대수 여하에 있는 것이 아니라, 상대수 즉 전 인구에 대한 농업인구의 상대적 비율 여하에 있는 것이다.

	다이쇼 8년 (1919)	쇼와 원년 (1926)	쇼와 5년 (1930)	쇼와 8년 (1933)	쇼와 10년 (1935)
농업인구(천 명)	14,297	15,513	15,912	16,127	16,647
농업인구의 전 인구에 대한 비율	83.36%	81.20%	78.55%	77.56%	76.04%

이와 같이 절대수는 증가하였지만 상대수는 현저히 감소하였다. 그리고 이렇게 농업인구 상대수가 감소했다는 것은 한편에서 상공업 또는 수산업 인구가 그만큼 증가한 것을 의미하는데, 이들은 말할 것도 없이 절대적으로도 상대적으로도 모두 증가한 것이다.

인구변천에서 이 만큼의 숫자를 가지고서도 우리는 오늘날 조선 경제의 발전방향 — 즉 농업조선에서 농공업조선으로 추이 과정을 엿볼 수 있다.

2 1919년.

3 1935년.

나아가 이 과정을 한층 명백히 하기 위하여 농업생산액이 조선 전 생산액에 대하여 점하는 위치를 보도록 하자. 마찬가지로 총독부 통계연보에 의하면 다음과 같다.

조선 농업생산액(단위 천 원)

	농산액	전 생산액	농산액의 대(對) 전 생산액 비율
메이지 43년(1910)	221,107	246,415	89.32%
다이쇼 3년(1914)	416,169	495,438	84.04%
다이쇼 8년(1919)	1,234,352	1,589,711	77.70%
쇼와 4년(1929)	994,281	1,505,093	66.06%
쇼와 8년(1933)	920,842	1,520,580	60.55%
쇼와 9년(1934)	1,020,148	1,739,664	58.64%
쇼와 10년(1935)	1,147,045	2,090,459	54.87%

이와 같이 병합 당초에는 전 생산액의 8할 9푼까지 점했던 농업생산액이 쇼와 10년경이 되면 겨우 5할 4푼 남짓을 점하는 데 지나지 않게 되었다. 더욱이 오늘날에는 이 농업생산액의 상대수는 더욱 급격하게 감소하여 40% 내외에 이르렀음에 틀림없다. 하지만 그렇다고 해도 농업생산액의 절대수는 그 사이에도 오히려 현저히 증가하여 온 것이다. 앞의 표처럼 메이지(明治) 43년 당시에 비교하면 쇼와 10년에는 실로 5배 이상이나 증가하지 않았는가.

그런데 이와 같이 상대수는 급격히 저하한 데 반하여 절대수는 현저히 증가하여 왔다는 것은 도대체 무엇을 의미하는 것인가.

병합 당초에 비하여 조선의 전 생산액은 놀랄 만한 템포로 증가하여 왔다는 것을 먼저 이야기해 준다. 다음으로 그것은 또한 이처럼 빠른 템포로 증가하여 온 전 생산액 중에 농업 생산액도 현저하게 증가하였지만 공업 생산액은 농업보다도 한층 더 급격한 템포로 증가하여 왔다는 것을 이야기하는 것이 아닐 수 없다.

마치 이를 뒷받침하듯이 다음 숫자가 존재한다.

조선의 공산물가액(工産物價額) 변천(단위 천 원)

다이쇼 3년	228,790
다이쇼 8년	228,494
다이쇼 13년	250,761
쇼와 원년	299,967
쇼와 2년	302,945
쇼와 3년	318,713
쇼와 4년	327,007
쇼와 5년	280,963
쇼와 6년	252,924
쇼와 7년	310,836
쇼와 8년	367,235
쇼와 9년	438,401
쇼와 10년	607,476

대단히 놀랄 만한 빠른 템포인 것이다. 병합 당초는 두고라도 다이쇼 3년에 비해서조차도 쇼와 10년에 이르러서는 약 3배 급증하였다.

이상은 요컨대 농업에서는 인구도 생산액도 절대수는 증가하고 상대수는 감소하였지만, 그에 반하여 공업에서는 인구도 생산액도 모두 절대적으로도 상대적으로도 놀랄 만한 빠른 템포로 증가하였다는 결론이 된다는 뜻이다.

이 결론은 다시 무엇을 의미하는가.

조선경제의 농업 대 공업의 비례에서 공업이 완전히 농업을 압도하고 있다는 것, 더구나 그럼에도 불구하고 농업은 도리어 진흥하고 발전하고 있다는 것을 의미한다. 즉 오늘날 조선경제의 발전방향은 농업조선에서 공업조선으로 단순한 이행이 아니고 농업조선에서 농공업병진조선으로 지표(指標)를 취한 것이 되는 셈이다.

2. 조선은 과연 식민지인가

그러면 이 점에 관한 마르크스주의적 이론의 오류를 간단히 지적해 두기로 하자.

마르크스주의에 의하면 현하 조선 문제는 필경 농업문제에 지나지 않는다는 것이다. 이는 스탈린도 그의 저서 『레닌이즘』[4]에서 대담히 규정한 대로, 식민지문제는 결국 민족문제이고 그리고 민족문제는 필경 농업문제에 귀착한다는 것이다. 따라서 식민지문제 또는 민족문제로서 오늘날 조선 문제는 결국 농업문제라는 것이 마르크스주의적 조선관의 정설이다. 그래서 종래 마르크스주의적 입장에 선 수많은 이론가는 이러한 전제를 전제로 하여 조선의 현재 및 미래에 대한 수많은 결론을 이끌어 내려고 한 것이었다.

---

4 Joseph Stalin, *Leninism*, translated by Eden and Cedar Paul, George Allen & Unwin ltd, 1928. 이 책은 스탈린의 「레닌주의의 기초(Foundations of Leninism)」, 「레닌주의의 제문제(Problems of Leninism)」 등의 글을 묶어서 영어로 번역한 논문집이다. 특히 이 책에는 유고슬라비아공산당의 세미치(Semich)를 비판하면서 '민족문제는 본질적으로는 농민문제'라고 주장한 1925년의 글 「유고슬로비아의 민족주의자 문제(The Nationalist Question in Yugoslavia)」와 「다시 민족주의자 문제에 대하여(The Nationalist Question Once More)」도 실려 있다.

하지만 그것은 역시 올바른 것이었는가. 이상의 숫자가 결정적으로 이야기하고 있듯이 오늘날 조선은 이미 마르크스주의적 의미에서도 결코 단순한 농업조선은 아니다. 따라서 오늘날 조선 문제는 농업 문제만이 아니라 공업 문제이기도 한 것이다. 특히 화학공업과 섬유공업은 조선 산업의 중추를 이루는 것으로서 전 경제의 이해는 이 중추를 중추로 삼을 때만 가능하다. 오늘날 조선농업이 아무리 반봉건적 질곡을 완전히 탈각하지 못하였다고 하여도 그것은 이제 점차 공업 아래 종속되고 있는 것이다. 특히 우가키(宇垣) 총독 이래 농촌진흥정책은 이 종속 과정에 결정적인 박차를 가한 것이어서, 종래 미곡편중의 식민지적 농업정책이 세계적 농업공황 심화에 의해 일축되어 버림과 동시에, (1) 인조양모 원료가 되는 누에고치 또는 황마(黃痲), (2) 인조고무 원료가 되는 전분(澱粉), (3) 방직업 원료인 면화 (4) 공업용 주정 원료가 되는 용유(蛹油),[5] (5) 비스코스[6] 원료가 되는 왕겨, (6) 조미료 공업을 위한 밀, 콩류, (7) 펄프 제조를 위한 잎담배 줄기, (8) 술 및 음료수 제조를 위한 사과 불합격품, (9) 미당(米糖)을 이용한 제유(製油), (10) 짚의 공업원료화, (11) 과잉 쌀의 글리세린화, (12) 고량(高粱)의 펄프화, (13) 무수(無水)알콜을 위한 각종 저류(苧類) 등, 한마디로 말하자면 농산물의 공업자원, 즉 공업자원으로서 농산물 재배화 과정이 급속히 촉진되어 온 것이다. 이처럼 생산과정에서조차 농업은 점점 공업에 종속되기에 이르러 공업발전을 촉진하기

5 번데기에서 채취한 기름.

6 비스코스(viscose). 나무 등의 섬유소를 가성 알칼리와 이황화탄소와 반응시켜서 만든 점성이 높은 액체로 인조섬유와 셀로판의 원료이다.

위한 특용농산물 장려가 강행된 것은, 농업 대 공업 비율에서 이상과 같이 공업비중이 커지는 과정과 아울러, 식민지 조선을 지양하는 하나의 커다란 역사적 과정으로서 보아야 한다. 특히 오늘날의 전시체제하에서는 대륙병참기지로서 역할이 부과된 동시에 조선의 공업화는 실로 놀랄 만한 빠른 템포로 촉진되고 있어서, 이번 지나사변(支那事變)은 무엇보다 먼저 농업조선 또는 식민지 조선을 완전히 지양한다는 커다란 역사적 사명을 진 것이다.

내선일체(內鮮一體)에 관한 여러 졸고 가운데 내가 굳이 오늘날 조선은 이미 식민지가 아니라고 단언했을 때 지금도 아직 마르크스주의적 입장을 고집하는 여러 젊은 학도는 나에 대해 극히 비열한 추측을 가하였다. 나는 과연 권력에 아첨하기 위하여 이런 중대한 결론을 멋대로 이끌어 낼 수 있었는가. 아니 절대 아니다. 마르크스주의의 약간의 공식을 맹신하는 사형집행인 스탈린의 주구만이 지금도 아직 조선 문제는 식민지 문제이고 따라서 농업문제라는 등 극히 진부한 염불을 되풀이할 것이다.

3. 어떻게 공업은 이렇게 급속히 발전하는가

그러면 다시 본론으로 돌아와 조선공업이 어떻게 이렇게 비약적인 발전을 보이기에 이르렀는지를 조금이나마 구명(究明)하여 보자.

앞에 든 통계가 보여주듯이 다이쇼 3년 이후 쇼와 6년 이전의 공업발전 템포와 쇼와 6년 이후의 발전 템포는 확실히 큰 차이가 있다. 즉 다이쇼 3년 이후 쇼와 6년에 이르는 18년간 공업생산액은 거의 눈에 띌 만한 증가를 보이지 않았지만, 쇼와 6년 이후 쇼와 10년에 이르는 겨우 5년간에는 실로 3배에 가까운 약진을 보인 것이다.

대체 이것은 어떠한 이유에 의한 것인가.

이를 구명하기 위해서는 먼저 현대 조선의 공업은 자본관계에서도 기술에서도 전적으로 내지(內地) 자본에 의존해서만 발전해 온 것이라는 점을 확실히 인식해 둘 필요가 있다. 조금 오래된 통계지만 쇼와 9년 6월 현재 조선 식산은행(殖産銀行)이 납입자본금 5만 원 이상으로 조선 내에 본점을 둔 전 주식회사 170사 가운데 82사에 대해 내지 자본 세력을 조사한 결과에 따르면, 조선 내 주주의 납입자본은 1,830만 3천 원에 지나지 않는 데 반해 내지 주주의 납입자본은 8,437만 7천 원이라고 하는 압도적 우세를 보였다. 게다가 이는 조선 내에 본점을 둔 내지 자본의 우세에 불과하나, 다시 조선 내에 지점만 두었을 뿐인 내지 자본의 조선 내 투자의 방대함을 생각할 때, 조선공업이 얼마나 결정적으로 내지 자본에 의존하고 있는가에 놀라지 않을 수 없다. 예를 들어 가네보(鐘紡)[7]의 경성, 평양, 신의주 공장, 다이닛뽄보(大日本紡)[8]의 청진 진출, 도요보(東洋紡)[9]의 경성, 인천 진출, 미쓰비시(三菱)계 무산(茂山)철광, 오노다(小野田)계[10]와 아사노(浅野)

7 가네보(鐘紡). 1887년 도쿄에서 면(綿) 방적회사로 창립되었다. 1945년 이전 일본 기업 매상 1위를 기록할 정도의 전전(戰前) 일본의 최대 기업이었다.

8 다이닛폰보(大日本紡). 1889년 효고 현 유지 및 오사카 재벌의 출자로 아마가사키방적(尼崎紡績)이 창립되었다. 제사(製絲) 및 면포(綿布) 공장을 운영했으며 1918년 다이닛폰방적(大日本紡績)으로 개칭하였다.

9 도요보(東洋紡). 1882년 일본 최초의 방적회사인 오사카방적(大阪紡績)으로 창립되었으며 다른 회사와 합병을 통해 1914년 도요방적(東洋紡績)이 설립되었다.

10 오노다(小野田)계. 1881년 야마구치 현(山口県) 오노다(小野田)에서 시멘트제조회사로 설립되었으며, 1893년 오노다시멘트제조주식회사로 개칭하였다.

계[11] 시멘트 공장, 동척(東拓)계 발전(發電) 사업, 니혼코교(日本鑛業)의 정련(精鍊)업 진출, 스미토모(住友)의 광산 획득 등등, 모두 조선 자체의 자본이 아니라 전적으로 내지 자본의 진출, 연장에 의한 것임이 한층 명확하다.

그러므로 조선의 경제 특히 공업 경제는 전적으로 전 일본경제기구의 일환으로서만 이해될 수 있으며, 조선공업의 발전 여하는 먼저 첫째로 전 일본경제의 발전 여하에 의해 규정되는 것이다. 따라서 우리는 앞에서 서술한 것과 같은 공업 약진의 이유를 설명하기 위해서는 간단하게나마 최근 전 일본경제의 동향을 먼저 봐 두어야 한다.

주지하다시피 최근 수년간 일본경제는 양적으로도 질적으로도 현저히 약진, 확충하여 왔다. 국제연맹 조사에 의한 다음의 각국 공업생산지수(指數)의 통계를 보면 이것이 한층 명료하게 보인다.

각 주요국 공업생산지수 변화표

	독일	프랑스	영국	이탈리아	벨기에	네덜란드	미국	일본	세계
1930년	97	115	100	100	95	105	88	111	96
1931년	80	102	85	85	85	91	74	107	82
1932년	66	79	86	73	71	72	58	114	69
1933년	75	88	92	81	75	79	70	138	78
1934년	93	81	103	87	75	80	72	149	84
1935년	94	76	105	98	74	78	81	158	90

11 아사노(浅野)계. 1883년 도쿄의 관영 후카가와공작분국(深川工作分局) 시멘트공장을 빌려서 회사를 창립하고 시멘트 제조를 시작하였다. 1912년 아사노시멘트주식회사를 설립하였다.

위와 같이 생산지수의 고율화를 보이는 것은 일본과 영국이 있을 뿐이다. 더구나 그 증가율에서 일본은 영국보다 더욱 현저한 고율을 보인다. 이처럼 최근 일본경제는 세계적인 이른바 알게마이네 크리제[12]의 한복판에서 단지 홀로 약진적인 발전 양상을 보이고 있는데, 조선공업의 최근 발전경향도 필경 이와 같은 전 일본경제의 양적 확대와 질적 비약을 바탕으로 하여 이루어진 것이다. 그렇다면 이러한 경제적 관계 안에서 내지 과잉자본의 적극적이고 대량적이고 과감한 조선 진출을 결정하고 자극한 요소는 무엇인가. 그것은 대체로 다음과 같이 분류될 수 있을 것이다.

(1) 노동임금이 내지에 비해 극히 저렴한 것. 쇼와 9년 만철(滿鐵) 조사에 따르면 나진(羅津)항 만철 공사에서 내선(內鮮)인 노동임금은 다음과 같다.

	내지인			조선인		
	최고	최저	보통	최고	최저	보통
대공(大工)	3.50	2.50	2.00	1.80	1.20	1.50
토공(土工)	1.50	0.80	1.15	1.00	0.60	0.80
쇄암부(碎岩夫)	2.00	2.50	2.80	1.50	1.00	1.20
수레 끄는 인부	–	–	–	1.00	0.80	0.90
자갈 채취 인부	–	–	–	0.80	0.60	0.73
기계부(機械夫)	–	–	–	2.00	1.50	1.60
십장(什長)	–	–	–	1.00	0.80	0.90
석공(石工)	2.30	–	2.30	1.80	1.50	1.65

12 알게마이네 크리제(allgemeine krise). 자본주의의 전반적 위기.

위와 같이 조선인 직공 임금은 내지인 직공 임금의 절반에 지나지 않는다. 더욱이 이를 내지의 내지인 노동자와 비교해 봐도 대체로 같은 비율이 되므로 조선인 노동력이 얼마나 저렴한가를 알 수 있다. 물론 만주국이나 북지(北支)에서 만인(滿人)이나 지나인(支那人)의 노동력은 조선보다도 더욱 저렴하다. 그러나 거기에는 아직 근대적 공업에 적당한 초등교육을 받은 일본적 훈련이 된 노동력을 얻는 것이 심히 곤란하다. 따라서 임금은 싸더라도 노동 능률이 극히 낮기 때문에 이는 이윤추구의 입장에서 크게 이익은 되지 않는다. 그에 반해 조선은 만주국보다도 초등교육 보급이 약 20년이나 앞서 있을 뿐만 아니라 현재 진행 중인 초등교육보급계획이 완전히 실시될 경우에는 쇼와 21년이 되면 약 200만 아동의 수용력을 가진 학교가 증설이 되므로 이 점에서 조선은 내지 자본에게 극히 유리한 조건이 된다.

그리고 이것은 방적공업과 같이 전 자본 중에 노동임금이 점하는 비율이 상당히 큰 숫자가 되지 않을 수 없는 공업자본을 조선으로 끌어당기는 요인이 되므로 가네보(鐘紡), 도요보(東洋紡), 다이닛폰보(大日本紡) 등의 최근 적극적인 조선 진출은 이러한 매력에 의한 것이 많았다.

(2) 다음으로 소비지, 즉 판매시장으로서 조선을 목표로 하고 있는데, 그것을 내지에서 생산한 다음 조선으로 이출할 경우는 운임이나 세금 등이 덧붙으므로 오히려 조선 내 공장 신설을 필요로 하기에 이른 것도 많다. 예를 들어 대일본맥주, 기린맥주 등 맥주 자본의 적극적 진출은 이러한 요인에 의한 것이다.

(3) 조선의 공업자원이 극히 풍부한 점. 농산물의 공업자원이 풍부한 것은 물론 광산물 등 지하자원이 풍부한 것은 최근 완전히 세계

를 놀라게 할 정도여서 일일이 열거할 필요도 없는 주지의 사실이다. 이것은 최근의 각종 광업회사, 석탄액화공장, 화약공장, 경화유(硬化油)공장, 제철공장, 경금속공장, 펄프공장, 또는 노구치(野口)계 화학공업군[13] 등으로 하여금 대규모로 조선에 진출하게 하는 중요한 요인이다.

(4) 조선의 전력이 내지에 비해 몹시 풍부하고 저렴한 점. 이것은 내지의 전력통제를 회피할 수 있는 것과 어우러져 조선 전력에 대한 막대한 투자를 자극하는 동시에, 전력을 동력으로 삼는 모든 산업에 대한 활발한 투자도 촉진하고 있다.

(5) 공장법이 조선에서는 아직 실시되지 않는 점. 이것도 또한 이윤추구를 최대 목표로 하는 자본에게는 커다란 매력이다.

(6) 공산주의적 노동운동이 결정적으로 패배하여 치안이 확보된 점.

(7) 만주국이나 북지를 시장으로 하는 상품을 산출하는 경우에도 지리적으로 보아 조선은 내지보다 훨씬 유리한 점.

이러한 갖가지 조선 특수사정에 쇼와 6년 취임한 우가키 총독의 내지 자본 유치정책이 한층 결정적인 박차를 가함으로써 대량의 내지 자본이 유입되기에 이른 것이다.

---

13 도쿄제국대학에서 전기공학을 전공하고 독일 지멘스(Siemens)에서 근무하였던 노구치 시타가우(野口遵)가 1908년 규슈(九州) 미나마타(水俣)에 설립한 일본질소비료주식회사(日本窒素肥料株式會社)를 주축으로 한 노구치 콘체른을 가리킨다. 대표적인 신흥 재벌로서 총독부의 협조 아래 1920년대 중반 식민지 조선의 흥남(興南) 일대에 동양 최대 규모의 중화학 공업단지 조성을 계획한다. 노구치 콘체른이 1926년에 설립한 조선수전(朝鮮水電) 주식회사는 부전강(赴戰江), 장진강(長津江) 등에 수력발전소를 건설하였고, 1927년에 설립한 조선질소비료주식회사(朝鮮窒素肥料株式會社)는 흥남에 질소 비료공장을 설립하여 1930년 1월부터 생산을 시작하였다.

그리고 그것은 다시 지나사변을 계기로 하는 전시체제하에 조선이 대륙병참기지로서 사명을 지게 됨에 따라 더욱 대규모로 조선공업을 발전시키기에 이르렀다.

4. 중농정책의 교착과 그 타개

이상에서 우리는 최근 조선경제가 공업의 약진을 추축(樞軸)으로 하여 그 전 성질을 변개(變改)하여 온 것, 바꿔 말하면 종래 농업사회로서 수 천 년에 걸친 조선경제사 전개에 종지부를 찍고 농공병진경제의 새로운 양상을 보이기에 이른 것을 말했다. 또한 우리는 이러한 공업의 빠른 템포의 발전을 가능케 한 여러 사회적 조건도 지적하고, 더욱이 이들 이른바 「특수사정」을 적절하게 이용하여 내지 공업자본의 유치, 조선 내 대공업의 발달에 이바지한 것은 쇼와 6년 이후 우가키 경제정책 덕택인 것도 간단히 밝혀 두었다.

일단 위에 보인 「조선의 공산물가액(工産物價額) 변천」에 관한 통계를 보면 된다. 다이쇼 3년에서 쇼와 6년에 이르는 16년간 조선의 공업생산액은 대개 눈에 띌 만한 증가를 보이지 않았다. 사실 병합 이래 조선총독부 경제정책은 옛날식의 중농정책을 그대로 답습하여 온 것에 지나지 않았다. 총독부 산업정책의 중심은 여전히 농업에 집중되어 이른바 산미증식계획의 강력한 수행을 위해 공업정책 같은 것은 거의 아무런 관심도 기울이지 않고 방치되어 왔다. 메이지 44년에 실시된 조선의 회사령[14] 같은 것도 이러한 농업 편중정책의 단적

14 회사령(會社令). 메이지 43년 제령 13호. 1910년 12월에 공포되어 1911년 1월에 실

인 표현으로서 볼 수 있는데, 그 일관된 정신은 회사나 공장에 대한 설립허가주의와 보호감독정책에 다름 아니었다. 간단히 회사령 실시의 변을 보면 「조선에서는 회사 기업에 대한 지식이 아직 보급되지 않고 내지 실업가 또한 아직 조선의 실정에 상세하지 않으므로, 혹은 속아서 무모하고 부적당한 기업에 방자(放資)하는 일이 적지 않아 여러 폐해가 결과적으로 속출하여, 만약 이를 방임하면 왕왕 불건전한 회사가 남설(濫設)되고 나아가 조선 산업의 발달을 저지할 뿐만 아니라 내지 및 조선에 있는 자본가가 뜻밖의 손해를 입게 될까 염려되므로, 이에 시의적절한 수단으로서 회사 기업에 대해서는 설립허가주의를 채택하고 적당한 보호감독을 가하여, 위와 같은 여러 폐단을 면하기 위해 해당 법령을 공포함」(朝鮮總督府施政年報에 의함)[15]이라고 되어 있다.

즉 내지 자본이 공업자본으로서 조선에 유입되어 회사나 공장에 투하되기 위해서는 총독부의 허가를 받지 않으면 안 된다는 뜻이어서, 결국 조선공업에 대한 억제 작용을 하는 데 지나지 않았다. 요컨대 우가키 경제정책 출현에 이르기까지는 조선에는 어떠한 공업정책도 없었다고 할 수 있고, 사실 데라우치(寺内) 총독 시대[16]에는 공업

시되었다. 조선에서 회사를 설립하거나 조선 외에서 설립한 회사가 조선에 진출하려면 조선총독의 허가를 받아야 함을 명기하였다. 1920년 4월에 폐지되었고, 이후 회사 설립은 허가제에서 신고제로 변경되었다.

15 「會社令」, 朝鮮總督府 編, 『朝鮮總督府施政年報 明治43年版』, 朝鮮總督府, 1912, 292~293쪽의 내용을 인정식이 추려서 기술한 것이다.

16 데라우치 마사타케(寺内正毅, 1852~1919)는 1910년 5월 제3대 한국통감으로 부임하였으며, 8월 22일 한국병합 이후 10월 1일 조선총독부가 설치되자 초대 조선총독으로 취임하였다. 총독 재임 시기는 1910년 10월 1일부터 1916년 10월 16일이었다.

발전은 조선의 산업을 위해 바람직하지 않다는 잘못된 관념이 지배적이었다.

그러면 이와 같이 공업 발전과 양립할 수 없다고 생각되어 온 조선의 산업이라는 것은 무엇이었는가, 조선의 산업이란 요컨대 농업에 다름 아니었다. 과연 농업 발전은 공업 발전과 양립할 수 없는 것이었는가. 그리고 나아가 이 농업 발전이라는 것은 공업을 완전히 희생하여도 좋을 만큼 조선 경제에 절대적인 것이었던가. 우가키 경제정책 이전까지는 사실 역대 총독의 브레인 트러스트에 의해 「그렇다」는 대답이 나왔다. 하지만 거기에 종전 경제정책의 중대한 오류가 있었다.

이제 간단하게나마 우가키 경제정책 이전의 조선산업정책 — 즉 농업편중정책이 걸어온 길을 추적해 보자. 앞서 서술한 대로 병합 이래 총독부는 산미증식계획을 조선경제정책의 근간으로 삼아 그 진척 완성을 위해 국가적인 총역량을 동원할 정도였다. 병합 직후 다이쇼 8년에 이르기까지 9개년 계획은 생산 총액 약 600만 석 증가를 얻어 양호한 성적을 거둘 수 있었다. 그러나 그 이후 생산계획은 점점 대규모가 됨에도 불구하고, 소비 — 즉 시장의 범위가 점점 그에 대응하지 못하였다. 특히 다이쇼 10년경 내지 재계의 악영향과 조선 내 복잡한 사회적 여러 정세는 다이쇼 9년 이후 30년간의 신계획을 예기한 대로 진행시키지 못하게 했다. 그래서 다이쇼 15년 이후는 종전의 산미증식계획을 크게 개정하고 새로운 계획을 수립하여 향후 14개년 간 토지개량사업을 기간으로 삼아 약 820만 석 증식을 꾀하기로 하였다.

기성 畓 관개 개선	185,000 정보(町步)
田을 畓으로 변환	90,000 정보
개간 간척	75,000 정보
계	350,000 정보

그러나 쇼와 초년도부터 계속적으로 야기된 세계 농업공황 — 그것은 농산물 가격 하락으로 드러났다 — 은 점점 산미증식계획의 전도에 어두운 그림자를 드리웠다. 말할 것도 없이 농산물과 다른 상품 사이에는 협상(鋏狀) 가격차[17] 경향이 증대되었고 농업사회로서 조선 사회는 그 경제기구의 급격한 동요를 피하지 못했다. 한편 내지 농업인에 의해 쌀 이입통제가 강렬히 부르짖어져, 내지와 조선을 아울러 쌀 수요 총량에 대한 공급과잉은 의회의 항쟁이나 농림성의 온갖 연구조사에도 불구하고, 결국 공급량의 문제 즉 과잉생산의 문제인 것이 입증되었을 뿐이다.

이리하여 결국 산미증식계획은 「중지」되기에 이르렀고, 무엇보다도 쌀값을 유지하고 농촌생활을 밀려오는 파멸의 심연에서 구하기 위해서는 당장 경작 면적을 줄이는 것밖에 길이 없었다.

하지만 경작 면적을 줄이고 미곡 재생산을 현저히 축소한다는 것은 말할 것도 없이 당면한 소극적인 해결방법에 다름 아니었다. 적극적인 해결방법은 종래의 미곡편중 산업정책을 포기하고 새로운 산업정책을 수립하는 것이었다. 농촌공황의 무거운 사회적 분위기는 먼저 조선총독부 특별회계에도 반영되어, 재정상 수입이 현저히 궁핍

17 두 상품의 가격을 나타내는 선이 가위 모양(鋏狀)으로 점점 벌어지는 현상.

해져 시대의 진전에 더불어 요구되는 여러 시설의 수행도 기대할 수 없었다. 더욱이 이러한 농업공황에 의하여 초래된 농촌의 빈궁화, 농촌사회의 동요는 치안 유지에 여러 가지 좋지 않은 영향을 미쳤다. 바로 이 시대야말로 조선에서 적화운동이 열병적으로 발흥한 시대였다는 것은 주지의 사실이다. 그래서 종래의 산업정책 — 즉 미곡편중 중농정책을 포기하고 새로운 공업정책을 수립한다는 것은 이리하여 경제적 뿐만 아니라 사회적으로도 재정적으로도 필연적으로 요구되기에 이르렀다. 그리고 이 필연적인 요구를 반영하여 나타난 것이 쇼와 6년에 취임한 우가키 총독의 공업화정책이었다. 그러나 아무리 공업화의 필요가 강하게 부르짖어져도 당시 조선의 실정으로 보아 조선 내에 근대적 대공업을 수립하기 위해서는 자본적으로도 기술적으로도 또한 인재적으로도 내지의 거대산업을 조선 내로 유치하여 연장하는 것 외에 다른 길은 없었다. 바꿔 말하면 조선 내에서 축적된 조선 독자 자본과 기술과 인재를 가지고 조선 내의 공업을 일으키는 것은 말할 것도 없이 불가능한 것이었다. 그러므로 우가키 총독의 경제정책은 먼저 적절하게 내지의 거대산업에서 이상과 같은 자본적, 기술적, 인적 제요소를 조선 내로 유치하는 것에 착수하였다. 앞서 서술한 대로 당시 내지 공업자본은 세계적인 불황의 한복판에서 홀로 높은 발전의 상승선을 그리면서 질적으로도 양적으로도 비약적으로 확대화, 고도화되고 있었다. 그리고 새로운 투자영역을 찾아 거대한 공업자본의 파도가 만주국과 북지를 향하였는데, 이 자본의 파도를 붙잡아 조선에 유도하여 투하시키는 것이 조선 공업화 정책의 선결임무였던 것이다. 그리고 이를 위해서는 조선공업정책은 먼저 첫째로 내지계 대공장의 조선 내 진출을 용이하게 하고 또 유리하게 할 여러 조건을 제공하여야 했다. 이러한 내지 공장 유치정책으로서 우가키 총독이 채용한 정책은 크게 소극적인 것과 적극적인 것 두 가지로 나눌 수 있다.

소극적인 유치정책의 대표적인 것은 중요산업통제법,[18] 공장법[19] 등의 조선 내 실시를 회피하여 공업자본의 이윤추구욕을 고도로 보증한 것이다. 중요산업통제법 회피는 그러나 일만(日滿) 경제블록의 지도원리인 통제경제정책과 정면충돌하지 않을 수 없었다. 이리하여 통제법을 둘러싸고 상공성과 총독부 사이에 충돌이 일어났지만, 결국 총독부 측의 조선특수사정 존중론이 용인되어 일단 상공성이 후퇴하는 것으로 결말을 지었다.

다음으로 공장법의 조선 내 실시 회피에 관해서는 아무런 충돌 없이 「조선특수성」이 인정되었는데, 이는 요컨대 사회적인 문제여서 참으로 내선(內鮮) 민중의 영원한 행복을 지향하는 내선일체운동이 나아가 이 문제를 해결할 것으로 생각된다. 공장법은 말할 것도 없이 조선 내에서도 실시되어야 한다. 내지의 노동생활에 대해서는 그 노

18 중요산업통제법(重要産業統制法)은 주요한 산업의 공정한 이익을 보호하여 국민경제의 건강한 발전을 도모할 목적으로 1931년 제정된 일본의 법률이다. '통제'라는 단어가 법률에 처음 사용된 법이다. 정식 명칭은 「重要産業ノ統制ニ關スル法律」로 동업자 간의 생산 및 판매의 통제협정, 즉 카르텔이나 트러스트의 결성을 장려하는 법이었다. 1941년 8월 중요산업단체령으로 12부분의 통제회가 설립되었으며, 소재산업과 중공업에 보조금 및 자금수당, 수입 할당 등을 우선적으로 배정하여 생산을 촉진하였다.

19 공장법(工場法)은 1911년 공포되어 1916년 실시되었다. 근대적인 노동법으로서 공장노동자(직공)의 취업 제한 및 업무상 상병사망(傷病死亡)에 대한 부조 제도를 규정하였다. 그러나 노동자의 권리나 합리적 노동 조건을 보장한 것은 아니었으며, 인적 자원으로서 노동력 보호와 산업 발달 및 국방이라는 이념을 중시하였다.

동조건에 관해 자본가에 대한 여러 종류의 법적 제한을 실시하면서, 조선에 한해서는 아무런 제한도 인정하지 않는 것은 참된 의미의 내선일체의 입장과 모순되는 것이다.

두 번째로 적극적인 내지 공업자본 유치책으로는 전력정책, 토지가격통제정책, 보조금정책 등 세 가지가 채용되었다. 이 중 보조금정책은 제철사업, 인조석유사업, 무수알콜공업 등에 대하여 이미 그 보조금을 계상하였고, 나아가 특별 보조시설을 규정한 법령으로서 조선공업조합령[20]이 생겼을 정도이다. 다음으로 전력정책의 주안점은 우가키 총독 자신이 설명한 대로 「2~3년 후에 이르면 점차 저렴한 전력이 각 방면에 배급되는 기운」을 촉성하여 「민감한 기업가의 주의를 환기하고 조선공업발전의 유력한 유인」이 되게 하려는 것이다.

끝으로 토지가격통제정책은 공장지대의 지가 등귀를 억제하여 공장계획자 측의 편리를 꾀한 것이다.

이상과 같이 소극적인 또는 적극적인 유치정책에 의해 내지의 대공장 자본은 종래와 같이 조선을 지나쳐 만주국에 흘러가지 않고, 적어도 그 일부분은 조선 내에 유치되었다. 이리하여 성립한 조선의 근대적 공업은 말할 것도 없이 내지 대공업의 연장확대화이고, 그러므로 그것은 철두철미한 전 일본자본주의의 일환으로서만 이해될 수 있는 것이다.

여기서 간단히 조선 내 주요 공장의 자본관계를 보면, 쇼와 9년 6월 현재 조선식산은행이 납입자본금 5만 원 이상으로 조선 내에 본점을 둔 전 주식회사 170사 중 82사에 대해 내지 자본의 세력을 조사한 결

20 조선공업조합령은 1938년 8월 4일 공포되어 그 후 각종 공업조합이 설립되었다.

과는 다음과 같다. 이 82사는 그 납입자본에서는 170사 전체의 8할 7푼 6리를 점하고 있으나, 그 가운데 조선 내 주주의 납입자본이 1,830만 원인 데 반해 내지 주주의 납입자본은 8,437만 원으로 절대 우세를 점한다. 이와 같이 조선 내에 본점을 두고 있는 공업회사에서도 내지 자본이 압도적 우세를 점하는 것이 명백하나, 나아가 조선 내에 지점을 두는 데 지나지 않는 내지 자본을 생각할 때 조선공업에 대한 내지 자본의 독점이 얼마나 결정적인 것인지 이해될 것이다.

－(계속)－

■ 원문

朝鮮의 國土計劃과 農業計劃[1]

桐生一雄[2](印貞植)

1. 국토계획과 그 전제조건

충분히 알고 있는 바이지만 국토의 계획적 이용은 소유 및 용익(用益)에서 자유주의적인 제 관계의 기초 위에서는 전혀 불가능한 일이다. 자유주의적인 소유관계는 개인주의적인 사익(私益) 본위를 전제로 한다. 이러한 전제하에서는 국토 역시 사개인(私個人)에 의해 절대불가침적인 권리하에 소유된다. 토지 소유자가 설령 한 사람의 지주나 자본가이든지 또는 자작농 혹은 자소작농과 같이 영세적인 소유자이든지, 그가 한번 지구의 일정 부분을 사유한 이상은 다른 어떠한 사개인이라도 이에 참견하는 것은 전혀 허락되지 않는다. 국가라고 해도 개인의 소유권에 간섭할 수 없다고 여겨져 왔다. 국가가 있고 개인이 있는 것이 아니라, 먼저 개인이 있고 그 개인의 권익을 옹호하기 위해서만 국가가 존재한다는 것이 구래의 자유주의적인 사고이자 국가

1 『朝鮮總督府調査月報』 12-2, 1941. 2, 1~16쪽.

2 '桐生一雄(기류 가즈오)'는 인정식의 창씨명이다.

관이었던 것이다.

이와 같이 국가는 사개인의 권익 앞에 너무나도 무력했기 때문에 사개인에 의해 절대적으로 영유된 전 국토를 국가 목적에 따라 계획할 수도 없었다. 또한 국토 소유가 개인적인 것임에 따라 토지의 용익과 그 처리 내지 매매 역시 각 개인의 자의(恣意)에 맡겨졌다. 토지를 소유한 자는 그 토지가 지구표면의 일정 부분이고 또한 국토의 한 조각임에도 불구하고, 전적으로 그 자신의 개인적인 이익과 의사에 따라 자유롭게 처리할 수 있다. 농업을 경영하여 경지로 하든지 혹은 공업 입지로 전화하여 공업을 경영하든지, 그것은 완전히 각각의 토지소유자의 의사에 의해 규정되는 것이어서 국가라고 해도 어떠한 규제력을 행사할 수 없다는 것이 자유주의적인 영유의 원칙이었다.

영유 및 용익의 근본관계가 이와 같은 이상 전 국토의 이용은 전체적인 견지에서 보면 심히 무질서적이고 무조직적이지 않을 수 없었다. 마치 자유주의적인 생산 관계에서는 상품생산 자체가 아무런 사회적 규제를 받지 않고 주기적으로 과잉생산과 공황을 동반하는 무정부적 생산인 것과 같이, 전 국토의 용익 또한 각 개인의 자의에 따라 구사되어 심히 무계획적이고 또 낭비적이기도 하다. 주어진 토지 면적이 그 환경이나 지세 등에서 보아 아무리 공업에 적합하여도, 그 소유자의 의사가 없는 한 다른 누구도 이를 공업 입지에 전화하는 것은 곤란하다. 그와 마찬가지로 주어진 토지가 아무리 풍요로운 지력을 가져 농경에 적합하더라도, 이미 그것이 공업가의 손에 매도된 이상은 국가라고 해도 이 비옥한 경지의 훼손을 금하는 것은 불가능하다고 여겨져 온 것이다.

이와 같은 자유주의적인 소유관계에서는 전 국토가 크고 작은 무수한 소유자에 분할되어 그 용익 또한 개개 따로따로 전적으로 사개인적이기 때문에, 전체로서 국토 이용은 아무런 통제도 있을 수 없고 또한 어떠한 생산적 균형도 취할 수 없었던 것이다. 그러므로 국토가 종합적으로 계획화되기 위해서는 구래의 자유주의적인 소유관계가 근본적으로 변개(變改)되거나 혹은 부분적으로 제한되는 것을 요한다. 세계 근세사에서 그 선례를 찾는다면 전자와 같이 소유관계의 완전한 변혁 위에 국토계획을 실시한 것은 소련이고, 또한 후자와 같이 사유제의 부분적 수정 위에 국토를 종합적으로 계획화한 것은 나치스 치하 오늘날의 독일이다.

이를 농업계획에 대해서만 보더라도 먼저 독일에서는 농업부문에서 세습농지법, 자연보호법, 지방계획법을 지권(地權) 3대 입법으로 삼아 농업의 국토계획을 실시하였고, 또한 소련에서는 주요 식량인 밀에 대해 종래 우크라이나 중심의 농업지대 일변도로부터 점차 모스크바, 레닌그라드, 이와노오우,[3] 후리얀스키[4] 등 북부 및 중부지방으로 곡물주산지를 이동시키고 있다. 그 이유는 정치적으로 보면 국경에 가까운 우크라이나는 반혁명적인 반소 음모의 중심지가 되었기 때문에 농업생산을 분산화하여 도시공업 근접지로 이동시킬 필요에 기초하였다는 것은 알려진 바와 같다.[5]

우리나라의 국토계획 또한 후자와 같은 입장 — 즉 국토의 사적

3 지명 미확인.

4 '브리얀스크'의 잘못으로 보임.

5 이 문단의 서술은 「列强經濟戰の實相(63~88): ソ聯の體制(1~24·完)」, 『報知新聞』, 1940. 7. 11~1940. 8. 17 중 「列强經濟戰の實相(82): ソ聯の體制(20), 國土計劃に基いて農業基地を分散, 世界一の生産率發揮」의 분석에 근거한 것으로 보인다.

소유에 대한 어느 정도의 제한과 수정을 전제로 한다. 사유는 이 경우에도 완전히 허용될 수 있을 것이다. 그러나 그 용익은 어디까지나 국가 최고 목적에 따라서만 허용될 수 있다. 국가는 사적 소유를 금지할 필요는 없으나, 그 사유권의 용익에 대해서는 공익우선의 원칙에서 또는 고도국방국가의 견지에서 일정한 제한이 부과된다.

사적 용익에 대한 이와 같은 일정 한도의 제한을 전제로 해서만, 국가는 그 전 국토를 종합적으로 계획화할 수 있다. 또 이렇게 전 국토를 종합적으로 계획화하는 것은, 계획 자체가 고도국방적인 국책선을 따르는 것인 한, 현하 우리나라에는 실로 지상명령적인 요청이기도 한 것은 말할 것도 없다.

2. 국토계획의 의의

무릇 국토계획이라고 하는 것은 국토의 종합적인 이용개발계획으로서 적지적업(適地適業), 적지적주(適地適住)의 원칙에 따라 토지 및 천연자원을 가장 경제적이고 합리적으로 이용하고자 하는 것이다. 그러므로 국토계획 수립에 즈음하여서는 첫째 기상과 기후, 지세, 지질, 지미(地味), 천연자원, 하천수류(河川水流) 등 각 자연조건, 나아가 이 자연조건을 경제로 전화한 노동력, 민족, 지방적 성격 등 여러 인자를 가장 유리하게 이용하는 것이 긴요하다.

특히 농업계획에서는 광업계획이나 수산계획 등과 마찬가지로 기후나 토지, 지력 등 자연적 조건 여하에 좌우되는 점이 압도적으로 많기 때문에 그 이용 여하의 문제는 한층 중대하다. 그런데 근세국가의 발전흥륭(發展興隆)과 가장 밀접한 관계를 지닌 것은 일반적으로 말해 농업보다도 공업일 것이다. 그러나 이 공업은 농업과 특히 밀접하게 관련되어, 양자 간에는 끊임없는 상호적 영향이 작용하고 있으므로 농업계획은 항상 공업계획과 상호연관하에 규정되지 않으면 안 된다.

사변하 우리나라의 최근 추세를 보더라도 생산력의 확충에 의한 공장의 급격한 신설, 증설에 의해 구래의 대도시가 무제한으로 팽창 발전하는 경향이 보이는 동시에, 한편으로는 신흥 공업도시가 도처에 혼잡 무통제하게 생겨나고 있다. 도시의 팽창과 공장의 잇따른 설립이 이와 같이 무통제적이기 때문에, 우량 농경지의 황폐와 공장지로 전화에 따른 농업생산의 저감, 나아가 국민식량 부족 등, 일련의 중대한 경향이 농업생산 부면을 통하여 촉진되고 있는 것이다.

이러한 현하 우려할 만한 여러 사정에 비추어 보아도 국토계획에서 농업계획과 공업계획의 관련은 특히 중요한 것을 알 수 있다. 입지관계에서 농, 공업의 연관이 이렇게 밀접할 뿐만 아니라, 또한 생산력의 인적 인자인 노동력 수급관계에서도 농, 공업은 한층 유기적인 연계가 요청된다. 지금 내지 농촌에서 우리가 볼 수 있듯이, 시국공업의 발흥에 따라 다수의 농촌 노동력이 높은 공장 임금에 이끌려 농업을 버리고 공장으로 전출하고 있는 것은 농, 공업 연관의 무계획성을 증명하고도 남는다.

국토계획의 중심과제는 말할 것도 없이 산업분배계획과 인구분배계획이지만, 특히 우리나라가 현재 당면하고 있는 전 동아적 계획 등에서는 동아공영권을 구성하는 일만지(日, 滿, 支) 여러 나라가 모두 아직도 농업사회적 성격을 고도로 지니고 있는 상황인 만큼 농, 공업의 유기적 계획화는 전 동아계획의 경우에도 또는 황국국토계획 자체의 문제로서도 가장 긴요한 점이라고 생각된다.

3. 국토계획에서 조선의 지위

그런데 쇼와 15년 9월 각의(閣議) 결정을 보기에 이른 「國土計劃設定要綱」[6]에 의하면 먼저 최상위 계획으로서 「日滿支計劃」이 책정되고 이를 기준으로 삼아 황국국토계획인 「中央計劃」과 「滿洲國國土計劃」, 「中國國土計劃」 등이 분기(分岐), 책정되었다. 그러나 이 사이에 조선의 지위는 어떠한지 말하자면, 제국의 전 판도를 대상으로 하는 앞의 「中央計劃」의 하위계획으로서 내지의 각 지방 — 홋카이도(北海道)와 도호쿠(東北), 간토(關東), 도카이(東海), 긴키(近畿), 호쿠리쿠(北陸), 주고쿠(中国), 시코쿠(四国), 규슈(九州) 등 아홉 「地方計劃」이나 대만, 화태(華太),[7] 남양(南洋) 등 각 외지계획과 병렬적인 위치에 놓였다. 제국의 한 영역으로서 우리 반도에 부여된 이와 같은 위치 책정은 말할 것도 없이 조선이 대만이나 화태, 남양 등과 같이 하나의 단위 외지라고 하는 점으로 규정되었으나, 그러나 문제를 형식보다 실질에 따라 냉정히 고찰할 때는 조선에 부여된 이와 같은 위치는 반드시 적당하다고 하기 힘들다.

첫째 면적이라는 점에서 보더라도 조선의 면적은 약 22만 평방

6 국토계획설정요강(國土計劃設定要綱)은 1940년 9월 24일 일본 각의에서 결정되었다(企劃院硏究會, 『國防國家の綱領』, 新紀元社, 1941, 148~151쪽 참조). 다만 인정식이 언급한 '지방계획'이나 '외지계획'의 구체적인 내용은 국토계획설정요강 본문에는 명기되어 있지 않다.

7 사할린.

킬로미터에 달하는데, 이를 내지의 혼슈(本州)와 비교하면 겨우 시가(滋賀)현을 제외한 면적에 필적하는 것은 주지의 사실이다. 같은 외지라고 해도 면적이 겨우 3만 6천 평방킬로미터인 대만 등은 조선의 6분의 1에 지나지 않아 거의 비교할 수 없다. 또 내지 자체의 각 지방계획 등은 혼슈(本州)만으로도 여섯 단위로 나뉘기 때문에 이를 조선 국토계획과 병렬하기에는 면적상 차이가 너무 크다.

면적뿐만 아니라 인구의 견지에서 보더라도 이제 2,300만에 달하는 조선 인구는 제국 판도 총인구의 2할 3푼에 해당하고, 또 내지 인구에 대해서는 약 3할 3푼을 점하는 정도이므로, 역시 이 점에 대해서도 조선의 위치는 비중에 맞는 평가를 잃었다고 하지 않을 수 없다.

그러나 면적이나 인구보다도 더욱 중대한 점은 병참기지로서의 조선의 특수한 지위이다. 위에서 서술한 것처럼 하위계획 책정에서는 먼저 무엇보다도 이 중대한 점이 등한시되었다고 느껴진다. 주지와 같이 조선은 제국의 전 판도 중 직접적으로 대륙에 접속된 유일한 부분이다. 게다가 최근 조선은 중화학공업의 기지로서 공업 조선이 클로즈업 되고 있고, 또한 내지와 대륙을 연결하는 대륙 루트로서도 육지로 바다로 긴밀한 요충에 해당한다. 그뿐만 아니라 산미(産米) 조선의 중요성은 전 동아의 식량문제에 대하여 실로 그 균형화를 도모하기 위한 관건을 쥐고 있어, 이러한 모든 점에서 조선의 특수적으로 높은 비중은 결코 대만이나 화태, 남양 등과 같은 각 외지나 내지의 각 지방 등과 동일하게 논할 수는 없다.

이를 요컨대 국토계획의 합리적인 완수를 위해서는 단순한 형식보다도 내용과 실질에 의해 비중을 평가하여, 조선을 조선이 점해야 할 정당한 위치에서 클로즈업 할 필요가 있다고 생각한다. 조선의 국토계획을 「中央計劃」의 하위계획으로서 책정하는 것은 당연하지만, 조선 자체 계획에 이르러서는 이것을 다시 수 개의 지방계획으로 분할하는 것이 꼭 필요할 것이다.

전 동아를 조망하면 그 안에 조선반도라는 것은 겨우 손바닥만 하게 보일지 모른다. 그러나 조선 자체를 상세히 음미하면 기후, 지세, 지질, 강우상태 등 자연적 제 조건에서 각 지방 간의 차이가 너무 심대한 것에 우리는 오히려 경악을 금치 못할 것이다. 또한 농업의 지대적(地帶的) 분포상태에서 보더라도 남선(南鮮)[8] 농업은 서북선(西北鮮)에 비하면 토지 이용률이나 단보(段步)당 경지의 조수익률(組收益率)이 실로 2, 3배 높아, 따라서 농업배분계획은 대략 말해서 이 남북의 차를 무시해서는 안 된다. 공산액 분포를 보더라도 지방적인 차이는 매우 크다. 예컨대 함남이나 경기도의 연 공산액은 1억 5천만 원을 돌파하였으나, 충청남북도나 강원도 같은 곳은 겨우 3천만 원 이상 5천만 원 이하에 지나지 않는다.

그 밖에 생산의 인적 인자인 노동력의 분포상황에 대하여 보더라도 대략 말해서 이른바 남선지방과 북선(北鮮)지방 사이에 농담(濃淡) 차가 특히 심하다. 남선 농촌에서는 도처에 과잉노동력이 충만하여 해마다 내지나 만주, 북선 등으로 대량 송출됨에도 불구하고, 지금도 아직 바닥을 알 수 없는 상태이다. 그런데 북선이나 서선(西鮮)은 특

8 최남선의 『조선상식문답』에 따르면, "보통으로 쓰는 상식적 구분은 대개 함경도를 북선(北鮮), 평안·황해 두 도를 서선(西鮮), 경기·충청·강원 삼(三) 도를 중선(中鮮), 전라·경상 두 도를 남선(南鮮)이라고 하는 사분법입니다."(최남선, 「조선상식문답」(1946), 고려대학교 아세아문제연구소·육당최남선전집간행위원회 편, 『육당최남선전집』 3, 현암사, 1973, 20쪽)

히 전자에서는 우리는 도리어 노동력 부족의 목소리를 신흥공업지대에서 누누이 들을 정도이다. 또한 각 지방의 언어가 지금도 아직 방언적 경향을 농후하게 보존하고 있을 정도여서, 각 지방 민간의 성격도 예컨대 북선이나 서선, 중선(中鮮), 호남, 영남이라는 식으로 지역적인 차이가 꽤 강하게 드러난다. 이것은 물론 노동력의 소질상에 상당히 큰 영향을 미쳐, 특히 현재의 조선처럼 노동력이 구래의 농업체제에서 공업체제로 정신없이 전출, 이행하는 경우에는 한층 심하다.

이처럼 조선은 아시아 동방에 돌출한 하나의 작은 반도라고는 해도, 경제를 결정하고 혹은 그에 영향을 미치는 자연적, 사회적 제 조건에서 각 지방 간의 차이는 매우 현저하다. 이러한 점을 충분히 고려하여 농공업의 배치나 노동력의 이동, 광업 및 수산업의 분포 등을 적지적업의 원칙에 따라 계획화하는 것은 국토계획의 첫째 과제가 아니면 안 된다. 그리고 그를 위해서는 조선을 하나의 「外地」로서 한 색깔로 칠해 버리지 말고, 각 지방의 특색을 적당히 평가하여 전체로서 조선 국토계획에 유기적인 종합성을 부여하기 위하여 수 개의 지방계획으로 분할하여 책정하는 것이 반드시 필요하다고 생각된다.

이 점에 관련하여 성대(城大) 스즈키(鈴木)[9] 교수는 「조선의 국토계획이 다시 그 하위계획으로서 예컨대 중선, 남선, 호남, 서선, 북선

9 스즈키 다케오(鈴木武雄, 1901~1975)는 1925년 도쿄제국대학 경제학부를 졸업하고, 1928년 경성제국대학 조교수로 부임하여 1935년 교수가 되었다. 전후에는 도쿄제국대학 경제학부 교수를 역임하였다. 저서로 『世界經濟と金解禁問題〈新興學藝叢書〉』(新興科學社, 1929), 『朝鮮金融論十講』(帝國地方行政學會朝鮮本部, 1940), 『朝鮮の經濟〈經濟全書〉』(日本評論社, 1942), 『朝鮮經濟の新構想』(東洋經濟新報社京城支局, 1942), 『朝鮮の決戰態勢』(朝日新聞社, 1943) 등이 있다.

의 다섯 지역계획을 가져야 한다」[10]고 생각하고 계신 것은 하위계획 책정의 요청으로서는 확실히 합당하다고 생각된다.

그러나 이 경우 중요한 것은 단순히 하위계획을 책정한다고 하는 형식적인 것이 아니라 이 하위계획의 지역적 분할이 위에서 서술한 대로 경제 제 조건의 지역적 차이에 상응한 것으로서 근거 지어지지 않으면 안 된다.

그렇다면 조선에서 국토계획의 경우 지역적으로 우리는 과연 어떠한 하위계획을 책정할 수 있는가. 이 중요한 문제는 국방상 관점에서, 또는 농업이나 공업 등 산업적 관점에서 종합적으로 고찰, 결정해야 함은 말할 것도 없다.

그러나 이러한 여러 관점 가운데 가장 기본적인 것은 뭐니 뭐니 해도 농업과의 관계여야 한다고 나는 생각한다. 조선은 오늘날 아직도 농업사회적 성격을 고도로 지니고 있다. 각종 산업의 생산액 비교에서도 농산물 비율은 52%를 밑돌지 않고 다른 각 산업을 압도한다. 게다가 조선농업의 산미적(産米的) 역할은 황국 중앙국토계획에서도 또 전 동아계획에서도 식량 확보상 실로 결정적인 캐스팅 보트를 쥔 것으로서, 산업배분계획에서 농업의 높은 비중은 다른 한편에서 공업발전을 촉진하는 반면에 항상 지속 강화되지 않으면 안 된다.

더구나 인적 자원에서 본 농업인구는 인구배분계획상 극히 중요한 의의를 지닌다. 조선의 농업인구는 현재 조선 총인구의 72%를 점

10 鈴木武雄, 「國土計劃と朝鮮都市」(『都市問題』 32-1, 1941. 1, '國土計劃と朝鮮都市' 특집). 이 논문은 「國土計劃と朝鮮」으로 개제(改題)한 후, 鈴木武雄, 『朝鮮經濟の新構想』(東洋經濟新報社京城支局, 1942)에 수록되었다.

하는데, 이는 현재 또한 미래 조선농업의 직접적인 생산담당자일 뿐만 아니라 약진적인 발전이 기대되는 공업이나 광업, 수산업 등에도 그 산업예비군으로서 불가결한 존재이다. 조선에서 공업 발달은 과소농제(過小農制)[11]에 기초한 농촌과잉인구에 극히 저렴한 노동력 원천을 지닌다. 부단히 확대되는 공업생산을 위해서 요구되는 노동인구는 공업도시의 배후지역인 농업지대로에서 항상 대량으로 공급되어야만 한다.

그러므로 현재의 농촌과잉인구를 합리적으로 정리하여, 각 산업의 배분을 계획화하는 것은 농업 자체를 위해서뿐만 아니라, 공업이나 기타 각 산업의 발전을 위해서도 극히 중요하다.

요컨대 조선에서도 국토의 종합적인 계획화는 국방을 비롯하여 공업이나 농업 등 각 관점에서 고찰되지 않으면 안 되는데, 그중에서도 특히 중요한 것은 역시 농업의 관점이라고 생각된다. 농업은 조선의 국토계획에서 실로 기초적인 관점이라고 하지 않으면 안 된다.

그렇다면 농업의 관점에서 조선의 국토계획은 어떠한 지역적 하위계획을 지녀야 하는가. 문제는 산업배분계획 및 인구배분계획 양자와 관련하여 각각 지역적으로 고찰되지 않으면 안 된다.

11 오로지 수공업적 농구(農具)로 경영을 하며, 경작 넓이가 너무 좁아서 자기의 노동력도 충분히 이용할 수 없는 농업 제도이다.

4. 산업배분계획과 농업[12]

조선의 총경지면적은 화전(火田)도 포함하여 494만 3천여 정보(町步)를 헤아린다. 조선 총면적에 대한 비율은 약 22%에 해당하는데, 그중 논(畓) 면적은 173만 6,368정보로서 약 35%에 해당하며 나머지 320만 여 정보는 밭(田, 화전을 포함하여) 면적이다.

그런데 이 총경지상에서 지금 영위되는 농업의 상태를 보면 경지의 이용도나 조수익률(粗收益率),[13] 경종조직(耕種組織)[14] 등 각각의 점에서 각 지방 차이가 꽤 현저히 나타나는 것을 볼 수 있다. 그리고 이러한 지역적인 차이를 상세히 분석해 볼 때, 우리는 조선의 농업을 세 농업지대로 구별하여 생각해 볼 수 있다.

첫째는 답작지대(畓作地帶)로서 여기에서는 전라남북도, 경상남북도, 충청남도, 경기도 등이 포함된다. 무상(無霜)기간이 가장 길고 논밭(田畓)을 통틀어 이모작이 가능할 뿐만 아니라, 논 면적이 밭 면적을 압도하여 동 지대 총경지면적의 50% 이상에 달하고 경종조직(耕種組織)은 벼농사(稲作) 중심지대로 드러나는 것이 이 지대의 전반적인 특징이다.

다음으로 답전혼효작지대(畓田混淆作地帶)는 황해도나 강원도, 충

12 印貞植, 『朝鮮の農業地帶』, 生活社, 1940의 제2장 「朝鮮の農業地帶」에서는 답작지대(畓作地帶), 답전혼효지대(畓田混淆地帶), 전작지대(田作地帶)의 분포 등을 상세히 논하고 있다. 이 절의 기술은 그것을 근거로 한 것이다.

13 조수익(粗收益, gross profit). 1년간 농업경영의 성과로서 얻어진 농산물과 부산물의 총가액으로 농업총수익, 농업조소득, 농업조수입 등으로도 불린다.

14 하나 이상 작물의 재배를 다양하게 결합시키는 방법으로 논에는 그루갈이, 밭에는 혼작·간작·윤작 등이 행해진다.

청북도 등 중선지방에 해당하는데, 무상기간의 길이는 여기에서는 대체로 밭의 이작(二作)과 논의 일모작(一毛作)을 허락할 뿐이다. 논 면적은 동 지대 총경지면적의 20% 이상~50% 이하에 해당하고, 답(벼)작 전작이 경종조직에서 대략 균등한 지위에 있다.

마지막으로 전작지대(田作地帶)는 함경남북도인 북선지방과 평안남북도인 서선지방을 포괄하는데, 무상기간은 가장 짧고 논밭을 통틀어 연 일작(一作)밖에 할 수 없다. 또한 논 면적은 동 지대 총경지의 겨우 20% 이하에 지나지 않아 벼농사보다 보리, 콩류나 고량, 잡곡 등의 생산이 여기에서는 압도적으로 중요하다. 즉 답작지대가 결정적으로 수도(手稻)지대인 데 반해 이 지대는 잡곡지대를 형성한다. 이처럼 논밭분포 비율이나 경종조직상의 차이, 작부(作付) 비율 비교 등은 다음 기본적인 숫자를 일별하는 것만으로도 명확하다고 생각된다.

경지 분포와 그 이용 상황 비율(쇼와 12년, 단위 町)

		畓			田	火田	計
		一毛作	二毛作	計			
畓作地帶	全羅南道	24.7	25.5	50.2	49.7	0.1	100.00
	全羅北道	40.4	31.0	71.4	28.1	0.5	100.00
	慶尙南道	26.9	38.7	65.6	34.4	–	100.00
	慶尙北道	25.4	26.1	51.5	47.2	1.3	100.00
	忠清南道	51.9	15.0	66.9	33.1	0	100.00
	京畿道	52.6	1.1	53.7	46.0	0.3	100.00
畓·田 混淆作地帶	忠清北道	30.1	15.0	45.6	53.4	1.5	100.00
	黃海道	25.1	0.3	25.4	71.2	3.4	100.00
	江原道	21.1	0.6	21.7	60.5	17.8	100.00

		畓			田	火田	計
		一毛作	二毛作	計			
田作地帶	平安南道	19.0	0.1	19.1	67.0	13.9	100.00
	平安北道	17.9	0	17.9	58.2	23.9	100.00
	咸鏡南道	12.1	0.1	12.2	65.5	22.3	100.00
	咸鏡北道	8.5	–	8.5	85.1	6.4	100.00
計		25.7	9.4	35.1	56.0	8.9	100.00

姫野實著, 『朝鮮經濟圖表』에 따름[15]

이와 같이 논밭 분포 비율에서 보면 답작지대에서는 전 조선 평균 비율보다도 훨씬 논의 비율이 크고, 전작지대에서는 완전히 대척적으로 밭의 비율이 훨씬 낮아져 20% 이하에 머무르나, 답전혼효작지대는 논밭 비율이 거의 균등하여 전 조선 평균 비율과 일치한다.

다음으로 무상(無霜)기간의 길이에 의해 결정되는 토지이용률에서도 각 지대 간에는 현저한 차이가 보인다. 이제 각 지대의 토지이용률, 즉 경지면적에 대한 작부면적의 비율을 표시하면 다음 표와 같다.

토지이용률표(면적 단위 町, 이용률 %)

道別		畓			田			畓·田 총면적에 대한 이용률
		耕地面積	作付延面積	利用率	耕地面積	作付延面積	利用率	
畓作地帶	全羅南道	213,929	313,205	147	214,540	335,535	157	152

15 姫野實 編, 『朝鮮經濟圖表』, 朝鮮統計協會, 1940.

道別		畓			田			畓 · 田 총면적에 대한 이용률
		耕地面積	作付延面積	利用率	耕地面積	作付延面積	利用率	
畓作地帶	全羅北道	173,259	237,031	136	69,113	139,069	201	155
畓作地帶	慶尙南道	175,521	304,734	170	96,536	199,120	206	183
	慶尙北道	196,173	306,096	156	188,307	370,262	144	176
	忠清南道	164,369	187,199	114	83,313	165,460	147	142
	京畿道	208,889	203,118	98	185,120	327,456	177	135
畓 · 田混淆地帶	忠清北道	72,488	88,462	122	89,269	168,376	189	166
	江原道	50,769	90,474	100	347,062	375,356	108	106
	黃海道	143,648	135,010	94	430,844	597,835	139	128
田作地帶	平安南道	82,893	78,077	94	393,439	428,079	109	106
	平安北道	94,682	93,277	99	466,498	411,925	88	90
	咸鏡南道	62,833	59,684	95	488,503	462,718	95	95
	咸鏡北道	18,322	16,995	93	228,232	249,547	109	108

備考 拙著, 『朝鮮の農業地帶』 참조.

즉 먼저 논의 경우는 답전혼효작지대에 속하는 강원도의 토지이용률을 지수 100으로 하면 답작지대에서는 경기도를 제외하고 모두 지수 114 내지 170에 달하나, 전작지대에서는 겨우 지수 90대에 지나지 않는다. 밭의 이용률은 지대 간 차이가 더욱 크다. 마찬가지로 강원도의 지수를 108[16]로 하면 답작지대에서는 지수 144 이상 206에도 달하는 한편 전작지대의 이용률은 지수 109 이하 88까지도 내려간다.

또한 단보(段步)당 조수익액(粗收益額)을 지대적으로 비교해 보더라도 논밭 모두 큰 차이가 보이고 특히 밭에서는 답작지대가 전작지대의 2배 내지 4배 이상 조수익을 얻는다.

단보(段步)당 조수익액(粗收益額) 비교표(쇼와 9년에서 11년에 이르는 3개년)

道別		畓		田		경지 총면적	
		粗收益額	指數	粗收益額	指數	粗收益額	指數
畓作地帶	全羅南道	21.65	124	18.15	287	24.46	279
	全羅北道	30.00	128	19.58	421	29.03	332
	慶尙南道	35.92	131	22.62	258	31.28	353
	慶尙北道	30.29	129	27.56	436	29.37	332
	京畿道	25.51	107	19.09	301	22.90	265
畓·田混淆地帶	忠淸北道	27.10	115	19.72	311	23.03	259
	江原道	26.05	110	6.66	100	10.68	122
	黃海道	25.12	106	10.34	163	14.03	169
田作地帶	平安南道	23.54	100	9.49	196	11.93	135
	平安北道	23.74	143	6.32	100	10.86	122
	咸鏡南道	28.24	109	6.37	100	8.86	100
	咸鏡北道	24.95	106	8.38	133	9.62	109

조수익액 단위는 원. 備考 拙著, 『朝鮮の農業地帶』 참조.

16 '100'의 잘못으로 보임.

경지 이용률이나 조수익액 등에서 이러한 지대적인 차이는 예컨대 경지가격 등의 유통부면에도 민감하게 반영된다. 단보 당 중등 답에 대해 각지의 토지가격을 비교하여 보면 먼저 답작지대에 속하는 논산이나 목포, 수원, 마산, 이리 등에 가까운 마을에서는 모두 200원 이상 246원에도 달하지만, 전작지대인 청진이나 강계, 북청, 의주 등에 가까운 마을에서는 모두 75원 이상 144원 미만에 지나지 않아 답작지대의 거의 반액과 같다. 더구나 답전 혼효작지대인 사리원이나 춘천, 해주 등에서는 경지 가격도 역시 전작지대와 답작지대의 중위에서 왔다 갔다 하는 것은 말할 것도 없다. (주)

(주) 「朝鮮の耕地價格とその變遷に就いて」(殖銀調査月報 제6호[17] 수록)에서 참조.

이상을 요약하면 농업의 관점에서 산업배분계획을 책정하는 경우, 위에서 서술한 대로 각 지대 간의 여러 차이는 본질적인 중요성을 지닌다. 그런데 농업의 지대적 상이는 단순히 농업 자체의 배분계획의 경우만이 아니라 공업이나 광업, 수산업 등의 배분계획의 경우에도 표리를 이루어 동일하게 중요한 의의를 가진다. 이는 농업 생산성이 가장 높은 지역은 역시 주농(主農) 지대로서 강화해야 하고, 그 반면 농업에 불모가열(不毛苛烈)한 자연조건을 가진 지대는 주농보다도 오히려 공, 광, 수산업 등의 지대로서 책정해야 할 것은 극히 당연하기 때문이다.

그러므로 조선의 산업배분계획에서도 위에서 서술한 대로 농업지대 구분은 공업입지의 계획책정에서도 역시 기본적인 기준이 될

17 1938년 11월.

수 있다고 믿어진다. 조선에 부과된 증산미(增産米)의 역할을 고도로 수행할 수 있기 위해서는 답작지대의 생산성을 한층 강화해야 할 것이다. 밭을 논으로, 일모작답을 이모작답으로 각각 최극한까지 변환하여 수리관개 시설완비와 더불어 산미지대로서 기능을 고도로 발휘하여야 한다.

그러나 그 반면, 농업에는 매우 불모가열(不毛苛烈)한 한편 공, 광, 수산업에 대해서는 풍부한 자원과 전력을 자랑하는 북선이나 서선의 전작지대에서는, 한편으로 국방상의 여러 난관이 가로놓여 있음에도 불구하고, 역시 공, 광, 수산업 지대로서 중점을 두어야 할 것이다. 더욱이 중신지방의 답전혼효작지대는 문자 그대로 농공병진의 이상적 지대로서 책정하여야 한다. 요컨대 농업계획과 공업계획은 표리를 이루어 책정되어야 한다고 생각된다. 그러므로 위에서 서술한 것처럼 농업지대 구분은 동시에 공업지대의 책정에도 또는 나아가 산업배분의 전반적인 계획에도 기본적인 하위지역계획이 될 수 있다고 말할 수 있다.

거기서 이제 조선 공산액의 분포상태를 지역적으로 고찰하여 보면, 함남(총산액의 23.5%)이 단연 수위를 점하고, 경기도(19.6%)와 경남(10.6%)이 차위에 해당하고, 그 다음이 평남(7.6%), 황해(7.6%), 함북(6.5%), 경북(6.0%), 전남(6.0%), 평북(3.5%), 전북(3.4%), 강원(2.9%), 충남(1.7%), 충남(1.7%), 충북(1.1%)의 순위로 된다. (주)

(주) 姬野實 編, 『朝鮮經濟圖表』 참조.

그러나 이는 조선 공산액의 전반적인 분포상태여서, 현재 시국의 추이와 병행하여 점점 급속히 팽창, 약진하는 중화학공업의 분포에서 보면 함남과 함북이 단연 수위에 해당한다. 더구나 평남, 평북은 현재 압록강 수력발전소의 발전(發電)과 더불어 조선 제2의 공업지대로서 약진적으로 공업화되고 있다. 따라서 농업의 전작지대인 이 서북선은 농업에서 불모성인 반면 수위의 공업지대로서 금후로도 급속한 팽창이 약속되어 있는 것이다.

중화학공업이 함남, 함북, 평북 등에 이어 가장 발전된 숫자를 보이는 곳은 황해도와 강원도(경기도나 경남과 더불어)인데 답전혼효지대에 해당한다. 다시 답작지대 쪽으로 남진하면 겨우 경남과 경기도를 제외하면 각 도 모두 최저위에 있어 모두 연산(年産) 500만 원이 되지 않는 상황이다. 전력과 공업자원에 풍족하지 않은 이 지대는 농업의 경우에 풍요지인 대신 공업의 경우에는 금후로도 불모지임을 면하지 못할 것이다.

이를 요약하면 위에서 서술한 것처럼 농업지대의 구분은 그 반면에서 공업지대 구분도 뒷받침하는 것이어서, 조선의 국토계획은 이들의 지대적인 구획선과 일치한 하위계획선을 그을 수 있다고 생각된다.

즉 조선의 국토계획은 답작지대, 답전혼효작지대, 전작지대의 세 하위계획을 가지는 것이 일단 가장 합리적인 방법이 아닐까 생각한다.

5. 농업과 인구배분계획

다음으로 인구배분계획은 앞에 서술한 산업배분계획에 수반되어 부수적으로 책정되지 않으면 안 된다. 인구배분 문제는 필경 공업입지와 농업입지 간에 인구를 적당히 배분하는 동시에, 마찬가지로 공업지대에서도 도시인구의 과도한 집중을 방지하고, 또한 마찬가지로 농업중심 지대에서도 경지의 적정규모를 설정하여 농촌의 인구밀도를 합리적으로 재편성하는 데 있다.

그래서 조선의 인구배분계획에서는 먼저 첫 번째 문제는 현재 대부분의 각지 농촌에 충만한 과잉인구를 적당히 이동시켜, 다른 쪽의 공업이나 광업, 수산업 등에 배분하는 데 있다. 그런데 농촌 과잉인구라고 해도 극히 상대적인 문제여서, 농촌의 현 상황을 보면 한편으로 과잉인구가 적체되어 있음에도 불구하고, 다른 한편으로 같은 농촌 가운데도 농번기 등에는 노동력 부족을 호소하는 목소리가 누누이 들린다. 이것은 말할 것도 없이 농업의 노동이 종래 너무나도 분산, 고립적으로 아무런 조직 없이 생산기술이 손발노동의 단계에 정체되어, 노동력이 기의 무제한으로 낭비되어 왔기 때문이다. 그러므로 예컨대 답작지대에서 광범한 과잉인구를 전작지대(공업지대)로 이주, 전출시키더라도 먼저 농업노동을 합리적으로 재편성하여 농업생산의 협동화, 유축화(有畜化), 개량농구화(기계화는 거의 바랄 수 없다)를 어느 정도 촉진하는 동시에, 특히 농가의 적정규모를 설정하는 것이 전제조건이다. 이러한 전제조건의 수행을 수반하지 않고 답작지대의 과잉인구를 대량적으로 이동시킬 때, 종래대로의 노동방법에서는 답작지대의 노동력 자체가 농업의 증산을 위하여 부족을 초래하기 쉽기 때문이다.

또한 적정규모를 먼저 외적으로 설정하는 경우에도 토지 이용률이나 조수익액 등에서 앞에 서술한 것처럼 지대적인 차이는 충분히 참작할 필요가 있다. 답작지대 1단보(段步)와 전작지대 1단보 사이에는 생산적으로 큰 차이가 있다. 따라서 예컨대 답작지대의 적정규모가 1정(町) 5단(反)[18]이라도 전작지대에서는 이를 3정(町) 정도로 하

18 1정보(町步)는 3,000평(10,000㎡), 1단보(段步)는 300평(1,000㎡). 일본어 표기에서는

지 않는 한 양자의 균형은 얻을 수 없다.

이러한 조건 외에도 적정규모 설정에 즈음해서는 각 농가가 평균적으로 동원할 수 있는 자가노동력이나 고용노동력 등의 양이 정밀하게 조사되지 않으면 안 된다. 동시에 이윽고 적정규모를 실시하는 경우에는 농업 기술을 최대한도로 개량농구화하고 또 노동 조직을 한층 합리적으로 편성할 필요가 있다. 일반적으로 몬순[19]계통의 농업지역(조선도 포함하여)에서는 농업노동력 수요에 계절적 변동이 매우 심하여, 종래처럼 과잉노동력이 충만한 상태에서도 예컨대 모내기 시기라든지 수확 철이라든지 극히 단시일 간에 많은 일을 처리해야 할 때는, 평소에는 남아돌던 노동력이 갑자기 부족을 호소하는 데 이르는 것과 같은 기현상을 보인다. 그러므로 특히 적정규모를 실시하는 경우에는 그 전제로서 노동의 합리화를 고도로 진전시키고 농업경영의 유축화, 개량농구화 내지는 기계화를 최대한도로 발전시키지 않으면 안 된다. 이러한 전제를 수반하지 않고 적정규모를 설정, 실시한 경우에는 한편으로 농촌 노동력 공출력(供出力)은 훨씬 대량적으로 될 수 있다 해도 다른 한편으로 농업 재생산상에는 중대한 지장이 암영을 드리울 것이다.

이를 요약하면 극히 저렴한 노동력의 공급원으로서 조선 농촌은 금후 점점 대량의 노동력을 만주나 내지에 공출하고, 더욱이 서북선의 공업지대에도 배분하지 않으면 안 된다. 그런데 이를 위해서는 농

'段步' 대신 주로 '反步'를 사용.

19 몬순(monsoon). 동북아시아, 동남아시아, 서남아시아 등 계절풍이 부는 지역에 고유한 기후.

업의 적정규모를 먼저 설정하는 것이 전제이며, 또한 이 적정규모 설정을 위해서는 앞에서 서술한 것처럼 복잡한 제 사정이 세밀히 고려되지 않으면 안 된다는 것이다. (끝)

■ 원문

計劃經濟의 理論[1]

尹行重

獨占資本主義는 國家意思나 部分意思의 發顯하는 點으로 보아서 大體로 前期 後期 두 가지의 形態로 나눌 수 있을 것이다. 그 前期的인 形態는 企業間의 自由意思에 依한 結合이요, 後期的인 形態는 國家意思에 依한 强制的 結合인 것이다. 그리하야 前者는 企業間의 自由競爭을 自發的으로 拘束하는 點에 있어서 自治的 統制라고 볼 수 있스며, 後者는 國家의 强制意思에 依한 競爭의 拘束인 點에 있어서 强制的 統制라고 볼 수 있을 것이다. 前期的인 自治的 結合과 統制는 企業間의 自由競爭을 어느 程度 排除한다 할지라도 獨占利潤의 追求가 그 目標로 되여 있는 만큼 獨占企業과 非獨占企業間의 競爭과 獨占된 生産部門 相互間의 競爭은 더욱 激烈化하야 國民經濟生活에 深刻한 不安을 齎來하게 된 것이다. 이 階段에 있어서 國家는 國民經濟의 深刻한 矛盾을 除去하기 爲하야 企業의 强制的 結合을 形成시키는 同

---

1 『春秋』 2-2, 1941. 3, 100~105쪽.

時에 物價統制, 資本統制, 消費統制等의 政策을 採用하여 나아가 生産機構의 內面的 統制에까지 밑이지 안을 수 없게 된 것이다. 그러나 個別的인 獨占企業體를 그대로 두고 다만 生産, 配分, 消費等의 統制를 한다는 것은 結局 獨占資本主義的 生産을 前提로 하며 따라서 營利를 本位로 하는 것이여서 國民經濟의 圓滑한 運營을 期待할 수 없는 것이다. 여긔에서 國民經濟를 全般的으로 調整하며 發展시키기 爲하여는 國家的 統制에서 한거름 더 나아가 國家自體의 意思에 依하야 企業諸部門의 經營管理를 要請하게 된다. 따라서 自治的 또는 强制的 側面을 가진 獨占資本主義的 生産은 計劃經濟的인 새로운 生産機構로 變質하지 않으면 안 되는 것이다.

二

그러나 獨占資本主義的 生産보다 高次的인 새로운 計劃經濟體制는 果然 어떠한 意義와 內容을 가지는 것일가. 먼저 計劃經濟라는 무었이냐 反向[2]할 제 누구나 이것을 嚴密히 規定하기는 자못 困難한 것이다. 그러나 이에 對한 몇 가지 見解를 들면 첬재 統制經濟와 計劃經濟를 同一視하려는 傾向이 만타. 即「統制經濟는 一名 計劃經濟라고 稱하나니 意識的 規律에 置重하면 統制經濟일 것이요, 그 計劃性에 置重하면 計劃經濟」라는 것이다. 그러나 統制經濟와 計劃經濟를 同一한 槪念으로 規定한다는 것은 誤謬인 것이다. 嚴密한 意味에 있어서 國家統制經濟 即 後期的인 獨占資本主義的 生産과 計劃經濟와의 相

2 '反問'의 잘못으로 보임.

違點은 前者는 生産手段의 私有와 公益優先의 原理와 國家의 指導를 그 特質로 허지마는 後者는 生産手段의 共有와 公益原理와 國家의 主體的인 計劃을 特質로 하기 때문이다. 또한 「計劃經濟라는 槪念은 國民經濟의 運營方法에 即하야 形成된 말하자면 技術的 槪念」이라고도 하나 이는 計劃經濟와 經濟의 計劃 即 經營과를 混同함으로서 생긴 謬見이다. 元來 經濟의 計劃은 어떠한 時代의 經濟體制에 있어서도 妥當性을 가진 槪念이니 自然經濟時代에 있어서나 資本主義經濟時代에 있어서나 個別的인 生産單位의 經營은 오로지 生産者의 計劃에 依하지 안코는 不可能한 것이다. 이러한 意味에서 經濟의 計劃이라는 것은 一面 技術的 槪念이라고 생각할 수 있는 同時에 超歷史的인 一般的 槪念이 되는 것이다.

그러나 計劃經濟라 하면 資本主義經濟體制의 無計劃性, 無政府性에 對立한 經濟의 計劃性 即 國家나 社會全體를 主體로 한 經濟의 計劃을 말하는 것이니 이는 必然的으로 資本主義經濟體制와는 對立된 새로운 經濟體制를 前提로 하는 것이다. 或者는 拘束經濟, 統制經濟 及 計劃經濟의 關係를 說明하야 「拘束經濟는 自意的 統制經濟를 包含하며 國家 또는 公共團體에 依한 産業의 統制를 統制經濟라 하고 計劃經濟는 國家的 統制經濟中 特定한 形態와 內容을 具備한 것을 指稱」한다. 即 計劃經濟는 國家의 全體經濟를 調整하기 爲한 一定한 計劃下에 國家가 重規[3]産業部門에 對하야 綜合的 統制를 加하는 經濟組織이라는 것이다. 이는 拘束經濟, 統制經濟, 計劃經濟等을 區別

3 '重要'의 잘못으로 보임.

한 點에 있어서 意議[4]가 있다고 볼 수 있으나 統制經濟中 特定한 形態와 內容을 具備한 것 即 重要産業部門에 對한 綜合的 統制를 加한 것을 計劃經濟라고 본다는 것은 正當치 못하다. 웨 그러냐 하면 經濟의 統制는 主로 重要産業部門의 統制가 進捗함을 따라 産業部門全般에까지 그것이 必然的으로 波及되나니 이를 論理的으로 展開하면 計劃經濟가 形成된 다음에 全般的인 統制經濟가 成立되여야 할 것이다. 한거름 더 나아가 計劃經濟를 「全國民經濟 또는 적어도 그가[5] 가장 主要한 部分이 唯一한 經濟體制에 依하야 統一的인 計劃에 따라서 指導되는 經濟體制」라고도 보나 「指揮되는 經濟體制」도 아니요, 또는 計劃經濟를 「國民經濟全體의 計劃的 運營을 말하며 그 運營은 計劃豫算에 依하야 遂行하는 것」이라고 할 때 그는 單純한 計劃的 運營이 아니라 一定한 目的意識을 가진 運營임을 理解하여야 할 것이다.

그러므로 計劃經濟는 原理的으로는 國家 또는 社會의 全體的 福祉[6] 即 全體意思에 依한 需要와 供給의 一般的 均衡을 企圖하기 爲하야 有機的, 綜合的으로 運營되는 經濟活動이라고 規定할 수 있을 것이다. 따라서 計劃經濟에 있어서는 國民經濟全體의 利益의 原理가 그 基本理念이 되여야 할 것이며 企業의 公共性이 確立되여야 할 것이다. 「모세」[7]는 計劃經濟의 根本的 樣相으로서 모든 學說이 一致된다

---

4 '意義'의 잘못으로 보임.

5 '그'의 잘못으로 보임.

6 '福祉'의 잘못으로 보임.

7 로베르 모세(Robert Mosse, 1906~1973)는 프랑스의 경제학자이다. 저서로 *L'Economie collectiviste*(Paris: Librairie generale de droit et de jurisprudence, 1939), *L'Economie socialiste: perspectives de l'an 2000*(Paris: Librairie generale de droit et de jurisprudence, 1968) 등이 있다.

는 點을 一, 中央機關에 依한 經濟活動의 統制, 二, 生産手段을 共有制, 三, 貨幣의 殘存, 四, 消費財에 對한 自由市場, 五, 職業의 自由選擇 及 報酬의 差等, 六, 물샐 틈 없는 經濟制度等이라 하였다. 그러니 獨占資本主義經濟가 高次的인 計劃經濟體制로 轉換함에 있어서는 大槪 두 가지의 可能性을 吟味할 수 있는 것이다. 쳤재는[8] 理想型的 計劃經濟體制로 躍進할 수 있는 것이요, 둘재는 資本의 本質을 容認하면서 重要産業諸部門의 國家的 經營管理를 要請하는 것이다. 前者는 그 體制가 理想的인 點에 있어서는 完全計劃經濟라고 할 수 있으며 後者는 不完全計劃經濟라고 볼 수 있는 것이다. 不完全計劃經濟는 統制階段에서 完全計劃經濟로의 推移過程을 말하나니 말하자면 計劃經濟的 資本主義 또는 組織된 資本主義를 指稱하는 것이다. 그러나 이 計劃經濟的 資本主義經濟가 産業資本主義에서 獨占資本主義로 轉化한 것과 같이 獨占資本主義에서 轉化된 形態라고 볼 수 있는 것이다.

三

이제 計劃經濟는 理想的인 完全型이거나 不完全型이거나 國家的, 全體的인 立場에서 一定한 目標를 定하고 있다는 것이 注目할 點이다. 從來의 經濟主體는 個人 또는 部分體였으며 主로 價格機構를 通하야 經濟活動이 運營되었었든 것이다. 그런대 計劃經濟는 그 主體가 國家自體요 國民全體의 經濟生活의 安定과 均衡을 目的으로 하는 것이

8 원문 그대로.

다. 「웅게른·슈테른베륵」[9]은 計劃經濟의 目的으로써 첫재, 個個의 經濟部門間에 正當한 均衡性과 比例性을 가지게 할 것. 둘재, 物價를 低落시켜 實質收入을 增大케 하야 需要增加에 依한 生産部面의 好況을 招來할 것. 셋째, 直接消費財의 生産에 從事하는 經濟部門을 優待할 것 等의 세 가지를 指摘하였으나 計劃經濟의 終局의 目的은 公益의 原理를 理念으로 하고 있는 것이니 個人의 創造力과 活動力을 充分히 發輝시키는 同時에 社會生産諸力의 增進과 그에 依한 國民生活의 高度化, 平均化를 結果하려는 것이다. 그러므로 計劃經濟는 全體的, 統一的인 同時에 어되까지든지 目的意識的이여야 할지며 따라서 運營되는 經濟的 活動에 있어서도 目的과 定策이 緊密不可分의 聯關을 가저야 할 것이다. 말하자면 經濟政策은 그 理論的 目標의 直接的인 實現手段이여야 할 것이다. 그리하야 그 經濟政策의 完全한 實現을 期하기 爲하여서는 한편으로 公正한 政治性과 經濟倫理性을 要請하게 되는 것이다.

計劃經濟體制에 있어서의 經濟政策의 基本的 諸問題는 어떠케 하면 國民生活의 需要와 供給을 適應시킬 것인가, 어떠케 하면 生産資源의 完全한 利用을 할 수 있을 것인가, 生産의 量을 現在와 將來에 있어서도 어떠케 調節시킬 것인가, 國民生活水準을 어떠케 하여야 할

---

9 로데리히 폰 웅겜-스템베르크(Roderich von Ungem-Stemberg, 1885~1965)는 독일의 경제학자·인구학자이다. 저서로 *Die Sorge Europas*(Berlin: Georg Stilte, 1936), *Frankreich-Lebensraun und Wesen*(Berlin: Verlag von Georg Stilke, 1937), *The causes of the decline in birth-rate within the European sphere of civilization* [Eugenics research association. Monograph series. no. IV], translated from the original German by Hilda H. Wullen (N.Y.: Cold Spring Harbor, 1931), *Nationalismus und Völkerfriede*(Offenbach a. M.: Bollwerk-Verlag, 1948) 등이 있다.

것인가, 勞働할 수 없는 사람을 扶養하기 爲하야 生産物을 얼마나 充當하여야 할 것인가, 또 將來할 偶然的 事故에 備置하기 爲하야 國家經濟로서 現在의 消費를 節約하야 얼마나 貯蓄을 할 것인가 等等인 것이다. 그러나 이러한 政策은 計劃經濟國家에 있어서는 構成員全體의 意思 또는 衆議統裁에 依하야 決定되여야 할 것이다. 資本主義社會에 있어서는 設令 政治가 民主主義的 形態를 가진다 할지라도 그 經濟組織의 特質에 따라 生産手段所有者의 利益을 爲하야 濫用되며 不合理하게 運用되기가 쉬웟든 것이다. 허나 計劃經濟體制에 있어서는 生産手段의 共有性이 强調됨을 따라 全體의 意思가 經濟上의 모든 政策과 計劃經濟豫算을 決定하게 되는 것이다. 然이나 事實에 있어서 計劃經濟國家의 國民全體가 目的과 手段과의 關聯을 最初부터 認識하며 管理할 수 있다고 보기는 어려울 것이다. 目的과 手段의 關聯은 構成員全體의 相互間 特히 職能組職을 通하야 産業指導者間에 論爭과 攻擊의 對象이 될 것이나 그것은 結局 政治的 鬪爭을 通하야 解決되여야 할 것이요 또는 解決되지 아니하여서는 안 될 것이다. 그럼으로 目的과 手段이 虛構不實한 關聯을 가질 수 없게 될 뿐 아니라 經濟上의 諸政策의 效果는 國民 앞에 明瞭하게 提出될지니 이에 國民은 國家의 目的과 手段이 眞實로 그들을 爲한 것임을 漸次認識하게 될 것이다. 따라서 經營에 있어서의 技術的 專門家와 國民이 信賴할 수 있는 政治家는 計劃經濟運營에 있어서 重要한 地位를 차지하여야 될 것이요, 他面에 있어서는 國民의 正當한 經濟倫理觀이 確立되여 그것이 計劃經濟를 完全히 遂行함에 있어서의 한 개의 主體的 條件이 되여야 할 것이다. 以上에 있어서 計劃經濟의 意義와 그 目標에 對하야 一般的으로 論及하였거니와 이제 問題를 局限하야 完全計劃經

濟와 計劃經濟的 資本主義의 두 개의 類型中에서 後者를 좀 더 具體的으로 究明하기로 하자.

四

計劃經濟的 資本主義가 그 本質에 있어서는 即 利潤追求를 容認한 點에 있어서는 國家的 統制經濟와 다름이 없으나 그것이 國家的 統制經濟와 區別대로[10] 根本點은 大規模企業의 國有를 前提로 하는 點은 大規模企業의 國有를 前提로 하는 點이다.[11] 그러나 이와 같은 計劃經濟的 資本主義가 理論的으로 또는 現實的으로 成立될 수 있을 것인가. 이 點에 있어 「고틀」[12]은 國民經濟라는 包括構成體는 企業, 家

10 '區別되는'의 잘못으로 보임.

11 원문 그대로.

12 프리드리히 폰 고틀-오틀린펠트(Friedrich von Gottl-Ottlilienfeld, 1868~1958)는 독일의 경제학자로 일반적으로 '고틀'로만 표기한다. 1936년까지 베를린대학 교수를 역임했다. 사회의 각 단계의 구성체에 기반한 공동체론적 사회경제이론을 전개하여, 나치 독일에서 주목을 받았다. 일본에서도 1930년대 후반부터 주목받았으며, 사카에다 요시타카(酒枝義旗)·인나미 히로키치(印南博吉)가 번역·소개하였다. 고틀의 경제학은 사회주의계획경제를 비판하면서 공동체원리에 뿌리내린 시장경제를 지향하여 통제경제론의 대표로 이해되었다. 다른 한 편 전후(戰後)까지 '생활경제학'의 이론적 확립자로 평가를 받았다. 고틀을 소개한 문헌으로는 Otto Stein(酒枝義旗 譯), 『ゴットル經濟學入門』(白揚社, 1941; 補譯新版, 1943), 印南博吉, 『經濟學の革新: ゴットル經濟學研究』(社會主義工業社, 1942), 酒枝義旗, 『ゴットルの經濟學』(弘文堂書房, 1942) 등이 있다. 일본의 고틀 수용에 대해서는 吉田和夫, 『ゴットル: 生活としての經済』(同文館出版, 2004), 108~129쪽 참조. 한편 윤행중은 1939년 3월, 『朝鮮日報』의 릴레이 연재 「全體主義의 諸相」에서 경제 부문 집필을 담당하였는데, 여기서 그는 동시기 독일경제학의 동향을 비판적으로 언급하였다. 尹行重, 「全體主義의 經濟 理論: 『슈판』과 『고틀』을 중심으로 하야」 (1)~(4), 『朝鮮日報』, 1939. 3. 3~7. 윤행중은 스판과 고틀을 '나치스의 대표적인 이론가'로 칭했으며, 특히 고틀의 경제 이론은 민족의

計等의 被包括構成體를 內包하고 있으며 이러한 被包括構成體는 自己構成을 하고 이 自己構成은 相互關係를 가지고 있다고 보며 이 相互로 關聯에 對한 意識的 指導統制를 計劃經濟의 中心으로 생각하는 것이다. 그리하야 自己構成을 한 被包括體의 相互關係를 中心으로 한 經濟는 資本主義的 經濟를 指稱하는 것이니 이 資本主義的 經濟機構를 前提로 하고 計劃經濟는 部分的 計劃經濟로서만 存立할 수 있는 것이요, 이 部分的 計劃經濟는 資本主義의 弊害를 修正하기 爲하여서만 形成되는 만큼 그 發展에는 一定한 限界가 있다고 그는 보는 것이다. 그리하야 그 限界를 超越하면 國民經濟는 攪亂과 崩壞作用을 하게 된다는 것이다. 이제 이 理論에 있어서는 企業間의 相互聯關性을 確認하면서 資本主義生産에 必要한 範圍內의 意識的 指導統制를 主眼으로 하는 것이다. 그러나 各企業의 有機的 統制는 國家的 統制經濟階段을 말하는 것이며 相互聯關性을 가진 企業의 部分的 統制는 必然的으로 全般的 統制로 進轉하지 않을 수 없는 것이다. 그러므로 「고틀」도 統制經濟와 計劃經濟를 混同함으로서 이러한 理論을 展開한 것으로 생각된다.

우리가 여기에서 다시 한번 明白히 前提해 두어야 할 것은 國家的 統制經濟와 計劃經濟的 資本主義의 質的變容을 混同해서는 안 된다는 것이다. 國家的 統制經濟가 獨占主義의 側面을 가졌다고 본다면 計劃經濟資本主義는 國家資本主義的 側面을 가졌다고 볼 수 있는 것이다. 勿論 그 어느 것이나 資本主義的 生産에 틀임없으나 資本의 形

고유성을 불변이라고 강조한다는 점에서 비역사주의적인 오류라고 비판하였다.

態가 變하는 同時에 資本의 社會的 性質이 後自[13]에 있어서 强調됨을 看過하여서는 안 될 것이다. 計劃經濟的 資本主義에 있어서는 重要産業部門의 社會化를 前提로 하는 것이다. 그리하야 그 便法으로 資本主義諸國의 株式市場에 上場되는 大規模의 企業과 軍需企業부터 社會化 即 國營으로 한다면 이는 經濟的, 技術的으로 보아 가장 容易한 일일 것이다.

從來 國家企業에 對한 論難은 그것이 自然 官僚的으로 經營이 됨으로 責任있는 運營을 하지 못하며 따라서 營利心이 强히[14] 私的經營보다 不利하다는 點이었다. 그러나 國家企業에 比하야[15] 基本的으로 低劣하다고 볼 수 없는 것이다.

事實에 있어서 個人企業이 株式會社企業보다 基本的으로 優秀하지 못하고 또 株式會社企業이 國家企業보다 基本的으로 優秀하지 못하다면 必然的으로 個人企業도 國家企業보다 優秀할 수 없을 것이다. 따라서 國家經營에 있어서 흔이 있을 수 있는 官僚的인 經營管理에 比較하야 私的經營과 管理가 利益이 된다는 것은 問題가 되지 안는 것이다. 웨 그러냐 하면 國家的인 大規模의 經營은 大量生産有利의 法則에 依하야 利得이 큼으로 純全한 私經濟의 有利한 諸條件을 充分히 補償하고도 남는 까닭이다. 그러나 私企業의 重要部門을 國家企業으로 移管하는 經過的 方策으로 企業에 있어서의 經營과 所有의 分離를 생각할 수 있는 것이다. 經營과 所有의 分離는 國民經濟 諸部

13 '後者'의 잘못으로 보임.

14 '强한'의 잘못으로 보임.

15 문맥상 '對하야'의 잘못이 아닐까 생각됨.

門間에 急激한 摩擦을 惹起시키지 안코 企業 그 自體의 社會的 性質에 鑑하야 計劃經濟의 構成單位가 되게 하려는 것이며 終局的으로는 國家企業으로 揚棄되어야 할 性質의 것이다.

또한 計劃經濟的 資本主義에 있어서 全能機關의 公共的 性質과 그 役割은 重大한 것이다. 「콜」[16]은 全能機關의 社會的 性質을 强調하야 「全能計劃은 銀行家의 利益을 爲한 것이 아니라 社會全體의 利益을 爲하야 全能을 管理하는 것을 意味한다. 社會를 爲하야 하는 일이 充分한 利潤獲得과 矛盾되지 안는다면 그것을 管理하되 銀行業務는 私有되어 있는 대로 두는 것을 排斥하지는 안는다. 그때에는 社會는 미리 必要한 統制를 充分히 하고 또한 銀行家의 個人的 利益이 共同利益을 凌駕하지 않을 것을 保證하지 않으면 안 될 것이다. 그러나 資本主義制度가 存續한다 할지라도 銀行家가 銀行을 共同利益을 爲하야 經營함에는 採算이 맛지 안는다든지 或은 또 社會가 不平等하기 때문에 生하는 私益을 全體利益에 從應시키려는 意圖를 銀行家에게 强制할 수 없을 때에는 銀行經營은 公共事業으로 되지 않으면 안 될 것이라」 말하엿다. 이제 完全히 國家의 經營管理로 되여 있는 銀行制度의 機能은 有用한 生産資源이 一層有效하게 利用될 수 있도록 生産과 交換을 容易하게 하는 點에 있는 것이다.

---

16 G. D. H. 콜(George Douglas Howard Cole, 1889~1959)은 영국의 경제학자이다. 페이비언협회에 참가했으며, 길드사회주의의 이론적 지도자가 되어 창설기 노동당을 지지하였다. 1925년부터 옥스포드대학 경제학 강사, 1944년부터 동 대학 교수가 된다. 1940년 전후에는 영국형 사회주의의 구상을 바탕으로 계획경제이론을 제창하였다. 당시 일본에서도 그의 저작이 번역 소개되었는데 八木澤善次·本多悅郎 譯, 『計劃經濟の原理』(育生社, 1940); 森島三郎 譯, 『計劃經濟入門』(慶應書房, 1942) 등이다. 다만, 윤행중이 인용한 출처는 확인하지 못했다.

그러나 一面에 있어서 이러한 計劃經濟的 資本主義生産이 不可能하다는 見解도 있으나 世界資本主義는 이 過程을 밟고 進行하려 하며 더욱 經濟外的 諸事情(特히 戰爭)은 이 經路를 促進하고 있슴을 認識하는 同時에 그것은 보다 高次的인 完全計劃經濟體制로의 志向過程임을 이저서는 안 될 것이다.

(一月二十日)

■ 원문

東亞廣域經濟의 基本問題[1]

朴克采

一. 高度國防國家와 新東亞建設

近代的 日本國民經濟는 元來가 國防力을 그 機動力으로 하는 것이니 저 明治維新에 있어서의 近代的 經濟로의 變革過程 그 自體부터가 近代的 國防力의 整備過程이었으며 또 그 後의 發展過程이 同時에 國防力의 充實過程이였던 것은 帝國의 近代史 및 現代史를 조곰 注意하여 考察하는 사람에게는 疑心할 餘地 없는 自明한 事實이다. 勿論 近代的 國民經濟는 어떠한 나라에 있어서도 반드시 國防力과 密接한 關係를 가지고 있다. 그러나 다른 諸國에 있어서는 國防力과 國民經濟는 元來 一體가 되여 있는 것이 아니고 各各 獨立한 存在로서 即 獨自의 二個의 힘으로서 平行하여 다만 그 間에 相互作用만이 있을 뿐이다. 諸外國에 있어서 이를 發生的으로 볼 때에는 國防力은 分明히 經濟力의 派生物로서 經濟力을 對外的으로 擁護하는 任務를 가지고 經濟力 속에서 分泌結晶된 것이다. 國防力은 이와 같이 經濟力의

1 『春秋』 2-7, 1941. 8, 58~70쪽.

派生物이기는 하나 그러나 一旦 成立된 때에는 經濟力과 對立하여 獨自的 存在를 主張하게 되였다. 이러한 關係는 廣義에 있어서는 政治와 經濟의 對立이 되는 것이며 前者는 後者에 依하여 根本的으로 制約되여 後者의 地盤 우에서만 成立存在할 수 있는 것이지만 그러나 兩者의 關係는 어데까지든지 外部的 對立이오 構造的 一致는 아니다.

이에 反하여 日本에 있어서는 國防과 經濟가 構造的으로 癒着되여 있는 事實이 指摘되나니 이 事實은 國民經濟가 國防力의 守護를 要한다는 一般的 原則에서 一步를 進하여 經濟內容自體가 國防力을 中心으로 形成되여 있다는 깃을 意味한다. 그러므로 國防은 戰時 乃至 準戰時에 있어서 새삼스럽게 問題가 되는 것이 아니고 平時에 있어서 一樣으로 重要性을 가지고 있었다. 平時에 있어서는 이것이 客觀的 事實이였음에도 不拘하고 國民의 主觀的 意識에 뚜렷하게 나타나지 않았을 따름이다. 經濟構造에 있어서의 具體的 事實의 論證은 이에 그 餘裕를 가지지 못하거니와 從來에 있어서의 民間의 自由主義的 企業도 國防力을 中心으로 그의 指導下에 展開되였으며 그리하여 經濟의 主體가 形式的으로는 個個의 企業主이였으나 實質的으로는 國防國家이였었다는 事實은 日本國民經濟의 一般的 特質로서 規定되는 바이다. 一般的으로 國民經濟에는 嚴密한 意味에 있어서의 主體가 없고 다만 個別的 企業主를 主體로 하는 無數한 個別經濟의 綜合으로서만 國民經濟를 想定할 수 있는 것이지마는 日本國民經濟에 있어서는 個別經濟가 全體的으로 國防的 國家에 依하여 統括되여 온 限에 있어서 經濟國家의 主體性이 明確히 나타나 있었음을 注意하여야 한다. 諸外國에 있어서는 獨逸만이 類似性을 가진다.

이러한 特異性은 帝國의 近代的 國民經濟에 있어서의 後進的 發生過程에 그 根據를 두는 것이니 維新前後의 列國의 包圍重壓下에 그들의 水準에까지 短期間에 到達하는 唯一의 手段은 經濟의 上述한 組織 以外에 없었을 것은 容易히 理解되는 바이다. 國防力은 周知하는 바와 같이 物質力과 篇神力[2]의 두 要素의 結合을 必要로 한다. 物質的 國防力의 準備는 近代的, 資本主義的 工場施設에 依하여서만 可能한 것이므로 近代的 企業은 上述한 바와 같이 最初부터 國防本位로 發足하게 된 것이며 또 이 物質的 國防力은 國防精神力에 依하여 그의 完全한 生命이 賦與되였다. 그리하여 明治維新 以後의 經濟의 新建設에 있어서의 指導原理는 國防精神力이였던 것이다.

그런데 이 國防精神力은 質的으로나 量的으로나 一朝一夕에 形成되는 것이 아님은 勿論이다. 大體 國防精神力이라는 것은 全國民이 團結하여 外力에 對抗하는 國民的 心魂을 가르침이니 이야말로 長久한 歷史를 通하여 全體的으로 經驗된 貴重한 訓練이 없이는 갑작이 準備되는 것이 아니다. 이 精神力은 肇國[3] 以來 充分히 陶冶鍛鍊된 「大和魂」[4]에 不外하는 것이며 그것은 上下一心으로 國民이 各自 所與된 職能에서 大義名分을 밝히 하며, 君國에 對하여 忠誠을 다하는 皇

---

2 '精神力'의 잘못으로 보임.

3 나라를 세움.

4 야마토 다마시(大和魂). 일본적인 정신, 지혜 등을 일컫는 개념이다. 『겐지모노가타리(源氏物語)』에서 한재(漢才)에 대비되는 뜻으로 和魂이라는 용어가 사용되었는데 이것이 大和魂 개념의 초출이다. 메이지기 서양의 문화, 학문, 기술이 한꺼번에 유입되자 오카쿠라 덴신(岡倉天心) 등은 화혼양재(和魂洋才)를 주장했다. 러일전쟁 이후 제국주의 대두와 함께 국가에 대한 희생적 정신, 타국에 대한 배외적·팽창적 자세를 포함하는 뜻으로 사용되었으며, 일본정신의 독자성 및 우위성을 표현하는 의미를 가지게 되었다.

國臣民으로서의 自覺을 意味하는 것이다. 過去 長久한 歷史에 있어서 이미 準備된 이 國民精神은 維新後 近代的 國民經濟의 建設發展過程에 있어서 終始一貫 그의 指導原理가 되여 今日에 至하였는데 要컨대 上述한 特徵을 가진 日本固有의 國民精神은 國防精神力으로서 近代的 日本國民經濟의 推進力이 된 것이며 또 그러한 까닭에 日本의 經濟는 그 속에 이러한 國民篇神[5]이 躍動하여 他國에 그 類例를 보지 못하는 특이성을 形成하였다. 이러한 意味에 있어서 上述한바 日本經濟의 國防과의 構造的 結合은 維新後 가장 要請되는 上下一致의 固有의 國民的 團結 即 日本精神을 指導原理로 하는 經濟組織으로서 말하자면 日本的 經濟의 當然한 內容으로써 理解할 수 있는 것이다. 資本主義엔 西洋이나 日本이나 다 마찬가지라고 簡單히 處置해 버리는 一派의 傾向이 있는데 이것은 事實에 盲目인 謬見이라고 아니할 수 없다. 또 上述의 根據에서 나는 現在 一部에 依하여 否認되고 있는 日本的 經濟學[6]의 成立存在의 理由를 是認하는 바이다.

---

5 '精神'의 잘못으로 보임.

6 '일본경제학'. 당시 자유주의를 극복하고자 하는 전체주의적인 경제학의 일환으로서, '국체'론이나 '일본정신'론에 근거하여 민족공동체나 전체국가에 봉사하는 경제윤리를 주장하였다. '황도경제학'이라고도 불렸다. 대표적인 저작으로 土方成美, 『日本經濟學への道』, 日本評論社, 1938; 難波田春夫, 『國家と經濟』 全五卷, 日本評論社, 1938~1943; 作田莊一, 『經濟の道』, 弘文堂書房, 1941 등이 있다. 박극채의 이 글에서도 '일본정신'이나 '황도정신' 등의 어휘를 곳곳에서 발견할 수 있다. 다만, '일본경제학'의 유파 중에는 복고적인 '국체'론에 근거하면서도 합리적인 경제재편성을 제창하여 경제신체제론 혹은 광역경제론의 이데올로그 중 한 사람이 된 교토제국대학 교수 다니구치 요시히코(谷口吉彦)의 논의도 있다. 박극채의 논의 역시 이에 가깝다고 생각된다. 다니구치는 쇼와연구회(昭和硏究會)의 멤버로 『新體制の理論』(千倉書房, 1940), 『東亞總合體の原理』(日本評論社, 1940), 『大東亞經濟の理論』(千倉書房, 1942) 등을 저술하였다. 당시 '일본경제학'의 동향에 대해서는 柳澤治, 『戦前·戦時日本の経済思想と

日本은 다시 前進한다. 이제부터는 世界舞臺에서 主動的 役割을 하려고 이미 巨大한 一步를 내놓았다. 이 國力의 膨脹은 當然히 他國과의 摩擦을 惹起한다. 이것은 國民이 이미 覺悟한 바이다. 大東亞의 新建設을 使命으로 하는 日本은 蔣政權을 打倒하는 同時에 其外 敵性國家로 하여금 沈黙을 지키게 하고 저 聖戰을 繼續中이다.

그런데 이러한 世界史的 推定에 있어서 그 原動力은 國民의 强靭한 經濟的 生命力일지나, 이 經濟的 生命力은 國防力을 빌어서 進出하는 것이 아니고 國防力 그 自體가 同時에 經濟的 生命力으로서 進出하는 것이다. 어떠한 나라에 있어서나 戰爭遂行을 爲하여는 經濟가 戰時體制를 採用하는 것이나 經濟의 戰時體制와 帝國에 있어서 現下要求되고 있는 高度國防國家와는 그 本質을 달리한다. 新東亞建設問題가 國防問題로 一貫될 것은 누구에게나 容易히 理解되는 바이지마는 우리가 말하는 東亞經濟領域으로의 日本經濟의 擴張이 國防力의 進出과 그 內容을 같이한다는 것은 이러한 平凡한 事實에 根據를 두는 立論은 아니다. 웨 그러냐 하면 이 境遇에 國防力은 經濟의 手段으로 使用될 수도 있는 까닭이다. 即 一般的으로 말하면 經濟의 戰時體制는 國防力을 手段化하는 方策인 것이나 新東亞建設에 있어서 問題가 되는 高度國防國家는 決코 新東亞建設의 手段으로서의 意味를 가지는 것이 아니다. 그리하여 高度國防國家의 建設은 即 新東亞建設과 一致되는 하나의 事實이니, 이것은 日本國民經濟가 國防力中心의 構造를 가졌기 때문이다. 그러한 까닭에 新東亞經濟建設에 있어서의 主體와 指導原理는 從來의 國民經濟에 있어서와 同一하며 다만 그것

ナチズム』, 岩波書店, 2008을 참조.

이 段階的 差異에 相應하여 一層擴充될 다름이다. 低段階國防國家는 從來의 國民經濟의 主體이였던 것이고 高段階國防國家는 將來의 大東亞經濟의 主體가 되는 것이다. 그리하여 新東亞建設은 日本의 皇道精神의 世界的 顯揚이며 東亞共同防衛의 責任遂行이라는 것을 소리처 말할 수 있다. 또 그리하여 國內國外에서 戰爭은 經濟的 建設 그 自體로서 進行되고 있는 것이다. 이러한 意味에서 今般의 戰爭을 聖戰이라고도 하나니 現代戰은 經濟戰이오 長期戰인 까닭에 戰爭이 經濟建設을 隨伴한다는 一般論으로써 戰爭을 通한 新東亞長期建設을 規定할 것이 아니고 報國盡忠, 上下團結이라는 日本精神에 基礎를 둔 國防國家가 日本經濟의 主體인 까닭에 國防國家의 目的이 同時에 經濟의 目的이 된다고 說明하지 않으면 안 된다.

이와 같이 高度國防國家의 建設과 新東亞建設이라는 두 事實은 방패의 兩面이 되는 것이니 兩者는 아울러 日本國民經濟의 發展된 內容과 形相을 指示하는 것이다. 그리하여 國民經濟가 그 領域을 東亞經濟로 擴大하여 이에 適合한 新經濟秩序를 整備하는 過程은 從來의 國民經濟的 國防國家가 그 以上의 高段階的 國防國家로 推移하는 過程이 된다. 이 事實에 있어서 日本經濟와 東亞經濟와의 關係도 또한 單純한 同列的 對立이 아니고 兩者의 關係는 發展段階的 差異로써 規定되여야 한다. 即 우리는 現下의 時局에서 一方에 日本經濟, 他方에 東亞經濟가 對立並存하여 있는 關係를 볼 것이 아니고 日本國民經濟가 發展하여 東亞綜合經濟로 移行하는 關係를 보아야 한다. 東亞綜合經濟는 이를 客觀的으로 볼 때에는 日本國民經濟를 盟主로 하는 東亞諸國民經濟의 協同體일지나 主觀的(日本의 立場)으로 볼 때에는 日本國民經濟의 發展段階에 屬하는 것이다.

이러한 現象은 非但 日本에서 뿐만 아니라 方今 世界的 規模에서 이러나고 있는 世界新秩序에서 一般的으로 볼 수 있는 것이니 世界新秩序는 從來의 國民經濟가 地域的으로 綜合되여 새로 形成되는 바 몇 個의 經濟協同體의 關係를 가르침이다. 그리하여 世界新秩序에 있어서는 從來의 國民經에濟[7] 代하여 諸國民經濟의 地域的 綜合體가 出現하게 되나니 이 地域的 綜合體를 廣域經濟라는 말로 부르고 있다. 그러므로 東亞新秩序의 本質은 日本國民經濟가 東亞廣域經濟로 發展된 것이라고 規定해야 한다. 이러한 轉換期에 있어서 必然的으로 要求되는바 新秩序에 適合한 經濟的 再編成이 即 國內的 問題로서 提起되여 있는 經濟新體制 그것이다.

高度國防國家, 東亞新秩序(東亞廣域經濟), 經濟新體制의 三者는 바야흐로 新局面에 있어서의 三位一體로서 꼭 같이 日本經濟의 東亞經濟로의 發展을 象徵하는 것이다. 三者의 概念的 區別을 볼진대 經濟新體制는 發展의 內包的 傾向이오, 東亞新秩序는 發展의 外延的 擴充이오, 高度國防國家는 發展의 機動力이며 指導勢力이다. 그러나 여기서 强調할 것은 發展은 從來의 日本國民經濟의 旣述한 特質의 高揚에 지나지 못하는 것이고 決코 新奇한 指導原理에 立脚한 딴 世界의 樹立이 아니라는 것이다.

二. 新東亞建設과 經濟新體制

社會는 恒常 問題를 提起하는 同時에 이를 解決한다. 問題의 提起만

7 원문 그대로.

이 있고 그의 解決이 없을 때에는 社會는 破滅할 것이다. 그러나 社會一般은 破滅하는 일이 없으니 提起된 問題가 반드시 解決되므로써다. 提起된 問題를 社會的으로 解決함에는 一定의 社會的 組織을 必要로 하나니 社會組織은 即 社會的 問題解決을 爲한 社會的 方法에 不外하는 것이다. 社會的 問題는 반드시 段階的으로 提起되며 따라서 段階的으로 解決된다. 同一段階에서 이러나는 諸問題는 同一段階에 屬하는 社會組織으로써 다 같이 解決된다. 그러므로 同一段階에서 이러나는 諸問題는 그 雜多性에도 不拘하고 그 基本的 性質은 同一한 것이다. 새로운 段階的 解決을 要하는 問題만을 우리는 眞正한 意味에 있어서의 社會的 問題라고 하는 것이니, 그 外의 諸問題는 同段階的 組織에서 自働的으로 解決되는 까닭에 人類의 活動에 있어서는 마치 問題가 없었던 것과 마찬가지인 까닭이다. 問題의 이러한 段階的 進展은 社會發展의 內容이 되는 것이니, 要컨대 社會發展이라는 것은 提起된 社會的 問題의 解決方法을 爲한 組織의 段階的 變化를 意味함이다.

經濟問題와 經濟組織과의 關係는 以上의 一般法則의 基底가 되는 것이니 生産의 個別性과 消費의 全體性에 基因하는 生産과 消費와의 不均衡의 問題를 解決하기 爲한 經濟組織이 市場關係와 價格構造를 中心으로 한 市民的 經濟組織 即 近代的 國民經濟組織이다. 이 組織은 個別的 生産과 全體的 消費를 調和시키는 再生産 軌道의 確立으로서 이에 依하여 個人의 經濟的 獨立과 自由活動이 全般的 承認을 얻게 된 것이다.

이제 市民的 國民經濟組織에서는 段階的 解決을 要請하는 새로운 問題가 提起되여 있다. 그러면 그것은 무엇인가. 從來의 國民經濟

組織은 그 再生產 軌道로서의 市場關係에 있어서 國內市場과 國外市場의 兩者를 가졌던 것이다. 國民經濟組織의 國外市場關係는 即 自由貿易組織으로서 이것은 生產과 消費와의 分離를 統一시키는 하나의 有力한 方法이였었다. 그리하여 國民經濟組織과 平行하여 그 原則을 같이 하는 所謂 國際經濟 또는 世界經濟의 組織이 存在하였던 것이다. 그러나 이러한 諸組織의 最近의 段階는 問題解決者인 自由貿易의 活動을 停止시키는 方向으로 發展하여 왔다. 그리하여 國民經濟가 生產과 消費와의 終局的 分裂에 因한 破綻을 免하기 爲하여는 不得已 自給自足을 圖하지 않으면 안 되게 되였다. 問題解決의 過渡的 段階로서는 統制的 自由貿易方法으로서의 所謂「뿔럭」經濟組織이 採用되였던 것은 周知의 事實이다. 그리고 여기서 自給自足이라 하는 것은 어데까지든지 商品生產의 前提 우에 서서 이 商品生產에서 오는 生產과 消費와의 不均衡을 새로운 方法 即 高段階的 組織으로써 解決하는 再生產方式의 修正인 것은 勿論이다. 그러므로 問題解決을 爲하여 要求되는바 高段階的 組織은 亦是 商品再生產組織이며 따라서 一層 더 强固하며 廣大한 市場組織을 必要로 한다. 그리하여 商品의 自給自足 要求에 適應하는 市場組織이 從來의 國民經濟에 있어서의 自由貿易組織에 代置되지 않으면 안 되게 된다. 이 組織이 即 過渡的 段階로서의「뿔럭」經濟의 一步前進인 廣域經濟組織인 것이다. 이 廣域經濟가 企圖하는 바는 商品生產的 自給自足이므로 一般으로 物貨의 商品性에 基因하는 不均衡을 終局的으로 止揚하는 能力은 없다. 그러나 이것이 問題의 次段階的 解決이 되는 根據로서는 圈內에 아직도 自然經濟層이 豐富하여 이를 商品經濟化시킴으로써 今後 無盡藏의 購買力이 創造될 可能性이 있는 것 및 最近의 自由貿易的 世界經濟에서 보던 바와 같이 地球의 各部分이 無秩序하게 工業化하여 全體的 過剩生産이 急速度로 그 限界에 逢着하는 傾向을 指導勢力의 主體性의 發揮에 依하여 阻止시킬 수 있는 것의 두 가지 條件을 들 수 있다.

以上에서 우리는 東亞廣域經濟組織 原則이 從來의 國民經濟組織의 對外的 方面인 自由市場組織(自由貿易體系)의 揚棄로서의 東亞經濟의 綜合的, 計畫的,[8] 自給自足的 市場組織임을 알았다. 그리하여 우리는 여기서 上述한바 段階的 變化에 있어서의 基本的 要素는 市場關係뿐이라는 結論을 내릴 수 있다. 日本國民經濟의 이 市場的, 段階的 再組織은 生産과 消費와의 統一을 流通的 手段으로써 解決하고저 함에 있어서 流通的 統一方法의 하나로서의 從來의 自由貿易과 그 根本精神을 달리하는 것은 아닐지나, 다만 自由貿易的 統一方法이 全體的으로는 無主體的 따라서 無計畫的이였기 때문에 破綻을 이르키였음에 反하여, 새로운 流通組織은 主體를 獲得한 따라서 計畫的인 點에 새로운 歷史的 使命을 가진 新段階的 組織이 되는 것이다. 그리고 計畫의 主體는 말할 것도 없이 高度國防國家다. 다 같은 市場組織이지마는 國民經濟에 있어서는 自由貿易組織이였기 때문에 그것은 自由主義를 原則으로 하였지마는 廣域經濟에 있어서의 計畫的 市場組織은 計畫主義(全體主義)를 原則으로 한다. 그런데 이 計畫은 商品의 流通에서 出發하였으며 또 그 우에 基礎를 두는 것이지마는 이 計畫은 計畫의 最終目的(生産과 消費와의 統一)을 達城하기 爲하여는 生産의 領域에까지 進出하지 않으면 안 되는 必然性을 가진다. 元來 生産이 無計畫한 곳에 流通의 計畫만을 따로 세울 수가 없는 까닭이다. 그리하

8 '畫'은 '劃'의 이체자.

여 廣域經濟의 計畫的 市場組織은 計畫的 生産으로 그 進行「코-스」를 밟을 수밖에는 없게 된다. 그러나 여기서 必要로 하는 計畫的 生産은 어데까지든지 流通的 見地에 立脚한 計畫的 生産임을 注意하여야 한다. 即 여기에서 보는 計畫의 生産과 流通과의 關係는 生産計畫이 主가 되며 流通計畫이 이에 따르는 從이 되는 關係가 아니고 그 正反對인 關係다. 그래서 東亞廣域經濟에 있어서의 計畫的 生産은 計畫的 流通을 根幹으로 하여 이것을 維持하는 限度에서 要求되는 것이다. 이 要求에 따라 大東亞圈內에 있어서의 物資의 綜合的 生産이 問題가 되는 것인데 그 內容은 各種生産部門의 獨立的, 均衡的 調整으로 나타난다. 이 事實을 나는 이미 우에서 東亞廣域經濟에 있어서의 再生産方式의 修正이라는 말로 表現하였다. 이 再生産方式의 修正이 國內經濟의 變革을 이르키는 限에 있어서 이는 經濟新體制가 되는 것이다.

그리하여 經濟新體制는 廣域經濟의 組織原則으로 이를 理解하여야 한다. 即 新經濟와 舊體制와의 差異는 國民經濟와 廣域經濟와의 組織原則的 差異에 歸着한다.

戰爭遂行上 必要한 物資를 外國에서 獲得하기 困難한 까닭에 戰時生産의 一時的 必要로 나타나는 一般的 戰時統制經濟와 新體制가 그 外形이 類似함으로 新體制의 基本精神이 往往 誤解되고 있는 貌樣이나 新體制는 어데까지든지 今後 確立될 東亞廣域經濟의 高段階的 經濟機構임을 알어야 하겠다.

三. 經濟新體制와 物價問題

再生產方式의 修正으로 나타난 新東亞 自給自足的 物資計畫은 그것이 計畫의 生產的 方面을 意味하는 限 어데까지든지 商品의 現物的, 使用價値的 一面만이 問題된다. 그러나 周知하는 바와 같이 商品生產은 現物生產인 同時에 價値生產이다. 그러면 東亞經濟에 있어서의 計畫的 使用價値生產은 價値生產과 어떠한 關係에 있는가. 이 새로운에 問題[9] 있어서 우리는 物資만을 考察의 對象으로 하여 오던 이때까지의 見地에서 一步를 進하여 商品價値의 世界價格機構에 突入하지 않으면 안 된다. 이렇게 하여 이러나는 새로운 問題 속에 經濟新體制에 있어서의 國內的 變革過程의 現實이 있는 것이다.

大體 商品에는 使用價値(現物)와 價値(價格)의 兩面이 있는 것은 經濟學의 初步가 가르치는 바인데 商品의 이 兩面的 存在가 終局에 있어서는 社會的으로 生產과 消費와의 分離를 齎來하게 되는 것이다. 經濟組織은 商品의 見地에서는 이 分離의 統一方法인 것을 우리는 이미 우에서 考察하였거니와 새로운 統一方法으로서의 經濟新體制는 그의 對外的인 面과 對內的인 面의 兩面을 가지고 있다. 對外的인 面이라는 것은 市場을 通한 새로운 流通的 統一方法으로서 東亞廣域經濟 그 自體를 가르침이고 對內的 面이라는 것은 流通的 統一方法이 必然한 限度에 있어서 國民經濟的 生產의 領域에까지 擴大된 것이다. 前者는 商品流通을 中心으로 하는 만치 生產은 이미 前提되여 있는 事實이며 따라서 다만 東亞經濟圈內에 있어서 必要한 物

9 원문 그대로.

資를 內部的으로만 相互交換하는 組織의 問題가 되나 後者는 이러한 새 流通組織이 要求하는 生產組織의 問題가 된다. 그런데 이 새로운 生產組織에 있어서의 基本問題는 從來의 自由主義組織에서 解決되지 못한 重工業部門의 確立이다. 重工業의 確立을 基本方向으로 하는 諸生產部門의 東亞領域에 있어서의 流通을 前提로 하는 計畫的, 均衡的 發達을 企圖하는 것이 國內問題로서의 經濟新體制의 本質이 되는 것인데 이것은 生產의 問題임에 틀림이 없으나 商品에는 前述한 바와 같이 現物과 價値와의 面이 分離되어 있는 故로 새로운 生產의 問題는 이 分離를 如何히 統一하는가에 重點이 있을 것이다.

商品生產에 있어서의 現物과 價値와의 分離는 廣義에 있어서의 生產과 消費와의 分離를 意味하는 것이며 具體的으로는 商品과 貨幣와의 分離로서 나타나는 것이다. 商品과 貨幣와의 分離는 다른 말로 表現하면 需要와 供給과의 分離니 이 分離를 統一하는 方法이 上述한 바와 같이 從來의 自由市場的 價格機構다.

即 商品이 過多하고 이에 對立하는 貨幣(購買力)가 過少할 境遇에는 商品一單位의 價格을 暴落시키는 形態로 또 商品이 過少하고 貨幣가 過多할 境遇에는 商品一單位의 價格을 暴騰시키는 形態로 結局 商品과 貨幣와를 價値的으로 統一시켜 온 것은 어떠한 主體의 意志 乃至 計畫과는 無關係한 個人에 依한 商品의 自由賣買이였었다. 다시 말하면 自由價格의 變動이 貨幣와 商品과의 統一의 形態이였던 것이고 自由賣買의 市場機構는 그 統一方法이었던 것이다. 그리하여 一定한 價格水準은 商品과 貨幣와의 一定한 價値的 統一을 表現하고 있었던 것이다. 이 自由賣買는 生產에 있어서의 自由競爭과 形影相伴하는 事實이니 어떤 商品의 市場價格이 高騰할 때에는 企業은 超過利潤

을 目標로 이 商品의 生産에 資本을 自由로 投下할 수도 있고 또 反對의 境遇에는 自由로 資本을 撤去할 수 있는 企業의 行動原則에서 우리는 自由競爭의 第一形態를 볼 수 있는데, 이 自由競爭의 第一形態는 價格平準化 作用을 하는 것이다. 그런데 價格의 變動은 商品과 貨幣와의 分離의 非常的 統一에서 發生하며 價格의 平準化運動은 그의 平常的 統一이다. 如何튼 價格의 變動, 價格의 平準化가 모다 商品과 貨幣와의 分離의 統一形態임에 틀림이 없다. 自由競爭의 第二形態는 價格平準化傾向에 있어서 生産費低下를 通하여 超過利潤을 追求하는 企業의 行動原則을 가르침인데 自由競爭의 第一形態가 異生産部門間에서 이러나는 데 反하여 第二形態는 同一生産部門間에서 이러난다. 이 自由競爭의 第二形態는 새로운 價格變動의 原動力이 된다. 이렇게 하여 需要와 供給은 恒常不一致하고 따라서 商品과 貨幣와는 恒常分離하는 傾向에 있지마는 다만 自由取引[10]과 自由競爭을 通하여 價格의 變動을 이르킴으로써 그의 一致가 自働的으로 出現하게 된 것이 自由主義經濟組織이였었다. 그러므로 이 組織 안에서는 貨幣와 商品間의 不一致의 問題는 恒常 自働的으로 機構的으로 解決되었던 것이다.

이제 廣域經濟問題가 提起되고 있는 現段階에 있어서는 以上과 같은 不一致를 自由主義的 原則에 依한 自働的 解決에 放任할 때에는 價格의 異常한 未曾有한 暴騰을 齎來하여 全經濟活動을 痲痺에 빠지게 할 念慮가 있다.

東亞綜合經濟에 있어서 要請되는바 日本國內産業의 再編成(近代

10 '取引'는 거래를 뜻하는 일본어.

的 重工業을 樞軸으로 하는 轉換)에 있어서 深刻하게 提起되고 있는 問題는 重工業關係生産의 絶對的 不足이다. 이것은 爲先 重工業關係生産品에 있어서의 需要와 供給과의 不一致 卽 現物의 過少와 이에 對應하는 貨幣의 過多를 意味하며 따라서 自由主義的 機構에 있어서는 그 物資의 價格暴騰이 必至한다. 이 物資의 價格暴騰은 企業家에게 超過利潤을 約束함으로 資本은 다른 部門에서 撤退하여 이 部門으로 殺到하게 되므로써 重工業은 確立될지나 이러한 自由主義的 方法에 重工業中心의 産業再編成을 一任할 때에는 우리가 참으로 警戒하여야 할「인플레이슌」現象이 一朝에 全經濟機構를 混亂에 빠지게 한다. 現在 高度國防國家는 어떠한 物資든지 無制限하게 必要로 하며 國民經濟 속에 現存하는 動員可能의 物資에 限定한 國家豫算에서 보더라도 每年 平時에 必要로 하는 流通貨幣量의 四五倍 되는 貨幣가 創造되여 市場에 追加流通되고 있다. 그러므로 國內의 産業再編成을 自由價格을 誘因으로 하는 自由企業에 마낄 때에는 天井不知의 全般的 價格暴騰의 惡循環 卽「인플레이슌」이 國民經濟에 破壞的 作用을 할 것은 明白하다. 平常時에 있어서와 같이 國家財政의 必要로 不換紙幣가 創造되지 않는 條件下에서는 諸企業이 딴 部門에서 撤退하여 重工業部門으로 移行한다 하더라도 價格의 平準化 作用만이 있을 뿐이고 惡循環 作用은 없을 것이나 現在와 같이 高度國防國家의 要求에 따라 모든 物資가 無制限으로 需要되며 이 需要를 根據로 追次 公債에 依한 日本銀行券이 市場에 出現하고 있는 때에는 諸物價가 循環的으로 高價를 競爭하여 人民의 貨幣에 對한 信用의 失墜와 아울러 國策遂行에 큰 支障이 생길 憂慮가 潛在하는 것이다.

그러므로 東亞廣域經濟組織에 適應하는 國民經濟의 再編成, 重

工業中心의 產業轉換은 自由價格을 誘因으로 하는 自由企業에 即 從來의 自働的 解決方法에 마낄 수 없다는 事實이 判明된다. 그러면 國家의 人爲的 解決方法만이 問題를 解決해야 할 것이다. 이 人爲的 解決方法은 必要한 重工業을 國家가 主體가 되여 創設하는 것을 意味할 수 없음은 勿論이다. 產業의 主體는 依然히 從來의 企業家 或은 生產者인 까닭이다. 그리하여 重工業의 確立은 企業家가 이것을 맡어야 할 것은 從前과 다름이 없다. 重工業을 擔當할 企業家는 모든 準備를 가지고 突然히 어데서던가 나타나는 것을[11] 아닐 것이다. 必要한 資本은 다른 企業에서만 調達될 것이고 必要한 物的 人的의 生產條件도 다른 企業에서 調達되어야 할 것이다. 그러므로 重工業의 確立은 그것만을 分離하여 考察할 것이 아니고 다른 生產部門과의 關聯에서 考察하여야 한다. 이 關聯에서 새로 發生하는 重工業은 다른 生產部門에 影響을 주지 않을 수가 없다. 平易하게 말하면 갑작이 重工業이 創造되지 못하는 限에 있어서 다른 生產部門의 힘이 이곳으로 移行되지 않으면 안 될 것이다. 그러나 現存의 國民經濟的 諸機構는 自由貿易的 世界市場體系內에서 그 自體가 均衡을 維持하고 있었던 것이다. 그러므로 이러한 移行은 從前의 均衡을 破壞하고 새로운 均衡을 創設하는 過程이 될 것이다. 이 過程을 우리는 產業機構의 再編成이라는 말로 表現한다. 이러한 現實에서 重工業의 確立이라면 簡單히 들리는 말이지만 이것은 國民經濟의 巨大한 움직임이 되므로 國難[12]한 歷史的 事業이 된다. 이제 이 再編成이 自由主義的 機構 속에

---

11 '것은'의 잘못으로 보임.

12 '困難'의 잘못으로 보임.

서 自働的으로 完遂된다면 國家는 그에 一定한 方向만 줌으로써 滿足할 것이지마는 이것을 國家가 企業의 自主性을 尊重하면서 全體的 立場에서 人爲的으로 遂行하려면 將來할 巨大한 變化에 있어서의 均衡維持를 保障하는 同時에 超過利潤이라는 誘因이 없는 곳으로 企業을 全般的으로 移動시켜야 한다. 이에 있어서 첫째의 問題는 均衡의 計畫的 確定의 方法如何이다. 自由主義的 機構 속에서는 市場生産의 前提的 事實인 不均衡이 市場價格의 變動에 依하여 均衡을 齎來한다. 即 이에 있어서는 不均衡의 結果로서만 均衡이 있는 것이고 不均衡은 前提的 事實이기 때문에 豫定的, 計畫的 均衡은 最初부터 問題가 되지 않는다. 다음 둘째의 問題는 誘引이 없는 곳에 企業을 移動시키는 方法如何이다.

이 두 가지 問題는 如何한 方法으로서든지 解決함이 없이는 産業의 綜合計畫的 再編成은 不可能하다. 그런데 이 再編成에 있어서 自由市場價格의 方法은 排除되고 있음으로 다른 方法이 採用되여야 한다. 計畫的 均衡에 있어서는 生産과 消費의 國家管理의 方向으로 進行하는 것이 唯一의 길인데 이 길에 있어서의 重大한 障碍가 企業의 自主性이며 企業移動에 있어서는 適正利潤의 保障과 國家補償의 制度가 企業의 自主性과 兩立하는 唯一의 길이 될지나 이것은 自由價格의 命脉을 保存시킬 危險性을 內包한다. 이러한 現實에서 國家는 公定價格制에 問題의 解決을 期待하고 있다. 이것은 生産部門 均衡問題에 있어서 生産의 市場性을 制限하는 效果를 가지며 企業移動問題에 있어서 利潤保障의 作用을 한다. 그러나 公定價格도 價格임에 틀림이 없는 限 이 亦 市場을 前提로 하며 다만 市場組織에 있어서 國家가 主體性을 確保할 따름이다. 그리하여 經濟新體制의 對內的인 面

即 産業再編成에 있어서의 中心問題는 高度國防國家의 市場에 있어서의 主體性의 發揮이며 그 內容은 公定價格制의 伸縮性 있는 活用이다. 公定價格制의 伸縮性 있는 活用, 이 속에 物價問題의 核心이 있나니 一部에서 誤解하는 바와 같이 公定價格이 固定不變하는 것이라면 物價問題는 存在할 餘地가 없을 것이다. 要컨대 物價問題는 公定價格制의 伸縮性 있는, 妙味 있는 活用을 前提로 하며 이는 新體制 計劃經濟로의 國內的 變革의 槓桿이 된다고 하지 않으면 안 된다.

제4장

중일전쟁기 조선 지식인의 '세계사의 철학'

■ 해제

요네타니 마사후미(米谷匡史)

1. 들어가며

동아시아가 처음으로 경험한 총력전인 중일전쟁이 장기화하는 충격 속에서 미키 기요시(三木清), 로야마 마사미치(蠟山政道)를 비롯한 일본 지식인들은 '동아협동체론'과 '세계사의 철학' 담론 생성을 주도하였다. 같은 시기 조선의 좌파 지식인들은 일본 지식인들의 논의에 촉발되어 독자적으로 비판적 담론을 전개하였다. 그것은 자본주의 및 제국주의 비판과 신식민주의 생성, 전체주의 및 파시즘 비판과 총동원 체제 참가가 얽혀 있는 아슬아슬한 담론이었다. 이 책에서는 중일전쟁기 철학비평을 주도한 서인식(徐寅植), 박치우(朴致祐)의 텍스트를 작가 김남천(金南天), 시인 김기림(金起林)의 텍스트와 함께 소개하고자 한다.

제1장, 2장, 3장의 동아협동체론, 내선일체론, 통제경제론에 대한 자료소개에 더해 이번 제4장에서 철학계의 텍스트들을 검토함으로써, 중일전쟁기 조선 지식인의 담론을 그 가능성과 사정(射程), 위태로움과 한계와 더불어 입체적으로 드러낼 수 있을 것이다.[1]

고야마 이와오(高山岩男), 고사카 마사아키(高坂正顯), 니시타니 게이지(西谷啓治) 등 교토(京都)학파 중견철학자들이 전개한 '세계사의 철학' 담론은, 『중앙공론(中央公論)』의 「세계사적 입장과 일본(世界史的立場と日本)」을 비롯한 일련의 좌담회, 그리고 『문학계(文學界)』의 「근대 초극(近代の超克)」 좌담회와 함께 전시하 '근대 초극' 사조의 일환으로서 주목을 받았다.[2] 하지만 자본주의 비판이나 동아시아의 마

---

1 〈식민지/근대 초극〉 연구회 구성원은 다음과 같은 연구를 발표하였다. 崔真碩, 「朴致祐における暴力の予感: 「東亜協同体論の一省察」を中心に」, 『現代思想』 31-3, 2003. 3; 崔真碩, 「東亜協同体論から朝鮮人民共和国へ: 朴致祐の思想」, 孫歌·白永瑞·陳光興 編, 『ポスト〈東アジア〉』, 作品社, 2006; 趙寛子, 『植民地朝鮮/帝国日本の文化連環: ナショナリズムと反復する植民地主義』, 有志舎, 2007; 洪宗郁, 『戦時期朝鮮の転向者たち: 帝国/植民地の統合と亀裂』, 有志舎, 2011; 戸邉秀明, 「転向論の戦時と戦後」, 『岩波講座 アジア·太平洋戦争 3: 動員·抵抗·翼賛』, 岩波書店, 2006; 차승기, 「추상과 과잉: 중일전쟁기 제국/식민지의 사상연쇄와 담론정치학」, 『상허학보』 21, 2007(車承棋, 「抽象と過剩: 日中戦争期·帝国/植民地の思想連鎖と言説政治学」, 『思想』 1005, 2008. 1); 차승기, 『비상시의 문/법: 식민지/제국 체제의 삶, 문화, 정치』, 그린비, 2016; 米谷匡史, 「植民地/帝国の「世界史の哲学」, 『日本思想史学』 37, 2005. 9; 米谷匡史, 『アジア/日本』, 岩波書店·思考のフロンティア, 2006(요네타니 마사후미 저, 조은미 역, 『아시아/일본』, 그린비, 2010) 등.

2 「世界史的立場と日本」, 『中央公論』, 57-1, 1942. 1; 「東亞共榮圈の倫理性と歷史性」, 『中央公論』, 1942. 4; 「總力戰の哲學」, 『中央公論』 58-1, 1943. 1 등 세 편의 좌담회를 단행본으로 정리한 高坂正顯·西谷啓治·高山岩男·鈴木成高, 『世界史的立場と日本』, 中央公論社, 1943. 특집 「近代の超克」, 『文學界』 9-9(1942. 9) 및 9-10(1942. 10)을 단행본으로 만든 『知的協力會議 近代の超克』, 創元社, 1943. '근대의 초극' 좌담회 전체는 한국어로 번역되었다. 나카무라 미쓰오 외, 김경원 외 역, 『태평양 전쟁의 사상: 좌담회 '근대의 초극'과 '세계사적 입장과 일본'으로 본 일본정신의 기원』, 이매진, 2007. 이들 좌담회에 관해서는 竹内好, 「近代の超克」, 『近代日本思想史講座 7: 近代化と伝統』, 筑摩書房, 1959; 『日本とアジア』, 筑摩書房, 1966(ちくま学芸文庫, 1993); 다케우치 요시미 저, 윤여일 역, 「근대의 초극」, 마루카와 데쓰시 외 편, 『다케우치 요시미 선집 1』, 휴머니스트, 2011, 広松渉, 『〈近代の超克〉論』, 朝日出版社, 1980(講談社学芸文庫, 1989); 히로마쓰 와타루, 김항 역, 『근대초극론』, 민음사, 2003 등에서 거듭 논의되었다.

찰과 갈등에 관한 감각이 후경화(後景化)한 아시아·태평양전쟁기의 담론과 달리, 중일전쟁기의 초기 담론에는 고유한 긴박감이 담겨 있었다. 미키 기요시가 조심스럽게 '세계사의 철학' 담론을 엮어 내기 시작한 것은 일본 제국주의의 대륙침략과 중국의 게릴라전이 대치하여 중일전쟁이 미해결 상태로 장기화하는 것이 명확해진 1938년의 일이었다.[3]

한편 고야마 이와오가 논문 「세계사의 철학(世界史の哲學)」을 발표함으로써 그 담론 틀을 정식화한 것은 나치스 독일이 서유럽을 점령하여 근대 유럽의 황혼이 강하게 의식되기 시작한 1940년 봄의 일이었다.[4] 그 후 서양 근대가 몰락한다는 감각과 더불어 '동아(東亞)'의 대두와 다원적 세계의 형성, 그리고 그것을 주도할 일본의 사명 등이 자기충족적으로 이야기되면서, 일본 자본주의 위기와 동아시아의 마찰·갈등에 관한 감각은 점차 후경화하였다. 그러나 1938년부터 이듬해에 걸쳐 중일전쟁이 장기화하면서 혼미(昏迷)에 빠진 시기에 짜인 초기 담론에는 질적으로 다른 감각이 각인되어 있다.

그러므로 조선의 좌파 지식인들은 이 초기 담론에 민감하게 반응하면서 비판적인 개입을 수행하였다. 일본의 담론 장에서 로야마 마

---

3 米谷匡史, 「戦時期日本の社会思想: 現代化と戦時変革」, 『思想』 882, 1997. 12; 米谷匡史, 「三木清の「世界史の哲学」: 日中戦争と「世界」」, 『批評空間』 Ⅱ-19, 1998. 10; 米谷匡史, 「尾崎秀実の「東亜協同体」批判: 日中戦争期の「社会」問題」, 石井知章·小林英夫·米谷 編, 『一九三〇年代のアジア社会論』, 社会評論社, 2010 등을 참조.

4 高山岩男, 「世界史の哲學」은 『思想』 215~216(1940. 4~5, 특집, 「歐洲文明の將來」)에 게재된 후, 『世界史の哲學』, 岩波書店, 1942에 수록되었다. 高山岩男 등 교토학파의 '세계사의 철학' 담론의 전시·전후의 계보에 대해서는 米谷匡史, 「「世界史の哲学」の帰結」, 『現代思想』, 1994. 1 참조.

사미치나 미키 기요시 등이 '동아협동체' 담론을 이야기하기 시작한 것은 1938년 가을의 일이었는데,[5] 바로 이듬해 1월 조선의 종합잡지 『삼천리(三千里)』에 특집 「동아협동체와 조선」이 기획되었다. 여기에 신속하게 비평을 발표한 지식인은 김명식(金明植)과 인정식(印貞植) 등 주로 경제비평가들이다. 그 후 전시하 비판적 인문학을 뒷받침한 『조선일보(朝鮮日報)』 학예면이나 잡지 『인문평론(人文評論)』 등의 미디어에 서인식과 박치우가 일련의 철학비평을 발표한다.[6]

당시는 '내선일체' 구호 아래 파시즘 및 전체주의에 의한 동화정책 및 황민화정책이 강력하게 추진된 시기였기 때문에, 조선 지식인의 담론은 전체주의와 대치할 수밖에 없었다. '동아협동체' 담론은 일본 자본주의 및 제국주의에 대한 자기비판과 그 논리를 내포하면서 확대 팽창해 가는 신식민주의가 혼재된, 모순과 갈등을 품은 〈제국〉의 담론이었다. 전시하 조선에서 합법적인 활자미디어를 가지고 비판적 담론을 세우려고 할 때, 〈제국〉의 담론을 전유하고 달리 해석하는 것은 더할 나위 없이 적합한 수단이었다.

제4장에서는 중일전쟁기 식민지 조선에서 철학비평을 주도한 서인식, 박치우의 텍스트를 소개하고, 그곳에 각인된 이 시기 특유의 예

5 蠟山政道, 「東亞協同體の理論」, 『改造』 20-11, 1938. 11; 三木清, 「東亞思想の根拠」, 『改造』, 1938. 12 등. 그리고 이듬해 초 오자키 호쓰미(尾崎秀實)가 「「東亞協同體」の理念とその成立の客観的基礎」, 『中央公論』 54-1, 1939. 1을 발표하여, 융성하는 '동아협동체' 담론에 비판적으로 개입하였다.

6 『三千里』(1939. 1)의 특집 「동아협동체와 조선」에 게재된 인정식, 김명식, 차재정의 논문, 그리고 『人文評論』(창간호, 1939. 10)에 실린 서인식의 「文化에 있어서 全體와 個人」, 같은 잡지 1940년 7월호에 실린 박치우의 「東亞協同體論의 一省察」은 이 책 제1장에 수록하였다.

리한 비평성과 절박감, 회의와 체념이 뒤섞인 담론의 존재 양상에 대해 고찰하고자 한다. 그와 동시에 당대 문예지 및 종합잡지에 발표된 작가 김남천과 시인 김기림의 비평을 함께 검토하여 이 담론공간의 미묘한 결을 밝히고자 한다.

제4장에서 소개하는 자료는 다음 일곱 편의 텍스트이다.

① 徐寅植, 「現代의 世界史的 意義」, 『朝鮮日報』, 1939. 4. 6·8·9·11~14(「現代의 課題(其の二): 轉形期 文化의 諸相」으로 개제하여 평론집 『歷史와 文化』 수록).
② 徐寅植, 「文化의 類型과 段階」, 『朝鮮日報』, 1939. 6. 18·20~22, 「續·文化의 類型과 段階」, 『批判』, 1939. 9(「文化의 類型과 段階」로 합쳐져 평론집 『歷史와 文化』 수록).
③ 徐寅植, 「第二次大戰을 解剖한다」, 『朝鮮日報』, 1939. 9. 12~15.
④ 朴致祐, 「全體主義의 理論的 基礎」, 『朝光』 7-1, 1941. 1.
⑤ 金南天, 「轉換期와 作家: 文壇과 新體制」, 『朝光』 7-1, 1941. 1.
⑥ 金起林, 「朝鮮文學에의 反省: 現代朝鮮文學의 한 課題」, 『人文評論』 2-9, 1940. 10.
⑦ 金起林, 「「東洋」에 關한 斷章」, 『文章』 3-4(폐간호), 1941. 4.

김남천과 김기림의 비평은 전시하 '근대 초극' 사조가 동시대 식민지 조선에 수용되었을 때의 혼미함과 절박감을 예리한 비판성과 함께 선명히 그려 내면서 회의와 체념을 섬세하게 새겨 넣은 텍스트이다. 당대 사상 상황의 미묘한 결을 섬세하게 반영한 이들 텍스트를 함께 검토함으로써 중일전쟁기 조선 지식인이 전개한 비판적 인문학의 사정(射程)이 또렷이 드러날 것이다.

2. 서인식의 '세계사의 철학'

제4장에서는 먼저 중일전쟁기 조선에서 철학비평을 주도한 서인식의 텍스트 세 편을 수록하였다. 서인식은 하이데거의 존재론과 마르크스의 유물사관을 교차시키면서 글로벌한 시좌에서 역사철학을 전개하였다. 그는 미키 기요시나 도사카 준(戸坂潤) 등 일본 좌파 지식인의 논의에서 많은 시사를 받았지만, 중일전쟁기라는 위기 속에서 식민지 및 주변이라는 위치에서 논의를 구성했기 때문에 더 날카롭게 벼려진 역사철학을 제시할 수 있었다. 즉 1940년대 아시아·태평양전쟁기에 확립된 고야마, 고사카, 니시타니 등의 '세계사의 철학'에 오히려 선행하는 형태로 첨예한 논의를 전개함으로써, '세계사의 철학'에 대한 내재적 비판을 수행한 셈이다.

서인식은 1906년 함경남도 함흥에서 태어나 1924년에 일본으로 건너가 와세다(早稲田)대학 문학부 철학과에 입학하였다. 도쿄에서 신간회(新幹會) 도쿄지회, 조선공산당 일본총국, 고려공산청년회 일본부 등에서 활동하였다. 1928년에 대학을 중퇴하고 베이징과 상하이를 거쳐 조선에 돌아온 후, 조선공산주의자협의회사건으로 검거 및 기소되어 징역 5년을 선고받았다. 1936년 말 혹은 1937년 초에 출옥한 후 역사철학에 관한 일련의 철학비평을 발표하여, 1937년 10월부터 2년간에 발표한 비평을 평론집 『역사와 문화』(學藝社, 1939. 9)로 묶었다. 『역사와 문화』를 간행한 직후 유럽에서 제2차 세계대전이 발발하자 그에 대응하여 「제이차대전을 해부한다」(『朝鮮日報』, 1939. 9)를 발표하였고, 10월에는 『인문평론』 창간호에 「문화에 있어서 전체와 개인」을 발표하는 등 중일전쟁기 비판적 인문학의 일익을 담당한 논객으로 활약하였다.[7]

이 책에는 수록하지 않았지만, 서인식의 역사철학 틀을 확립한 논문이라고 할 수 있는 「문화의 구조를 논술함」(『朝鮮日報』, 1937. 12, 『歷史와 文化』 수록)을 검토하도록 하자.

이 논문에서 서인식은 끊임없이 세계화하는 자본주의의 운동에 준거하여 마르크스주의 시좌에 서서 민족·계층(계급)·문화의 변용 및 재편에 대하여 논의하고 있다.[8] '近代文化'는 "民族文化에서 階層文化로 分化하는 同時에 또한 世界文化로 統一"되는 것이며, 그것은 "資本制生産의 展開運動"과 일치한다고 말하였다.[9]

그리고 서인식은 이와 같은 문화의 '階層性'(계층성)과 '世界性'(세계성)에 주목하면서 리버럴리즘과 전체주의를 비판하고 있다. 리버럴리즘의 문화는 '世界性'을 가지지만 '階層性'을 가지지 않았기 때문에 근대사회가 발전함에 따라 '凋落의 運命'을 맞는다. 한편 전체주의 문화는 "統一되어 나가는 世界文化를 地域文化로 分割하며 分化하여 나가는 階層文化를 民族文化에 統一"하려 한다. 이와 같이 '階層性'도

---

7 서인식의 경력에 관해서는 제1장 도베 히데아키의 해제; 趙寛子, 「徐寅植の歴史哲学: 世界史の不可能性と「私の運命」, 『思想』 957, 2004. 1(『植民地朝鮮/帝国日本の文化連環』 수록); 차승기·정종현 편, 『서인식 전집』 전 2권, 역락, 2006 등을 참조할 것.

8 이 글에 자주 보이는 '계층'이라는 말은 거의 '계급'의 의미에서 사용되고 있는데, 언론통제라는 제약 속에서 신중하게 바꿔 쓴 것으로 생각된다.

9 徐寅植, 「文化의 構造를 論述함」, 『歷史와 文化』, 學藝社, 1939, 77쪽.

'世界性'도 가지지 못한 전체주의는 반동적이며, '社會의 基本的 發展方向'에 일치하지 않기 때문에 "文化로서 存續하기 어려운 것이다."[10]

이처럼 서인식은 논문 「문화의 구조를 논술함」에서 자신의 역사철학 틀을 확립하는 동시에 세계화하는 자본주의 운동에 준거하여 전체주의를 비판하였다.

이와 같은 시각을 기반으로 서인식은 1939년 무렵 조선에서 '세계사의 철학' 담론을 주도하는 동시에 '동아협동체'론에 대해서도 비판적으로 언급하였다. 즉 식민지 및 주변의 위치에서 '세계사의 철학' 담론을 비판적으로 수용하여, 이를 전유하고 달리 해석하면서 비판 및 회의를 벼려 독자적인 전개를 성취한 것이었다.

당시는 1938년 가을 일본 논단에서 제시되기 시작한 '동아협동체' 담론을 보고 1939년 초반부터 조선에서도 '동아협동체'가 논의되기 시작한 시기인데, 이때 동시에 전체주의 비판이 중요한 과제로 부상하였다. 1939년 2월에서 3월에 걸쳐 『조선일보』 학예면에는 '전체주의의 제상(諸相)'을 주제로 일련의 비평이 연재되었다. 서인식의 「전체주의 역사관」, 박치우의 「전체주의의 철학적 해명」, 유진오(俞鎭午)의 「전체주의 법이론의 윤곽」, 임화(林和)의 「전체주의의 문학론」, 윤행중(尹行重)의 「전체주의의 경제이론」 등 다섯 편이다.[11] 이들 필진의 면면을 보더라도 서인식과 박치우가 철학 분야에서 전체주의

10 徐寅植, 「文化의 構造를 論述함」, 78~79쪽.

11 서인식, 「全體主義 歷史觀」, 『朝鮮日報』, 1939. 2. 21; 박치우, 「全體主義의 哲學的 解明」, 1939. 2. 22·23·24; 유진오, 「全體主義 法理論의 輪廓」, 1939. 2. 25; 임화, 「全體主義의 文學論」, 1939. 2. 26·28, 3. 2; 윤행중, 「全體主義의 經濟 理論」, 1939. 3. 3·4·5·7.

를 비판할 논객으로서 당대 조선 논단의 기대를 모았다는 것을 알 수 있다.

그러한 가운데 서인식이 '동아협동체'론에 대해 언급하면서 '세계사의 철학' 담론을 본격적으로 전개한 논문이 바로 제4장 첫머리에 수록한「현대의 세계사적 의의」(1939. 4)이다.

서인식은 세계화하는 자본주의 운동이 서로 떨어져서 존재하던 여러 국민을 하나의 '世界史的 聯關'으로 통일하는 동시에 여러 국민을 융화할 수 없는 대립으로 이끄는 것에 주목하였다. 자본주의의 가치증식률은, "오늘날 諸民族史를 通約하는 世界史的 原理"인 동시에 "오늘날의 世界史의 發展行程을「制動」하는 條件"이다. 이 자본주의가 초래한 모순의 해결이야말로 보편사적인 과제이며 그것 없이는 어떠한 민족의 행동도 세계사적 의의가 있을 수 없다.

이러한 시좌에서 서인식은 당대 융성하던 '東洋主義'에 비판을 제기한다. '西洋'에서 '東洋'을 해방하는 것은 그 자체로서는 '한 낱의 興亡史的 事實'에 지나지 않으며 시대를 구획하는 에포크가 되지는 못한다. 자본주의를 '革新'하는 원리를 가지지 않는 단순한 '東洋主義'는 '世界史의 原理'가 될 수 없다. 그리고 "오늘날 提唱하는 思想的 原理로서의 東亞協同理論"도 "「캬피탈리즘」의 問題와 根本的 連關을 갖고 提起되지 안는 限 그야말로 單純한「뮤토-쓰」에만 끈치고 말 것"이라고 비판한다.

그리고 서인식은 중일전쟁기 일본 지식인들이 현대 일본의 '世界史的 意義'를 언급하는 것 자체를 비판한다. "우리는 現實과 希望을 混同하여서는 안 될 것"이라고 서술하고, "現代 日本이 世界史의 現代的 課題를 解決할 主體가 될 수 있는가"라고 질문한 서인식은, "만일 世界史의 基本的 方向係數와 現代 日本의 政治的 動向과의 間이 莫大한 偏差가 생긴다면 모든 것이 空論"이라고 비판한다.[12]

서인식이 본 것은 다양한 가능성과 이데올로기가 착종된 전형기(転形期)의 혼돈과 불안, 그리고 동요였다. 이와 같은 니힐리즘(nihilism)을 마주하면서도 "歷史에 失望할 수는 없다"는 입장을 견지한 서인식은 "歷史의 無秩序와 「기마구레」[13]"를 통하여 자기를 실현해 가는 역사의 이성에 대해 언급하고 서로 다른 체제를 초월한 '同歸의 潮流'를 전망하고자 하였다.

두 번째로 수록한 「문화의 유형과 단계」(1939. 6, 9)는 평론집 『역사와 문화』 말미에 수록된 것에서 보듯이 서인식 역사철학의 도달점을 보여주는 논문이라고 할 수 있다.

이 논문에서는 문화의 민족성, 계층성(계급성), 그리고 세계성을 논하면서, 도래해야 할 다문화적인 세계의 이상적인 상태를 논하고 있다. 근대의 세계구조는 이념으로서는 세계성을 지향하면서도 사실로서는 '中心과 周邊'이 '支配와 歸屬'의 관계를 이루고 있다. 서인식은 "文化에는 原來 國境이 없는 法이다. 個人과 個人, 民族과 民族의 自由로운 交歡이 文化로 形成하나 政治는 多中心을 不許한다"고 평하였다.

그리고 서인식은 중심이 주변을 지배하는 제국주의적인 세계가 지배가 없는 새로운 다원적 세계로 전환해 갈 것이라고 전망하였다.

---

12 "만일 世界史의 基本的 方向係數와 現代 日本의 政治的 動向과의 間이 莫大한 偏差가 생긴다면 모든 것이 空論이나."라는 문장은 처음 신문에 발표되었을 때는 없던 문장으로, 평론집 『歷史와 文化』에 수록하면서 가필된 것이다.

13 기마구레(気まぐれ). '변덕'을 뜻하는 일본어.

그것을 물질적으로 뒷받침하는 것은 자본주의의 운동보다 먼저 도래한 '勞働의 社會化'이다. "歷史의 全發展過程을 勞働史를 通하여 볼 때에는 直接的인 全體勞働(토-테미즘의 勞働)이 階層勞働으로 分裂하였다가 다시 媒介的인 全體勞働으로 歸還하는 한 낱의 辨證法的 過程으로 볼 수 있다." 이와 같은 과정을 거쳐 도래하는 것이 "到處가 中心이 될 수 있는 同時에 또한 그 어대나 中心이 없는 無限大의 圓과 같은 世界構造"인데, 서인식은 이러한 세계 구조를 두고 '世界性的 世界'라고 명명하였다. 이 논문에서 그는 굳이 니시다 기타로(西田幾多郎)나 고야마 이와오 등 교토학파의 용어를 구사하여, 중심에 의한 주변의 지배가 아니라 다문화적인 세계를 예감하면서 "多가 그대로 하나이며 하나이 그대로 多가 될 수 있는 文化의 理念"을 이야기하였다.

이 논문의 말미에서 서인식은 "高山岩男氏의 人間學 思想을 많이 參酌하였다"는 단서를 달았는데, 이것은 『철학적 인간학(哲學的人間學)』(岩波書店, 1938. 6)이나 『문화유형학(文化類型學)』(弘文堂, 1939. 2) 등에서 고야마가 제시한 다문화적 세계상을 가리키는 것으로 생각된다. 여기서도 서인식이 세계화하는 자본주의의 운동을 응시하는 마르크스주의의 시좌를 견지하고 있는 것을 확인할 수 있는데, 이것은 고야마가 '세계사의 철학'의 틀을 본격적으로 확립하기 이전의 일이다. 교토학파가 제시한 일련의 '세계사의 철학'에서 다문화적인 세계상은 서양 중심의 근대세계를 넘어서는 현대 일본의 세계사적 사명을 변증(辨證)하는 논의로서 의미를 부여받았다. 하지만 서인식은 그것에 오히려 선행하면서 대치하는 형태로, 다문화적 세계상을 다르게 해석함으로써 제국주의 비판을 더 철저한 형태로 제시한 것이다.

이 논문을 말미에 수록한 평론집 『역사와 문화』가 간행된 1939년

9월 초 유럽에서는 제2차 세계대전이 발발하였다. 이 충격의 소용돌이 속에서 9월 중순에 『조선일보』에 발표한 논문이 세 번째로 수록한 「제이차대전을 해부한다」(1939. 9)이다. 이 글은 서양 근대의 몰락을 언급하며 '근대 초극' 사조를 가장 짙게 드러낸 비평이다.

이 글에서 서인식의 시좌를 뒷받침하는 것은 세계화하는 자본주의 운동이 초래한 모순에 대한 주목이다. 세계전쟁을 일으킨 현대사회의 근저에는 "市場과 資源을 圍繞하는 現代 諸國家間의 「안타고니즘」", '發展不均等의 法則'이 있다. "國際間의 力的均衡은 늘 破壞를 通하여 再建되지 안흘 수 업"으며, "한 낫의 矛盾은 보다 큰 矛盾을 마련함으로써 解決된다." 이와 같이 확대되고 재생산되는 모순의 귀결로서 "현대 유럽사회는 파탄에로 유도할 수밖에 없다."

이처럼 서인식은 서양 근대의 몰락에 주목한 후, 그 대신 융성하고 있던 '동양주의'에 대한 비판으로 나아간다. "東洋의 原理", "東洋의 形而上學的 世界"는 현대의 혼란을 극복하는 원리가 될 수 없고, "歐羅巴復興의 原理는 歐羅巴 속에서 차즐 수박께 업다." 그는 '社會化된 人間'이 이 과제를 담당한다고 말하면서, 위에서 서술한 바와 같이 전체노동이 계층(계급)노동으로 분화하면서 다시 매개적인 전체노동으로 귀환하는 노동의 사회화 과정에 주목하였다. 이 과정을 통해 전망되는 도래할 세계는 "無의 構造를 가진 世界性的 世界"이다. 그러나 서인식이 그러한 세계사적 전환의 담당자로서 상정한 것은 현대 일본이 아니었다. 이 글의 말미는 "그 客觀的 條件은 이미 現代 歐羅巴 社會의 胎內에서 成熟하지 안혓는가 생각한다"고 맺어졌다.

이 논문에 이어서 『인문평론』 창간호(1939. 10)에 발표한 논문이

이 책 제1장에 수록한「문화에 있어서 전체와 개인」이다. 이 논문에서 서인식은 전체주의를 비판하면서 '동아협동체'론을 비평하고 있다. "오늘날 우리가 살고 있는 이 市民社會의 世界構造"에서는 "世界의 多中心"이 허용되지 않으며 "必然的으로 中心과 周邊이 생기게 되고 그 사이에 支配와 歸屬의 關係가 形成되지 않을 수 없다." 그것은 "國際的으로는 오늘날의 東洋과 西洋의 關係나 本國과 殖民地의 關係, 國內的으로는 階級과 階級의 關係나 個人과 個人의 關係"를 만들어 내는 세계구조이다. 이것을 극복하려고 하는 "東亞協同體의 理念"은 "民族과 民族의 政治的, 文化的 並存을 原理的으로 排除하는 全體主義 原理로서는 實現할 수 없는" 것이다.

그 후 서인식은「동양문화의 이념과 형태 그 특수성과 일반성」(『東亞日報』, 1940. 1. 3~8·10~12) 등에서 교토학파의 용어를 계속해서 구사하면서 '동양주의' 비판을 이어 가지만, 1941년 이후에는 더 이상 논문을 발표하지 않고 침묵을 지켰다. 그때는 제국 일본과 식민지 조선 양쪽 모두에서 전시하 사회변혁의 전망이 상실되고 파시즘 및 전체주의에 의한 전시동원과 황민화의 압박이 더해 가던 시기였다.

서인식이 일련의 철학비평을 발표하며 활약한 것은 중일전쟁기인 1937년부터 1940년에 걸친 대략 3년의 짧은 기간이었다. 하지만 그의 논의는 식민지 및 주변의 위치에서 '세계사의 철학'을 비판적으로 수용하여, 전유하고 다르게 해석하면서 더 날카롭게 벼려진 역사철학을 제시하는 것이었다. 서인식이 구성한 논리 틀은 세계화하는 자본주의의 운동과 그것이 초래한 모순을 냉철하게 응시하는 시좌에 의해 뒷받침되었다.

미키 기요시나 고야마 이와오 등 일본 지식인의 논의는 세계사적 전환을 담당한 일본의 사명을 변증해 가는 목적론적인 이념에 의해 스스로 주박에 걸린 〈제국〉의 담론이었다. 그러나 서인식은 그러한 세계사적 사명을 담당할 주체를 회의하고, 전체주의에 기초를 둔 제국적 주체 형성을 비판하였다. 즉 "歷史의 無秩序와 「기마구레」"를 통하여 자기를 실현해 가는 헤겔적인 역사의 이성을, 짓밟혀 버린 식민지 및 주변 쪽에서 역설적으로 전망한 것이었다.

서인식의 역사철학은 목적론적 이성을 몸에 두르려는 제국적 주체를 부정함으로써 "無的普遍"의 부정성을 더 철저하게 하여 순환적이며 목적론적인 역사철학을 회의하는 것이었다. 그것은 식민지/제국의 틈새의 시차(視差)에서 생성한 역사철학이었고, 주체 및 목적이 부재(不在)하는 부정변증법적인 '세계사의 철학'으로 평가할 수 있는 담론이었다.[14]

14 세계화하는 자본주의의 운동과 그것이 초래한 불균형한 모순이 확대 재생산되는 과정을 냉철히 응시한 서인식의 글로벌한 시각은, 로자 룩셈부르크가 『자본축적론』(1913)에서 전개한 세계자본주의론을 상기하게 한다. 러시아, 프로이센, 오스트리아에 의해 분할되고 식민지화되었던 폴란드에서, 유태계 여성지식인의 입장에서 내셔널리즘을 넘어서 세계자본주의론을 날카롭게 벼려 낸 로자 룩셈부르크의 시각은, 제국적 주체가 두른 목적론적 주박을 부정하고 식민지 및 주변의 위치로부터 세계사를 전망했던 서인식의 시각과도 통하는 것이라 할 수 있지 않을까 한다. 일본에서는 다음 서지로 출간되었다. ローザ·ルクセンブルグ(長谷部文雄 譯), 『資本蓄積論』(上)~(下), 岩波書店, 1934. 차승기가 「추상과 과잉」에서 아도르노의 부정변증법을 참조하면서 논했던 식민지 지식인의 부정적 담론 전략이나, 趙寛子의 「徐寅植の歴史哲学」이 논했던 '부재의식' 역시 이 문제와 관련 있는 것으로 생각된다.

3. 박치우의 전체주의 비판

서인식의 논문 세 편에 이어서 박치우의 논문을 한 편 수록하였다.

박치우는 1909년 함경남도 단천에서 태어나 1933년 경성(京城) 제국대학 법문학부 철학과를 졸업하였다. 졸업논문은 「니콜라이 하르트만의 존재론에 대하여(ニコライ·ハルトマンの存在論に就いて)」였다. 그는 경성제국대학 법문학부 조수, 숭실(崇實)전문학교 교수를 거쳐, 이후 대학의 아카데미즘을 떠나 『조선일보』 학예부 기자가 되었다. 그리고 현대철학에 관한 일련의 비평을 발표하여 전체주의를 비판하였다. 박치우는 해방 후 남조선노동당에서 활동하였으며 조선문학가동맹, 조선문화협의회 등 문화운동에 참여하였고, 『현대일보』 주필을 지냈다. 그는 미군정하 좌우대립 가운데서도 전체주의를 비판하는 일련의 비평을 발표하였으며, 해방 전후의 비평을 엮어서 『사상과 현실』(白楊堂, 1946)을 간행하였다. 그 후 월북하여 해주(海州)의 남조선노동당 임시 당 본부에서 박헌영(朴憲永), 임화 등과 활동하였다. 1949년 가을, 인민유격대 정치위원으로 남하하였다가 토벌대에 사살되었다.[15]

중일전쟁기 박치우의 철학비평 중에서 '동아협동체'론을 논의한 「동아협동체론의 일성찰」(『人文評論』, 1940. 7)은 이 책 제1장에 수록하

15 박치우의 경력과 사상에 대해서는 제1장 도베 히데아키의 해제; 崔真碩의 앞의 글 2편; 윤대석·윤미란 편, 『박치우 전집: 사상과 현실』, 인하대학교출판부, 2010; 黃鎬德, 「終わりなきパルチザン, 国家(知)との戦い: 京城帝大生からパルチザンまで, 金台俊と朴致祐の解放前後」, 徐禎完·増尾伸一郎 編, 『植民地朝鮮と帝国日本』, 勉誠出版, 2010 등을 참조.

였다. 이 글에서 박치우는 구질서인 시민사회의 변혁과 수정 그리고 개인주의와 자유주의에 대한 근본적인 재검토의 필요성을 제기하였으며, '근대 초극' 사조에 개입하였다. 그러나 박치우는 근대의 개인주의 및 자유주의를 비판하면서 대두한 전체주의 및 파시즘에 대해서는 결코 동조하지 않았으며, 그것의 비합리성을 철저히 비판하였다.

비합리적인 전체주의는 "理性에 對한 不信과 侮蔑"에 근거하여 "피와 흙"의 직접적인 합일에 의한 유기체로서 민족을 이야기한다. 그러나 "日滿支三國을 中心으로 한 東亞協同體"를 실현하는 것은 비합리적인 전체주의에 의한 민족이론으로는 불가능하다. "피를 달리하는 他民族", "圓周를 달리하는 他者"와 결합하는 "民族과 民族과의 協同體"는 "피와 흙"의 직접적인 합일에 기초한 "非合理主義的인 民族理論"으로는 결코 실현될 수 없다. 여기에서 박치우가 제안하는 것은 "媒介되는 兩極이 他者"인 "辨證法的인 結合", "「個」의 高度의 自覺을 거치어서 絶對의 他者가 하나가 되는 辨證法的 統一"이다. 이처럼 박치우는 부정성에 의해 타자와 자기를 매개하는 변증법의 논리에 준거하여, 비합리적인 유기체설에 기초한 전체주의 및 파시즘을 비판하였다.

당시 미키 기요시나 다나베 하지메(田邊元) 등 일본의 지식인들 또한 부정성과 매개에 기초한 변증법을 통해 역시 전체주의 및 파시즘을 비판하였다. 그러나 박치우가 이 논문을 발표한 때는 일본의 전체주의 및 파시즘이 조선에서 동화정책과 황민화정책의 강도를 높여가던 1940년 가을이었다. 박치우는 "피를 달리하는 他民族", "圓周를 달리하는 他者"인 식민지 및 주변의 위치에서 전체주의 및 파시즘 비판을 예리하게 제시한 것이다.

그로부터 6개월 후인 이듬해 초에 박치우가 발표한 논문「전체주의의 이론적 기초」(1941. 1) 또한 이 책 제4장에 수록하였다. 이 장대한 논문에서 박치우는 계속해서 전체주의 비판을 전개하고 있다. 그는 알프레트 로젠베르크(Alfred Rosenberg)나 오스마 스판(Othmar Spann) 등의 전체주의를 대상으로 그 이론적 기초를 분석하고 그 근간에 있는 비합리주의적이며 신비주의적인 유기체설을 발견한다. 이들의 이론에 맞서 박치우가 중시한 것도 역시 부정과 모순을 매개로 하는 변증법의 이론이었다.

이 글에서 박치우는 니시다 기타로나 다나베 하지메의 철학에 대해서도 언급한다. 그는 니시다 철학은 "至極히 東洋的 特히「日本的」"이며 다나베 철학은 "有力한 一種의 日本的인 全體主義 哲學"이라고 간주하면서, 니시다와 다나베의 철학은 "徹頭徹尾 辨證法이라는 것은 重要한 自己體系의 한 要素로서 堅持"하고 있다고 평하였다.

그리고 논문의 말미에서 박치우는 "國民과 民族과의 相覆 又는 不一致에 關한 民族理論的인 諸問題이며 國家 間의 協同問題等 許多한 問題들이 아직도 실상은 未解決인 채로 남아" 있다고 썼다. 구체적으로 논하지는 않았지만, 그는 일본의 전체주의 및 파시즘이 조선을 동화하고 유기체적인 전체로 일체화해 가는 목전의 위기에 맞서, 그 고비에서 전체주의를 비판한 것이다.

그 후 서인식과 마찬가지로 박치우 역시 침묵하였다. 중일전쟁기에 겨우 열렸던 비판적인 인문학의 지평은 이렇게 닫혀 갔다.

4. 김남천과 김기림

서인식 및 박치우의 철학비평 텍스트에 이어 작가 김남천과 시인 김기림이 '근대 초극' 사조 및 '동양주의' 융성을 비평한 논고를 수록하였다.

김남천은 1911년 평안남도 성천(成川)에서 태어나 1929년 도일하여 호세이(法政)대학에 입학하지만 이후 제적되었다. 그는 조선프롤레타리아예술동맹(KAPF) 도쿄지부에서 활동한 뒤, 조선에 돌아와 임화 등과 함께 문예운동의 볼셰비키화를 추진했으나, 카프 제1차 검거사건, 조선공산주의자협의회사건으로 검거되어 투옥되었다. 그 후 임화 등과 협의하여 1935년 5월 카프 해산 신고서를 제출하였다. 김남천은 장편소설 『대하(大河)』(1939), 전향소설 3부작 「낭비(浪費)」(『人文評論』, 1940. 2~1941. 2), 「경영(經營)」(『文章』, 1940. 10), 「맥(麥)」(『春秋』, 1941. 2) 등을 발표하였으며, 해방 후에는 조선문학가동맹 등에서 활동하였다. 1947년경 월북하여 최고인민회의 대의원, 문학예술총동맹 서기장 등을 지내지만, 1953년 남로당 숙청 당시 박헌영 및 임화 등과 함께 숙청되어 이후 동정은 밝혀져 있지 않다.[16]

'동양'론과 '세계사의 철학' 담론에 관한 김남천의 비평은 연작 「낭비」, 「경영」, 「맥」에 등장하는 작중인물의 대화에서 엿볼 수 있다. 전향자로 그려진 오시형(吳時亨)은 세계사상(世界史像)의 전환과 다원사관 및 '동양'론에 대하여 말하지만, 다른 등장인물인 이관형(李觀

---

16 김남천의 경력에 대해서는 權寧珉 編, 田尻浩幸 訳, 『韓国近現代文学事典』, 明石書店, 2012 등을 참조.

亨)은 그의 전향 이론을 비판한다.[17] 김남천은 소설 속 인물의 언급을 통해서 '동양주의'와 '세계사의 철학' 담론을 그려 내면서, 대화 및 비판을 통하여 그 담론을 상대화하는 동시에 불안과 동요에 가득 찬 당대의 사상 및 문화 상황을 비평한 것이다. 최근 식민지 조선의 '근대 초극'에 대해 논의한 김철 등의 연구자들이 김남천의 문학을 거듭 참조한 것은 이 때문이었다.[18]

여기에 수록한 「전환기와 작가: 문단과 신체제」는 박치우의 「전체주의의 이론적 기초」와 함께 『조광』 1941년 1월호에 게재된 글이다. 앞서 언급한 연작 「경영」과 「맥」을 발표하던 와중이었다. 『조광』 1941년 1월호에는 김건(金健)의 「신체제하의 연극: 연극과 신체제」, 조우식(趙宇植)의 「예술의 귀향: 예술과 신체제」, 안석영(安夕影)의 「조선영화의 갈 길: 영화와 신체제」가 함께 실렸다. 한 해 전 신체제 운동으로 국민총력조선연맹(國民總力朝鮮聯盟)이 결성되면서 문화계가 재편될 수밖에 없는 상황 속에서, 각 부문의 동향에 관한 기고를 요구받은 것으로 생각된다.[19]

---

17 藤石貴代, 「金南天の「浪費」「経営」「麦」連作について」, 『朝鮮学報』 171, 1999. 4 참조.

18 김철, 「동화 혹은 초극: 식민지 조선에서의 근대초극론」, 『동방학지』 146, 2009(金哲, 「同化あるいは超克: 植民地朝鮮における近代超克論」, 酒井直樹·磯前順一 編, 『「近代の超克」と京都学派 近代性·帝国·普遍性』, 以文社, 2010)은 "식민지 조선의 전향 마르크스주의자들에게 있어서의 '근대초극론'의 영향을 김남천만큼 풍부하게 보여주는 작가는 달리 없을 것이다"라고 서술하면서 '동양주의'와 '세계사의 철학' 담론을 논하였다. 또한 김철, 「근대의 초극, 「낭비」, 그리고 베네치아」, 『민족문학사연구』 18, 2001(Chul Kim, "The Literary Works of Kim Nam-chon: "Overcoming the Modern," Waste, and Venice," *Seoul Journal of Korean Studies*, 19-1, 2006. 12) 참조.

19 김남천의 글은 목차에서는 「轉換期와 作家: 文化과 新體制」라고 되어 있지만, 본문에서는 제목 「轉換期와 作家」 옆에 칼럼명과 같은 형태로 '文壇과 新體制'라고 작게 쓰여 있다. 안석영의 글은 목차에서는 「朝鮮映畫의 나갈 길: 映畫와 新體制」로 표기

이 글에서 김남천은 전환기로서 현대를 논하고 있는데, 제1장에서 소개한 박치우의 「동아협동체론의 일성찰」과 앞서 소개한 서인식의 「현대의 세계사적 의의」(평론집 『歷史와 文化』에는 「現代의 課題(其二): 轉形期 文化의 諸相」로 개제하여 수록)에 대해서도 언급하면서, 두 시대 사이의 과도기에서 지성의 이상적인 모습을 고찰하고 있다. 그는 서양의 몰락에 대한 문명비평으로서 오르테가 이 가세트(Ortega y Gasset) 등을 든 다음, 고야마 이와오의 논문 「세계사의 철학」(1940)과 저서 『문화유형학』(1939) 등을 언급하고 있다. 김남천은 다원사관을 통해 서양 중심적인 세계의 몰락을 극복하려고 하는 문화이념을 논하면서, "西洋이라는 文化的概念이 가지는 것과 同一한 統一性을 東洋은 가지고 있지 못하였다는 事實"을 지적하고 '동양주의'에 대한 비판과 회의를 감추지 않았다.

김남천이 지향한 것은 "市民社會의 敍事詩"인 장편소설이라는 새로운 양식을 통해서 "轉換期의 克服과 彼岸의 構想"에 참여하는 리얼리즘 문학이다. 그리고 그는 "時代나 思潮에 對한 便乘心理나 轉換期에 對한 皮相的인 飜譯心理야말로 眞正한 文學이 삼가야 할 가장 危險한 態度일까 한다"며 조선의 사상 및 문화 상황에 대해 비판적인 의견을 던졌다.

다음은 제4장에서 마지막으로 수록한 김기림의 비평 두 편에 대해서 살펴보고자 한다.

김기림은 1908년에 함경북도 성진(城津)에서 태어나 1925년에 일본으로 건너가 1929년에 니혼(日本)대학 문학예술과를 졸업하였

되었지만, 본문에서는 「朝鮮映畫의 갈 길: 映畫와 新體制」로 쓰여 있다.

다. 이후 『조선일보』 학예부기자로 근무하며, 구인회 동인으로서 이상(李箱), 정지용(鄭芝溶) 등과 함께 모더니즘 시인 및 비평가로서 활약하였다. 1936년에 다시 도일하여, 1939년 도호쿠(東北)제국대학 법문학부 영문과를 졸업하였다. 졸업논문은 「I. A. Richards' Theory of Poetry」이다. 이후 『조선일보』에 복직하여 학예부 차장 및 학예부장으로 근무하였다. 1940년 8월 『조선일보』가 폐간된 후, 경성(鏡城)고등보통학교에서 영어를 가르쳤다. 해방 후 김기림은 조선문학가동맹 시부(詩部) 위원장으로서 활동하였고, 문학의 정치 참여를 주장하였다. 1950년 한국전쟁 중 납북되었고 이후 동정은 알려지지 않는다. 시집으로는 『기상도(氣象圖)』(1936), 『태양의 풍속』(1939), 『바다와 나비』(1946), 『새 노래』(1948)가 있고, 평론집으로는 『시론(詩論)』(1947), 『시(詩)의 이해』(1950) 등이 있다.[20]

김기림은 「조선문학에의 반성: 현대조선문학의 한 과제」(『人文評論』, 1940. 10)에서 '근대'를 추구한 조선문학이 걸어온 길을 돌아보면서, "우리가 開化 當初부터 그렇게 熱心으로 追求해 오던 「近代」라는 것이 그 自體가 한 막다른 골목에 부대쳤다는 것 바로 그 일"이라고 언급하였다. 그리고 "「유토피아」는 뒤집어진 세음이 되였다. 歐羅巴 自體도 또 그것을 追求하던 後列의 諸國도 지금에 와서는 同等한 空虛와 動搖와 苦悶을 가지고 「近代」의 破産이라는 意外의 局面에 召集된 세음이다"라고 서술하며, "世界史의 轉換"에 대해서 언급하였다. 김

20 김기림의 경력에 대해서는 『韓国近現代文学事典』; 青柳優子 編訳, 『朝鮮文学の知性 金起林』, 新幹社, 2009; 윤대석, 「김기림 시론에서의 '과학'」, 『식민지 문학을 읽다』, 소명출판, 2012 등을 참조.

기림은 '근대 초극' 사조 가운데서, 좌표축을 상실하고 불안과 동요를 가진 조선의 사상 및 문화상황을 정면으로 마주하고 있었던 것이다.

그러나 그는 시류에 편승하여 단지 '근대'를 부정하고 청산하고자 하는 안이한 자세에 대해서, 다음과 같이 엄정하게 비판하였다. "오늘 기우러저 가는 「近代」 그것에 罵叱이나 嘲笑만 퍼붓는 것은 그리 자랑이 될 것이 없다. 그것은 거리의 야지軍조차 쉽사리 할 수 있는 일이다." 차라리 "近代精神"의 내부로부터 "近代文明 그것의 錯雜巨大한 構造의 技師"라고 할 수 있는 "科學精神"을 끌어내어, 깊이 이해하면서 새로운 시대를 준비하지 않으면 안 된다는 것이 김기림의 주장이었다.

이 비평의 말미에서 김기림은 "朝鮮은 近代社會를 그 成熟한 모양으로 이루워 보지도 못하고 近代精神을 그 完全한 狀態에서 體得해 보지도 못한 채 인제 「近代」 그것의 破局에 좋던 굳던 다닥치고 말었다"고 언급하였다. 이 사태의 한가운데에서, 그는 성급한 '근대' 부정론을 견제하고 '근대' 자체의 가능성과 모순을 더욱 깊이 음미하고 해명할 것을 호소하였다.

그 후 김기림은 다시 한번 '동양주의'에 대한 비판으로 나아간다. 「「동양」에 관한 단장(斷章)」(『文章』, 1941. 4)에서 그는 "近代文化는 矛盾相剋에 찬 그 末期徵候를 早晩間 淸算할 局面에 直面하여야 하였다"고 하면서 '근대 초극' 사조에 대해 언급하였고, "近代 西洋의 破綻을 目前에 보았다고 곧 그것의 放棄 絶緣을 決意하는 것은 한 개의 文化的 感傷主義에 넘지 않는다"고 평하였다.

그리고 "또 하나의 나른 感傷主義가 있다. 오늘 와서는 西洋은 돌아볼 餘地조차 없는 것이라 速斷하고 그 反動으로 實로 손쉽게 東洋

文化에 歸依하고 沒入하려는 態度가 그것"이라고 하면서 동양주의에 대해 언급하였고, "輕率한 思索 속에 卽興的으로 떠오르기 쉬운 아름다운 泡沫이기는 하다"고 엄정히 비판하였다. 김기림에 따르면, 서양의 근대 문화가 비판 및 음미를 거쳐 새롭게 발견되지 않으면 안 되는 것과 같이, 동양 문화 또한 "虛華한 外衣와 挾雜物을 清算하고 그 精粹에 있어서 그 根元的인 것에서 새로히 把握되어 來日의 文化創造의 풀무 속에 던져져야 할 것"이었다.

김기림은 서양 근대 문화의 "가장 重要한 遺産의 하나"가 "科學하는 精神, 科學하는 態度, 科學하는 方法"이며, 동양 문화 역시 "感傷的으로 卽興的으로 衒學的으로 沒入되거나 感嘆만 될 것이 아니라 바루 科學的으로 發見되어야 할 것"이라고 주장하였다. 그는 과거의 동양 문화 가운데서 문학 및 예술의 영역에서 참으로 창조력을 가득 품은 유산을 찾아내는 것을 목표로 두었다. 그는 동양주의가 빠져들기 쉬운 안이한 전통회귀를 비판하면서 "自己를 속인 藝術이나 文學이라는 것은 設使 있을 수는 있다 할지라도 到底히 永續할 수는 없었고 制度나 因習 우에 돋은 버섯처럼 하로살이의 목숨밖에는 가지지 못하였던 것"이라고 주장하였다.

이처럼 김기림은 식민지 조선에서 '근대 초극' 사조를 정면으로 마주하면서 내재적인 비평을 전개하였다. 좌표축을 잃은 위기와 좌절 속에 '세계사의 전환'이나 '동양'을 말하는 담론이 널리 퍼진 당대의 사상적 분위기에서, 김기림은 안이한 '근대' 부정론과 '동양주의'에 대한 몰입을 엄정하게 비판한 것이다.

이러한 그의 주장은 아시아·태평양전쟁기인 1942~1943년 제국 일본에서 '근대 초극' 논의가 본격적으로 전개되기 이전의 것이었다.

김기림은 '근대 초극' 사조와 '세계사의 철학' 담론이 논의되기 시작하여 식민지 조선에도 수용된 중일전쟁기의 시점에서, 그 문제점을 예리하게 똑똑히 바라보고 있었다. 『문학계』의 '근대 초극' 좌담회에 참가한 나카무라 미쓰오(中村光夫)나 시모무라 도라타로(下村寅太郎)는 안이한 '근대' 부정론을 비판했지만,[21] 김기림은 이와 같은 제국 일본의 논의보다 오히려 선행하는 형태로, 식민지 및 주변의 위치에서 문제를 철저히 인식하고 투철한 비판을 전개한 것이다.

5. 나오며

지금까지 살펴본 것과 같이 중일전쟁기에 전개된 서인식과 박치우 등의 철학비평, 그리고 김남천과 김기림의 문예비평은 『조선일보』 학예면이나 『인문평론』, 『조광』, 『문장』 등의 문예지 및 종합잡지에 의해 뒷받침되었다. 이들 미디어는 전시하의 혼돈과 위기 속에서 비판적 인문학의 비평담론이 형성되는 장으로 기능한 것이다.[22]

---

21 「近代の超克」 좌담회에 참가했던 나카무라 미쓰오와 시모무라 도라타로는 각각 「「近代」への疑惑」, 「近代の超克の方向」을 기고하여, 안이한 '서양근대' 비판과 동양 및 일본회귀의 풍조를 거부하면서, 서양근대와 자신들의 안에 있는 근대를 거듭 음미하고 파악할 것을 주장하였다.

22 김기림은 『朝鮮日報』 학예부차장, 학예부장으로 근무하였고, 박치우는 같은 신문의 학예부 기자였다. 그들은 스스로 비평가인 동시에, 학예부 기자로서 언론의 장을 편집하고 꾸려 가는 역할을 수행한 것이라 생각된다. 잡지 『朝光』(1935. 11. 창간)은 조선일보사 출판부(朝鮮日報社 出版部)에서 발행된 종합잡지이다. 문예지 『人文評論』은 비평가 최재서(崔載瑞)의 편집으로 인문사(人文社)에서 1939년 10월에 창간되었다. 문예지 『文章』은 문장사(文章社)에서 1939년 2월에 창간되었고, 작가 이태준(李泰俊)

하지만 전시하 언론 및 미디어 통제의 압력 아래, 1940년 8월에는 『동아일보』와 함께 『조선일보』가 폐간되었고, 『인문평론』과 『문장』도 1941년 4월호를 마지막으로 폐간되었다. 앞서 검토한 김기림의 비평 「「동양」에 관한 단장」이 게재된 것은 바로 『문장』의 종간호였다. 결국 중일전쟁기 식민지 조선의 비판적 인문학의 담론 장은 폐색되고 종말을 맞이하게 된 것이다.[23]

중일전쟁기에도 끈질기게 지속된 조선 지식인의 비판적인 논의는 몇 년을 지나 종언으로 나아갔다. 하지만 그곳에서 전개되었던 조선 지식인의 '세계사의 철학' 담론은 식민지/제국의 틈새로부터 불균형하고 모순을 내포한 '근대' 및 자본주의의 세계성을 철저하게 사고한 것이었다. 그들의 비평은 세계사의 전환을 담당할 일본이라는 제국적 주체를 변증하고 거기에 조선을 끌어들이고자 한 '근대 초극'론이나 '동양' 담론의 융성에 현혹되지 않고, 부정 및 회의의 날을 벼려갔던 것이다.

그러나 전시하의 아슬아슬한 담론은 해방 후의 분단과 냉전 아래

이 편집에 관여하였다.

23 최재서는 『人文評論』 폐간 후, 1941년 11월에 일본어 및 조선어를 병용한 문예지 『국민문학(國民文學)』을 창간한다. 이후 『국민문학』은 일본어 잡지가 된다. 최재서의 '국민문학'론에 대해서는 三原芳秋, 「崔載瑞のOrder」, 『사이間SAI』 4, 2008(미하라 요시아키 저, 홍종욱 역, 「최재서의 Order」, 와타나베 나오키 외 편, 『전쟁하는 신민, 식민지의 국민문학』, 소명출판, 2010); 三原芳秋, 「「国民文学」の問題」, 『JunCture』 2, 2011. 3(미하라 요시아키 저, 임경화 역, 「'국민문학'의 문제」, 『현대문학의 연구』 47, 2012) 등을 참조. 또한 『朝光』은 『朝鮮日報』 폐간 후에도 조광사(朝光社)가 발행을 담당하는 형태로 계속 간행되었다. 『人文評論』 2-9(통권 12, 1940. 10)의 「文壇日誌」에 따르면, 『朝鮮日報』 폐간 후 『朝光』의 편집에 김기림이 관여한 것을 확인할 수 있다. 이 책에서 살펴본 『朝光』 1941년 1월호에 실린 박치우, 김남천의 비평 역시, 김기림의 집필 의뢰에 따라 기고된 것이라 추측된다.

에서 봉인되었다. 특히 서인식과 박치우 등 좌파 철학자들의 중일전쟁기 철학비평은, '반공' 체제하 대한민국에서도, 남로당 계열을 숙청하고 독재화로 나아간 조선민주주의인민공화국에서도, 오랫동안 봉인되었다. 한편 일본에서 전시기 논의로서 '근대 초극'론이나 '세계사의 철학' 담론이 주목받았을 때에도, 당대 조선의 논단에서 전개되었던 논의는 주목받지 못하였다. 식민지 조선과 제국 일본이 동시대에 맞이한 위기 한가운데서 서로 얽힌 채 생성된 담론으로서 읽어 내는 시좌 자체가 부재했던 것이다.

이 책에서는 중일전쟁기 조선 지식인의 동아협동체론, 내선일체론, 통제경제론, 그리고 '세계사의 철학' 텍스트를 소개하였다. 이것은 포스트냉전기 유동하는 동아시아 현대사 가운데서 그 봉인을 해제하고 새로운 질문의 지평을 열어가는 실천이라고 할 수 있다. 이를 통해 전시하 식민지 조선/제국 일본이 직면한 '근대'의 모순 및 갈등이 현재적 의미를 띤 채 드러날 것이다.

■ 보론

김항(金杭)

요네타니는 조선 지식인이 전개한 세계사의 철학에 대해 다음과 같이 평가하고 있다.

> 조선 지식인의 '세계사의 철학'은 식민지/제국의 틈새에서 불균형하고 모순을 안은 '근대'/자본주의의 '세계성'을 철저하게 사고했다. 세계사 전환을 담당하는 일본(+조선)이라는 제국적 주체를 변증하는 '근대 초극'론/'동양' 언설에 현혹되는 일 없이 부정/회의를 벼렸다.

두 개의 질문을 던지고 싶다. 첫째, 이런 평가는 조선 지식인의 논의를 다소 높게 평가한 것이 아닌가 싶지만, 문제는 언설 그 자체가 아니라 언설을 만들어 낸 지식인의 실존적 고뇌이지 않을까 싶다. 그것은 식민지에서의 근대의 지적 영위가 사로잡힐 수밖에 없었던 일종의 '운명'에 관한 문제이다. 요네타니의 평가는 이런 측면을 충분히 고려하지 않은 것이 아닐까.

둘째, 현재 시점에서 '근대 초극'이나 '세계사의 철학'을 다시 읽고 평가하는 것이 어떤 의미가 있는 것일까? 1990년대에서 2000년대에 이르는 지적 분위기 속에서 동아시아 사상계는 전시기 철학 논의를 포스트모던/콜로니얼리즘 비판, 국민국가론, 일본사상사 재독해 등의 문맥 속에서 독해해 왔다. 그렇다면 위와 같은 평가는 그런 독해의 문맥 속에 단순히 식민지 지식인의 논의를 한 줄 추가하는 것에 지나지 않는 것인가. 어떤 적극적인 의의를 담고 있는 것인가. 다음에서 두 가지 측면의 물음을 부연해 본다.

1. 식민지에서의 근대적 앎에 대해

식민지를 정의하고 설명하는 방법은 무수하게 많지만 근대적 앎이라는 측면에서 봤을 때 식민지란 무엇보다도 불화와 불모의 땅이라 할 수 있다. 특히 식민지 조선은 제국 일본의 학지와 불화의 관계에 있으면서도, 근대적 앎이 뿌리내릴 자리를 발견하지 못했던 불모의 땅이었다.

유럽에서 근대적 앎은 다채롭게 분기하면서 절망적인 좌절까지 경험했지만 근대 일본에서 그런 분기와 경험이 충분히 음미되는 일은 없었다. 제국 일본에서의 근대적 앎이 그 내적 분열과 외적 곡절을 생략한 채 부국강병과 국민국가화를 절대적인 목적으로 뿌리내린 것은 확인해 두자.

이런 앎의 배치 속에 놓인 식민지 조선에서 근대적 앎은 가장 세련된 지식임과 동시에 가장 공허한 허언이었다. 국가를 전제로 한 근대 법학은 식민지를 정의하는 법규범을 끝내 발견해 내지 못했고, 모국어를 자연화하는 문학에 식민지 문학을 전유하고 사유할 수 있는 비평의 자리는 없었으며, 민족과 개인 사이의 변증법적 합일을 설파하는 역사학은 자유를 박탈당한 식민지 주민에게 과거에서 미래로 이어지는 역사의 지평을 제공할 수 없었기 때문이다. 즉 제국 일본을 경유한 근대적 앎은 식민지 조선의 현실과 마주할 수 있는 용어와 개념과 발상을 내포할 수 없는, 쇼윈도 속의 화려한 전시상품이었던 셈이다.

물론 법학/문학/역사학 이외의 앎, 특히 자연과학은 식민지든 어디든 보편적으로 통용하는 것 아니었냐는 반론이 있을 수 있다. 그러나 자연과학만큼 '국가의 앎'으로서 부국강병이나 국민국가화에 봉사한 지식이 없었음을 감안한다면, 그런 반론은 근대의 권력과 지식이 서로 연루하여 만들어 낸 통치의 실상에 무지하고 둔감한 의문에 지나지 않는다. 식민지 조선에서의 교육제도에 자연과학이 거의 포함되지 않았음을 생각하는 것으로 충분할 것이다. 따라서 자연과학을 필두로 한 근대의 앎이 식민지 조선에서 과거와 현실을 하나의 지평 속에서 통합하고, 이에 근거하여 도래할 미래를 기획하는 과학적 인식과 건설적 기획을 이끈 적은 없었던 것이다.

그럼에도 많은 식민지의 젊은이들이 근대적 앎에 희망을 의탁하고는 절망을 맛보았다. 그들은 스스로 맛보는 화려한 열매가 태어난 땅과 생활을 공유하는 이웃들을 위한 영양이 될 수 없음에 괴로워했고, 맛을 보면 볼수록 땅과 이웃의 자리가 세계에 없음을 절감하며 절망했다. '조선'이란 이름이 붙은 땅과 사람은 근대의 지식 속에서 '일본'이란 이름으로 회수되어야만 했으며, 그 고유한 정체성은 논리를 버리면 버릴수록 실체가 없는 무엇이었기 때문이다. 식민지 지식인이 독립을 꿈꾸면서도 개인으로 침잠하여 낭만적이고 데카당스(décadence)한 니힐리즘에 빠지기 일쑤였던 것도, 민족을 계급으로 융해시키며 마르크스주의의 교의와 실천으로 유혹당한 것도, 여기에 그 까닭이 있다. 그들에게 근대의 앎은 개인으로의 수축이냐 세계로의 도약이냐는 양극단으로 분열한 채, 자기의 육체와 생명이 생활을 영위하는 생활세계에 제자리를 갖지 못한 허무하고 화려한 관념 덩어리였던 것이다.

조선 지식인의 세계사의 철학도 이런 '운명'에서 자유롭지 않았다. 아니 그것은 이런 '운명'을 여실히 보여주는 실존적 고뇌나 절망의 표현이었다. 결국 그런 고뇌나 절망은 '앎' 자체의 무용함을 더할 나위 없는 명료함으로 체험하는 일을 의미했다. 따라서 조선 지식인의 중일전쟁기 철학 언설은 벼리고 벼린 부성과 회의라기보다는, '앎'의 허무함이나 공허함을, 즉 그 근원적 불모성을 그로테스크(grotesque)할 정도로 각인한 것이 아니었을까.

2. '세계사의 철학' 독해의 의의

아마 일본에서도 조선에서도 '세계사의 철학'이나 '근대 초극' 연구는 내용 자체를 독해하는 것만으로는 의의를 찾을 수 없을 것이다. 그 논리구조나 지적 날카로움을 평가하는 '철학'적 독해가 아니라, 문맥이나 상황을 중심으로 조사하는 '사상사'적 접근이 요청되는 까닭이다. 이에 관해서 다케우치 요시미(竹内好)가 '근대 초극' 논의에서 필사적으로 아시아주의적 계기를 구원하여 전후 일본의 나아갈 미래로 투사한 것은 기억될 만하다.

그렇다면 1990년대에서 2000년대에 걸친 '세계사의 철학' 혹은

'근대 초극' 독해는 어떤 사상사적 기획이었던 것일까. 현시점에서 조선인 지식인의 논의를 다룬다면 이 시기 연구에 대한 비판적 개입이라는 의의가 있어야 하는 것이 아닐까. 여기서 1990~2000년대 연구를 전면적으로 검토하고 비판적으로 평가하는 일은 불가능하지만, 이 시기 연구가 제국 일본의 '패전 이전'에 국한되었던 것은 지적해 두어야 한다. 여러 우여곡절을 거쳐 탈식민(주의)의 과정을 국민국가 수립과 민족주의로 경험하게 될 구 제국의 권역에서(일본의 보편주의적 민족주의도, 중국에서의 사회주의 혁명에 뿌리내린 국민국가화도)세계사의 철학이나 근대 초극 논의가 마치 집요저음처럼 국민국가를 단위로 하는 지역질서 구성에 대한 지적 반응으로 작용해 왔기 때문이다.

주지하다시피 패전 직후 스즈키 시게타카(鈴木成高)는 영국의 전통적 국제관계론에 기대어 스스로의 세계사 논의를 변경했고, 고야마 이와오는 세계사적 세계로부터 문화국가 일본의 사명으로 철학적 기획의 전향을 꾀하게 된다. 이런 그들의 가벼운 발놀림은 단순한 상황 추종이 아니다. 어디까지나 이들은 1930년대의 세계질서가 어떤 식으로든 갱신되어야 한다는 신념을 유지했기 때문이다. 스즈키는 고전적 국제관계의 갱신 속에서, 그리고 고야마는 문화와 평화라는 보편이념 속에서, 각각 세계사의 철학을 남몰래 연명시키고 있었던 셈이다. 또한 상징천황제를 근대적 주권 논리를 초극하는 것으로 포착한 오다카 도모오(尾高朝雄)의 '노모스주권론'도 상기할 수 있다. 즉 1945년을 기점으로 단절을 전제하는 것이 아니라, 패전과 탈식민과 국민국가화라는 정세변화 속에서 사상적 언설이 모습을 바꾸어 연명하는 장면에 주목할 필요가 있다. 그것이 현재에 이르는 제국의 사상적 계보학의 재구성을 위해 요청되는 시점이 아닐까.

조선에서도 상황은 마찬가지이다. 해방 후의 사상계는 마르크스주의/파시즘/자유주의 등 여러 기획을 통해 조선의 미래를 그려 갔지만, 그것은 식민지와 근대적 앎이 포획되었던 '운명'으로부터의 해방을 의미했다. 특히 1930년대의 '전환기'에 지적 세례를 받은 세대는 근대 질서를 전복하는 한에서 국가/민족/사회를 의미 있는 것으로 받아들이게 된다. 그 현저한 예가 서울대학교 철학과 교수를 역임하고 박정희 정권의 이데올로그로 활약한 박종홍이란 철학자이다. 그는 한국전쟁/4.19혁명/5.16쿠데타/유신정권수립 등 역사의 결절점마다 '초극'의 논리를 발견하고 설파한다. 그것이 종국에는 '우리식 민주주의'라는 박정희 정권의 이데올로기로 결정화되는데, 이는 해방 후의 국민국가와 민족주의를 변증하는 철학 논의에 '근대 초극'이나 '동아협동체론'이나 '세계사적 세계'가 집요저음으로 울려 퍼지고 있었음을 증좌하는 사례라 할 수 있다. 아마도 이런 측면을 고려하는 것이 조선 지식인의 1930년대 언설을 검토하는 적극적 의의 중 하나가 아닐까 생각하며, 그와 동시에 1990~2000년대의 연구 성과에 비판적으로 개입할 수 있는 하나의 실마리가 되지 않을까 생각한다.

■ 보론

차승기(車承棋)

요네타니 마사후미의 해제는 중일전쟁기 식민지/제국 일본에서 '전시변혁의 사상'으로 등장한 '동아협동체'론, 그리고 동아협동체를 비롯한 동아신질서 구상의 철학적 근거 역할을 한 '세계사의 철학' 등의 언설에 적극 반응하면서, 근대 세계를 성찰하고 장차 도래할 세계의 구성 원리를 상상했던 식민지 조선의 역사철학자들(서인식, 박치우)과 문학자들(김남천, 김기림)의 논의를 포함하고 있다. 중일전쟁기를 '전환기(전형기)'로 인식하고 있던 이들은 한편으로는 동아협동체론 또는 세계사의 철학 언설이 내포하고 있는 탈근대적 '전환'의 타당성의 근거들을 수용하면서, 다른 한편으로는 그 언설의 이념을 극대화하는 방식으로 그 언설과 '전환의 주체'를 회의하는 태도를 보인다.

요네타니의 평가처럼, 근대 자본주의 세계를 구성해 온 역사와 그 '세계성'의 구조를 깊이 탐구함으로써, 그들은 탈근대적 '전환'의 필연성을 받아들이면서도 전체주의, 파시즘, 동양주의를 비판할 수 있었다고 말할 수 있다. 게다가 중일전쟁기 일본의 동아신질서 구상이 민족 간 제휴와 협동에 기초한 일종의 '다민족 공동체'를 표방하고 있었다는 점을 고려할 때, '피와 흙'으로 표상되는 (나치즘식의) 유기체적 전체주의와 파시즘의 한계에 대한 비판을 통해 세계사의 철학에 입각한 동아신질서 구상의 원리적 우월성을 긍정하는 효과를 발생시키는 한편, 그럼으로써 오히려 동아신질서 구상 자체를 비판적으로 규제하는 언설을 생산해 낼 수 있었던 것으로 보인다.

하지만 이렇게 그들을 "제국적 주체를 변증하는 '근대 초극'론·'동양' 언설에 현혹되지 않"게 했던 힘은 그 환상을 상상적으로 동일시하기 어렵게 만든 '장애'의 효과에서 온 것은 아니었을까. 동아신질서가 구상하는 민족 간의 협동주의적 관계에도 서구적 근대의 역사를 초극하는 '세계사'에도 식민지의 자리는 없기 때문이다. 요컨대 일만지(日滿支) 관계에서 조선은 이미 식민지/제국 일본으로 완전히 지양된 존재여야 했고, 다원주의적 세계사에서 식민지는 하나의 '원(元)'을 이룰 수 없었기 때문이다. 따라서 식민지 조선의 지식인들의 '세계사의 철학'에는 부재하는 자의 의식, 몫 없는 자의 목소리가 스며들어 있다고 해도 좋다. 부재하는 자 또는 몫 없는 자의 목소리는 식민지/제국 일본 내부로 지양될 수 없는 영역의 존재를 가시화함으로써 동아신질서와 협동주의의 '이상(理想)'이 근본적인 불평등에 기초해 있음을 폭로한다. 식민지의 지식인들이 "주체도 목적도 없는 세계사"에 접근할 수 있었다면, 그것은 다름 아니라 식민지가 '다민족 공동체'에 참여할 몫을 가지고 있지 않기 때문, 제국적 주체가 써 갈 세계사에 부재하기 때문이 아닐까.

그런가 하면 이러한 '부재'와 '몫 없음'이라는 위치를 공유하지만, 역사철학자들과 문학자들의 관점 사이에는 제법 중요한 차이가 존재하기도 한다. 서인식과 김남천을 통해 그 차이를 검토해 보자.

서인식은 특유의 철저한 변증법적 논리를 통해 '세계성의 세계'

의 이념을 제시하고 있다. 그 이념에 비춰 동아협동체론과 세계사의 철학 등 식민지/제국 일본에서 생산되고 있던 '전환'의 논리를 심문하고 있다. 인류 역사에 대한 변증법적이고 유물론적인 해석, 민족·계급·세계로 연결되는 문화 발전의 논리는 근대의 서양중심주의를 비판하면서도 그 대타항인 동양주의나 다원론으로 회귀하지 않고, 근대가 축적해 온 역량의 합리적 핵심을 통해 '매개적 전체성'과 '무적 보편'의 차원으로 초월하고자 한다.

그의 초월은 헤겔주의적·변증법적 지양운동을 포함하고 있지만, 단순히 그것으로 환원되지는 않는다. 다소 추상적으로 보이지만, 도래할 사회의 구성 원리로 제시하는 '매개적 전체성'의 원리는 공산주의적 유토피아의 비전(개인과 전체가 어느 하나로 지양되지 않은 채 탈중심적인 긴장을 갖는)을 함축하고 있으며 '무적 보편' 또는 '무의 장소'란 실체화된 보편주의를 거부하는 절대적 외부성의 이념(현존 질서를 합리화하지 않고 '다의적 다방향적' 가능성으로서의 '역사적 현재'를 포착할 수 있는)을 함축하고 있기 때문이다.

그러나 그의 다분히 '문화주의적'인 역사철학적 해석은 탈정치주의적 성격을 내포하고 있기도 하다. 그에게 정치란 "다중심을 허락하지 않는" 것이어서, "문화에서 정치적 중심이 탈락하는 때에만" 문화의 민족성과 세계성이 완전한 조화에 도달할 수 있고, "정치를 탈락한 문화민족은 그 세계구조에 있어서 세계의 세계구조와 똑같이 도처가 중심이 될 수 있"다.(「속·문화의 유형과 단계」) 그의 정치 개념은 '독점적 권력의 전횡'에 가까운 것으로 보이며, 정치를 '구심적인 것'으로만 규정함으로써 공통의 것을 놓고 벌이는 갈등 속에서 생성되는 보편적인 것을 보지 못하게 하는 것 같다. 물론 당시 현실 정치의 문화적 개입이 어떤 파괴적 결과를 낳고 있었는가를 생각할 때, 이는 전적으로 서인식만의 책임은 아닐 것이다. 하지만 전시체제기가 '강요된 탈정치'의 시대였음을 생각할 때 그의 문화주의적 역사철학의 의의는 재고할 필요가 있어 보인다.

반면 작가에게 문학적 실천이야말로 필연적으로 사회적이고 정치적인 실천이라는 점을 역설하고 있던 김남천은 「전환기와 작가」에서 '전환기'를 바라보는 일본과 조선의 역사철학자들의 태도를 상대화시키면서 '문학적'인 관점을 제시하고 있다. 물론 이 글만으로는 그 구체적인 입장을 이해하기 어렵지만, 카프 해산 이후 중일전쟁기에 걸쳐 고발-모랄-풍속-관찰 등으로 자신의 소설론적 탐구를 지속해 온 그는 '피안'을 알 수 없는 '전환기'의 세계를 그 혼란의 내부로부터 포착하려 시도해 왔다. 그는 "전환기가 내포하고 있는 가지각색의 생활감정의 관찰" 또는 "생활과 인물의 행동심리의 관찰"이라는 '리얼리즘'을 통해 전환기의 혼란 속에서 형성되어 가는 세계의 구조, 그리고 그 구조 속에서의 주체화 과정을 형상화하고자 한다.

역사철학자가 도래할 세계의 원리를 제시하기 위해서든 현재의 '전환'의 논리를 비판하기 위해서든 대안적 개념을 통해 '전환기'를 해석하고 설명하려고 하는 데 반해, 김남천은 '전환기'의 세계와 그 혼란 속에 살아가고 있는 다양한 '소극적 인물들'을 관찰함으로써 현실적인 것에서 잠재적인 것(the virtual)을 찾으려 한다. 여기서 놓치지 말아야 할 것은 김남천의 '관찰'(이 개념은 발자크에게서 가져온 것인데)이 단순히 '보는 주체'와 '보이는 대상' 사이의 비대칭적인 시각적 관계가 아니라는 점이다. 그에게 '관찰'은 '몰아적'인 것, 즉 자신을 망각할 정도로 대상에 침잠하는 행위로서, 인식론적 관계에서 발생하는 '지식'으로 연결되기보다는 오히려 스스로 대상이 '되는' 행위에 가깝다. 그가 말하는 '지성의 개조'도 순수이성의 인식을 넘어서는 '변신'의 계기를 함축하고 있다. 집요한 '관찰'과 '묘사'의 이념은 주관적 목적이나 의지에서 벗어나 '대상'의 감각으로 세계를 경험하게 하는 데 있으며, 그로써 지금 존재하는 대상에서 미래를 향한 잠재적 운동을 발견하게 한다. 또한 그가 말하는 장편소설의 리얼리즘이란 작가의 서사적 주권성에 의해 구성되는 것이 아니라 장르 자체를 해체하기까지 하는 '산문성'의 실천과 관련되어 있다. 장편소설의 리얼리즘은, 작가의 이상을 투사한 인물을 만들어 내기보다, 장르의 규범적 구성에 현실을 끼워 맞추기보다, 산문적인 세계를 모자이크 하게 한다. '현대의 풍속'을 포착하고자 한 그의 소설론적 실험은, '작품'으로서의 완결성을 폐기하고 다른 텍스트에 개방된 소설들의 연쇄를 통해 당대의 현실을 모자이크하면서 세계의 구조와 주체화의 과정을 포착하고자 한 것이다.

'타자되기'의 계기를 함축하고 있는 그의 '관찰'을 고려할 때, 그리고 장르를 해체하는 산문성의 리얼리즘의 실천을 고려할 때, 전환기를 내부로부터 초극하고자 하는 그의 시도는, 서양중심주의에 대한 동양주의적 초극과 전혀 다른 것임은 물론, 서양적 근대 내부로부터 근대를 넘어서려는 초극과도 구별되는, '피안'을 알지 못하는 식민지/제국의 '전환기' 그 혼돈의 내부로부터 초극하고자 하는 모험이었다고 할 수 있지 않을까. 그리고 '부재'의 위치를 방법적으로 전환시키는 이 모험에서야말로 제국의 '세계사의 철학'을 내파하는 '세계의 잠재성'을 발견해야 하지 않을까.

■ 원문

現代의 世界史的 意義[1]

徐寅植

그러면 두 낱의 聯關된 問題란 무엇인가?[2] 行論의 順序를 따라 爲先 첫째로 이곳에 어떠한 民族이나 階層의 政治的 行動이 出現하였다 하자! 또는 같은 말이지만 世界史의 一定한 地域에 世界諸國民의 關心을 끄을 만한 어떠한 重大事件이 發生하였다 하자! 그러한 境遇에 우리는 걸핏하면 그 行動, 그 事件을 歷史的 意義 또는 世界史的 意義를 가진 事實이라 말한다. 그러나 그렇게 말할 때에 말하는 當者들이 반듯이 모두 그 말의 正當한 意味를 理解하고 使用하는가? 國民生活

1 「現代의 世界史的 意義」, 『朝鮮日報』, 1939. 4. 6·8·9·11~14. 연재 각 회의 제목은 다음과 같다. 「轉形期文化의 諸相」, 「歐羅巴主義의 破綻」, 「東洋主義의 反省」, 「選拔民族의 資格」, 「時代를 이끌 新原理」, 「歷史的 理性과 情熱」, 「文化綜合과 古典熱」. 약간의 수정을 거쳐 「現代의 課題(其二): 轉形期 文化의 諸相」으로 개제한 후 서인식의 단행본 『歷史와 文化』, 學藝社, 1939에 수록하였는데, 이 책에서는 단행본에 실린 글을 수록하였다.

2 전편에 해당하는 「現代의 課題(其一): 歷史科學에 있어서의 一般性과 特殊性」(초출 「歷史科學에 잇서서의 一般性과 特殊性」, 『朝鮮日報』, 1939. 2. 7·9·11·14)의 말미는 다음과 같이 맺어졌다. "그러면 나는 왜 지금까지 이러한 煩瑣한 論理를 長提하는가. 그것은 現在 우리의 頭腦를 번거럽게 하는 두 낱의 關聯된 問題를 取扱하기 爲한 나 自身의 粗雜하나마 簡略한 準備로서다. 두 낱의 聯關된 問題란 무엇인가? 이 小論의 下半은 紙面의 關係로 다음 機會에 말하겠다."(徐寅植, 『歷史와 文化』, 學藝社, 1939, 203쪽)

의 모든 方面에 있어 認識의 徹底를 期하는 오늘날에 있어서도 個中에는 반듯이 그렇지 않은 實例도 있으리라. 적어도 한 民族의 行動으로서 歷史的 意義 또는 世界史的 意義를 가진 것에 相値하자면 그것은 特殊한 것으로서 同時에 普遍的인 意義를 含蓄하며, 相對的의 것으로서 同時에 絶對的인 意義를 갖지 않으면 안 될 것이다. 다시 말하면 그는 單純히 規模가 巨大하다거나 國際的 關心을 集中할 수 있다는 데보담도 本質的으로는 世界史(普遍)的 現在(絶對)의 基本的 動向에 關與하여 그의 發展을 促進하며 따라서 만일 現在에 그가 어떠한 普遍的, 絶對的 意義를 가진 歷史的 課題 — 그 問題의 解決이 없이는 모든 問題의 解決이 不能하며 그 「우토피-」[3]의 實現이 없이는 모든 「우토피-」의 實現이 不能한 그러한 核心的인 問題에 逢着하여 있다면 그 問題의 解決에 적던 크던 어떠한 礎石을 提供하고 功績을 남기는 것이 아니면 안 될 것이다. 그리고 世界史的 現在가 要請하는 그러한 普遍的, 絶對的인 意義를 갖는 問題의 解決에 分關하는 程度에 應하여서만 그가 갖는 世界史的 意義의 比重이 비로소 評價될 수 있는 것이다. 그렇지 못하는 境遇에는 그것은 設使 그 規模는 巨大하고 그 影響은 크다 하더라도 結局 한 民族의 單純한 特殊的, 相對的 意義밖에 가지지 못하는 것이다.

日支事變이 勃發한 뒤로 우리는 많은 사람들로부터 現下 帝國의 對外行動은 世界史를 革新하는 重大한 意義를 가진 것이라는 말을 들었으며 現代日本의 最高의 知性을 代表하는 理論家들로부터서는 더 나아가 이번 事變에 世界的 意義를 賦與하는 理論的 試圖까지 보

3 우토피(Utopie, 독일어). 이상향, 유토피아.

게 되었다. 事變은 正히 重大하다. 情勢의 推移를 따라서는 事態의 展開되는 規模가 적게는 東亞의 休戚[4]을 左右하며 크게는 世界의 運命에 影響할런지 몰은다. 그러나 우리는 오늘날의 事變을 世界史的 意義를 가진 것이라 말할 때에 그 말을 單純한 政治的「레토릭」으로 使用한다면 몰라도 그렇지 안는 限 그 意味를 適當히 限定하여 오늘날 世界史的 現在가 當面하고 있는 普遍的, 絶對的 課題에 連結하여 解釋하지 않을 수 없다. 그렇지 안는 限 그것이 設使 今後의 東亞諸民族의 興亡에 至大한 結果를 齎來한다 하더라도 그러한 民族興亡史的 事實은 한 나라에 있어서의 王朝變遷史的 事實과 같이 歷史에 있어서의 單純한「포텐즈」[5]의 起伏은 表現할망정 決코 그것의「에폭」[6]을 決定하는 것은 아니다.

그러면 오늘날 世界史的 現在가 解決을 要請하는 普遍的, 絶對的인 問題란 무엇인가? 하고 물으면 全體主義理論家들도 見解의 相違는 있을망정 在來의 다른 種類의 傾向理論家[7]들과 같이「캐피탈리즘」의 問題를 두는 것이 常例이다. 오늘날 어떤 民族은 가진 나라와 갖지 못한 나라의 對立問題를, 어떤 民族은 民族問題를, 어떤 民族은 階層問題를 自己의 課題로 하고 있다. 그럼에도 不拘하고 많은 사람들이「캐피탈리즘」의 問題를 世界史的 現在의 最大問題로 하는 本意는 現世紀가 胚胎한 이러한 諸多의 重要問題가 其實은 모두「캐피탈

4 휴척. 편안함과 근심.
5 포텐츠(Potenz, 독일어). 힘, 능력.
6 에포허(Epoche, 독일어). 시대, 시기.
7 '경향이론가(傾向理論家)'란 당시 좌익의 이론적 지식인·평론가를 가리키기 위해 사용된 용어이다.

리즘」의 基本的 矛盾에서 起因하는 것으로 보기 때문이리라.

오늘날 東亞諸民族의 運命을 左右한다는 日支事變도 本質的으로 말하면 이 問題에서 出發하여 이 問題도[8] 歸結될 性質의 것이다.

十六世紀 以來 서로 隔在하였던 諸國民을 한 낱의 世界史的 聯關에 統一하여 온 것이다. 그 統一되어 나가던 諸國民을 오늘날 諸種의 融和할 수 없는 對立으로 引導한 것도「캐피탈리즘」의 所致이다. 價値增殖律이 오늘날 諸民族史를 通約하는 世界史的 原理인 同時에 이 原理가 또한 오늘날의 世界史의 發展行程을「制動」하는 條件이다. 그러므로 오늘날 世界史의 一環을 構成하는 民族으로서는 그에게 歷史的 課題가 있다면 그 基本的인 것은 當然히 諸民族史의 發展을 制動하는 이 問題의 解決에 있지 않으면 안 될 것이다. 그것은 正히 그 어느 國民이나 이 世紀에 生活하는 限 좋던 궂던 떠마튼 課題이고 自進하여 自由로 取捨할 수 없는 것이라는 點에서는 한 낱의 運命的인 課題인 同時에 또한 그것은 各民族의 當面한 제각기의 特殊史的 課題와 分離하여 別個로 探索할 수도 없는, 反對로 이 普遍史 課題를 떠나서는 各民族이 제각기의 當面한 特殊史的 課題도 解決할 수 없다는 點에서는 各民族史의 基底를 形成하는 問題이다. 그러므로 오늘날 日本의 現在의 行動이 世界史的 意義를 含蓄한 것이라면 그는 當然히 世界史의 이 現代的 課題의 解決에 積極的으로 分關하는 것이 아니면 안 될 것이며, 그 分關하는 程度에 比例하여 그의 世界史的 比重이 決定된다고 보지 않을 수 없다.

---

8 '로'의 잘못으로 보임.

오늘날 많은 사람들은 現代日本의 世界史的 課題를 東洋은[9] 西洋으로부터 解放하는 데 둔다. 그러나 西洋으로부터의 東洋의 解放 그 自體가 곧 世界史的 意義를 構成하는 것은 아니다. 西洋으로부터 東洋을 解放하는 것도 單純한 事實로서는 東洋을 西洋에 隷屬시키던 事實이나 다를 것 없이 한 낱의 興亡史的 事實밖에 더 될 것이 없다. 그러나 그 自體에 있어 한 낱의 興亡史的 事實밖에 더 될 것이 없는 東洋의 解放도 오늘날 世界史의 現代的 課題와 內面的 聯關을 갖고 遂成될 수 있다면 그는 勿論 世界史的 意義를 가질 수 있다. 그리고 또한 오늘날 世界史의 內面的 構造聯關을 洞察한다면 누구나 「캐피탈리즘」 問題와의 實踐的 聯關을 떠나서 참다운 意味의 東洋의 解放을 말할 수 없음을 알 수 있으리라. 이것은 勿論 「캐피탈리즘」의 基礎 우에서도 東洋의 解放이 一應 不可能하다는 것을 意味함은 아니다. 그러나 그러한 「카메레온」的 變化는 오늘날 이 땅의 「프라이드인」[10] 東洋的 潔癖을 갖고 말한다면 東洋에 있어서 西洋的인 것의 根絶을 意味함은 아니다. 왜? 「캐피탈」은 西洋에서 傳來한 것이기 때문에 西洋의 것이라는 命題가 오늘날의 公許된 論理이기 때문이다. 만일 그리 된다면 옛날 項劉 그 누가 得鹿하던 歷史的 意義에서 보아서 그 得失의 多寡를 論할 수 없던 慨嘆을[11] 來日의 東亞諸民族이 또다

---

9 '을'의 잘못으로 보임.

10 '드' 다음에 있어야 할 '」'의 위치가 잘못된 것으로 보임.

11 득록(得鹿)은 천하 패권을 쥐는 것을 의미한다. 한신(韓信)이 죽은 후, 유방(劉邦)에게 끌려간 한신의 책사 괴철(蒯徹)이 천하를 잃는 것을 실록(失鹿)으로, 천하를 얻는 것을 득록(得鹿)으로 표현하였다. 한(漢)의 유방과 천하를 두고 겨루었던 초(楚)의 항우(項羽)가 천하를 손에 쥘 뻔했으나, 결국 유방에게 패했다는 역사적 사실을 환기하였다.

시 되푸리하지 않을까? 그 意味에 있어서 우리는 도리어 現代日本의 世界史的 課題를 從來에 한 낱의 觀念的 命名에 不過하던 東洋을 統一된 文化的 實體에 形成하므로써 一方 世界史의 空間的 外延을 擴充하는 同時에 他方 또한 그의 時間的 內容까지도 革新하는 데 두어야 한다는 사람들의 理論에 한 層 構想의 深性을 發見할 수 있다. 그러나 主題가 一定한 民族의 歷史的 課題를 論함에 있는 以上 問題는 世界史의 空間的 外延을 擴充하는 데보담도 도리어 時間的 內容을 革新하는 데 있어야 할 것이다.

歷史의 空間的 外延의 擴充은 時間的 內容의 革新을 隨伴하는 限에서만 歷史的 意義를 獲得할 수 있기 때문이다. 그러면 世界史的 「現代」의 時間的 內容이란 무엇인가? 그것은 論者가 指摘하듯이 單純한 歐羅巴의 原理로서의 歐羅巴主義가 아니고 同時에 世界의 原理로서의 「캐피탈리즘」이었다. 「랑케」[12]의 말대로 諸國民의 活動聯關이 現實的으로 存在하는 限에서만 世界史의 成立이 可能하다면 「트렐츠」[13]의 말대로 傳來의 世界史를 啓蒙時代 以來의 歐羅巴의 歷史理論

---

12 레오폴트 폰 랑케(Leopold von Ranke, 1795~1886)는 엄밀한 사료 비판에 기초를 둔 근대 사학을 확립한 독일의 사학가이다. 이념의 자기 발전 법칙을 부정하고, 어떤 시대도 각각 독특한 가치를 갖는다고 주장했다. 또한 역사가의 사명은 '있는 그대로의 과거(wie es eigentlich gewesen)'를 밝혀내는 것이라 보았고, 객관주의적 태도를 견지해야 한다고 주장했다. 전전(戰前) 일본에서는 『世界史論進講錄』(1918), 『歐洲近世史』(1923), 『歷史學序說』(1939), 『強國論』(1940), 『政治問答』(1941), 『世界史概觀 近世史の諸時代』(1941) 등이 출판되었다.

13 에른스트 트뢸치(Ernst Troeltsch, 1865~1923)는 독일의 철학자, 사회학자, 신학자이다. 막스 베버와 교류하였으며 신학, 종교학, 윤리학, 역사철학, 문화사 등 다양한 영역에 대해서 연구하고 저술을 남겼다. 전전 일본에서는 근대 사회에서 종교가 가진 역할과 의미의 역사적 진화를 통해 기독교의 몰락을 설명하고자 하였다. 『宗教哲學の主要問題』(1920), 『宗教哲學及宗教學の本質』(1926), 『宗教學に於ける心理學と認識

家들이 夢想하던 말 그대로의 世界의 歷史가 아니고 歐羅巴的 世界에만 局限된 世界史로 보는 것도 無妨할 것이다. 그러나 傳來의 世界史가 歐羅巴諸國民의 統一文化를 實體로 하고 出發하였다는 事實은 斷然코 그를 嚮導하던 歐羅巴主義가 歐羅巴의 世界에만 通用될 수 있던 한 낱의 地域的인 指導理念에 不過하였다는 것을 意味함은 아니라, 事實은 그와 反對로 歐羅巴歷史의 指導理念으로 出發하였던 歐羅巴主義는 근대 「캐피탈리즘」의 發展을 따라 數世紀 동안에 東洋諸國民까지도 휘여잡고 말 그대로의 世界歷史의 指導原理로 引上되었던 것이다. 그러고 歐羅巴主義가 이와 같이 歐洲의 原理에서 世界原理로 引上된 것은 그가 世界의 어느 國民이나, 早晩間 逢着하고야 말 世界史의 近代的 課題 「포이달리즘」[14]의 問題를 率先하여 解決할 수 있었던 까닭이다.

世界史의 現代的 課題를 「캬피탈리즘」의 問題라 하면 그의 近代的 課題는 「포이달리즘」의 問題였다. 이와 같이 歐羅巴主義가 그 內容에 있어 「캐피탈리즘」이었다면 그의 革新原理로서 出現하는 것이 「캐피탈리즘」이 될 수 없으며 歐羅巴主義가 單純한 歐羅巴의 原理가 아니고 世界의 原理었다면 그의 革新原理로서 出現하는 것도 東洋的 世界 以外에는 輸出할 수 없는 이른바 東洋主義가 되어서 안 될 것이다. 그리고 그가 「캐피탈리즘」을 革新할 수 있는 原理라면 그는 또한 東洋의 民族이 生産한 特殊原理라 하드라도 早晩間 世界의 需要를 惹起[15]하고야 말 普遍的 原理로 引上되는 법이다. 原來 世界의 需要

論』(1929), 『「基督教の絶對性」と歷史的思惟』(1931) 등이 출판되었다.

14 퓨덜리즘(feudalism). 봉건주의.

를 이와 같이 滿足할 수 있는 具體的, 普遍的 原理만이 한 民族은 勿論이고 적게는 東洋을 包攝하는 同時에 크게는 世界를 包攝할 수 있는 것이다. 民族과 民族의 相剋은 한 民族의 特殊한 原理에 依하여 解消할 수 없으며 東洋과 西洋의 相剋은 東洋의 特殊原理에 依하여 解消할 수 없는 것이다. 一般的으로 그 어떠한 事實의 對立이든 그 對立을 統一에까지 引上할 수 있는 것은 그 兩者를 包攝할 수 있는 보담 높은 次元의 綜合的 原理이다. 이것은 單純한 理性의 論理가 아니고 同時에 歷史의 論理이다. 近古의 封建的인 諸分權間의 相剋을 解決한 것이 近代「캐피탈리즘」의 民族統一運動이었던 것과 마찬가지로 오늘날의 諸民族間의 相剋(또는 그의 延長인 諸民族뿌럭間의 相剋)을 解決할 수 있는 것은「캐피탈리즘」을 止揚할 수 있는 보담 높은 歷史的 原理이다. 그런데 單純한 東洋主義가 世界史의 原理가 될 수 없다는 데는 두 가지 意味가 있다. 既成의「도구마」로서의 東洋의 傳統的 原理가 世界史 原理가 못 될 것은 勿論이고 오늘날 所謂「뮤토-쓰」[16] 로서 問題되는 東洋主義도 말 그대로 東洋的「뮤토-쓰」로서「만」問題되는 限 다를 것이 없을 것이다. 例하면 많은 論客들이 말하는 것과 같은 西洋의 帝國主義에 對立하는 意味에 있어서의 東洋의 傳統的인「왕도[17]이즘」이나 西洋의 個人主義에 對立하는 意味에 있어서의 東洋의 傳統的인 家族主義가 그대로 世界史의 原理가 못 되리라

---

15 '惹起'의 잘못으로 보임.

16 미토스(mythos, 그리스어). 신화.

17 왕도(王道). 동아시아 전통의 유학(儒學)에서 이상(理想)으로 생각하는 정치사상. 인덕(仁德)을 근본으로 천하를 다스리는 도리로 여기서는 유교의 정치사상을 의미한다기보다는 동양의 전통적인 정치 원리를 통칭하는 것으로 보인다.

는 것은 오늘날도 대개가 是認하는 듯하나 오늘날 提唱하는 思想的 原理로서의 東亞協同理論도 그것이 單純한 東洋的 「뮤토-쓰」로서 論議되는 限 前者와 다를 것이 없으며 또는 設使 世界的 「뮤토-쓰」로서 諸議[18]된다 하더라도 그가 「캬피탈리즘」의 問題와 根本的 連關을 갖고 提起되지 안는 限 그야말로 單純한 「뮤토-쓰」에만 끈치고 말 것이다. 「포이달리즘」의 遺物인 「도구마」로서의 東洋的 原理를 世界史의 原理로 推上하는 것이 歷史運動의 非可逆性을 無視하는 것과 같이, 現代的 「뮤토-쓰」를 「캬피탈리즘」의 問題와 聯關없이 提起하는 것은 歷史의 普遍的, 物質的 土臺를 無視하는 것이다.

그러나 우리는 現實과 希望을 混同하여서는 안 될 것이다. 問題는 오늘날 東亞의 政治的 推力이 事實에 있어서 世界史의 現代的 課題를 解決할 用意가 있는가 하는 데 있다. 다시 말하면 現代日本이 世界史의 現代的 課題를 解決할 主體가 될 수 있는가 하는 것이 問題이다.

어떠한 民族이고 그가 世界史의 一地域을 占有하고 있다는 點에서는 勿論이고 單純히 他國民과의 聯關的 活動에 分關하고 있다는 點에서도 歷史的 主體가 못 되는 法이다. 世界史의 主體가 될 수 있는 것은 말하자면 世界史的 民族으로서 自己의 그 어떠한 特殊한 課題라도 그 時代의 諸國民이 逢着하고 있는 一般的, 根源的인 課題와 連結하여 解決할 수 있는 世界史的 意識을 갖지 않으면 안 될 것이다. 그리고 그러한 世界史的 意識은 또한 一般的으로 自己의 民族的, 特殊的 問題와 諸國民의 一般的, 共通的 問題와를 實踐的으로 統一할 수 있는 特殊한 歷史的 地位에 處한 民族이 아니면 가질 수 없는 것

---

18 '論議'의 잘못으로 보임. 『朝鮮日報』 연재에서는 '論議'로 표기.

이다. 그런데 原理的으로 말하면 「캬피탈리즘」이 高度로 成熟한 나라의 選拔된 國民만은 그 自體가 그 內部에 民族的, 特殊的 問題와 世界史的, 一般的 問題와를 實踐的으로 統一할 수 있는 具體的 普遍者의 地位에 있다. 그러므로 그들은 모두 世界史的 民族, 卽 主體가 될 可能的 地位에 있다고 보지 않을 수 없다. 왜 그러냐 하면 그들은 모다 自己의 問題를 問題하는 것이 곧 他國民의 問題를 問題하는 것이 되며, 他國民의 問題를 解決하는 것이 곧 自己의 問題를 解決하는 것이 될 必然的 運命을 질머지고 있기 때문이다. 그러나 이곳에 있어서도 選拔된 諸民族의 可能的 地位가 問題 아니고 그들을 現在 指導하고 있는 社會的 成層이 그러한 具體的 普遍者의 地位에 서 있는가 하는 것이 問題이다. 그리고 選拔된 成層의 現實的 地位도 問題이지만 그들이 客觀的 事態에 對應하는 主體的 力量을 가졌는가 하는 것도 問題이리라. 現代日本이 果然 世界史의 主體가 될 用意를 가졌는가? 만일 世界史의 基本的 方向係數와 現代日本의 政治的 動向과의 間이 莫大한 偏差가 생긴다면 모든 것이 空論이다.[19] 오늘날 知識階級이 現實事態에 대하여 懷疑하는 것도 이 때문이 안일까? 그러나 모든 疑惑을 打開하고 日本民族이 그 어느 날 어떤 方式으로던 이 問題를 解決하리라는 것을 우리는 確信하지 않을 수 없다.

오늘날 世界史의 現代的 課題의 解決을 呼稱하고 世紀의 舞臺에 登場한 原理는 한두 가지가 아니다. 重要한 것으로만도 社會民主主義니 「콤뮤니즘」이니 全體主義니 하는 數三의 原理를 들 수 있다. 그들은 理想 或은 政策으로서 적던 크던 「캬피탈리즘」의 問題에 關與하면

19 '만일……空論이다'는 단행본에 수록할 때 가필한 문장이다.

서도 그 實際의 政治的 動向에 있어서는 各各 相異한 方向을 指呼하면서 있다. 오늘날의 知識階級이 現代를, 趨向을 잡을 수 없는 混亂한 時代라 말하는 것도 이 때문이 않일까? 그러나 이것은 반듯이 現代만이 가진 混亂을 意味함은 아니리라. 歷史의 重要한 轉換期는 그 어떠한 時代에 있어서든 對立 또는 並立하는 諸原理의 諸多의 可能的 方向을 內藏하고 相剋하는 諸極에의 「악센트」의 移動을 따라 끈임없이 波動하는 法이다. 現在는 過去를 綜合하는 同時에 未來를 孕胎하는 時空이다. 그러한 것으로 그것은 過程的의 것이며 非合理的의 것이다. 그곳은 모든 必然과 可能이 錯綜한 곳인 만큼 늘 不安과 動撓에 휩쌔이지 않을 수 없다. 그 意味에 있어서 現在는 「카오쓰」이며 深淵이다.

歷史的 世界에 歷史를 넘어서는 그 어떠한 超越的 全體가 있어 歷史道程을 限定하는 限定的 目的으로 實在하여 있다면 몰라도 그러한 形而上學的 原理가 實體的으로 存在하여 가지고 歷史를 嚮導하지 안는 以上 歷史的 現在가 늘 多樣한 可能性이 交錯된 混沌한 發展으로서의 現實的 行程을 밟을 것은 當然한 일이다. 그리고 歷史的 現在가 그 어떠한 轉形期에 있어서든 多樣한 可能性의 混沌한 鬪場이라는 것은 곧 多樣한 可能的 未來가 現在의 속에 並立 또는 對立的으로 包含되어 있다는 것을 意味하는 것이다. 그 意味에 있어서 우리는 歷史的 現在를 一義的, 多方向的[20]이기보다도 도리어 多義的, 方向的[21]의 것으로 보지 않으면 안 될 것이다. 그리고 歷史的 現在가 未來에

---

20 '一方向的'의 잘못으로 보임. 『朝鮮日報』 연재에서는 '一方向的'으로 표기.

21 '多方向的'의 잘못으로 보임. 『朝鮮日報』 연재에서는 '多方向的'으로 표기.

의 動向에 있어서 示唆하는 諸多의 可能性은 그 存在聯關에서 볼 때에는 「現代歷史」를 構成하는 社會諸成層을 基礎로 하고 그들의 「이데올로기」로서 發現하는 것이며 意味聯關에서 볼 때에는 現代歷史에 內包된 歷史諸時代의 文化諸成層을 基礎로 하고 그들 諸成層의 各樣各色의 新結合에 依한 새로운 「뮤토쓰」 或은 「유토피아」로서 發現하는 것이다. 이 重要한 命題에 대한 解明은 紙面의 關係로 省略할 수밖에 없으나 以上의 歷史에 있어서의 絶對와 相對의 關係를 말하던 곳에서도 大略 示唆하였던 것이다. 그야 어쨌던 歷史的 現在가 現代社會의 社會諸成層을 基礎로 하고 現代社會에 內包된 歷史諸時代의 文化諸成層의 多樣한 結合에 依한 多樣한 「유토피아」의 鬪場이라면 歷史的 現在가 多義性, 多方向性을 가질 것은 自明한 일이다. 公式主義가 말하듯이 歷史가 한 줄기의 노끈으로 묶을 수 없고 一聯의 方程式으로 演繹할 수 없는 것은 이 때문이다. 그 意味에 있어서 우리는 唯獨히 現代를 混沌한 時代라 말하기보담도 모든 歷史的 現在를 混沌으로 보아야 한다. 도리어 嚴密하게 말하면 現在가 混沌인 代身, 現代는 끝까지 透明한 것이다. 왜? 現在는 多方向的으로 流動하는 것임에 反하여 現代는 一定한 歷史的 階梯[22]에 定着된 것이기 때문이다.

그러나 歷史的 現在가 多義性, 多方向性을 가졌다 하여서 우리는 斷然코 「랑케」 以來의 이른바 「事實을 拷問」하지 않든 亞流史家들과 같이 歷史의 進行을 偶然의 繼起로서 보아도 안 되며 오늘날 「나치스」의 한 사람의 歷史理論家[23]와 같이 그들 諸可能原理間[24]의 單純한

---

22 어떤 일을 할 수 있는 적당한 형편이나 기회, 일이 진행되어 가는 단계 또는 절차.

23 이 글의 언급만으로는 그가 염두에 둔 나치스의 '역사이론가'를 특정하기는 어렵

「악센트」의 移行에 依하여 歷史의 運動을 說明하여서도 안 된다.

歷史的 現在가 多義性, 多方向性을 가졌다는 것은 斷然코 歷史의 發展이 一定한 內面的 合則性의 展開로서의 必然的 過程을 밟는다는 確信을 否定하는 것은 아니다. 만일 現在의 內包한 混沌한 事實群의 多方向性만을 보고 歷史의 發展에 合理的 必然性이 없다는 結論을 내린다면 그는 방패의 兩面을 보지 못하는 俗流의 實證主義者밖에 더 될 것이 없다. 現在는 틀림없이 可能一諸原理[25]의 混沌한 鬪場이다. 그러나 모든 可能이 반드시 現實化하는 것은 아니다.

그러면 現在에 內包된 可能諸原理 속에서 그 어떠한 것이 來日의 階梯原理로 登場할까? 歷史의 運動이 「악센트」의 移動에 依하여 表現된다 하더라도 그 「악센트」의 移動을 制約하는 그 무엇이 있지 않으면 안 될 것이다. 우리는 이 小論의 前半에서 歷史諸時代의 文化的, 政治的 諸成層을 現代歷史에 定着시키는 것은 直線的으로 運動하는 生産史라 하였다. 그러므로 可能諸原理間의 「악센트」의 移動을 制約하는 것은 歷史의 物質的 構造가 되지 않을 수 없다. 現代의 科學理論

다. 다만 서인식이 같은 시기에 집필한 「全體主義歷史觀: 그 現代的 領導性에 대해」(『朝鮮日報』, 1939. 2. 21, 『歷史와 文化』 수록)에서는, 당대의 대표적인 '全體主義의 指導的 思想家'로서 오스마 스판(Othmar Spann, 1878~1950), 알프레트 로젠베르크(Alfred Rosenberg, 1893~1946), 조반니 젠틸레(Giovanni Gentile, 1875~1944), 티그렐만(미확인)을 들고 있다. 또한 같은 글에서 오스발트 슈펭글러(Oswald Spengler, 1880~1936)를 전체주의에 철학적 기초를 제공한 생철학의 대표자로 소개하고, 에두아르트 슈프랑거(Eduard Spranger, 1882~1863)에 대해서는 "오늘날 全體主義 歷史觀은 大勢를 既倒에서 挽回하려는 「슈프랑겔」의 『猛獸人間』의 史觀이라 볼 수 있다"(『歷史와 文化』, 233쪽)고 서술하였다.

24 이 글의 다른 문장을 감안할 때 '可能諸原理間'의 잘못으로 보임. 다만 『朝鮮日報』 연재에서도 '諸可能原理間'으로 표기.

25 '可能諸原理'의 잘못으로 보임. 『朝鮮日報』 연재에서는 '可能諸原理'으로 표기.

이 指示하는 대로 人間의 歷史가 그 根底에 있어 生産의 歷史라면 歷史의 運動은 그 究極이 있어 生産史의 形式과 內容의 相剋에서 起因하는 것이리라. 그러므로 오늘날 世界史的 現在에 內包된 諸多의 可能原理 가운데서 來日의 階梯原理로 登場할 者는 現代生産의 矛盾을 解決할 수 있는 成層이 되지 않을 수 없다. 이 意味에 있어서 우리는 歷史의 合理的 必然性을 말할 수 있다. 歷史의 合則性이란 要컨대 社會機構의 運動形式 — 모든 衣裳을 벗기고 보면 生産機構의 運動形式을 말하는 것 以外의 아무것도 아니다. 오늘날 人類生活을 부짭고 흔드는 諸多의 「이즘」, 「유토피아」도 其實은 現代生産을 通約하는 歷史的 合則性이 自己를 貫徹하는 過程에서 그의 諸契機로서 出現한 것이며 따라서 早晩間 그의 諸契機로서 乘越될 물건들이다.

그러나 歷史가 한 줄기의 노끈으로 묶을 수 있고 一聯의 方程式으로 演繹할 수 있다 하여서 그 合則性이 具體的으로 實現되어 나가는 個個의 現實過程까지도 一聯의 公式에 鑄込려고 생각하여서는 안 될 것이다.

現實은 흔히 말하듯이 可能과 偶然의 統一이다. 歷史的 必然도 그가 現實에 引上되기 前까지는 抽象的, 普遍的인 한 낱의 可能的 必然에 不過하다. 그 可能的 必然 —[26] 抽象的 普遍이 現實的 必然=具體的 現實로 轉化하는 데는 반드시 必然의 否定인 偶然을 媒介하지 않을 수 없다. 그러므로 그 어떠한 必然이던 可能에서 現實로 具體化하는 데는 偶然에 依하여 그 模型이 變容되고 修正될 것은 當然한 일이다. 따라서 우리는 現在 豫想하고 있는 歷史的 必然의 自己展開의

26 '='의 잘못으로 보임.

過程이 그때 그때의 錯雜한 諸情勢, 諸條件에 依하여 迂廻와 屈曲, 後退와 偏差等 — 諸多의 多難한 行程을 밟으리라는 것을 豫想하지 않을 수 없다. 各民族이 가진바 諸條件의 特殊程度가 懸殊하면 거긔 따라 그 밟는 道程도 各其 特殊할 것이며, 따라서 그러한 道程을 걸처서 實現될 當來할 階段의 社會體制도 그 「띄테일」에 있어서까지 同一한 模型에 依하여 夢想할 수 없는 것이다. 그것은 一面 오늘날의 그 어떠한 「이즘」의 立場에서도 理解할 수 있는 同時에 또한 그 어떠한 「이즘」의 立場에서도 豫想할 수 없던 意外의 것일른지 모른다. 歷史의 運動에 內面的 必然이 있다 하여 그의 實現過程과 實現形態를 單純히 한 民族의 밟는 道程과 體制를 基準으로 하고 一律的으로 論斷함은 歷史를 平坦化하는 것 以外의 아무것도 아니다. 世界史가 그의 近代的 課題의 解決을 爲하여 밟어 온 浩瀚한 道程과 그 結果로서 實現된 各國의 近代的 體制를 보라! 그 現實道程은 民族을 따라 적던 크던 相異한 相貌를 띠었으며 그 結果로서 막상 나타난 體制는 그 任務의 遂行에 當하였던 만은 黨派가 대개 豫想하지 않었던 것이다. 「歷史」(Geschichte)란 文字 그대로 偶發(Geschehen)하는 것이다. 모든 것이 混沌의 連續이고 偶然의 亂舞일른지 모른다. 歷史가 可能과 偶然, 必然과 偶然의 統一이라 하는 말은 그가 곧 偶然의 繼起라 함을 意味하는 것이다. 그리고 그 意味에 있어서 歷史는 또한 運命이다. 그러나 歷史가 偶然의 繼起라 하는 말은 決코 그의 必然性을 否定함은 아니다. 必然이란 偶然 아닌 그 무엇이 아니라 偶然의 總和가 곧 必然이다. 歷史的 現實은 그 個個에 있어서는 偶然이나 全系列로서는 必然이다. 必然은 一方 個個의 偶然에 對立하면서도 또한 그들 諸偶然을 自己實現의 諸契機로 統一하여 가지고 그들의 全繼起過程을 通

하여 自己의 鐵則을 貫徹하는 法이다. 그러므로 個個의 떠러진 事實을 歷史의 全發展過程과 聯關하여 보지 않을 때에는 우리는 歷史의 無秩序와 「기마구레」[27]를 말하고 諸多의 「善한 意志」의 悲劇을 悲觀할 수도 있는 것이다. 그러나 그들 諸悲劇과 無秩序를 貫通하여 歷史는 結局 自己의 理性을 實現하는 것이다. 오늘날 設使 諸國民의 밟는 길이 서로 다른 듯하나 그들은 結局 同歸의 潮流를 形成할 것이며 그 「띄테일」에 있어서는 當來할 體制가 各其 相異할는지 모르나 그 本質的 構造에 있어서는 同一한 것이 되지 않을 수 없다. 그러므로 우리는 그 어떠한 境遇에든 歷史에 失望할 수는 없다.

그러나 偶然을 必然으로 轉化하고 必然을 現實으로 具化하는 것은 人間의 能動的 行動뿐이다. 神의 攝理나 理性의 狡智가 아니고 人間의 苦難에 찬 行爲뿐이 모든 偶然을 必然의 諸契機에까지 引上할 수 있는 것이다. 이러한 苦難에 찬 行爲가 없는 限 必然도 偶然으로 轉化할 수 있는 것이다. 偉大한 情熱이 없이는 偉大한 것이 成就될 수 없다면 現代가 正히 偉大한 情熱이 要求되는 時期이리라.

現代는 歷史의 轉形期라 말한다. 轉形期란 말 그대로 커다란 危機이다. 우리의 日常生活을 指導하던 모든 常識과 道德, 傳統과 慣習이 뭉어지는 代身 새 것, 異常한 것을 創造하기 爲한 모든 情熱이 混沌하게 肉薄하는 時期이다. 이러한 時期에는 歷史의 尖端을 것는 歷史的 人物뿐 아니라 日常世界에 사는 우리 凡人의 生活까지도 어느 程度의 運命과의 賭博이 없이는 營爲할 수 없다. 歷史가 安定하던 時期에는 많은 國民이 그들의 生活을 傳統과 慣習에 내어 맷길 수 있었

---

27 기마구레(気紛れ). 변덕스러움을 뜻하는 일본어.

으나 轉形하는 時期는 말 그대로 「카오쓰」이며 深淵으로 生活의 準則을 잃기 때문이다. 어데 가 方面을 찾으며 어데 가 秩序를 찾어야 할지 모른다. 現代가 이러한 危機的 特徵을 가진 時期인 만큼 우리는 文化의 生産에 關與하는 사람들에게 正當한 意味의 「文化綜合」의 任務를 遂行할 力量을 要望하지 않을 수 없다. 왜? 混沌한 危機에 直面하면 할수록 一般國民에게 歷史의 進展할 必然的 方向을 明確히 提示하는 同時에 將來할 人間의 世界意慾에 即하여 廣義의 文化創造와 人間教育에 關與하는 것이 다름 아닌 知識階級의 役割이기 때문이다. 文化綜合이란 歷史의 過去를 綜合하고 現在의 諸傾向을 評價하므로써 歷史의 未來를 創造할 文化的 礎石을 提供하는 것이다. 「트렐츠」의 말을 빌면 그는 「諸多의 巨大한 首要集團 또는 特殊하게 意義 깊은 文化構成을 明瞭히 하는 것이다. 그리고 그들 文化라 하는 것은 끈임없는 流轉 가운데 나타나 온 것이며 끈임없이 互相結合하고 互相洗練하면서 있는 것으로 어느 것이 現在를 改新하여 나가고 어느 것이 現在를 새로운 韻律에 結合하지 않으면 안 될 것인가 하는 問題를 提起하는 것이다」. 그는 現在에 相爭하면서 있는 諸文化內實을 그 歷史的 根源에서 理解하고 是正하고 새로 變容하고 새로 結合하며 또는 現在의 要請을 明白히 考慮하는 同時에 일찌기 偉大하였고 只今도 進展하면서 있는 文化에 沈潜함에 依하여 「現在를 分裂시키고 있는 물건들로부터 새로운 發展的 動向을 綜合하는 것이다」. 그러므로 文化綜合이란 簡潔하게 말하면 歷史的 現在에 內包된 諸多의 文化原理를 一方 그들이 生成하던 歷史的 時代에 還元하여 그 歷史的 根源에서 理解하는 同時에 他方 또한 그들 諸多의 文化原理를 未來歷史에 대한 現在的 要請 밑에서 그들이 生成하던 歷史的 時代로부터 分

離하여 새로히 綜合하므로써 將來할 文化體系의 模型을 構想하는 것이다.

그런데 이러한 意味의 文化의 綜合이 그를 遂行하는 人間이 屬한 바 社會的 成層과 그 가진바 世界意慾에 따라 遠近法的(Persoktivisch)[28]으로 遂行될 것임으로 各各 相異한 方式과 形態로 나타날 것은 두말할 것도 없다. 그러나 그 일은바 綜合이 적어도 科學性을 가지기 爲하여서는 그의 客觀的 基準을 生産의 立場에 두고 그 일은바 「現在의 要請을 世界史의 現代的 課題에 두어야 할 것이다」.[29] 嚴密하게 하면 世界史의 現代的 課題를 自己의 課題로 할 수 있는 社會的 成層의 世界意慾이 科學的으로 可能한 綜合의 唯一한 立場이라고도 볼 수 있을 것이다. 그야 어쨋던 이 世紀가 生産하는 모든 「뮤토쓰」, 「유토피아」를 正當한 文化綜合의 立場에서 世界史의 基本的 問題와 連結하여 正當히 解釋하고 解明하는 것이 오늘날 知識階級의 할 일이리라.

만일 그렇다면 우리는 끝으로 이 땅의 조그마한 現實이[30] 돌아와 한 낱의 結語를 付加할 수 없을까? 오늘날 이 땅에는 옛 祖先의 古典과 傳統을 探索하는 執拗한 情熱이 擡頭한다.[31] 이러한 情熱이 擡頭

28 'perspektivisch'의 잘못.

29 원문에 없는 '」' 삽입.

30 '에'의 잘못으로 보임.

31 1930년 전후에 정점에 달했던 사회운동이 당국의 탄압 등의 영향으로 시들해진 후, 식민지 조선에서는 민족주의자의 '조선학운동'을 중심으로 조선연구의 붐이 일어났다. 조선이라고 하는 주체에 대한 관심의 고조는, 사회운동의 국제주의나 보편주의로의 반성으로 이해할 여지도 있다. 당시 조선연구에는, 민족의식·식민지인식의 심화로서 평가할 수 있는 것으로부터 단순한 복고취미인 것까지 갖가지 조류가 혼합되어 있었다. 鶴園裕, 「近代朝鮮における国学の形成: 「朝鮮学」を中心に」, 『朝鮮史研究会論文集』 35, 1997; 洪宗郁, 『戦時期朝鮮の転向者たち: 帝国/植民地の統合と亀

하는 데는 여러 가지 理由가 있을 것이다. 한데 未來의 展望意識 即 開放된 立場에서 볼 때에도 우리는 그의 文化的 意義를 十分評價하여 주지 않으면 안 될 것이다. 우리는 새로운 文化를 創造하기 爲하여서는 爲先 現在에 內包된 諸文化成層을 爲先 그들이 生成하든 各歷史的 時代에 還元하여 그 歷史的 根源에서 充分히 理解하지 않으면 안 될 것이다. 現在에 內在한 文化諸成層은 그들의 歷史的 特性을 充分히 知悉하기 爲하여서는 爲先 現代에서 分離하여 그들이 爛漫하게 發花하던 時代에 逆戾시켜 그 內容을 「歷史的으로 擴充하여 認識」하지 않으면 안 되기 때문이다. 그 意味에 있어 우리는 오늘날의 古典傳統의 探求熱을 歡迎하지 않으면 안 될 것이다.

그러나 古典과 傳統의 探求가 新文化의 創造를 前提하는 것이라면(그리하는 데서만 또한 意義 있는 것이지만) 一方 그들을 現代에서 分離하여 옛 時代에 結付하고 理解하는 同時에 또한 옛 時代에서 分離하여 未來的 現在에 結付하고 다시 批判的으로 綜合하지 않으면 안 된다. 文化諸成層의 理解=追體驗의 基準은 過去에 있는 것이나 批判=綜合의 基準은 끝까지 未來的 現在에 있는 것이다. 다시 말하면 現代의 文化諸成層을 爲先 充分히 理解하기 爲하여서는 過去로 溯上하지 않으면 안 될 것이나, 그것을 批判的으로 綜合하여 새로운 文化를 創造하기 爲하여서는 歷史的 現在의 基本的 課題에 結付하여 批判하고 取捨하며 結合하고 綜合하지 않으면 안 된다는 말이다. 그렇지 안는 限 그는 單純한 古典을 爲하는 古典研究, 傳統을 爲하는 傳統研究가 되어 버리고 말 것이다. 이러한 回顧意識(展望意識 아닌), 閉鎖된 立場

裂』, 有志舍, 2011, 225~227쪽.

(開放된 立場이 아닌)에서 古典傳統의 探索이 問題되는 限 우리의 現在와 未來의 生活에 消極的 意義뿐 갖지 못할 것은 두말할 것도 없다.

하나 傳統文化의 探求에 있어서뿐 아니라 現代文化의 評論에 있어서도 相似한 墮性的[32] 意識이 있는 모양이다. 이 땅의 評論文學이 오늘날 解釋學的 傾向에 浸潤되어 있다는 글을 얼마 前 本紙(朝鮮日報)에서 읽은 일이 있다.[33]

文學에 關한 限 내가 말할 배 아니지만 만일 論者의 말대로 그것이 事實이라면 왜 評論이 解釋에만 끄칠가? 原來 解釋이란 批判을 爲하는 解釋일 것이며 批判은 創造를 爲하는 批判일 것이다. 함에도 不拘하고 評論이 解釋에만 끈치는 것은 評論이 새로운 文化創造의 意慾을 喪失한 때문이 아닐까? 一般的으로 말한다면 文化가 沈滯한 時期에는 批判이 解釋에 從屬되는 法이며 前進하는 時期에는 解釋은 批判에, 批判은 創造에 從屬되는 法이다.

解釋은 現代를 現代에 定着시키거나 過去에 結付시키는 限에서 成立하는 것이며 批判과 創造는 過去를 過去에서 分離하고 現代를

---

32 '惰性的'의 잘못으로 보임.

33 서인식이 언급한 글은 임화(林和)의 「文壇時感」(『朝鮮日報』, 1938. 7. 17·19~23)으로 추정된다. 「文壇의 中心과 周邊」, 「文學과 世代의 問題」, 「時代에 忠實한다는 말」, 「世代交替과[sic] 文學外的인 힘」, 「너무나 文壇的인 文學」, 「現代의 世代的인 意味」라는 부제로 6회에 걸쳐 연재된 이 글에서 임화는 '경향파' 즉 프롤레타리아 문학이 퇴조한 후의 당시의 문단에 대해, '일관된 정신, 확실한 신념'의 '결여'를 비판했다. 그리고 「現代의 世代的인 意味」라는 부제가 붙은 최종회에서는 "「레토릭」과 「解釋」, 이 두 가지만으론 現代의 어름과 가튼 교착狀態는 打開되지 안흘 것이다"라고 서술하였다. 이 글은 임화의 평론집 『文學의 論理』(學藝社, 1940년)에는 「文壇的인 文學의 時代」라는 제목으로 수록되는데, 해당 부분은 '「해석」과 「설명」'으로 수정되었다. 임화문학예술전집편찬위원회 편, 신두원 책임편집, 『임화문학예술전집 3: 문학의 논리』, 소명출판, 2009, 225쪽 참조.

現代에서 分離하여 그들을 未來的 現在의 立場에 結付하고 評價하므로서 可能한 것이다.

이렇게 보아올 때에는 一般的으로 이 땅의 文化人들에게는 歷史의 앞날에 對한 展望意識이 消磨된 느낌이 없지 않다. (끝)

昭和十四年四月『朝鮮日報』

■ 원문

文化의 類型과 段階[1]

徐寅植

한 時代의 文化理論의 性格을 말하는 데는 그의 背景을 이루는 思想史的 狀況을 떼여 놓을 수 없다. 한때 或種의 「이즘」이 擡頭하던 時期에는 文化의 階級性을 말하는 理論이 文化理論의 定向을 이루드니 「토-탈리즘」이 支配的 思想으로 登場한 오늘에는 文化의 民族性을 高調하는 敎說이 流行한다.

한데 원래 불 없는 곳에 煙氣가 날 里 없다면 理論의 背景을 이루는 時代의 狀況을 떠나서도 文化에는 階層性과 함께 民族性이 있는 것을 認定하지 않을 수 없다. 오늘날의 世界文化는 橫斷하여 놓고 보면 두 낱 以上의 階層으로 構成되어 있으나 縱貫하여 보면 두 낱 以上의 民族으로서 形成되어 있다. 그리고 그들은 한 낱의 時代文化로서는 이른바 市民文化의 範疇에 屬하는 것으로 市民階級의 觀念形態

---

1 이 글의 앞부분은 「文化의 類型과 段階」, 『朝鮮日報』, 1939. 6. 18·20~22, 전 4회 연재. 각 회 부제는 「民族性과 文化」, 「個性과 普遍性」, 「共同社會와 利益社會」, 「異質性과 定着性」이다. 뒷부분은 「續·文化의 類型과 段階」, 『批判』 10-9, 1939. 9. 두 글을 합하여 「文化의 類型과 段階」라는 제목으로 서인식의 단행본 『歷史와 文化』, 學藝社, 1939에 수록하였는데 이 책에서는 단행본에 실린 글을 수록하였다.

로서의 同一한 性格을 갖고 있으나 民族文化로서는 제 各其 相異한 傳統的 差別性을 갖고 있다. 古代自由民의 文化 속에서도 藝術的, 彫塑的인 希臘文化와 法律的, 形式的인 羅馬文化를 區別할 수 있드시 現代의 市民文化 속에서도 感性的, 知性的인 佛蘭西文化와 精神的, 神秘的인 獨逸文化를 區別할 수 있다. 그리고 한 時代文化 속에서 諸多의 民族文化를 區別할 수 있는 反對로 또한 한 民族文化 속에서도 그 歷史的 性格을 달리하는 諸多의 時代文化를 發見할 수 있다. 같은 "日本文化"[2] 속에서도 古代[3]의 殿上[4]文化와 中世[5]의 武人文化와 近世[6]

2 원문 그대로. 낫표가 아닌 따옴표가 표시되어 있음.

3 일본의 고대는 보통 아스카(飛鳥) 시대로부터 헤이안(平安) 시대 중기까지, 즉 쇼토쿠 태자(聖德太子)의 정권장악(593년)에서 1080년대 인세이(院政)기나 1160년 헤이씨(平氏) 정권의 성립, 혹은 1185년 가마쿠라 막부(鎌倉幕府)가 성립된 대략 11~12세기까지를 말한다. 혹은 율령제 국가였던 나라(奈良) 시대와 헤이안 시대를 가리키는 경우도 있다. 미야지마 히로시는 메이지유신 이후부터 천황제 국가체제가 확립되는 1890년대 이전, 민간사학과 아카데미즘 사학 모두 고대 이래 중국과 한국의 영향을 중시하는 '문명주의적 아시아주의'의 시각을 취했다고 판단하였다. 미야지마 히로시, 『일본의 역사관을 비판한다』, 창비, 2013, 21~33쪽.

4 덴죠비토(殿上)의 줄인 말. 헤이안 시대(794~1185) 이래 일본의 조정에서 천황의 일상생활 공간인 세이료덴(清涼殿)에 오르는 것이 허락된 사람을 덴죠비토라 하였다.

5 일본의 중세는 1192년 가마쿠라 막부의 성립으로부터 1573년 무로마치 막부(室町幕府)의 멸망 및 전국 시대의 종언까지를 일컫는다. 러일전쟁을 전후하여 탈아입구의 지향 속에서 저술된 일본경제사 및 일본사 저술에서는 일본의 역사를 유럽 역사와의 유사성 속에서 이해하였다. 이들은 가마쿠라 시대 이후 일본의 무사 계급과 봉건제에 주목하여, 그것을 유럽의 기사 계급과 봉건제와 유사한 것으로 이해하였다. 또한 고대를 중시한 '아시아주의'의 역사관이 중국에서 도래한 문물의 가치를 과대평가한 것으로 비판하고, 일본 역사발전에서 중세를 강조한다. 이것은 봉건제로 나아간 일본과 군현제에 머물렀던 중국과 한국을 구별하기 위함이었다. 미야지마 히로시, 『일본의 역사관을 비판한다』, 34~39쪽.

6 일본의 근세는 무가 정권의 중앙집권적 지배가 이루어진 에도 시대(1603~1868)를 의미한다. 우치다 긴조(内田銀蔵)는 『日本近世史』(1903)에서 일본의 근세를 같은 시기 유럽에 유비(analogy)하여, 일본 역사가 서구 역사와 같은 단계에서 발전하였음을 주

의 町人[7]文化를 區別할 수 있으며, 또 朝鮮서도 新羅의 花郞文化, 高麗의 僧侶文化, 李朝의 兩班文化를 區別할 수 있다. 그러면 文化의 階層性과 民族性은 各各 어떠한 地盤 우에서 形成되는 것이며 文化의 發展行程에 있어서 서로 어떠한 聯關을 갖고 있는가?

爲先 누구나 알 수 있는 것은 文化의 階層性이 文化史의 諸發展段階를 區別하는 標識임에 反하여 文化의 民族性은 文化의 諸自然的類型을 區別하는 標識이라는 것이다. 「段階」 概念은 원래 「헤-겔」의 哲學에서 出發한 것이다.

「헤-겔」은 例의 哲學의 歷史를 問題史的으로 取扱한 데서 歷史上에 제 各其 自己完結性을 갖고 나타난 諸多의 哲學體系를 精神의 內面的 運動에 있어서의 必然인 諸發展段階로 把握하였었다. 그 어떠한 哲學이든지 지내간 諸時代의 哲學的 思惟의 總成果로서의 絶對性을 갖는 同時에 또한 將來할 時代의 哲學的 思惟의 一媒介契機로서의 相對性을 갖고 哲學史의 全發展行程에 있어서 서로 그 位置를 交換할 수 없는 必然的 諸契機 即 發展段階를 形成한다는 것이다. 한데 文化는 精神의 文化인 同時에 또한 社會의 文化이다.

그리고 精神과 社會는 現實的 運動에 있어서는 同一한 辨證法的世界의 自己限定으로써 同一한 形式을 밟는 法이다.

하지만 그것은 非單[8] 哲學史에만이 아니고 一般文化史, 社會史에

장하였다. 미야지마 히로시, 『일본의 역사관을 비판한다』, 39~41쪽.

7 쵸닌(町人). 에도 시대에 도시에 거주하였던 장인과 상인의 총칭.

8 '非但'의 잘못으로 보임.

까지도 適用할 수 있는 存在一般의 論理가 아닐까? 이러한 意味에서 우리는 在來에 一般文化史의 發展行程을 原始文化, 古代文化, 封建文化, 市民文化의 몇 가지 段階로 노나 왔다. 이것은 人類文化의 普遍史的 發展에 있어서는 勿論 한 民族文化의 特殊史的 發展에 있어서도 그러하다. 西歐文化에 適用되는 이 論理가 東洋의 諸民族文化에라고 除外될 理가 없다. 文化의 基礎를 이루는 社會機構의 構成과 移行의 形式이 그 本質에 있어서 같다면 設使 東洋諸民族의 社會生活에는 이른바 亞細亞的 特性이 있다손 치드라도 그 特殊가 반드시 一般을 除外하는 것은 아닐 것이다. 그리고 一般文化史를 社會生活의 特殊한 構造에 따라 몇 가지 發展段階로 노늘 수 있다면 한 階層原理가 各時代文化를 구별하는 標幟으로 登場할 것은 우리의 科學的 常識으로서도 容易히 推斷할 수 있다. 한 時代의 文化「形態」는 그 時代의 社會生活의 特殊한 構造를 反映하는 만큼 그 社會를「콘트롤」하는 社會成層의 生活意慾이 그 時代의 文化에 대해서 決定的인 意義를 차지할 것은 두말할 것도 없다. 따라서 文化史의 發展行程을 時代史的으로 原始文化, 古代文化, 中世文化, 近代文化로 노늘 수 있다면 우리는 또한 그것을 階層을 基準하고 原始氏族文化, 古代自由民(奴隷所有者)의 文化, 中世貴族文化, 近代自由民(平民)文化라는 一系列의 標幟을 부처서 歷史諸段階에 排列할 수 있다.

그런데 文化의 階層性이 그의 發展諸段階를 區別하는 反對로 文化의 民族性은 그의 精神的 類型을 表現하는 標幟밖에 더 될 것이 없다.

그는 文化의 民族性이 그를 觀察하는 사람에게 나타내는 特殊한 斷面에서 보아도 알 수 있다.

그는 一方 한 民族文化와 다른 民族文化와를 比較觀察하는 데서 各其 相異한「精神的 特殊性」으로 나타나며 他方 同一한 民族文化 안에서는 歷史的 特質을 달리하는 諸時代文化를 一貫하여 그 內面을 흐르는 어떠한「精神的 共通性」으로서 나타나는 것이다. 그러므로 우리가 한 말로 印度文化, 支那文化라고 말할 때에는 우리의 注意는 그 民族文化의 歷史的 性格을 떠나서 그의 精神的 類型으로 옮아가지 않을 수 없다. 원래 段階概念이「헤-겔」의 理性의 論理에서 發源한 反對로 類型概念은「띨타이」[9]의 生의 論理에서 나온 것이다.「헤-겔」이 그의 哲學史에서 哲學의 體系로서의 絶對性과 歷史로서의 相對性을 精神의 運動의 論理에 依하여 一義的, 統一的으로 把握한 데 反하여「띨타이」는 그의 世界觀學에서 希臘 以來로 史上에 나타난 數多한 哲學體系를 比較類型化的 方法에 依하여 生의 構造 諸象面에 即하는 세 가지 類型 — 自然主義, 自由의 觀念論, 客觀的 觀念論으로 分類概括하였었다. 그 理由는 設使 그들 數多의 世界觀이 各各 相異한 時代的 性格과 論理的 構造를 갖고 絶對의 普遍妥當性을 要求한다 하드라도 한결같이 生의 表現이라는 點에서는 다를 것이 없다는 데 있었다. 하나 이와 같이 모든 世界觀의 相異한 特性을 同形同質의 人間性의 表現에 있어서의 單純한 差別相으로 還元한다면 그 比較的 方法

9 빌헬름 딜타이(Wihelm Dilthey 1833~1911)는 독일의 철학자로 베를린 대학교 교수를 역임하였다. 역사학이 자연과학의 방법론적 이상에 접근하려는 경향에 반대하여, 인문과학을 그 자체의 고유한 해석적 학문인 정신과학(Geisteswissenschaften)으로 혁신하고자 하였다. 또한 인간의 삶은 그 자체로 이해되어야 한다는 '생의 철학'을 주장하였다. 전전(戰前) 일본에서는『哲學の本質』(1925),『精神科學序說』(1928),『科學としての教育學』(1930),『心理學: 記述的分析的』(1932),『青年時代のヘ一ゲル』(1938) 등이 번역되고 활발히 연구되었다.

에 依해서 概括된 結果가 無色無臭한 精神的 類型밖에 더 될 것이 없을 것은 두말할 것도 없다. 文化의 民族性이란 世界觀에 있어서의 이러한 類型과 같은 것이다.

한데 文化란 文化로서 응당 가져야 할 規範的 價値 即 內面的 「포스추레잇트」[10]에서 볼 때에는 原來 階層性을 志向하는 것도 아니고 民族性에 定着하는 것도 아니다. 文化의 內面的 「포스추레잇트」는 時空을 超越하야 普遍妥當性을 가진 眞, 善, 美를 追求하는 데 있다. 科學과 道德과 藝術이 設使 人類의 社會生活에 有用하기에 存在하는 것이라 하더라도 科學者, 道德家, 藝術家는 도리어 科學을 爲한 科學, 道德을 爲한 道德, 藝術을 爲한 藝術을 硏究하고 追求하는 것이다. 그들에게 있어서는 文化의 形式的 價値와 效用的 價値는 一應 區別되는 法이며 또는 區別되는 것이 必要하다. 그 意味에 있어서 文化의 極致는 民族性과 階層性 即 人間性까지도 完全히 離脫하는 데 있다. 人間의 主觀性을 完全히 離脫함이 없이는 文化는 그의 嚮導理念인 普遍妥當한 客觀的 價値를 實現(接近)할 수 없기 때문이다.

한데 文化의 文化性을 決定하는 理念이 이러한 普遍妥當的 價値에 있을 뿐 아니라 文化가 歷史的으로 發展하여 온 足跡을 보더라도 그는 늘 이 方向을 指向하여 왔었다. 우리가 만일 廣義의 文化를 嚴密하게 限定하여 神話, 習俗, 言語, 藝術等의 表現諸形式과 論理, 數理, 法律, 道德, 哲學, 科學等 狹意의 文化諸形式으로 區別할 수 있다면 歷史의 發展을 따라 文化가 表現諸形式에서 狹意의 文化諸形式으로 分化, 發展하여 왔으며, 또는 하면서 있는 것을 알 수 있으리라. 論理

10 포스출레이트(postulate). 공준(公準), 기본적인 전제가 되는 명제.

와 數理는 言語에서, 法律과 道德은 習俗에서, 宗教와 哲學은 神話에서, 哲學과 科學은 宗教에서 各各 分化하고 純化하였다. 分化는 發展을 意味하며 發展은 純化를 意味하는 것이다. 그리고 歷史의 諸發展段階를 一貫하여 歷史的 事實로서 實現되면서 있는 文化諸形式의 이러한 分化와 移行이 文化의 內面的「포스추레잇트」에 照準하여 볼 때에는 그가 곧 價值次序에 있어서 低次에서 끈임없이 高次로 向上하면서 있다는 것을 意味하는 것이다.

言語, 神話, 習俗이 偶然的이며 特殊的인 것임에 反하야 論理, 數理, 科學은 必然的이며 普遍的인 것이다. 前者는 民族을 따라 相異하고 時代를 따라 消滅할 수 있지만, 後者의 內容을 構成하는 諸命題, 諸法則은 民族과 時代를 超越하여 萬人의 承認을 要請하는 것이다. 그런데 文化가 狹意의 表現諸形式에서 狹意의 文化諸形式으로 分化하고 移行한다는 것은 한 말로 말하면 文化가 象徵에서 概念으로, 直觀에서 知性으로 純粹化, 定型化하여 간다는 것을 意味하며, 文化가 그 內面的「포스추레잇트」에 있어서 普遍妥當한 價值를 要求한다는 것은 文化의 範型이 理性의 客觀的, 內面的 論理에 의하여 構成되는데 잇다는 것을 意味하는 것이다.

만일 그렇다면 勝義의 文化란 원래 理論理性의 産物로서 그 對應主體로서는 普遍個性을 前提하며 그 發展動向에 있어서는 世界를 志向함을 알 수 있지 안는가? 文化의 文化性을 決定하는 標幟은 人間性을 完全히 離脫한 客觀性, 合理性, 概念性, 普遍性에 있는 것이다. 表現諸形式은 神話, 言語等에서 알 수 있드시 知行이 分離하기 以前의 情意의 表現形態로서 概念性이 말하자면 象徵性 속에 睡眠하고 있지만 文化諸形式은 數理나 科學에서 볼 수 있드시 知行分離 以後의 知

性의 槪念的 構成의 産物이다. 前者가 生對生의 共同紐帶로서 社會生活의 主體的 側面을 形成하는 만큼 生에 付着하는 主觀性을 脫却할 수 없지만, 後者는 知性의 對象化를 걸처서 構成되는 만큼 生에서 完全히 離脫하여 獨自의 客觀性을 갖는 것이다. 어떠한 學者는 이 兩者의 特性을 比較하여 前者는 人間對人間의 交涉場所로서 文法的, 對話的 性格을 가진 것이나 後者는 人間 對應性을 떠나서 論理的, 獨話的 性格을 가진 것이라고도 말하였다.

그러므로 勝義의 文化는 普遍個性 即 意識一般을 前提하고서만 成立할 수 있는 것이다. 그리고 勝義의 文化가 그 對應主體로서 意識一般 即 理性人間을 前提한다면 文化가 그 本質에 있어서 世界性 即 普遍性을 要請하고 志向할 것은 두말할 것도 없다. 그는 모든 風土性과 歷史性 即 人間性을 떠나서 高度의 客觀的, 普遍的인 認識과 形象에 到達하면 할사록[11] 文化의 理念 即 規範性에 接近할 수 있는 것이다.

그런데 普遍個性은 其實은 具體的 個性이 아니고 個性一般이며, 理性人間은 其實은 具體的 人間이 아니고 人間一般이다. 人間=個性이라 하는 것은 單純한 理性의 「허수아비」가 아니고 理性과 함께 情意를 가진 것이다. 單純한 抽象的 存在가 아니고 歷史的, 社會的 存在이다. 意識一般은 우리가 思惟하는 境遇에 準奉하여야 할 規範이고 事實로 存在하는 意識이 아니다. 思惟의 主體이고 思惟의 客體가 아니다. 人間은 理性人間으로서는 한 낱의 世界人間, 世界個性이나 歷史的, 自然的 存在로서는 一方 社會學者의 이른바 利益社會의 成員으

11 '할수록'의 잘못으로 보임.

로서 一定한 階層에 屬하며 地方 共同社會의 肢體로서 一定한 民族에 屬하여 있다. 이러한 人間存在의 多面性에서 世界를 志向하는 文化에 階層性과 함께 民族性이 隨伴하는 것이 아닐까.

民族이 家族과 함께 共同社會의 範疇에 屬하며 階層이 個人과 함께 利益社會의 範疇에 屬한다는 것은 現代社會理論의 定說이 되다싶이 되었다(그 是非는 且置하고). 뿐만 아니라 오늘날 時勢의 所致로 文化를 理論付하는 作業에 이 兩個의 社會類型이 쉴 새 없이 동원되는 만큼 文化의 民族性과 階層性의 關係도 이 兩者에 連結하여 생각하는 것이 必要할 것이다. 共同體와 利益體는 그를 形成하는 「社會的意志」의 종류에 따라 區別한다면, 前者는 思惟를 包含하고 思惟에 支配되지 안는 本質意志의 社會이며, 後者는 思想에 包含되고 思惟에 左右되는 選擇意志의 社會라 한다(테니-쓰[12]). 前者는 個人을 社會有機體의 一分肢로서 吸收하는 有機體的 原理에 依하여 形成되는 法이며, 後者는 社會가 個人의 算術, 總和로서 結合되는 原子論的 原理에 依하여 構成되는 것이다. 다시 말하면 共同社會는 個人의 媒介를 걸치지 않은 直接的 全體性의 原理에 立脚한 全體主義社會이며, 利益社會는 個人에 媒介「만」 된 抽象的 普遍性의 原理에 立脚한 個人主義社會이다. 前者는 本質意志에 依하여 形成되는 만큼 分析論理로서 理解

12 페르디난트 퇴니에스(Ferdinand Tönnies, 1859~1936)는 독일의 사회학자로 1881년 킬대학교 강사, 1933년 나치스에 해임되기까지 동 대학 교수, 독일사회학회 초대회장(1909~1933)을 지냈다. 주요 저서 *Gemeinschaft und Gesellschaft*(1887)에서 제시한 사회발전의 이론은 일본뿐만 아니라 동아시아의 사회과학에 큰 영향을 미쳤다. 『歐洲社會問題の發達』(1925), 『共同社會と利益社會』(1927) 등이 일본에 소개되었다.

할 수 없는 前論理的인 社會이며, 後者는 選擇意志에 依하여 結合되는 만큼 論理 以後 또는 論理 以內의 知性에 依하여 結合된 社會이다.

그런데 이러한 意味에 있어서의 純粹共同體를 찾는다면 우리는 歷史의 첫 發展段階를 形成하던 原始「토-테미즘」[13]에 가서 찾을 수밖에 없으며, 이러한 意味에 있어서의 純粹利益體를 찾는다면 歷史의 現發展段階를 形成하는 市民의 經濟社會에 와서 찾을 수밖에 없다. 原始「토-테미즘」은 矛盾律에 依하여 理解할 수 없는「레부·뿌률」[14]의 말하는 이른바「分有의 法則」에 支配되는 前個人的, 前論理的인 集團이며, 市民의 經濟社會는 이른바 自由契約의 原則에 立脚하여 個人의 合理的 意思로써 結合된 後個人的, 後知性的인 集團이기 때문이다.

만일 그렇다면 共同體에서는 原始「토-테미즘」에서 보는 바와 같이 歷史의 自然的 基體를 이루는 生命의 原理가 重要한 意義를 가지며(이른바 生命共同體이다), 利益社會에서는 現代의 經濟社會에서 볼 수 있는 바와 같이 歷史의 社會的 基體를 이루는 勞働의 分化原理가

---

13 토테미즘(totemism). 특정한 동물이나 자연물을 토템으로 규정하고 그것을 숭배하는 것.

14 루시엥 레비-브륄(Lucien Lévy-Bruhl, 1857~1939)은 프랑스의 철학자, 인류학자이다. 뒤르켐학파의 학풍을 계승하였으며, 도덕을 보편적인 것으로 이해하는 것에 반대하고 사회적 사실로서의 도덕을 탐구하는 '풍속의 학(science des mœurs)'을 제안하였다. 그는 미개 사회가 발전하여 문명 사회가 된다는 생각에 반대하고, '원시적 심성(mentalité primitive)'을 탐구하고자 하였다. 레비-브륄은 아리스토텔레스 이후 서구 논리학의 '모순율'의 대당으로, '원시적 사유'의 근간에 있는 '분유의 법칙'을 제시한다. '분유의 법칙'에 따르면 어떤 존재는 자신이 아닌 것과 동시에 존재할 수 있다. 레비-브륄은 미개인이 문명인처럼 논리적 사고를 하지 못하는 것이 아니라 그러한 사회적 관습이 없는 것이며, '분유의 법칙'에 근거해 사유한다고 보았다. 전전(戰前) 일본에서는 『未開社會の思惟』(1935), 『道德社會學』(1939), 『近世佛蘭西哲學史 上』(1941) 등이 소개되었다.

決定的 意義를 가지리라는 것을 알 수 있다. 원래 單純한 生命의 世界에는 個性도 知性도 없는 法이다. 人間의 直接的인 生命은 말하자면 主客이 分化하기 以前의 環境과 生中心과의 混沌한 統一態에 不過하다. 이러한 直接的 主客統一態는 主體的 環境을 勞働의 對象으로 客化하고 主體對客體의 勞働의 世界로 移行하는 때에만 自己의 精神과 知性을 發見하고 自覺할 수 있는 것이다. 勞働의 發展行程을 通하여서만 生命은 直接的인 統一態에서 主觀과 客觀으로 分化할 수 있기 때문이다. 그리고 勞働의 發展은 必然的으로 勞働의 分化를 隨伴한다. 原始社會의 全體勞働은 生產力의 發展을 따라 個人勞働으로 分化하며 이러한 分業의 發達은 또한 所有와 占有의 分化 及 所有의 私有化를 隨伴한다. 이리하야 共同社會는 利益社會로 移行하는 것이다. 그리고 이러한 勞働의 分化와 그를 基礎로 한 交換과 所有의 分化를 通하여 人間은 차츰 自己를 個別性에서 把握하는 同時에 또한 普遍性에서 把握하게 되는 것이다. 그러고 이러한 獨立한 悟性을 가진 個人을 中心하고 비로소 利益社會가 完成되는 法이다. 原始社會와 市民社會의 中間段階를 形成하는 두 낱의 身分社會 — 古代社會와 封建社會는 共同體의 利益體에의 過渡諸段階로 볼 수 있다. 그러므로 利益體와 共同體가 모두 勞働의 原理 우에 形成되는 것은 勿論이나 前者는 그 純粹態에 있어서 勞働이 直接的 全體性에 있는 만큼 血緣과 風土의 原理가 重要한 意義를 가지며, 後者는 純粹態에 있어서 勞働이 充分한 分化狀態에 있는 만큼 生產과 交換의 原理가 主要한 紐帶가 되는 法이다.

그런데 文化에 있어서 原始共同態에 對應하는 形式은 槪念性과 象徵性, 主觀性과 客觀性이 完全히 分化하지 못하는 만큼 그는 前論

理的, 前知性的인 生活의 共同紐帶로서의 表現諸形式의 限界를 넘을 수 없다. 이것은 原始社會의 主되는 文化를 代表하는 것이 神話, 習俗, 言語等임을 보아서도 알 수 있다. 그와 反對로 文化에 있어서 純粹利益態에 對應하는 것이 槪念性과 客觀性을 獲得한 狹意의 文化諸形式이다. 이것은 市民社會의 主되는 文化를 代表하는 것이 論理, 數理, 法律, 道德, 哲學, 科學等임을 보아서도 알 수 있다. 共同社會는 分業과 交換이 發達하기 以前의 全體性의 社會이며 따라서 原始人間의 行動은 習俗과 傳統을 分有하고 知性의 反省을 要求하지 안는 만큼, 그곳에는 文化가 있다면 知情意가 分化하기 以前의 表現諸形式밖에 더 될 것이 없다. 하나 利益社會는 分業과 交換을 原理로 하는 만큼 그곳에서는 知行의 分化와 知性의 發達을 前提하는 高度의 文化諸形式이 對應하는 것이다. 共同社會는 한 개의 中心에 歸屬되는 單純된 閉鎖된 場所인 만큼 그곳에 對應하는 文化는 地方性과 特殊性을 要求하나, 利益社會는 到處가 中心이 될 수 있는 말 그대로 開放된 世界인 만큼 그곳에 對應하는 文化는 世界性과 普遍性을 要請하는 것이다.

그런데 共同社會와 利益社會는 一方 歷史의 時間的 發展에 있어서는 繼起的 次序를 이루는 同時에 他方 社會의 空間的 構造에 있어서는 重合的 成層을 이루는 微妙한 關係를 가졌다.

人類의 歷史的 生活은 「토-테미즘」에서 古代社會, 封建社會를 걸처서 市民社會로 걸어왔다. 이리하야 共同社會는 歷史의 發展을 따라 利益社會로 移行하여 온 것이다. 하나 共同社會는 一方 利益社會로 移行하면서도 또한 利益社會의 內部에서도 共同生活의 原理로서의 機能을 維持하고 있다. 即 그는 社會構成의 一階梯原理로서는 原始 「토-테미즘」이 崩壞된 뒤로는 歷史에서 그 足跡을 감추었으나 一成層原

理로서는 現在의 市民社會에서도 그 存在를 發見할 수 있다. 「支配의 契機(利益社會를 말함 — 筆者)가 社會形成力을 이루게 되면 共同社會는 벌써 共同生活의 根本的 形式이 될 수 있게 된다. 그러나 그 밖에 共同社會라는 構成法則은 永久現象이며 모든 社會的 全體狀態 가운데에 共同的 原則으로서 存在한다」 — 이것은 「한스·프라이어-」[15]가 그의 『社會學序說』에서 한 말이나 일찌기 「헤-겔」도 그의 『法律哲學』에서 共同體는 中世 「테오크래시즘」[16]이 解消된 뒤에도 現代社會에 와서도 家族團體로 남는다 하야 同一한 思想을 表明하였었다.[17]

그러면 共同體가 階梯原理로서 崩壞하면서도 成層原理로서는 現在하는 理由는 어데 있을까? 그것은 그가 一方 勞働의 次元에 屬하면

---

15 한스 프라이어(Hans Freyer, 1887~1969)는 독일의 사회학자이다. 사회학은 관조적(觀照的)인 로고스 과학에서 탈피하여 상황에 대해 의욕적인 에토스 과학이 되어야 한다고 주장하였다. 사회를 현실적, 역사적, 실천적인 것으로 판단하고 역사적 전체상태로서 사회를 문제 삼음으로써 형식사회학을 비판하였다. 훗날 국민사회주의로 전향하여 나치스에 협력했다. 제2차 세계대전 후에는 문명비평에 주력했다. 주요 저서 『社會學入門』(1935), 『資本制經濟思想の發展』(1943), 『現實科學としての社會學』(1944) 등이 일본에 소개되었다.

16 시아크러시즘(theocracism). 신정주의.

17 헤겔 『법철학』의 제3부 제2장 「시민사회」. "§239. 시민사회는 이렇듯 '보편적 가족'이라는 성격을 지니고 있기에 교육에 있어서 — 그것이 사회의 일원이 되는 능력에 관련되는 한 — '부모의 자의'와 우연성에 맞서 '교육'을 감독하고 지도할 의무와 권리를 갖고 있다. 특히 교육이 부모의 손을 떠나 타인에 의해 완성되어야 할 경우에 그러하다. 또한 이러한 목적을 위해 공공의 기구와 대책을 마련할 수 있는 한에서, 이를 행하는 것 역시 시민사회의 의무이자 권리다." "§255. '가족'에 이어 '직업단체'는 시민사회에서 그 기반을 두면서 국가의 제2의 '인륜적' 뿌리를 이룬다." G. W. F. 헤겔 저, 박배형 역, 『헤겔과 시민사회: 『법철학』 「시민사회」장 해설』, 서울대출판문화원, 2017, 142, 159쪽; ヘーゲル(田村實 譯), 『法律哲學綱要 下』, 改造社, 1938, 121, 134쪽. 일본에는 『法の哲學綱要』(速水敬二·岡田隆平 譯, 鐵塔書院, 1931), 『法律哲學綱要』 上·下(田村實 譯, 改造社, 1938)라는 제목으로 소개되었으며, 『ヘーゲルの法律哲學の基礎』(吉野作造, 1905), 『ヘーゲルの法律哲學』(田村實, 1934) 등의 연구서가 있었다.

서도 他方 生命의 次元에 屬하기 때문이 아닐까? 勞働의 分化와 技術의 發達이 共同體의 利益體에의 移行을 結果하였다면, 血緣의 連續性과 風土의 定着性이 그의 成層原理로서의 存續을 結果하는 것이 아닐가? 生命이란 어떤 사람의 말맛다나 男女間의 性的 對立에 의해서 斷絶되었다가 親子間의 血的 統一에 依해서 連續되어 나가는 永遠의 循環運動이다. 그리고 生命의 이 「리드미칼」한 回歸運動의 周期를 表現하는 時間이 오늘날 흔히 말하는 「世代」이다.

다시 말하면 血統을 紐帶로 한 共同社會는 世代를 媒介하고 圓環的으로 回歸하는 輪廻時間 우에 成立하는 것이다. 그리고 이 點이 勞働을 紐帶로 하는 利益社會가 個人을 媒介하고 單純히 直線的으로 前進하는 時間의 우에 成立하는 것과 對照를 이룬다. 共同社會의 運動은 單純히 圓環的으로 回歸하며 利益社會의 그것은 말 그대로 直線的으로 前進한다. 前者의 運動形式을 循環이라면 後者의 運動形式은 말 그대로 進步이다. 利益社會를 最高의 秩序로 看做하든 近代佛蘭西의 啓蒙人間이 進步觀念에 盲目에 가까운 信賴를 가졌던 反對로, 祖國과 懷古에 날뛰던 獨逸浪漫主義者가 歷史의 理解에 있어서 循環概念에 사로잡혓던 것은 決코 偶然한 일이 아니다. 사람을 따라서는 世代를 歷史的 時間으로 看做하는 니도 있는 모양이나, 그는 生命共同體의 運動을 區刻하는 時間單位로서 原來 「토-테미즘」이나 家族團體에 固有한 것이다. 具體的인 社會는 共同社會와 利益社會의 「統一」인 만큼 그는 單純히 圓環的으로 循環하는 것도 아니고 單純히 直線的으로 進步하는 것도 아니다. 그는 圓環的, 直線的으로 即 螺旋狀的으로 發展하는 것이다. 前者의 時間單位가 「世代」임에 反하야 後者의 時間單位는 「時代」이다. 共同體가 「循環」하고 利益體가 「進步」한다면

歷史的, 具體的인 社會는 「發展」하는 것이다.

이와 같이 共同體의 內的原理인 血液이 輪廻性을 가졌을 뿐 아니라 그의 外的原理인 風土도 勝義의 時間이 侵入하기 困難한 定着性을 가졌다면, 共同社會가 一方 利益社會로 移行하면서도 또한 永遠한 成層原理로 存續하여 나갈 것은 當然하지 않을까? 端初에서 出發하여 端初로 回歸하는 實體가 歷史發展의 그 어떠한 社會階段에 있어서든 그 基底에 現在的 成層으로 存續하여 나갈 것은 論證할 必要조차 없다. 그리고 이것은 그러한 推理를 기달리지 않고도 人間社會를 直下에서 觀察하는 데서 常識的으로도 알 수 있는 것이다. 歷史가 「生」의 歷史인 限 그는 一定한 空間과 生命 即 原始自然을 地盤으로 하고 形成될 것은 두말할 것 없으며, 또한 「存在」의 歷史인 限 生産과 交換 即 社會關係를 地盤으로 하고 構成될 것은 勿論이다. 即 그는 共同社會와 利益社會를 한갈같이[18] 前提하는 것이다.

그러나 現實의 具體的인 社會로서는 共同體는 利益體에 앞서면서도 또한 利益體에 媒介되는 것이라면, 우리는 共同體의 社會生活의 紐帶로서의 意義가 歷史의 發展을 따라 氏族에서 種族으로, 種族에서 民族으로, 民族에서 世界로 移行하는 事實을 看過하여서는 안 될 것이다. 우리는 于先 風土의 異質性과 定着性을 말하나 그것은 相對的 意味에서 하는 말이다. 風土의 異質性은 人間의 生産技術이 增進함을 따라 同質化할 수 있음은 勿論(척박한 土地를 肥沃하게 만드는 것과 같은), 風土와 人間을 媒介하는 生産技術의 增進은 더 나아가 兩者의 間隔을 增進하므로써 後者의 前者에의 隷屬을 克服케 만든다. 그리고

18 '한결같이'의 잘못으로 보임.

風土는 設使 客觀的으로는 定着性을 가졌다 하드라도 主體的으로는 外延性을 가졌다. 人間對自然의 生産交涉의 範圍가 擴大함을 따라 어제까지 한 村落의 風土에 살던 우리가 來日은 한 國土의 風土를 環境하게 되는 것이다. 뿐만 아니라 血緣도 輪廻性과 함께 外延性을 갖고 두 사람의 祖父母에서 열 사람의 子孫이 生産되어 나간다. 그리고 血緣은 그 外延의 範圍가 擴大하면 할쑤록 그 純粹性과 親和性은 도리어 縮少되는 傾向을 가지는 法이다.

그러므로 우리는 共同體와 利益體의 重合的 成層關係를 말할 때에 兩者를 機械的으로 分離하여 前者는 「토-테미즘」 以來의 原始的 形態를 그대로 持續하여 나가는 固定的 實體로 보고 後者만이 時間을 따라 發展하는 듯이 생각하여서는 잘못이다. 兩者는 그때그때의 歷史的 發展諸段階에 있어서의 「具體的 統一的」인 社會形態의 「抽象的」인 兩對立契機로서 歷史의 發展過程을 따라서 서로 對立하고 拮抗하면서도 서로 媒介하고 轉化하는 辨證法的 關係를 가진 것이다. 다시 말하면 兩者는 單純히 「場所的」으로 뿐만 이라[19] 「過程的」으로도 對立物의 統一로서의 構造를 갖고 있다. 但 場所的 關係에 있어서의 統一은 過程的 關係에 있어서는 對立者의 媒介를 거처서 自己內에 還歸하는 形式을 발버서 實現되는 法이다. 이리하여 利益社會의 範圍가 擴大되면 共同社會의 그것도 적던 크던 擴大되지 않을 수 없으며 利益社會의 性質이 變化하면 共同社會의 그것도 적던 크던 變質하지 않을 수 없다. 封建社會의 成層으로서의 民族과 市民社會의 成層으로서의 그것은 그 外延과 內容이 반드시 相覆하는 것이 아니

19 '아니라'의 잘못으로 보임.

다. 그러므로 要約하여 말하면 社會構成에 있어 重合的 成層關係를 이루고 있는 共同體와 利益體는 一方 歷史의 「全發展過程」에서 볼 때에 前者에서 後者로 移行할 뿐 아니라 他方 歷史의 「各發展段階」에 있어서도 前者에서 後者로 移行하는 것이다. 生物史에 있어서 種의 歷史가 個의 歷史에서 反覆되는 것과 恰似한 關係가 人類史에서도 反覆되는 것으로 볼 수 있다. 따라서 利益體의 範圍가 擴大됨을 따라 共同體의 範圍가 縮少된다는 것은 一面的인 觀察에 不過하다. 共同體는 그때그때로 擴大되는 利益體를 媒介로 하고 그때그때로 보담 높은 自己에게 還歸하는 까닭에 氏族에서 種族으로, 種族에서 民族으로, 民族에서 世界로 擴大하여 나갈 수 있는 것이다. 오늘날의 文化理論家들[20]은 共同體와 利益體의 關係를 말하면서도 이 事實을 隱蔽한다. 現代의 血緣과 風土의 理論이 가진 危險한 伏線이 이곳에 있는 것이 아닐까?

그런데 文化란 어떠한 것인가?[21] 文化란 한 말로 하면 人間精神의 産物이다. 精神의 制作 即 精神의 客觀化가 곧 文化이다. 生命에 對應하는 것이 共同體이며 理性에 對應하는 것이 利益體인 거와 같이 精神에 對應하는 것이 文化圈이다. 그러면 精神이란 무엇인가? 精神이란 한 말로 하면 生命과 理性, 主觀과 客觀을 統一한 主體的, 社會的 意識을 말하는 것이다. 即 自然的인 生命이 社會的인 理性을 媒

20 주로 고야마 이와오의 문화유형학과 그 아류를 가리킨다고 생각된다. 제4장 요네타니 해제 443쪽 참조.

21 이 단락 이후는 『批判』에 게재된 속편으로 단행본에서는 여백을 두거나 하지 않고 바로 이어서 게재하였다. 물론 처음 발표된 『批判』의 첫 부분에는 '그런데'가 없다. 또한 『朝鮮日報』에 게재된 앞부분의 말미에는 '紙面關係로 이 小論의 下半은 다음 機會로 미룬다'는 설명이 덧붙여져 있었다.

介로 하고 理性的인 生命에까지 止揚된 것이 곧 精神이다. 그러므로 生命과 精神은 次元을 달리하는 것으로 生命은 理性에 對立하면서도 精神에 包攝되는 것이다. 그런데 生命은 共同社會의 原理였고 理性은 利益社會의 原理였다. 그리고 理性은 人間이 單純한 生命의 世界에서 勞働의 世界로 移行하여 主體的인 環境을 客體的인 對境[22]으로 轉換하는 데서 出現할 것이라면, 文化는 人間이 勞働의 世界에서 다시 生命과 理性의 統一인 精神의 次元으로 移行하는 데서 出發하는 것이다. 그러므로 그는 共同社會를 否定的으로 媒介하고 成立한 利益社會를 다시 否定的으로 媒介하는 立場에서 生産되는 것이다.

그렇다면 우리는 文化에 있어서도 共同社會와 利益社會에 對應하는 關係가 表現諸形式과 文化諸形式과의 間에 成立함을 알 수 있지 않을까?

共同社會와 利益社會는 一方 歷史의 發展道程에 있어 不可逆的인 繼起次序를 일우어 가지고 前者에서 後者로 移行하면서 있다. 그와 같이 文化에 있어서도 前者에 對應하는 表現諸形式은 歷史의 發展을 따라 後者에 對應하는 文化諸形式으로 分化=移行하였든 것이다.

神話는 神學에서 形而上學으로, 形而上學에서 實證科學으로 分化하였으며 習俗은 慣習法에서 實定的[23]으로, 身分에서 契約으로 移行하였었다. 言語에서는 象徵性 속에 파묻혔든 槪念性이 눈을 뜨자 그 極限으로서 論理와 數理가 成立하였으며, 宗敎에서는 魔術이 脫落하

22 '對境(대경)'이란 일반적으로 '對象(대상)'을 가리키는 말이나, 여기서는 '주체'-'환경'과 대비되어 독자적인 의미를 부여하여 사용되었다.

23 '實定法'의 잘못으로 보임. 『批判』에서는 '實定法'으로 표기.

고 分別性이 增進함을 따라 黃泉宗教에서 開祖宗教로, 啓示宗教에서 自然宗教[24]로 移行하여 왔다. 그러므로 이 側面에서 볼 때에는 文化의 歷史는 늘 種族에서 世界로, 特殊에서 普遍으로 志向하여 왔든 것이다.

그러나 共同社會와 利益社會는 他方 또한 그 어떠한 社會形態에 있어서는 重合的 成層關係를 갖고 相互媒介에 依하야 內面的 統一을 일우고 있다.

그와 같이 現代의 市民社會에서도 表現諸形式은 文化諸形式의 안을 바치는 行動原理로서 文化의 情意的 基礎를 일우고 있다. 이리하여 一旦 生活諸形式에서 出發한 文化諸形式은 다시 生活諸形式으로 歸還하는 法이다. 科學도 常識化하면 教儀로 變하고 法律도 固定하면 習俗으로 化한다. 言語의 概念性의 根底에는 依然히 象徵性이 있어며 自然宗教의 裏面에는 依然히 啓示性이 있는 것이다. 勝義의 民族文化가 一方 世界性, 普遍性을 갖는 同時에 또한 地方性, 特殊性을 가지며 一方 論理性, 概念性을 가지면서도 또한 象徵性, 文法性을 가지는 것은 이 때문이다. 一方 客觀性을 갖는 同時에 他方 主觀性을 가지며 一方「로고쓰」的인 同時에 他方 情意的이 되는 理由도 이러한 곳에 있다.

그러나 歷史의 全發展過程에 있어서의 共同體의 利益體에의 移行이 歷史의 各發展段階에서도 返覆되는 거와 같이 各社會形態內에서도 一旦 生活諸形式으로 歸還한 文化諸形式은 다시 보담 더 世界

24 자연종교란 인간의 자연적 이성이나 통찰에만 바탕을 둔 종교를 가리키며 계시종교와 대립되는 개념이다.

的, 普遍的이며 보담 더 客觀的, 知性的인 文化諸形式으로 移行하는 것이다. 이리하야 文化諸形式은 低次에서 高次로 끈임없이 發展하고 向上하여 나가는 것이다. 그리고 그 運動形式은 表現과 理性이 統一에서 分裂로, 分裂에서 統一로 나가는 對立的 統一의 構造를 가질 것은 두말할 것도 없다. 다시 말하면 生活과 理性은 人間의 歷史的, 主體的 精神을 通하여 그때그때의 歷史的 瞬間에 있으서 互相轉化하면서 否定的, 包攝的으로 發展하여 나가는 것이다. 그리고 이 兩者를 媒介하는 것이 곧 精神이다.

文化는 말하자면 生活를 小語로, 理性을 大語로, 精神을 媒語로 하고 推論式的으로 運動하는 것이다.

만일 이와 같이 生活諸形式은 一方 文化諸形式으로 移行하는 同時에 또한 언제든 文化諸形式과 裏合하여 있다면 우리는 적어도 概念的으로 民族의 두 가지 種類를 논흘 수 있는 同時에 民族文化에도 두 가지 型을 논흐는 것이 옳치 않을까. 即 하나는 利益社會 以前의 純粹共同社會로서의 民族이며 다른 하나는 利益社會에 媒介된 限에 있어서의 歷史的, 文化的인 民族이다. 前者는 單純히 血土를 紐帶로 한 生命으로서의 民族, 「種」으로서의 民族이며, 後者는 個性(理性)을 媒介로 한 精神으로서의 民族, 歷史로서의 民族이다. 前者를 自然民族(或은 氏族)이라 부를 수 있다면 後者는 文化民族이라 부를 수 있는 것으로, 原始時代의 「토-테미즘」을 形成한 것이 前者이며 現代의 文化諸國民이 後者에 屬한다. 그런데 現代의 全體主義理論家들은 民族을 規定할 때에 一律로 血土的 原理에 依據한다. 하나 이것은 嚴密하게 말하면 原始時代의 「氏族」으로서의 民族에 限해서만 妥當性을 가질 수 있다. 現代의 文化諸民族은 벌서 利益社會에 媒介된 것인 만큼

血緣의 純粹性이 허손된 것은 勿論 風土의 異質性까지도 喪失한 것이 많다. 그들의 結合의 紐帶를 形成하는 것은 自然的 血土의 特殊性보담도 도로혀 文化的 傳統의 特殊性에 있는 것이다.

그리고 民族을 두 가지 型으로 논흘 수 있다면 우리는 民族文化도 두 가지 型으로 논흘 수 있지 않을까? 처째는 自然民族에 固有한 原始神話, 原始言語, 原始習俗等 前論理的, 前知性的인 生活形式이다. 그 以外의 知性的인 諸文化形式은 利益社會에 對應하는 만큼 그는 自然民族에 固有한 範疇가 아니다. 그리고 自然諸民族의 文化가 그러한 것이라면 文化諸民族에 固有한 文化가 論理와 知性의 媒介를 걸친 文化諸形式일 것은 두말할 것도 없다. 文化諸民族의 文化는 民族에서 出發하여 個人을 媒介하고 世界를 志向하는 만큼 特殊性과 함께 普遍性, 民族性과 함께 世界性, 主觀性과 함께 客觀性, 情意와 함께 知性을 갖고 있는 것이다.

그럼에도 不拘하고 現代의 「토-탤리즘」이 피와 흙을 民族과 文化의 嚮導原理로 내어 세우는 것은 한 말로 말하면 現代에서 原始로, 歷史에서 自然으로, 文化에서 未開로 歸還하는 回歸意識의 表現으로 볼 수밖에 없다.

하나 지금까지 말한 것은 文化의 民族性과 世界性의 聯關을 밝혀본 데 지내지 안는다.

그런데 原始社會가 뭉어진 以後 오늘날까지 人間社會의 諸歷史的 形態는 모다 階層的으로 組成되어 나왔다 한다. 만일, 그렇다면 共同體의 利益體에의 移行은 곧 階層社會에의 移行이 되지 않을 수 없다. 이리하여 社會學者에 따라서는 利益社會의 가장 重要한 特徵을

支配關係에 두는 사람도 있다. 그러면 利益體가 階層으로 分化하는 理由는 어대 있는가? 그것은 한 말로 말하면 勞働의 分化, 生產의 發達이 完全한 狀態에 到達하지 못한 데 있는 것이다.

原來 共同體의 利益體에의 移行은 直接的 全體勞働의 個人勞働에의 分化에서 出發하였든 것이다. 그리고 利益體의 理想的 範型은 「칸트」의 道德的 人格의 王國[25]과 같이 普遍個性의 自由로운 結合에 있는 것이다. 그런데 이러한 理想社會에 到達하려면 勞働의 分化程度가 「社會化」의 段階에까지 進展함을 前提하지 않을 수 없다. 왜 그러냐 하면 普遍個性의 成立은 普遍的인 個人勞働을 前提하며, 普遍的인 個人勞働은 곧 勞働의 社會化로서만 實現될 수 있기 때문이다. 그러나 勞働의 社會化란 한거름에 뛰어넘어 到達할 수 없는 道程이다. 그러한 데서 勞働의 分化는 그 結果로서 所有와 点有,[26] 支配와 用益의 分化를 招致하고, 所有와 点有의 分化는 所有의 分化와 所有에의 勞働의 歸屬까지도 結果하게 된다. 이리하여 原始社會가 뭉어진 뒤 人類의 歷史는 몇 낱의 階層社會를 經驗하였다. 그리고 近代의 市民社會는 利益社會의 完成態로서 勞働의 分化가 社會化의 一步前까지 接

---

25 칸트의 윤리학·도덕론은 자유와 인간성(Menschheit)을 갖춘 인격이 서로를 목적으로 존중하며 결합하는 '목적의 나라(Reich der Zwecke)'를 제시하였다. 『윤리형이상학 정초(*Grundlegung zur Metaphysik der Sitten*)』(1785)에서 칸트는 "무릇 이성적 존재자들은 모두 그들 각자가 자기 자신과 다른 모든 이들을 결코 한낱 수단으로서가 아니라, 항상 동시에 목적 그 자체로서 대해야만 한다는 법칙"에 의해 이성적 존재자들의 체계적인 결합이 발생하며, "목적이자 수단인 이 존재자들 상호 간의 관계"인 '목적의 나라'에 도달한다고 보았다. 임마누엘 칸트 저, 백종현 역, 『윤리형이상학 정초』, 아카넷, 2005, 156쪽 이하; 김재호, 「칸트 『윤리형이상학 정초』」, 『철학사상』 별책 7-14, 2006, 105쪽.

26 '占有'의 잘못으로 보임.

近한 同時에 所有의 分化도 그 極限에 到達하였다. 이리하여 그는 階層社會로서도 가장 完成된 形態에 屬하는 것이다.

그러므로 利益社會는 그 理念에 있어서는 普遍個性의 自由로운 結合을 要請하나 即 그 存在에 있어서는 階層的 構造를 가진 것이다. 다시 말하면 普遍人間의 自由結合이란 市民이 要請하는 形式的 規範에 不過하고 現實的 存在로서는 若干의 成層으로 構成되어 있다.

그리고 그가 形式에 있어서는 普遍個性을 前提하면서도 內容에 있어서는 階層的 構造를 가졌다면 그를 媒介한 精神도 그 理念으로서는 普遍妥當性을 要求할른지 몰으나 歷史로서는 도로혀 階層性을 띨 것이 아닌가? 文化에 對應하는 精神은 自然的인 生命이 社會的인 存在(理性)를 媒介하고 歷史的인 理性에까지 引上된 것이었다. 따라서 그 歷史的 精神이 生産한 民族文化가 그 形式=理念에 있어서는 世界性, 普遍性을 가진 듯하나 그 內容=事實에 있어서는 歷史性, 階層性을 隨伴할 것은 論證할 必要조차 없다. 勿論 社會를 存在라 하면 文化는 意味이다. 意味와 存在는 嚴密한 意味에서는 相異한 範疇로 區別된다. 그러나 意味는 일은바 存在拘束性에 依해서 所謂「이데올로기」로서의 機能을 갖고 있는 것이다.

이곳까지 와서 우리는 비로소 文化의 民族性과 世界性과 階層性을 말할 수 있다. 文化의 民族性은 歷史의 自然的 生命에 對應하는 것이며, 世界性은 歷史의 普遍的 理念에 對應하는 것이며, 階層性은 歷史의 社會的 存在에 對應하는 것이다. 自然과 社會와 文化 或은 生命과 存在와 理念, 이 三者에 對應하는 것이 民族性, 階層性, 世界性이다. 文化는 그 內面的「포스츄레잇트」에 있어서는 民族에서 世界를 志向한다. 하나 그는 그 中間에서 社會的 存在를 媒介하는 데서 그 實

現된 狀態에 있어서는 階層性을 띠지 않을 수 없다. 이것이 일은바 文化의 歷史性이다. 利益社會의 人間은 世界市民이기 前에 階層人間이다. 科學을 爲하는 科學, 藝術을 爲하는 藝術도 歷史의 制約을 떠날 수 있다.[27] 歷史를 縱貫하는 民族精神도 歷史의 諸發展段階를 橫斷하여 時代史的으로 보면 特殊한 階層意識에 擔當되어 있다.

民族精神을 連鎖로 볼 수 있다면 階層意識은 그를 構成하는 各環으로 볼 수 있다. 具體的인 文化는 늘 階層文化이었다. 그 意味에 있어서 民族과 世界, 自然과 理念을 歷史에 媒介하는 것은 階層이라 말할 수 있다. 그리고 利益社會는 理念으로서는 普遍個性을 要請하면서도 存在로서는 階層的 組成을 가졌다면, 그는 또한 世界構造에 있어서 理念으로서는 到處가 中心이 될 수 있는 原子論的 世界를 要請하나 事實에 있어서는 中心과 周圍가 支配와 歸屬의 關係를 일우지 않을 수 없다. 오늘날 文化와 政治가 相覆하지 안는 理由도 그러한 곳에서 由來하는 것이다. 文化에는 原來 國境이 없는 法이다. 個人과 個人, 民族과 民族의 自由로운 交歡이 文化로 形成하나 政治는 多中心을 不許한다. 오늘날에 있어서는 한 國家의 世界構造나 世界의 世界構造나 모다 同一한 構造를 가졌다. 한 國家의 世界構造가 그대로 世界의 그것으로 移植되었을 뿐이다.

그런데 利益社會의 發展은 그 極限에 到達하면 自己를 否定하고 自己를 넘어서지 않을 수 없다. 共同體의 利益에의 移行은 원래 勞働의 分化에서 發源하였으며 勞働의 分化는 階層의 形成을 隨伴하였었다. 그러나 勞働의 分化는 勞働에 社會化로서 完成되며 勞働의 社會

27 '떠날 수 없다'의 잘못으로 보임.

化는 全體勞働에의 歸還으로서 實現되는 法이다. 그것은 勞働의 質的 分化(個別化)는 究極에 가서는 勞働의 普遍化(社會化)를 結果하며 勞働의 普遍化는 私的勞働이 곧 公的勞働이 될 수 있는 個性的, 普遍的인 全體勞働에의 止揚을 結果하기 때문이다. 그러므로 歷史의 全發展過程을 勞働史를 通하여 볼 때에는 直接的인 全體勞働(토-테미즘의 勞働)이 階層勞働으로 分裂하였다가 다시 媒介的인 全體勞働으로 歸還하는 한 낱의 辨證法的 過程으로 볼 수 있다. 抽象的, 全體的인 勞働은 特殊와 普遍으로 分裂하였다가 다시 具體的, 普遍的인 勞働으로 歸還하는 것이다. 하나 利益體란 原來 特殊와 普遍이 分裂한 社會인 만큼 勞働의 公的性質과 私的性質을 統一할 수 없다. 이곳에 利益社會의 完成인 市民的 形態가 自己를 完成하자 곧 自己를 넘어서지 않을 수 없는 必然的 根據가 있다. 이리하여 勞働이 社會化의 階段에 到達하면 共同社會를 出發하여 利益社會로 遍歷한 人類는 다시 共同社會로 歸還할 運命에 逢着하게 되는 것이다.

그러나 그것은 單純한 共同社會가 될 수 없다. 單純한 共同社會는 直接的인 全體勞働을 基礎로 한 것으로 直接的 全體性의 原理에 立脚한 世界이나, 이것은 媒介的인 全體勞働을 基礎로 하는 것으로 個人에 앞서면서도 또한 個人에 媒介되는 媒介的 全體性의 原理를 要求하는 世界이기 때문이다. 單純한 共同社會가 個人 없는 全體社會이며 單純한 利益社會가 全體 없는 個人結合임에 反하여, 이것은 個人에 媒介된 全體, 全體에 媒介된 個人을 要求하게 된다. 그러므로 그것은 個人이 곧 全體이며 全體가 곧 個人이 될 수 있는 참다운 意味의 普遍人間의 世界이다. 한 사람의 幸福이 만 사람의 그것을 前提하며, 만 사람의 幸福이 한 사람의 그것을 前提한다. 그러므로 그는 到

處가 中心이 될 수 있는 同時에 또한 그 어대나 中心이 없는 無限大의 圓과 같은 世界構造를 가지지 않을 수 없다. 그리고 이러한 論理的 構造를 가진 社會는 그 內容에 있어서는 單純한 共同社會와 같이 生命對生命의 世界가 아닌 것은 勿論, 單純한 利益社會와 같이 物格對物格의 世界도 아니고 말 그대로 人格對人格의 世界가 되지 않을 수 없다. 生命이 共同體의 原理이며 物格이 利益體의 그것인 反對로 將來할 共同體는 人格의 原理에 依하여 結合할 수 있을 것이다.

이러한 世界에서만 文化에서 階層性이 解消될 수 있다. 그리고 文化에서 階層性이 解消되는 때에만 政治는 文化에 解消되고 文化와 政治는 現代의 相剋性을 止揚할 수 있는 것이다. 그리고 文化에서 政治의 求心的 作用이 脫落하는 때에만 文化의 民族性과 世界性은 完全한 調化에 到達할 수 있는 것이다. 그것은 政治를 脫落한 文化民族은 그 世界構造에 있어서 世界性的 世界의 世界構造와 같이 到處가 中心이 될 수 있기 때문이다. 이리하여 모든 民族은 自己에 固有한 文化를 形成하는 것이 곧 世界文化를 形成하는 것이 되며 世界文化를 形成하는 것이 民族固有의 文化를 發展시키는 것이 될 수 있다. 어대서든 世界의 中心을 發見할 수 있는 이러한 文化의 世界에서만 多가 그대로 하나이며 하나이 그대로 多가 될 수 있는 文化의 理念에 到達할 수 있다.

文化란 원래 個性的, 普遍的인 것으로서 個性에 徹底함으로써 普遍으로 나가는 特性을 가진 것이다.

現代의 世界史가 正히 이러한 世界에의 轉換期에 到達하지 않었는가 생각한다. 그러나 問題는 어느 民族 어느 成層이 이러한 世界性的 世界의 形成에 있어 主體가 될 수 있는가 하는 데 있다.

現代에 있어 文化를 論할 武器를 갖지 못한 筆者는 이 小論의 構成에 있어 高山岩男氏의 人間學 思想[28]을 많이 參酌하였다. 付記하여 讀者의 諒解를 빈다.[29]

昭和十四年六月『朝鮮日報』

28 주로 高山岩男,『哲學的人間學』, 岩波書店, 1938을 참고한 것으로 생각된다.

29 『批判』 원문에서는 "現代에 잇서" 이후 부분을 글자를 작게 하여 괄호로 묶었다. 또한 말미에 '六月一日'이라는 부기가 있는 것으로 보아 『朝鮮日報』에 연재된 전반부를 포함하여 전체 논문은 1939년 6월 초에 집필한 것으로 생각된다.

■ 원문

第二次大戰을 解剖한다[1]

徐寅植

1. 歐洲文化의 理念과 그 運命

歐羅巴의 天地에는 끗끗내 戰慄할 戰端이 버러젓다. 언제나 오고야 말 事態이지만 막상 오고 보니 駭然[2]한 생각을 禁할 수 없다. 「딴치히」[3] 問題를 發端로로[4] 한 이번의 危機로만 하더라도 우리는 最後까지 歐洲政治家들의 平和를 維持하려는 必死의 努力에 의하여 어떠케든 彌縫되고 말리라고 생각하였섯다. 함에도 不拘하고 그들이 圓卓을 떠나서 마침내 干戈를 들고 나선 것을 보면 實로 勢不可避엿던 모양이다.

하나 戰爭은 아직까지도 歐羅巴의 全體를 삼켜 버린 것이 아니고 情勢의 再編에 따라서는 戰爭은 短時日內에 終熄할는지도 알 수 업

1 「第二次大戰을 解剖한다」, 『朝鮮日報』, 1939. 9. 12~15. 전 4회 연재.

2 몹시 이상하고 놀랍다.

3 단치히 자유시(Freie Stadt Danzig). 1920년 베르사유 조약에 따라 국제연맹에 의해 세워진 중립도시이다. 히틀러는 단치히 반환을 구실로 1939년 9월 1일 폴란드 침공을 감행하였고, 이것이 제2차 세계대전의 도화선이 되었다.

4 '으로'의 잘못으로 보임.

다. 하나 豫想이란 늘 不幸한 것이 適中하는 法으로 戰爭參加國이 現在 以上으로 늘어가고 게다가 前番大戰과 가튼 持久戰으로 들어간다면 무엇보다도 우리의 頭腦에 떠오르는 것은 歐羅巴文化의 今後의 運命이 어찌될까 하는 問題이다.

이 問題가 우리의 關心을 끄으는 데는 범박하게 말하여 두 가지 理由가 잇다.

그 하나는 前番大戰을 一轉機로 하고 오늘날의 歐羅巴는 繁榮과 上向의 고개를 넘어서 沈滯와 下向의 坂路를 轉落하는 過程에 잇다. 한 말로 말하여 오늘날의 歐羅巴는 下向過程이 잇는 만큼 이번 戰爭이 歐羅巴의 남은 運命에 어떠한 結果를 가저올까 하는 것이 우리의 關心의 對象이 되지 안흘 수 업다.

하나 이것은 생각하는 데 따라서는 우리의 問題라기보다도 歐羅巴 사람들 自身의 問題일는지 몰은다.

함에도 不拘하고 이것이 우리의 關心을 끄으는 것은 오늘날의 東洋은 西洋과 政治的, 經濟的, 文化的 生活에 잇서서 緊密한 世界史的 聯關을 形成하고 잇고 어느 意味에서 西洋과 對立하는 狀態에 잇기 때문이다. 그리고 지금까지 世界文化의 覇權을 잡고 잇던 歐羅巴 文化에 대하여 東洋文化의 「이니시아티브」를 樹立하려는 氣運이 東亞의 一隅에서 머리를 들고 잇기 때문이다.

~~

한데 爲先 누구에게나 明瞭한 것은 이번 戰爭이 어느 모로 보든지 沈滯하여 가는 歐羅巴를 再興하려는 氣運에서 마련된 것이 아닌 것만은 事實인 듯하다. 나는 이곳에서 區區하게 오늘날의 歐羅巴가 가지고 잇는 宿患의 所在를 낫나치 들어가면서 이 事實을 說明하고 십지 안타. 戰爭을 마련한 歐洲政治家들만 하드라도 그들의 記憶에는 아직까지도 前番大戰의 悲慘한 經過가 生生한 殘像으로 남아 잇슬 것이며 그들의 鼻腔에서는 戰場의 腥腥한 피ㅅ비린내가 가시지 안헛슬 것이다. 百萬의 生靈과 數億의 財富를 犧牲한 代價로서 어든 것이 오직 俱沒과 疲勞뿐이엇다는 것은 前番大戰時의 묵은 帳簿가 歷歷히 指示하여 주는 바이다. 게다가 오늘날의 國際情勢는 그때와도 또 다르다. 北에는 鈍重한 蘇聯이 버티고 안잣고 東에는 鬱勃한 東洋이 머리를 들고 잇다. 이러한 外圍 미테서 歐洲諸國이 墻內의 相殘을 되푸리하는 것이 俱沒의 運命을 催促하기 쉬운 것은 누구나 생각할 수 잇는 것이다. 그러키에 그들도 지금까지 가지가지로 戰爭의 危機를 當할 때마다 오로지 공갈과 讓步를 거듭하면서 局面의 破綻을 彌縫하여 온 것이다.

하나 꺼지는 運命은 할 수 업는 것이다. 局面은 끗끗내 깨여지고 말앗다.

그러므로 또 한번 되푸리하거니와 이번 戰爭은 下向하는 歐羅巴를 再興하려는 氣運에서 마련된 것이 아니다. 그 意味에 잇서서 우리는 이번 戰爭을 歐洲沒落의 弔鐘으로도 볼 수 잇다. 勿論 이번 戰爭의 結果가 곳 歐羅巴의 終止符로 나타날지는 現在의 情勢로서는 判斷할 수 업다. 하나 그것이 終止符로 나타나지 안는 境遇에라도 歐羅巴의 下向하는 墜勢에 커다란 速度를 付加할 것만은 틀림업다. 이것은 아마 單純한 東洋의 豫言이 아니리라. 오늘날 銃砲를 끄을고 戰場으로 行進하는 歐洲의 星星한 知性人들을 붓들고 歐洲의 來日의 運命을 뭇드라도 그들의 입서서는[5] 明朗한 解答이 나오지 안흐리라.

---

5 '입에서는' 잘못으로 보임.

꿈과 情熱이 업는 行進! 하기 실으면서도 안 할 수 업는 戰爭! 이것이 이번 戰爭이 아닐까?

歐羅巴의 戰神들은 馬上에 오르기 前부터 어두운 「페시미즘」에 사로잡히지 안흘 수 업다.

~~

그러나 기다리라! 우리가 말하는 歐羅巴의 沒落이란 말 그대로의 歐羅巴의 死滅을 意味함은 아니다. 더구나 그것은 希臘 以來로 綿綿하게 發展하여 오던 歐羅巴文化의 燦然한 傳統이 地上에서 消滅한다는 것을 意味하는 것이 아니다.

그러면 歐羅巴의 沒落이란 무엇을 意味하는가? 한 말로 말하면 그는 近代(現代까지 包含한) 歐羅巴的 原理의 沒落을 意味하는 것이다. 近代歐羅巴는 希臘的 原理로서 形成되엇던 古代歐羅巴나 「캐톨리시즘」의 原理로서 形成되엇던 中世歐羅巴와도 相異한 全然別個의 理念과 構造를 가진 한 낫의 完結된 世界이다.

2. 神의 後退와 人間의 登場

그러면 낡은 歐羅巴는 왜 문허지게 되엇는가? 낡은 歐羅巴의 文化는 어떠한 理念과 構造를 가젓기에 오날의 危機로 誘導되엇는가? 나는 以下 이 問題를 簡單히 말하여 보겟다.

古代歐洲文化의 理念을 「自然」이라 말하고 中世歐洲文化의 理念을 「神」이라 말할 수 잇다면 近代歐洲文化의 理念은 「人間」이다.

歐羅巴의 近代文化는 觀念的으로는 神으로부터의 人間의 解放으로서 出發하엿스며 現實的으로는 敎會와 身分으로부터의 個人의 離

脫로서 遂成된 것이다. 中世文化에 잇서 太陽의 地位를 占하는 것이 占[6]이라면 近代文化에 잇서 그 地位를 占하는 것은 人間이다. 人間이 萬物의 尺度라는 말은 일찌기 希臘의 「쏘피스토」가 한 말이다. 하나 그 眞理가 地上에서 말 그대로 實現되기는 近代社會에서다. 人間은 近代에 와서 비로소 倒立人間에서 自立人間으로 歸還하엿고 自己의 理性을 尺度로 하고 地上의 萬般의 價値를 裁斷하엿다.

近代의 自覺된 人間은 첫재 古代文化의 理念인 希臘的 自然에 본뜬 人間이엇다. 다시 말하면 그는 肉體와 現世를 肯定하는 一種의 外面的 人間이엇다. 이것은 勿論 伊太利의 文藝復興運動을 通하야 希臘古典에의 回歸에서 어든 人間槪念이다. 그리고 近代의 自覺된 人間은 둘재 地上敎會의 外化된 敎儀에서 離脫한 內面的, 自主的 人間이다. 卽 그는 情神의 獨立과 內面의 嚴肅을 가진 人間이다. 그리고 이것은 主로 獨逸의 宗敎改革運動을 通하야 「푸로테스탄틔즘」의 誕生에서 어든 人間槪念이다.

이리하야 希臘的인 것과 基督敎的인 것을 綜合한 近代人間은 다시 希臘末期의 「스토이시즘」에서 發源하야 中古의 「아퀴너스」[7]를 걸처서 地上의 「世界秩序」의 原理로 思唯되여오던 自然法思想과 連結되엿다. 이것은 英國의 「홉신」,[8] 「흄」[9]等을 걸처서 佛蘭西의 「볼테

---

6 『서인식 전집』에서는 문장의 구조에서 판단하여 '神'의 오식이 아닌가 하고 추정하였다(차승기·정종현 편, 『서인식 전집 2』, 역락, 2006, 75쪽). 다만 '점'을 신탁(神託)으로도 이해할 수 있기 때문에 여기서는 원문을 존중했다.

7 토마스 아퀴나스(Thomas Aquinas, 1224/25?~1274)는 기독교의 신학자이자 스콜라 철학자이다. 기독교 교리와 아리스토텔레스의 철학을 종합하여 스콜라 철학을 대성하였다.

8 토머스 홉스(Thomas Hobbes, 1588~1679)는 영국 잉글랜드의 정치철학자이다. 『리바이어던(*Leviathan*)』(1651)을 통해서 자연을 만인의 만인에 대한 투쟁 상태로 상정하고,

르」,[10] 「몽테스큐」[11]에 와서 結實하엿다.

그러므로 한 말로 말하면 近代文化를 誕生한 近代思想은 個人主義的 人本主義이다. 近代人間은 希臘的 또는 基督教的의 그 어느 것을 勿論하고 모다 個人이다. 身分을 否定하는 人間은 무엇보담도 먼저 個人이 되지 안을 수 업다. 그러면서도 그들은 또한 끗까지 普遍的, 理性的인 自然法的 人間이 되지 안흘 수 없다. 近代의 哲學에 잇서서 理性主義, 宗教에 잇서서의 「푸로테스탄티즘」, 藝術에 잇서서의 近代的 諸「이즘」, 法律에 잇서서의 自然法 思想 — 그 어느 것이나 個人主義的 人本主義 아닌 것이 업다.

個人主義, 人本主義는 그 理念으로서는 人間을 追求하고 그 構造에 잇서서는 原子論的 體系를 要求하는 것이다. 近代人間이 要求하는 文化는 그 理念으로서는 人間을 追求하고 그 構造에 잇서서는 「原子

그로부터 자연권 확보를 위하여 사회계약에 의해서 리바이어던과 같은 강력한 국가 권력이 발생하게 되었다고 주장하였다.

9 데이비드 흄(David Hume, 1711~1776)은 영국 스코틀랜드의 철학자이자 경제학자이다. 경험론 철학의 완성자로, 지식의 근원은 지각으로 얻는 관념에 있다고 보았다.

10 프랑수아 마리 아루에 볼테르(François-Marie Arouet Voltaire, 1694~1778)는 프랑스의 계몽주의 작가이다. 그는 디드로 등의 백과전서파를 적극 지지하고 기독교적인 맹목, 종교적 편견, 독단적 형이상학 등을 공격하였다. 뉴턴이 확립한 자연과학적 인식을 휴머니즘의 윤리에 의하여 현실 사회와 결부시키려고 하였다.

11 샤를 루이 드 세콩다 몽테스키외(Charles-Louis de Secondat, Baron de La Brède et de Montesquieu, 1689~1755)는 프랑스의 계몽주의 사상가이다. 『법의 정신』(1748)을 통해서 공화정은 덕, 군주정은 명예, 독재정은 공포에 기초하고 있다고 보았다. 또한 입법권, 사법권, 행정권으로 권력을 나누는 삼권분립설, 입헌군주제도론 등을 전개하는 한편, 전제주의를 극력 공격하면서 법은 각국의 여러 환경에 적합한 고유한 것이어야 한다고 주장했다. 그의 주장은 인권 선언과 미국 헌법에도 영향을 미쳤다. 또한 그는 디드로, 달랑베르 등이 편찬한 『백과전서』에도 협력하는 등 프랑스 혁명의 사상적 토대를 만드는 데 공헌하였다

論的」이 되지 안을 수 없다. 그 意味에 잇서서 그는 그 理念으로서는 「神」을 追求하고 그 構造에 잇서서는 「體統論的」으로 構成되엇던 中世文化와 對立하는 것이다. 近代人間은 神과 人間, 體統論과 原子論을 代置하므로써 中世文化를 近代文化에 止揚하지 안흘 수 업섯다.

그리고 그것은 近代人間의 政治的 「이맨시페이슌」[12]을 通하여 實現되엇다. 그 結果로서 나타난 것이 文化(狹意의)에 잇서서는 一種의 「아푸리오리즘」(?)[13]이엇고, 政治에 잇서서는 「데모크래시」이엇고, 經濟에 잇서서는 「캐피탤리즘」이엇다.

文化의 「아푸리오리즘」(?)이란 科學, 道德, 藝術等의 各文化形像이 各自의 內面的 「아푸리오리」[14]에 依하야 自主的 獨立性을 維持하면서도 普遍人間性의 基礎 우에 한 낫의 原子論的 統一을 形成하는 文化의 一組織原理로 볼 수 잇다. 그러고 「데모크래시」가 各政治主體間의 原子論的 體系인 거와 가치 「캐피탤리즘」은 「自由契約」을 原則으로 하는 經濟上의 「리베랄리즘」이다. 그럼으로 그는 한 國內經濟로서는 各個人經濟를, 全世界經濟로서는 各國民經濟를 單位로 하고 原子論的으로 構成되는 法이다.

×

그런데 「캐피탤리즘」은 近代社會의 經濟機構를 通約하는 社會의 一成層原理인 또한 近代社會의 全體制를 通約하는 歷史의 一階梯原理도 된다. 사람들은 흔히 「캐피탤리즘」이라면 現代歷史의 基礎를 이

12 이맨시페이션(emancipation). 해방.

13 물음표 포함하여 원문 그대로.

14 아프리오리(a priori, 라틴어). 인식이나 개념이 후천적 경험에 의존하지 않고 그것에 논리적으로 앞선 것으로서 부여된 것을 의미한다.

루는 經濟社會 即「헤-겔」的 意味의 市民社會를 通約하는 經濟原理로만 생각한다. 하나 近代社會는 古代 또는 中世社會와 달라서 가장 優越한 意味에서 政治 及 文化에 대한 經濟의 優位가 確立된 時期이다. 近代社會는 所謂「經濟外的 限定」即 政治로부터의 經濟의「이맨시페이슌」을 通하여 實現된 것인 만큼 이곳에서는 兩者의 地位가 顚倒되지 안을 수 업다.

다시 말하면「캐피탤리즘」은 近代社會의 經濟機構만이 아니고 더 나아가 政治機構와 文化形態까지도 規制하는「푸린시풀」이 되지 안을 수 업다.

한데 近代個人主義가 마련한 이「캐피탤리즘」은 原子論的 經濟社會인 만큼 그는 무엇보담도 먼저 諸個人 또는 諸民族이 各自의 利潤만을 追求하기 爲하여 結合된「慾望의 體制」라는 것을 알어야 할 것이다. 即 그는「헤-겔」의 말을 빌어 말하면「精神的 動物界」[15] 또는「萬人對萬人의 利的[16]利益의 鬪爭場」[17]이다. 따라서 이곳에서는 人間은 무엇보담도 먼저 商品의 人格化된 者로서 商品도 自體의 價値法則에 操縱되지 안을 수 업다. 만 사람의 行動이 모다 利潤과 價格의 動向에 따라 觸發되고 停止된다. 다시 말하면 近代社會에서는 人間對人間의 關係가 物格對物格의 關係로 轉化하지 안을 수 업다. 社會主

15 '정신적 동물의 왕국'(das geistige Tierreich). 헤겔의 『정신현상학』에 나오는 표현으로 일본어 번역에는 '精神的なる動物の國'으로 등장한다. ヘーゲル, 金子武藏 譯, 『精神現象學』, 岩波書店, 1941, 577~587쪽.

16 '私的'의 잘못으로 보임.

17 헤겔 『법철학』의 '제3부 인륜 – A. 국내법 – (1) 내부 그 자체 – b. 통치'에 실린 §289의 주석에 나오는 표현으로, 일본어 번역에는 "個人的利益に關する萬人の萬人に對する鬪爭場"로 등장한다. ヘーゲル(田村實 譯), 『法律哲學綱要 下』, 改造社, 1938, 218쪽.

體인 人間이 事物化하고 社會全體가 한 낫의 커다란 拜物敎的 特質을 띠게 되는 것이다.

3. 機械論과 데카당 發生

이리하여 近代社會는 人間이 만들어 낸 産物임에 不拘하고 한 번 形成된 뒤로는 拜物敎的 特質을 띠고 人間의 自由意思의 支配를 떠나 單純히 價値法則에 依하여 運動하는 自働的「메카니즘」으로 轉化하지 안흘 수 업섯다. 社會는 人間의 合理的 意思로서 움직일 수 업는 獨立한 超絶的 存在로 移行하는 것이다. 人間에 內在한 社會에서 人間을 超越하는 社會로 轉化하는 것이다. 「슈타인」[18]의 말을 빌면 그는「個個人에 依하여 造出할 수 잇는 것이 아니고 그들의 恣意로부터 獨立하여 한 낫의 絶對的 必要物로 所與되는 것이다」.

한데 社會가 自働的「메카니즘」으로 轉化하엿다는 것은 人間이 社會의 主體의 地位에서 허수아비의 地位로 轉落하엿다는 것을 意味하는 것이다. 生産과 分配를 비롯하여 百般의 社會的 事實이「아나키-」의 狀態에 잇고 그「아나키-」한 現象의 背後에서 價値의 보이지 안는 손이 調節的 役割을 하는 만큼 環境에의 適應方式을 豫料할 수 업는 人間은 조턴 실턴 그 보이지 안는 손에 自己의 生活과 運命을 委託하지 안흘 수 업다. 뿐만 아니라 近代社會는 人間과 勞動手段을

18 로렌츠 폰 슈타인(Lorenz von Stein, 1815~1890)은 독일의 법학자이자 사상가이다. 자본주의 사회의 계급구성을 경제적으로 분석하여 국가에 의한 사회정책 실시를 주장하였다. 1882년 2개월 동안 자신의 집을 방문한 이토 히로부미에게 독일식 입헌 체제를 제안하였다.

分離하는 一方 生産技術의 高度의 機械化를 促進하는 까닭에 機械를 만들어 낸 人間이 도리어 機械의 機械로 轉化하게 된다. 하나 이것은 非單[19] 物質生産의 行程에만 局限된 事實이 아니다. 分業의 發達이 社會生活의 보모든[20] 方面에 透入하여 社會全體가 말 그대로 한 낫의 커다란 機械裝置가 되고 人間은 그 사이사이에 끼여 잇는 付屬品으로 轉化한 느낌이 업지 안타.

이리하여 人間은 一보[21] 身分에서 奪還한 自己를 다시 社會에 讓渡하게 되엇다. 身分을 벗어난 人間은 다시 社會에 예속하게 되엇다. 人間은 自己도 喪失하엿다. 理想과 現實, 內在的 人間과 超越的 人間과의 사이에 虛隙이 發生하엿다. 近代文化의 理念(人間)과 社會와의 사이에 矛盾이 開口하엿다. 近代文化의 理念은 沒落하지 안흘 수 업다.

近代文化의 理念 喪失은 이미 前世紀에 잇서서 두 가지 形態로 나타나지 안핫는가 생각한다.

그 하나는 人間과 歷史와 文化와 社會를 單純한 自働的「매카니즘」으로 보는 機械論的인 人間觀, 歷史觀, 文化觀, 社會觀의 汎濫이다. 人間을 精巧한 生理的 機械로만 보는 生理學的 人間觀을 비롯하여 社會를 工學的 機械裝置 또는 動物體의 有機的 組織에 본뜬 自働的 機構로만 보는 歷史觀, 社會觀은 물을 것 업시 現代社會의「메카니즘」의 觀念的 表現이다. 우리는 特히 近代生産機構의 技術的 發達

---

19 '非但'의 잘못으로 보임.

20 '모든'의 잘못으로 보임.

21 '一旦'의 잘못으로 보임.

을 起緣으로 하야 近代思潮上에 優越한 勢力을 갓고 잇는 自然科學이 人間, 文化, 社會에 關한 機械論的 理論의 發生에 絶對의 影響을 미친 것을 忘却하여서는 안 될 것이다. 前世紀의 俗流의 實證主義的인 歷史觀, 社會觀은 그 적지 안흔 部分이 機械的 自然觀에 본뜬 産物로서 그 대개가 自然的 實在와 歷史的 實在와의 性質的 特異를 無視하고 歷史와 文化의 硏究에 自然科學的 方法을 導入한 데서 發生한 것이다.

그리고 近代文化에 잇서서의 理念喪失의 다른 한 가지 形態는 前世紀末에 西歐의 知識層을 風靡하던 所謂 「데카당」의 思潮이다. 이것은 곳바루 말하면 近代人의 自己 喪失에서 오는 不安과 懷疑에 대한 한 낫의 自虐的인 表現이다. 社會가 人間의 能力을 超絶하는 「몬스터-」로 轉化하게 되면 人間은 生活의 信條를 일코 自己의 無力을 느끼지 안흘 수 업스며 그 無力感은 다시 自己의 生活에 대한 不安과 懷疑로 進展하지 안흘 수 업다. 그리고 그 自己不安과 自己懷疑가 「受身的」으로 內攻할 때에 自己의 靈肉을 갈기갈기 뜨더 가면서 事物化된 世間에 「화푸리」하는 것이 「데카당」의 精神이다.

그럼으로 「데카당」은 말하자면 近代의 「基督」이다. 人間이 事物化된 意識에 反逆하는 경우에 가장 손쉽게 取할 수 잇는 길은 「씨니시즘」[22]과 頹廢主義이다. 「씨니시즘」은 自己만은 당반에 언저 노코[23] 同時代의 世間만을 샅샅치 뒤저 가면서 비웃고 때리는 反面에, 「데카

22 시니시즘(cynicism). 냉소주의.

23 '당반'은 선반. 일본어 표현 '棚に上げて'(모른 척하여 문제 삼지 않으며)의 의역으로 볼 수 있음.

당」은 自己를 世間의 化身으로 體驗[24]하고 自己의 醜惡과 矮小를 告發하는 形式으로 한 時代의 生活에 抗議하는 것이다.

×

그러나 社會가 人間의 能力을 超絶하는 自働的「메카니즘」으로 轉化한 데서 近代人이 喪失한 것은 單純한 人間理念에만 끄치엿든가? 損失이 單純히 그만 程度에 끄친다면 問題는 그래도 單純하다. 그러나 그러치 안핫다. 社會가 自働的 메카니즘으로 轉化한 데서 人間은 非單[25]「自己」(이것은 또한 近代文化의 理念이다)를 喪失하엿슬 뿐 아니라 더 나아가 社會 그 自體를 救出할 수 업는 破綻으로 誘導하게 되엇다.

社會가 人間의 意識的 統制를 떠나서 自働的으로 調節되는 데서 첫째 經濟의 需給關係가 늘 均衡을 일케 되엇다. 그리고 그 不均衡이 昂進하면 그것을 常態로 回復하기 위하여 거의 周期的으로 恐慌과 戰爭이라는 自働的 또는 人爲的인 解決手段을 要求하게 되엇다. 그리고 둘째 近代社會에 固有한 生産과 分配의 虛隙은 社會生活을 混沌한「안타고니즘」[26]으로 誘導하게 될 것은 두말할 것도 업다.

現代社會의 內面的, 現實的 連關은 그 어느 側面이나 矛盾되는 諸契機로 構成되 잇다. 그것은 한 國內만이 아니고 國際關係에 잇서서도 그러하다. 現代社會에서는 한 國家의 世界構造와 世界의 世界構造가 同一한「콤포지슌」[27]을 가젓다. 市場과 資源을 圍繞하는 現代諸

24 '體現'의 잘못으로 보임.

25 '非但'의 잘못으로 보임.

26 안타고니즘(antagonism). 적대, 대립.

27 컴퍼지션(composition). 구성, 구도.

國家間의 「안타고니즘」도 近代社會로[28] 形成한 同一한 原理의 發現이다. 게다가 그들 諸國家間에는 이른바 「發展不均等의 法則」이 支配하는 法이다. 國際間의 力的均衡은 늘 破壞를 通하여 再建되지 안흘 수 업다. 다시 말하면 한 낫의 矛盾은 보다 큰 矛盾을 마련함으로써 解決된다.

이리하여 矛盾은 끈힘 업시 擴大되는 「스케일」 우에서 再生産되는 것이다. 게다가 그것은 人間을 超絶하는 社會存在에 關한 일인 만큼 人間의 힘으로서는 어찌할 수 업는 것이 아닌가?

現代의 歐羅巴 社會는 破綻으로 誘導되지 안흘 수 업다.

戰爭은 그의 한 强力한 表現이다.

現代의 「토-탤리스트」는 現代를 混亂으로 誘導한 허물을 「데모크래시」에 돌린다. 그리고 近代의 民主體制를 「職分體制」[29]로 再建하므로써 現代의 混亂을 救濟하려 한다. 하나 現代의 混亂이 그 混亂을

---

28 '를'의 잘못으로 보임.

29 직분체제(職分體制)는 1930년대 정당정치를 대신할 통치원리로서 지향된 '職域代表制'를 가리킨다기보다는, 산업보국회 체제에서 나타나는 '職域奉公'론과 같은 것으로 이해된다. 근로신체제에 관한 논의에서 '職分'은 자주 등장한다. 야베 테이지(矢部貞治)의 『新秩序の研究』(弘文堂書房, 1945)의 전체주의론에서도 '職能專體組織' 등의 용어가 사용되고 있다. 당시 조선의 언론에서 발표된 '직분'과 관련된 논의를 예시한다. "우리는 國家나 社會全體를 爲한 새로운 自覺下에 自己의 職分에 依하여 歷史를 創造하는 一個勇士로 되어야 할 것이며 그러기 爲하여는 各自의 職分에 對한 崇高한 心的態度를 가져야 할 것이다."(尹行重, 「公益優先의 經濟原理」, 『朝光』 7-1, 1941. 1, 23쪽) "公益優先·職分奉公의 二大標語로 表現되는 國民經濟活動의 新規範이 切實히 要求되고 있는 바이다. (중략) 職分奉公은 새로 形成되는 經濟的 有機體內에서 큰 것에 있어서는 各個의 經濟部門을 爲始하여 적은 것에 있어서는 各個의 勞務에 이르기까지 各其 그 分擔된 職能을 最善으로 發揮하여 生物有機體內의 細胞組織과 各肢體가 全體의 生命에 奉仕하는 것과 같이 되는 各經濟構成部分의 活動原則을 말함이다."(朴克采 「經濟新体制 確立要綱: 그 計劃經濟的 特徵」, 『朝光』 7-2, 1941. 2, 31쪽)

誘導한 基本的 要因을 除去함이 업시 單純히 民主를 職分으로 轉換함으로써 解消될 수 잇슬까? 「토-탤리즘」은 對內的으로는 有機體說的原理로 臨하는 同時에 對外的으로는 原子論的 原理를 要求한다. 一方 階層의 分裂을 制止하는 同時에 他方 民族間의 對立을 深化한다.

4. 將來할 歐羅巴的 新秩序

한 말로 말하면 그는 「캐피탤리즘」의 基礎 우에서 그의 混亂을 救濟하기 위하여 出現한 것이다. 다시 말하면 前者는 後者의 現代的 形態이다. 그리고 그것이 可能한 것은 한 말로 말하여 「캐피탤」이 自由에서 「모노폴리」로 轉化한 때문이다. 「캐피탤」이 自由에서 「모노폴」로 轉化하엿다 하여서 「캐피탤」로서의 特質을 喪失하는 것이 아니다. 그리고 그가 그의 特質은 일치 안는 限 「토-탤리즘」은 現代社會의 超絶性을 克服할 수 업지 안는가?

다시 말하면 그는 現代歐洲의 混亂을 救出하기 어려우리라.

×

그러면 現代의 混亂을 克服할 原理는 어대 가 차서야 할까? 사람에 따라서는 東洋의 原理에서 歐洲再興의 精神的 根據를 차즐른지 모른다. 하나 東洋의 形而上學的 世界는 疲勞한 精神의 隱遊處는 될망정 아직까지는 錯雜한 現實을 整理할 武器를 提供하기 어렵다.

歐羅巴復興의 原理는 歐羅巴 속에서 차즐 수박게 업다.

그야 어쨋든 現代歐羅巴의 破綻이 人間이 制作한 社會가 人間을 超絶한 自働的 機構로 轉化한 데 잇다면 그 破綻을 救濟하는 것은 一旦 超絶하엿던 社會를 다시 內在化시킬 수 잇는 原理가 아니면 안 될 것이다. 다시 말하면 人間의 意識的 統制를 떠낫던 社會를 다시 意識的 統制에 從屬시킬 수 잇는 것이 아니면 안 될 것이다. 그리하는 데 依하여서만 人間과 社會 即 內在的 人間과 超越的 人間과의 間의 相剋은 다시 統一로 齎來할 수 잇슬 것이다. 그러고 人間의 內在的 側面과 超越的 側面이 統一되는 대 依하여서만 社會는 超越的인 同時에 內在的이 될 수 잇다.

그러나 超越的인 社會를 內在化하기 僞하여서는 우리는 무엇보담도 人間을 把握할 때에 內在的 側面과 함께 超越的 側面을 重視하지 안흐면 안 될 것이다. 다시 말하면 人間을 個人으로 把握하는 同時에 또한 社會的 存在로서 把握하여야 할 것이다. 近代의 人本主義는 人間을 單純히 內在=個人으로 把握하엿다. 그 때문에 그들이 豫想하던 社會의 豫定調化의 理想이 깨여지고 社會는 돌리혀 個人을 超絶하는 自働的「몬스터」로 轉化하엿다. 個人의 自由를 抽象的으로 把握하엿기 때문에 個人은 도리여 社會와 必然의 一「類例」에 不過한 地位로 轉落하엿다. 人間은 個人인 同時에 社會이며 自由인 同時에 必然이다. 그 社會的 側面을 明確히 認識할 때나만 自己가 棲息하는 社會를 意識的 統制 미테 從屬시킬 수 잇다.

그런데 人間은[30] 單純히 內在的 側面에서만 把握한 것은 오직 近代의 合理主義的 理性哲學뿐이 아니고 現代의 만흔 生哲學, 實存哲學者들도 그러하다.

現代의 非合理主義哲學의 가장 重要한 現代的 意義로[31] 찻는다

30 '을'의 잘못으로 보임.

31 '를'의 잘못으로 보임.

면 그는 勿論 社會에 被奪된 人間을 다시 社會에서 奪還하자는 데 잇다. 그들은 程度의 差異는 잇슬망정 적던 크던 現代社會의 混亂과 破綻을 한글가치 人間의 自己喪失, 人間의 單一化, 機械化에서 오는 것으로 본다. 그리고 그것은 人間을 單純히 理性의 허수아비로만 보던 近代의 合理主義的 自由主義의 所致라고 보는 듯하다. 科學과 技術의 束縛에서 生의 衝動과 本能서 解放하자는 부르지즘은 무를 것 업시 現代社會의 超絶的 機構에 대한 「떼스페레잇트」란[32] 抗議이다.

그러나 그들도 市民哲學의 傳統을 따라 人間을 問題할 때 依然히 內在=個人으로만 보고 社會=超越로서 보지 안는다. 人間을 歷史的 存在, 社會的 存在로 볼 때에도 그들은 個人과 歷史를 依然히 統一的 側面에서만 보고 對立的 側面에서는 보지 안는다. 卽 歷史와 社會를 內在的 側面에서만 보고 超越的 側面에서 보지 안는다. 그 意味에 잇서서는 그들은 近代의 合理主義와 도리혀 同一한 觀念學的 系譜에 屬하는 것이다.

그러나 기다리라! 問題는 勿論 人間을 把握하는 方法如何에 잇는 것이 아니고 現代人間의 外在와 內在의 相剋을 統一하는 데 잇는 것이다. 이것이 問題이기 때문에 人間의 把握方法도 問題되는 것이리라.

그런데 人間과 社會, 內在와 超越의 統一은 內在가 그때도[33] 곳 超越이고 超越이 그대로 곳 內在될 수 잇는 場所, 個人이 그대로도 곧 社會이고 社會가 그래도[34] 個人이 될 수 잇는 社會 狀態 안에서만

32 데스퍼레이트(desperate). 필사적인. '란'은 '한'의 잘못으로 보임.

33 '그대로'의 잘못으로 보임.

34 '그대로'의 잘못으로 보임.

可能한 것이다. 多가 그대로 곳 하나 아니고[35] 하나이 그대로 곳 多가 될 수 잇는 世界, 한 사람의 幸福이 만 사람의 그것을 前提하고 만 사람의 幸福이 곳 한 사람의 그것이 될 수 잇는 社會에서만 現代 人間의 相剋하는 兩面을 새로운 統一로 引上할 수 잇슬 것이다.

이러한 社會의 人間은 말하자면 「社會化된 人間」이며 이러한 人間의 社會는 말하자면 「人間化된 社會」이다. 그러므로 部分이 곳 全體가 되며 特殊가 곳 普遍이 될 수 잇는 이러한 社會는 적어도 그 論理的 構造에서 볼 때에는 無의 性格을 가지지 안흘 수 업다. 無의 場所에서만 特殊가 곳 普遍이며 內在가 곳 超越이 될 수 잇다. 有의 場所에서는 서로 否定하는 것이 곳 서로 肯定할 수 잇다는 것, 하나이 곳 多가 되며, 多가 곳 하나이 될 수 잇다는 것은 論理의 矛盾律이 許치 안는다.

歐羅巴의 現代의 混亂이 解消되기 爲하여서는 歷史는 現在의 有의 階梯에서 보다 노픈 無의 階梯로 超越하지 안흐면 안 될 것이다.

勿論 歷史에 잇서서는 任意의 階梯는 늘 그 以上의 階梯에 대하여서는 有의 意味도 갓고 그 以下의 階梯에 대해서는 無의 意味도 갓는다고도 볼 수 잇다. 歷史는 矛盾의 生産과 克服을 通하여 끈임업시 有에서 無로 飛躍하는 셈이다. 現代의 矛盾은 現在의 場所에서는 克服될 수 업다. 그 矛盾의 克服을 爲하여서는 歷史는 現代를 止揚하고 보담 노픈 階梯도[36] 飛躍하지 안흘 수 업다. 그러나 歐羅巴에 將來할 社會는 이와는 딴 意味에 잇서 ― 無의 構造를 가진 世界性的 世界가

35 '이고'의 잘못으로 보임.

36 '로'의 잘못으로 보임.

되어야 할 것이다. 그리고 그 客觀的 條件은 이미 現代歐羅巴社會의 胎內에서 成熟하지 안헛는가 생각한다. 九月七日.

■ 원문

全體主義의 理論的 基礎[1]

朴致祐

全體主義란 무엇인가. 이것을 알기 쉽게 그러나 哲學的으로 解明시켜 보려는 것이 이 글의 目的이다.

極히 범박한 意味에서 全體主義를 規定한다면 全體主義란 部分과 全體의 關係의 問題에 있어 部分에 比해서 全體를 보담 더 重要視하는 主義 — 다른 말로 바꾸어 말하면 部分 乃至 個別에 對해서 全體 乃至 普遍의 優位를 主張하는 思想이라고 이렇게 말할 수가 있을 것이다. 한데 이런 意味에서 全體主義 即 單純히 部分에 對한 全體의 優位를 主張한다는 意味에서의 全體主義라면 비단 요즘 우리가 獨逸이나 伊太利를 中心으로 해서 흔히 듣게 되는 現代的인 全體主義에 限할 것이 아니라, 적어도 哲學史的으로 본다면 그런 意味에서의 全體主義는 진실로 한두 개가 아니었던 것이다. 가령 멀리 올러간다면 「플라톤」의 哲學을 들 수도 있을 게고 좀 더 내려온다면 部分이 몬저냐 全體가 으뜸이냐 하는 所謂 「普遍論爭」[2]이라는 有名한 論爭을 機

1 『朝光』 7-1, 1941. 1, 71~86쪽.

2 스콜라 철학에서 '보편은 존재하는가'라는 물음을 둘러싸고 벌어진 철학적, 신학적

會로 해서 登場한 中世의 「實念論者」(레아리스트)들의 主張 같은 것은 오히려 요즘 流行되는 全體主義論者들의 行論에 比긴다면 몇 갑절이나 論理的으로 緻密하고 思路整然하다는 느낌조차도 없지 않은 것이다. 實念論이라는 것은 唯名論(노미나리즘)에 對한 反對論으로서, 唯名論者가 참으로 存在하는 것은 個體뿐이고 全體라는 것은 여기다 比긴다면 單純한 「名目」 即 한 개의 空虛한 「名稱」에 不過한 것이라고 主張하는 데 對한 反對論으로서, 참으로 存在하는 것은 個體가 아니고 全體이며 個々의 感覺的인 個物이라는 것은 이 같은 참된 存在로서의 全體에 依해서 生産되며 保證되는 第二次的이며 그렇기 때문에 非本質的이며 偶然的인 存在에 지내지 않는 것이라고 이렇게 主張하는 패들이다. 따라서 이들 中世의 레아리스트(實念論者)들은 요즘말로 말한다면 一種의 全體主義者라고 이렇게 볼 수밖에는 없게 되는 것이다.

그러면 以上에서 보아온 哲學史上의 諸全體主義와 요즘 普通 말하는 全體主義과는[3] 어떻게 다르냐 하면 過去에 哲學史上에 나타났던 全體主義들은 어느 것이고를 莫論하고 그 動機부텀이 어데까지나 形而上學的이었고 가령 一步를 讓해서 認識의 客觀性에 對한 保證을 그들은 언제나 「이데아」 乃至 여기다 비견할 어떤 종류의 全體者

논쟁. 보편(universalis), 즉 유(類) 개념이 실재로 존재하며 보편은 각각의 개물(個物, res)에 선행(ante rem)한다고 주장한 실재론(實在論, realism)과 실재하는 것은 구체적인 각각의 개물이며 보편은 실재가 아니라 명칭(nomen)일 뿐이며, 따라서 보편은 개물의 이후(post rem)로서만 존재한다고 주장한 유명론(唯名論, nominalism), 그리고 실재론과 유명론 사이의 입장으로 보편은 개물의 안(in re)에 존재하며, 사유의 결과, 인간지성의 안내 관념으로서 존재한다는 입장인 관념론(觀念論, conceptualism)이 대립하였다.

3 '와는'의 잘못으로 보임.

에서 求하고 있었다는 意味에서 본다면 認識論的인 點도 없지는 않었다고 볼 수는 있지마는 어떻든 形而上學的이던 認識論的이던 간에 立論의 直接動機가 理論的 興味에서였다는 것마는 움직일 수 없는 事實이었다. 바꾸어 말하면 그들이 論을 세워간 動機 乃至 目的이 가령 요즘의 獨逸 또는 伊太利에서처럼 政治的이고 實際的인, 이 意味에서 世俗的인 興味에서가 아니라 純全히 理論的인, 이 意味에서 觀想的인 興味에서 自己네의 論을 세워 보고 이끌어 나간 데 지나지 않었다는 말이다. 허나 요즘 우리가 흔히 말하는 全體主義 卽 現代全體主義는 이 點에서 非常히 다르다. 現代全體主義는 實在와 實在에 對한 認識이라는 이러한 觀想的인 動機에서가 아니라 그것은 出發부텀이 完全히 實際的인, 가령 「나치스」면 「나치스」, 「파시즘」이면 「파시즘」이라는 이러한 强烈한 現實的인 意慾에 依해서 意識的으로 制約되어 있는 한 개의 主張이며 思想 또는 思想運動인 것이다. 우리는 가령 나치스의 全體主義를 나치스와 및 이 運動의 指導者인 「히틀러」個人의 意慾과 行動을 떠나서는 理解할 수가 없으며 파시즘의 全體主義 亦是 英佛의 가지가지의 꼬임수에 진절이 난 大戰直後의 伊太利國民의 國民感情과 이 感情의 集中的 表現者인 「뭇소리니」 個人의 意慾과 行動을 떠나서는 생각할 수가 없는 것이다. 이 點이 다시 말하면 動機가 非常히 現實的이라는 點이 先行의 諸哲學的 全體主義와 區別되는 特徵的인 要素가 되는 것이다.

한데 動機가 이렇게 現實的이냐 아니냐는 거기서 생겨나는 思想의 面貌와 行程에 重大한 關係를 가지게 되는 법이다. 웨 그러냐 하면 理論的 興味가 思想의 唯一한 動機인 경우에는 思想家의 使命은 自己가 맡고 있는 當該思想의 建設과 祖述에 있어 어떻게 하면 이 思

想으로 하여금 「理論的으로」 一貫性을 갖게 할까, 어떻게 하면 反對論者로부터 攻擊이 드러올 余地가 없게쯤[4] 論理的 緻密性을 確保할까, 이런 點에 集中되는 것이지만은 反對로 動機가 純全히 現實的인 興味에서 인 경우에는 事實은 이와는 달러지는 것이다. 여기서는 언제나 意慾의 直接的인 表現인 行動이 몬저 앞서게 되는 때문에 理論이나 體系은[5] 항상 뒷전으로 밀리울 수밖에는 없게 된다. 現實이 가장 重要한 것이기 때문이다. 가장 重要한 條件이 되기 때문이다. 따라서 거기서는 思路가 緻密치 못하다던지 理論的 一貫性이 薄弱하다던지 하는 종류의 短點은 不可避한 일이 된다. 問題는 現實이다. 思想은 必要만 있다면 多少 體系를 뜨더 곤쳐서 無妨한 것이다. 거기서는 思想은 과연 意慾의 現實에서의 實現에 있어 어느 정도로 寄與를 했느냐에 依해서 當該體系의 價値가 決定되는 것이기 때문이다. 現實的인 意慾의 「要求」에 依해서 思想의 좋고 나쁨이 決定된다는 말이다. 思想의 善惡이 決定된다는 말이다. 勿論 價値라고 하면 善惡만이 아니라 眞僞如何도 包含되는 것이지마는 動機가 처음부터 現實的인 思想에 있어서는 眞僞보담도 善惡이 價値決定의 決定的 要素가 되는 것이다. 眞僞보담도 善惡이 몬저 나서게 되는 것이다. 이런 點 — 바꾸어 말하면 思想의 價値를 자질하는 規準에 두 가지 即 眞僞와 善惡의 두 가지가 있다는 것, 그리고 動機가 直接으로 現實的인 思想에 있어서는 眞僞보담도 善惡이 언제나 評價의 前面에 나서게 된다는 것, 따라서 거기서는 理論的 一貫性이나 思路의 緻密보담도 意慾의 現實

4 '없게끔'의 잘못으로 보임.

5 '는'의 잘못으로 보임.

에의 實現에 思想은 어느 정도로 寄與를 하였느냐 하는 寄與量의 程度如何에 依해서 思想의 生滅과 繁衰가 決定된다는 것, 바꾸어 말하면 民族의 繁榮, 國力의 更振과 같은 國家民族의 最高目的이라는 것이 모든 理論的 活動의 最高至上의 規定者가 된다는 것을 우리는 잊어서서는[6] 아니된다. 獨伊의 경우는 그 좋은 例의 하나이다. 最高目的의 必要如何로 思想家는 不絶히 自己體系에 對한 應時的인 補强 乃至 修繕工作을 하게 되는 것이어서 이 點에서 본다면 固執不通의 古典的인 全體主義의 諸理論과는 달리 現代全體主義는 어느 정도의 融通性이 保障되어 있다고 보아서 無妨한 것이다.

한데 어떻게 하면 自己가 屬한 國家 또는 民族 全體의 利益과 幸福을 獲得할까 — 이것이 全體主義諸國家의 指導者들의 根本意慾이다. 그러나 이 意慾의 實現을 위하여서는 무엇보다도 몬저 個々의 國民 乃至 成員으로 하여금 私利私慾을 억누르고 「公益第一」이라는 觀念을 가지도록 만드는 것이 捷徑일 것은 말할 必要조차 없는 일이다. 그러타면 어떻게 하면 個人으로 하여금 이 같은 信念에까지 이끌어 올릴 것인가. 그러나 全體優先, 公益第一, 犧牲奉公이란 것에 對한 어떤 意味에서의 理論的인 保證, 合理化가 없이는 이 같은 信念은 바라기 어렵겠고 그러나 理論的으로 保證을 하려면 무릇 全體라는 것은 本質的으로 個體에 앞어는 것이며 그렇하기 때문에 사람도 또한 個人으로서의 某某이기 前에 몬저 「國民」이며 그렇기 때문에 그가 하는 一切의 營爲는 自己個人을 위해서가 아니라 國家나 民族이라는 全體를 위하여서만 價値에 參與할 수 있게쯤[7] 되어 있다는 것을 證明

6 '잊어서는'의 잘못으로 보임.

하지 않으면 아니 된다. 하다면 어떻게 證明을 할 것인가. 이 證明을 떠맞고 나서게 되는 것이 이제 여기서 取扱하려는 이른바 全體主義理論의 役割인 것이다. 바꾸어 말하면 이 같은 證明을 하기 위하여서 나타난 것이 現代全體主義의 諸理論인 것이다.

한데 사람은 元來 누구나 利己的인 一面을 가지고 있다는 것은 否定 못 할 事實이다. 그렇니만치 이런 存在로서의 人間을 相對로 거저 덮어놓고 滅私奉公, 公益優先을 說教만 했대짜 그대로 될 理가 없다. 滅私가 사실은 自己를 참으로 살리는 唯一의 道理인 것, 公利를 위해서 自己를 억누르는 것이 실상은 自己를 참으로 解放하는 길이라는 것, 全體에 依해서 拘束을 받는 것이 自己를 진실로 自由로운 境地에 到達케 하는 唯一의 道理라는 것, 바꾸어 말하면 自己를 죽이는 것이 自己를 살리는 道理이며 「拘束」이 실상은 「自由」라는 것을 깨닫게 하지 않으면 아니 된다. 그리고 이 같은 役割을 맞게 되는 것이 全體主義의 諸理論인 것이다. 하다면 現代全體主義는 이 어려운 問題에 對해서 어떠한 解答을 企圖하고 있는가?

×

한 말로 現代全體主義라고는 해도 한두 가지가 아니다. 위선 獨逸과 伊太利만 해도 같지를 않다. 大體로 말해서 獨逸流의 全體主義는 全體를 國家보담도 民族에 두고 있지만은 伊太利流의 그것은 民族보담도 國家를 보담 더 重要視하는 傾向이 많다. 이것은 가령 猶太人排斥問題 같은 데도 反影되어 있다고 할 수 있는 일이어서 獨逸서는 異民族 特히 猶太人에 對한 排斥이 猛烈을 極하고 있지만은 伊太

7 '있게끔'의 잘못으로 보임.

利에서는 그다지 甚하지를 않다. 猶太人이던 무어든 참된 國民이기만 하면 되는 것이며 伊太利라는 나라를 「祖國」으로 알고 여기 忠誠을 다하기만 하면 된다고 보는 것 같은데 어떻든 伊太利에서는 民族보다도 國家를 보담 더 重要視하는 傾向이 있는 것만은 나치즘과 區別되는 파시즘의 한 개의 性格이라고 볼 수 있는 興味있는 點이다. (그러나 獨逸도 이번 戰爭통에 생각지도 않던 數多한 民族을 傘下에 걷어 넣게 되었으니만치 이제 이들 諸民族에 對한 問題를 어떻게 理論的으로 處理해 나갈지, 從來流의 偏狹된 民族理論만으로서는 無理없이 解決될 상 싶지를 않아 不遠間 어떤 정도의 修正을 不可避하게 되지 않을까 생각되는 嫌도 없지 않다. 적어도 從來의 一民族, 一國家, 一指導者라는 主張만으로는 새로 느러난 새 살님사리에 맞이를 않을 것만은 斷言해 無妨할 듯하다. 反蘇論者로 그리고 一民族, 一國家, 一指導者論者로서 有名한 나치스의 代表的 思想家인 「로-젠벨그」[8]가 獨蘇協定[9]을 契機로 해서 갑자기 無氣味한 沈黙을 직히고 있더니 요즘에 와서 다시금 登場, 征服地의 諸民族을 包含하는 새로운 理論으로서 運命共同體說이

---

8 알프레트 로젠베르크(Alfred Rosenberg, 1893~1946)는 독일의 정치가이자 사상가이다는 것이었고, 1920년대 초반에는 체포된 히틀러를 대신하여 나치스당을 이끌었고, 히틀러가 정권을 잡은 후에는 외무국에서 근무하였다. 괴벨스와의 권력투쟁에서 밀리기도 하였으나, 제2차 세계대전 중에는 동부점령지 대신을 역임하였다. 초기 로젠베르크의 민족이론은 『20세기의 신화』에 정리되었는데, 그의 민족론은 인종의 다원성을 인정하는 것이었고, 미래 독일 제국에서 배제되는 인종은 유대인뿐이었다. 당시 히틀러는 로젠베르크보다는 게르만 외 모든 민족을 배제하는 다른 인종이론가들의 손을 들어주었다. 전전(戰前) 일본에서는 『二十世紀の神話』(1938), 『ナチ黨の本質, 原則及び目標』(1941), 『血と名譽』(1942), 『猶太シオン運動の實相』(1943), 『猶太民族の歷史的足跡』(1944) 등 다수 저서가 소개되었다.

9 독소불가침조약. 1939년 8월 23일에 나치 독일과 소련이 상호불가침을 목적으로 조인한 조약이다. 2년 뒤인 1941년 6월 22일 나치 독일이 소련을 침공하여 독소 전쟁이 벌어짐으로써 이 조약은 파기되었다.

라는 것을 내세우고 있다는 것은 注目할 만하다. 今後에 있어서의 나치스의 그 民族理論에 對한 어떤 意味의 修正을 우리로 하여금 占치게 하는 한 개의 前哨的인 資料가 아닌가 생각되는 바이다.)

한데, 그야 어떻든 간에 같은 獨逸的인 全體主義라 하더래도 사람사람에 따러서 반듯이 같은 것은 아니다. 主張하는 사람 如何에 따러서 所說에 多少의 뉴앙스가 있는 것이다. 하지만은 獨逸, 伊太利를 가릴 것 없이 어느 것이고를 莫論하고 現代全體主義가 主張하는 가장 重要한 點을 抽出한다면 그것은 個人에 對해서 民族 또는 國家라는 全體者의 優位를 主張한다는 것, 그리고 個個의 人間은 이 같은 全體者에 分與됨에 依해서만 價値에 參與할 수 있는 것이며 그러기 때문에 이 같은 全體者를 위하여서 自己를 버리는 것만이 自己를 얻는 道理이며, 全體者를 위해서 죽는 것만이 실상은 自己를 살리는 道理이며, 全體者의 拘束을 받고 사는 것만이 실상은 自己의 참된 自由를 保障받는 所以라는 것을 主張한다는 것이 이것이다. 하지만은 이것은 두말할 것 없이 哲學的인 問題가 아니면 아니 된다. 웨 그러냐 하면 모두가 「全體와 部分에」 關한 問題이기 때문이다. 全體와 部分과의 相關이라는 한 개의 哲學的인 問題에 歸着되는 것이기 때문이다. 그러므로 現代全體主義의 核心을 찾어보려면 우리는 아무리 해도 그 背後에 숨어 있는 哲學的 根據부터 파보지 않으면 아니 되는 것이다. 이런 意味에서 우리는 以下 現在 가장 勢力을 가지고 있는 代表的인 全體主義哲學者들의 主張을 주섬주섬 紹介해 가면서 全體主義의 哲學的인 基礎는 어떤 곳에 있느냐를 解明해 보기로 한 것이다. 哲學的 基礎라는 말이 지나치게 거창스럽게 보인다면 論理的 核心이라는 말로 바꾸어도 좋다.

×

主로 獨逸을 標準하고 본다면 現在 流行하는 全體主義哲學者中에서 아마 다음의 三者가 가장 代表的인 것이 아닐까 한다. 即「크로-너-」[10]「그록너-」一派의 新헤-겔主義的인 全體主義.「오-트말·슈판」[11]으로써 代表되는 카톨닉的=社會哲學的=全體主義.「로-젠벨그」로써 代表되는 正統 나치스的=人種學的=全體主義. 以上 세 派가 그것인데 그 中에서 新헤-겔派는 그 主張이 全體主義的이라고는 해도 아직도 헤-겔派의 精神概念을 붓잡고 맴돌고 있는 點이 弱點이어서 新味와 潑剌한 突進力에 缺乏된 느낌이 적지 않다. 따라서 이것이 과연 將來 나치스를 說服시킬 만한 體重을 갖홀 수가 있겠느냐는 적어도 疑問이 아닐 수가 없다. 따라서 現在 가장 勢力을 가지고 있는 것은 亦是 正統的인 나치스의 理論家「로-젠벨그」와「슈판」乃至 그들의 亞流가 아닐까 한다.「슈판」의 說은 나치스의 正統哲學과는 아직은 巨離가 있다고 해도「로-젠벨그」等 나치스의 理論家에 比한다면 보기에 시원스러운 猪突性은 없으나 理論的으로 훨씬 더 內容이 째여 있어 이 점에서 諸外國의 哲學者間에 人氣가 想像 以上으로 높은 모양이다.「로-젠벨그」는 現在 獨逸과 伊太利를 휩쓸고 있는 哲學

10 리하르트 크로너(Richard Kroner, 1884~1974)는 유대계 독일의 철학자로 신헤겔주의의 대표적인 인물이다. 독일 관념론의 사상사적 특징을 정리한 『칸트에서 헤겔까지(*Von Kant bis Hegel*)』(1921/1924)로 명성을 얻었다. 그는 헤겔을 '프로테스탄트 아퀴나스'로 이해하였으며, 그의 헤겔관은 이후 셰스토프를 비롯하여 실존주의적 사상가들에게 영향을 미쳤다. 제2차 세계대전 중에는 나치스의 박해를 피해 영국과 미국으로 망명하였다. 전전(戰前) 일본에서는 『ヘーゲルの哲學』(1931)이 소개되었다.

11 오스마 스판(Othmar Spann, 1878~1950)은 오스트리아의 보수적인 철학자이자 경제학자이다. 반자유주의적이며 반사회주의적 입장을 보였다.

的 潮流로서의 非合理主義를 背景으로 하고 이 潮流 우에 서서 나치스와 및 히틀러 總統의 意慾과 行動에 對한 理論的인 體系化를 企圖하는 것이라고 볼 수가 있다. 이 體系化를 위하여서 「로-젠벨그」는 위선 「슈렌글러-」[12]의 生物學的 文化形態學 特히 「文化靈魂」의 思想을 빌려온다. 그래서 이 「슈렌글러-」의 文化靈魂의 思想을 가저다가 여기서 「人種魂」이라는 思想을 만드러 낸다. 그리고 나서 그는 다시 여기다가 「닛췌」 哲學中에 있는 「權力에의 意志」, 「超人」이라는 思想을 갔다가 덧붙여서 나치스의 英雄主義와 히틀러의 獨裁論에 理論的인 基礎를 만드러 준다. 그리고 나서 다시 여게다가 獨逸神秘論의 開祖인 「엑크할트」[13]流의 神秘思想을 導入해 온다. 目的은 勿論 民族神秘論에 基礎를 주려는 데 있다는 것은 말할 必要조차 없는 일이다. 어떻든 大體로 哲學的으로는 以上 三氏 即 「슈펜글러」, 「닛췌」, 「엑크할트」의 三氏로부터 大體의 骨子를 얻었다고 보아서 큰 錯誤는 없을 줄로 않다. 그런데 「人種魂」, 「權力」, 「超人」, 「神秘的인 靈感」…… 이런 文句만으로서도 짐작되려니와 民族의 超人的인 指導者인 히틀러-의 指導를 받어 神秘的인 靈感에 依한 게르만 民族으로서의 人種魂을 불러이르켜 보자는 것이 氏의 意圖인 것은 明確한 노릇이다. 그야

12 '「슈펜글러-」'의 잘못으로 보임. 오스발트 슈펭글러(Oswald Spengler, 1880~1936)는 독일의 역사가이자 문화 철학자이다. 제1차 세계대전과 러시아혁명을 배경으로 『서양의 몰락(*Der Untergang des Abendlandes, Umrisse einer Morphologie der Weltgeschichte*)』(제1권 1918, 제2권 1922)을 발표하였다. 그는 문명을 하나의 유기체로 인식하여, 발생·성장·노쇠·사멸의 과정을 밟는다고 주장하였으며, 이를 바탕으로 서양 문명의 몰락을 예언하였다. 이 책은 일본에서 1926년에 번역되어 출간되었다. スペングラー(村松正俊 譯), 『西洋の没落』 1~4, 批評社, 1926.

13 요하네스 에크하르트(Johannes Eckhart, 1260?~1327?)는 독일의 로마 가톨릭 신비사상가이다.

어떻든 氏의 理論은 超人이니 權力에의 意志니 하는 등「닛췌」의 影響 밑에서 있다는 點에서 哲學的으로는 非合理主義的인 潮流에 뿌리를 박고 있는 것이며,「엑크할트」流의 靈感說을 導入하고 있다는 點에서 神秘主義的 傾向이 많을 뿐만 아니라「슈펜글러-」의 生物學的 史觀을 繼承하고 있느니만치(特히 그의 人種魂의 論에서 보듯이) 그의 民族論에는 生物學主義的인 體臭가 非常히 濃厚하다는 것을 注意해 둘 必要가 있다.

다음 그러면「슈판」은 어떠하냐 하면「슈판」은 大體로「헤-겔」流의 絶對情神의 觀念論을 踏襲하고는 있으나 全體對部分의 關係의 說明에 限해서는 辯證法的인「矛盾」을 媒介로 하는 對立統一의 思考方式을 어데까지나 排斥하고 그 代身으로 有機說的인「肢體概念」을 導入해다가 全體對部分關係를 一種의 分肢歸元關係로서 說明을 하고 있는 것이다. 그리고 그의 思想이 多分히 카톨닉的이라는 것은 肢體概念을 補充하는 것으로서 카톨닉的인「히에랄키-」— 宗敎的·精神的인 階層社會 — 의 思想을 導入하고 있기 때문인데, 이 點에서 氏의 說은 多分히 中世에 恰似한 一種의 精神的인 身分社會의 再建을 꾀하는 것이라는 評을 받게 되는 모양이다. 以上이「로-제벌그」와「슈팡」의 理論에 對한 哲學史的인 背景인데 그러면 이제 問題를 純全히 部分對全體라는 點에다가 限定하고 본다면 氏等의 立場은 어떻게 되는가 하는 것을 살펴보자.

한 말로 말하면 가령「피」니「靈想」이니「分肢」니「肢體」니 하는 諸文句에서도 짐작되려니와 그들은 언제나 全體對部分의 關係를 神秘主義的으로 그리고 特히 有機體說的으로 說明하고 있는 것이다. 이 點은 대단히 重要하다. 웨 그러냐 하면 全體對部分의 關係라는 角度

에서 現代全體主義라는 것을 規定해 본다면 그것은 적어도 哲學的으로는 「神秘的 有機體說」이라는 一語로 表現할 수가 있는 것이기 때문이다. 그리면 氏等은 무엇 때문에 全體對部分關係를 神秘主義的으로 그리고 더구나 有機體說的으로 說明하게 되는가. 以下 우리는 이 點에 對해서 좀더 徹底히 아러보기로 하자.

×

무릇 部分과 全體와의 關係의 問題 — 이것은 優先的으로 哲學的인 問題이다. 哲學에 固有한 그러기 때문에 다른 무엇보다도 哲學이 위선 도맡어서 풀어야 할 그러한 性質의 問題인 것이다. 그러면 全體主義의 哲學은 이 問題에 對하여 어떠한 解答을 도모하고 있는가. 아니 그보다도 大體로 哲學은 이 問題는 어떠한 方式에 依해서 풀려고 하였으며 또 풀 수가 있는가. 그 여러 가지 方式中에서 全體主義哲學은 어떤 方式을 擇하는가. 어떠한 方式에 依據하려는가. — 便宜上 論述의 順序를 이렇게 잡어가기로 하자.

위선 可能한 方法中의 하나로서 形式論理가 있다. 形式論理란 다른 것이 아니라 「甲은 非甲이 아니다」라는 이를테면 「矛盾律」을 根本前提로 하고 成立되는 그러한 論理이다. 우리가 普通 「論理學」이라는 이름으로 부르고 있는 것은 실상은 이 같은 思考의 體系에 關한 學問이다. 그리면 只今 우리가 問題 삼고 있는 全體對部分問題에다가 이 論理를 適用해 본다면 어떠할까. 無理없이 풀릴 것일까. 아니다. 形式論理的 思考로서는 全體對部分의 問題는 解決할 道理가 없는 것이다. 그 理由는 다음과 갔다. 即 모든 存在를 「現實存在」와 「理念存在」와의 두 가지로 논흔다면 形式論理는 그 中에서 理念存在의 論理는 될 수 있어도 現實存在의 論理는 될 수가 없는 것이다. 웨 그러냐 하면 이

論理는 本來부터가 理念存在의 論理이지 現實存在의 論理는 아니기 때문이다. 바꾸어 말하면 理念存在의 世界에서만 適用되는 論理이고 現實存在의 世界에서는 適用이 아니 되는 그러한 論理이기 때문이다. 現實存在의 世界는 언제나 不斷히 生成하고 變化하는 그 意味에서 時間的이고 空間的인 世界이다. 反對로 理念存在의 世界는 가령 數學的인 世界에서 가장 뚜렸하게 볼 수 있듯이 現實的인 時間과 現實的인 空間을 超越한 움직이지 않고 變함이 없는 그러한 世界이다. 理念存在는 그러므로 生成變化하는 感覺的인 世界가 아니라 이를테면 「이데-」의 世界라고 할 것이다. 한데 形式論理는 어떠냐 하면 우에서 말한 바와 같이 生成의 世界 即 現實存在의 論理가 아니라 理念存在의 論理이다. 이것은 이 論理의 發生에 있어서도 그러하였거니와 아직도 이 點에 있어서는 다를 배가 없다. 그렇다면 形式論理가 當初부터 現實存在의 論理가 아닌 以上 그것은 民族이라던지 社會라던지 더구나 사랑하고 싸호고 만들고 허무러 버리는 그러한 現實存在로서의 人間存在의 論理일 수는 없는 노릇이다. 억지로 適用해 봤댔자 結局은 普遍과 特殊의 包攝關係라던지 혹은 外延內包의 關係라던지 하는 따위의 單純한 形式論理學上의 曰可曰否에 떠러질 따름이지 個人과 民族, 國家와 國民, 또는 個人對個人의 對立統一과 같은 숨가뿐 抗爭 乃至 和協을 說明해 낼 道理가 없는 것이다. 그러므로 形式論理를 가지고 서로 現在 우리가 問題 삼고 있는 部分對全體의 問題 即 어떻게 하면 利己的인 存在로서의 個々의 人間이 自己를 버리고 國家 또는 民族이라는 全體에 歸一할 것인가 하는 이런 意味에서의 全體對部分關係를 說明할 수가 없는 것이다. 하다면 賢明한 現代全體主義가 이 같은 無能力한 論理에 自身을 依據해 둘 理는 萬無하지 않은가. — 그러타고

하면 좀 더 適切한 다른 論理는 없을까? 있다! 辯證法的 論理가 그것이다. 現實存在의 論理라는 辯證法이 그것이다. 하지만은 이 論理는 처음부터 現代全體主義로서는 질색이다. 웨 그러냐 하면 辨證法은 現實存在의 論理, 더구나 對立統一의 論理라고는 해도 그것은 本質的으로 否定의 論理이고, 거기서 主張하는 對立統一은 실상은 矛盾을 그리고 矛盾만을 媒介로 삼는 그러한 本質의 對立과 統一이며 이 意味에서 그것은 和協의 論理이기 前에 싸홈의 論理 — 아니 和協만이 아니라 싸홈=和協의 論理이기 때문이다. 서풀이[14] 이 論理를 採用하려 들다가 萬의 一이래도 同胞相爭과 같은 좋지 못한 事實을 助長하는 變이래도 생겨서는 큰일인 것이다. 참된 意味의 辨證法이라는 것은 실상은 決코 이렇게 同胞相爭을 助長하는 그러한 惡質의 論理가 아닌 것이지만은 過去의 階級思想流行 때에 진절머리가 난 一部人士들 가운데는 아직도 辨證法이라면 依例 그런 것이겠거니 하고 덮어놓고 結論해 버리는 폐가 적지 않은 모양이다. 現在 內地의 哲學界만 놓고 보더래도 몇 사람의 有數한 哲學者, 가령 西田博士[15]나 田邊元教授[16]等

14 '선불리'의 잘못으로 보임.

15 니시다 기타로(西田幾多郎, 1870~1945)는 일본의 철학자이며 교토제국대학 교수로 교토학파의 창시자이다. 문학박사(교토대학, 1913년). 서양철학과 불교사상을 근본적인 층위에서 융합하고자 하였다. 그의 사상은 선불교의 '무의 경지(無の境地)를 철학이론화한 순수경험론(純粋経験論)으로부터 그 순수경험을 자각한 것에 의해 자기발전하고 있는 자각론(自覚論), 그리고 그 자각을 비롯하여 의식이 존재하는 장(場)으로서 장의 논리론(論理論), 그리고 최종적으로 그 장이 종교적 도덕적으로 통합된 절대모순적 자기동일성론으로 전개되었다. 『善の研究』(1911), 『自覺に於ける直關と反省』(1917), 『無の自覺的限定』(1932) 등을 비롯하여 다수의 저서가 있다.

16 다나베 하지메(田邊元, 1885~1962). 일본의 철학자이며, 교토제국대학 교수로 1920년대 초반 독일 유학 시 후설, 하이데거 등과 교유하였다. 이후 헤겔과 마르크스의 변증법의 결점을 극복한 절대변증법을 주장하였다. 전전(戰前) 일본에서는 『科學概

所謂 京都學派[17]의 몇몇 사람을 除하고서는 대개가 辨證法에 對한 嫌惡의 念을 아직도 그대로 속에 품고 있다는 것은 注目할 만한 現象이다. 西田氏의 哲學은 至極히 東洋的 特히 「日本的」일 뿐만 아니라 田邊氏의 哲學에 이르러서는 確實히 有力한 一種의 日本的인 全體主義 哲學이라고 볼 수 있음에도 不拘하고 氏等의 哲學은 徹頭徹尾 辨證法이라는 것은 重要한 自己體系의 한 要素로서 堅持하고 있는 것이다. 이런 點을 고려한다면 辨證法은 실상은 一部에서 誤解하듯이 그렇게 싸홈의 論理만은 아닐 듯한데 그야 어떻든 辨證法이라는 것은 矛盾을 媒介로 하는 對立統一의 論理이고 이 意味에서 單純한 싸홈의 論理처럼 생각되기가 쉬운 一面을 갖인 것만은 事實이어서 現代全體主義者의 大部分이 辨證法回避의 傾向이 있는 것은 가릴 수 없는 事實이 아닌가 한다. 「로-제벌그」은 勿論이고 「슈판」이 肢體槪念의 導入으로 辨證法을 自身의 體系內에서 驅逐하고 있는 것도 속심을 따지고 보면

論』(1922), 『カントの目的論』(1924), 『数理哲學研究』(1925), 『ヘーゲル哲學と辨證法』(1932), 『正法眼藏の哲學私觀』(1939), 『歷史的現實』(1940), 『哲學と科學との間』(1942) 등을 출간하였다.

17 교토학파(京都學派). 니시다 기타로와 다나베 하지메에게 사사한 철학자들이 형성한 철학 학파이다. 교토학파는 서양 철학과 동양 사상의 융합을 목표로 한 니시다의 입장에 동의하며, 동양이면서도 서양화한 일본에서 단지 서양 철학을 받아들이는 것이 아니라 그것과 어떻게 내면에서 화합할 수 있을지를 탐구하였다. 하지만 동양의 재평가, 동양적 정체성 모색은 동양중심성으로 나아가게 되었다. 특히 교토학파의 사천왕인 니시타니 케이지(西谷啓治)·고사카 마사아키(高坂正顯)·고야마 이와오(高山岩男)·스즈키 시케타카(鈴木成高) 등은 '세계사의 철학'과 '근대 초극'을 제창하기도 하였다. 이외에 하타노 세이치(波多野精一), 도모나가 산주로(朝永三十郎), 와쓰지 데쓰로(和辻哲郎), 미키 기요시(三木清), 히사마쓰 신이치(久松眞一), 다케우치 요시노리(武內義範), 도이 도라카즈(土井虎賀壽), 시모무라 도라타로(下村寅太郎), 도사카 준(戸坂潤), 나카이 마사카즈(中井正一), 구노 오사무(久野収) 등을 들 수 있다.

아마 이 때문이 아닐까 한다.

한데 辨證法이라는 論理가 이렇듯 께림직한 一面을 가지고 있는 것이라면 다른 좀 더 安全하고도 便利한 論理는 없을까? 있다! 아주 無難하고도 效果的인 것으로서 有機體說的 論理가 그것이다. 그러면 有機體說的 論理란 어떤 것인가.

한 개의 有機體에 있어서는 「肢體」는 多少間 不便하고 괴롭다고 해서 함부로 不平을 중얼거려서는 아니 된다. 눈(眼)이라는 「部分」이 主人이라는 「全體」와 싸호고 제 마음대로 빠져 다라난다면 그것은 即席에서 눈으로서의 生命을 잃어버려야 하며 발(部分)이 손(部分)과 싸와서는 그것들의 全體인 人間은 勿論이고 손이나 발인 그들 自身까지도 結局은 亡치고 만다는 結果에 빠지고 말 수밖에는 없다. 이와 꼭 같은 意味에서 個人은 全體의 利益을 몬저 생각함이 없이 자己의 利益만을 생각하여서는 아니 된다. 아니 한 개의 有機體에 있어서는 當初부터 「個體의 利益」이라는 것조차가 있을 理가 없다. 그것은 한 개 單純한 虛構에 지나지 안는 空虛한 概念에 不過한 것이다. 個人은 처음부터 한 民族, 한 國家라는 全體者에 對한 「肢體」로서만 存在하는 것이며, 그러하기 때문에 全體를 위하여 살매 全體를 위하여서 自己를 억누르고 自己를 죽임에 依해서만 自己의 幸福이 約束되며 自己를 살리는 道理를 얻게 되는 것이며 自身의 自由가 保障되는 그러한 存在인 것이다 — 이것이 이를테면 有機體說的 論理의 核心이다. 말하자면 有機體說的 論理라는 것은 無機體와 區別되는 存在로서의 有機體의 生存과 習性에서 뽑아내 온 論理인데 全體對部分關係를 이렇게 有機體說的으로 볼 수만 있다면 얼마나 安全하고 便利할 것인가는 묻지 않어도 알 일이다. 現代全體主義의 大部分이 辯證法을 버리고 그 대신 有機體說을 取하는 것은 이 때문이다.

하지만은 單純한 從來의 有機體說만을 가지고서는 現代全體主義가 企圖하는 個人의 對國家的(對民族的)인 滅私奉公, 公益第一, 犧牲의 精神을 置礎 乃至 刺戟함에는 아직도 不足한 點이 없지를 않다. 그러므로 全體主義는 有機體說을 採用은 해도 從來의 有機體說 即 「스펜서-」[18]流의 啓蒙主義的, 分理[19]主義的인 有機體說과는 다른 有機體說을 採用하는 것이다. 웨 그러냐 하면 눈이 다소 괴롭다고 몸집에서 빠져나가 버린다면 그것은 確實히 눈 自身이 不幸인 死滅을 意味한다는 것은 뻔한 理致인 것은 勿論이나 이것이 그대로 個人對國家의 關係에 있어 그대로 順調로히 通用이 될까. 複雜스러운 例를 들 것 없이 위선 아주 가까운 例로서 闇取引[20]의 경우를 생각해 보면 瞭然하다. 闇取引이란 묻을 것도 없이 個人이 全體의 利益과 幸福은 뒷전으로 밀고 自己個人만의 私利私服만을 채우려는 가장 憎惡할 非國民的인 行爲이다. 한데 한 사람의 몸뚱이에 있어서는 눈알이 自己만의 利益을 위해서 함부로 빠져 다라난다던지 발이 손과 싸홈질을 하

---

18 허버트 스펜서(Herbert Spencer, 1820~1903)는 영국의 사회학자이자 철학자로 그의 사회진화론은 19세기 말에서 20세기 초반 동아시아에 큰 영향을 미쳤다. 그는 현실의 모든 영역에 진화론적 원리가 적용된다고 보았으며, '적자생존(適者生存, survival of the fittest)'이라는 조어를 만들었다. 그의 사회진화론을 바탕으로 한 자유방임주의와 사회유기체론은 일본 자유민권운동의 사상적 배경이 되기도 하였으나, 다른 한편 그의 사회진화론은 적자생존으로 이해되어 현실적으로 존재하는 권력의 격차를 인정하는 근거가 되기도 하였다. 『權限提綱』(1877), 『代議政體論』(1878), 『干涉論』(1879), 『道德之原理』(1883), 『政體原論』(1883), 『社會學』(1883), 『萬物進化要論』(1884), 『社會平權論』(1884), 『社會學之原理』(1885), 『宗教進化論』(1886), 『綜合哲學原理』(1898) 등 다수의 저서가 일본어로 번역되었다.

19 '合理(합리)'의 잘못으로 보임.

20 암거래.

고 一生을 두고 원수를 맺는다던지 하는 일은 「事實上」으로 있을 수 없는 노릇임에 反하여 한 國家, 한 民族이 問題되는 경우에는 往々히 — 차라리 진실로 不絶히 이 같은 反全體的인 行爲가 생기고 있다는 것은 어찌된 일인가. 이 事實은 國家, 民族이라는 全體者는 한 사람의 몸뚱이라는[21] 적어도 本質을 달리하는 그러한 어떤 存在라는 것에 對한 證據라고 이렇게 볼 수밖에는 없을 것이다. 뿐만이 아니라 民族이나 國家가 全體者라고 하지만은 民族 우에 보담 더 넓고 높은 人類라는 全體者가 있어야 하며 國家 우에는 「世界」라는 좀 더 큰 全體者가 있어야 할 것이 아닌가. 그러므로 이 두 가지 點 即 國家, 民族은 單純한 한 개의 有機體的인 全體者가 아니라는 것 그리고 그것은 最高完結의 全體者가 아니라는 것 — 이 두 가지 點이 單純한 從來의 有機體說만으로써는 說明하기가 곤난한 심상치 않은 難點이 되는 것이다. 그러면 現代全體主義는 이 難點에 對하여 어떻게 對答하고 있는가.

×

이 같은 難點에 對答하기 위하여서 現代全體主義가 特別히 强調하는 것이 무엇이냐 하면 그것은 周知하는 바와 같이 「피」라는 槪念이다. 「흙」도 勿論 重要視는 하지만은 그 重要性에 있어 到底히 「피」의 類가 못 된다. 그러면 「피」라는 槪念을 가져옴에 依해서 어떠한 說明을 하게 되는가.

여기서 말하는 「피」라는 것은 勿論 醫師가 取扱하는 그러한 「科學的」 意味에서의 「피」가 아니다. 가령 「피는 물보다 걸다」던지 할 때의 피 — 따라서 科學의 對象으로서의 피가 아니라 神秘的인 感激, 靈

21 '몸뚱이와는'의 잘못으로 보임.

感의 挑發體로서의 피를 意味하는 것이다. 따라서 그것은 科學을 超越한 이 意味에서 한 개의 「神話」다. 그것은 어느 意味에서 種族學的인 一面의 意味를 갖일 수가 있을는지도 모르나 그러나 混血과 無緣인 如何한 「피」도 歷史의 事實에 비치어서 想像할 수가 없는 것인 以上 全體主義에서 말하는 「피」는 어데까지던지 神秘的인 靈感의 媒介者로서의 피 — 이 意味에서 「神秘的」인 意味를 갖인 어떤 것이 아니면 아니 된다는 것은 當然한 結論이 아니면 아니 된다. 한데 이 같은 神秘로운 힘(力)인 피의 槪念을 가져온다는 것은 위선 部分의 對全體的인 滅私的인 歸一을 說明하는 데 있어 대단히 便利한 것이다. 崇高한 祖國愛, 純情無垢한 同族愛 — 이 같은 現象은 이 「피의 靈感」을 가져오지 않고서는 說明해 낼 도리가 없는 것이다. 한 개의 有機體에 있어서 各個의 肢體가 같은 한 줄기의 血管에 依해서 連結되어 있듯이 民族의 各員은 種族的으로 同一한 血脈에 依해서 縱으로 橫으로 連絡되어 있는 것이며 그러기 때문에 아무리 利己的인 個人이라고 해도 그의 血管 속에는 언제나 崇高한 祖國愛가 흐르고 있다는 것이다. 闇取引과 같은 非國民的 行動은 要컨대 이 같은 未然的인 靈感의 눈이 利己的인 物慾의 장막 때문에 一時的으로 가리워진 탓일 따름이고 이 意味에서 도로혀 非本然的이며 非正常的인 事態에 不過하다고 볼 것이며 이 意味에서 人間은 「個人」이기 前에 이를테면 本質的으로 「國民」이며 피를 通해서 直接的으로 國家라는 全體와 連結되어 있는 것이다. 뿐만이 아니라 國家, 民族이란 것을 이렇게 보는 限, 그것은 또한 最高完結의 全體者일 수밖에는 없게 된다. 웨 그러냐 하면 人類나 世界는 外面的으로는 民族이나 國家에 比해서 넓기는 해도 피에 依한 何等의 共感도 이르키지 못하는 것이라는 意味에서 그것은 抽象的인 한 개의 全體에 不過한 것이며 참된 意味의 具體的인 全體는 아니라고 이렇게 說明하고 있는 것이다. 그럼에도 不拘하고 國家, 民族 우에다가 世界人類를 올려 안치는 態度가 있다면 이것을 곳「코스모포리타니즘」, 즉 國際主義, 世界主義로서 一種의 無國家主義라고 할 수 있어, 이 意味에서 個人主義와 一脈相通 乃至는 表裏의 關係에 서게 되는 態度라고 痛烈한 排斥의 對象이 되는 것이다. 이것이 現代全體主義의 主張이다. 論理는 勿論 有機體的이기는 하나 그것은 從來의 合理主義的인 有機體說(가령「스펜서-」流의 進化論的 社會有機體說)과는 달러서「피의 神話」라는 것을 强調하고 있다는 點에서 徹頭徹尾 非合理主義的인 有機體說 — 神秘主義的인 有機體說을 取하게 되는 것이다. 이 點은 特히 잊어서는 아이될 現代全體主義의 重大한 特徵이라고 할 수가 있는 것이다.

×

以上으로써 우리는 全體主義라는 것은 어떤 것인가, 그것은 어떠한 意圖와 使命下에서 생겨지게 된 것인가, 어떠한 哲學的인 道具로써 自身의 主張을 置礎하고 있는가, 基礎論理는 무엇인가 等等의 點에 對하여 대강대강 보아 온 것이지마는 마지막으로 特히 몇 마디 附言해 두고 싶은 것은 現代全體主義는 元來가 單純한 理論的 興味에서가 아니라 實際的이고 現實的인 特히 政治意慾의 達成이라는 것이 直接的인 動機가 되어 있느니만치 體系로서는 아직도 未備한 點이 적지 않을 뿐만 아니라 今後 現實的인 必要如何로는 相當한 정도의 自己修正은 미리부터 覺悟해 주어야 하리라는 것, 더구나 가령 眞理問題, 道德問題等을 비롯해서 國民과 民族과의 相覆 又는 不一致에 關한 民族理論的인 諸問題이며 國家間의 協同問題等 許多한 問題들이 아직도 실상은 未解決인 채로 남아있기 때문에 아직도 完全한 體系를 가출려면 相當한 努力이 必要하리라는 것이 그것이다. 여기서 이런 여러 가지 點에 對해서 길게 追窮할 수는 없지마는 가령 眞理問題를 놓고 보더래도 民族 乃至 國家라는 것이 最高至上에 存在라고 하면 眞理라는 것에 對한 값과 標準은 어떻게 될 것인가. 나라를 달리 함에 依해서 規準이 뒤박귀고 값에 非常한 上下가 있다던지 할 理는 없을 상 싶은데 이런 問題에 對해서는 과연 어떻게 說明하려는가. 또 道德問題에 있어서도 마찬가지일 것이다. 道德의 普遍妥當性의 問題도 問題려니와 血의 神話가 要求하는 行動의 全部가 곳 道德的 善일 수가 있을까. 또 國民과 民族은 반듯이 相覆하는 槪念은 아니겠건을 이것을 混同한 嫌을[22] 없었을까. 各各 한 개의 求心的인 獨立的인 全體를 形成하고 있는 兩個 또는 그 以上 數의 國家間에 있어서의 協同的인 交通(有無相通) 方法如何. 모두가 今後에 있어 全體主義의 理論이 親切充分히 풀어 주어야 할 어려운 問題들이다. 全體主義는 과연 이런 여러 가지 問題를 어떻게 解決할 것인가. 이것은 확실히 興味있는 問題이다.

(一○, 二四)

22 '은'의 잘못으로 보임.

■ 원문

轉換期와 作家

文壇과 新體制[1]

金南天

1 요즘 이곳저곳서 轉換期란 말을 자조 듣게 된다. 대체 轉換期란 어떠한 것을 말하는 것일까. 그것이 現代에 對해서 말해지는 것만은 確實한 것 같다. 假令 李源朝氏는 「文學의 永遠性과 時事性」 가운데서 「轉換期란 現代에서 생각할 때는 現代의 終焉이지만은 歷史的 見地에서 볼 때는 새로운 時代의 出現인 것이다」[2]라고 말하고 있다. 朴

1 『朝光』 7-1, 1941. 1, 258~266쪽. 목차에서는 부제가 '文化와 新體制'.

2 李源朝, 「文學의 永遠性과 時事性」, 『人文評論』 2-8(통권 11), 1940. 8, 9쪽. 이원조(李源朝, 1909~1955?)는 비평가로 경상북도 안동에서 출생하였다. 퇴계 이황(李滉)의 14대손으로 어려서 가학을 익혔고, 정인보(鄭寅普)에게 한학을 수학하였다. 1930년 니혼(日本)대학 전문부 예술과에 진학하였고, 1932년 호세이(法政)대학 문학부 불문과에 입학하였다. 미키 기요시(三木清)와 도사카 준(戸坂潤)의 강의를 수강하였으며, 1935년 앙드레 지드 연구로 졸업하였다. 귀국 후 1935~1939년 조선일보 기자로 학예면의 편집을 담당하면서, 휴머니즘론과 고전부흥론에 지면을 제공하였다. 이원조는 서구적 교양과 불문학에 근거하여 비평을 통해 주체를 구성하고자 하였으며, 1930년대 중반 활발히 비평과 월평을 발표하였다. 포즈론을 제시하면서 진리와 주체의 관계를 규명하고자 하였다. 다른 한편 이원조는 이관용, 정인보, 홍명희, 홍기문 등 양반 지식인들과 한문 글쓰기를 공유하며, 전통적인 방식으로 교유하는 한편, 한학 교양에 기반을 둔 수필과 한시를 쓰기도 하였다. 1930년대 말 전시기에는 대동출판사(大東出版社)에서 근무하였고, 조선문인보국회에서도 활동하였다. 해방 후에는 조선문학가동맹 초대 서기장을 역임하였고, 『해방일보』와 『현대일보』에 관여하였다. 1947년 월북하였

致祐氏는 「東亞協同體論의 一省察」에서 「새로 세워저야 할 新秩序는 그것이 글짜 그대로의 新秩序일 限, 當然히 舊秩序와는 質的으로 달러야 할 것이며, 또 이것이 사실이라면 新秩序는 모름직이 舊秩序인 市民社會에 對한 어떤 意味의 變革 乃至 修正이 아니면 아니 될 것은 두말할 것도 없다. 하다면 從來와 같은 個人主義나 自由主義는 不得已 어떤 種類의 根本的인 再檢討를 받어야 할 것은 當然한 일이다」[3]하여 新秩序와 舊秩序의 間에서 轉換期를 理解하고 있다. 일찌기는 昭和十四年 二月 朝鮮日報 紙上에서 徐寅植氏가 支那事變의 歷史的 意義와 現代日本의 世界的 使命에 對해서 言及하면서, 「現代의 課題」[4]라는 論文中에서 그것을 東洋의 西洋에서의 解放과 캐피타리즘의 止揚으로써 理解할려고 하든 것을 본 것 같은 記憶이 남아 있다. 徐氏는 다시 요즘에 發表한 「文學과 倫理」의 論攷中에서도 現代를 「짓테」와 「께뮤-트」[5]의 分離相剋의 時代로 論證하면서 轉換期作家의

으며, 1953년 남로당 숙청 당시 조선공산당에 가입했고, 조선문학가동맹의 초대 서기장 등을 맡는다. 1947년에 월북하여 1953년 남로당숙청 때 이승엽, 임화 등과 재판을 받았으며, 1955년에 옥사한 것으로 알려진다.

3 이 책 제1장에 수록된 朴致祐, 「東亞協同體論의 一省察」, 124~125쪽.

4 「現代의 課題(其一)」(1939. 2)와 「現代의 課題(其二)」(1939. 4)의 서지 검토는 471쪽 주 1 및 주 2 참조. 김남천이 「現代의 課題」라고 언급한 것으로 볼 때, 그가 『朝鮮日報』 연재본이 아니라 평론집에 수록된 글을 읽었다는 사실을 추론할 수 있다. 또한 김남천이 언급한 내용을 감안할 때, 그가 떠올린 글은 1939년 4월에 연재된 「現代의 課題(其二)」이다. 따라서 이 글은 2월에 읽었다는 김남천의 기억은 오류이다.

5 '짓테(Sitte)'는 관습(慣習)을 의미하며, '게뮤트(Gemütt)'는 심정(心情)을 의미한다(徐寅植, 「文學과 倫理」, 『人文評論』 2-9(통권 12), 1940. 10, 17쪽). 또한 金南天, 「小說의 運命」(『人文評論』 2-10(통권 13), 1940. 11)에서도 짓테와 게뮤트에 관해 서술하고 있다. "徐寅植氏의 「文學과 倫理」가 轉換期에 사는 作家의 不在意識에 對해서 言及한 句節을 나는 注意하여 익었다. 徐氏에 依하면 倫理의 「짓테」와 「께뮤-트」가 分離相剋하는 것은 한 社會가 不安과 動搖에 到達한 表徵인데, 作家의 心情과 社會의 慣習이 이처럼

不在意識의 克服에 對해서 示唆를 던지려 하였다.[6] 要컨대 氏等은 氏等의 背後와 眼前에 各各 하나씩의 時代를 두고, 이 두 개의 時代에 끼어 있는 時代를 轉換期라고 理解하고 있는 것이다. 그렇다면 氏等은 일찍이 오오규스트·콩트[7]가 하나를 否定的 時期라 보고 또 하나

一致하지 않은 時代에서는 作家가 眞을 그리기가 困難하다는 것을 말하고 있는 것이다. 徐氏가 이곳에서 생각하고 있는 것도 역시 轉換期에 處한 作家가 어떻게 하면 眞理를 그릴 수 있을까 하는 問題에 屬하는 것이였다. 氏가 到達한 結論은 반다시 나와 一致하는 것은 아니었다. 나는 여기에서도 한 가지로 리알리즘을 내세울 수밖에 없다."(金南天, 「小說의 運命」, 『人文評論』 2-10(통권 13), 1940. 11, 14~15쪽) '짓테'와 '게뮤트'의 분리상극으로서의 부재의식은 김남천이 『人文評論』에 연재한 소설 『浪費』(1940. 2.~1941. 2. 11회 연재, 미완)의 인물 이관형을 이해하는 데 중요한 주제이다(이혜진, 「근대의 초극 혹은 근대문학의 종언: 김남천의 「경영」, 「맥」, 『낭비』 연작을 중심으로」, 『국제어문』 41, 2007, 77~83쪽).

6 "慣習과 心情의 乖離가 解消되지 않는 限 現代作家의 「不在意識」이라는 것도 克服하기 어려울 줄로 안다. 作家의 不在意識이란 自己의 場所에 對한 觀心的 生存을 意味하는 것이다. 따라서 作家의 眞을 追求하는 精神은 한 時代의 에토-쓰를 뜰고[sic] 깊고 먼 곳으로 쓸리지 않을 수 없다. / 그런데 이곳에서 留意하지 않으면 안 될 것은 現代와 같이 慣習과 心情이 分裂한 곳에서는 文學이 單純히 現行에 에토-스를 그리는 것만으로서는 現代의 眞實을 把握할 수 없지 않을까 하는 點이다. 心情과 分離한 慣習은 歷史的 合理性과 主觀的 眞實性을 가질 수 없다면 現行 에토-스 속에서 現代의 眞實을 찾을 수 있다는 것은 明白한 疑問이 아닐 수 없다. 〔…〕 한 말로 市井遍이니 風俗描寫니 하지만 作家의 遍歷하는 精神과 描寫하는 態度에 따라서는 적어도 두 가지의 相異한 方向을 가진 文學을 구별할 수 있을 듯하다. 그 하나는 現行 에토-스를 그대로 곧 自己의 모델로 받어드리고 現行 에토-스의 立場에서 現代의 風俗을 그리는 作家의 길로서 이것은 두말할 것 없이 通俗文學의 길이다. 그러나 다아 같이 風俗을 그리는 데도 前者와는 反對로 現行 에토-스의 立場을 넘어서는 別個의 倫理的 見地에서 그릴 수도 있는 것이다 이것은 眞正한 文學의 길이다. 이곳에서는 作家의 메-스는 必然的으로 現代風俗의 本質의 解剖로 向하지 않을 수 없으며 그 成果는 現代 에토-스에 대한 「批判」로[sic] 나타나지 안을 수 없다. 이곳에서 文學에만 固有한 모든 아이로니와 파라독스가 風俗批判의 銳利한 手段으로 登場하게 될 것이다."(徐寅植, 「文學과 倫理」, 21~22쪽).

7 오귀스트 콩트(Auguste Comte, 1798-1857년)는 19세기 프랑스의 철학자로 실증주의 철학을 체계화한 사회학의 창시자이다. 주요 저서로 『실증철학강의』 6권(1830~1842),

를 肯定的 時期라고 보면서, 否定되어야 할 時代로부터 肯定되어야 할 時期로 轉換이 遂行되는 時期를 轉換期라고 이름한 것과 決코 딴 方途에 依하여 現代를 생각하고 있지 않다는 것을 理解할 수 있을 것이다. 舊秩序니 新秩序니, 否定이니 肯定이니, 破壞니 建設이니 하는 것이 모두 이러한 觀點으로부터 現代의 過渡期的 性格을 表現할려는 것임을 우리는 理解하기에 困難치 않다.

2 그러나 轉換期의 船舶은 대체 언제까지 우리는 실고 흘러가는 것일까. 그리고 轉換期의 克服은 무엇을 어떻게 해서 이루어지는 것일까. 轉換期를 가운데로 하여 우리가 서있는 此岸은 여러 사람들의 分析에 틀림없다 하여도, 此岸으로부터 건너 뛰어갈 彼岸의 構想이란 어떠한 것일까 — 이러한 모든 것은 오래동안 많은 사사람에[8] 依하여 企圖되었으나 모두 明確性을 띤 것으로 나타나 있다고 말할 수는 없을 것이다. 적어도 지금의 나에게는 明白히 되어 있지 아니하다. 그러므로 이 자리에서는 轉換期가 가지고 있는 몇 개의 危險性을 指摘하고, 가장 重心的인 한두 가지의 企圖에 對해서 言及해 보고, 이러한 若干의 分析으로부터 이 時期에 處할 作家의 任務를 略述해 볼려고 하는 것이다.

첫째로 이야기하여야 할 危險性은 轉換期라는 것을 極히 짧은 期間으로 생각할려는 의견이다. 허기야 悠久한 人類의 歷史에서 본다면 적은 한 토막의 期間임에 틀림은 없으나, 그것은 決코 二三年이라던가

『실증적 정치체계』(1851~1854) 등이 있다.

8 '사람에'의 잘못으로 보임.

四五年으로 간주할 만큼 짧다란 瞬間은 아닌 것이다. 콩트가 轉換期라고 이름한 것이 반드시 지금과 같은 狀狀에 對해서 이기야한[9] 것은 아니라 하여도 西洋의 知性이 歐羅巴文化의 黃昏에 對해서 云謂하여 온 것은 벌써 오래 前부터의 일이었고, 特히 第一次世界大戰 以後에는 거의 自己네들이 살고 있는 時代에 對해서 絶望的인 呻吟을 되푸리하여 온 것이 事實이 아니었던가 생각되어진다. 우리 自身의 記憶으로 하여도 十年前에 벌써 우리는 轉換期라는 것을 지금과는 다른 角度에서라고 하여도 熾盛히 불리워졌든 것을 記憶하고 있다. 世界를 統一할 하나의 構想이 나타나서 世界的 慾求를 滿足시키는 時期까지를 생각해 본다면, 或은 四五年을 가지고 終熄될 줄로 믿었든 이 轉換期가 한 사람의 生涯같은 것은 계눈 감추듯이 집어삼킬런지도 알 수 없다. 過去의 모든 人類의 歷史가 하나의 轉換期를 넘어서는 經驗에 빛이워 본다면 이것은 決코 공연한 誇張이 아님을 알 수 있을 것이다. 그러므로 엄벙뚱땅하는 동안에 이 時期를 넘어가면 모든 것이 期待했다던 듯이 대령해 있다가 우리를 얌전히 맞어 주리라고 생각하는 意見처럼 轉換期의 評價를 그르치는 者는 없다 할 것이다.

③ 다음으로 우리가 이야기하여야 할 危險性은 轉換期를 치르고 否定에서 肯定에 이르는 過程은 하나의 歷史의 法則에 依하여 이루어지는 것이므로, 우리는 가만히 팔을 걷고 앉아 있어도 그러한 時代에 건너갈 수 있으리라는 至極히 泰平스러운 생각이 아닐 수 없다. 이것은 歷史的 必然性이라는 것을 神主처럼 所重히 역이는 사람들

9 '이야기한'의 잘못으로 보임.

이 빠지기 쉬운 樂觀主義의 하나의 面貌인데, 이러한 사람은 갸륵한 神主만을 모서 놓고 엄벙뚱땅 이 時期를 넘어만 서면, 歷史의 攝理는 스스로 問題를 解決하여 現代人을 此岸에서 彼岸으로 引導해 주리라고 생각하는 것이다. 그러나 이것은 歷史的 觀點을 云謂하면서 其實은 歷史的 立場을 拒否하고 있는 理論임에 틀림없다. 歷史는 반드시 東西가 한 날 한 時에, 그리고 各 나라와 各民族이 같은 步調로 前進하는 것이 아니하는[10] 것을 明白히 보혀주고 있다. 必然性은 實로 可能性에 지내지 않는 것이다. 可能性을 높히어서 必然性에까지 이르게 하는 者에게 限하여 歷史의 攝理는 먼즘 彼岸世界의 門을 열어 주는 것이다. 必然性을 神主처럼 모시고 있는 不敏하고 懶怠한 種族은 可能性을 必然性에까지 높이지 못할 뿐 아니라, 歷史에서 後退하여 영영 世界史에서 脫落해 버리는 運命을 지니지 않을 수 없을 것이다. 우리는 그러므로 轉換期를 하나의 可能性으로 理解하지 않으면 아니될 것을 알어야 할 것이다. 神은 스스로 소사날려고 애쓰는 者에게만 救援을 준다고 한다.

4 此岸을 指摘하고 警告하고 分析하는 것이 知性의 하는 일이었다면, 彼岸을 構想하는 것도 그리고 그곳까지 이르는 轉換期의 克服을 發見하는 것도 또한 知性의 任務라고 생각되어진다. 知性은 安穩할 때에 음직이는 것이 아니라. 그것은 언제나 混亂할 때에 活動하지 않으면 아니 된다. 미네르바-의 옷배미니는 黃昏을 타서 飛翔하기 비롯한다고 한다. 우리 評壇에서 知性論이 한참 旺盛할 때에, 或者는

10 '아니라는'의 잘못으로 보임.

知性의 限界性에 對하여 恨歎하였고, 或者는 事實 앞에 부서지는 知性의 無力에 對해서 述懷하였다.[11] 그러나 이러한 知性은 市民社會의 慣習 속에서 굳어저 버린 知性일 것이다. 中世에서 人間을 救出하여 近代에 引導한 것이 知性이라 하여도, 루넷쌍스의 人間은 現代에 와서는 그의 自働性을 잃어버리고 全혀 腐敗한 個人主義의 세멘트 속에 군저어[12] 버리고 만 것을 어찌하랴. 그러므로 루넷쌍스의 知性도 한 가지로 市民社會의 慣習의 세멘트 속에 꽉 드러서 버리고 만 것이다. 知性은 다시금 改造되어야 한다. 改造된 知性만이 轉換期를 克服할 수 있으며, 未來를 想望하여 彼岸을 構想할 수 있을 것이다.

그러나 知性이 할 수 있고, 또 하는 일은 주장 어떠한 部面일 것

---

11 프롤레타리아 문학이 퇴조한 후의 전형기(轉形期) 비평에서는 휴머니즘론, 지성론, 포즈·고발·모랄론, 예술주의 비평 등 여러 비평적 논의가 전개되었다. 지성론에 관해서 최재서는 유럽의 '지성옹호론'에 자극되어, 우리들의 절실한 문제는 어떻게 지성을 옹호할 것인가가 아니라 옹호해야 하는 지성이 있는가라는 문제를 제기하였다(崔載瑞, 「文學·作家·知性: 知性의 本質과 그 效用性」, 『東亞日報』, 1938. 8. 20). 최재서의 지성론은 행동주의적 휴머니즘에 대한 안티테제로서의 성격을 가지며, 지성의 결핍을 지적하면서 교양의 중요성을 강조했다. 또 외부 정세를 수용 또는 거부하는 것이 아니라 그것에 대하여 비평적 태도를 보여야 한다고 주장했는데, 그러한 시각은 그의 풍자문학론으로 이어졌다. 김윤식은 백철(白鐵)의 휴머니즘론이 심장의 평론이라고 한다면, 최재서의 지성론은 두뇌의 그것이며, 김남천은 고발문학론은 심장과 두뇌를 종합한 평론이라고 평가하고 있다(김윤식, 『한국근대문예비평사연구』, 일지사, 1976, 257쪽). 1930년대 전형기의 비평은 정치와 문학을 확연히 구분하며, 문화를 문학의 상위범주로 간주하고 지식인을 문화의 담당자로 재규정하였다. 또한 객관적 정세의 악화보다 내부적 결함에 주목하면서, 지식인의 존재근거에 대한 자기 반성을 요청하는데, 지성은 재출발의 기점으로 기능하게 된다. 이 과정에서 지적국제협력회의는 지성에 정당성을 부여하였다. 김기림은 반성적 의식으로서의 지성에 주목하였고, 최재서는 가치와 감성의 매개범주로서의 지성에 주목하였다. 서인식은 지성은 실천에 의해 매개되는 것으로 이해하였다(김동식, 「1930년대 후반 지성론에 대한 고찰」, 『한국근대문학의 풍경들』, 들린아침, 2005, 156~171쪽).

12 '굳어저'의 잘못으로 보임.

일까.[13] 그것은 다른 무엇보다도 于先 文化가 아니면 아니 될 것이다. 그러나 文化란 무엇일까. 干戈의 소리가 地球 위를 뒤덮을 때에 무슨 何暇에 文化를 云謂할 수 있으랴. 그러나 고요히 돌아보건대 勝利를 永續化하는 것은 언제나 文化가 아니었을까. 二十餘年前에 佛蘭西와 英吉利는 獨逸에 勝利하였다. 그들은 그들의 勝利가 永續할 것을 믿었고 벨사이유體制는 그것을 保障할 것이라 믿었다. 그러나 不過二十餘年에 그것은 何等永久한 것이 아닐 뿐 아니라, 오히려 佛蘭西에게 있어서는 좀 더 뼈아픈 敗北한 것을 認識치 않으면 아니 되었다. 獨逸이 萬若 今日의 勝利를 永續시킬려면 全歐羅巴를 包攝할 수 있는 文化理念을 發見하여야 할 것이다. 그렇지 못하는 限, 今日의 勝利가 언제 다시 脅威 밑에서 兢兢하게 될는지 期約할 수 없는 것이나 아닐까. 나치즘은 血統理論에 依한 全體主義的 文化理念을 가지고 있었으나, 벌써 그것은 첵코合併 爾來 녹이 슬었다고 한다. 血統理論을 가지고는 血統이 다른 國家와 民族을 包攝할 수 없음으로써이다. 그는 歐羅巴의 各民族과 國家를 包攝할 만한 文化理念을 發見하지 않고는 今日의 그들의 勝利를 確保할 것이 없을 것을 깨달어야 하겠다. 그러나 萬若 어떤 民族이 있어 全世界의 制霸을 생각하고 있다면, 그는 全世界를 한 데 包攝할 만한 文化理念을 發見치 않고는 可能치 못할 것을 알어야 할 것이다. 이렇게 彼岸을 構想하고 그곳까지 이르는 길을 發見해 나가는 것이 知性의 任務라고 생각되어진다.

---

13 원문 그대로.

5 호세·올테가·이·가셋트[14]의 『現代의 課題』[15]를 읽으면 萬端의 敎養에 依하여 錬磨된 知力들이 새로운 建設的, 組織的인 文化意欲의 擔當者로서 西洋을 沒落으로부터 건저내일려는 救出作業을 이르키고 있는 相貌를 窺知할 수가 있었다. 이것은 얼마 前에 流行한 방자망·크레뮤-[16]의 『不安과 再建』[17]과 같이 消極的인 記錄만은 아닌 것처럼 생각되었다. 여러 가지의 文化形態의 파노라마를 諦觀하고, 記錄하고, 懷疑하고, 滅亡하는 것으로 看做하고, 흐르는 대로 몸을 맡겨버릴려는 그러한 消極的인 態度가 아니고, 人間의 理解力의 無限한 伸展性 속에 生活感情의 新鮮한 自發性을 結成시켤려는 저윽히 積極的인 意圖에 依하여 營爲되어진 것임을 느낄 수 있었다. 該書의 譯者인 池島重信氏의 序言대로 하면 「우리들은 우리들의 時代에 있어서의 모든 問題 앞에 서서 根源的인 質問을 開始하고 있다는 自覺」에

---

14 호세 오르테가 이 가세트(José Ortega y Gasset, 1883~1955)는 스페인의 철학자이다. 독일에 유학하여 짐멜 등에게 사사한다. 주요 저서로 『大衆의 反逆』(1930) 등이 있는데, 이 책은 대중사회론의 선구로 평가받는다.

15 オルテガ(池島重信 譯), 「現代の課題」, 『現代文化學序說〈現代思想全書 15〉』, 三笠書房, 1938, 17~126쪽. 이보다 앞서는 ホセ·オルテガ·イ·ガセット(池島重信 譯), 『現代の課題: 評論集』(刀江書院, 1937)의 판본도 있으나, 김남천이 언급한 「譯者序」는 1938년 三笠書房 판본에 수록되어 있다.

16 뱅자맹 크레미외(Benjamin Crémieux, 1888~1944)는 프랑스의 비평가이면서 프랑스 외무성 이탈리아 국장을 역임하였다. 제2차 세계대전 시 레지스탕스에 참가하여 체포되었고, 강제수용소에서 사망하였다.

17 バンシャマン·クレミウ(増田篤夫 譯), 『不安と再建: 新しい文學概論』 小山書店, 1935(재간 1951). 1931년에 프랑스에서 간행된 이 책은 제1차 세계대전 후 1918~1930년의 유럽의 새로운 문학사조에 관해 개관하였다. 1장 「《時期》としての一九一八~一九三〇年」, 2장 「普遍主義の危機」, 3장 「不安の精神: 現實拒否」, 4장 「不安の精神(續): 現實拒否」, 5장 「不安の精神(續): ハムレット主義と《空鞄》」, 6장 「再建の精神」, 7장 「歐羅巴精神を索めて」, 8장 「社會意識」, 9장 「人本主義と總合主義」.

衣하여 貫徹된 努力들이라고 한다.[18] 그러나 그곳에서 그들이 꾀한 것은 무엇일까. 지난날의 相對主義와 唯理主義를 한 가지로 拒否하고 生의 評價를 通하야 生의 價値를 設定하자는 이러한 哲理가 주장한 것은 文化와 自發的 生과의 結合이었다. 이것으로 우리는 西洋文化의 指導理念이었던 純粹理性이 餘地없이 窮境에 빠저 버려서 今日의 西洋을 沒落에서 救出할 수 없을 뿐 아니라, 實로 今日의 沒落의 原因의 한 가닭이 純粹理性, 그 自體 속에 內在해 있었다는 것을 理解할 수 있겠거니와, 올테가와 같이 그것과 生의 立場을 結合시키는 데 依하여 西洋文化의 理念이 更生할 수 있을까 하는 데는 若干의 疑問을 품지 않을 수 없었다. 假令 올테가가 生의 評價와 生의 價値를 거처서 新時代의 特徵을 發見한 뒤 새로운 階段에 到達한 것은 立場의 說이었다. 「文化의 諸價値는 現在 死滅해 버린 것은 아니다. 하나의 展望 가운데 새로운 要素가 導入되자마자 그 全體의 階段順位는 變化한다」고 하면서 새로운 生價値를 現出시키는 것이였으나, 그가 立場의 說에 到達한 것은 하나의 展望主義였음에 지나지 않었다.[19] 에른스트·로버-트·쿨티우스[20]도 이러한 觀點에 서면, 十九世紀의 精神上의 많은 現像이 새로운 脚光을 쏘일 수 있을 것의지만, 에머-슨[21]의

18 池島重信, 「譯者序」, オルテガ(池島重信 譯), 『現代文化學序說〈現代思想全書 15〉』, 三笠書房, 1938, 4쪽.

19 オルテガ(池島重信 譯), 「現代の課題」, 『現代文化學序說〈現代思想全書 15〉』, 三笠書房, 1938, 113쪽.

20 에른스트 로베르트 쿠르티우스(Ernst Robert Curtius, 1886~1956)는 독일의 비교문학 및 로망스어 문학 연구자이자 언어학자이다. 마르부르크대학교 및 하이델베르크대학교 교수로 주요 저서는 『유럽문학과 라틴중세』(1948)이다.

21 랠프 월도 에머슨(Ralph Waldo Emerson, 1803~1882)은 미국의 사상가이자 시인이다. 『자연론』(1836), 『미국의 학자』(1837) 등의 저서는 미국의 지성적 독립선언이라 평가

普遍主義, 상트브-브[22]의 相對主義, 니-체의 心理學의 가운데 나타나 있던 이러한 思惟態度의 萠芽를 關係시켜서, 可能性과 歸結은 展望主義 속에 內包시킬 수 있을까에 對해서는 어떠한 暗示조차도 받을 수는 없다고 率直히 告白하고 있었다. (『올테가의 思想』[23])

⑥ 그러나 그러한 것은 어찌되었건 西洋이라는 概念이 가지고 있던 文化的인 近世的 理念이 變化되었다는 것을 스스로 認定하면서도 올테가는 依然히 人類發展의 軌道에 對한 하나의 信仰만은 그대로 남겨 가지고 있었다. 그 信仰은 어떠한 것이였을까. 人類發展는 오직 하나가 있을 뿐으로 이 軌道의 先頭를 걷고 있는 것은 歐羅巴의 諸民族이라는 信仰이다. 이들에게 있어서 歷史는 恰似히 우으로부터 밑으로 흐르는 한 줄기의 커다란 江물인 것이다. 歐羅巴의 諸民族은 맨 앞에 있고, 그다음 亞細亞는 몇 百年 뒤늦어서 그들이 흘러나린 뒤를 쫓아서 흘러내리고 있고, 이 亞細亞의 뒤에 다시 未開의 諸民族이 따라온다는 것이 그들의 信仰이었다. 올테가도 「두 개의 이로니-」 속에서 文化와 自發的 生의 分裂에 對해서 言及하면서, 「印度나 支那에 있어서는 如何한 時代에도 學問과 道德이 自主的인 힘을 가지고 樹立되어진 때는 없고 生活을 支配할 적도 없다. 東洋人의 思惟는 如何한 階段에 있어도 일찌기 主觀으로부터 解放된 적이 없고, 또 例하면

받는다.

22 샤를 오귀스탱 생트뵈브(Charles Augustin Sainte-Beuve, 1804~1869)는 프랑스의 시인·소설가, 문예비평가이다. 작자 등의 외부적 관계를 중시하여 작품을 분석하는 실증주의 비평을 확립하여, 근대문예비평의 창시자로 말해진다.

23 エー·エル·クルティウス(池島重信 譯), 「オルテガの思想」, オルテガ(池島重信 譯), 『現代文化學序說〈現代思想全書 15〉』, 15쪽.

歐羅巴人의 意識에 있는 物理的 法則이 가지고 있는 것과 같은 저 明澄한 客觀性을 獲得해 본 적이 없다. 東洋의 生이 西洋의 그것보다도 完全하다고 보는 見地도 있기는 있다. 그러나 東洋의 文化는 確實히 우리들이 그것보다 低級한 文化다, 그것은 이 말 위에 우리들이 賦與하고 있는 意味를 우리들처럼 決定的으로 實現하지 못하고 있다」고 하여 東洋을 西洋의 뒤에다 놓았다. 다시 그는 「亞細亞의 歷史를 보면, 우리들은 恰似히 植物의 即 運命과 싸우는 데 充分할 만한 彈力을 缺하는 自動力 없는 存在의 植物의 成長을 보고 있는 것 같은 생각이 든다」고, 우리 東洋사람으로서는 저윽히 脾胃가 거실리는 소리를 하고 있다.[24] 轉換期를 克服할 만한 理念과 새로운 彼岸의 構想을 實在化하는 民族이 西洋에서 생길 것인가, 東洋에서 나타날 것인가는 묻지 않는다 하여도, 西洋의 知性들이 依然히 世界를 救할 民族으로 스스로를 處하고 있는 데 對해서는 東洋의 知性이 銘心해 둘 일이라 생각되는 바이다.

7 이러한 西洋의 知性들에 對抗하여 東洋의 知性들이 反省을 거처서 建設과 組織에 資할려는 企圖 밑에 非凡한 努力을 보인 것은 이미 오래 前부터의 일이라고 생각되어진다. 最近 岩波書店『思想』誌의 「東洋과 西洋」 特輯號[25]나 「歐洲文明의 將來」 特輯號[26]를 一讀하에도

---

24 オルテガ(池島重信 譯), 「現代の課題」, 『現代文化學序說〈現代思想全書 15〉』, 70~71쪽. 해당 부분의 소제목은 「二つのアイロニイ一或はソクラテスとドン·ファン」이다.

25 『思想』 197호, 1938. 10. 특집 「東洋と西洋」: 和辻哲郎, 「人類の教師」; 土居光知, 「「もの」と「こと」」; 野上豐一郎, 「能とギリジア劇」; 大久保幸次, 「西と觸れ合ふ東の世界: トルコの場合」; 田中美知太郎, 「ロゴス」; 清水幾太郎, 「東洋の發見と創造」; 左野一彦, 「西洋と東洋」. 특집 외 수록 기사: 土井虎賀壽, 「大和的なるものの世界的行動:

그러한 것을 窺知할 수가 있었다. 그의 典型的인 것을 우리는 高山岩男氏의 「世界史의 理念」[27]에서도 볼 수 있음까 한다. 氏는 于先 世界史의 基礎理念의 確立에 있어 歐羅巴史學이 建設한 一元史觀의 拒否를 宣言한다. 다시 말하면 歷史의 물줄기를 하나의 흐름으로 보는 西洋史學의 文化的 信仰을 깨틀어 버리고 世界의 歷史를 多元史觀에 있어서 볼려고 한다. 그러므로 氏에 있어서는 東洋은 西洋의 뒷물을 따라오고 있는 것이 아니라, 東洋은 東洋自體로 하나의 完結된 世界史를 가지고 있다고 理解한다. 이러한 多元史觀의 立場에 서서 現代의 世界史의 文化理念을 세워 보자는 것이다. 高山氏의 小冊子인 『文化類型學』[28]을

發端篇」; 中村元, 「古代インドに於るダルマ(法)の觀念」; 高倉テル, 「アジアの思想とアジアの言葉」; 小島威彦, 「東洋と西洋」; 池島重信, 「東洋と西洋」; 淺野晃, 「東洋と西洋」; 齊滕晌, 「東洋の沒落」; 羽仁五郎, 「東洋と西洋」; 片山敏彦, 「樣式への愛」; 河上徹太郎, 「東洋精神の可能性」; 佐藤信衛, 「「西洋」の一斷面」.

26 『思想』 215, 1940. 5. 특집 「歐州文明の將來」: 高山岩男, 「世界史の理念」; 西谷啓治, 「ヨーロッパ文明の將來と日本」. 특집 외 수록 기사: 山口諭助, 「對立的文化の運命: ヨーロッパ文明の將來について」; 土井虎賀壽, 「西歐精神と世界性」; 芳賀檀, 「歐洲の未來に關する考察」; 小林太市郎, 「ヨーロッパ文明の將來」; 小松堅太郎, 「歐洲に於ける自由主義の將來」; 下村寅太郎, 「ヨーロッパ的學問の性格と可能性」; 左野一彥, 「ドイツロマンチクに於けるエウロッパ文明の問題」; 松浦嘉一, 「英吉里「風土」的文明の世界的野心」; 加田哲二, 「ドイツ民族主義の運命: ドイツ新版圖の民族問題とナチス民族主義理論」; 竹山道雄, 「獨逸·新らしき中世?」; 保田與重郎, 「日本の狀態について」. 『思想』 216, 1940. 6. 특집 「續 歐州文明の將來」: 高山岩男, 「世界史の理念(完)」; 西谷啓治, 「ヨーロッパ文明の將來と日本(完)」. 특집 외 수록 기사. 板田德男, 「西洋文化と世界」; 齊滕晌, 「物質文明といふこと」; 田中晃, 「倫理より見たるヨーロ；ツパ文化」; 永田淸, 「フランス社會經濟思潮に現れたる人間性: ヨーロッパ文明觀の一齣として」.

27 高山岩男, 「世界史の理念」, 『思想』 215-216, 1940. 4~5.

28 高山岩男, 『文化類型学』, 弘文堂書房, 1939. 2. 이 책의 제1장은 「文化類型學の概念」이며, 제2장에서 제8장까지 각각 「希臘文化の類型」, 「印度文化の類型」, 「基督教文化の類型」, 「佛教文化の類型」, 「支那文化の類型」, 「西洋文化の類型」, 「日本文化の類

읽어도 이러한 意圖는 看取할 수 있었다. 世界各民族의 文化를 比較硏究하여 그의 類型을 發見할려는 企圖는 確實히, 學問이라면 西洋學問의 觀念밖에 모르는 一元史觀의 立場에서 떠나서 世界各民族의 歷史를 多元史觀에 依하여 成立시킬려는 東洋的 自覺에 依한 것이라고 理解되어진다. 西洋의 沒落을 西洋文化의 類型 속에서 究明하고 東洋文化의 將來에 새로운 빛을 던지랴한 것은 모두 이러한 생각 때물일[29] 것이다.

그러나 그럼에도 不拘하고 우리는 한 가지 事實을 여기에서 잊어서는 안 될 것이다. 即 西洋이라는 文化的 槪念이 가지는 것과 同一한 統一性을 東洋은 가지고 있지 못하였다는 事實이다. 西洋은 하나의 統一된 文化理念을 가지고 있었다. 假令 中世가 그것이다. 루넷상스 爾來 中世를 暗黑이라고 말하여 오지만은 그것은 西洋을 基督教文化에 依하여 統一한 하나의 아름다운 世界史의 한 토막이기도 하였다. 이러한 中世와 같은 統一된 西洋의 文化的 槪念을 東洋을[30] 일찌기 가진 적이 없다는 것이다. 高山氏外에 다른 論者들은 모두 이것을 認定하고 이러한 前提에 서서 東洋의 知性이 가저야 할 轉換期思想에 對해서 言及하고 있는 것이다. 東洋文化의 類型을 探究하는 분들이 一考할 말한 일일까 한다.

8 以上은 筆者가 貧弱한 讀書를 通하여 더듬어 볼 수 있은 轉換

型」을 정리하며, 9장은 「日本文化の發展」이다.

29 '때문인'의 잘못으로 보임.

30 '은'의 잘못으로 보임.

期에 對한 至極히 초라한 省察의 一端이다. 轉換期에 處한 作家의 任務와 態度를 나는 여기서부터 引出해 낼 수밖에 없었다. 다른 機會에 試驗해 본 小說의 將來에 對한 討究도 또한 이러한 角度에 서 있다. 나는 「小說의 運命」[31]의 拙稿中에서 長篇小說을 市民社會의 敍事詩라고 보면서 市民社會의 發生과 發展과 衰退와 相應시켜서 長篇

31 金南天, 「小說의 運命」, 『人文評論』 2-10(통권13), 1940. 11, 7~15쪽. 이하 「전환기와 작가」의 마지막 단락은 「소설의 운명」을 전체적으로 요약적으로 제시하며 논지를 전개하고 있다. 「소설의 운명」 마지막 단락을 옮기면 다음과 같다. "往往히 리알리즘엔 理想이 缺如되었다고 말한다. 좋은 警告이다. 그러나 正當한한 理論은 아니다. 文學이 가지는 길은 理想을 標榜하는 데 열려 있는 것이 아니라, 眞理를 그리고 眞理를 表象化하는 데 열려 있었다. 하나님을 찬는 者가 모다 天國으로 들어가는 것은 아니었다. 現實에 발을 붙이지 않은 어떠한 文學이 眞實의 門을 두다릴 수 있을 것인가. 轉換期를 監視하지 않고, 市民社會가 남겨 놓은 가지의 歪曲된 人間性과 人間意識과 人間生活에 눈을 가리면서 어떠한 天國의 문을 그는 두다리려 하는 것일까. 自己告發에 沈潛했든 轉換期의 一作家가, 안티테-제로서 觀察文學을 가지려 하였다고 하여도, 그가 想望코저한 것은 依然히 小說의 運命을 지니고 橄欖山으로 向할려는 것임에 다름은 없었던 것이다. 小說은 리알리즘을 거처서만 自己의 危機를 克服할 수 있고, 나아가 轉換期의 超剋에도 貢獻할 수 있을 것이다. 새로운 長篇小說의 樣式의 獲得도 이 길을 허술히 하고는 이루어지지 않을 것이다.(十月이십六日)" 1930년대 카프 해산 이후 김남천은 마르크스와 엥겔스의 문학예술론을 독해하였다. 김동식은 김남천에게 리얼리즘은 마르크스주의로 대변되는 과학을 텍스트의 무의식으로 배치하는 방법이었다고 평하였다. 김남천은 모랄론을 통해 꿈꾸었던 주체, 과학적 진리를 육체화하고 있는 주체와 상동적인 텍스트, 리얼리즘의 승리를 통해 자신의 소설=리얼리즘 텍스트 속에 마르크스주의가 무의식으로 자리 잡게 되기를 욕망하였다. 또한 차승기는 '전환기'의 김남천에게 문학의 정치성의 핵심이 신체성의 전환과 관련된 것임을 주목하면서, 신체성의 전환이 탈식민주의적 계기를 포함한다고 평하였다. 김남천은 소설쓰기를 통해 신체성의 전환 과정을 경험하였으며, 그에게 장편소설이란 신체성의 전환을 통한 주체화의 메커니즘을 포착하는 양식이었다. 김동식, 「텍스트로서의 주체와 '리얼리즘의 승리': 김남천 비평에 관한 몇 개의 주석」, 『한국현대문학연구』 34, 2011, 240~243쪽; 차승기, 「폐허로부터의 비전: 일제말기 김남천의 소설론과 탈식민의 계기」, 『민족문학사연구』 61, 2016, 151~156쪽.

小說의 發展의 諸階段을 더듬어 본 뒤에, 市民社會가 하나의 轉換期를 마지한 現代에 있어서는 小說이 轉換期의 克服과 彼岸의 構想에 참여할 수 있는 길은 오직 리알리즘에 依해서만 열려질 수 있을 것이라고 結論하여 보았다. 생각컨대 小說이 轉換期의 克服에 參與하여 새로운 彼岸의 發見에 協力하여야 할 것임은 自明한 일이나, 文學이 이 길을 닦아 나가는 거름거리는 다른 文化와 스스로 다를 것으로, 그것은 언제나 轉換期가 內包하고 있는 가지 各色의 生活感情의 觀察 속에서만 發展과 飛躍의 契機를 捕捉할 수 있을 것이기 때문이다. 轉換期가 가지고 있는 모든 感情과 生活과 性格을 그리는 길을 避하고 헛되히 淺薄한 觀念의 世界를 더듬는다던가, 空想의 가운데 날아가 버린다던가 하여서는 文學은 偉大한 創造品을 들고서 새로운 秩序建設에 貢獻할 수는 없을 것이다. 時代나 思潮에 對한 便乘心理나 轉換期에 對한 皮相的인 飜譯心理야 말로 眞正한 文學이 삼가야 할 가장 危險한 態度일까 한다. 眞摯한 리알리즘에 依하여서만 小說의 새로운 樣式은 獲得되어질 수 있을 것이며, 自由主義와 個人主義가 남겨 놓은 腐敗한 個人意識과 歪曲된 人間性의 掃蕩을 거처서 完美한 人間性을 다시금 찾는 날도 마지해 올 수 있을 것이다. 그러나 이것이 短時日 동안의 過程이 아님은 轉換期가 決코 짧은 時日內에 克服될 수 없는 것과 同一한 理致이다. 小說이 새로운 樣式을 獲得하는 길은 思想이 彼岸을 發見하고 構想하는 길과 同一한 것이기 때문이다. 思想이 萬若 무엇보다도 個人主義와 自由主義를 闡明淸算하여야 할 때이라면, 文學은 그것에 依하여 形成된 사람의 意識狀況과 性格을 克服하는 것이 急務가 될 것이다. 단지 文學은 그것을 論理나 分析이나 科學的 方法으로 이루어 놓는 것이 아니라, 生活과 人物의 行動心理의 觀察을 거쳐서 그것을 形象化해 놓는 데 依하여 同一한 目的地에 到達하게 되는 것이 스스로 다를 뿐이다.

■ 원문

朝鮮文學에의 反省[1]

現代朝鮮文學의 한 課題

金起林

一

우리 新文學이 시작된 후 항용[2] 三十年의 時日이 지나갔다고 한다. 三十年이라고 하면 西洋流로 치면 겨우 한 世代이다. 그러나 우리가 이 三十年 동안에 겪은 文學的 經歷은 實로 몇 世代가 아니라 三四世紀에 匹敵한다. 西洋에 있어서도 所謂 九十年代 이후라고 하는 것은 거진 十年만식에 世代가 바뀌었다. 그것은 勿論 文明의 進展이 加速度的으로 急激해 가는 때문일 것이다. 그러나 우리의 境遇는 그것과는 달라서 다만 後進社會의 當然한 欲求로서 現代文明을 集約的으로 效果的으로 또 될 수 있는 대로 짧은 期間에 吸收하여 그 水準에 하로 바삐 到達하려 함이였다.

朝鮮에 있어서의 지금까지의 新文化의 「코-쓰」를 한마디로써 要約한다면 그것은 「近代」의 模倣이였다. 模倣이라는 말이 誤解될 염려

1 『人文評論』 12, 1940. 10, 38~46쪽.

2 항용(恒用). 예사롭게, 보통으로.

가 있다고 하면 「近代」의 追求였다. 따라서 이른바 新文學의 發生當初의 그 性格은 西洋에 있어서의 「르네쌍쓰」와 符合되는 點이 많다. 그도 그럴 것이 「르네쌍쓰」는 近代精神의 發祥이였고 「近代」를 追求하는 後進社會가 于先 「르네쌍쓰」의 精神과 方法을 採用한 것은 極히 自然스러운 일이였다.

近代市民社會의 「이데올로기」로서의 近代精神의 發芽였던 「르네쌍쓰」의 特徵으로서 「世界와 人間의 發見」을 든다. 이렇게 새로 發見된 人間이란 個性 있는 한 不可侵體였고 啓蒙時代에 이르러서는 理性의 일흠에 依하여 絶對化한다. 또 近世의 초시작에는 여러 나라 나라의 民族國家의 形成運動으로 해서 歐洲地圖는 여러 토막으로 갈라지면서도 「人間의 福音」은 商人들의 배에 실려 國境을 너머 서로 往來했을 뿐 아니라 全世界에 汎濫하기 시작했던 것이다. 商業의 새 市場은 곧 多少間 「르네쌍쓰」의 領土이기도 하였다. 商品이 이렇게 「近代」 그것의 形成과 實로 密接하게 結婚하고 있었다는 것은 자미있는 일이다.

이렇게 「르네쌍쓰」의 世界化의 過程은 近代市民社會自體의 宿命的인 意慾이였다. 商品과 資本은 간단없이 國境을 뛰여너머서 모든 未開大陸 或은 島嶼에 「近代」를 扶植하면서 도라댕겼다. 그래서 이 近代文化의 뜻하지 아니한 宣敎師들이 처음 갖이고 드러간 것은 다름 아닌 「르네쌍쓰」의 福音이였다. 그리하여 「近代」는 實로 世界的規模로 進展하면서 있었다.

伊太利 그중에서도 「피렌체」에서 端을 發하여 西歐諸國을 휩쓸고 다음으로는 東洋의 諸後進民族에까지 흘러온 「르네쌍쓰」의 流域을 더듬어 보는 것은 文化史의 자미있는 課題의 하나일 것이다. 이러

한 「르네쌍쓰」의 傳播에 있어서 적지 않게 媒介의 勞를 다한 것은 基督敎會였다. 元來가 그것은 世界宗敎여서 羅馬의 世界國家의 한 괴목[3]으로서 採用된 것도 그 때문이다. 近世에 드러와서 新敎의 分裂, 國民敎會[4]의 分立等이 있으면서도 그것의 世界性이라는 根本性格에는 變함이 없었다. 그래서 宣敎師들의 등 뒤에는 어느듯 商人이 대선[5] 것과 마찬가지로 「르네쌍쓰」의 精神이 또한 그들의 등에 의지하여 後進民族 속으로 드러갔던 것이다. 말하자면 宣敎師는 「르네쌍쓰」의 또 하나 뜻하지 않은 使徒였든 것이다.

二

李太王[6]의 即位로써 비롯하는 朝鮮最近世史는 다름 아닌 隱士國[7] 朝

---

3 괴목(槐木)은 느티나무를 가리키나 이보다는 '굄목'의 잘못이 아닐까 생각된다.

4 national church. 국교회, 민족 교회, 애국 교회. 종교개혁 이후 비가톨릭 국가에서 종교 정책의 하나로 로마 교황청과의 관계를 끊고, 국가의 통제하에 세운 교회. 독일 프로테스탄트 교회가 주 교회(州敎會)를 만들면서 시작되었고, 영국 성공회도 포함될 수 있다.

5 앞 사람의 뒤를 바로 잇대어 서 있는 상태. '대서다'의 활용.

6 한국병합 후 일본은 순종을 '李王', 고종을 '李太王'으로 불렀다. 고종의 즉위년은 1863년이다.

7 윌리엄 그리피스(William Griffis, 1843~1928)는 미국의 동양학자이자 목사이다. 그가 저술한 『은둔의 나라 한국(*Corea, the Hermit Nation*)』(1882)은 한국에 온 서양 선교사들이 가장 많이 읽는 책의 하나가 되었다. 1921년 기자이자 번역가였던 김동성(金東成)은, 1816년 조선 황해에 출몰했던 이양선(異樣船)의 선장 바실 홀(Basil Hall) 대령이 세인트헬레나 섬에 정박하여 나폴레옹에게 '은사국(隱士國)' 조선을 설명했던 일화를 바탕으로 칼럼을 발표하였다. 바실 홀 대령은 나폴레옹에게 "朝鮮人은 저마다 隱士이옵나이다. 그런 까닭으로 隱士國이라 하옵나이다. 他國을 侵犯하려도 안코 他國人을 入國도 식히지 앗나이다"라고 조선을 소개하였다(千里駒, 「拿破倫과 朝鮮」, 『東亞日報』, 1921. 8. 22).

鮮이 담을 너머 드러오는 이른바 「近代」를 어쩔 수 없이 맞어드리기 시작하여 爾來 意識的 또는 無意識的으로 그것을 追求해 온 時期였다. 李朝를 一貫하여 支配해 오던 儒教文化에 反旗를 든 全然異質의 文化가 낡은 文化의 支礎[8]를 파드러 가기 시작했던 것이다. 人間本位의 이 世界的인 近代文化의 先鋒이 낡은 文化와 부대처서 이곳에서처럼 悽慘한 피의 祭典을 演出하고 苦鬪한 類例는 드물 것이다. 생각하면 主로 十九世紀後半에 或은 宣教師 或은 武裝商船을 거처서 片鱗的으로 흘러드러 온 「近代」라는 全然 빛다른 世界에 向해서 李朝五百年의 가즌 惡夢에 찬 固執한 隱遁者가 한 일은 實로 門을 굳게 닫고 死力을 다하여 그것을 排除하는 일이였다. 日韓合併으로써 끝나는 李朝最後의 約半世紀間은 朝鮮이 그 自身의 近代化를 必死的으로 回避하려고 하여 비저낸 世界文化史上 沈痛한 「동키호-테」의 再演이였다. 十八世紀의 저 佛蘭西의 「앵시클로페디스트」[9]에도 匹敵할 丁若鏞

---

8 굅돌.

9 백과전서파(百科全書派)는 프랑스 계몽사상의 대표적 성과 중 하나인 『백과전서, 혹은 과학, 예술, 기술의 이론적 사전(*L'Encyclopédie, ou Dictionnaire raisonné des sciences, des arts et des métiers, par une société de gens de lettres*)』의 집필에 참가하였던 계몽지식인들을 총칭하는 개념이다. 수학자 장 달랑베르(Jean d'Alember)는 번역가이자 철학자 드니 디드로(Denis Didero)가 중심이 되어 편집을 담당하였으며, 장 자크 루소, A. R. J. 튀르고, 볼테르, J. F. 마르몽텔, 자크 네케르를 비롯하여 100여 명을 상회하는 18세기 프랑스의 지식인들이 참여하였다. 집필자들의 출신계급 및 사상 경향은 다양하였으나, 기성 지식의 권위를 부정하고 자유로운 인간정신에 의한 지식의 진보를 신뢰하였다는 공통점이 있었다. 『백과전서』는 1751년부터 간행되기 시작하였으며, 프랑스 혁명이 일어나기 전 수십 년 동안 프랑스의 정치 및 사회, 문화, 사상 등 많은 분야에 큰 영향을 미쳤다. 1832년 총 166권으로 완결되었다.

10 임화 또한 조선 후기에 '새로운 시대의 정신적 준비'가 있었음을 강조하고, 그 흐름을 '백과전서적 계몽정신'으로 서술하였다. 그는 백남운(白南雲)이 『朝鮮社會經濟史』(改造社, 1933)의 「序文」에서 경제학의 시각에서 '실학(實學)'을 고평한 것에 동의하

等의 啓蒙思想,[10] 金玉均等의 政治的 改革運動[11]은 그 無謀한 反動者들의 갓신에 것밟혀[12] 그만 죽어버렸다. 게다가 또 當時 太平洋의 西岸을 舞臺로 하고 이러난 國際間의 錯雜한 角逐은 드디여 이 頑固하고 貧寒한 地帶를 돌볼 餘裕가 없이 되였다. 朝鮮의 近代化를 더디게 한 또 한 가지 條件은 朝鮮이 「近代」와 接觸한 것이 直接的이 아니고 大部分은 日本이나 淸國을 거처서 한 間接的 交涉이였던 일이다. 即 刺戟은 皮膚에 곧 부다친 것이 아니라 늘 소문의 形態로 傳해 왔던 것이다. 여러 차레에 걸친 이른바 洋夷의 侵犯으로 하여금 그 直接的

고, 김태준(金台俊)의 논문을 참조하며 '실학'을 이조 봉건제의 반영이자 그에 대한 비판 의식 및 개혁 의지의 발현으로 이해하였다. 그는 '백과전서적 계몽정신'이 이수광(李睟光)으로부터 출발하여, 유형원(柳馨遠)에 이르러서는 제도, 행정, 경제, 생산 등의 개조책(改造策)으로 발전하였으며, 이익(李瀷), 안정복(安鼎福), 신경준(申景濬), 사검서(四檢書: 박제가(朴齊家), 유득공(柳得恭), 이덕무(李德懋), 서이수(徐理修)), 박지원(朴趾源) 등을 거쳐 정약용(丁若鏞)에 이르러 집대성되었다고 판단하였다. 임화문학예술전집편찬위원회 편, 임규찬 책임편집, 『임화문학예술전집 2: 문학사』, 소명출판, 2009, 48쪽.

11 이광수는 1931년 갑신정변의 주역인 박영효(朴泳孝)를 방문하고 면담한 후 발표한 글에서 "甲申政變은 朝鮮을 歐美式 新政治思想, 自由民權論, 오늘날 말로 封建에서 부르좌에 移來하는 新思想으로 革新하려던 大運動이다. 그것이 失敗하였기에 망정이지 만일 프로그램대로 되었다고만 하면 日本의 明治維新과 相當하는 意味를 가지어서 朝鮮史의 進路는 실상 밟아온 것과 다른 方向을 取하였을는지도 알 수 없는 것이다"라고 평하였다(이광수, 「朴泳孝氏를 만난 이야기: 甲申政變懷古談」, 『東光』, 1931. 3(『이광수 전집』 17, 삼중당, 1962, 401쪽)). 1930년대 중반 식민지 조선의 신문에는 갑신정변에 대한 사설이 실리거나, 서재필 등 관련 인물의 수기가 번역되어 발표되었다(「〈사설〉甲申政變記를 읽고」, 『東亞日報』, 1935. 1. 4~6; 「A Few Recollection of the 1898 Revolution 回顧甲申政變: 徐載弼博士手記」, 『東亞日報』, 1935. 1. 1·2). 임화 또한 김옥균과 그에 공명한 신소설 작가 이인직(李人稙)에 대해 사상적으로는 "개화사상"으로, 정치적으로는 "친일당(親日黨)"으로 규정하였다(임화문학예술전집편찬위원회 편, 임규찬 책임편집, 『임화문학예술전집 2: 문학사』, 183쪽).

12 '짓밟혀'의 잘못으로 보임.

인 契機를 만들기에는 江華守備[13]가 지나치게 强하였고 平壤亂民의 돌팔매[14]가 너무나 熟練하였던 것이다. 이리하야 가장 順調롭고도 急迫해서야 할 朝鮮의 近代化라는 課題는 그 첫거름에서부터 不具한 모양을 띠였다. 彼女의 最初의 世界史的 登場은 할 수 없이 觀衆의 嘲笑와 識者의 痛嘆을 뒤집어 쓸밖에 없었다.

三

그러나 잠시 열렸다 다쳤다 하는 동안에 배좁은 門틈에 새여드러오고 또 惟新日本을 거처 밀려드러온 「近代」의 閃光은 드디여 開化思想이라는 形態로 차츰 헝우리와 틀이 잡혔던 것이다. 다시 말하면 한 必須한 過程으로서 朝鮮에도 「르네쌍쓰」는 彼女自身의 好惡에 不拘하고 進行되기 시작한 것이다. 新文學의 發生은 朝鮮에 있어서의 「르네쌍쓰」 精神의 한 發花였고 나종에는 차츰차츰 그것의 가장 뚜렸하고 重要한 部面으로 發展하였다.

朝鮮에서 이 「르네쌍쓰」가 싸워야 할 첫 敵國은 그것의 앞길에 頑强하게 막아선 封建的, 儒敎的 舊思想이였다. 그것은 李朝五百年間 朝鮮社會의 骨髓에 매치고 細胞에 슴인 致命的인 毒素였다. 그러한 觀念形態의 魔術的 表現手段은 다름 아닌 漢文이였다.

「르네쌍쓰」의 가장 굳센 한쪽 날개였던 新文學은 舊思想과 決戰

---

13 1866년 프랑스 함대가 강화도를 침공한 병인양요(丙寅洋擾)와 1871년 미국 함대가 강화도를 침공한 신미양요(辛未洋擾)를 가리킨다.

14 제너럴 셔먼호 사건(1866).

하는 데 있어서 그 새로운 武器로 採用한 새로운 表現手段은 諺文이였고 口語였다. 반드시 곧 그대로 口語가 아니였다고 할지라도 적어도 口語에의 意慾이 밑에 숨은 過渡期的 形態로서의 文語였다.

開花思想이 바라 마지않은 것은 近代思想 乃至 精神이라는 한 新鮮한 世界觀, 人間觀, 思考方式이였는데 이렇게 새로히 發見된 人間이 그 自身에 알맞는 表現手段으로 가지려 한 것은 當然한 일이였다.

西歐諸國에 있어서 近世初에 그때까지도 國家나 敎會의 公用文이고 또 唯一한 學術語였던 「라틴」을 물리치고 各各 그 自身의 方言을 根據로 標準語를 形成해 간 것과 이 땅에 있어서도 亦是 唯一한 學術語요 公用文이였던 漢文의 桎梏을 버리고 朝鮮말로써 새로운 時代와 民衆의 가장 自然스럽고 適切한 表現, 傳達의 手段이라고 自覺한 것은 서로서로 符節이 맞는다. 지금의 英語, 獨語, 佛語와 밑 그 文學들은 이러한 共通된 自覺에서 發生한 것으로 伊太利에서조차 本來의 「라틴」은 어느듯 밀려가고 口語로 남은 「라틴」 俗語에 基礎를 둔 새로운 言語로서의 오늘의 伊太利語를 形成함에 이르럿던 것이다. 우리 小說이나 詩가 意識的으로 漢文字나 漢文口調를 排擊하는 데는 이러한 歷史的 意義가 깃드려 있었던 것이다. 오늘에 이르기까지도 小說이(勿論 그 前身인 이얘기冊[15]이 純諺文으로만 씨어졌다는 데도 까닭이

---

15 이야기책은 조선 시대에 책(冊)의 형태로 생산, 유통, 향유된 한글 소설을 통칭하는 용어이다. 훈민정음 창제 이후인 16세기 무렵 조선의 민중들은 한글로 표기된 조선 소설이나 번역된 중국 소설을 읽었다. 초기 한글 소설은 개인의 필사(筆寫)를 통해 생산되고 전파되었지만, 시장 및 유통망의 성장과 목판 인쇄 기술의 발달을 기반으로, 18세기 이후 한글소설은 상업적으로 대량 출판되거나 대여되어 전국적으로 유통되었다. 임화는 이야기책의 주제와 양식이 봉건성을 탈각하지 못했기에, 이후 신문학 성장에 부정적인 영향을 미쳤음을 부정적으로 평가하지만, 한글 표기에 대해서

었겠지만[16]) 늘 純諺文으로 씨어지고 있는 것은 반드시 홀홀하게 여길 일이 아니다.

이렇게 開化朝鮮이 그 自身의 言語와 밑 그것에 依한 文學을 樹立하였다는 것은 朝鮮文化史上 劃期的인 成果였던 것이다.

四

近者 林和氏의 新文學史硏究로 現代小說의 어머니로서의 이른바 新小說의 性格이 매우 闡明되였는데 그것은 거진 共通하게「유토피아」的 要素가 中心契機가 된 것으로써 우리 밖에 있는「놀라운 새界」— 即 文明社會로 向하여 好奇와 驚異의 눈을 뜨고 있었다. 新舊 두 對蹠되는 精神의 葛藤 — 即 中世와 近代의 鬪爭같은 것이 作品의 機軸이 된 것은 亦是 春園의 一部의 作品에서 시작된 듯하다.[17] 새로운 文學

는 고평하였다. "한문과 결별하여 그야말로 의지할 곳이 없는 문학[조선신문학-인용자]으로 하여 재출발의 기점이 되어 준 것도 이조의 언문문학(諺文文學)"이었으며, "비록 낡은 양식(樣式) 가운데 결합되었다 할지라도 이조의 언문문학 가운데는 생생한 조선어의 보옥(寶玉)이 숨어 있었다. 그 보옥들을 가지고 새 시대의 문학은 오직 새로운 양식을 구조(構造)"할 가능성이 있었다고 평하였다. 임화문학예술전집편찬위원회 편, 임규찬 책임편집, 『임화문학예술전집 2: 문학사』, 138쪽.

16 '있겠지만'의 잘못으로 보임.

17 임화는 신소설이 가진 '유토피아적 경향'에 관해 다음과 같이 언급하였다. "융희(隆熙) 말 모든 사람들이 자기의 희망과 노력을 행정과 시사로부터 교육과 문화로 옮긴 때에 있어 이러한 현상은 당연한 일이 아닐 수 없다. 당시의 이러한 제 사정은 계몽주의의 길뿐만 아니라, 단합론을 만들어 내어 급기야는 갑오경장 시대의 급진적 반상(班常) 평등론을 반대케 하였을 뿐만 아니라, 일종의 순연(純然)한 유토피아적 경향(물론 정론적인!)까지를 빚어낸 것이다. 이 소설[이해조의 『자유종』-인용자]의 결미는 그런 의미에서 심히 흥미가 있다. / '금운'이란 부인의 발설로 해동고풍(海東古風)에 매년 제일 상원일(上元日) 밤에 꿈을 잘 꾸면 소원을 성취한다 하였으니 각인

이 바라고 힘쓴 일은 오로지 封建的「이데올로기」를 부서 버리는 일, 儒教的 秩序, 永久한 停滯에서 身分的 拘束에서 人間을 解放하는 일이였다. 權利와 創造의 主體로서의 個性의 主張이였다.

그러나 우리 新文學의「이데-」는 決코 이 初期의 段階에 그리 오래는 머물지 않었다. 그것은 西歐가 이미 五世紀나 六世紀를 두고 거러온 近代文學의 形成過程을 그대로 더듬어 速成해야 했다. 實로 三十年이라는 짧은 동안에 그것을 卒業해야 할 벅찬 짐을 걸머지고 있은 것이다. 우리 新文學史가 나이로는 극히 어리면서도 그 內容에 있어서는 西歐諸國의 近代文學史 全部에 匹敵하는 複雜性을 가지게 되는 것은 그 때문이다. 그래서 小說에 있어서는 人道主義, 自然主義, 寫實主義, 傾向文學, 印象主義, 心理主義, 詩에 있어서는 魯漫主義, 象徵主義, 社會派,「모더니즘」…. 이렇게 最近歐羅巴文學이 體驗한 內容을 우리도 또한 그러나 자못 倉惶하게 바뻐바뻐 消化된 狀態에서 或

이 작야(昨夜)에 꾼 꿈이야기나 하고 헤어지자고 하여 제각기 꿈 이야기를 하게 되었는데, 그 꿈이란 게 그 때 그들의 일종의 희망이요, 유토피아였다."(임화문학예술전집편찬위원회 편, 임규찬 책임편집,『임화문학예술전집 2: 문학사』 293쪽). 임화의「개설 신문학사」는『朝鮮日報』와『人文評論』에 휴재와 속재를 거듭하였다. 신소설의 '유토피아적 경향'을 지적한 위 서술은,『朝鮮日報』 1940년 2월 10일 연재 이후 휴재를 거친 후 오랜만에 속재된『人文評論』 1940년 11월호 연재분 첫머리에 실려 있다. 임화는 사회사 및 문화사 전개과정에서 '과도기'에서 신구(新舊) 두 시대는 서루 투쟁하여 승패를 결정하고, 그 투쟁을 통하여 "신시대가 창생(蒼生)되고 구(舊)시대가 사멸"한다고 보았다. 그러나 조선의 '과도기'는 절충되고 혼효되어 개성 있는 한 시대가 되지 못하였다. 그는 '과도기' 문학의 대표적 양식인 신소설을 "낡은 용기에 새 술(酒)을 담은 격"이며 "재래의 형식을 빌어 새 사상을 표현하는 절충적인" 양식으로 이해하였다. 그리고 그는 신소설과 이광수의 "새 소설"을 질적으로 구별되는 것으로 이해하였다(임화문학예술전집편찬위원회 편, 임규찬 책임편집,『임화문학예술전집 2: 문학사』 132~135쪽).

은 체한 대로 받어드려야 했다.

그러면 오늘의 우리 文學은 近代精神을 完全히 부짭았으며 그것을 體現하였는가? 그래서 二十世紀的 段階에까지 到達하였는가? 이렇게 스스로 물어볼 때에 遺憾이나마 우리 生活과 思考, 思考와 生活 사이에는 中世와 近代의 틈아귀가 그대로 남아 있는 구석이 있으며, 또 한 精神 속에도 封建思想과 人文主義가 同棲하며, 한 作家나 詩人의 文學 속에 十九世紀와 二十世紀가 뒤섞여 있으며, 한 象徵詩人 속에 魯漫派와 民謠詩人과 流行歌手가 겹처 있는 것조차 우리는 到處에서 쉽사리 구경한다. 그러면 이러한 混沌과 「아나르시」[18]는 大體 어디서 오는 것일까? 以上에 나는 그 原因으로 생각되는 點 몇 가지를 들어 보련다.

첬제 = 남은 實로 여러 世紀를 거처 必要한 發展의 結果로 얻은 열매를 우리는 極히 쫣은 동안에 模倣 或은 輸入의 形式을 거처 速成해야 하는 東洋的 後進性 때문인가 한다.

둘재 = 보다 더 根本的인 原因으로 文化全般의 地盤을 이루는 朝鮮社會 그것의 近代化의 課程이 遲遲할 뿐 아니라 正常的이 아니였다는 것을 드러야 하리라고 생각한다. 그것은 于先 生産組織을 近代的 規模와 樣式에까지 끗끗내 發展시키지 못하고 있다. 高度로 發達된 生産의 近代的 技術은 오직 傳說이나 逸話로밖에는 우리에게 알려지지 못하였다. 그와 反對로 消費의 側面에서는 모-든 近代的 刺戟이 거진 남김없이 日常生活의 全面에 뻗어 드러온다. 말하자면 「近代」라고 하는 것은 實은 우리에게 있어서는 消費都市와 밑 消費生活

18 아나르시(anarchie). 무정부 상태.

面에 「쇼-윈도-」처럼 斷片的으로 陳列되였을 뿐이다.

五

이러한 土壤 우에서 近代精神의 整然한 發花를 바라는 것은 오히려 無理다. 그러나 우리는 이러한 現狀에 반드시 失望만 하는 것은 아니다. 우에서 말한 것은 勿論 槪括的인 記述이고 個別的으로는 近代精神의 正確한 把握者를 찾을 수 있으며 또 그것의 發現인 文學도 指摘할 수가 있다. 混沌은 차츰차츰 秩序로 向하여 整頓될 것이다. 歷史는 반드시 事實만의 堆積이 아니고 거기는 創造의 意志가 參與하고 餘地가 있는 것을 알기 때문이다. 뒤떠러졌다는 일만은 그러므로 그리 큰일은 아니다. 그 民族이 創造的 熱意와 前進의 意志에 불타는 동안은 若干의 後進性쯤은 克服될 수 있을 것이다.

當場의 問題는 그러나 그런 데만 있는 것은 아니다. 實은 엉뚱한 딴 곳에서 튕겨저 나왔다. 그것은 이것이다. ― 우리가 開化當初부터 그렇게 熱心으로 追求해 오던 「近代」라는 것이 그 自體가 한 막다른 골목에 부대쳤다는 것 바로 그 일이다. 그리하여 「르네쌍쓰」 以來 오늘까지도 近代社會를 꿰뚫고 나려오던 指導原理는 그것에서 演繹할 수 있는 모-든 答案을 남김없이 꺼집어 내놓아 보였다. 그래서 얻은 最後의 解答이라는 것이 結局은 近代라는 것은 이 以上 발 하나 옮겨놓을 수 없는 狀態에 다다렀다는 深刻한 印象이다. 巴里의 落城[19]으로써 가장 象徵的으로 表現된 困惑이 바로 그것이다. 일찌기 李源朝

19 1940년 6월 나치스의 파리 점령.

氏는 우리 論壇의 原理의 喪失을 痛嘆하였다.[20] 原理의 喪失이란 다름 아닌 사상의 喪失이라고 하면, 오늘 남은 것은 思惟만의 形骸라는 것이 우리 自身의 소김 없는 素描일 것이다. 最近十年間 우리가 겯어드린 여러 가지 思想 「모더니즘」,[21] 「휴매니즘」,[22] 「行動主義」,[23] 「主

20 "일직이 그 例를 볼 수 없으리만치 沈滯不振하는 近來의 우리 評壇을 가르처 누구나 斷罪하는 理由를 드러보면 다 같이 批評精神의 喪失이라는 것을 指摘하고 있다."(李源朝, 「批評精神의 喪失과 論理의 獲得」, 『人文評論』 창간호, 1939. 10, 18쪽)

21 김기림은 식민지 조선에서 1930년대 중반에 등장한 '모더니즘'의 문학사적 위치에 대해 다음과 같이 서술하였다. "「모더니즘」은 두 개의 否定을 準備했다. 하나는 「로맨티시즘」과 世紀末文學의 末流인 「쎈티멘탈·로맨티시즘」을 위해서고, 다른 하나는 傾向詩派의 內容偏重을 위해서였다. 「모더니즘」은 詩가 爲先 言語의 藝術이라는 自覺과 詩는 文明에 대한 一定한 感受를 基礎로 한 다음 一定한 價値를 意識하고 씨어저야 된다는 主張 우에 섰다."(金起林, 「「모더니즘」의 歷史的位置」, 『人文評論』 창간호, 1939. 10, 83쪽) 김기림은 식민지 조선에서 모더니즘이 1920년대 민요조 시와 프로문학의 시에 거리를 두면서 등장하였다고 보았고, 모더니즘의 특징을 동시대 문명에 대한 비평적 시각 및 언어 자체에 대한 탐색에서 찾았다. 그는 정지용(鄭芝溶), 신석정(辛夕汀), 김광균(金光均), 이상(李箱) 등을 대표적인 모더니스트로 예시하였다.

22 '불안(不安)'의 사조와 공황, 파시즘의 대두라는 전간기(戰間期) 세계사적 맥락과 1930년대 중반 카프 해산이라는 상황에서 문화와 지성의 위기를 감지한 식민지 조선의 문인들은 '문화옹호 국제작가회의'(1935)의 반파시즘적 문화운동에 촉발되어 휴머니즘론을 주장하였다. 백철(白鐵)과 김오성(金午星) 등은 아베 도모지(阿部知二), 후나바시 세이이치(舟橋聖一), 미키 기요시(三木清) 등을 참조하면서, 인간성 옹호 및 인간 탐구를 요청하였으며, 카프 출신 비평가인 안함광(安含光), 임화 등과 논쟁하였다.

23 전간기 프랑스 문화인들은 '불안(不安)'의 사조에서 벗어나고자, 지식의 과잉에 대한 행동의 결여를 반성하고, '행동'을 통해 인간의 전체성을 회복하고자 하였다. 이들은 '에스프리(정신)의 자발성', '의지적 자유의 第一義性'을 주장하였고, 지적협력국제회의(니스, 1934), 문화옹호국제작가회의(파리, 1935)를 기획하였다. 1935~1936년 식민지 조선에서는 카프 출신 문인들과 해외문학파 문인들이 프랑스와 일본의 지식인 및 문인의 논의를 검토하면서, '행동주의'라는 이름 아래 지식계급의 문제 및 '문화옹호국제작가회의' 등을 논의하였다. 당시는 조선프롤레타리아예술동맹 해산을 맞아 문단이 위축된 시기였기 때문에 프로 문학 재기(再起)의 계기로 '행동주의'를 논의하기도 하였다.

知主義」[24] 等等은 어찌 보면 戰後歐羅巴의 허잘 수 없는 呻吟 소리였으며 「近代」 그것의 末期的 痙攣이나 아니였든가? 그렇다면 大體 지난 十年 동안의 우리의 勞力은 무엇이였나? 우리는 저도 모르게 한낫 混沌을 模倣한 것이며 열매 없는 徒勞에 끊지고 만 것일까? 그것을 肯定하는 것은 그러나 早急한 判斷일까 한다. 以上의 混沌이 「近代」 그것의 避할 수 없는 過程이란면 우리에게 있어서 그것은 차라리 未來를 원한 값있는 한 體驗이였을 것이다. 우리는 거기 받힌 精神과 時間의 消耗를 굳이 後悔할 것은 없다. 다만 그것들을 應酬할 적의 우리의 態度가 그것들을 體驗에까지 深化할 수 있도록 眞摯하였든가 또는 한낫 輕薄한 模倣行爲에 끊졌는가 하는 데 따라서 그것들은 或은 우리 文學과 精神 속에 좋은 肥料로서 沈澱할 수도 있었고 或은 한낫 지나가는 바람결이 되고 말 수도 있었을 것이다.

24 주지주의(主知主義)는 일본의 아베 도모지(阿部知二)나 하루야마 유키오(春山行夫) 등이 사용한 비평 용어로 20세기 서구에서는 사용되지 않았다. 일본의 '주지주의'는 대륙의 아방가르드 문학과 영미 모더니즘 문학의 특정한 요소들(주로 방법적 측면)을 선택적으로 취합한 개념이었다. 식민지 조선에서도 '주지주의'를 영미 경험주의적 비평, 혹은 문학에 있어서 지성(知性)의 작용을 존중하는 입장으로 이해되었다. 최재서는 「현대 주지주의 문학이론의 건설: 영국평단의 주류」(『朝鮮日報』, 1934. 8. 7~12)와 그 속편 「비평과 과학: 현대 주지주의 문학이론의 건설 속편」(『朝鮮日報』, 1934. 8. 31~9. 5)를 통해 T. E. 흄(Hulme), T. S. 엘리엇(Eliot), I. A. 리처즈(Richards) 등 영국 모더니즘 이론을 식민지 조선에 소개하였다. 최재서는 T. E. 흄의 불연속적 실재관을 통한 과학적 태도, 엘리엇의 전통이론과 비개성론 등에 주목하였다. 그는 영미 모더니즘이 낭만주의 감정이나 주관성에 반발하여 합리적 이성, 즉 '지성'을 중시한다고 판단하면서, '주지주의'라는 용어를 사용한 것으로 추정된다.

六

나는 앞에서 우리는 或은 지난 十年 동안 西洋의 混沌을 模倣하지나 않었나 하는 疑問을 걸어 보았다. 事實 오늘에 와서 이 以上 우리가 「近代」 또는 그것의 地域的 具現인 西洋을 追求한다는 것은 아모리 보아도 우수워졌다. 「유토피아」는 뒤집어진 세음이 되였다. 歐羅巴自體도 또 그것을 追求하던 後列의 諸國도 지금에 와서는 同等한 空虛와 動搖와 苦悶을 가지고 「近代」의 破產이라는 意外의 局面에 召集된 세음이다.

벌써 한 地域만을 料理할 수 있는 原理의 成功이라는 것은 可望이 없다. 그것은 早晩間 世界的 規模에서 試鍊을 이기고 勝利를 證明하기까지는 오늘의 原理라고 불리워질 수가 없다. 이런 意味에서 우리는 오늘을 單純한 西洋史의 轉換이라고 부르지 않고 보다 더 含蓄있는 意味에서 世界史의 轉換이라고 形容한다. 또 原理의 發見이라는 世界史的 契機는 반드시 歐羅巴만의 當面한 特權이 아니다. 웨 그러냐 하면 終點에서는 先後의 區別없이 한 데 모여 서게 되는 것이고 同時에 새로운 出發點에서는 한 列에 설 수 있는 때문이다. 우리의 焦燥와 興奮은 實로 여기 由來하는 것이다.

그렇다고 해서 오늘 기우러저 가는 「近代」 그것에 罵叱이나 嘲笑만 퍼붓는 것은 그리 자랑이 될 것이 없다. 그것은 거리의 야지軍조차 쉽사리 할 수 있는 일이다. 차라리 우리는 前보다도 더 周密한 觀察과 反省과 計量을 준비해야 할 때다. 우리는 지나간 三十年 동안의 우리 自身의 體驗을 土臺로 「近代」 그것을 다시 綿密하게 檢討할 必要가 있겠다. 個人主義, 自由主義, 民主主義 等等 「近代」를 指導하던 뭇 原理는 벌써 休紙가 되였다 한다. 이 뭇 原理는 흘러간다 할지라도 「近代」의 基礎에 가로누은 이른바 近代精神 그것 속에는 勿論 버릴 것도 많겠으나 한편 추려서 새 時代에 遺産으로 넘길 部分은 무엇무엇일까? 가령 事實의 正確한 計算과 法則에 대한 熱烈한 傾倒로써 表現할 수 있는 科學精神은 「近代」 그것의 淸算場에서 어떻게 取扱되여야 할 것인가? 그것은 近代文明 그것의 錯雜巨大한 構造의 技師가 아니였던가? 그것을 부려온 雇主의 失策은 오늘 와서는 감출 수 없으나 그렇다고 해서 技師의 知識과 知慧의 産母인 科學精神조차를 告發하려는 것은 無謀나 蠻勇이 아닐까? 잘못된 것은 雇主의 意慾이였다. 새로운 世界의 構想에 있어서도 科學精神은 依然히 가장 正確한 指標일 것이고 또 科學은 가장 信賴할 수 있는 助言者일 것이다.

또 近代商業主義의 모-든 成功과 失策의 推進力이 되였던 冒險의 精神은 그것이 國家나 個人의 分別없는 利慾에 奉仕하는 동안 到處에서 失手만 저즐렀다 할지라도 理性과 知性의 參與에 依해서 創造의 精神으로 變身할 수도 있는 것이 아닐까?

이 瞬間에 우리는 「오늘」이라는 것의 性格에 대하여 確乎한 判斷을 나리지는 못하고 있다. 그것을 벌써 새로운 時代의 進水式으로 보고 驚異는 벌써 시작된 듯이 말하는 사람도 있다. 그러나 한편으로 보면 시작된 것은 實은 아직은 새로운 時代가 아니고 「近代」의 決算過程이나 아닐까? 새로운 時代는 오리려[25] 當分間은 먼 混亂과 破壞와 摸索의 저편에 있는 것이나 아닐까? 그렇다고 하면 지금 이 瞬間에 우리에게 던어진 緊急한 課題는 새 世界의 構想이기 前에 먼저 賢

25 '오히려'의 잘못으로 보임.

明하고 正確한 決算이 아닐까 한다. 우리가 깊이 생각해야 할 重要한 點이 여기 숨어 있다고 나는 생각한다.

또 새로운 原理의 發見이거나 歷史的 決算이거나 그것은 어떤 한 個人의 머리에서 번득이는 天才的 幻想만으로서는 아무것도 아니다. 비록 個人의 創意가 아모리 뛰여났다 할지라도 한 民族의 體驗으로서 結晶되고 組織된 연후에 비로서 時代의 推進力이 될 수 있게 된 것이 「으늘」[26]이라는 歷史的 一瞬의 特異한 性格인 것 같다. 웨 그러냐 하면 오늘의 이 創造와 決算의 이상스러운 饗宴에는 實로 各民族이 民族의 資格으로써 參與하고 있으며 그것이 唯一한 方式이 되여 있는 때문이다. 西洋에서도 東洋에서도 突進하고 蜂起하고 對立하는 것은 으직 民族뿐이다. 民族은 民族을 부른다. 그것은 個人主義의 諸國에서조차 낮잠 자던 民族을 불러이르켰다. 諸民族의 展覽會라 일컷는 米國조차 그 發言은 어떤 單一한 民族的 保證을 얻으려 하고 있다. 그래서 이번 歷史의 轉換은 한 哲人이나 文人의 創意라느니보다도 各民族 即 그 成員의 集團的인 體驗과 意慾의 投資를 要求한다.

그러나 여기는 한 限界가 있다. 앞에서도 이미 말이 및인 일이 있지만 오늘에 와서는 한 民族만을 救할 수 있는 原理라는 것은 벌써 있을 수 없다. 한 民族을 건질 수 있는 것인 동시에 그것은 世界的인 原理여야 한다. 그것은 한 民族의 創造的 意慾을 諸民族의 支持 우에 實現할 수 있는 普遍的인 原理여야 할 것이다. 가령 「로-젠베르크」의 神話說[27]은 分明히 한 民族의 體驗에 뿌리를 박은 것일 터이나, 그

26 '오늘'의 잘못으로 보임.

27 알프레드 로젠베르크(Alfred Rosenberg, 1893~1946)의 『20세기의 신화(*Der Mythus des 20.*

것은 그대로 他民族에게 無理 없이 通用될 수 있을까? 딴은 「베르사이유」[28]의 桎梏을 께트리기 위한 戰線을 組織하는 데는 民族의 絶好한 興奮劑였다. 그러나 「나치쓰」의 앞에 提出된 것은 벌써 한낫 獨逸만의 問題가 아니고 歐羅巴全體의 問題인 오늘에 와서는 「로-젠베르크」는 獨逸民族만의 神話 대신에 歐羅巴全體의 神話를 考案해야 하게 되였다.

그런데 歐洲에 있어서 或은 건[29] 決算期 뒤에 앞으로 期待하는 新秩序의 建設에는 諸民族이 民族의 資格으로 參加할 것으로 보이는데 이 民族을 內包하면서도 民族을 超越해야 할 新秩序에 있어서 民族相互間의 精神的 理解와 融合을 可能하게 할 有力한 手段은 무엇일까? 數百의 條文이나 規約이 達할 수 있는 形式의 限界를 너머서 그것의 저편에 다시 깊이 맺어질 수 있는 것은 서로서로의 文化의 接觸과 包容와 尊敬이라는 努力이다. 民族과 民族의 精神은 오직 文化라는 運河를 通해서 往來할 수 있다는 일은 매양 잊어버리기 쉽다. 그렇다고 해서 거기는 꾸며 보이는 「포-즈」나 「제스츄어」가 섞여서는 아니 된다. 그것은 차라리 誤解와 反撥의 作因을 지을 따름일 것이다. 한 民族의 文化는 늘 그 自身의 尊嚴과 獨創性과 意慾을 가지

Jahrhunderts)』(1930)는 1938년 일본에서 번역 및 출간되었다. アルフレット·ローゼンベルク(吹田順助·上村清延 譯), 『二十世紀の神話: 現代の心靈的·精神的な價値爭鬪に對する一つの評價』, 中央公論社, 1938; ローゼンベルク(丸川仁夫 譯), 『二十世紀の神話〈現代思想全書 10〉』, 三笠書房, 1938.

28 베르사유 조약(Treaty of Versailles)은 연합국과 독일 사이에 체결된 제1차 세계대전의 평화협정으로 1919년 6월 28일 베르사유 궁전에서 서명되어, 1920년 1월 10일 공포되었다. 베르사유 조약은 국제연맹 결성 및 패전국 독일에 대한 제재를 포함하였다.

29 원문 그대로.

는 것이고 따라서 거기로 通하는 길은 오직 愛와 尊敬을 거처서만 뚤려진다. 한 民族이 世界에 向해서 實로 그 自身이 理解되기를 원한다면 그것은 自身의 文化를 버림으로써 얻어질 理는 萬無하다. 보다도 그 傳統 밑 生理와 普遍性과의 衝擊과 調和와 衝擊의 끈임없는 運動을 따라 그 自身의 文化를 더 擴充하고 深化하고 進展시킴으로써 이루워질 수 있을 뿐이다.

七

朝鮮은 近代社會를 그 成熟한 모양으로 이루워 보지도 못하고 近代精神을 그 完全한 狀態에서 體得해 보지도 못한 채 인제「近代」그것의 破局에 좋던 굳던 다닥치고 말었다. 벌써 새로히 文化的으로 模倣하고 輸入할 價値있는 것을 歐羅巴의 戰場에서 기대할 수는 없다. 또다시 不具한 狀態 그대로로서 창황한 決算을 해야 하게 되였다. 그것은 어찌 보면 未曾有의 創造의 時期 같기도 하다.

우리 文學은 如何間에 以上에 列擧한 여러 問題를 解決할밖에 없을 것이다. 그것을 겨을리하는 文學에는 우리는 아무것도 期待하지 않을 것이다. 그러고 그것이 이 世界史的인 重大한「포인트」에 서서 問題의 處理에 반드시 考慮에 넣어야 할 몇 가지 坐標[30]도 未備하나마 暗示하였다고 생각한다.

---

30 '座標'의 잘못으로 보임.

■ 원문

「東洋」에 關한 斷章[1]

金起林

★…… 原始民族과 및 그 文化에 대한 硏究는 十九世紀 以來 갑자기 盛해졌다. 그리하야 地上에 남아있는 뭇 原始民族은 實로 수없는 人類學者, 考古學者, 民族心理學者, 人種學者들의 間斷없는 訪問으로 해서 煩거로울 지경이었다. 그래서 이 方面에 關한 著述은 날로 盛해갔다. 우리는 그 中에서도 有名한 「앤레이저」,[2] 「말리노스키」,[3] 「라차루쓰」, 「그룻세」,[4] 「왼트」[5]等의 이름을 얼른 들 수가 있다. 그러던 끝에

1 『文章』 3-4(폐간호), 1941. 4, 211~217쪽.

2 제임스 조지 프레이저(James George Frazer, 1854~1941)는 영국의 사회인류학자이다. 전 세계의 민족지 자료와 서양고전, 그리고 민속학자료 등을 토대로 인간의 종교적 사고를 다룬 『황금가지(*The Golden Bough*)』 전 13권(1890~1936)을 집필하였다. 1939년 그의 저작 *Psyche's Task*(1909)가 이와나미 문고로 출간되었다. フレイザー(永橋卓介 譯), 『サイキス·タスク: 俗言と社會制度』, 岩波書店, 1939.

3 브로니스와프 카스퍼 말리노프스키(Bronisław Kasper Malinowski, 1884~1942)는 폴란드 태생의 영국 인류학자이다. 뉴기니 동북의 트로브리안드 등 여러 섬을 현지조사하여 인류학의 새로운 연구방법을 개척하였다. 1930년대 일본에서는 그의 인류학 연구가 소개되었으며, 1941년 그의 저서가 번역되었다. 中村康隆, 「マリノフスキーと未開人社會に於ける罪と慣習」, 『民俗學』 2-8, 民俗學會, 1930. 8; マリノフスキー(國分敬治 譯), 『神話と社會』, 創元社, 1941.

4 르네 그루세(René Grousset, 1885~1952)는 프랑스의 역사학자이다. 에꼴 뒤 루브르의 인

그들 原始民族과 그 文化는 드디어 이른바 進步한 西洋人一部의 讚嘆의 的이 되기까지 하야 이런 종류의 感傷家가 到處에서 생기게 되었다. 「고-갱」[6]이 「타이티」섬으로 永住의 땅을 찾어간 것은 流行小說 같은 이야기가 되었지만, 印象派에 지쳐 버린 畵面에 原始時代를 再現하려고 한 野獸派는 드디어 이러한 感傷을 한 개의 藝術運動으로 昇華시켰던 것이다. 「로-렌쓰」[7]는 原始生活을 「모랄」에까지 껄어올려서 畢竟에는 春畵가 神聖한 것이 되어 버린 느낌이 있었다. 原始에의 歸依는 한편 小兒憧憬思想으로 나타났었다. 「루쏘-」[8]는 때때로 聖書처

도학 교수, 세르뉘시 미술관과 기메 박물관의 큐레이터로 활동하였으며, 제2차세계대전 후에는 아카데미 프랑세즈의 회원을 역임하였다. 아시아, 근동, 인도, 중국 등 동양의 문명들에 대한 고전적인 저술을 남겼다.

5 빌헬름 막시밀리안 분트(Wilhelm Maximilian Wundt, 1832~1920)는 독일의 심리학자, 철학자, 생리학자이다. 일본에서는 1890년대부터 그의 학설이 소개되었으며, 桑田芳蔵, 『ヴントの民族心理学』, 文明書院, 1918; 秋田六郎, 『ヴントの民族心理論〈社會經濟思想叢書 12〉』, 事業之日本社, 1926 등이 발간되었다. 또한 1930년대에는 그의 저서 『心理學入門』(明石讓寿 譯, 金星堂, 1937), 『民俗心理より見たる政治的社會』(平野義太郎 譯, 日本評論社, 1938) 등이 간행되었다.

6 폴 고갱(Paul Gauguin, 1848~1903)은 프랑스의 화가이다. 초기에는 인상주의 작품을 그렸으나, 이후 도자예술에 심취하고 일본 우키요에를 접하였다. 이후 유럽 문명에 비판적인 거리를 두면서, 1891년과 1895년 두 번에 걸쳐 태평양의 타히티 섬에서 그곳 '원주민'들의 삶을 소재로 〈타히티의 여인들〉(1891), 〈우리는 어디서 왔으며, 우리는 무엇이며, 우리는 어디로 가는가?〉(1897) 등의 회화를 남겼다.

7 D. H. 로렌스(David Herbert Lawrence, 1885~1930)는 영국의 문인으로 시, 소설, 비평을 남겼다. 서구의 문명과 이성, 기계론적 세계관과 거리를 두면서, 성(性), 자연, 우주, 원시, 영적인 것 등의 주제를 탐색하였다. 소설 『아들과 연인(*Sons and Lover*)』(1913), 『무지개(*The Rainbow*)』(1915), 『사랑하는 여인들(*Women in Love*)』(1920), 『날개 돋친 뱀(*The Plumed Sepent*)』(1926), 비평집 『무의식의 환상록(*Fantasia of the Unconscious*)』(1922) 등의 작품을 남겼다.

8 장 자크 루소(Jean-Jacques Rousseau, 1712~1778)는 프랑스의 사회계약론자이자 직접민주주의자, 공화주의자, 계몽주의 철학자이다. 『인간 불평등 기원론(*Discours sur l'origine et les fondements de l'inégalité parmi les hommes*)』(1754)에서 루소는 집, 가족, 이성, 언어를

럼 引用되기도 하였다.

★…… 생각컨대 이러한 一聯의 元始崇拜, 小兒憧憬이 發生하는 心理的 根據의 反面에는 늘 人工的인 너무나 人工的인 物質文明과 그 狡智에 대한 强한 抗議가 숨어 있었는가 한다. 그 무슨 病症에서 오는 呻吟의 一種이었던가 한다. 오늘 自由主義나 個人主義를 誹謗하는 것은 벌써 한낫 常識이 되어버렸지만 끊임없는 利潤追求의 自由와 權利를 抽象化하야 觀念的으로 整理한 것이 틀림없는 自由主義와 個人主義의 正體였다. 그것을 「人格의 自由」等의 理念으로 껄어올리려는 精神主義的인 試驗도 있기는 했으나 그것들은 대개는 文化가 必然的으로 依存하는 物質的 地盤을 無視한 아름다운 꿈에 끈치고 말었었다. 그러나 精神分析學이 나종에 가서 보여준 種族發生的인 뭇 陰酸한 證言은 이것도 저것도 다 비웃어 버리는 近代人의 一種 自暴自棄이기도 하였다. 近代文化의 末期現像은 반드시 「스펭글라-」의 「西洋의 沒落」을 기다릴 것 없이도 識者의 걱정을 사기 시작하였던 것이다.

가지지 않고, 자유롭게 독립적으로 생활하며, 자연과의 동화를 통해 행복한 존재감을 느끼는 원시적 인간의 모습에서 자연인의 원형을 찾았다. 이성이 발생하기 이전의 상태에 있는 자연인은 첫째로 자유를 의식한다는 점, 둘째로 완전을 지향해 나가는 능력인 '완전가능성(perfectibilité)'을 지니고 있다는 점에서 동물과 구별되며 그 가능성은 덕과 지혜로도, 악덕과 오류로도 발달할 수 있었다. 그러나 인간은 소유의 관념을 습득하면서, 집과 가족, 토지에 대한 소유를 주장하였고 결국 사회의 불평등이 발생하게 된다. 일본에서는 메이지시기부터 그의 사상이 소개되었으며, 나카에 쵸민(中江兆民)이나 오스기 사카에(大杉栄) 등도 루소의 작품을 번역하였다. 『人間不平等起源論』은 1933년 이와나미 문고로 발간된다. ジャン·ジャック·ルソー(本田喜代治 譯), 『人間不平等起源論』, 岩波書店, 1933.

★…… 그리하야 近代文化는 矛盾相剋에 찬 그 末期徵候를 早晩間 淸算할 局面에 直面하여야 하였다. 그런데 文化의 發展은 大槪는 다른 文化와의 接觸·交流·綜合의 過程을 거쳐서 實現되는 것이지만 몇 世紀를 두고 統一된 모양으로 持續되었던 文化가 이미 末期에 到達하야 새로운 段階로 飛躍할 적에는 거기는 異質의 文化와의 全面的인 接觸·綜合이 자못 效果的인 契機를 이루는 경우가 많다. 希臘文化도 事實은 그 先住民族의 文化와 小亞細[9]를 거친 東方文化와의 接觸 속에 隱然中 胚胎되었던 것이며 「헬레니즘」은 事實에 있어서 混血文化였고 「르네쌍쓰」가 古典文化의 刺戟에서 促進된 것임은 이미 定位된 史實이다. 오늘 獨逸이 理解하는 文化란 「게르만」 精神에의 復歸에 依한 近代文化 修正案에 틀림없다. 그러나 이러한 異質文化 相互間의 接觸·交流의 例로서는 近代文化와 東洋文化와의 相逢보다도 더 規模가 크고 結果에 있어서 深刻한 경우를 歷史上 찾어볼 수가 없다. 바로 東洋이 늙어 지쳤을 때 그는 젊은 西洋과 만났던 것이다.

★…… 일찍이 東洋이 처음으로 異質의 西洋文化를 받어드릴 적에는 熱狂的 傾倒로 나타났던 것은 避할 수 없는 일이었다. 事實 異文化의 消化라는 것은 이러한 强한 牽引作用 없이는 實現될 수 없는 일이다. 이런 時期에 있어서 한동안의 感傷主義는 도리혀 寬容되어야 할 것이다. 다만 注目하고 싶은 일은 當時의 東洋은 東洋文化自體의 溫床으로서는 벌써 한 限界에 到達하여서 그것은 實로 어느 모로 보던지 更新과 飛躍을 기다려 마지않는 때였드라는 일이다. 그런 때에

9 '小亞細亞'의 잘못으로 보임.

마츰 들어온 것이 面目이 아주 다른 西洋文化였고 또 오늘 와서 생각하면 이윽고 飽和狀態에 다닥칠 西洋文化로서도 東洋文化라는 아주 다른 風土 속에 轉地한 세음이었다. 東洋이 西洋文化를 받아드릴 적에 專혀 受動的인 姿勢에서 한 것은 當時 東洋文化가 完全한 停滯·腐蝕狀態에 있은 때문이었다. 民族의 發展이라는 모에서 보던지 個人의 人間性의 發揮라는 點으로 보던지 간에 그것은 한 醱酵하는 물구덩이에 不過하야 모-든 生動하려는 것의 桎梏밖에 아모것도 아니었던 것이다. 이런 때에 實로 盲目에 가까운 發動을 그 生命으로 삼는 듯한 西洋文化가 밀물처럼 밀려들어 왔던 것이다.

★…… 한 文化가 새로운 段階로 뛰어오르기 위하야 새로운 彈力을 求할 적에는 앞에서도 말한 것처럼 그것은 往往 歷史 속에서 理念을 찾거나 그렇지 않으면 地理的으로 딴 地域의 文化에 새로운 動力을 求할밖에 없었다. 西洋文化의 末裔들이 드디어 原始文化에서조차 自文化의 解毒素를 求하려 한 것은 心理的으로는 理解할 수 있으나 果然 批判的 態度였으며 理性에 비최어 어긋나는 일이 아니였을까? 西洋人 사이에도 若干의 東洋文化에 대한 硏究者와 理解者가 생기기는 했으나 西洋人에게 있어서는 東洋文化는 늘 겨우 한낫 知識에 끈치는 程度여서 體驗을 거쳐 體得될 수는 거진 없었다. 「월레」,[10] 「비

10 아서 데이비드 웨일리(Arthur David Waley, 1889~1966)는 영국의 동양학자이다. 한시(漢詩)를 영어로 번역한 『중국의 시 170편(*A Hundred and Seventy Chinese Poems*)』(1918)을 비롯하여, 『도덕경(*The Way and Its Power*)』(1934), 『시경(*The Book of Songs*)』(1937), 『논어(*The Analects of Confucius*)』(1938) 등의 중국고전을 번역하였다. 또한 『萬葉集』과 『古今和歌集』의 시를 편역하여 『일본의 시: 歌(*Japanese Poetry: The Uta*)』(1919)를 간행하였으며, 『겐지 모노가타리(*The Tale of Genji*)』(1925~1933)를 비롯하여 일본 고전을 번역

논」[11]等의 硏究와 紹介가 그 典型의 하나라고 할 수 있겠다. 이것은 極端의 例지만 西洋人에게 있어서는 「書」와 같은 것은 아주 味得될 길이 없다. 如何間에 西洋文化가 그 爛熟期를 거쳐 分解過程이 시작되었을 때 그것이 우러러볼 것은 原始文化여서는 아니 되었다. 部分的으로는 그리할 根據와 理由가 있었겠지만 歷史를 꺼꾸로 세우려고 하는 것은 언제고 無謀한 일이었다. 그것은 西洋人中의 몇몇 個人을 건질 수는 있었을지 몰라도 西洋文化全體의 方向에 대하야는 아모러한 屈折作用을 이르킬 힘도 될 수가 없었다. 原始人으로 돌아가서 原始人과 같이 專혀 自然에 依存하며 屈服하여 살아간다고 하는 것은 西洋文化에 대한 個人的인 復讐나 揶揄는 될지언정 西洋文化를 超克할 새로운 文化理念으로서는 차라리 荒唐無稽에 가까운 일이다. 그러한 時期에 西洋이 마땅히 우러러보아야 할 것은 東洋이었다.

★…… 東洋文化라는 것은 벌써 歷史上의 事件으로 永久히 決濟된 事項이어서는 안 되었다. 딴은 西洋文化의 滔滔한 壓力에 餘地없이 수그러든 東洋文化였다. 그것은 그 自體가 한 始初와 勃興期를 가졌었고 드디어 完結된 한 獨立한 歷史의 分節로 끈치기는 하였다. 그것은 歷史的으로 있은 그대로의 모양으로 現代에 回生할 權利는 없다. 우리는 「文化는 人類와 함께 있다」는 말을 記憶하려 한다. 그 말

하였다. 백거이(白居易), 이백(李白)을 비롯한 한시, 동양 회화사 및 사상사에 관한 연구서를 출간하였다.

11 로렌스 비니언(Laurence Binyon, 1869~1943). 영국의 문인이자 예술학자로 시와 극을 발표하였으며, 대영박물관에서 근무하면서 일본 및 페르시아의 미술에 관한 저서를 다수 발표하였다.

은 決코 人類는 지금까지 時間과 空間을 超越하야 오직 한 개의 文化를 가졌다는 것은 決코 意味하지 않는다. 文化는 民族을 따라 時代를 따라 늘 그 받어드리는 態度에 있어서 樣式에 있어서 價値의 段階에 있어서 달라 온 것이 至今까지의 事實이었다. 近代文化史는 늘 發展이라는 모양을 거쳐 變하며 움지겨 왔다.

★…… 東洋에 태여난 文化人에게 있어서 이 瞬間은 바로 새로운 決意와 發奮과 希望에 찰 때라 생각된다. 受動的으로 壓倒된 모양으로만 넘쳐 들어오던 西洋文化는 드디어 우리와의 사이에 한 距離를 두고 잠시 물러섰다. 아니 차라리 한 개 眩惑에 가까운 態度로써 몸을 그 속에 던져 빠져 있었던 西洋文化에서 잠시 우리가 물러서게 되었다. 나는 일찍이 朝鮮新文學史를 西洋의 「르네쌍쓰」의 模倣·追求의 過程이라 斷定하였다. 그래서 바로 이 瞬間은 「西洋의 破綻」 앞에 저들 西洋人이나 그 뒤를 따라가던 우리나 마찬가지 例에 느러서게 되었다고 하였다.[12] 그래서 이 瞬間에 유달리 興奮에 차는 까닭은 낡은 것의 追求는 이에 끝나고 새로운 것의 構想과 建設을 向하야 바야흐로 너나없이 勇氣를 떨쳐야 할 때이므로써다. 그러면 西洋文化는 完全히 抛棄되어야 할 것인가? 그리하야 純粹한 「無」 속에서 새로운 것은 아츰 안개와 같이 피여오를 것인가? 두테 없는 것, 모양 없는 것은 或은 안개와 같이 피여날 수 있을지 모르나 文化는 比喩해서 말한다면 體量을 가지고 植物처럼 成長하는 것이라야 할 것이다. 近代西

---

12 앞의 문장은 이 책 제4장에 수록한 「朝鮮文學에의 反省: 現代朝鮮文學의 한 課題」의 575~576쪽, 그다음 문장은 같은 글의 588쪽의 내용을 가리킨다.

洋의 破綻을 目前에 보았다고 곧 그것의 抛棄, 絶緣을 決意하는 것은 한 개의 文化的 感傷主義에 넘지 않는다.

★…… 또 하나의 다른 感傷主義가 있다. 오늘 와서는 西洋은 돌아볼 餘地조차 없는 것이라 速斷하고 그 反動으로 實로 손쉽게 東洋文化에 歸依하고 沒入하려는 態度가 그것이다. 그것은 觀念的으로는 매우 하기 쉬운 일이고 또 輕率한 思索 속에 即興的으로 떠오르기 쉬운 아름다운 泡沫이기는 하다. 이러함으로써 東洋文化는 그 眞價있는 部面이 오히려 稀迷하게 보혀지고 우리가 그中에서 淸算하여야 할 價値없는 部分마저를 아름다운 感傷의 煙幕으로 휩싸버릴 念慮가 있는 때문이다. 西洋文化가 一定한 距離에까지 물러선 것처럼 東洋文化도 한 번은 어느 距離 밖에 물러가서 우리들의 새로운 觀察과 評價에 견디어야 할 것이다. 그래서 그것은 우리들의 새로운 態度와 方法으로써 다시 發見되어야 할 것이다. 참말 價値있는 것이 發見되며 그 價値의 形象이 明瞭하게 指示되며 또 體驗되어야 할 것이다. 있은 그대로의 東洋文化, 있는 그대로의 東洋文化가 곧 歷史에 登場하는 것은 아니다. 歷史的 自覺과 時代意識의 燃燒를 거쳐 그것은 그 虛華한 外衣와 挾雜物을 淸算하고 그 精粹에 있어서 그 根元的인 것에서 새로히 把握되어 來日의 文化創造의 풀무 속에 던져져야 할 것이다.

★…… 그러나 아직까지는 于先은 發見의 時期다. 精鍊의 時期다. 歷史에 남을 文化는 粗製濫造여서는 아니 된다. 그런 急造品으로는 오늘 東洋의 文化人들의 커다란 空虛感을 채울 수는 없다. 그런 것으로는 끝없는 幻滅을 낳을 뿐일 것이다. 이제 새롭게 創造될 文化

는 西洋文化의 末路를 當하야 支離滅裂해진 現代人의 精神을 다시 收拾할 수 있어야 하며 적어도 닥쳐올 數百年間 人類의 生活을 豊富하게 하고 深化하고 希望과 勇氣와 建設과 人間性의 充實과 動하는 秩序와 調和를 가져올 수 있으며 近代文化보다도 다시 더 높은 段階, 含蓄있고 包括的인 것이라야 할 것이다. 그러한 大事業인 까닭에 비로소 오늘의 文化人의 興奮과 負擔이 보람 있는 것이며 더군다나 아직 完全히 열려지지 않은 寶庫, 東洋에 태어난 오늘의 文化人의 自負가 큰 까닭도 거기 있다. 이 크나큰 일은 決코 性急하게 功을 다투어서는 안 되리라 생각한다. 近代文化의 曉鐘인 「르네쌍쓰」의 發祥은 決코 하로밤 사이에 「단테」의 머리에 떠오른 即興詩는 아니었다. 「폴로렌쓰」를 비롯한 여러 都市와 또 大陸과 英國의 여러 大學에 모여 들어 古典文獻을 파고든 수많은 學者, 文人들의 一二百年에 亘한 땀에 밴 硏究와 思索의 堆積을 생각하라. 「레오날드·다·빈치」나 「미켈란젤로」의 藝術조차가 女神에 祝福된 偶然한 靈感에서 하로 아츰에 피어난 것은 아니었다. 한 새로운 文化의 發生은 그처럼 苦難에 찬 探究의 歷史를 거름으로 삼었던 것이다. 現代人이 曉望하는 새 文化가 偉大하고 恒久的인 것이면 것일스록 그것을 위한 探究의 길도 더욱 根氣있고 周密해야 할 것을 豫期함이 마땅할 것이다.

★…… 東洋은 그저 덮어놓고 傾倒될 것이 아니라 다시 發見되어야 하리라고 말했다. 그러면 어떻게 發見될 것인가? 西洋的인 近代文化가 우리들의 視野에서 한창 觀察되기에 알마즌 距離로 마침 우리가 물러선 機會에 우리는 이 近代文化의 審判場에서 무엇을 明日의 文化로 가져갈 遺産일가를 反省해야 할 것이다. 우리는 西洋的인

近代文化가 다음 文化에 남겨 줄 가장 重要한 遺産의 하나는「科學的 精神=態度=方法」이 아닌가 생각한다. 科學文明이 아니다. 科學하는 精神, 科學하는 態度, 科學하는 方法이다. 科學文明 넓이는 近代文化는 물론 許多한 偏見, 迷信, 獨斷의 雜踏한 簇生을 滿發케 하야 드디어 造花의 무리와 같이 문어지려 하지만 이러한 混雜 가운데서도 그 價値있는 部分을 支持해 온 것은 틀림없는 科學精神이었고, 偏狹한 傾向에서 思考를 正道로 몰아 온 것은 科學的 態度였고, 正確한 解答에 가까워 온 것은 늘 科學的 方法의 惠澤이었다. 自稱 科學的 精神, 似而非科學的 精神=態度=方法에서 眞正한 그것을 區別해서 把握하는 것은 亦是 오늘의 우리들의 課題의 하나일 것이다. 科學論을 從來의 通俗論과 形而上學에서 걸어 내서 좀 서투룬 形容이나 科學的인 科學論을 確立해야 할 것이다. 이리하야 東洋의 새 發見을 위하야 西洋이 參與할 수 있는 것은 바로 이 方法이라는 分擔에서가 아닐가? 東洋은 感傷的으로 即興的으로 衒學的으로 沒入되거나 感嘆만 될 것이 아니라 바루 科學的으로 發見되어야 할 것이다. 이것이 오늘 우리 앞에 가로노힌 가장 急한 課題의 하나가 아닐가?

★…… 그러면 東洋은 大體 어디가 發見될 것인가? 近世는 東洋에서는 어느 時期에 벌써 完熟한 境地에 到達했던 文化의 한 餘韻으로 보는 것은 偏見일가? 우리는 東洋의 가장 빛나는 얼굴을 차라리 古代와 中世에서 찾으려 한다. 그것은 그 時期에 있어서 그 自體의 가장 健全하고 生産的인 形成力을 發揮하였던 것 때문이다. 우리는 東洋의 光榮을 그 過重한 維持力에서 보지 않고 어디까지던지 그 創造力에서 보고져 한다.

★…… 그러면 古代나 中世가 東洋發見의 具體的 資料로서 우리에게 提供할 수 있는 것은 무엇일가? 그것은 主로 그 時期의 遺産인 文學·藝術일 것이다. 그런 것들 속에서 한 民族이나 時代는 그것의 形成力과 精神을 가장 具體的으로 發揚하는 때문이다. 때로는 制度의 抑壓, 因習의 中和作用에 依하야 한 集團의 創造力과 意慾이 明朗하게 그 現實生活 우에 發現되지 못하는 경우가 있다. 우리는 東洋에서 오래인 封建制와 封建遺制에 依하야 또는 儒敎思想에 依하야 이러한 抑壓, 中和作用이 不幸하게도 長久한 동안 계속되었던 것을 뼈아프게 알고 있다. 이러한 경우에 表面의 冬眠狀態로써 곧 한 民族의 創造力의 枯渴의 表徵을 삼는 것은 速斷이다. 그러한 경우일수록 도리혀 文學이나 藝術에 이렇게 뒷골목으로 몰렸던 그들의 創造力이 集中的으로 表現될 수도 있는 것이다. 그러므로 眞正한 東洋의 居處를 制度나 因習의 外廓에서 찾지 못하였을 때 또는 外廓에서 만난 것이 本人의 얼굴이 아닌 듯한 경우에는 우리는 마땅히 文學 또는 藝術의 深室로 그를 찾어들어 가야 할 것이다. 制度나 因習은 集團生活의 維持를 위한 儀式 또는 方便으로서 作用하는 것이 通例다. 그것은 늘 旣存의 形態를 保存하려는 一種의 保守主義를 그 意圖로 삼는다. 그와 反對로 藝術은 한 集團이나 個人의 創造力을 가장 아낌없이 開放할 수 있는 領域이다. 因習 속에서 한 集團은 자조 거짓말을 하나 그 藝術에서나 文學에서는 自己를 속이지 못하는 것이 普通이다. 이렇게 自己를 속인 藝術이나 文學이라는 것은 設使 있을 수는 있다 할지라도 到底히 永續할 수는 없었고 制度나 因習 우에 돋은 버섯처럼 하로살이의 목숨밖에는 가지지 못하였던 것이다. 自己를 속인 藝術과 그렇지 않은 藝術과는 그 迫力에 있어서(或은 生命感에 있어서) 곧 色別될 수 있었

다. 우리가 比較的 낮은 原始民族의 文化 속에서조차 어떤 感銘을 받는 것은 거기 原始民族의 속임 없는 表情이 엿보히는 때문이다.

★…… 古代·中世라는 時期를 制限하고 또 文學·藝術이라는 範圍를 于先 限定한 것은 거기 東洋의 本然의 모양이 集中的으로 比較的 속임 없이 나타나 있는 證據가 여러모로 보아서 確然한 때문에 지나지 않는다. 그 以外의 時期, 그 以外의 領域에도 發掘의 손은 輻射的으로 擴張되어야 할 것이다. 東洋文化와 西洋文化의 結婚 — 이윽고 世界史가 구경하여야 할 한 饗宴일 것이고 同時에 한 偉大한 新文化誕生의 序曲일 것이다.

부록

재조(在朝) 일본인의 동아협동체론·내선일체론

■ 원문

內鮮一體·東亞協同體의 問題[1]

미키 하루오(三木治夫)[2]

1. 과거의 추억

우리 아버지가 조선에 건너온 것은 일청(日淸)전쟁이 끝난 메이지(明治) 28년[3]이다. 내가 태어난 것은 일한병합(日韓倂合)의 해이다. 나는 조선의 시골 마을에서 자랐다. 중학교에서 대학교까지를 경성(京城)에서 마쳤다. 그리고 지금 경성에서 생활하고 있다.

일본민족의 힘이 아시아 대륙에 강력하게 발자취를 남기기 시작한 것이 일청전쟁이다. 그즈음부터 일본인은 육로를 통해 대륙에 건너가기 시작했다. 아버지는 그중 한 사람이다. 나는 아버지에게 그때의 경성이나 인천의 더러운 동네 이야기를 여러 번 들었다. 시골을 여행하려면 권총이나 호신용 지팡이를 가지고 다녀야 했다는 이야기

1 三木治夫, 「內鮮一體·東亞協同體の問題」, 『東洋之光』, 1939. 5, 22~29쪽.

2 본명 모리타 요시오(森田芳夫, 1910~1992). 경성제국대학을 졸업하고(조선사 전공) 조선총독부에서 근무하였다. 전후(戰後)에는 외무성(外務省)에서 근무하면서 한일국교 정상화 교섭 과정을 기록하였다.

3 1895년.

나 일로(日露)전쟁의 발단이 된 인천의 와리야-크,[4] 코레-쓰 호의 격침 이야기 등이 내가 소년 시절에 재미있게 들었던 이야기였다.

나는 소학교 시절을 조선의 시골 마을에서 보냈다. 소학교 선생님이 견장을 붙이고 칼을 차던 때를 아직도 기억한다. 그때 집은 약방을 했지만 바로 문을 닫았다. 방화사건이 자주 일어났기 때문에 마을에 자경단(自警團)이 생겨 교대로 경비를 섰다. 소학교 한 칸을 빌려 군대 한 개 소대가 주둔했다. 군대가 철수하면 즉시 그날 밤에 마을의 보통학교가 불타거나 했다.

소학교를 나와 중학교에 진학한 뒤 우리 중학교는 종종 고등보통학교 생도와 싸움을 했다.[5] 상급생의 무용담을 많이 들었기에 우리 하급생이 그 고등보통학교 앞을 지날 때는 언제나 긴장하였다. 이왕(李王) 전하 국장 때 우리는 중학교 5년생으로서 정렬하여 행렬을 전송하고 있었다. 내 바로 옆의 고등보통학교 생도들이 일제히 만세를 외치고 눈앞의 좁은 파출소에 차례차례 집어넣어진 것을 기억한다.[6]

성대(城大)[7] 예과는 내선공학(內鮮共學)이었다. 그러나 표면적으로는 아무 일도 없는 듯했지만 무슨 일이 있으면 그 대립이 눈에 띄었다. 축구부의 내지(內地) 원정 가부를 놓고 학생대회가 대립한 채 비장한 장면으로 끝나거나, 혹은 위원이나 조장 선거가 늘 대립하는 감정을 확실히 보였다. 나는 그 무렵 수 명의 조선 학생과 친해져 여러 이야기를 서로 주고받은 친구가 있었다. 그러나 내가 늘 일본정신으

4 와리야그(Варяг, 러시아어). 원문은 クリヤーク이나 ワリヤーグ의 잘못으로 보임.

5 당시 일본인은 소학교, 중학교를 조선인은 보통학교, 고등보통학교를 다녔다.

6 1926년 순종의 장례에 맞춰 일어난 6·10만세운동을 가리킨다.

7 경성(京城)제국대학.

로 대하기 때문에, 마음속 깊은 이야기를 주고받아도 어딘가 께름칙한 기분이 남는 쓸쓸한 사이였다.

그러나 만주사변 이후 조선 사상계는 부쩍 변하였다. 그리고 이번 지나사변(支那事變) 이후 더욱 크게 전환되었다. 나는 재작년 여름에 경부선을 지나며 철도 연선에 적성(赤誠)[8] 넘치는, 히노마루(日の丸)를 흔들며 출정병사를 보내는 많은 조선 사람들을 보았다. 조선 사람들의 지극한 애국의 지성(至誠)을 말하는 에피소드는 수천 수만 건을 헤아릴 것이다. 사변 발발 후 예전의 쟁쟁한 민주주의, 공산주의 투사들 그리고 문화면의 투사도 모두 적극적으로 일본 성전(聖戰) 수행에 전력을 다하여, 총독부가 내건 '내선일체' 구호에 모두 협력을 맹세하였다. 우리도 어느새 마음으로 말할 수 있는 조선 친구를 많이 가지게 되었다.

눈을 감고 아버지 대부터의 여러 이야기나 기억을 떠올려 보면 꿈같다. 그러나 내 기억의 단편으로 남은 것이 사실적인 내선(內鮮)의 발걸음이다. 일청전쟁 이래 45년간 양 민족의 발걸음은 마침내 와야 할 곳에 온 것이다.

내지인의 입장에서 이 과거는 가벼운 기분으로 돌아볼 수 있다. 그러나 조선 사람들에게는 어떨까?

조선의 민중 지도자들은 외친다, 「어떠한 입장에서 보더라도, 내선일체의 길 이외에 조선인이 나아갈 길을 찾을 수 있는가, 만일 있다면 그것은 그저 죽는 것뿐이다」.[9] 얼마나 비통한 외침인가? 국권회

8 참된 정성.

9 현영섭이 비슷한 말을 하는 것이 확인된다. "우리는 무엇보다도 먼저 일본인이라는

복운동이나 민족자결운동이나 마르크시즘 운동이나 그 밖에 여러 운동의 피투성이 체험을 거친 최후의 말이다. 최후의 말인 만큼 우리는 내지인이 내선일체를 외치는 것 이상으로 머리가 숙여진다.

2. 다시 보아야 하는 일한병합: 아시아 유신(維新)의 서막

도쿠토미 소호(德富蘇峯)는 메이지유신을 논하여 다음처럼 말했다.

「메이지유신은 후지산과 같다. 후지산을 알지 못하면서 단순히 기슭에서 정상까지 올라봤자 그저 모래나 돌이 겹겹이 쌓여 큰 덩어리를 이룬 것에 지나지 않는다. 또 모래먼지를 일으키며 오르내리는 손님이 붐비고 휴게소도 숙박소도 붐벼 후지산의 아름다움은 어디에도 없다. 유신사(維新史)도 부분적으로 보면, 숭고하지 않은 반면(反面)이 있고 음모, 간책, 질투원수, 이해(利害), 쟁투, 인간의 약점, 흑점(黑點), 어두운 점, 추한 점이 모두 그 속에 망라되어 있다. 후지산이 일본 제일의 산인 까닭은 조금 거리를 두고 바라볼 때인데, 유신사 또한 그러하여 일본 역사에서 대관(大觀)하면 최고봉으로서 볼 수 있다」.[10]

나는 특히 지금의 시세(時勢)에서 소호의 메이지유신 대신 일한병합을 다루고자 한다.

우리는 세계사를 대별하여 동양과 서양이 별도로 독립하여 발전한 시대, 15세기 이래 서양의 백인이 세계를 정복한 시대를 보고, 지

자각을 하자. 민족주의, 사회주의의 이상은 이곳 조선에서는 사멸에의 길이다. 일본인이 되는 것 이외에 우리 앞날에 빛은 없다."(玄永燮, 『朝鮮人の進むべき道』, 綠旗聯盟, 1938, 183쪽)

10 원문 미확인.

금은 바야흐로 다음의 제3기에 들어가려고 하는 시기라고 본다.

일로전쟁에서 일본은 전력을 다하여 러시아와 싸워 이를 쓰러트릴 수 있었다. 당시 일본은 세계 최강의 러시아에 대하여 죽기 살기의 심정으로 남을 돌아보지 않고 싸웠는데, 그 전승은 결과적으로 세계사 운행에 큰 전기를 가져왔다. 만약 일본이 졌더라면 만주는 러시아의 것이 되고 북지(北支)와 조선은 러시아 세력하에 들어가고, 일본은 작은 섬나라에 머물러 서양 백인의 힘이 전 아시아에서 지배권을 확립했을 것이다. 당시 세계에서 이미 유럽에 본거를 둔 그들이 다른 아프리카도 남북아메리카도 오스트레일리아도 아시아의 대부분도 영유하고 있었다. 일본이 이긴 것은 남은 아시아 최후의 방위였고 또한 백색인종 세계 지배 전락(顚落)의 서막이었다.

세계사 제2기 전환의 주동력은 일본이었다. 일본 황도(皇道)는 이때 비로소 세계사 위에 크게 빛나기 시작했다. 일로전쟁에서 일본이 이겼다는 소식을 듣고 아프리카의 북부 이집트에서 전 아시아에 걸쳐 각 민족 사이에 백인의 억압에서 벗어나려는 운동은 더욱 현저해졌다. 인도의 반영투쟁이 격해진 것도, 지나(支那)의 혁명의식이 농후해진 것도 그때부터였다. 지나 국민혁명운동의 영수(領袖) 손문(孫文)은 「일로전쟁 후 일본은 러시아로 하여금 조선 및 만주에 들어가지 못하게 하고 세계침략정책을 포기하게 하여, 동아(東亞) 영토를 보전하고 세계사에 일대 변화를 가져왔다」[11]고 하였다.

---

11 손문(孫文)의 「대아시아주의」 강연(일본 고베, 1924. 11. 28)을 자신의 뉘앙스로 읽은 것으로 보인다. 손문 역시 일본의 러일전쟁 승리가 선진한 서구와 후진한 아시아의 구도를 뒤집는 사건이었고, 세계적으로 주목받았다고 보았다. 하지만 그는 러일전쟁의 승리가 식민지였던 아시아 민족의 각성으로 이어졌다고 판단한 반면, 모리타

일로전쟁은 세계사 유신의 방아쇠를 당겼다. 그것은 동시에 아시아 유신이었다. 아시아 민족은 백인에 대하여 일치단결로 맞서야 하고, 백인 전제의 아시아를 해방하여야 한다. 일본은 아시아 부흥에 나섰고 조선의 선각자는 이때 자발적으로 일본과 합체하여 여기에 백인 지배 타도의 주동력을 만들고자 하였다. 메이지(明治) 43년[12] 일한병합은 이렇게 행해졌나.

"아시아는 하나다"[13]일본의 미술사가 오카쿠라 가쿠조(岡倉覺三)[14]는 일로전쟁 시기의 저술에서 직관적으로 이렇게 외쳤다. 그 아

는 동아의 영토를 보존한 것으로 보았다. 또한 손문은 혁명 후 러시아의 변화에 주목하고 그것을 유럽의 패도에서 동양의 왕도로의 이동으로 보았는데, 모리타는 일로전쟁 패배의 결과 대륙침략을 포기한 것이라 해석하였다. "일로전쟁이 일어나 그 결과 일본이 러시아에 이기고 일본인이 러시아인에 이겼다. 이는 최근 수백 년에서 구주인에 대한 아시아 민족 최초의 승리였던 것입니다. 이 일본의 승리는 전 아시아에 영향을 미쳐 아시아 전체 민족은 몹시 기뻐하였고 큰 희망을 품기에 이르렀던 것입니다."(孫文(外務省調査部第三課 編譯), 「大亞細亞主義」, 『孫文主義 上』, 外務省調査部, 1935, 1134쪽)

12 1910년.

13 "Asia is One." Okakura Kakuzo, *The Ideals of the East with Special Reference to the Art of Japan*, London: J. Murray, 1930, p. 1. 1938년 6월 현영섭은 오카쿠라에 대해 다음과 같이 평한 바 있다. "덴신은 무엇보다도 위대한 인간이었다. 위대한 예술가였다. 전쟁의 한복판에 일본의 이상, 동양의 빛을 세계에 선전한 대애국자였고, 위대한 아시아 문명의 사도였으며, 그리고 세계 모든 사람을 움직일 수 있었던 위대한 세계인이기도 하였다. 덴신을 가질 수 있었던 일본은 행복하리라."(玄永燮, 「岡倉天心の東洋觀」, 『綠旗』 3-6, 1938. 6, 31쪽)

14 오카쿠라 덴신(岡倉天心, 1863~1913). 일본의 사상가, 문인으로 본명은 오카쿠라 가쿠조(岡倉覺三)이다. 1880년 도쿄제국대학 졸업 직후, 당시 도쿄제대에서 미술을 가르치던 미국의 미술평론가이자 화가 어니스트 페놀로사(Ernest Fenollosa 1853~1908)에게 사사하였다. 페놀로사는 일본 전통미술 양식을 고수해야 한다고 주장하였는데, 오카쿠라도 그의 영향을 받아 일본 고유의 문화적 유산에 관심을 가졌다. 1887년 도쿄미술학교 창립에 관여하였으며, 후에 제자들과 일본미술원을 창설했다. 동양미술의 원류를 찾아 중국·인도 등지를 여행했으며, 1900년 초 보스턴 미술관의 동양부

시아는 하나라는 주장을 정치적으로 보인 것이 일한병합이었다. 일로전쟁으로 시작된 세계사의 전환은 이번 사변의 해결로 결정지어지려고 한다. 지나 항일의 배후에 있는 영, 미, 불, 소의 힘이 타도되고, 나아가 그들의 세력이 아시아나 오스트레일리아에서 물러나는 날, 세계사는 제3기에 확연히 들어갈 것이다. 일본 황도는 이제 그 빛을 전 세계에 미치고 있다. 일찍이 「아시아는 하나다」라고 직관적으로 외쳐졌던 이 말은, 이제는 동아협동체론이 되어 아시아를 풍미하고 있다. 동양 방위를 위해 단행된 일한병합은 이제 내선일체 슬로건 아래 아시아의 신질서를 위한 커다란 기본적 힘이 되고 있다. 일한병합의 사실은 지금이야말로 세계사적으로 큰 의의를 발견할 수 있는 시기이다.

3. 동아협동체와 내선일체

동아협동체론에 대해 편협한 일본주의자는 이를 서양 데모크라시적 사고라고 공격하며, 어디까지나 일본 민족을 제일로 삼아 매진하여야 한다고 말하는 자가 있다. 지난번 의회에서도 정부가 지나에 요구하는 불할양(不割讓), 불배상(不賠償)을 갖고 임하는 태도에 대해, 그러면 전쟁에서 희생하는 의의가 없어지지 않는가라고 논박한 의원이 있었다.

동아협동체는 세계사 제3기의 기본적 체제이다. 그것은 일본 천

부장이 되었다. *The Ideals of the East*(1903), *The Awakening of Japan*(1904), *The Book of Tea*(1906) 등 영문 저서를 통해 자신의 사상과 일본문화론을 외국에 소개하였다

황을 중추로 받들고 아시아 각 민족의 협화 발전을 실현하고자 한다. 보다 구체적으로는 동아신질서를 수행하는 일본의 세력하에서 각 민족이 사상, 경제, 국방을 공동으로 하여, 정치적으로 자립하는 발전적 체제를 가진다. 일찍이 지나 민족은 자기 민족을 중국(中國), 중화(中華)라고 자랑하면서, 주위 민족을 동이(東夷), 서융(西戎), 남만(南蠻), 북적(北狄)이라고 업신여겼다. 현재의 항일의식은 여기에 구미인의 간계가 불을 붙인 것이다. 이런 민족감정은 당연히 버려야 하고, 일본인이 가진 섬나라 의식도 버려야 하고, 또한 유럽의 국제연맹과 같은 간책(奸策)으로 가득 찬 기만적 체제도 버려야 한다.

일본 천황을 중추로 받드는 동아협동체는 새로운 세계질서 체제이다. 「사해동포」의 대어심(大御心)에 항상 따르며 받들어야 하는 체제이다. 동아협동체의 축도(縮圖)를 일본은 만주에서 실현하였다. 일본은 전력을 다해 민족협화의 성지(聖地)를 지키고 있다. 만주에서 오족협화(五族協和)[15]를 근본이상으로 하여 조선 민족도 한 단위가 되었다. 여기에 조선 사람들은 조선에서 내선일체와 만주에서 민족협화 — 크게는 동아협동체 내에서 민족자립 사상에 여러 모순을 느끼는 듯하다.

일찍이 쟁쟁한 민족주의 운동의 지도자로 지금은 열렬한 내선일체의 주창자인 윤치호(尹致昊) 씨가 올해 3월 3일 미나미(南) 총독과 회견하여 그 점을 물었을 때, 미나미 총독은 「반도에서는 내선일체, 만주국에서는 민족협화가 통치의 근본정신입니다. 그러나 내선일체 정신과 민족협화 정신은 상반된 것은 결코 아닙니다. 반도도 근래 각

---

15 '만주국(滿州國)'의 건국 이념. 5족은 일본인, 한족, 조선인, 만주족, 몽고인을 가리킴.

방면에서 비상한 약진을 이루고 있지만, 사회 정세의 진전 변화에 따라 반도 통치도 여러모로 개신(改新)되어 갈 것이라고 생각합니다」(國民新報 創刊號[16]에 의함)라고 답하였다.

내선일체, 민족협화는 모두 일본 천황의 대어심을 받드는 데서 생겨난다. 대어심 가운데 내지인이 주, 조선인이 종이라고 하는 것은 절대로 없고 다함께 황운(皇運)을 도와 받들 뿐이다. 민족 간에 차별은 없다. 이 점에서 내선일체 정신과 민족협화 정신이 결코 상반되는 것이 아니다.

조선 민족은 분명히 민족이다. 그러므로 오족협화를 이상으로 삼는 만주국에서 민족으로 취급되었다. 일한합병 이후 조선은 일본에 합체했기 때문에 일본에는 야마토(大和) 민족과 조선 민족이 있다. 내선일체는 이 양 민족의 긴밀을 더욱더 농후히 하려는 데 있다. 거기에는 작은 모순은 없다. 다만 만주국을 구성하는 민족으로서 일본 민족, 조선 민족을 열거하는 데서 오해가 생기기 쉽다. 일본 민족이라고 표현하게 되면 그것은 조선 민족을 포함한 복합민족으로서의 표현이다. 모름지기 만주국에서는 일본 민족이라는 칭호를 야마토 민족으로 바로잡든지, 아니면 그보다 적극적으로 일본 민족, 조선 민족을 내지계 일본 민족, 반도계 일본 민족으로 고쳐야 할 것이다. 그리하여 동아협동체에서 고조된 민족의 정치적 경향은 총독이 말하는 「사회 정세의 진전 변화」를 촉진하는 데서 해결되지 않을까?

아시아의 신체제를 결정하는 것은 우위에 있는 일본 민족의 태

16 「內鮮一體を中心に半島統治の改新を語る: 南總督と尹致昊會見記」, 『國民新報』 창간호, 1939. 4, 3~5쪽.

도이다. 만주에서 민족협화를 완성하려면 일본 민족의 겸허한 노력을 기다린다. 내선일체를 완성하려면 저 애국의 적성(赤誠)을 보이는 조선 사람들에 대해 내지인 측의 노력이 더욱더욱 더해져야 하지 않을까?

내선일체 완성에 의한 양 민족의 긴밀화는 만주국에서 민족협화를 더욱 촉진시키고 아시아에서 신체제 확립에 매진한다. 일본 민족의 힘을 더욱더 강고하게 하는 것이다. 내선일체의 완성이야말로 황도에 의한 신(新)세계질서 건설의 엄숙한 첫 단계이다.

4. 내선일체의 두 가지 입장

오늘날 조선 사상계에 도도히 흐르는 내선일체론을 볼 때 우리는 두 가지 형을 발견할 수 있다. 대표적으로 보면 하나는 현영섭(玄永燮) 씨 저 『조선인의 나아갈 길』에서 보여진 것이고 하나는 윤치호 씨가 본지(本誌) 전호의 「내선일체에 대한 소신」[17]에서 밝힌 것이다.

『조선인의 나아갈 길』 가운데서(물론 최근 현 씨는 저 글만으로는 불충분하므로 보충하고 싶은 생각이 있다고 하지만) 현 씨의 순진(純眞)한 일본애를 보였다. 현 씨 자신의 직관적 성격에 의한 것이기도 하나, 순진함을 추구한 나머지 조선 재래의 것에 대해 너무나 신랄한 비판을 가한다. 국어와 조선어 이중교육에 고뇌한 현 씨는 솔직하게 조선어 폐지까지 주창한다.[18] 이 글은 너무나 대담하게 그 의견을 표명했기

---

17 尹致昊, 「內鮮一體に對する所信」, 『東洋之光』, 1939. 4, 6~9쪽.

18 玄永燮, 『朝鮮人の進むべき道』, 綠旗聯盟, 1938, 151~173쪽. "조선어에의 애착은 보

때문에 대단한 반향이 있어, 조선 특히 민족주의의 사람들에게 엄청난 반격을 받았지만 젊은 일본적 조선 청년에게는 절대적인 지지를 받았다. 그리고 그 주장이 「새로운 조선」이라는 이름으로 하야시 후사오(林房雄) 씨에 의해 『大陸』에 소개되었다.[19]

윤치호 씨의 주장은 조선 재래의 것에 자신(自信)을 잃지 않고 조선 자체에 대한 애정 위에 내선일체를 세우고자 한다. 이것은 민족주의 감정 그대로의 위에 구축된 내선일체론으로서 많은 조선인이 마음에서 공명하였다.

일찍이 병합 이래 동화인가 자치인가가 논의된 적이 있었다. 이 두 가지 주장이 변화된 형태로 이 두 가지 내선일체론이 된 것이다.

수주의의 센티멘탈리즘이다. 나는 진보의 편을 든다. 끊임없이 일보전하고 싶다. 과거의 것보다도 미래의 것이 중요하다. 조선어를 폐지하자고 나는 절규한다."

19 林房雄, 「新しき朝鮮」, 『大陸』 1-2, 1939. 2, 337~338쪽. 하야시 후사오의 이 글은 무라야마 도모요시, 아키타 우자쿠, 장혁주 등과 만주 시찰 중에 거쳐간 조선에 관한 여행기이다. 이 책 제2장에서 소개한 「〈좌담회〉朝鮮文化의 將來와 現在」와 같은 여정의 결과물이다. 하야시는 당시 경성 방문에서 현영섭을 만나지는 못했지만, 「新しき朝鮮」에 '조선인의 일본주의 운동'이라는 소제목하에 현영섭의 저서 『朝鮮人の進むべき道』에 대한 독후감을 기술하였다. 그는 이 책을 조선의 일본주의 운동이 가진 "고민과 내성의 결과(苦悶と內省の結果)"라고 평하면서 전향자로서 자신의 경험에 비추어 조선의 일본주의 운동에 대해 평한다. "나 또한 내지에서 전향자의 한 사람이다. 전향의 고통을 몸소 알고 있다. 하지만 그것은 조선에서 일본주의로의 전향자의 고통과는 비교가 안 된다는 생각이 든다. 일본인이 일본으로 돌아가는 것은 쉽다. 자기 집에 돌아가는 것에 불과하다. 하지만 조선인의 경우는 다르다. 자기 집으로 돌아가는 것이 아니라, 자기 집에 자신의 손으로 불을 지르는 것이다. 현 군과 그의 동지들은 감히 그것을 한 것이다. 일본에서 일본주의는 일본의 장점을 자각하고 자랑스러워하는 것에서 시작한다. 하지만 조선에서 일본주의는 조선의 단점과 결점을 잔혹하기까지 인정하고 고백하는 것으로부터 시작하고 있다. '조선민족이여! 망해라 !' '조선어여! 사라져라!' 이런 말을 조선인 자신이 가볍게 내뱉는다면 그는 사상인으로서 아니 인간으로서 성실을 의심받지 않으면 안 된다. 하지만 위대한 성실만이 그 폭언을 성서(聖書)가 되도록 하는 것이다."

일본인은 앞서 서술한 바와 같이 야마토 민족과 조선 민족으로 구성된다. 양자 모두 천황 폐하에 절대 충성의 마음을 가진 일본인이어야 한다. 조선 사람들은 조선 재래의 것을 버려도 되고 가져도 되지만 천황 폐하에 절대 충성의 마음을 가지는 점에서 순수하게 일본인이어야 한다. 조선 재래의 것을 버리지 않으면 일본인이 될 수 없는 것은 기꺼이 버려야 한다. 버리지 않아도 일본인이 될 수 있는 것은 버리지 않아도 된다. 그래서 현 씨처럼 조선의 것을 버리고 싶은 기분의 사람에게는 과감하게 내지인이 될 길이 열려야 한다. 또한 윤씨와 같은 주장은 조선 사람의 당연한 주장으로서 이를 흔쾌히 받아들여야 한다. 조선 사람은 내지인이 되지 않아도 된다. 다만 일본인으로서 살아가야 한다. 양자 모두 조선 사람이 나아갈 길을 보여줄 수 있는 것이다. 현 씨가 올 봄 만주를 여행하고 신징(新京)[20]에서 『일본민족의 대륙적 환원』의 저자 가네코(金子)[21] 소장(少將)을 만났을 때, 가네코 소장은 「당신 의견처럼 하지 않아도 좋으나 조선 사람들에게는 당신 같은 사람이 더욱 더 나오는 것이 좋다」고 말씀하셨다고 한다. 민족주의적 감정 위에 내선일체의 의견을 가진 자 가운데 현 씨의 주장에 반대하면서도 인격을 인정하려는 사람이 있는데, 그런 식으로 서로 이해하면 되지 않을까.

다만 우리는 내지인 측의 더구나 민간에서 더욱 더욱 이들 조선 사람들의 내선일체론에 답하는 운동이 일어나 마땅하지 않을까. 이

20 만주국의 수도. 지금의 중국 지린성(吉林省)의 창춘(長春).

21 가네코 사다이치(金子定一, 1885~1960). 일본의 군인(육군 소장), 참의원 의원으로 모리타가 언급한 가네코의 저서는 『日本民族の大陸還元』(千倉書房, 1939)이다. 1939년 7월 『綠旗』 4-7에 「日本の大陸還元卽東亞大民族主義」를 기고하기도 하였다.

를 절실하게 기대해 마지않는다.

5. 내선일체의 참된 완성으로

내선일체의 완성은 내지인 측도 조선 사람들도 모두 노력하는 것이다. 다만 그 참된 완성을 조선 사람들은 너무 지나치게 정치적인 문제 해결에 중점을 둔다. 나는 그 점에 관해 솔직히 조선 사람에게 물어보고 싶다.

매우 적극적 의견을 가진 좋은 사람이라도 일단 생활상의 여러 문제에 관해서는 이를 조소하는 조선 사람이 많은 것은 유감이다. 나는 몇 번이나 이런 형의 조선 청년과 만났다. 정치를 논하여 공명했던 사람도 일단 생활을 논하면 바로 반동주의자처럼 생각하는 것이다. 그런 주제에 당사자는 구래의 여러 가지 모순을 자기 안에 품고 있는 것이다.

일전에 북지(北支)에 있는 한 부대장이 내 앞으로 보낸 서신의 한 구절에 「한(漢)민족은 반도 출신 일본인에 대해 완전히 모멸하는 생각을 가지고 있습니다. 이래서는 설사 동아협동체라고 해도 도저히 동아의 일원으로서 유쾌한 생활은 될 리가 없습니다. 모멸의 원인은 반도 출신 사람이 하는 일은 사진관 외에는 거의 전부 사회 암흑 면의 일입니다. 그 사진관조차도 왕왕 간판만인 경우가 있습니다. 우리도 일본의 명예를 걸고 그 암흑 면 중의 행위(行謂)[22] 부정물품 상인을 구축(驅逐)하는 일에 노력하고 있습니다만 붙잡히는 자는 극히 일

22 '소위(所謂)'의 잘못으로 보임.

부입니다」라고 적혀 있었다.

생활은 국민적 감정의 기본이다.

지금 조선의 의식주는 저대로 괜찮은가? 가정교육, 풍속, 습관은 저대로 괜찮은가? 종교적 정조나 예술적 감정은 더욱더욱 연마되어야 하지 않을까? 일부러 일본 내지식으로 고칠 필요는 없다. 조선의 좋은 점을 살려 더욱더욱 고칠 여지가 있지는 않을까. 내선일체 최후의 해결은 이 생활 문제에 달려 있지 않을까. 나는 그것을 진지하게 생각하는 조선 사람들의 외침을 듣고 싶다.

■ 원문

東亞協同體의 建設과 內鮮一體의 完成[1]

쓰다 쓰요시(津田剛)

1. '동아협동체 건설' 제창되다: 이른바 진보적 지식층의 전향과 거국일치적 대목표의 제창

성전(聖戰) 이미 세 해, 쇼와(昭和) 14년[2]은 일본 비약의 해이자 동아(東亞)에 새벽종이 높이 울리는 해이다. 거친 지나(支那) 대륙에서 초연(硝煙) 내음이 옅어지고 전화(戰禍) 가운데서 강력한 부흥과 신(新) 지나 건설의 대업이 착착 수행되어 가려고 한다. 그래서 이 동아의 신천지에 높게 걸린 것은 동아협동체 건설이라는 빛나는 일대 목표였다.

실로 작년 10월 한커우(漢口), 광둥(廣東) 함락은 일지(日支) 쌍방에게 일대 전기(轉機)를 그은 것이었다. 항일 용공의 지나는 이로써 평원부의 대부분을 잃고 서부 미개 산악 지대에 숨어 들어갈 수밖에 없게 되었다. 그런데 장개석(蔣介石)은 작년 11월 1일자 『신보(申報)』

1 津田剛, 「東亞協同體の建設と內鮮一體の完成」, 『綠旗』 4-1, 1939. 1, 2~17쪽.

2 1939년.

에 「전 국민에 고하는 글」[3]을 발표하여, 이미 지구(持久) 항전은 착착 효과를 거둬 전면전쟁, 능동쟁취의 호기(好機)에 도달했다면서 온갖 궤변을 늘어놓았지만, 역시 계속된 패전에 동요의 기색이 점차 농후하고 특히 점령지역의 민심은 신(新)정권[4]의 성장과 맞물려 큰 전환을 보이고 있다.

이에 대하여 우리나라는 전국(戰局)의 대진전에 위아래가 환희에 둘러싸여도 마음을 늦추지 않고 착착 장기건설의 체제에 들어서고 있다. 지난 11월 3일 정부는 전 세계를 향해 성명을 발표하고, 고노에(近衛) 수상 역시 라디오를 통하여 전 국민에게 절절하게 금후 일본이 나아갈 길을 밝혔지만, 어느 것이나 사변의 종국 목표는 동아를 식민지적 지위에서 해방시켜 동아의 신질서를 건설하는 데 있으며 그를 위해서는 국내 여러 혁신을 단행하여 국가 총력을 확충할 필요가 있다는 뜻을 역설하였다.[5]

---

3 일본어 역은 蔣介石, 「全國民へ告ぐるの書」, 『中央公論』 53-12, 1938. 12, 396~400쪽. 역자의 말은 다음과 같다. "무한(武漢) 사수의 군사적, 정치적 중요성을 그렇게 부르짖었으면서, 우리 황군의 급진격에 맥없이 패퇴하여, 지금 장(蔣) 정권은 사실상 일개 지방정권으로 전락했음에도 불구하고, 장(蔣)은 국민대중의 눈으로부터 패전의 사실과 책임을 감추고, 광둥(廣東), 무한 함락의 수일 후, 예측대로 왼편에 번역한 것과 같이 「전 국민에 고하는 글」(『申報』, 1938. 11. 11)을 발표하여, '지구항전(持久抗戰)'을 칭하여 허망한 '최후의 승리'를 국민에게 선전선동하고 있는 것이다. 자기 정권의 소승적 보위로 고달픈 신세를 애태우며 대승적 견지로부터 국민의 현실적 기초를 관조할 수 없는 데 이르러, 한 때는 일반인으로 하여금 대정치가라고 생각하게 하였던 장개석도, 이제 일개 제 잇속의 데마고그가 되어 버린 것 같다. 허세를 부린 느낌이 있지만, 금후 장개석의 동향을 아는 하나의 자료로서 독자의 일독을 바라는 소이이다."

4 중일전쟁기 일본은 점령지에 '중화민국임시정부'(베이징, 1937. 12), '중화민국유신정부'(난징, 1938. 3) 등의 괴뢰정부를 세웠다. 두 정부는 중경(重慶)을 탈출한 왕정위(汪精衛)가 이끄는 '국민정부'(南京, 1940. 3)로 흡수·합병되었다.

5 「東亞の新秩序建設へ」, 『東京朝日新聞』, 1938. 11. 3, 2쪽.

정부에 의해 던져진 이 동아신질서 건설 선언은 전격적으로 전 세계에 울려 퍼져, 특히 일만지(日滿支) 삼국 간에 이를 공통의 목표로 하여 동아협동체 건설에 매진하려는 목소리가 고조되었다.

우리나라에서도 이 동아 신질서의 내용 및 목표를 더욱 구체적으로 구명하고자 각 방면에서 열심히 검토가 이루어지고 또 그 구체화 방책이 차츰 강구되고 있다. 그중에서도 요즘 언론은 활발한 움직임을 보여 여러 건설적인 논책이 발표되었는데, 특히 우리나라의 소위 진보적 지식 여론을 반영한다고 여겨지는 종합평론잡지의 동향은 매우 흥미로웠다.

『개조(改造)』, 『중앙공론(中央公論)』 등을 대표지로 하는 이들 일련의 종합 평론 잡지는 종래부터 마르크시즘, 자유주의 논객의 소굴로서 항상 근래 우리나라의 국책 발동에 반발했다. 일찍이 동양 역사를 180도 회전시킨 역사적 대사건인 만주사변에 대해서는, 그들은 스스로 평론지라는 사명을 잊고 끝내 한마디도 못 하다가, 수개월이 지나 오족협화(五族協和)의 신체제를 비꼬고 험담을 수군거렸다. 일지사변(日支事變)이 일어나자 어떤 잡지는 바로 권두에 「굶주린 일본(飢ゆる日本)」[6]이라는 제하에 반전(反戰)적인 인민전선파의 논문을 게재하여 이에 응하였다. 또한 어떤 잡지의 저명한 상하이 특파원은 장개석 아래로 달려가 온갖 일본을 매도하고 조소하는 여러 팜플릿을 작성

6 大森義太郎, 「飢ゆる日本: 暗澹なる日本經濟の展望」, 『改造』 19-9, 1937. 9, 2~19쪽. 오모리(大森)의 글은 절반가량인 2~10쪽의 삭제를 명받았다. 또한 이 글 외에 같은 호 특집 '북지사변의 감상(北支事變の感想)'에 실린 논문 네 편인 鈴木茂三郎의 「武力で解決出来ないもの」, 水野廣德의 「支那人は神にあらず」, 鈴木安藏의 「若干の疑問」, 杉森孝次郎의 「眞の自由主義を識る者, もつ者による手段の絶對强化が必要」가 함께 삭제되었고, 결국 이 호는 발매 금지되었다(『改造目次総覧 中巻』, 新約書房, 1967, 33·249·253쪽).

하여, 이것이 지나 측에 의해 지금 아직도 전선의 우리 장병을 향하여 배포되고 있다는 것은 천하가 주지하는 사실이다.

이러한 불령(不逞)한 자칭 진보적 지식층의 기관지가 겨우 조국에 박두한 내외의 중대한 사태를 깨닫고, 전국(戰局)이 급히 전개된 후의 새로운 사태에 대응하여 국책에 부응하는 여러 논책을 발표한 것은 잘 없던 일로서 또한 기뻐할 만한 현상이었다. 이리하여 종래 우리 국책의 발동에 은근한 반대권을 형성하였던 이런 분자들도 포용하여 거국일치적으로 각 방면에서 새로운 세태를 검토한 결과 당당하게 외쳐지고 체계가 잡히기 시작한 것이 동아협동체의 이념이었다.

이제 일본은 이러한 높은 목표를 발견하여 동아를 이끌고 동아의 여명을 힘 있게 건설하기 위한 큰 발걸음을 딛고자 하는 것이다.

그렇다면 이 동아협동체라는 것은 어떤 것인가.

2. 동아협동체의 이념

동아협동체에 대하여 혹자는 이를 세계사적인 입장에서 의의를 짓고자 하고, 혹자는 지괴주의(地塊主義)와 공동의 문화로써 그 배경을 삼고자 하고, 혹자는 동아연맹(東亞聯盟)이라는 정치조직으로 이를 구체화하고자 하고, 그 밖에 여러 논책이 제출되었으나, 필경 동아협동체는 동아에서 역사적인 필연성에 의해 생겨났고 그것이 완성되는 날에는 세계에 드문 고도의 안정성을 가지고 세계사에 불멸의 빛을 비출 것이다.

그리하여 이를 한마디로 하자면 동아는 그것이 가지는 역사적,

지리적, 문화적, 경제적 일체성을 기초로 하여 일본을 추축(樞軸)으로 하는 일종의 고도한 도의적 공존공영의 유기적 관계를 건설하려는 것이고, 이를 정치적으로 말하자면 먼저 상호 원조 방공에서 일종의 초국가적 연맹에까지 나아가려고 하고, 이를 경제적으로 말하자면 유무상통(有無相通)하는 블록경제에서 동아를 한 덩어리로 하는 공존공영의 계획경제에까지 나아가려고 하고, 이를 군사적으로 말하자면 공동방위에서 흥아(興亞)의 목적을 이루기 위한 성스러운 군사동맹에까지 발전시키려고 하고, 이를 문화적으로 말하자면 동아의 자랑할 만한 여러 문화의 부흥, 교류에서 나아가 우리 황도(皇道)를 중심으로 삼고 동양정신문화를 그 골격으로 하고 서양문명을 혈육으로 하는 인류 최고의 문화를 건설하여 이를 전 세계에 전하는 문화동맹에까지 발전하려고 하는 창대한 내용을 지닌 것이다.

이 협동체가 건설된 날에는 동양의 10억 민(民)은 수백 년에 걸친 백인의 압정에서 해방되어 다시 이 협동체를 추축으로 하는 세계 신질서 건설에까지 발전할 세계사적 의의를 지닌 것이다.

이러한 동아협동체는 이상주의자의 한바탕 화려한 꿈이 아니라 실로 단단한 역사적 필연성을 가지고 생겨나는 것이다. 세계의 현 단계가 이러한 것을 낳게끔 구성되어 있고, 동아의 사회적 실세 역시 이러한 것을 필연으로 하게끔 대세가 형성되어 있는 것이다.

19세기에서 20세기 초두에 걸쳐 국가주의의 급격한 발전은 세계를 일종의 질식 상태에 빠트려 마침내 구주(歐洲)대전으로 폭발하였다. 대전 후 인류 사회의 유기화 정도는 이미 개개의 국가주의 선을 훨씬 넘어 일종의 초국가 혹은 국가연합의 시대로 돌입하고 있는 것이다.

이에 조응하여 대전 후 세 가지 뚜렷한 초국가적 혹은 국가 연합적인 움직임이 있었다. 하나는 윌슨 등이 제창한 데모크라시적 원리에 기초한 국제연맹(國際聯盟)운동이다. 하나는 레닌이 이끈 국가를 계급 속으로 해체시키고자 하는 초국가적인 코민테른 운동이다. 하나는 쿠덴호프 카레르기[7] 백작이 제창한 지역적인 또는 문화적, 혈연적인 것을 기초로 한 블록국가운동이다.

이들 운동은 대전 후 개개의 국가 간에 무언가 새로운 질서를 요구해 온 객관적 정세에 자극받아 각각 진전을 보였다. 먼저 국가 간 병렬적으로 결합하려고 한 국제연맹이 힘을 얻고, 이어서 전후의 피폐를 직접 원인으로 하는 세계자본주의 동요에 편승하여 코민테른이 무시하기 어려운 활동을 보였고, 마지막에는 양자가 각각 힘을 잃고 쿠덴호프가 제창한 블록국가운동이 그의 처음 의도와는 전혀 달라진 형태로 오히려 국가주의가 부활한 형태로 가장 강력하게 대두하여 지금 격렬하게 발전하고 있다.

세계의 현 단계에서 유기화 정도는 국제연맹이 생각하는 만큼 전면적인 유기성을 가진 것은 아니다. 또한 코뮤니스트가 생각하는 것처럼 계급이 국가를 집어삼킬 만큼 국가의 힘이 약한 것은 아니다. 따라서 국제연맹은 무력해졌고 코민테른은 소련 일국만의 것이 되었다. 그리하여 세계의 현 단계에 가장 어울리는 것으로서 블록국가적 움직임이 세계를 리드하기 시작했다.

동아에서도 이러한 사태는 그대로 적용되었다. 일만지(日滿支)가

7 리차르트 폰 쿠덴호프-칼레르기(Richard von Coudenhove-Kalergi)는 오스트리아의 정치인이다. 그의 저서 *Pan-Europa*(1923)를 통해 범유럽주의를 제창하였다.

국제연맹이 피리를 부는 대로 움직이기에는 동아의 현실은 너무 큰 차이가 있다. 또한 각자 자기 국가를 해소하고 소비에트 연방으로 급히 달려가는 것도 너무나 명백한 백일몽이었다. 이리하여 공동의 문화, 유무상통의 자원물산, 아시아인이라는 공통의 정치정세 등이 서로 어우러져 여기에 동아협동체라는 블록적 결합을 향하는 것은 실로 동아 현실의 필연이 그렇게 만든 바이다.

실로 동아협동체는 이러한 역사적 필연성에 기초하여 바야흐로 빛나는 스타트를 끊으려 하고 있다.

3. 동아협동체의 안정성과 그 목표: 협동체 완성과 더불어 세계 역사는 일변할 것이다

위와 같은 역사적 필연성에 기초하여 등장하려는 동아협동체는 더욱이 아직 탄생의 어려움을 경험하고 있는 현재 이미 그 협동체가 지닌 고도의 안정성과 그것이 전 세계에 보여줄 불멸의 영광이 다른 어떤 블록보다 빛날 것으로 예견된다.

현재 세계 각지에 발생하고 있는 각종 블록이 과연 장래 세계 역사에 무엇을 가져오고 어떠한 역할을 할지는 오로지 그 블록이 지닌 안정성과 목적성에 달렸다. 이러한 의미에서 동아협동체는 실로 세계 최고의 것을 지녔다.

동아협동체는 다음 여러 점에서 최고도의 안정성을 그 본질로서 가지고 있다. 하나는 조직이 단순하고 또 구심력이 압도적으로 강대한 점이다. 즉 확대된 블록 내에 일만지(日滿支) 3대국이 중심에 있고 장래 참가할 수 개의 국가를 예상하더라도 동아를 중심으로 일대 원형을 그리면서 존재하는 이 국가군은 다른 어떠한 블록에 비해도 훨씬 간명하다. 예를 들어 가장 단일화되었다고 하는 영(英)블록은 설사 지도의 색은 폭력에 의해 동일하게 채색될 수 있더라도 전 세계에 흩뿌려진 종잇조각 같은 토지구성, 그 하나하나가 복잡한 정치적, 민족적, 문화적 고민에 허덕이고 있는 상황은 우리 동아협동체와 비교할 수가 없다. 소련 또한 그러하다. 미(美)블록이 수십 개의 국가군을 통솔하려고 하여도 아직 되지 않고 구주(歐洲)와 같이 들끓는 듯한 성운(星雲) 상태에 비하면, 지역적으로 꽉 묶여 그 국가군의 구성이 간명한 동아협동체의 장래가 얼마나 안정적인지를 명료하게 깨달을 것이다.

특히 동아협동체가 일본을 선각자로서 또 실력의 중심자로 그 중추에 위치시키고, 만주국, 몽강(蒙疆),[8] 신흥 지나가 좌우로 일사불란하게 배비(配備)되어 있는 모양은 그 구심력이 얼마나 통일되어 미동도 하지 않는 것인가를 말해 준다. 이를 영, 소, 미, 구주 기타와 비교하여 얼마나 그 결합이 강력한 것인지는 많은 말을 요하지 않는다.

동아협동체가 지닌 높은 안정성의 그 두 번째는 그 협동체가 동양문화라는 하나의 특이하고 더욱이 공통된 문화를 지닌 점이다. 동아협동체가 지닌 문화는 다른 어떠한 블록의 그것보다도 훨씬 깊고 또 오랜 역사를 가진다. 게다가 그 지도자인 일본이 동양문화를 모두 깊이 소화하여, 이를 오랜 세월을 거쳐 기르고 발전시켜 문화적으로도 전 동아를 충분히 지도할 수 있는 지위와 실력을 갖춘 것은 거듭 협동체 내의 문화적 결합을 강고하게 한다.

8 내몽고 괴뢰정부.

이를 소련이 가져다 붙인 듯이 공산주의를 백여 민족에게 강요하려 하고, 영국이 앵글로색슨 문화를 신비적인 인도나 이집트의 토인 그리고 남양의 흑인에게 강매하려고 하고, 아메리카니즘을 라틴계 중남미에 강매하려고 하는 미국에 비하여, 얼마나 동아협동체가 또한 혜택 받은 문화협동체인지를 알 수 있을 것이다.

이러한 여러 안정성을 내포하면서 동아협동체는 이번 지나사변을 계기로 하여 차차 건설 과정에 들어섰다. 게다가 그것은 세계사를 일변하려고 하는 높은 목표를 내걸고 있는 것이다. 먼저 수 세기 동아를 지배한 백인의 중압을 벗고 동아의 문화를 부흥하며, 다시 나아가 동양 문화를 근저로 하는 이상적인 협동체를 건설하여 이로써 세계에 새로운 빛을 비추고 새로운 질서를 요구하여, 세계로 하여금 평화와 번영의 시대에 들어서게 하려는 것이다.

그것은 소련이 꾀하고 있는 것과 같은 광적인 세계혁명의 기도와 비교하면 더더욱 중요하고 또 심원한 인류에 대한 인도이다. 앵글로색슨이 행해 온 폭력과 금력의 세계 제패에 비하면 놀랄 만큼 숭고한 도의적, 평화적 세계 건설이다.

이리하여 유사 이래 미증유의 동아협동체 건설 진행과 더불어 백인 중심의 세계관은 뒤집혀, 그 협동체는 새로운 세계 질서의 목표가 되고, 그 경제력은 소련, 앵글로색슨이 일찍이 기도한 모든 계획을 훨씬 넘어서고, 그 무력은 전 세계를 압도하여, 협동체 내 주민의 안녕과 행복은 지상을 낙원에 한 걸음 더 가깝게 할 것이다.

그를 위해서는 일본은 더더욱 이번 사변에 쏟은 노력의 몇 배를 요구받고 있다. 천양무궁(天壤無窮)과 팔굉일우(八紘一宇)의 큰 이상은 그 실현을 요구하며 일본은 그 실력을 갖추고 있다. 이를 실천하기 위해서는 앞의 정부 성명과 같이 「국내의 여러 혁신을 단행」해야 하는데, 특히 이 국내의 혁신은 「내선일체의 완성」을 필수조건으로 하며 동아협동체의 성패 역시 「내선일체의 완성」을 가장 중대한 기본 조건으로 하는 것을 큰 목소리로 지적하지 않으면 안 된다.

4. 동아협동체에서 내선일체의 의의: 내선일체의 완성 없이 동아협동체의 장래 없다

동아협동체의 건설에서 「내선일체의 완성」은 실로 깊은 의미를 지닌다. 그것은 동아협동체의 앞날에 관한 본질적이고 가장 중요한 문제를 내재하고 있기 때문이다.

앞서 서술한 대로 동아협동체는 세계의 현 단계에 즉응하여, 동아의 유기화 정도가 여기에 일본을 중심으로 하는 일대 협동체 결성을 가능하게 하는 정도까지 발전한 이러한 객관적 정세 위에 필연적으로 발생하여 온 것이다.

인류 역사에서 유기화의 진전은 고립은 협동으로 협동은 일체로 끊임없이 진전해 왔는데, 실로 그것은 인류사회 발전의 필연적 방향이며, 이러한 사실은 세계사의 어떤 부분을 펴보더라도 명명백백한 사실이다. 동아의 현 단계는 이번 사변에 의하여 드디어 고립 반발 상태에서 협동으로 진전되었다. 그 위에 건설될 협동체는 다시 그 건설이 발전할 때에는 다시 협동에서 일체로 진화될 것이 역사적 필연이다. 이러한 입장에서 내선 간의 관계를 볼 때, 내선관계는 먼저 내선융화라는 협동관계에서 내선일체라는 일체 관계의 완성으로 진전하며, 실로 내선일체의 완성이야말로 이러한 의미에서 동아협동체의 완성을 의미하는 동아 일체성의 성립에 불가결한 문제를 제출한 것이다.

일체는 협동에서 발전하고, 협동은 일체를 내재한다는 것은 사회사의 철칙이다. 일체를 내재하지 않은 협동은 참으로 발전성이 있는 협동일 수 없다. 따라서 동아에서 유기화의 진전은 다시 협동에서 일체 관계까지 진전해야 하는 이러한 의미에서 동아의 현 상황을 바라볼 때, 그 유기화의 진전에 세 단계를 인정할 수 있다.

하나는 내선일체의 관계이고, 하나는 일본과 일덕일심(一德一心)인 만주국의 오족협화 관계이고, 하나는 이제 발생하려는 동아협동체 혹은 동아연맹의 관계이다.

이들은 역사 발전과 더불어 혹은 유기화의 고도화에 따라 연맹에서 협화(융화)로 협화에서 일체로 발전해 온 것이다.

게다가 이때 동아협동체에서는 황송하게도 천황을 추축으로 받들어 그 구심력에 의해 결합되어 유기화가 고도화되어 간다고 하는 역사적 사실을 직관해야 한다. 현존 일본은 그 일면에서는 구미(歐美)의 아류를 이어받은 자유주의, 자본주의에서 생겨난 모순조차 아직 청산하지 못하고 국민의 유행이 아메리카 배우의 매무새 하나하나에 좌우되는 꼴이어서, 현 상황의 일본 그대로는 결코 동아협동체의 온전한 지도자가 될 수 없다.

실로 동아협동체는 일본의 천황폐하를 추축으로 받들어 이에 가까울수록 협동체에서 역할은 중요하며 이에 다가갈수록 유기화는 고도화되고 인심은 안정되는 것이다.

폐하의 팔다리인 일본 군대가 협동체에서 최대의 구심력인 것 역시 이 이치에 기초하며, 반도에서 내선일체는 조선의 현존 내지에 대한 추종 동화를 의미하지 않고 천황폐하의 적자로서 내지와 같은 몸이 되는 것을 의미한다. 또한 만주국에서는 만주국 황제폐하의 일본 천황폐하에 대한 일덕일심(一德一心) 관계에서 비로소 오족협화가 성립하는 것이다. 동아협동체 혹은 동아연맹도 천황폐하를 추축으로 하는 연맹이어야 하며 결코 평면적이고 다수결적인 연맹일 수 없다. 만약 이러한 연맹을 생각하는 자가 있다면 그것은 자유주의적, 데모크라시적 사상 잔해의 소유자에 다름 아닐 것이다.

따라서 동아에서는 이 커다란 목적에 가까운 자일수록 중요하여, 일본에서 자각한 반도인은 자각하지 않은 내지인보다 우수하고, 만주국에서도 무자각적인 일본인은 자각한 만주국인보다도 열등한 존재이다.

그 지역 내 자각이 높아짐에 따라 유기화가 진전되면서 현재 동아에 앞서 말한 세 단계가 생겨난 것인데, 이는 일본 내지에서도 예전에는 마찬가지였다. 삿쵸(薩長)[9]가 메이지유신에 의해 협동에서 일체로 나아가고, 류큐(琉球)가 본토와 사이에 이제는 완전히 일체를 이룬 것과 같은 단계이다.

위와 같이 실로 반도에서 내선일체의 완성은 동아블록 내에서 유기화의 최고이자 최종 단계를 완성하는 것이고, 따라서 이러한 완성이 현대 일본에서 행해지지 않는다면 동아협동체 건설은 애당초 마찬가지로 불가능하고, 동아협동체는 근저에서 동요 붕괴하여 버릴

9 사쓰마(薩摩) 번과 조슈(長州) 번. 1866년 3월 일본 서부 사쓰마 번과 조슈 번의 무사(武士)들은 '삿쵸동맹'(1866)을 맺고 바쿠후(幕府)의 권력을 천황(天皇)에게 넘기는 '대정봉환(大政奉還)'을 명분으로 쿠데타를 일으킨다. 1868년 1월 3일 왕정복고가 이루어지는데, 이것이 메이지유신이다.

것이며, 만약 일억 일본국민이 내선일체를 완성할 수 없으면 동아협동체 역시 무자각적인 일본의 손에 의해 붕괴될 날이 올 것이다.

내선일체의 완성은 실로 일본 사활의 문제이며, 그 가부는 실로 우리 일억 국민이 팔굉일우(八紘一宇), 천양무궁(天壤無窮)의 큰 이상을 참으로 이해할 수 있는가 없는가에 달렸다. 황송하게도 천황폐하께서는 내지인 위에만 빛을 주시지 않고, 또한 일본국민 위에만 빛을 주시지 않고, 실로 팔굉을 덮어 빛을 주시는 것이다. 천황의 덕을 으뜸으로 하는 자만이 지상에 번영하므로 이를 자각하지 않는 자는 일본인인지 다른 동양인인지를 불문하고 쇠멸로 향할 수밖에 없다.

내선일체의 완성은 반도에 재주(在住)하는 내지 출신, 조선 출신 2천만 국민이 나란히 황도(皇道)를 우러르는 데 있고, 이럴 때만 동아협동체에서 내선일체 완성의 빛나는 사명이 완수되는 것이다.

먼저 폭격하여 없앨 것은 일본인의 편협한 일본관, 국체관은 아닐까.

5. 내선일체 완성의 진의: 그 필연성과 우리의 임무

동아협동체가 역사적 필연인 것처럼 내선일체는 다시 그보다 더 엄연한 역사적 필연이며 이미 사회적 사실인 것이다. 그것은 결코 단순한 이상주의자의 꿈이거나 내지 심취자의 환상이 아니다. 이미 작년 3월호 본지 지상에서 필자가 논급한 것처럼,[10] 내선의 일체화의 과정

10 津田剛, 「朝鮮の現段階と綠旗聯盟」, 『綠旗』 3-3, 1938. 3.

은 어느덧 반세기의 역사를 경과하며, 일청역(日清役)[11] 후의 본격적 교류시대에 들어선 뒤로도 벌써 반세기 가까이 된다. 양자의 교류는 경제적, 군사적으로 착착 일체화의 과정을 밟아 메이지 43년 일한병합과 더불어 정치적 기타 모든 형이하적(形而下的) 일체는 이루어져, 반도의 쌀을 내지인이 먹고 내지의 공장생산물을 반도에서 사용하여, 마치 도쿄(東京)인이 도호쿠(東北) 농산물을 먹고 도호쿠인이 도쿄의 생산품을 사용하는, 도쿄와 도호쿠 농촌의 관계와 전혀 다르지 않을 만큼까지 일체화되어 간 것이다.

이런 형이하적 일체화의 완성을 반도의 제1차적 전환으로 하여, 이제 만주사변을 계기로 하고 이번 사변을 직접 동인으로 하여 물질적 제1차적 전환에 이어 정신적 문화적 제2차 전환이 일어나, 내선이 동일한 운명 아래, 동일한 이상 아래 살아갈 필연성과 환희가 반도 대중 사이에 갑자기 끓어올라 여기에 내선일체의 실현, 황국신민으로서의 자각과 분기를 촉구하는 소리가 물결처럼 질풍처럼 전 반도를 관통하여 일어났다. 이렇게 길게 늘어서 일천 킬로미터 전지(戰地)를 향하는 우리 용사를 보내는 히노마루(日の丸) 터널, 만세 소리와 함께 반도에도 또한 새로운 새벽이 온 것이었다.

이러한 사회적 필연에 기초하여 떠오른 「내선일체의 완성」 노력은 반도 현 단계의 이상을 표현하는 것으로서 다른 어떤 것과도 바꿀 수 없으며, 물론 이상주의자나 일부 국수론자(國粹論者)가 강요한 것은 아니다. 그런데 특히 사정에 어두운 내지 방면에서는 이에 관하여 종종 앞서 나가는 의견이나 제멋대로인 공상이 행해지고 있는 모양

---

11 청일전쟁(1894~1895).

인데, 그렇다면 참된 내선일체란 과연 어떤 것인가?

내지는 움직이지 않고 조선만 이에 추종하여 내지에 동화되어야 하는가. 아니면 또 내지와 조선이 일대일이라고 하는 것 같은 관계에서 서로 자기 양기(揚棄)를 행하여 여기에 신일본을 만든다고 하는 것인가? 전자는 내지인이 듣기에 좋고 후자는 조선인의 동감을 얻기 쉬울 것이다.

그러나 참된 내선일체화는 그 어느 것도 아니고, 실로 내지에서 정치, 경제 기타 여러 문화가 참으로 황도에 기초한 일본 문화 본모습으로 복귀를 의미하는 대개혁의 진행과 더불어, 이러한 선에 반도가 무조건 귀일(歸一), 동화하는 것을 의미한다.

참된 내선일체를 완성하기 위해서는 내지 여러 문화의 혁신이 동시에 다루어져야 하고, 참된 내선일체는 결코 종래와 같이 섬나라적, 독선적 색채를 띤 내지 문화에 반도를 강제적으로 동화시키는 것이어서는 안 된다. 또한 한편 반도 문화의 참된 일본 문화로 귀일을 무조건적 절대 요항(要項)으로 하는 것이어서 결코 내선 양 문화가 단순한 병렬적 관계에 있는 것이어서도 안 되는 것이다.

내선일체의 완성은 또한 동시에 내지에서 황국일본의 현현(顯現) 운동과 불가분의 관계에 있다. 만약 이 점을 잊고 내선일체를 논하고 이를 실행하려고 한다면, 그것은 실로 그 사람이 자각하든 자각하지 않든 결과는 반드시 섬나라적, 독선적 내지 문화를 반도에 강매하는 것이 되어 어쩌면 내선일체를 해하가나 아니면 생각지 않은 장해를 만날 것을 반도 관민 모두 깊이 알아야 할 것이다.

그러나 재래의 반도 문화는 이때 참된 일본 문화에 귀일하기 위해서는 근본적인 대개조가 가해지지 않으면 안 되며, 일부 민중에게는 그것이 고통을 동반한다 할지라도 단호하게 실행되어야 한다. 그리고 반도 민중이 모두 폐하의 적자라는 자각을 하고 이를 실천하는 날까지 이 개조는 추진될 것이다.

만약 이러한 선까지 반도를 전진시킬 수 있다면, 재래 반도의 여러 풍습·문화는 향토적인 것으로서 어떤 것은 보존되고 또 어떤 것은 더더욱 고양되지 않으면 안 될 것이다. 참된 내선일체는 결코 가옥, 의복, 언어 등의 맹목적 내지화를 의미하는 것이어서는 안 된다.

이 점에 관해 여러 검토되어야 할 문제가 있고, 또한 실제로 본질이 내선 모두에게 오해되고 있는 점이 많다.

한 예를 들겠다. 조선 옷은 순수한 일본 옷이다. 일본인 말고 세계 어디에 조선 옷을 입은 국민이 존재하는가. 와후쿠(和服)는 주로 내지인이 입고, 몸뻬는 주로 도호쿠인이 입고, 조선 옷은 주로 반도 출신자가 입는 것이다. 모두 순수한 일본 옷인 것이다. 만약 와후쿠를 입는 것이 일본정신의 표현이라고 한다면 일본군대는 감당할 수 없는 서양숭배의 노예이며 국민은 신관(神官)의 복장을 의복으로 하는 것이 가장 올바를 것이다.

적어도 반도 재주 내지인으로서 조선 옷을 입은 사람을 온갖 장소에서 양복을 입은 사람보다 다른 느낌을 가지는 동안은 절대로 내선일체를 논할 자격이 없고 또한 좋은 일본인이라고는 결코 말할 수 없다. 또한 반면 반도 문화를 고집하고 나아가 이를 암암리에 민족의식의 표현으로 삼고자 하는 자들에 대하여 철저하게 탄압을 해야 하는 것은 말할 것도 없다.

이상에서 의복의 한 예를 들어도 문제는 복잡하고 여러 갈래인데, 하물며 광범한 분야에 걸친 내선일체 완성의 대본(大本)이 되면 말은 쉬워도 그 실천의 어려움은 상상을 초월하는 것이 있다. 그렇지만 바야흐로 동아에는 새로운 역사의 페이지가 열리려 하고 흥아의 대업을 감행할 백만의 청년은 끝없이 펼쳐진 대륙에서 열전고투에 정진하고 있는 때이다. 하물며 동아협동 완성을 위해서는 그 최고, 최종의 단계를 나타내는 일체 완성의 성업(聖業)에서 참으로 유종의 미를 거두지 않으면 안 된다. 내선일체의 완성은 또한 동아협동체의 성패를 쥔 열쇠이다. 1억 일본 국민의 양 어깨에 걸린 국내 여러 개혁의 중책도 그렇지만 특히 반도 재주 2,300만 내지 출신, 반도 출신 국민 대중의 책임은 극히 중차대하다고 말하지 않을 수 없다.

지금이야말로 동아에는 세계사를 다시 쓸 정도의 동아협동체 건설의 대업이 수행되고 있다. 우리 국민은 그 세계적 의의를 깊이 자각하여 이 대업에 참여해야 한다. 본론 전반의 동아협동체의 이념을 각자가 마음으로 실현에 매진하는 것이야말로 3년에 이르는 이 성전의 목적을 달성하는 유일하고 최종적인 길이다.

바야흐로 동아에는 세계사를 바꿔 쓰는 것과 같은 동아협동체 건설의 대업이 수행되고 있다. 우리 국민은 그 세계적 의의를 깊이 자각하고 이 대업에 참가하지 않으면 안 된다. 이 글 전반의 동아협동체 이념을 스스로 마음에 새겨 이 실현을 향하여 매진하는 것이야말로 3년에 걸친 이 성전의 목적을 이룰 유일하고 또 최종적인 길이다.

더구나 또한 반도에 거주하는 우리로서 깊이 자각해야 할 일은, 반도에서는 장기전에 참가하는 가장 중요한 과제는, 즉 수만 리 밖 전장에 있지 않고 다섯 척의 이 몸을 가지고 내선일체 완성의 성업에 참가하는 것이다. 전선에 있는 백만 동포의 흥아의 열정은 바로 우리 2,300만 국민의 일체 촉진의 정열이어야 하며, 총후(銃後) 우리 국민은 전선의 노고를 그리며 이 대업에 참가하여야 한다.

그렇다면 동아의 새벽은 먼저 조선에서 열릴 것이다. 신일본을 건설하는 악보 역시 반도에서 드높이 연주될 것이다. 일찍이 동아 및 일본의 코페르니쿠스적 전회가 만주를 무대로 하여 왕도낙토를 배경으로 하여 전개되었던 것처럼.

동지여! 그리고 반도 2천만 국민이여! 반도로 하여금 이러한 빅력을 가지게 하지 않겠는가!

■ 원문

東亞協同體의 理念과 內鮮一體[1]

모리타니 가쓰미(森谷克己)

나에게 지정된 과제는 애당초 동아협동체 이념에서 보면 내선 관계, 바꿔 말하면 조선의 지위는 어떻게 되는가? 혹은 오히려 내선일체의 동아 대륙에 대한 확충이야말로 동아협동체가 아닌가, 즉 내선일체는 동아협동체의 좋은 모범은 아닌가? 라는 설문을 함축하고 있다고 생각한다. 그러므로 이 점에 대하여 나의 감상을 써보고자 한다.

◇

이번 일지사변(日支事變)은 이미 어찌 됐던 동아신질서를 낳을 것이고, 게다가 이 신질서는 지금 사람들에 의해 그에 대한 여러 구도가 주어지고 있음에도 결국 선진 일본의 선도에 의한 동아협동체밖에 없다는 것은 나에게는 의문이 없다고 생각된다. 생각건대 이러한 협동체에 도달하지 않고는 도저히 동아 여러 민족의 자주적 흥륭(興隆)은커녕 그들의 회복마저도 바라기 어렵고, 아니 일지사변 자체에 대한 결말 그 근본적 해결을 생각할 수 없기 때문이다.

동아 여러 민족은 지금 평화와 흥륭의 화근을 일소하고 대동단

---

1 森谷克己, 「東亞協同體の理念と內鮮一體」, 『綠旗』 4-8, 1939. 8, 18~33쪽.

결하지 않으면, 지나 대륙에서 제2의 인도, 제2의 외몽고를 보는 날이 올 것은 거의 기정사실일 것이다. 그것이 동아 여러 민족을 구하기 어려운 불행에 빠뜨릴 것은 말할 것도 없다. 게다가 중국의 일부 지도층은 사실 이러한 논리를 전혀 이해하지 않고, 선린우호를 뜻으로 하는 일본을 적으로 삼음으로써 내셔널리즘 앙양에 힘썼다. 그것이 번서 도의에 반한 것은 말할 것도 없다.

확실히 민족적 완성에 대한 여러 조건을 구비하는 경우 내셔널리즘은 충분히 존중되어야 한다. 그러나 지나의 경우에는 몰의도(沒義道)의 내셔널리즘이었을 뿐만 아니라, 또한 그러기에 민족적 완성을 향하기보다 실은 오히려 백색, 적색 양 제국주의에 의한 식민지화 방향으로 인도된 내셔널리즘이었던 것이다. 그것은 본래 일부 지도층의 죄이고, 요컨대 그들이 흥아의 의성(意誠)이 결여되었기 때문이다.

세계사의 현 단계에서 동아에서는 흥아의 의식이야말로 내셔널리즘에 우선하며 동아협동체가 내셔널리즘 위에 있지 않으면 안 된다. 민족적 완성은 다만 동아 제족(諸族) 협동체 아래에서만 이루어질 수 있다는 것을 알아야 한다.

흥아협동체 형성을 위해서는 물론 먼저 강한 힘에 의하여 여러 장애가 제거되어야 한다. 무엇보다도 위에서 서술한 관계를 이해하지 않고 흥아의 대의를 멸각(滅却)하려는 자가 제외되어야 한다. 즉 백색 제국주의를 위한 매판(買辦, comprador)과 매판적 사상, 적화 요소와 그 사상이 일소되어야 한다. 그것들은 동아에서 쓸데없는 것일 뿐만 아니라 평화와 흥륭의 화해(禍害)를 부르기 때문이다. 중국 내셔널리즘이 이러한 요소, 사상에 의하여 지도되는 한, 우리 편의 작전은 철저히 수행되어야 한다. 그렇지 않으면 친화(親和)가 이루어지지 못하기 때문이다. 우리 편의 응전은 물론 중국을 미워하기 때문이 아니다. 그것은 흥아의 대의에 서서 바로 그를 사랑한다면 그 잘못된 지도와 완미(頑迷)를 미워하기 때문에 다름 아니다. 요컨대 흥아의식의 각성을 방해하는 여러 장애가 있는 한 먼저 칼에 의한 비판이 철저히 행해져야 한다.

◇

그러나 목적은 그로 하여금 흥아 의식에 눈을 뜨게 하고, 백색·적색 양 제국주의에 의한 반(半)식민지적 질서를 폐기하여 우리에게 협력하게 하고, 더불어 흥아의 신질서를 건설하는 데 있다. 즉 아시아 일체화와 이러한 반식민지적 질서의 폐기이다. 생각건대 그것 없이는 흥아 건설이 이루어지지 않기 때문이다. 중국 내셔널리즘도 이러한 방향에 선도되어, 그리고 구질서의 폐기를 위하여 온갖 계기가 파악되지 않으면 안 된다. 톈진(天津) 사건[2]은 그 가장 중요한 계기를 이룬다.

원래 「아시아는 하나」이고, 또 세계사의 현 단계에서는 이미 아시아 일세계(一世界)의 의식에 눈을 뜨지 않고는 동아 제민족의 독립과 흥륭을 바랄 수 없다. 이는 백색·적색 양 제국주의에 의한 동아의 식민지화가 이미 대륙 여러 민족을 다시 일어날 수 없게 할 정도로 진행되었기 때문이다. 지금이야말로 동아 여러 민족은 동아 일세계의 의식에 눈을 뜨고, 대동(大同)에 붙어, 협동체를 형성하고 동아의 구질서, 반식민지적 질서에서 탈각해야 한다.

2 1939년 4월 일본군에 의한 톈진의 영국과 프랑스 조계 봉쇄하였다. 화북 지역을 장악한 일본과 장개석의 국민정부를 지원하는 영국 사이의 갈등으로 빚어진 사건이다.

원래 아시아 혹은 동양은 서양에 대한 별개의 더구나 그 자체 하나의 세계를 이루어, 그리고 이 동양 세계의 발전은 원리적으로 서양과 다르다고 나는 믿는다.

확실히 동양 일세계라는 견해에 대해서는 상당히 많은 강한 반대가 있다. 예를 들어 쓰다 소키치(津田左右吉) 박사는 가장 유력한 반대론자의 한 사람이다. 그는 서양 문화라든시 서양적인 것은 인정되고 따라서 서양이 일세계를 이루는 것은 인정되나, 이에 반하여 「동양문화」나 「동양적인 것」 등은 인정하기 어렵다고 한다. 즉 박사는 동양에서는 일체로서의 동양의 특수성이 아니라, 오히려 다만 여러 민족의 특수성 즉 「일본적인 것」, 「지나적인 것」, 「인도적인 것」밖에 인정할 수 없다고 한다(『支那思想と日本』, 岩波新書[3] 참조). 그러나 이러한 견해에 대해서는 나는 이미 감상을 적어 그 불충분함과 유지할 수 없음을 지적한 바 있었다(졸저, 『アジア的生産様式』, 127쪽 이하[4] 참조).

아시아 또는 동양은 근원적으로 하나다. 그것은 사회의 경제 과정에서 보아도 서양에 대한 별개의 더욱이 그 자신이 하나의 세계를 이루고 있다. 다만 이제까지는 동양 여러 민족은 아시아 일세계 의식에 눈을 떠 스스로를 일체로서 형성하지 않았다고 말할 수 있을 뿐이다. 동양은 말하자면 「그 자체로서」 하나이지, 아직 「그 자신을 위한」

---

3 津田左右吉, 「東洋文化とは何か」, 『支那思想と日本』, 岩波書店, 1938, 105~200쪽. "인도와 중국 및 일본 각각의 특이한 문화를 총괄하여 동양 문화라고 칭할 수 있을까. 동양 문화라는 말은 서양 문화라는 칭호에 대립하는 것으로서 선전되고 있는 듯하지만, 이른바 서양 문화는 유럽이라는 하나의 세계의 역사적 전개에 의하여 형성된 하나의 문화이므로, 위에 적은 의미에서 일본과 인도와 중국의 문화를 동양 문화라고 총칭하는 것은 그것과는 의미가 다르지 않을까."

4 森谷克己, 『アジア的生産様式論』, 育生社, 1941, 127~134쪽.

일체를 형성하는 데 이르지 않은 것이다. 바꿔 말하면, 동양 여러 민족은 객관적으로 그 지위를 공통으로 하여 더욱이 아직 주체적으로 이를 의식하고 일체가 되지 않은 것이다.

「아시아는 하나」라고 해도 물론 그것은 여러 민족이 동등, 동일하다는 것은 아니다. 동양 여러 민족은 서로 어느 정도까지 교섭은 가져왔지만 아직 역사적으로 각각 따로따로 떨어진 도정을 더듬어 왔다는 것도 필경 교통이 아직 미발달했기 때문이다. 어쨌든 역사적 발달을 달리 한 결과, 동양 여러 민족은 또한 그 생활과정에서 각각 다른 방면도 가지고 있다. 즉 일본과 대륙의 차이는 현저하다. 특히 민족적 완성의 여러 조건을 구비하고 민족적 완성을 이룰 수 있었던 것은 말할 것도 없이 일본뿐이다.

그러나 이러한 동양 여러 민족 각각의 특수성은 근원적으로 하나의 세계의 분화적 발달로서 이해된다. 동양은 근원적으로 일세계를 이루고, 또한 근원적으로 분화적 발달의 계기를 가진 것이다. 「아시아적 생산양식」 혹은 「동양적 사회 이론」은 이 점에 대한 설명을 줄 수 있다.

바야흐로 동양은 말하자면 「그 자체로서」의 일체서 「그 자신을 위한」 일체로 발달을 이룰 결정적 단계에 들어섰다. 만주사변에서 이번 지나사변에 이르는 일지 양국 충돌의 역사적 의의는 실로 여기에 있다. 지금이야말로 대륙 여러 민족은 동아의 선진국이자 민족적 완성을 이룬 유일한 나라인 일본을 떠나서 스스로의 흥륭이 없다는 것을 알아야 한다.

열강에 의한 동아의 식민지화와 정체를 좌시할 수 없는 일본은 이제 동아의 구질서, 반식민지적 질서의 폐기와 흥아를 위한 신질서 건설의 결정적 단계로 들어선 것을 충분히 자각하여 더더욱 각오를 굳게 해야 한다. 이리하여 동양은 「하나」라고 하는 의식에 도달하고 하나가 되지 않으면 안 된다. 하나가 되어 비로소 동양은 능히 외적의 침략을 막을 수 있고(抵御外侮), 또한 구성 제민족의 생활 향상을 바랄 수 있는 것이다.

◇

동아의 신질서는 동아협동체가 아니면 안 된다고 해도, 이 협동체는 물론 민족적 지위가 같은 자의 대동단결이라고 관념할 수는 없다. 이는 무엇보다도 역사적 발달단계를 달리하는 자가 평등한 지위에 선다는 것은 실은 도리어 불평등한 것일 뿐만 아니라 흥아 건설을 촉진할 수 있는 까닭이 아니기 때문이다.

애당초 일본은 만방무비(萬邦無比)의 국체를 가지고 동아에서 민족적 완성을 성취할 수 있었던 유일한 나라라고 할 수 있을 뿐만 아니라 정치적으로 문화적으로 경제적으로 단연 가장 앞선 나라이다. 따라서 협동체에서 지도권은 당연히 일본에 귀속되지 않으면 안 된다. 생각건대 그러할 때만 실력에 부응하는 동아신체제이자, 구체적으로는 민족적 평등의 요구에 적합할 뿐만 아니라 흥아 건설이 촉진되기 때문이다. 다만 그러나 이 지도권은 물론 영국이 인도에 대하여 행사하듯이 무자비하고 또한 파렴치한 것은 아니라 마치 일가(一家)에서 아버지와 같은 형과 같은 무한한 자비를 가지고 행사되어야 하는 것은 말할 것도 없다.

동아협동체는 왕도(王道)로써 도의적 기초를 삼아야 한다고 생각하는 사람도 있는 듯하나, 그것은 나는 결단코 불가하다고 생각한다. 신동아의 도의는 일군만민(一君萬臣), 만민보익(萬民輔翼)의 신절(臣節)

을 본의로 하는 황도(皇道)에 다름 아니다. 왕도가 이미 중국의 지도적 청년층에도 받아들여지지 않는 것에는 충분한 이유가 있는 것이다. 왕도는 말할 것도 없이 패도(覇道)의 대립물이며, 바로 후자로 떠오르게 하고 실은 이를 빠뜨릴 수 없는 것이다. 그뿐만 아니라 그것은 동아 대륙의 정체(停滯)와도 깊은 관계를 지닌다. 물론 왕도도 함부로 버릴 수 없지만, 그러나 그것은 신동아의 도의적 기초는 될 수 없다. 요는 그 취할 것을 취하고, 버릴 것을 버리는 하자 없고 숭고한 황도가 신동아의 도의여야 한다.

「내선일체」는 지난번 미나미(南) 총독에 의한 국민정신총동원 조선연맹 간부 회합석상에서 행해진 연설 요지에서도 엿볼 수 있듯이, 팔굉일우(八紘一宇)의 조국(肇國) 정신 구현의 첫걸음이며 일시동인(一視同仁)의 성지(聖旨)의 확충에 다름 아니고, 모든 백성이 천황을 중심으로 한다는 신념에 서서 천업(天業)의 장대함을 도와 받들 것을 의미하는 것에 다름 아닌 한, 확실히 동아협동체의 좋은 모범이지 않으면 안 된다.

게다가 또한 동아신질서, 동아협동체 건설은, 물론 내선일체의 철저와 이윽고 저절로 후진 조선의 지위의 획기적 향상을 가져올 것에 틀림없다. 무엇보다도 교육령의 개정과 지원병 제도의 창설은 그 가장 중요한 계기를 이룰 것이다. (昭和 14년 7월 10일)

❁ 참고문헌

1. 자료

『京城日報』, 『東亞日報』, 『朝鮮日報』.

『大阪朝日新聞』, 『東京朝日新聞』, 『報知新聞』.

『開闢』, 『京城商工會議所 經濟月報』, 『鑛業朝鮮』, 『國民文學』, 『國民新報』, 『綠旗』, 『東洋之光』, 『文章』, 『批判』, 『三千里』, 『人文評論』, 『朝光』, 『朝鮮』, 『朝鮮總督府官報』, 『朝鮮總督府調査月報』, 『朝鮮行政』, 『春秋』, 『治刑』.

『改造』, 『改造目次総覧 中卷』(新約書房, 1967), 『經濟論叢』, 『官報』, 『思想』, 『大陸』, 『中央公論』, 『都市問題』, 『日本評論』, 『文學界』, 『申報』.

伊波普猷, 『古琉球』, 沖縄公論社, 1911.

朝鮮總督府 編, 『朝鮮總督府施政年報 明治43年版』, 朝鮮總督府, 1912.

スペングラー(村松正俊 譯), 『西洋の没落』 1~4, 批評社, 1926.

桑田芳蔵, 『ヴントの民族心理學』, 文明書院, 1918.

秋田六郎, 『ヴントの民族心理論〈社會經濟思想叢書 12〉』, 事業之日本社, 1926.

Stalin, Joseph, *Leninism*, translated by Eden and Cedar Paul, George Allen & Unwin Ltd, 1928.

中村康隆, 「マリノフスキーと未開人社會に於ける罪と慣習」, 『民俗學』 2-8, 民俗學會, 1930. 8.

Kakuzō, Okakura, "Asia is One," *The Ideals of the East with Special Reference to the Art of Japan*, London: J. Murray, 1930.

白南雲, 『朝鮮社會經濟史』, 改造社, 1933.

ジャン·ジャック·ルソー(本田喜代治 譯), 『人間不平等起源論』, 岩波書店, 1933.

ローザ·ルクセンブルグ(長谷部文雄 譯), 『資本蓄積論』 (上)~(下), 岩波書店, 1934.

シエストフ(阿部六郎 譯), 「自明の超剋(ドストエフスキーの哲学)」, 三木清 監修, 『シェストフ選集』 1, 改造社, 1934.

バンシャマン·クレミウ(増田篤夫 譯), 『不安と再建: 新しい文學概論』, 小山書店, 1935(재간 1951).

孫文(外務省調査部第三課 編譯), 「大亞細亞主義」, 『孫文主義 上』, 外務省調査部, 1935.

宇垣一成, 『伸び行く朝鮮: 宇垣總督講演集』, 1935.

ヴント(明石讓壽 譯),『心理學入門』, 金星堂, 1937.
印貞植,『朝鮮の農業機構分析』, 白揚社, 1937.
ホセ·オルテガ·イ·ガセット(池島重信 譯),『現代の課題: 評論集』, 刀江書院, 1937.
高山岩男,『哲學的人間學』, 岩波書店, 1938.
金聲律,『史實より見たる 內鮮一體』, 大海堂, 1938.
難波田春夫,『國家と經濟』全五卷, 日本評論社, 1938~1943.
ローゼンベルク(丸川仁夫 譯),『二十世紀の神話〈現代思想全書 10〉』, 三笠書房, 1938.
ヴント(平野義太郎 譯),『民俗心理より見たる政治的社會』, 日本評論社, 1938.
アルフレット·ローゼンベルク(吹田順助·上村清延 譯),『二十世紀の神話: 現代の心靈的·精神的な價値爭鬪に對する一つの評價』, 中央公論社, 1938.
鈴木正文,『朝鮮經濟の現段階』, 帝國地方行政學會朝鮮本部, 1938.
オルテガ(池島重信 譯),「現代の課題」,『現代文化學序說〈現代思想全書 15〉』, 三笠書房, 1938.
津田左右吉,『支那思想と日本』, 岩波書店, 1938.
土方成美,『日本經濟學への道』, 日本評論社, 1938.
ヘーゲル(田村實 譯),『法律哲學綱要 下』, 改造社, 1938.
玄永燮,『朝鮮人の進むべき道』, 綠旗聯盟, 1938.
火野葦平,『麥と兵隊』, 改造社, 1938.
高山岩男,『文化類型學』, 弘文堂, 1939.
金斗禎,『防共戰線勝利の必然性』, 時局對應全鮮思想報國聯盟, 1939.
徐寅植,『歷史와 文化』, 學藝社, 1939.
小島精一,「超民族的東亞協同體論を排す」,『日本戰時經濟論』, 春秋社, 1939.
玄永燮,『新生朝鮮の出發』, 大阪屋號書店, 1939.
フレイザー(永橋卓介 譯),『サイキス·タスク: 俗言と社會制度』, 岩波書店, 1939.
谷口吉彥,『新體制の理論』, 千倉書房, 1940.
谷口吉彥,『東亞總合體の原理』, 日本評論社, 1940.
印貞植,『朝鮮の農業地帶』, 生活社, 1940.
作田莊一,『我が國體と經濟〈國體の本義解說總書〉』, 文部省教學局, 1940.
朝鮮總督府,『朝鮮に於ける國民精神總動員』, 朝鮮總督府, 1940.
姫野實 編,『朝鮮經濟圖表』, 朝鮮統計協會, 1940.
企劃院硏究會,『國防國家の綱領』, 新紀元社, 1941.
マリノフスキー(國分敬治 譯),『神話と社會』, 創元社, 1941.
森谷克己,『アジア的生産樣式論』, 育生社, 1941.
Otto Stein(酒枝義旗 譯),『ゴットル經濟學入門』, 白揚社, 1941(補譯新版, 1943).

作田荘一,『經濟の道』, 弘文堂書房, 1941.
朝鮮總督府官房文書課 編,『諭告·訓示·演述總攬』, 朝鮮行政學會, 1941.
ヘーゲル(金子武藏 譯),『精神現象學』, 岩波書店, 1941.
高山岩男,『世界史の哲學』, 岩波書店, 1942.
谷口吉彦,『大東亞經濟の理論』, 千倉書房, 1942.
臺灣總督府警務局 編,『臺灣警察沿革誌』Ⅳ, 1942.
鈴木武雄,『朝鮮經濟の新構想』, 東洋經濟新報社京城支局, 1942.
鈴木武雄,『朝鮮の經濟』, 日本評論社, 1942.
印南博吉,『經濟學の革新: ゴットル經濟學研究』, 社會主義工業社, 1942.
酒枝義旗,『ゴットルの經濟學』, 弘文堂書房, 1942.
高坂正顯·西谷啓治·高山岩男·鈴木成高,『世界史的立場と日本』, 中央公論社, 1943.
久間健一,『朝鮮農政の課題』, 成美堂, 1943.
尹行重,『現代經濟學의 諸問題』, 博文書館, 1943.
印貞植,『朝鮮農村の再編成』, 人文社, 1943.
崔載瑞,『轉換期の朝鮮文學』, 人文社, 1943.
河上徹太郎 外,『知的協力會議 近代の超克』, 創元社, 1943.
國民總力朝鮮聯盟 編,『朝鮮に於ける國民總力運動史』, 國民總力朝鮮聯盟, 1945.
矢部貞治,『新秩序の研究』, 弘文堂書房, 1945.
朴致祐,『思想과 現實』, 白楊堂, 1946.
大藏省管理局,『日本人の海外活動に關する歷史的調査, 通卷第7冊』, 1950.

고려대학교 아세아문제연구소·육당최남선전집간행위원회 편,『육당최남선전집』3, 현암사, 1973.
인정식·인정식전집간행위원회,『印貞植全集』1~5, 한울, 1992.
차승기·정종현 편,『서인식 전집』전 2권, 역락, 2006.
임화문학예술전집편찬위원회 편, 임규찬 책임편집,『임화문학예술전집 2: 문학사』, 소명출판, 2009.
임화문학예술전집편찬위원회 편, 신두원 책임편집,『임화문학예술전집 3: 문학의 논리』, 소명출판, 2009.
윤대석·윤미란 편,『사상과 현실: 박치우전집』, 인하대출판부, 2010.
최원식·백영서 편,『동아시아인의 '동양' 인식』(개정판), 창비, 2010.
장인성·김태진·이경미 편,『근대한국 국제정치관 자료집(제2권): 제국-식민지기』, 서울대학교출판문화원, 2014.

2. 논저

가라타니 고진 저, 조영일 역, 「제국과 네이션」, 『문자와 국가』, 도서출판b, 2011.

권나영(Nayoung Aimee Kwon), 「어긋난 조우와 갈등하는 욕망들의 검열: '조선문화의 장래'를 둘러싼 좌담회 (다시)읽기/(엿)듣기」, 한국학의 세계화 사업단·연세대학교 국학연구원 편, 『일제 식민지 시기 새로 읽기』, 혜안, 2007.

金根洙, 『韓國雜誌槪觀 및 號別目次集』, 韓國學硏究所, 1988.

김동식, 「1930년대 후반 지성론에 대한 고찰」, 『한국근대문학의 풍경들』, 들린아침, 2005.

김동식, 「텍스트로서의 주체와 '리얼리즘의 승리': 김남천 비평에 관한 몇 개의 주석」, 『한국현대문학연구』 34, 2011.

金龍濟, 「告白的 親日文學論: 大村教授에게 답하는 僞裝親日文學의 眞相」, 『韓國文學』 6-8, 1978. 8.

김윤식, 『한국근대문예비평사연구』, 일지사, 1976.

김윤식, 「『전선기행』 속의 조선 문인들의 표정」, 『한·일 근대문학의 관련양상 신론』, 서울대출판부, 2001.

김윤식, 「국민국가의 문학관에서 본 이중어 글쓰기 문제」, 『아득한 회색 선연한 초록』, 문학동네, 2003.

김재호, 「칸트 『윤리형이상학 정초』」, 『철학사상』 별책 7-14, 2006.

김철, 「근대의 초극, 「낭비」, 그리고 베네치아」, 『민족문학사연구』 18, 2001.

김철, 「동화 혹은 초극: 식민지 조선에서의 근대초극론」, 『동방학지』 146, 2009.

나카무라 미쓰오 외, 김경원 외 역, 『태평양 전쟁의 사상: 좌담회 '근대의 초극'과 '세계사적 입장과 일본'으로 본 일본정신의 기원』, 이매진, 2007.

文明基, 「中日戰爭 初期(1937~1939) 汪精衛派의 和平運動과 和平理論」, 『東洋史學硏究』 71, 2000.

미야지마 히로시, 『일본의 역사관을 비판한다』, 창비, 2013.

미즈노 나오키 지음, 정선태 옮김, 『창씨개명: 일본의 조선 지배와 이름의 정치학』, 산처럼, 2008.

박광현, 「'경성 좌담회' 다시 읽기」, 『일본연구』 62, 한국외국어대학교 일본연구소, 2014.

박진영, 「전선에서 돌아온 영문학자 임학수의 초상」, 『근대서지』 11, 근대서지학회, 2015.

방기중, 「1930년대 조선 농공병진정책과 경제통제」, 방기중 편, 『일제 파시즘 지배정책과 민중생활』, 혜안, 2004.

방기중, 「조선 지식인의 경제통제론과 '신체제' 인식: 중일전쟁기 전체주의 경제론을 중심으로」, 방기중 편, 『일제하 지식인의 파시즘체제 인식과 대응』, 혜안, 2005.

방기중·전상숙, 「일본파시즘 인식의 혼돈과 재인식의 방향」, 방기중 편, 『식민지 파시즘의 유산과 극복의 과제』, 혜안, 2006.
신지영, 『부(不)/재(在)의 시대: 근대계몽기 및 식민지기 조선의 연설·좌담회』, 소명출판, 2012.
윤대석, 「언어와 식민지」, 『식민지 국민문학론』, 역락, 2006.
윤대석, 「1940년대 '국민문학' 연구」, 서울대학교 박사학위논문, 2006.
윤대석, 「김기림 시론에서의 '과학'」, 『식민지 문학을 읽다』, 소명출판, 2012.
윤해동, 『식민지의 회색지대: 한국의 근대성과 식민주의 비판』, 역사비평사, 2003.
이건제, 「조선문인협회 성립과정 연구」, 『한국문예비평연구』 34, 2011.
이경훈 편역, 『한국 근대 일본어 평론·좌담회 선집(1939~1944)』, 역락, 2009.
이송순, 『일제하 전시 농업정책과 농촌 경제』, 선인, 2008.
이승렬, 「1930년대 전반기 일본군부의 대륙침략관과 '조선공업화' 정책」, 『國史館論叢』 67, 1996. 6.
이준식, 「파시즘기 국제 정세의 변화와 전쟁 인식」, 방기중 편, 『일제하 지식인의 파시즘 체제 인식과 대응』, 혜안, 2005.
이혜진, 「근대의 초극 혹은 근대문학의 종언: 김남천의 「경영」, 「맥」, 『낭비』 연작을 중심으로」, 『국제어문』 41, 2007.
임마누엘 칸트 저, 백종현 역, 『윤리형이상학 정초』, 아카넷, 2005.
임종국 저, 이건제 교주, 『친일문학론』, 민족문제연구소, 2013(초판 1966, 林鐘国(大村益夫 訳), 『親日文学論』, 高麗書林, 1976).
정선태, 「총력전 시기 전쟁문학론과 종군문학」, 『동양정치사상사』 5(2), 2006.
정혜영, 「1930년대 종합대중잡지와 '대중적 공유성'의 의미: 잡지 『조광』을 중심으로」, 『현대소설연구』 35, 2007. 1.
조관자, 「민족의 힘을 욕망한 〈친일내셔널리스트〉 이광수」, 『당대비평』, 2002. 4(박지향 외 편, 『해방전후사의 재인식 1』, 책세상, 2006).
G. W. F. 헤겔 저, 박배형 역, 『헤겔과 시민사회: 『법철학』 「시민사회」장 해설』, 서울대출판문화원, 2017.
차승기, 「추상과 과잉: 중일전쟁기 제국/식민지의 사상연쇄와 담론정치학」, 『상허학보』 21, 2007.
차승기, 「제국의 아상블라주와 사건의 정치학: 무라야마 도모요시(村山知義)와 조선」, 『동방학지』 161, 2013.
차승기, 『비상시의 문/법: 식민지/제국 체제의 삶, 문화, 정치』, 그린비, 2016.
차승기, 「폐허로부터의 비전: 일제말기 김남천의 소설론과 탈식민의 계기」, 『민족문학사연구』 61, 2016.
최유리, 『일제 말기 식민지 지배정책연구』, 국학자료원, 1997.

친일인명사전편찬위원회, 『일제협력단체사전: 국내중앙 편』, 민족문제연구소, 2004.

친일인명사전편찬위원회, 『친일인명사전』, 민족문제연구소, 2009.

허수열, 『개발 없는 개발: 일제하, 조선경제 개발의 현상과 본질』, 은행나무, 2016(개정 2판).

홍종욱, 「중일전쟁기(1937~1941) 조선 사회주의자들의 전향과 그 논리」, 『한국사론』 44, 2000.

홍종욱, 「해방을 전후한 경제통제론의 전개: 박극채·윤행중을 중심으로」, 『역사와 현실』 64, 2007. 6.

홍종욱·이정선·후지이 다케시·임성모, 「전시기 조선 지식인의 진향」, 『역사문제연구』 28, 2012.

カーター·J·エッカート(橋谷弘 訳), 「植民地末期朝鮮の総力戦·工業化·社会変容」, 『思想』 841, 1994. 7.

高崎宗司, 「朝鮮の親日派: 緑旗連盟で活動した朝鮮人たち」, 『岩波講座 近代日本と植民地 6: 抵抗と屈従』, 岩波書店, 1993.

広松渉, 『〈近代の超克〉論』, 朝日出版社, 1980(講談社学芸文庫, 1989; 히로마쓰 와타루, 김항 역, 『근대초극론』, 민음사, 2003).

堀和生, 『朝鮮工業化の史的分析』, 有斐閣, 1995.

宮本正明, 「戦時期朝鮮における「文化」問題: 国民総力朝鮮連盟文化部をめぐって」, 赤澤史朗 外 編, 『年報 日本現代史 7: 戦時下の宣伝と文化』, 現代史料出版, 2001.

宮田節子, 『朝鮮民衆と「皇民化」政策』, 未来社, 1985(宮田節子 저, 李熒娘 역, 『朝鮮民衆과 「皇民化」政策』, 一潮閣, 1997).

宮田節子·金英達·梁泰昊, 『創氏改名』, 明石書店, 1992.

權寧珉 編, 『韓国近現代文学事典』, 田尻浩幸 訳, 明石書店, 2012.

吉田和夫, 『ゴットル: 生活としての経済』, 同文館出版, 2004.

金時鐘, 「クレメンタインの歌」, 『「在日」のはざまで』, 平凡社ライブラリー, 2001(김시종 저, 윤여일 역, 「클레멘타인의 노래」, 『조선과 일본에 살다: 재일시인 김시종 자전』, 돌베개, 2016).

金允植, 「国民国家の文学観からみた二重語創作の問題: 解放前における朝鮮作家の日本語創作について」, 『朝鮮学報』 186, 朝鮮学会, 2003.

金哲, 「同化あるいは超克: 植民地朝鮮における近代超克論」, 酒井直樹·磯前順一 編, 『「近代の超克」と京都学派: 近代性·帝国·普遍性』, 以文社, 2010.

金哲, 『抵抗と絶望: 植民地朝鮮の記憶を問う』, 大月書店, 2015.

金子文夫, 「占領地·植民地支配」, 石井寛治·原朗·武田晴人 編, 『日本経済史 4: 戦時·戦後期』, 東京大学出版会, 2007.

藤石貴代, 「金南天の「浪費」「経営」「麦」連作について」, 『朝鮮学報』 171, 1999. 4.

柳澤治, 『戦前·戦時日本の経済思想とナチズム』, 岩波書店, 2008.

李昇燁, 「朝鮮人内鮮一体論者の転向と同化の論理: 緑旗連盟の朝鮮イデオローグを中心に」, 『二十世紀研究』 2, 2001. 12(이승엽, 「조선인 내선일체론자의 전향과 동화의 논리」, 윤해동 외 편, 『근대를 다시 읽는다 1』, 역사비평사, 2006).

木村健二·申奎燮·幸野保典·宮本正明, 「戦時下における朝鮮人の中国関内進出について」, 『青丘学術論集』 23, 2003. 10.

武藤秀太郎, 「宇野弘蔵の広域経済論: 総力戦体制と東アジア」, 『日本研究』 25, 2002.

米谷匡史, 「「世界史の哲学」の帰結」, 『現代思想』, 1994. 1.

米谷匡史, 「尾崎秀実の「東亜協同体」批判: 日中戦争期の「社会」問題」, 石井知章·小林英夫·米谷 編, 『一九三〇年代のアジア社会論』, 社会評論社, 2010.

米谷匡史, 「三木清の「世界史の哲学」: 日中戦争と「世界」」, 『批評空間』 Ⅱ-19, 1998. 10.

米谷匡史, 「植民地/帝国の「世界史の哲学」, 『日本思想史学』 37, 2005. 9.

米谷匡史, 「日中戦争期の天皇制: 「東亜新秩序」論·新体制運動と天皇制」, 酒井直樹 外 編, 『岩波講座·近代日本の文化史 7: 総力戦下の知と制度』, 岩波書店, 2002.

米谷匡史, 「戦時期日本の社会思想: 現代化と戦時変革」, 『思想』 882, 1997. 12.

米谷匡史, 『アジア/日本』, 岩波書店·思考のフロンティア, 2006(요네타니 마사후미 저, 조은미 역, 『아시아/일본』, 그린비, 2010).

梶村秀樹, 「1960年代初頭の南朝鮮の支配構造といわゆる隷属資本」, 『梶村秀樹著作 5: 現代朝鮮への視座』, 明石書店, 1993(초출 1964. 8).

並木直人, 「植民地期朝鮮政治·社会史研究に関する試論」, 『朝鮮文化研究』 6, 1999.

並木直人, 「朝鮮における「植民地近代性」·「植民地公共性」·対日協力: 植民地政治史·社会史研究のための予備的考察」, 『国際交流研究』 5, フェリス女学院大学国際交流学部, 2003.

三原芳秋, 「「国民文学」の問題」, 『JunCture』 2, 2011. 3(미하라 요시아키 저, 임경화 역, 「'국민문학'의 문제」, 『현대문학의 연구』 47, 2012).

三原芳秋, 「崔載瑞のOrder」, 『사이間SAI』 4, 2008. 5(미하라 요시아키 저, 홍종욱 역, 「최재서의 Order」, 와타나베 나오키 외 편, 『전쟁하는 신민, 식민지의 국민문학』, 소명출판, 2010).

松本武祝, 「"朝鮮における「植民地的近代」"に関する近年の研究動向: 論点の整理と再構成の試み」, 『アジア経済』 43-9, 2002. 9.

松本武祝, 「植民地下の朝鮮人はいかに統治されたか: 日本「帝国」の意図せざる統合原理」, 『情況』 8-10, 1997. 12.

松本武祝, 「戦時体制下の朝鮮農民: 「農村再編成」の文脈」, 『歴史学研究』 729, 1999. 10.

松田利彦,『東亜聯盟運動と朝鮮·朝鮮人: 日中戦争期における植民地帝国日本の断面』, 有志舎, 2015.

水野直樹,「戦時期朝鮮における治安政策: 「思想淨化工作」と大和塾を中心に」,『歴史学研究』777, 2003. 7.

水野直樹,「治安維持法の制定と植民地朝鮮」,『人文学報』83, 京都大学人文科学研究所, 2000. 3.

庵逧由香,「朝鮮における戦争動員政策の展開: 「国民運動」の組織化を中心に」,『国際関係学研究』別冊 21, 津田塾大学, 1995.

岩崎稔 外 編,『継続する植民地主義: ジェンダ/民族/人種/階級』, 青弓社, 2005.

李炯植,「南次郎総督時代における中央朝鮮協会」,『日本歴史』720, 2008. 5.

井上薫,「日帝末期朝鮮における日本語普及·強制の構造: 徴兵制度導入決定前後の京城府を中心に」,『釧路短期大学紀要』28, 2001.

井上薫,「日帝統治末期の朝鮮における日本語普及·強制政策: 徴兵制度導入に至るまでの日本語常用·全解運動への動員」,『北海道大学教育学部紀要』73, 1997.

趙景達,『植民地期朝鮮の知識人と民衆: 植民地近代性論批判』, 有志舎, 2008.

趙慶喜,「植民地動員のコミュニケーション戦略: 戦時下朝鮮における「国民動員」の事例に」,『東京大学社会情報研究所紀要』61, 2001.

趙寛子,「国民文学と世界文学: 日中戦争期の「朝鮮文学の将来」をめぐって」,『思想史研究』3, 2003.

趙寛子,「徐寅植の歴史哲学: 世界史の不可能性と「私の運命」,『思想』957, 2004. 1(『植民地朝鮮/帝国日本の文化連環』수록).

趙寛子,『植民地朝鮮/帝国日本の文化連環: ナショナリズムと反復する植民地主義』, 有志舎, 2007.

佐伯尚美,『食管制度: 変質と再編』, 東京大学出版会, 1987.

竹内好,「近代の超克」,『近代日本思想史講座 7: 近代化と伝統』, 筑摩書房, 1959(다케우치 요시미 저, 윤여일 역,「근대의 초극」, 마루카와 데쓰시 외 편,『다케우치 요시미 선집 1』, 휴머니스트, 2011).

竹内好,『日本とアジア』, 筑摩書房, 1966(ちくま学芸文庫, 1993).

車承棋,「抽象と過剰: 日中戦争期·帝国/植民地の思想連鎖と言説政治学」,『思想』1005, 2008. 1.

川北昭夫,「1930年代朝鮮の工業化論議」, 河合和男 外 編,『論集 朝鮮近現代史』, 明石書店, 1996.

青柳優子 編訳,『朝鮮文学の知性 金起林』, 新幹社, 2009.

崔真碩,「東亜協同体論から朝鮮人民共和国へ: 朴致祐の思想」, 孫歌·白永瑞·陳光興 編,

『ポスト〈東アジア〉』, 作品社, 2006.
崔真碩, 「朴致祐における暴力の予感: 「東亜協同体論の一省察」を中心に」, 『現代思想』 31-3, 2003. 3.
秋定嘉和, 「朝鮮金融組合の機能と構造: 1930年～40年代にかけて」, 『朝鮮史研究会論文集』 5, 1968.
鶴園裕, 「近代朝鮮における国学の形成: 「朝鮮学」を中心に」, 『朝鮮史研究会論文集』 35, 1997.
許世楷, 『日本統治下の台湾: 抵抗と弾圧』, 東京大学出版会, 1972.
戸邊秀明, 「〈研究動向〉ポストコロニアリズムのインパクトと可能性: 日本植民地研究とのかかわりで」, 『日本植民地研究』 15, 2003. 6(도베 히데아키, 「포스트식민주의와 제국사 연구」, 서정완 외 편, 『제국일본의 문화권력』, 小花, 2011).
戸邉秀明, 「転向論の戦時と戦後」, 『岩波講座 アジア·太平洋戦争 3: 動員·抵抗·翼賛』, 岩波書店, 2006.
洪宗郁, 「戦時期朝鮮における思想犯統制と大和塾」, 『韓国朝鮮文化研究』 16, 東京大学韓国朝鮮文化研究室, 2017. 3.
洪宗郁, 『戦時期朝鮮の転向者たち: 帝国/植民地の統合と亀裂』, 有志舎, 2011.
黃鎬德, 「終わりなきパルチザン, 国家(知)との戦い: 京城帝大生からパルチザンまで, 金台俊と朴致祐の解放前後」, 徐禎完·増尾伸一郎 編, 『植民地朝鮮と帝国日本』, 勉誠出版, 2010.

史桂芳, 「試析中日戰爭時期日本的侵略理論」, 『抗日戰爭研究』, 2002年 1期.
游勝冠, 「'轉向'及藝術派反動的純文學論: 臺灣文藝聯盟路線之爭」, 『臺灣文學研究學報』 11, 2010.
陳秀武, 「'東亞協同體論'與僞滿'建國精神'」, 『外國問題研究』, 2011年 3期.
黃雙雙, 「近代日本知識分子與侵略理論: 以三木淸爲例」, 『抗戰史料研究』, 2012年 2期.

Kim, Chul, "The Literary Works of Kim Nam-chon: "Overcoming the Modern," Waste, and Venice," *Seoul Journal of Korean Studies*, 19-1, 2006. 12.

❁ 찾아보기

[ㅇ]

[ㅈ]

[ㅊ]

[ㅋ]

[ㅌ]

[ㅍ]

[ㅎ]

❁ 필자소개

해제

도베 히데아키(戸邊秀明)

도쿄(東京)경제대학 경제학부 준교수. 와세다(早稲田)대학 대학원 문학연구과 박사 수료. 와세다대학 문학부 조수, 일본학술진흥회 특별연구원 등을 역임. 주요한 논저로 「沖縄戦の記憶が今日によびかけるもの」(成田龍一·吉田裕 編, 『記憶と認識の中のアジア·太平洋戦争』, 岩波書店, 2015), 「マルクス主義と戦後日本史学」(『岩波講座 日本歴史22 歴史学の現在』, 岩波書店, 2016), 『触発する歴史学: 鹿野思想史と向きあう』(共編著, 日本経済評論社, 2017) 등이 있음.

최진석(崔真碩)

히로시마(広島)대학 대학원 총합과학연구과 준교수. 주요한 논저로 『朝鮮人はあなたに呼びかけている: ヘイトスピーチを越えて』(彩流社, 2014), 편역서로 『李箱作品集成』(作品社, 2006) 등이 있음.

홍종욱(洪宗郁)

서울대학교 인문학연구원 부교수. 서울대학교 국사학과 졸업. 도쿄(東京)대학 대학원 인문사회계연구과 박사. 주일한국대사관 전문조사원, 도시샤(同志社)대학 글로벌지역문화학부 준교수를 역임. 주요한 논저로 『戦時期朝鮮の転向者たち: 帝国/植民地の統合と亀裂』(有志舍, 2011), 『가지무라 히데키의 내재적 발전론을 다시 읽는다』(공저, 아연출판부, 2014) 등이 있음.

요네타니 마사후미(米谷匡史)

도쿄(東京)외국어대학 대학원 총합국제학연구원 교수. 도쿄대학에서 사회사상사, 일본사상사를 전공. 주요한 논저로 「戦時期日本の社会思想: 現代化と戦時変革」(『思想』 882,

1997), 『尾崎秀実時評集: 日中戦争期の東アジア』(平凡社, 2004), 『アジア/日本』(岩波書店, 2006(한국어 역, 조은미 옮김, 『아시아/일본: 사이間에서 근대의 폭력을 생각한다』, 그린비, 2010), 『谷川雁セレクションⅠ 工作者の論理と背理』·『谷川雁セレクションⅡ 原点の幻視者』(日本経済評論社, 2009), 『一九三〇年代のアジア社会論: 「東亜協同体」論を中心とする言説空間の諸相』(社会評論社, 2010) 등이 있음.

보론

문명기(文明基, 국민대학교 국사학과)
임성모(任城模, 연세대학교 사학과)
다카하시 아즈사(高橋梓, 도쿄외국어대학 대학원)
윤대석(尹大石, 서울대학교 국어교육과)
김인수(金仁洙, 건국대학교 아시아콘텐츠연구소)
배석만(裵錫滿, 고려대학교 민족문화연구소)
김항(金杭, 연세대학교 국학연구원)
차승기(車承棋, 조선대학교 국어국문학과)

입력, 번역, 교열

김선영(金宣英, 서울대학교 국사학과 대학원)
박형진(朴炯振, 성균관대학교 국어국문학과 대학원)
윤현상(尹現相, 서울대학교 국사학과 대학원)
장문석(張紋碩, 서울대학교 국어국문학과 대학원)
조은진(趙慇珍, 서울대학교 국사학과 대학원)

❁ 문명총서 발간사

서울대학교 인문학연구원은 2007년 11월 한국연구재단의 인문한국(HK) 사업을 수탁하여 HK문명연구사업단을 출범시켰다. 한국과 아시아, 세계를 향한 문명연구의 허브를 구축하기 위해 '한국 인문학'의 정립을 목표로 인문학 제 분야는 물론 인근 분야의 전공자들까지 한 지붕 아래 모였다.

인문학연구원이 한국 인문학의 도약을 위해 핵심과제로 주목한 것은 문명에 대한 새로운 이해이다. 문명이란 장구한 세월 동안 인류가 일구어낸 정신적·물질적 성과들의 종합이며, 타 문명들과 서로 영향을 주고받으며 진화해 온 복합적 실체이다. 이에 대한 심층적인 이해가 선행되지 않는다면, 현재와 미래에 대한 유효적절한 준비와 대응은 불가능하다.

'문명텍스트총서'는 인문학 안팎의 다양한 전공을 가진 우리 연구원의 연구자들이 자신의 영역에서, 과거와 현재 문명의 정수와 그에 대한 인식을 담은 중요한 텍스트를 선정하여 번역하고 주해한 결과물이다. 이는 긴 시간의 노동을 요하면서도 성취가 단기간에 가시화되지 않는 우직한 작업이지만, 인류의 유산을 한국화하는 이 같은 작업이 주체적으로 세계문명을 사유하고 새로운 문명을 개척하는 데 발판이 되리라고 믿는다. 문명텍스트총서가 현재와 과거를 엮는 씨줄 놓기 작업이라면, 문명공동연구총서는 인간과 세계를 총체적으로 이해하려는 날줄 엮기라고 할 수 있다. 오랫동안 자신의 분야에서 전문화를 추구했기에 공동연구가 쉬운 일은 아니지만 문명 이해의 융합적 시각뿐만 아니라 한국 인문학의 새로운 전망을 써 내려가는 방법론을 제시할 수 있기를 희망한 결과물이다. 또한 문명지평총서는 연구원 안팎의 연구자들이 참여한 연구서와 교양서를 아우르고 있다.

아무쪼록 문명총서 시리즈가 동서고금의 문명을 더 깊고 더 넓게 이해하는 창발의 효과를 가져오길 기대하며, 국내외의 학자들이 참여하고 교류하는 열린 연구공간이 되길 바란다.

2014년 4월

서울대학교 인문학연구원 원장